장차

장자

莊子

장주 지음 · 김학주 옮김

연암서가

옮긴이 김학주(金學主)

충북 충주에서 태어나 서울대학교 문리과대학을 졸업하고, 국립타이완대학 중문연구소에서 문학석사 학위를, 그리고 서울대학교 대학원에서 문학박사 학위를 받았다. 서울대학교 교수로 있으면서 중국어문학회 회장을 역임하였고, 현재 서울대학교 인문대학 명예교수·대한민국 학술원 회원이다.
저서로『논어 이야기』,『중국 문학의 이해』,『중국 고대의 가무희』,『중국 문학사』,『한대의 문인과 시』,『공자의 생애와 사상』,『노자와 도가 사상』,『경극이란 어떤 연극인가』,『장안과 북경』등이 있으며, 역서로는『논어』,『대학』,『중용』,『노자』,『열자』등이 있다.
hakchu317@naver.com

장자

2010년 6월 20일 초판 1쇄 발행
2022년 2월 15일 초판 18쇄 발행

옮긴이 김학주
펴낸이 권오상
펴낸곳 연암서가

등록 2007년 10월 8일(제396-2007-00107호)
주소 경기도 고양시 일산서구 호수로 896, 402-1101
전화 031-907-3010
팩스 031-912-3012
이메일 yeonamseoga@naver.com
ISBN 978-89-94054-08-7 93150

값 35,000원

앞머리에

　1983년 필자가 번역하여 출간된 『장자』는 우리나라 최초의 완역본 完譯本이라는 평가는 받았으나, 부족한 점과 잘못된 곳이 적지 않았다. 벌써 30여 년 전의 번역이다. 필자는 언제나 보다 완전하고 훌륭한 『장자』의 새로운 번역과 주해를 붙인 책을 내리라고 마음먹고 있던 차에 연암서가의 새로운 결정판 출간 제의가 있어 이에 응하게 되었다.

　『장자』의 번역은 이 책의 일러두기에서 밝히고 있듯이, 타이완臺灣대학 교수인 왕슈민王叔岷 선생님의 『장자교석莊子校釋』과 그 분의 『장자』 강의 노트가 번역과 해설의 가장 중요한 참고 자료였다. 번역의 대본으로 썼다고 한 첸무錢穆의 『장자찬전莊子纂箋』도 왕 선생님이 강의 교재로 쓰셨기에 필자와 특히 가까워질 수가 있었던 것이다.

　왕슈민 선생님은 1959년 내가 타이완대학에 유학하여 공부할 때 배웠던 스승 중 유일하게 생존해 계신 분이다. 그리고 나는 오래 전부터 공부하는 태도뿐만이 아니라 이 세상을 살아가는 방법에 있어서까지도 선생님을 규범으로 삼아 본뜨려 노력해 왔다. 그러나 아직도 선생님의 수준에는 모든 면에서 미치지 못하고 있어서 안타까울 뿐이다.

　필자의 『장자』 번역이 나오고 몇 년 뒤, 왕슈민 선생님께서는 상·

중·하 세 책으로 된『장자교전莊子校詮』(1988. 3)이란 대작을 다시 내셨다. 나는『장자교전』을 보고 언젠가는 다시 이 책을 바탕으로 하여『장자』를 새로 번역하겠다는 바람을 품어 왔다. 왕 선생님의『교석』과『교전』사이에도 많은 변화가 있었지만 나의 장자에 대한 생각도 30여 년 전과는 크게 달라졌기 때문이다. 따라서 이번에 내는『장자』는 이전에 냈던 책의 교정이 아니라 새로 번역한다는 자세로 손을 댄 것이다. 다만『장자』의 원문을 확정짓는 데에는 여전히 왕 선생님의 새로운『교전』을 주로 따랐다고 할 수 있다. 그러나 본문의 문장에도 간혹 글자가 같지 않은 곳이 있고, 구절을 끊는 방법도 서로 다른 곳이 있다.

1999년 7월 선생님께서 아마도 선생님 생전의 마지막 논문이 될 거면서 인편에「사마천이 이해한 노자를 논함論司馬遷所了解之老子」(1999. 3)이란 논문의 추인본抽印本을 보내 오셨다. 사마천이『사기』열전에서 "노자심원老子深遠"이라고 한 말의 뜻을 깊이 추구하는 것이 논문의 중심 과제인데, 특히 많은 부분을『장자』와 대비시키며 논술을 진행시키고 있어『장자』이해를 위해서도 많은 도움이 되는 글이었다. 이 논문 추인본을 받아들 때 가슴은 저려 왔지만 한편 어려움을 이겨내며 일할 수 있는 힘도 보태어졌다. 선생님이 계시기에 지금도 학문에 진력할 수 있는 힘이 솟고 경전과 제자서의 더 좋은 번역과 해설을 이루기 위해 분발할 수가 있었다.

1999년은 내가 정년 퇴직을 한 해이다. 나는 선생님에게 힘을 얻어 퇴직한 뒤에도 『장자』를 새로 번역해야겠다는 용기를 낼 수가 있었다. 그 결실을 이제야 세상에 내놓게 되었다. 잘못에 대한 거리낌 없는 깨우침 주시기를 독자 여러분께 간곡히 부탁드린다. 끝으로 출판계의 어려운 여건에도 불구하고 좋은 책을 내겠다고 나선 출판사 연암서가의 무궁한 발전을 빈다.

2010년 5월 15일
인헌서실에서
김학주 씀

차례

| 일러두기 |

1. 이 역주의 대본은 첸무(錢穆)의 『장자찬전(莊子纂箋)』(香港 東南印務出版社 民國
   四六年 增訂三版)을 중심으로 하고, 필요에 의해 다른 10여 가지 주해서들을 참
   고하였다. 그 중에서도 왕슈민(王叔岷) 교수의 『장자교전(莊子校詮)』과 타이완
   대학에서의 『장자』 강의 노트는 가장 큰 참고가 되었다.
2. 역문은 되도록 쉬운 현대어를 쓰면서도 원본의 어순을 가능한 한 따름으로써 역
   문과 본문을 대조하기에 편리하도록 애썼다.
3. 본문은 현대식 표점 부호를 사용하여 구절을 끊어 놓았다.
4. 본문을 아울러 읽는 이들을 위하여 간결한 주해(註解)를 붙였으며, 특수한 해석
   을 한 경우에 한해 이곳에서 근거로 삼은 해설을 한 학자의 이름이나 책 이름을
   표시하였다.
5. 본문 가운데 넣은 해설은 본문을 이해하는 데 도움을 주려는 방향에서 간단히
   썼다.

『장자』는 어떤 책인가?

1. 『장자』의 사상사적 의의

장자(莊子, B.C. 370~B.C. 280)는 전국 시대(B.C. 481~B.C. 221) 제자 백가諸子百家 중에서도 가장 특출한 사상가 중의 한 사람이다. 보통 그가 노자老子를 이어받아 도가道家를 발전시켰다고 하지만, 노자보다도 그의 사상은 훨씬 더 구체적이고 적극적이다. 그의 글을 읽어 보면 시처럼 풍부한 상상과 뜻의 함축이 느껴지고 뛰어난 기지와 풍자가 신선한 표현 중에 넘치고 있다. 특히 자기의 사상을 증명하기 위하여 다른 일에 빗대어 얘기하는 우언寓言의 원용은 소설보다도 짜릿한 재미를 느끼게 한다. 그리고 유교의 예교 사상이 그 사회를 지배해 온 중국에서, 언제나 인간 본연의 위치에서 '자유'를 추구해 온 장자의 사상은 정체되려는 중국 문화에 끊임없는 생기를 불어넣어 주었다. 그것은 장자가 '완전한 자유의 경지'를 추구함으로써 '예의'나 '인의' 같은 인위적인 규범으로 사람들을 구속하려는 유교에 의한 지배에 숨돌릴 여유를 주었다는 뜻이다. '완전한 자유의 경지'란 사람들을 둘러싸고 있는 모든 행위와 사상의 속박으로부터의 해방을 뜻한다. 장자는 사람이 타고난 그대로 자기 자신을 의식하는 부담조차도 거부하면서 순수한 자연에 모든 것을 맡기고 아무런 거리낌 없이 살아 보자는 것이었다. 그래서 장자가 유교에서 주장하는 어짊[仁]이나 의로움[義] 같은 것도 사실은 사람의 본성을 그르치는 면에서 도적질 같은 악덕과 다를 바 없다고 주장하면 사람들은 일종의 전율과 함께 통쾌감을 동시에 느끼게 된다.

중국 역사를 통해서 볼 때 세상이 편안하고 사회가 안정되었을 때에는 사람들은 유교의 윤리를 말없이 따른다. 그러나 일단 세상이 어지러워지면 사람들은 도교나 불교에서 불안한 마음을 붙일 곳을 찾는다. 그것은 현실에서 어떤 가치를 발견하기 어렵게 된 사람들이 현실의 질서를 유지하려는 유교를 외면하기 때문이다. 위진 남북조魏晉南北朝 같은 시대가 그 대표적인 본보기이다.

유가 사상과 도가 사상은 매우 이질적이고, 어느 면에서는 정반대되는 사상이라 공존하기 어려운 것처럼 보여진다. 그러나 개인의 수양을 통하여 이루어진 덕德을 인간 관계의 매개로 보고, 그 '덕'을 통하여 온 세상을 다스려야 한다는 유가의 이상은 결국 도가의 그것과 합치될 수도 있다. '덕'을 통하여 세상을 다스리는 데 있어서는 실상 모든 인위적인 작용이 배격되기 때문이다. 완전히 '덕'으로 다스려지는 이른바 대동 사회大同社會에는 법령이나 권력에 의한 다스림이 존재할 수 없는 것이다. 필경은 도가에서 주장하는 것처럼 아무런 의식적인 행동을 하지 않는 무위無爲의 다스림이 되지 않을 수 없다. 따라서 '무위의 다스림'을 하기 위하여 설정한 유가의 번잡한 주장들을 빼면 '무위의 다스림'을 할 수 있는 사람들이 지니고 있을 어짊이나 의로움 같은 기본적인 유가의 덕목은 도가가 주장하는 무위無爲나 나라는 존재를 의식하지 않는 무아無我한 인간이 지니는 덕성에 대한 객관적인 호칭이 될 수도 있을 것이다.

그뿐만 아니라 유가의 "세상에 도道가 행해지면 나아가 벼슬하고, 세상이 어지러우면 물러나 숨는다"는 군자로서의 처신에 대한 생각도 대부분 도가와 통한다. 왜냐하면 사실상 오랜 역사를 두고 보더라고 공자孔子가 가르치는 '도'가 제대로 행해진 시대란 거의 없기 때문이다. 따라서 세상의 모든 가치를 거들떠보지도 않고 홀로 자연 속에 숨어서 남이 알세라 조용히 사는 사람들을 중국에서는 언제나 훌륭하고 깨끗한 사람으로 존경해 왔다. 그런 사람들은 아무리 유가의 경전을 통하여 그의 교양을 닦았다 하더라도 도가적인 사람과 별로 다른 데가 없는 것이다.

그렇기 때문에 중국에서는 유가 사상과 도가 사상이 공존하면서 서로 도와 가며 사람들의 의식을 지탱해 왔다. 문학을 예로 들어 보자. 유가의 문학관에 의하면 시나 산문을 막론하고 모든 문학은 사람들이 평화롭게 잘 살 수 있도록 만드는 수단으로써만 존재 의의가 있었다. 사회에 대한 올바른 쓰임의 인정을 바탕으로 중국에서는 일찍부터 시가 매우 존중되고 또 발달할 수가 있었다. 따라서 유교에만 맡겨 두면 순수 문학이란 존재할 여지조차도 없는 것인데, 그러한 약점을 도가가 보충해 주고 있는 것이다. 한편 유교의 상고주의尙古主義와 형식주의적인 경향은 문학에 있어 전통의 형식적인 계승을 강요하였다. 어떤 장르의 문학이든 처음 발생할 때에는 생기에 넘치던 것이, 후세로 계승되어 가는 사이에 작가의 창의나 개성은 존재할 여지도 없이 형식화하여 생기를 잃는 악순환이 거듭되었던 것이다. 그러나 현실적인 가치를 부정하며 홀로 숨어서 자기 내면의 세계를 추구하는 한편, 이른바 졸렬함과 소박함을 숭상하는 도가적인 문학 경향은 형식화하고 시들어 가는 중국 문학에 끊임없이 생기를 불어넣어 주었다. 그리고는 작가들에게 언제나 어렴풋이나마 순수 문학의 가능성을 느끼게 하기도 하였다.

이처럼 중국에서는 유가 사상과 도가 사상이 함께 공존하면서 오랜 시일을 거치는 동안 모든 사람들의 의식 구조 속에 뿌리박게 되었다. 이 점은 중국 사람들뿐만 아니라 중국 문화의 영향을 받은 동양 사람들의 전반적인 현상으로 정착되기도 하였다. 지금 우리의 행동이나 사고 방식을 두고 보더라도 유교적인 윤리관과 함께 도가적인 인생관도 한데 섞여 작용하고 있다고 할 수 있다. 대체로 사람들 사이의 관계나 사회의 질서는 유교적인 기초가 강하고, 인생이나 자연에 대한 가치관 속에는 도가적인 색채가 짙다고 얘기할 수 있을 것이다. 구체적으로 말하면 부모 형제나 친구들 사이의 윤리관 같은 데에는 유가적인 경향이 짙고, 인생의 부귀나 공명을 보는 눈에는 도가적인 색채가 남아 있다는 것이다. 특히 우리가 읽게 될 『장자』 33편에 실려 있는 내용은 모두가 일반적인 중국 사람들의 사상이나 행동 속에 발견되는 생각의 일부분이다. 뒤에 자세히 얘기하겠지만 그 중심을 이루는 것은 내편內篇이며, 다시 그 사상이 부연되어 외편外篇과 잡편雜篇을 이루고 있다.

따라서 『장자』는 동양적인 것, 즉 올바른 자아를 이해하기 위해서는 꼭 읽어야만 할 책이다. 더 적극적인 표현을 하면 앞에서 말한 것 같은 완전한 '자유'에의 추구는 불교적인 '해탈解脫'과 함께 가장 동양적인 것을 대표한다고도 할 수 있다. 더구나 경험주의, 실증주의, 윤리주의, 실존주의를 내세우는 서양적인 방법만으로는 인간 생활의 모든 것을, 특히 그 전체적인 면에서 파악할 수 없다는 것이 현대의 고민이다. 그러나 사람의 논리나 경험에서 오는 불안이나, 시간·공간 또는 인간 행위에 저해가 되는 모든 것을 초탈하려는 장자의 사상은 현대적인 고민을 해결하는 데 있어서도 큰 시사를 주게 될 것으로 믿는다.

2. 장자의 생애

사마천(司馬遷, B.C. 145~B.C. 86?)의 『사기史記』'노·장·신·한 열전老莊申韓列傳'에 보이는 장자의 전기에 의하면, 그는 이름이 주周이고 자는 자휴子休이며, 몽(蒙, 지금의 河南省 商丘 북쪽) 사람이다. 일찍이 몽의 칠원漆園의 관리자 노릇을 하였다 한다. 그리고 양梁나라 혜왕(惠王, B.C. 370~335) 및 제齊나라 선왕(宣王, B.C. 342~324)과 같은 시대 사람이었다. 그의 학설은 노자老子를 근본으로 하였으며, 그의 저서는 10여만 자字에 이르는데, 대부분이 다른 일에 빗대어 얘기하는 우언寓言으로 이루어져 있다. 또 '고기잡이[漁父]'·'강도의 괴수 도척[盜跖]' 등의 편을 지어 공자의 무리들을 공격하면서 노자의 학술을 밝혔다.

그러나 장자의 생애에 대해서는 더 이상 확실한 기록이 없다. 노자의 생애보다는 그 근거가 확실한 듯이 느껴지지만, 그것도 대략 맹자(孟子, B.C. 372~289)와 비슷한 연배였으리라는 추측 이상은 불가능하다. 그러나 이 시대의 제자 백가諸子百家들 중에서도 이들 두 사람은 가장 특출하고 서로 대립을 이루었던 사상가임에도 불구하고, 그들의 저서에는 상대방의 이름이 보이지 않는다. 이들이 서로 반대파들을 공격하는 입장에 있었으면서도, 『맹자』 가운데 장자란 이름이 보이지 않고 『장자』 가운데 맹자란 이름이 보이지 않는 것은 이상한 일이다.

남송 주희(朱熹, 1130~1200)의 『주자어류朱子語類』에 의하면, 맹자의 발자취는 일찍이 대량(大梁, 지금의 河南省 開封) 이남에 이른 일이 없었고, 장자는 몽 사람이었기 때문에 두 사람은 서로의 이름을 듣지 못했던 것이라 생각된다. 또한 장자의 사상이나 이론은 그가 생존했을 당시에는 널리 알려지지 않아 매우 좁은 지역에서만 논의되고 있었고, 그의 사상 내용도 극히 내향적內向的이어서, 본시는 『장자』 외편外篇이나 잡편雜篇에 보이는 것처럼 유가에 대한 투쟁적인 성격을 지니지 않았기 때문일 것이다. 그래서『맹자』에는 장자에 대한 언급이 없고,『순자荀子』비십이자非十二子편에서도 논란의 대상이 되지 못한 채 겨우 해폐解蔽편에서만 "장자는 하늘[天, 곧 자연]에 가리워져 사람에 대해서는 알지 못하였다"고 간단한 평을 하고 있을 따름인 것이다.

그는 평생 벼슬하지 않고 자연에 숨어 가난하게 살았다지만, 혜시惠施 같은 재상급의 인물을 친구로 사귀고 있었고, 많은 제자들을 가르쳤다는 것을 본다면 그가 전혀 세상에 이름이 알려지지 않은 사람으로 세상과 동떨어진 생활을 하였다고만 볼 수도 없다. 그가 노자의 사상을 계승했다고는 하지만 그들의 생애와 저서를 견주어 볼 때, 오히려 장자의 학설이 더욱 믿음직하고 체계적이다. 이 때문에 학문상으로는 도가를 흔히 '노장학老莊學'이라 부르지만 첸무錢穆처럼 노자보다도 장자를 더 중요시하는 학자들도 적지 않다. 전 타이완대학臺灣大學 왕슈민王叔岷 교수는 장자의 생존 연대를 ① B.C. 370~280, ② B.C. 360~290, ③ B.C. 355~275의 세 가지 경우의 하나일 것이라고 추정하고 있다.

당대(唐代, 618~907)에 와서는 이李씨인 왕실에서 자기네와 종씨宗氏인 노자(이름 李聃)의 도교를 숭상하여 장자까지도 더 한층 숭앙하는 대상이 되었다. 그 결과 조정에서는 현종玄宗 천보天寶 9년(759)에 장자를 남화진인南華眞人이라 부르고『장자』는『남화진경南華眞經』이라 부르도록 임금이 명을 내렸다(『舊唐書』玄宗紀事 및 禮儀志 참조). '남화南華'란 말은 장자가 조주(曹州, 지금의 山東 曹縣)의 남화산南華山에 숨은 일이 있다는 데서 유래한 것이다(明 陸應陽『廣輿記』5 참조).

3. 『장자』의 내용

『한서漢書』예문지藝文志와 『여씨춘추呂氏春秋』 필기必己편 고유高誘의 주注에서는 '『장자』 52편'이라 하였으나, 지금 우리에게는 33편의 『장자』가 전해지고 있다. 당唐 초 육덕명陸德明의 『경전석문經典釋文』 서록序錄에는 그 때 전하고 있던 『장자』의 주해서註解書로 다음과 같은 일곱 가지를 들고 있다.

『최선주崔譔注』10권 27편

『상수주向秀注』20권 26편

『사마표주司馬彪注』21권 52편

『곽상주郭象注』33권 30편

『이이집해李頤集解』30권 30편

『맹씨주孟氏注』18권 52편

『왕숙지의소王叔之義疏』3권

이것들은 모두 진晉나라 때(265~420)의 저술인데 52편으로 나와 있는 『사마표주』 본과 『맹씨주』 본도 한대漢代의 것과는 차이가 있었을 것이다. 그러나 이 52편은 『장자』의 가장 오랜 형식의 것이어서 이 속에는 『경전석문』 서록序錄에서 지적하고 있는 알혁閼奕·의수意脩·위언危言·유부遊鳧·자서子胥 같은 편들과, 『사기』에 보이는 외루허畏累虛편[1], 『북제서北齊書』 두필전杜弼傳에 보이는 혜시惠施편, 『남사南

---

1 『사기(史記)』 장자열전(莊子列傳)에는 외루허(畏累虛)편과 함께 항상자(亢桑子)편이 보이나 『사기색은(史記索隱)』에서는 그것이 지금의 『장자』의 '노자의 제자 경상초[庚桑楚]'편임을 지적하고 있다.

史』문학전文學傳에 보이는 마추馬捶편 등 지금의 『장자』에는 보이지 않는 이른바 없어진 글들이 들어 있었을 것으로 생각된다. 그러나 이 것들은 『경전석문』 서록에서 지적하고 있는 것처럼 극히 조잡한 내용의 것들이었으리라고 생각된다. 그것은 지금까지 이것들이 모두 없어지고 33편의 『곽상주』 본만이 전하고 있는 것으로도 미루어 알 수있다. 『곽상주』 본은 상수向秀의 주석을 바탕으로 한 위에 사마표·최선 등의 장점을 따서 보태고 빼고 한 책으로 알려져 있다. 『진서晉書』 곽상전郭象傳 및 유의경劉義慶의 『세설신어世說新語』에 의하면, 가을 물[秋水]·지극한 즐거움[至樂] 두 편과 말 발굽[馬蹄]편을 제외하고는 곽상은 상수의 주를 거의 그대로 베꼈다고 한다. 곽상은 다시 『장자』를 다음과 같이 크게 '내편'·'외편'·'잡편'의 세 가지로 분류하고 있다.

내편: 어슬렁어슬렁 노닒[逍遙遊]·모든 사물은 한결같음[齊物論]·
　　삶을 길러 주는 주인[養生主]·사람들 세상[人間世]·덕이 속에
　　차 있는 증험[德充符]·위대한 참 스승[大宗師]·자연에 따르는
　　제왕[應帝王]; 계 7편
외편: 엄지발가락과 둘째발가락이 붙어 있는 사람[駢拇]·말 발굽
　　[馬蹄]·남의 상자를 열고 도둑질함[胠篋]·있는 그대로 버려
　　둠[在宥]·하늘과 땅[天地]·하늘의 도[天道]·하늘의 운행[天
　　運]·뜻을 굳게 지님[刻意]·본성을 닦음[繕性]·가을 물[秋
　　水]·지극한 즐거움[至樂]·삶의 진실에 통달함[達生]·산 속의
　　나무[山木]·문후의 스승 전자방[田子方]·지가 북쪽 땅에 노
　　닒[知北遊]; 계 15편
잡편: 노자의 제자 경상초[庚桑楚]·세상으로부터 숨어 사는 서무귀
　　[徐無鬼]·임금을 만나고자 하는 칙양[則陽]·우리 밖의 일과

물건[外物]·다른 일에 빗대어 한 말[寓言]·임금 자리를 물려줌[讓王]·강도의 괴수 도척[盜跖]·칼싸움 말 것을 설복함[說劍]·고기잡이[漁父]·도가의 계승자 열어구[列禦寇]·천하의 사상가들[天下]; 계 11편

그리고 곽상은 이들 독립된 각 편들에 각각 논리적인 의의를 부여하여, 『장자』의 고전적인 주석으로서 대표적인 위치에 놓이게 되었다. 『장자』33편 중에서 앞머리 내편만이 순수한 장자의 사상을 기록한 것이며, 문장에 있어서도 가장 뛰어난 부분이라는 데 대해서는 거의 모든 학자들의 의견이 일치하고 있다. 그리고 외편과 잡편은 노자의 사상을 바탕으로 하여 장자의 사상을 그의 제자들이 다시 부연한 내용으로 알려져 있다. 따라서 성격상 내편은 외편이나 잡편과는 크게 다른 점들이 몇 가지 눈에 띈다. 특히 내편에서는 인간 자체와 인간 주위에 존재하는 모든 것, 곧 자기 자신과 밖의 물건 모두가 똑같은 것이라고 보며 모든 개인적인 의식이나 감정을 초월하고 있지만, 외편과 잡편에서는 흔히 자아와 현실적인 조건들을 인정하고 심지어 논적論敵까지도 의식하고 있는 것이다. 그러나 외편과 잡편의 내용이 도가의 사상에서 벗어나는 것이라고까지 볼 수는 없다. 노자나 장자의 사상과는 얼마간의 차이가 있다 하더라도 그것들은 오히려 후세 도가 사상에 더 가까워진 것들이기 때문이다. 청대淸代 초의 왕부지王夫之는 『장자고莊子故』에서 "외편과 잡편은 모두 내편 7편의 뜻을 밝히기 위한 글이다"라고 하였는데 일리가 있는 말이다.

왕슈민 교수는 『장자』33편의 사상적인 계통을 내용에 따라 다음과 같이 분류하고 있다.

1. 서문: 다른 일에 빗대어 한 말[寓言](제27편), 책을 지은 의도를

밝힌 것.

2. 기대는 곳이 없음을 논한 것: 어슬렁어슬렁 노닒[逍遙遊](제1편), 기대는 곳이나 바라는 것이 없어야 한다는 사상은 이 책 전체의 뼈대라 할 수 있다.

3. 양생養生을 논한 것: 삶을 길러 주는 주인[養生主](제3편)은 그 본론本論, 삶의 진실에 통달함[達生](제19편)은 그 여론餘論, 지극한 즐거움[至樂](제18편)은 그 부연이며, 뜻을 굳게 지님[刻意](제15편)과 본성을 닦음[繕性](제16편)은 다시 그 부연의 성격을 띤 내용이다.

4. 처세處世를 논한 것: 사람들 세상[人間世](제4편)은 그 본론, 산 속의 나무[山木](제20편)는 그 여론, 우리 밖의 일과 물건[外物](제26편)은 다시 그것을 부연한 성격을 띤 내용이다.

5. 완전한 덕[全德]을 논한 것: 덕이 속에 차 있는 증험[德充符](제5편)은 그 본론, 문후의 스승 전자방[田子方](제21편)은 그 여론의 성격을 띠고 있다.

6. 만물은 같은 것임을 논한 것: 모든 사물은 한결같음[齊物論](제2편)은 그 본론, 가을 물[秋水](제17편)은 그 여론의 성격을 띠고 있다.

7. 내성內聖을 논한 것: 위대한 참 스승[大宗師](제6편)은 그 본론, 지가 북쪽 땅에 노닒[知北遊](제22편)은 그 여론의 성격을 띠고 있다.

8. 외왕外王을 논한 것: 자연에 따르는 제왕[應帝王](제7편)은 그 본론, 있는 그대로 버려둠[在宥](제11편)은 그 여론, 임금 자리를 물려줌[讓王](제28편)도 여기에 속하는 성격의 내용이다.

9. 이 밖의 하늘과 땅[天地](제12편)·하늘의 도[天道](제13편)·하늘의 운행[天運](제14편) 등은 밖의 세상을 잘 다스리는 임금인 외

왕外王을 논한 것이라 볼 수도 있으나 앞의 것들과는 달리 전국시대 말엽의 유가 사상의 영향을 받은 내용의 것이다.

10. 노자의 제자 경상초[庚桑楚](제23편)·세상으로부터 숨어 사는 서무귀[徐無鬼](제24편)·임금을 만나고자 하는 칙양[則陽](제25편) 등은 양생·처세·모든 사물은 한결같음·위대한 성인·세상을 잘 다스리는 임금의 뜻들을 뒤섞어 서술한 내용의 것이다.

11. 엄지발가락과 둘째발가락이 붙어 있는 사람[駢拇](제8편)·말 발굽[馬蹄](제9편)·남의 상자를 열고 도둑질함[胠篋](제10편) 등은 노자의 사상을 발휘하는 데 중점을 두고 있으나, '세상을 잘 다스리는 임금'과 연관이 되는 내용이라 할 수도 있다.

12. 강도의 괴수 도척[盜跖](제29편)·고기잡이[漁父](제31편) 등은 공자에 대한 공격을 위주로 하면서 '삶'을 소중히 해야 할 것을 주장하고 있어 장자 본래의 사상과 크게 다른 성격을 보여 준다. 그러나 앞의 것은 '양생', 뒤의 것은 '위대한 성인'을 논한 계열 속에 포함시킬 수도 있다.

13. 칼싸움 말 것을 설복함[說劍](제30편)은 장자가 趙나라 문왕文王에게 칼에 대하여 얘기한 내용만을 싣고 있어서 종횡가縱橫家의 이론과 흡사하다.

14. 도가의 계승자 열어구[列禦寇](제32편)는 '처세'와 '양생'을 아울러 논하면서 '위대한 성인'의 뜻도 약간 얘기하고 있고, 끝머리에는 장자의 죽음에 대하여 기록하고 있다.

15. 천하의 사상가들[天下](제33편)에서는 올바른 도를 추구하는 학문의 연원을 전체적으로 논하면서 제자諸子와 장자의 유파流派에 대한 차이를 논하고 있다.[2]

---

2 이상은 왕슈민의 1959년 타이완대학 강의고(講義稿)에 의거.

장자에 관한 주해로서 현재까지 전하는 것은 무척 많으나 그 중에서도 곽상의 주에 다시 해설을 가한 당唐 성현영成玄英의 『남화진경주소南華眞經注疏』, 송宋 임희일林希逸의 『장자구의莊子口義』, 명明 초횡焦竑의 『장자익莊子翼』, 청淸 임운명林雲銘의 『장자인莊子因』, 곽경번郭慶藩의 『장자집석莊子集釋』, 마쉬륜馬叙倫의 『장자의증莊子義證』, 왕선겸王先謙의 『장자집해莊子集解』, 민국民國에 들어와서는 왕슈민의 『장자교전莊子校詮』, 첸무錢穆의 『장자찬전莊子纂箋』 등이 뛰어난 것들이다.

4. 노자와 장자

흔히 장자는 노자의 사상을 계승하여 도가 사상을 발전시킨 사람으로 알려져 있다. 그러나 첸무처럼 노자를 제쳐 놓고 장자를 도가의 시조라 보는 이도 있다. 도가를 대표하는 이들 두 사상가는 그들의 사상에 있어 어떤 차이를 지니고 있는가?

첫째, 장자는 공자의 유가 사상의 영향을 많이 받고 있다. 『장자』 '천하의 사상가들[天下]'편을 보아도 "『시詩』는 뜻[志]을 서술한 것이고, 『서書』는 일[事]을 서술한 것이며, 『예禮』는 행실[行]을 서술한 것이고, 『악樂』은 조화[和]를 서술한 것이며, 『역易』은 음양陰陽을 서술한 것이고, 『춘추春秋』는 명분名分을 서술한 것이다"라고 하면서, 유가의 육경六經을 긍정적인 방향에서 설명하고 있다. 이것은 장자가 육경에 통달해 있었음을 암시하는 것이기도 하다.

또 '사람들 세상[人間世]'편에 인용된 공자의 말은 도가 사상을 밝히면서도 유가의 실천 윤리에 별로 어긋나지 않는 성격도 지니고 있다. 예를 들면, "천하에는 큰 법칙이 두 가지 있다. 그 하나는 명命이며 다른 하나는 의義이다. 자식이 어버이를 사랑하는 것은 명이니, 그것은 마음으로부터 풀어 놓을 수가 없는 것이다. 신하가 임금을 섬기는 것은 의이니, 어디를 가나 임금을 부정할 수 없고 하늘과 땅 사이에는 그로부터 도망칠 곳이란 없기 때문이다. 이것을 큰 법칙이라 하는 것이다"라는 등의 내용이 그것이다. 이 밖에도 곳곳에서 공자의 언행을 빌려 유가를 공격하기도 하지만 장자가 유학을 공부했다는 사실도 곳곳에서 드러내 보여 주고 있다.

둘째, 노자는 우주의 본체를 '일一'이라 한 데 비하여 장자는 그것을 '태일太一'이라 하였다. '도'란 우리가 아는 현상계의 상대적인 기준을 초월한 절대적인 것이며, 시간과 공간의 일반적인 개념도 뛰어넘는 것이다. 노자도 사람이 인식하거나 형용할 수 있는 것은 이미 진실한 '도'가 아니라고 하였지만, 장자는 숫자로서의 '일'의 개념을 초월한 모든 것의 절대적인 근원임을 강조하기 위하여 그것을 '태일'이라 한 것이다.

셋째, 노자는 "도라는 물건됨은 황홀하기만 한 것이다"라고 표현한 데 대하여, 장자는 "도란 아무런 조짐[朕]도 없는 것"(齊物論)이라면서 '무無'의 개념을 더욱 강조하였다. 곧 노자가 이미 '무'를 얘기하였지만 장자는 더 나아가 '무'조차도 없었던 단계까지도 생각한 것이다. 곧 장자의 본체론은 노자보다도 더욱 철저한 '무'의 개념을 근거로 하고 있는 것이다.

넷째, 따라서 장자는 노자보다도 더욱 철저하게 삶과 죽음을 초월하여, 자기 자신을 의식하지 않는 무아無我의 경지를 추구하였다. 장자의 '기대는 곳이 없어야 한다[無待]'는 경지란 자기 자신뿐만이 아니라 우리 밖의 일과 물건[外物]에 대한 의식조차도 초월한 인간으로서의 완전한 자유의 경지, 곧 인간의 타고난 속성조차도 모두 초월한 경지를 뜻한다. 따라서 노자는 어느 정도 국가나 사회를 의식하며 사회생활을 긍정한 데 비하여 장자는 이 모든 것을 초월하려 하였다. 노자는 도를 바탕으로 한 도술道術로써 온 세상을 현묘玄妙하게 다스리고, 사회의 모든 문제를 해결하려 한 데 비하여 장자는 그런 모든 것을 초월하였던 것이다.

다섯째, 『노자』는 『도덕경道德經』이라고도 하는데, 도경道經과 덕경德經의 상·하 두 편으로 이루어졌다. 상편인 '도경'에서는 노자 자신의 도에 관한 이론을 전개하고 있지만, 하편인 '덕경'에서는 순수한 도가 아닌 도술道術에서 시작하여 양생론養生論·처세술處世術은 말할 것도 없고 병술兵術에 관한 이론조차도 보인다. '덕'이란 '도'가 사람을 통하여 발현되는 것이기 때문이다. 그 때문에 노자를 병가兵家라 한 학자들도 있다.[3] 법가法家도 노자의 영향을 크게 받았다.[4] 따라서 노자보다도 장자가 오히려 순수한 도가를 대표하는 사상가라 할 수 있다.

『장자』'천하의 사상가들[天下]'편을 보면 장자 스스로 노자와 관윤關尹을 자기와는 다른 유파의 사상가로 구분하고 있다.

"만물의 근본을 지극히 순수한 것으로 보고, 형체 있는 물건은 조잡한 것으로 보며, 부가 쌓여 있는 것을 부족한 것으로 보고, 담담히 홀로 신명神明과 더불어 지낸다. 옛날의 도술을 터득하여 이런 경지에 이르렀던 사람으로 관윤과 노담老聃이 있었는데 그러한 이론을 듣고 좋아하였다."

관윤이 말하였다.

"자기에게는 일정한 입장이 없고, 외물의 형세에 따라 자기를 드러낸다. 그 움직임은 물과 같고, 고요함은 거울과 같으며, 호응하는 것은 울림과 같다. 황홀히 아무것도 없는 것 같고, 적막하기 맑은 물과

---

3 唐 王眞 『道德眞經論兵要義述』敍表; 宋 蘇轍 『老子解』卷 2.
4 『韓非子』卷 6 解老, 卷 7 喩老 참조.

같다. 이런 경지에 동화하는 사람은 자연과 조화가 되지만, 의식적으로 이런 경지를 추구하는 사람은 이런 경지를 잃을 것이다."

그는 절대로 남보다 앞서지 않고, 언제나 남을 뒤따랐다.

노자는 말하였다.

"그 자신이 강한 것을 알면서도 약한 입장을 지키면 천하 사람들이 계곡에 물이 모이듯이 몰려든다. 그 자신이 결백하다는 것을 알면서도 욕된 것 같은 입장을 지키면 천하 사람들이 계곡으로 물이 흐르듯이 따르게 된다."

사람들은 모두 남의 앞을 서려 하는데, 그 홀로 남보다 뒤지려 하였다.

"황홀하고 적막하여 아무런 형체도 없고 언제나 변화하고 있다. 죽은 건지 산 건지 알 수 없으나 하늘과 땅과 나란히 존재하고, 신명에 따라 움직여 간다. 아득한데 어디로 가는 것인가? 황홀한데 어디로 돌아가는 것인가? 만물이 모두 우리 앞에 벌어져 있지만 돌아갈 만한 곳이 없다. 옛날의 도술을 터득하여 이런 경지에 이르렀던 사람으로서 장주가 있었는데, 그런 이론을 듣고서 좋아하였다."

표현이 명확하지는 않지만 장자 스스로 위에 얘기한 것과 같은 방향에서, 노자와 자기 자신의 사상적인 성격의 차이를 파악했던 것 같다.

어떻든 장자는 노자의 사상을 더욱 극단적으로 발전시킨 사람이고, 간단히 말하면 노자의 좌파左派 또는 적극파라 부를 만한 성격의 인물이다. 도가 사상은 장자에 이르러 더욱 구체화되고 더욱 발전하였다고 할 수 있다.

5. 도가道家와 도교道敎

후세에 이르러 노자와 장자의 도가 사상은 중국에 전해지고 있던 여러 가지 민간 신앙을 흡수하여 도교라는 새로운 종교를 이룩한다. 도교에서도 자기네 종교의 개조 또는 중흥조中興祖로서 노자를 떠받들고 있기 때문에, 도교는 도가와 혼동되기 십상이다. 그러나 도가와 도교는 사상면에 있어서나 종교로서의 성격면에 있어 서로 크게 다르다.

도가 사상은 사람들의 이성은 불완전한 것이고 사람들의 판단은 상대적인 것이어서 절대적인 값을 매길 수가 없는 것이라는 인식으로부터 출발한 것이다. 사람들은 그처럼 상대적인 판단에서 얻어진 불안정한 가치를 평생을 두고 추구하기 때문에 불행해진다는 것이다. 따라서 사람이란 이성이나 감정 또는 욕망을 초월하여 아무런 의식적인 행동을 하지 말고 있는 그대로 지내야만 한다는 무위 자연無爲自然의 이론을 주장하게 된 것이다. 사람들이 생각하는 행복과 불행한 것·아름다운 것과 추한 것·좋은 것과 나쁜 것·긴 것과 짧은 것 등은 모두 절대적인 판단일 수가 없다는 것이다. 따라서 큰 것과 작은 것·좋은 것과 나쁜 것 등은 모두 실제로는 같은 가치의 것이며, 심지어 사람이 태어나고 죽는 것도 같은 자연 변화의 한 가지 현상이라는 것이다.

그러나 동한東漢 순제(順帝, 126～144 재위) 때 장릉張陵의 오두미도五斗米道에 의하여 도교가 이루어질 때부터 늙지 않고 오래오래 살려는 신선술神仙術은 그 종교의 바탕이었다. 그리고 도교의 발전에 따라 신선술도 여러 가지로 발전하여 수련을 통하여 자신의 삶의 기운을 기를 뿐만 아니라 연단술鍊丹術을 통해서 쇠붙이도 금으로 만들 수가 있게 되었고, 몸에 나래를 달고 공중으로 솟아오르는 방법으로 공중을 날아다닐 수도 있으며, 침대 위에서 즐기는 술법이 있어 수많은 아름다운 선녀들을 거느리면서도 더욱 장수를 한다고 주장하게 된다. 사람들의 병이나 불행 같은 것은 부적 하나면 깨끗이 사라지게 할 수 있다고 하였다. 사람들의 속세에서의 욕망은 도교의 수련만 닦으면 무엇이나 충족시킬 수가 있게 된다. 병들지 않고 오래오래 살고, 마음껏 부를 누리며, 온 천하를 마음대로 왔다갔다 하고, 미녀들을 마음껏 즐기면서 살 수 있게 된다. 도가의 무위 자연의 추구와는 판이한 것이다.

그러나 속된 세상으로부터 초연하려는 태도는 도가와 도교가 어느 면에서 서로 통하는 것으로 느껴지기도 한다. 그리고 춘추 전국 시대 및 진한秦漢 시대의 도가 사상이 유가 사상과 가장 대립을 이루었던 것처럼, 동한 말엽 이후로는 도교가 유교와 가장 대립적인 관계에 있었던 종교라는 점에서도 서로 상통하는 점이 있다고 할 수 있다. 그것은 중국의 봉건 사회를 뒷받침해 온 유학이 철저히 현실주의적이고 이성적인 방법으로 인간의 문제들을 대하는 데 대한 자연스런 반발이었다고도 할 수 있다.

어떻든 도가는 노자와 장자로 대표되며 그 학문을 흔히 노장학老莊學이라고도 부르지만, 도교는 노자를 받들면서도 노장학과는 전혀 다른 성격의 것임에 유의해야만 할 것이다.

6. 장자의 사상

1) 본체론本體論

노자와 장자를 도가라 부르게 된 것은 모든 존재와 현상의 근원을 추구하여 거기에 '도道'라는 이름을 붙이고 '도'가 이러하기 때문에 사람도 이러하지 않으면 안 된다는 본체론을 근거로 학술을 전개시키고 있기 때문이다. 공자는 본체론을 근거로 하여 정치나 도덕을 해설한 일이 없었다. 유가에서도 뒤에 자사子思가 하늘[天]을 바탕으로 하는 '도'를 가지고서 모든 현상을 설명하기 시작하였는데, 이것도 논리적으로 더욱 심원深遠하고 고상해 보이는 도가의 본체론에 대항하기위한 것이었을 것이다.

노자는 우주의 본체를 '일—'이라 하였는데, 장자는 그것을 '태일太—'이라 하였다. '도'란 우리가 아는 현상계의 상대적인 기준을 초월한 아무런 차별도 없는 것이며, 시간과 공간을 초월하는 것이다. 그래서 노자는 사람이 인식하거나 형용할 수 있는 것은 이미 진실한 '도'가 아니라고 말하고 있다. 장자도 노자의 본체론을 근거로 하고 있지만 그 내용은 한층 더 발전하고 있다. 노자가 '일'이라 표현한 것을 '태일'이란 말로 바꾸었던 것도 '도'가 숫자로서의 '일'의 개념을 초월한 모든 것의 절대적인 시작임을 뜻하기 위해서였을 것이다.

노자는 "도라는 물건됨은 황홀하기만 한 것이다"라고 표현한 데 반하여, 장자는 "도란 아무런 조짐[朕]도 없는 것이다"(齊物論)라고 설명하고 있다. 이미 노자가 무無를 본체로 삼고 있지만 '도'와 함께 '무'에 대한 개념도 더욱 발전하여 장자는 무도 없었던 단계를 생각하고 있다. 같은 도가인 열자列子는 무와 유의 사이에 많은 계단을 설정하여 연결을 시도하였는 데 비하여, 장자는 '無' 위에 다시 '無無', '無無無'로 '無'를 더욱 깊이 추구하였던 것이다. 그것은 장자의 본체론이 더욱 철저한 '무'를 근거로 하고 있음을 뜻하는 것이다.

2) 윤리관

장자는 앞에서도 말한 것처럼 절대적인 인간의 자유의 추구에 그 목표를 두고 있다. 그 방법에 있어서는 첫머리의 어슬렁어슬렁 노닒[逍遙遊]편에서도 볼 수 있는 것처럼 사람이란 아무것에도 거리낌이나 의지하는 데가 없는 이른바 '무대無待'의 경지에 이르러야 한다는 것이다. '무대'의 경지란 우리의 현상계에서부터 시작되는 것이다. 상대적인 가치는 일정한 기준에 의한 비교에 의하여 이루어지는 것이다. 그런데 사람들이 옳고 그르다든가, 크고 작다고 판단하는 가치 기준이란 언제나 자기 개인의 의식을 바탕으로 하고 있는 것이어서 절대적인 것이 못된다는 것이다.

따라서 사람이 그러한 상대적인 가치 기준을 초월하기 위해서는 기대는 곳이 없는 '무대'의 경지에 이르지 않으면 안 된다는 것이다. 기대는 곳이 없는 경지란 사람이 행동하고 의식하는 데 있어서 제약과 장애가 되는 모든 요소를 없애 버린, 완전히 자유로운 경지를 뜻한다. 그러기 위해서는 자기가 이미 지니고 있던 마음이나 자기의 욕망, 감정 같은 것을 모두 없애 버려야 한다. 심지어는 자기의 의식이나 존재까지도 잊어야만, 비로소 그가 추구하는 완전한 자유의 경지는 얻어지는 것이다. 그러므로 사람이 살아가는 데 있어서는 아무런 작위도 없는 '무위'의 경지에 이르러야 하며, 그것은 '자연'과 완전히 합치되는 것이다. 따라서 이 '무위 자연'은 장자의 윤리관을 대표하는 말이라 할 수 있을 것이다. 사람은 '무위 자연'함으로써 완전히 자유를 누리게 되어 불행으로부터 벗어날 수 있게 된다고 생각했던 것이다.

3) 인생관

장자는 사람의 죽음이란 삶과 같은 것이라고 생각한다. 그것은 앞에서도 지적한 것처럼 모든 현상계의 가치관을 부정하다 보면 당연히 이르게 되는 결론일 것이다. 또 그는 절대적인 자유의 경지에 도달하기 위하여 자기의 존재를 의식하지 않는 '무아'와 의식적인 행위를 하지 않는 '무위'를 주장하고 있다. 완전한 '무아'나 '무위'의 경지에 이른다면 결국 삶이란 죽음과 같아지는 수밖에 없을 것이다. 삶이 자연인 것처럼 죽음도 자연이라고 생각한 것이다. 한 번은 그가 꿈에 나비가 되어 훨훨 날아 다녔는데, 깨어나서 자기가 나비 꿈을 꾼 것인지, 나비가 사람으로서의 자기 꿈을 꾸고 있는 것인지 모르겠다고 말하고 있다. 이것만으로도 장자의 삶과 죽음에 대한 생각을 충분히 엿볼 수 있을 것이다. 다만 그의 죽음과 삶에 대한 초극超克은 불교에서와 같은 윤회설을 바탕으로 하고 있기 때문인 것은 아니다. 오히려 어느 경우에는 죽음을 통하여 그가 추구하던 절대적인 자유의 경지를 얻을 수 있다고까지 생각했던 것 같다.

이러한 죽음과 삶을 같은 것으로 보는 그의 견해는, 인간과 자연의 관계에 있어서는 자연히 만물은 모두가 한결같은 것이라는 생각을 지니게 한다. 그러한 사상은 '모든 사물은 한결같음[齊物論]'편에 가장 잘 드러나고 있다. 자연의 만물은 모두가 같은 본체에서 출발하여 우연히 어떤 경우에는 사람이 되고 어떤 경우에는 만물이 되었다는 것이다. 따라서 사람이라고 해서 만물 가운데에서 특출한 것이 못된다는 것이다. 오히려 사람은 만물과 일체의 것이므로 만물과 일체가 되는 존재 방법을 통하여 가장 이상적인 생활을 얻을 수 있다는 것이다. 만물과 일체가 된다는 것은 앞에서 이미 지적한 것처럼 '무위 자연'에 도달하는 것을 뜻한다.

한편 이러한 '무위 자연'의 주장은 결과적으로 숙명론宿命論에 도달할 수밖에 없게 된다. 사람의 빈부나 귀천은 모두가 숙명이라는 것이다. 그의 숙명론은 절대적인 것이기 때문에 사람의 생활에 있어서는 어떠한 인위도 존재해서는 안 된다. 사람에게 개인의 차가 있는 것은 마치 산이 높고 낮은 것과, 나무가 크고 작은 것과 마찬가지라는 것이다. 따라서 개인차란 사람의 '인위'에 의하여 고쳐질 수는 없는 것이 된다. 그러므로, 사람은 숙명에 자기를 맡기고 완전히 '자연'스러워야 된다는 것이다.

사람은 유능하거나 유용하려고 애쓸 필요가 없다. 오히려 '유용'보다는 '무용'이 '유능'보다는 '무능'이 사람의 본성에 가까운 것이라 생각하였다. '본성'을 따른다는 것은 곧 '도'를 따르는 것을 뜻하며, 그것은 또 '무위'와도 통한다. 따라서 모든 인위적인 행위는 '본성'을 해치는 것이라는 점에 있어서 잘못된 것이다. 장자는 심지어 유가들이 훌륭한 덕성으로 내세우는 인이나 의 같은 것까지도 인위적이라는 그릇된 점에서는 강도질이나 같은 일이라 논하고 있다. 그것은 모두가 '본성'에 어긋나는 행위라는 면에 있어서 같다는 것이다.

이상과 같은 장자의 인생관에 따라 장자가 설정하고 있는 이상적인 인간형이란 어떤 것인가? 그것은 완전히 '무위 자연'함으로써 인간이 지니는 모든 의식이나 행동상의 제약으로부터 완전히 해방된 자유로운 사람일 것이다. 다만 거기에는 명확하지는 않지만 몇 가지 등급을 생각하고 있었던 것으로 보인다. 『장자』에만도 군자君子에서부터 성인聖人·지인至人·신인神人·천인天人 등의 말이 보이는데 이들 사이에는 분명하지는 않지만 약간의 차이가 있다. 군자나 성인은 유가에서 말하는 군자나 성인의 경지를 약간 넘어선 사람들이라 보면 그만이겠지만 다음의 지인과 신인·천인의 구분은 '무위'의 정도에 따라 결정되는 듯하며, 명확한 정의를 내리기는 매우 어렵다.

7. 『장자』의 주해서

『장자』에 관한 중요한 주해서로는 다음과 같은 책들이 있다.

『장자주莊子注』, 진晉, 곽상郭象: 문장 해석에 중점
『장자소莊子疏』, 당唐, 성현영成玄英: 문장 해석

『장자익莊子翼』, 청淸, 초횡焦竑: 문장 해석

『장자인莊子因』, 청淸, 임운명林雲銘: 문장 해석

『남화진경해南華眞經解』, 청淸, 선영宣穎: 문장 해석

『독서잡지讀書雜誌』여론餘論, 청淸, 왕염손王念孫: 교감校勘에 중점

『장자평의莊子評議』, 청淸, 유월兪樾: 교감

『찰이札迻』, 청淸, 손이양孫詒讓: 교감

『장자집석莊子集釋』, 청淸, 곽경번郭慶藩: 문장 해석

『장자보주莊子補注』, 청淸, 해동奚侗: 문장 해석

『장자해고莊子解故』, 청淸, 장병린章炳麟: 훈고訓詁 중심

『장자의증莊子義證』, 민국民國, 마쉬룬馬叙倫: 훈고, 다만 문구 해석
  에 약점이 있음

『장자고莊子故』, 청淸, 마기창馬其昶: 교감, 훈고, 문장 해석 모두에
  힘쓰고 있음

『장자보정莊子補正』, 민국民國, 류운뎬劉文典: 교감

『장자교전莊子校詮』, 민국民國, 왕슈민王叔岷: 교감과 훈고에 뛰어남

『장자찬전莊子纂箋』, 민국民國, 첸무錢穆: 간결하면서도 교감과 훈고
  와 문장 해석에 뛰어남

이 밖에도 장자의 사상을 이해하기 위해서는 타이완대학 우캉吳康
교수의 『노장 철학老莊哲學』과 왕슈민 교수의 『장자통론莊子通論』이
좋은 참고서가 될 것이다.

내편
內篇

제1편

어슬렁어슬렁 노닒
逍遙遊

　'어슬렁어슬렁 노닌다'는 뜻의 '소요유(逍遙遊)'는, 속된 세상을 초월하여 아무런 거리낌없는 참된 자유로운 세계에 마음을 노닐게 하는 지극한 사람[至人]의 경지를 뜻하는 것이다. 보통 사람들은 현실 세계의 여러 가지 조건에 스스로 얽매여 자기 자신을 구속하고 있다. 명예와 욕망은 물론 근본적으로 사람들이 보통 지니고 있는 가치 판단의 기준부터가 자유로운 행동을 구속하는 원인이 된다. 크고 작다든가, 좋고 나쁘다는 것 같은 판단은 어디까지나 상대적인 것일 뿐이지 절대적인 것이 될 수가 없는 것이다. 만약 사람들이 이러한 상대적인 가치 기준에서 벗어나 이해 관계나 삶과 죽음 같은 것에 대한 의식으로부터 완전히 초월할 수 있다면, 그들은 자연 속에 융화되어 참된 자유로운 사람이 될 것이다. 사람이란 이처럼 아무런 거리낌없는 자유로운 몸과 마음을 지님으로써 참된 행복을 누리게 된다는 것이다. '어슬렁어슬렁 노닌다'는 '소요유'라는 제목 세 글자는 뒤에 나오는 본문의 "소요호침와기하(逍遙乎寢臥其下)"와 "유무궁(遊無窮)"에서 따다 붙인 것이다. 이런 뜻을 지닌 '어슬렁어슬렁 노닒'을 첫머리에 놓고 있는 것은 이것이 사람은 의식적인 행동으로부터 벗어나야 한다는 장자 사상의 출발이 되기 때문이다.

1

북극 바다에 고기가 있는데 그 이름을 곤鯤이라 하였다. 곤의 길이는 몇천 리나 되는지 알 수가 없다. 그것이 변하여 새가 되면 그 이름을 붕鵬이라 하는데, 붕의 등도 길이가 몇천 리나 되는지 알 수가 없다. 붕이 떨치고 날아 오르면 그 날개는 하늘에 드리운 구름과도 같았다. 이 새는 태풍이 바다 위에 불면 비로소 남극의 바다로 옮아갈 수 있게 된다. 남극 바다란 바로 천지天池인 것이다.

『제해齊諧』라는 책은 괴상한 일들을 기록한 것이다. 『제해』의 기록에 "붕이 남극 바다로 옮아 갈 적에는 물을 쳐서 삼천 리나 튀게 하고, 빙빙 돌며 회오리바람을 타고 구만 리나 올라가며, 육 개월을 날아가서야 쉬게 된다"고 하였다.

| 원문 |

北冥[1]有魚, 其名爲鯤.[2] 鯤之大, 不知其幾千里也. 化而爲鳥, 其名爲鵬.[3] 鵬之背, 不知其幾千里也. 怒[4]而飛, 其翼若垂天之雲. 是鳥也, 海運,[5] 則將徙於南冥. 南冥者, 天池[6]也.

齊諧[7]者, 志怪者也. 諧之言曰, 鵬之徙於南冥也, 水擊三千里, 搏[8]扶

---

1 北冥(북명) : 명(冥)은 명(溟)과 통하여 '바다'의 뜻. 따라서 '북명'은 땅의 북쪽 끝인 '북극에 있는 바다'를 뜻함.
2 鯤(곤) : 전설적인 물고기의 이름. 무한히 큼.
3 鵬(붕) : 전설적인 새 이름.
4 怒(노) : 성내다, 떨치다. 온 몸에 힘을 주는 것.
5 海運(해운) : 큰 바람이 불어 바다가 크게 움직이는 것. 붕은 너무 커서 이러한 큰 바람을 이용하여야만 날아 오를 수 있는 것이다.
6 天池(천지) : 하늘의 조화에 의하여 이룩된 바다라는 뜻.
7 齊諧(제해) : 책 이름. 제(齊)나라의 기이한 견문을 쓴 것이란 뜻. 해(諧)는 농담 또는 우스운 얘기의 뜻이니, 우스운 얘기를 쓴 책의 뜻으로 보아도 된다. 사람 이름으로 보는 사람도 있다.
8 搏(단) : 빙빙 도는 것. 박(搏)으로 된 판본도 있으며, 박(搏)은 박(拍)과 통하여 새가 날

搖[9]而上者九萬里, 去以六月息者也.

| 해설 |

장자는 먼저 일반 사람들이 지닌 가치 기준을 깨치기 위하여 말할 수도 없이 큰 물고기와 새를 등장시키고 있다. 아무리 큰 물고기나 새라 하더라도 현실적으로는 일정한 제약이 있는 것이다. 이 대목에 뒤이어 극히 작은 새와 벌레의 얘기가 나온다. 크고 작다는 것은 상대적인 판단이다. 아무런 전제도 없을 때 사람들에게는 큰 것도 작은 것도 있을 수가 없을 것이다. 무엇보다도 곤과 붕이라는 전설적인 물고기와 새의 얘기를 첫머리에서 읽음으로써 장자의 사상의 스케일과 문장의 힘이 느껴질 것이다.

이 때문에 장자의 글은 시 같다고도 한다.

2

아지랭이나 먼지는 생물의 숨결에도 날린다. 하늘이 파란 것은 그것이 본래의 빛일까? 그것이 멀어서 끝이 없기 때문일까? 그곳에서 아래를 내려다보아도 역시 이와 같을 따름일 것이다.

또한 물의 깊이가 깊지 않다면 큰 배를 띄울 만한 힘이 없을 것이다. 한 잔의 물을 웅덩이에 부어 놓으면 곧 지푸라기가 그곳에 배가 되어 뜨지만, 잔을 놓으면 땅에 붙어 버릴 것이다. 물은 얕은데 배가 크기 때문이다. 바람의 쌓임이 두껍지 않다면 거기에 큰 날개를 띄울 힘이 없을 것이다. 그러므로 구만 리나 올라가면 바람이 그만큼 아래

갯짓하는 것으로 보아도 통한다.
[9] 扶搖(부요) : 회오리바람이란 뜻의 표(飇)라는 글자 음을 갈라 놓은 것, 따라서 '회오리바람' 또는 '바람을 타고 도는 것'.

에 있게 되어 그렇게 된 다음에야 이제 바람을 탈 수 있게 된다. 푸른 하늘을 등짐으로써 아무런 거리낌이 없게 된 다음에야 이제 남쪽으로 날 수 있게 되는 것이다.

| 원문 |

野馬[1]也, 塵埃[2]也, 生物之以息相吹也. 天之蒼蒼.[3] 其正色邪? 其遠而無所至極[4]邪? 其視下也, 亦若是則已矣.

且夫水之積也不厚, 則負[5]大舟也無力. 覆[6]杯水於坳堂[7]之上, 則芥[8]爲之舟, 置杯焉則膠.[9] 水淺而舟大也. 風之積也不厚, 則其負大翼也無力. 故九萬里, 則風斯在下矣, 而後乃今培風,[10] 背負靑天而莫之夭閼[11]者, 而後乃今將圖南.

| 해설 |

붕 같은 큰 새가 큰 바람을 타고 나는 것은, 아지랭이나 먼지가 동물의 입김에 날리는 것과 같은 이치이다. 땅에서 하늘을 보면 하늘이 파랗지만 하늘에서 땅을 보면 땅이 파랄 것이다. 그처럼 크고 작은 것도 사람들이 지닌 기준에 의하여 상대적으로 생기는 것이지 본시부터 큰 것과 작은 것

---

1 野馬(야마) : 아지랭이, 유기(遊氣).
2 塵埃(진애) : 흙먼지.
3 蒼蒼(창창) : 짙푸른 것.
4 至極(지극) : 끝, 끝나는 곳.
5 負(부) : 짊어지다, 띄우다.
6 覆(복) : 뒤엎다.
7 坳堂(요당) : 땅이 움푹 파인 곳, 웅덩이.
8 芥(개) : 지푸라기.
9 膠(교) : 땅에 들러붙는 것.
10 培風(배풍) : 바람을 타는 것.
11 夭閼(요알) : 거리끼는 것, 막히는 것.

의 구별이 있는 것은 아니다.

그러나 역시 사람들이 크다는 것은 모든 조건이 커야만 제 구실을 하게 되고, 작은 것은 작은 조건 아래에서도 제 구실을 한다. 따라서 크고 작다는 것은 어떤 물건이 다른 조건들과 비교될 때 생기는 개념이지 본시부터 크고 작은 게 있는 것이 아니라는 것을 암시하고 있다.

3

매미와 작은 새가 그것을 보고 웃으면서 말하였다.

"우리는 펄쩍 날아 느릅나무 가지에 올라가 머문다. 때로는 거기에도 이르지 못하고 땅에 떨어지는 수도 있다. 무엇 때문에 구만 리나 높이 올라 남극까지 가는가?"

가까운 교외에 갔던 사람은 세 끼니의 밥을 먹고 돌아온다 해도 배는 그대로 부를 것이다. 백 리 길을 가려는 사람은 전날 밤에 양식을 찧어 준비한다. 천 리 길을 가려는 사람은 석 달 동안 양식을 모아 준비한다. 이 두 벌레는 또한 무엇을 아는가?

| 원문 |

蜩與學鳩[1]笑之曰; 我決起[2]而飛, 槍[3]楡枋,[4] 時則不至, 而控[5]於地而已矣. 奚以之九萬里而南爲?

適莽蒼[6]者, 三湌[7]而反, 腹猶果然.[8] 適百里者, 宿[9]舂糧.[10] 適千里者,

---

1 學鳩(학구) : 학(學)은 학(鷽)으로도 쓰며(釋文), 작은 새 이름.

2 決起(결기) : 푸드득 날아오르다.

3 槍(창) : 새가 나뭇가지에 올라 앉는 것.

4 楡枋(유방) : 느릅나무. 방(枋)은 분(枌)으로 씀이 옳으며(王闓運 說), 흰 느릅나무.

5 控(공) : 던져지다, 떨어지다.

三月聚糧. 之二蟲又何知?

| 해설 |

작은 벌레들도 날기는 한다. 그러나 작은 벌레나 새들로서는 붕새가 나는 뜻이나 그 번거로움은 이해하지 못한다.

4

작은 지혜는 큰 지혜에 미치지 못하고, 짧은 동안 사는 자는 오래 사는 자에 미치지 못한다. 어떻게 그러함을 아는가? 아침 버섯은 아침과 저녁을 알지 못한다. 쓰르라미는 봄과 가을을 알지 못한다. 이것들은 짧은 동안 사는 것들이다.

초楚나라의 남쪽에 명령冥靈이란 나무가 있는데, 오백 년을 한 봄으로 삼고 오백 년을 한 가을로 삼는다고 한다. 태고적에 대춘大椿이란 나무가 있었는데, 팔천 년을 한 봄으로 삼고 팔천 년을 한 가을로 삼았다고 한다.

그리고 팽조彭祖는 지금까지도 오래 산 사람으로 특히 유명하다. 보통 사람들이 그에게 자기 목숨을 견주려 한다면 또한 슬픈 일이 되지 않겠는가?

---

6 莽蒼(망창) : 파랗게 풀이 우거진 것, 가까운 교외의 모양을 가리키는 것(司馬彪 說).
7 三飱(삼손) : 세 끼니의 밥을 먹는 것, 곧 하루 종일.
8 果然(과연) : 배가 불룩한 모양.
9 宿(숙) : 전날 밤.
10 舂糧(용량) : 양식을 절구에 찧다.

小知不及大知, 小年不及大年. 奚以^{1}知其然也? 朝菌^{2}不知晦朔,^{3} 蟪蛄^{4}不知春秋. 此小年也.

楚之南有冥靈者. 以五百歲爲春, 五百歲爲秋. 上古有大椿者. 以八千歲爲春, 八千歲爲秋.

而彭祖^{5}乃今以久特聞. 衆人匹之, 不亦悲乎?

| 해설 |

여기에서는 작은 것과 큰 것을 대비시키면서, 작은 것과 큰 것들은 각기 자기의 분수가 있기는 하지만, 아무래도 견주어 볼 때에는 작은 것은 큰 것을 따르지 못함을 얘기하고 있다. 따라서 사람이란 사람으로서의 분수를 올바로 알아 처신해야지 목숨이 소중하다고 해서 칠백 년을 산 팽조와 자기의 생애를 견주어 보면 그의 삶은 비참한 것이 되고 만다는 것이다. 결국 대비에서 생기는 크고 작다는 등의 판단이 사람들의 불행의 원인이 된다는 것이다.

5

탕湯임금이 극棘에게 물었을 때에 이런 대답을 하였다. 궁발窮髮의 북쪽에 명해冥海란 바다가 있는데, 그것이 천지天池이다. 거기에 물고

---

1 奚以(해이) : 하이(何以)와 같은 말. 어떻게, 무엇으로.

2 朝菌(조균) : 아침에 나서 저녁이면 시드는 버섯.

3 晦朔(회삭) : 저녁과 아침.

4 蟪蛄(혜고) : 쓰르라미, 매미의 일종.

5 彭祖(팽조) : 성은 전(錢)이고 이름은 갱(鏗). 태고적 전욱(顓頊)의 현손(玄孫)으로 은(殷)나라 말엽에 이르기까지 767년을 살았어도 늙지 않았다 한다. 결국 나라에서 그를 죽이려 하자 어디론가 사라져 버렸다 한다(『神仙傳』).

기가 있는데 그 물고기의 넓이는 수천 리이고, 그 길이는 아는 사람이
란 없으며, 그 이름을 곤鯤이라 하였다. 거기에 또 새가 있는데 그 이
름을 붕鵬이라 하였다. 그 등은 태산 같았고 날개는 하늘에 드리운 구
름과 같았다. 빙빙 회오리바람을 타고 선회하면서 오르기를 구만 리
나 하여, 구름 기운도 끊이는 고도에서 푸른 하늘을 등진 다음에야 남
녘으로 향하는데 남극의 바다로 가려는 것이다.

　　작은 연못의 안鴳새가 그것을 보고 비웃으며 말하였다.

　　"저 자는 또 어디로 가는 것인가? 나는 펄쩍 날아 오르면 몇 길도
오르지 못하고 내려오며, 쑥대 사이를 오락가락하지만 이것도 역시
날아 다니는 극치인 것이다. 그런데 저 자는 어디로 가려는 것인가?"

　　이것이 작은 것과 큰 것의 분별인 것이다.

│ 원문 │

　　湯¹之問棘²也是已. 窮髮³之北, 有冥海⁴者, 天池也. 有魚焉, 其廣數
千里, 未有知其脩⁵者, 其名爲鯤. 有鳥焉, 其名爲鵬. 背若泰山, 翼若垂
天之雲. 搏扶搖羊角⁶而上者九萬里, 絶雲氣, 負靑天, 然後圖南, 且適南
冥也.

　　斥⁷鴳笑⁸之曰; 彼且奚適也? 我騰躍而上, 不過數仞而下. 翺翔蓬蒿之

1　湯(탕) : 은나라를 세운 임금. 그는 포악한 하(夏)나라 걸(桀)왕을 쳐부수고 천자가 되었음.
2　棘(극) : 사람 이름. 하극(夏棘).『열자(列子)』탕문(湯問)편에는 하혁(夏革)으로 씌어 있
　　다.
3　窮髮(궁발) : 북극 가까운 지방의 불모지 이름.
4　冥海(명해) : '어두운 북극의 바다'로 보아도 되고, 명(冥)을 명(溟)과 같은 뜻으로 보아
　　'바다'로 간단히 풀어도 된다.
5　脩(수) : 길이.
6　羊角(양각) : 양뿔처럼 빙빙 돌며 올라가는 모양.
7　斥(척) : 작은 연못(司馬彪 說).
8　鴳(안) : 작은 새 이름.

42

閒, 此亦飛之至[9]也. 而彼且奚適也?

　此小大之辨[10]也.

| 해설 |

　작은 것은 아무리 뽐내 보아도 일단 큰 것과 비교하게 되면 큰 것만 못하다는 것이다.

6

　그러므로, 지혜는 한 가지 벼슬을 감당할 만하고, 행실은 한 고을에서 뛰어나고, 덕은 한 임금을 모시기에 합당하고, 능력은 한 나라의 신임을 받을 만한 사람이 자신을 보는 것도 역시 이 안鷃새와 같다. 그런데 송영자宋榮子는 그런 사람들을 보면 픽 웃었다. 그는 또 온 세상이 칭찬을 한다 해도 더 신나지 않았고, 온 세상이 비난을 한다 해도 더 기죽는 일이 없었다. 그는 자기 자신과 밖의 일의 분수를 일정하게 알고 영예와 치욕의 한계를 분별하고 있었기 때문에 그럴 수 있었다. 그는 세상 일에 대하여 급급하지 않았다. 그렇지만 아직도 완전하지 못한 점이 있는 것이다.

　열자는 바람을 타고 다니는데 두둥실 날렵하기만 하였다. 그는 한 번 나서면 십오 일 만에야 돌아왔다. 그는 바람이 부는 것이 순조로운가 그렇지 않은가에 대해서는 마음 졸이는 일이 없었다. 그는 비록 걸어다니는 일은 면했다 하더라도 아직도 의지하는 데가 있는 것이다.

　만약 하늘과 땅의 참 모습을 타고 날씨의 변화를 부림으로써 무궁

---

9 飛之至(비지지) : 낢의 극치, 올바른 비행.
10 辨(변) : 변(辯)으로 쓴 판본도 있으나 같은 뜻으로, '분별', '구별'.

함에 노니는 사람이 있다면, 그는 또 어디에 의지하는 데가 있는가? 그러므로 지극한 사람은 자기가 없고, 신 같은 사람은 이룬 공이 없고, 성인은 이름이 없다고 하는 것이다.

| 원문 |

故夫知效**1**一官, 行比**2**一鄉, 德合一君, 而**3**徵**4**一國者, 其自視也, 亦若此矣. 而宋榮子**5**猶然**6**笑之. 且擧世而譽之而不加勸, 擧世而非之而不加沮,**7** 定乎內外**8**之分, 辨乎榮辱之竟. 斯已矣.**9** 彼其於世, 未數數然**10**也. 雖然, 猶有未樹**11**也.

夫列子**12**御風**13**而行, 泠然**14**善也. 旬**15**有五日而後反. 彼於致福**16**者, 未數數然也. 此雖免乎行, 猶有所待**17**者也.

若夫乘天地之正,**18** 而御六氣**19**之辯,**20** 以游無窮者, 彼且惡乎待哉?

---

1 效(효) : 벼슬을 맡아 '효험을 나타내는 것', '밝게 잘하는 것.'

2 比(비) : 전부와 견줄 만한다, 뛰어나다. '친하다'는 뜻으로 풀어도 된다.

3 而(이) : 능력, 재능(郭慶藩 說).

4 徵(징) : 신임을 받다.

5 宋榮子(송영자) : 송견(宋鈃 뒤의 '천하의 사상가들'편 참조). 송경(宋牼으로도 쓰며, '모욕을 당해도 욕되이 여기지 않는다'는 사상가.

6 猶然(유연) : 비웃는 모양.

7 沮(저) : 기운이 빠지다, 의기를 잃다.

8 內外(내외) : 안의 자기 자신과 밖의 물건들.

9 斯已矣(사이의) : 그러할 따름이다.

10 數數然(촉촉연) : 급급한 것, 마음을 쓰는 것.

11 樹(수) : 서는 것, 완전한 것.

12 列子(열자) : 이름은 어구(禦寇), 도가에 속하는 사상가로 저서에 『열자』가 있다.

13 御風(어풍) : 바람을 몰다, 바람을 타다.

14 泠然(영연) : 가볍고 묘하게 날아다니는 모양.

15 旬(순) : 열흘.

16 致福(치복) : 타고 다니는 바람이 뜻대로 순조롭게 불기를 바라는 것(章炳麟 說).

17 有所待(유소대) : 의지하는 곳이 있는 것.

18 天地之正(천지지정) : 하늘과 땅의 올바름, 자연의 진실한 모습.

19 六氣(육기) : 여섯 가지 기후. 흐리고, 볕 나고, 바람 불고, 비 오고, 어둡고, 밝은 것.

故曰; 至人²¹無己, 神人²²無功, 聖人無名.

| 해설 |

　사람이 아무리 훌륭하다 해도 일반 사람들의 가치 기준을 벗어나지 못한 사람은 결국 한계가 있게 마련이다. 뛰어난 사람 위에는 더 훌륭한 사람이 있고, 다시 그 위에는 바람을 타고 다니는 열자 같은 사람이 있다. 이들은 결국 자기가 설정한 가치 기준 때문에 언제나 그 기준에 얽매여 진정한 자유로운 인간이 되지 못한다. 진정 자유로운 훌륭한 사람은 일반 세상의 가치 기준을 초월한다. 열자 같은 신선도 바람을 타야만 하므로 완전한 경지에 도달한 사람은 못된다. 그래서 도를 닦은 지극한 사람은 자기의 존재조차도 잊게 되고, 신묘한 능력을 지닌 신인神人은 사람들이 의식도 못할 큰 일을 자연의 변화처럼 이룩하며, 지혜와 덕이 많은 성인聖人은 세상에 이름조차도 잘 알려지지 않게 된다는 것이다. 세상 사람들이 지니고 있는 판단 기준으로서는 그들의 위대함이나 업적과 공헌은 도저히 헤아릴 수도 없는 것이다.

7

　요堯임금이 천하를 허유許由에게 물려 주고자 하여 말하였다.

　"해와 달이 나와 있는데 횃불을 끄지 않는다 해도 그 빛을 내는 일이 어렵지 않겠습니까? 철에 맞는 비가 왔는데 여전히 물을 준다면 논밭에 미치는 효과에 있어 쓸데없는 수고가 되지 않겠습니까? 선생

---

20 ꜟ(변) : 변(變)과 통하여 '변화'.
21 至人(지인) : 충분한 도를 닦은 '지극한 사람'.
22 神人(신인) : 신묘한 능력을 가진 사람.

님이 임금 자리에 오르시면 천하가 다스려질 터인데도 제가 그대로 주인 노릇을 하고 있습니다. 제 스스로 결함이 있다고 여기고 있으니 부디 천하를 받아 주시기 바랍니다."

허유가 대답하였다.

"당신이 천하를 다스려 천하는 이미 다스려졌습니다. 그런데도 제가 당신을 대신한다면 명분을 위하는 일이 되지 않겠습니까? 명분이란 사실의 부수물과 같은 것입니다. 제가 부수물을 위해야 되겠습니까? 뱁새는 깊은 숲 속에 둥우리를 친다 해도 한 개의 나뭇가지를 사용할 따름이며, 두더지가 황하의 물을 마신다 하더라도 그것은 배를 채우는 데 지나지 않는 것입니다. 돌아가 쉬십시오. 임금님! 저는 천하를 맡는다 하더라도 소용이 없습니다. 숙수熟手가 비록 숙설간 일을 보지 않는다 하더라도 시축尸祝이 술그릇과 제기祭器를 넘어가 그의 일을 대신하지 않는 법입니다."

| 원문 |

堯¹讓天下於許由²曰; 日月出矣, 而爝火³不息, 其於光也, 不亦難乎?
時雨降矣, 而猶浸灌,⁴ 其於澤也, 不亦勞乎? 夫子立而天下治, 而我猶
尸⁵之. 吾自視缺然,⁶ 請致天下!

許由曰; 子治天下, 天下旣已治也. 而我猶代子, 吾將爲名乎? 名者,

---

1 堯(요) : 기원전 2300년을 전후하여 중국을 다스린 천자 이름. 그로부터 천자 자리를 물려받은 순임금과 함께 유가에서는 이상적인 정치를 행한 성군으로 받든다.
2 許由(허유) : 세상을 피하여 기산(箕山)에 숨어 살던 현인. 그는 요임금에게 임금 자리를 물려 주겠다는 소리를 들은 뒤, 귀가 더럽혀졌다 하여 냇가로 내려가 귀를 씻었다 한다.
3 爝火(작화) : 횃불.
4 浸灌(침관) : 논밭에 물을 대는 것.
5 尸(시) : 주인 노릇을 하다, 차지하다.
6 缺然(결연) : 결함이 있는 모양.

實之賓[7]也. 吾將爲賓乎? 鷦鷯[8]巢於深林, 不過一枝. 偃鼠[9]飲河, 不過滿腹. 歸休乎君, 予無所用天下爲. 庖人[10]雖不治庖, 尸祝[11]不越樽俎[12]而代之矣.

| 해설 |

　사람이란 각기 자기가 살아 나갈 분수와 방식이 있다. 그러니 되도록 쓸데없는 명분에 사로잡히지 말고 자유롭게 살아야 한다. 천자라는 것은 만인이 우러러보는 높은 지위이지만, 인간에게는 별로 쓸데없는 명분이라고 처리해 버리는 작자의 글에서 진실한 인간의 모습을 추구하는 그의 의기가 느껴진다. 전설에 의하면 허유는 요임금의 말을 듣고 나서 더러운 말이 귀를 더럽혔다 하여 기산箕山 아래 영수潁水로 내려가 자기 귀를 씻었다 한다. 마침 그 때 소에게 물을 먹이러 왔던 소부巢父는 영수의 물이 더러워졌다 하여 다시 소를 상류로 끌고 올라가 소에게 물을 먹였다 한다.

8

　견오肩吾가 연숙連叔에게 물었다.

　"나는 접여接輿의 말을 들은 적이 있습니다만, 하도 커서 끝이 없고 나가기만 하고 돌아올 줄은 모릅니다. 나는 그의 말에 놀라서 두려워지고, 그것이 마치 은하銀河처럼 끝없는 듯이 느껴졌습니다. 너무 크

---

7 賓(빈) : 손님. 주(主)와 대가 되어 '부수적인 것'.

8 鷦鷯(초료) : 뱁새, 조그만 새 이름.

9 偃鼠(언서) : 언(偃)은 흔히 언(鼴)으로 쓰며, '두더지', 몸집이 큰 쥐의 일종.

10 庖人(포인) : 숙수, 요리사,

11 尸祝(시축) : 시(尸)는 제사 지내는 신(神)을 대신하는 사람, 옛날에는 산 사람이 신주(神主) 노릇을 하였다. 축(祝)은 제사 지내는 주인을 대신하여 축도를 드리는 사람.

12 樽俎(준조) : 준은 술그릇, 조는 제물을 받쳐 놓는 그릇. 모두 제기(祭器)임.

고 엄청나게 상식에 벗어나는 것이었습니다."

연숙이 말하였다.

"그가 한 말이란 대체 어떤 것이었소?"

"막고야산藐姑射山에 신인神人이 살고 있었답니다. 살갗은 얼음이나 눈과 같고 나긋나긋하기가 처녀와 같았는데 오곡五穀을 먹지 않고 바람과 이슬을 마셨으며, 구름을 타고 나는 용을 몰면서 이 세상 밖에 노닐었다 합니다. 그의 신기神氣가 한데 엉기게 되면 만물이 상하거나 병드는 일이 없고 곡식들도 잘 여문다는 것입니다. 나는 그래서 허황하다 여기고 믿지 않았습니다."

연숙이 말하였다.

"그렇겠소. 장님은 무늬의 아름다움과 상관이 없고, 귀머거리는 악기의 소리와 관계가 없는 것이오. 어찌 오직 육체에만 장님과 귀머거리가 있겠소? 지능에도 역시 그것이 있는 것이오. 이 말은 바로 당신 같은 사람에게 적용될 것이오. 그 신인의 그러한 덕은 만물과 함께 어울려 하나가 되는 것이오. 세상이 스스로 다스려지도록 되어 있다면 누가 수고로이 천하를 위하여 일하겠소? 그 신인은 어떤 물건도 그를 손상시킬 수가 없소. 큰 장마물이 하늘에 닿게 된다 해도 물에 빠지지 않으며, 큰 가뭄에 쇠와 돌이 녹아 흐르고, 흙과 산이 탄다 해도 뜨거움을 느끼지 않소. 그는 티끌이나 때 또는 곡식의 쭉정이와 겨 같은 것으로도 요임금이나 순임금을 만들어 낼 만한데, 어찌 물건을 위하여 어떤 일을 하려 들겠소?"

| 원문 |

肩吾[1]問於連叔曰; 吾聞言於接輿,[2] 大而無當,[3] 往而不反. 吾驚怖[4]其

---

1 肩吾(견오) : 연숙(連叔)과 함께 도를 닦았던 사람 이름. 자세한 생애는 알 수 없다.

言, 猶河漢⁵而無極也. 大有逕庭,⁶ 不近人情⁷焉.

連叔曰; 其言謂何哉?

曰; 藐姑射⁸之山, 有神人居焉. 肌膚⁹若冰雪, 淖約¹⁰若處子. 不食五穀,¹¹ 吸風飲露. 乘雲氣, 御飛龍, 而遊乎四海之外. 其神凝,¹² 使物不疵癘¹³而年穀熟. 吾以是狂¹⁴而不信也.

連叔曰; 然. 瞽¹⁵者無以與乎文章¹⁶之觀. 聾¹⁷者無以與乎鍾鼓之聲. 豈唯形骸有聾盲哉? 夫知亦有之. 是其言也, 猶時女也. 之人也, 之德也, 將旁礡¹⁸萬物以爲一. 世蘄乎亂¹⁹孰弊弊焉²⁰以天下爲事? 之人也, 物莫之傷. 大浸²¹稽天, 而不溺. 大旱, 金石流, 土山焦, 而不熱. 是其塵垢粃糠²² 將猶陶鑄²³堯舜者也. 孰肯以物爲事?²⁴

---

2 接輿(접여) : 성은 육(陸), 이름은 통(通), 접여는 그의 자. 초(楚)나라의 세상을 버리고 숨어 살던 사람, 공자와 같은 시대 사람이다. 흔히 초광접여(楚狂接輿)라 부른다.

3 無當(무당) : 끝이 없다, 바닥이 없다.

4 驚怖(경포) : 크게 놀라 두려워하는 것.

5 河漢(하한) : 은하수.

6 逕庭(경정) : '경'은 작은 길이라 좁고, '정'은 뜰이라 넓다는 뜻으로 현격한 차이를 비유해 쓰는 말. 지나치게 멀리 떨어져 있는 것도 뜻함.

7 人情(인정) : 인간 세상의 실정, 일반 상식.

8 藐姑射(막고야) : 산 이름. '먼 곳의 고야산'이라 풀이하는 이도 있다.

9 肌膚(기부) : 살갗, 살결과 피부.

10 淖約(작약) : 부드러운 모양.

11 五穀(오곡) : 차기장·메기장·삼·콩·보리의 다섯 가지 대표적인 곡식.

12 凝(신응) : 신기(神氣)가 한곳으로 엉겨 집중되는 것.

13 疵癘(자려) : 상하고 병나는 것.

14 狂(광) : 미친 것, 허황된 것. 광(誆)과도 통함.

15 瞽(고) : 장님.

16 文章(문장) : 무늬.

17 聾(농) : 귀머거리.

18 旁礡(방박) : 한데 어울려 융화되는 것.

19 蘄乎亂(기호란) : 란(亂)을 치(治) '다스림'의 뜻으로 풀어, '다스려지기를 구하다', '스스로 다스려지다'의 뜻(姚鼐 說).

20 弊弊焉(폐폐언) : 수고롭게 일하는 모양.

21 大浸(대침) : 큰 장마.

　신인神人이란, 자연의 변화와 완전히 융화되어 세상의 모든 가치 판단 기준을 초월한 사람이다. 따라서 신인은 보통 사람들과는 행동이나 모습이 모두 다르기 때문에 사람들은 그의 참된 덕을 알아보지도 못한다.

9

　송宋나라 사람에 장보관章甫冠을 사 가지고 월越나라로 팔러 간 이가 있었다. 월나라 사람들은 머리를 짧게 깎고 문신文身을 하고 지내므로 관이 소용 없었다. 요堯임금이 천하의 백성들을 다스려 세상의 정치를 평화롭게 하였지만 분수汾水의 북쪽 막고야산藐姑射山으로 가서 네 분의 신인을 만나 보았더라면 까마득히 천하를 잊어버렸을 것이다.

| 원문 |

　宋人資¹章甫²而適³諸⁴越.⁵ 越人斷髮文身,⁶ 無所用之. 堯治天下之民, 平海內之政, 往見四子⁷藐姑射之山, 汾水⁸之陽,⁹ 窅然¹⁰喪其天下焉.

22　粃糠(비강) : 쭉정이와 겨.
23　陶鑄(도주) : 진흙으로 어떤 모양의 물건을 만들고, 쇠를 녹여 부어 어떤 모양의 물건을 만드는 것.
24　以物爲事(이물위사) : 세상의 사물과 관계되는 일을 하는 것. 사물을 위하여 일하는 것.

1　資(자) : 장사 밑천.
2　章甫(장보) : 은(殷)나라의 관.
3　適(적) : 가다.
4　諸(저) : 조사로. '지어(之於)'가 합쳐진 뜻과 음을 지닌 글자임.
5　越(월) : 지금의 절강성(浙江省)에 있던 나라의 이름.
6　文身(문신) : 몸에 먹이나 물감으로 무늬나 글자를 지워지지 않게 새기는 것.
7　四子(사자) : 앞에 보인 신인·접여·연숙·견오의 네 사람. 하늘과 땅[天地]편에 보이는

곽상郭象은 이곳의 비유에서 월나라 사람들은 요임금을 뜻하는 것이라 하였다. 그러나 반대로 요임금을 송나라 사람으로 보는 것이 좋을 것 같다. 요임금과 같은 정치는 속된 세상을 초월해 사는 신인들에게는 맞지 않는 것이라는 비유일 것이다.

10

혜자惠子가 장자에게 말하였다.

"위왕魏王이 큰 박씨를 내게 주었소. 내가 그것을 심었더니 자라서 다섯 섬들이의 열매가 열렸소. 여기에 물이나 장을 넣어 보니 물러서 제대로 들 수가 없었소. 그것을 쪼개 바가지를 만드니 펑퍼짐하기만 해서 아무것도 담을 수가 없었소. 정말로 휑하니 크기만 해서 나는 그것을 쓸 곳이 없다고 여기고 부숴 버렸소."

장자가 말하였다.

"선생께선 큰 것을 쓰는 법이 정말 졸렬하군요. 송宋나라 사람 중에 손이 트지 않는 약을 잘 만드는 사람이 있었는데 대대로 솜을 빼는 일에 종사하였소. 한 손님이 그 얘기를 듣고서 처방을 백금百金으로 살 것을 제의하였소. 그는 가족들을 모아 놓고 상의하였소. '우리는 대대로 솜을 빨았지만 겨우 몇 금을 버는 데 불과했다. 지금 하루 아침에 그 기술을 백금에 사겠다니 처방을 그에게 내주자.' 이래서 손님은 그

허유(許由)·설결(齧缺)·왕예(王倪)·피의(被衣)의 네 신인(神人)을 가리키는 말로 보는 이도 있다.

8 汾水(분수) : 지금의 산서성(山西省)에 있는 강 이름.

9 陽(양) : 강물의 경우에는 산과는 반대로 북쪽을 가리킴.

10 眘然(묘연) : 까마득한 모양.

처방을 얻어 가지고 오吳나라 임금에게 가서 유세를 하게 되었다오. 마침 월越나라가 침범해 와서 오나라의 임금은 그를 장수로 삼았소. 겨울철에 월나라 군사들을 물에서 맞아 싸워 크게 패배시켰소. 그 결과 그는 오나라에서 땅까지 봉해 받았소. 손을 트지 않게 하는 방법은 같은데도 어떤 이는 나라의 땅을 봉해 받고, 어떤 이는 솜을 빠는 일을 면치 못했으니, 이것은 쓰는 방법이 달랐기 때문이오. 지금 당신에게 다섯 섬들이 큰 박이 있다면 어찌하여 그것을 큰 배로 삼아 강호江湖에 띄워 둘 생각은 하지 않소? 그리고는 그것이 펑퍼짐하여 아무것도 담을 것이 없는 것만을 걱정했으니, 선생은 옹졸한 마음을 지닌 분이구려."

| 원문 |

惠子[1]謂莊子曰; 魏王[2]貽[3]我大瓠[4]之種, 我樹之, 成而實五石. 以盛[5]水漿,[6] 其堅不能自擧也. 剖之以爲瓢,[7] 則瓠落[8]無所容. 非不呺然[9]大也, 吾爲其無用而掊之.

莊子曰; 夫子固拙於用大矣. 宋人有善爲不龜手[10]之藥者, 世世以洴澼[11]絖[12]爲事.[13] 客聞之, 請買其方百金. 聚族而謀曰; 我世世爲洴澼絖,

---

1 惠子(혜자) : 본 이름은 혜시(惠施). 장자의 친구로서 이 책에 그의 이름이 자주 보이며, 양(梁)나라 재상을 지냈다. 사상적으로는 명가(名家)에 속하는 궤변론자로 알려져 있다. 장자도 그의 논리 전개에 있어 혜자로부터 적지 않게 그 기술을 배웠던 것 같다.

2 魏王(위왕) : 양(梁)나라 혜왕(惠王).

3 貽(이) : 보내주다, 선물하다.

4 瓠(호) : 박, 표주박.

5 盛(성) : 담다.

6 水漿(수장) : 물과 간장, 마시는 음료.

7 瓢(표) : 박, 표주박,

8 瓠落(호락) 펑퍼짐한 것, 평평하고 낮은 것.

9 呺然(호연) : 텅 빈 모양, 큰 모양.

10 龜手(균수) : 손이 얼어 살갗이 터지는 것.

不過數金. 今一朝而鬻技**14**百金, 請與之. 客得之, 以說**15**吳王. 越有難,**16** 吳王使之將. 冬與越人水戰, 大敗越人, 裂地而封之. 能不龜手一也. 或以封, 或不免於洴澼絖, 則所用之異也. 今子有五石之瓠, 何不慮以爲大樽,**17** 而浮乎江湖? 而憂其瓠落無所用, 則夫子猶有蓬之心**18**也夫.

| 해설 |

보통 사람이 너무 커서 쓸 곳이 없다고 생각되는 것도 더 큰 안목에서 보면 나름대로 쓸 곳이 있다. 이른바 '무용無用의 쓰임'인 것이다. 일반 사람들이 지니는 물건의 작용에 대한 기대를 초월할 때, 모든 물건은 제각기 모두 쓰일 곳이 있게 된다. 쓰일 곳이 생길 뿐만 아니라 한 걸음 더 나아가 더 크고 올바르고 참된 쓰임을 지니게 될 것이다.

11

혜자가 장자에게 말하였다.

"나 있는 곳에 큰 나무가 있는데 사람들은 그것을 개똥나무라 부르오. 그 큰 줄기에는 혹이 많이 붙어 있어서 먹줄을 칠 수가 없고, 그 작은 가지들은 뒤틀려 있어서 자를 댈 수도 없소. 길가에 서 있지만 목

---

11 洴澼(병벽) : 솜을 방망이로 치며 물에 빠는 것.
12 絖(광) : 솜.
13 爲事(위사) : 일삼다, 종사하다.
14 鬻技(육기) : 재주를 팔다.
15 說(세) : 유세하다. 자기의 생각이나 방법을 가지고 임금을 설득시키는 것.
16 難(난) : 난리를 일으키다, 침략하다.
17 樽(준) : 허리에 매고 물에 떠다니는 배의 일종(司馬彪 說).
18 蓬之心(봉지심) : 쑥대 같은 마음. 쑥대는 쑥쑥 자라지 못하므로 막히고 옹졸한 데 비유한 것이다.

수들도 거들떠 보지 않소. 지금 당신의 말도 크기만 했지 쓸 곳은 없으니 모든 사람들이 상대도 안할 것이오."

장자가 말하였다.

"당신은 홀로 살쾡이와 족제비를 보지 못했소? 몸을 낮추고 엎드려서 튀어나올 먹이를 노리지만, 동쪽 서쪽으로 뛰어다니며 높고 낮음을 꺼리지 않다가 덫이나 그물에 걸려 죽고 마오. 지금 리우犛牛란 소는 그 크기가 하늘에 드리운 구름과 같소. 이 놈은 큰 일은 할 수 있지만 쥐는 잡지 못하오. 지금 당신은 큰 나무를 가지고 그것이 쓸데가 없다고 근심하고 있소. 어째서 아무것도 없는 고장, 광막한 들에다 그것을 심어 놓고, 하는 일 없이 그 곁을 왔다갔다하거나 그 아래 어슬렁거리다가 드러누워 낮잠을 자지 않소? 그 나무는 도끼에 일찍 찍히지 않을 것이고, 아무것도 그것을 해치지 않을 것이오. 쓸데가 없다고 하여 어찌 마음의 괴로움이 된단 말이오?"

| 원문 |

惠子謂莊子曰; 吾有大樹, 人謂之樗,[1] 其大本擁腫[2]而不中繩墨,[3] 其小枝卷曲而不中規矩,[4] 立之塗,[5] 匠者[6]不顧. 今子之言, 大而無用, 衆所同去也.

莊子曰; 子獨不見狸狌[7]乎? 卑身而伏, 以候敖者,[8] 東西跳梁,[9] 不避[10]

---

1 樗(저) : 개똥나무. 잎에선 냄새가 나고, 줄기나 가지는 아무데도 쓸 곳이 없는 나무.
2 擁腫(옹종) : 이리저리 혹이 튀어나온 것.
3 繩墨(승묵) : 목수들이 나무를 똑바로 가늠할 때 쓰는 먹줄.
4 規矩(규구) : 목수들이 원을 그릴 때 쓰는 그림쇠와 90도 각도를 가늠할 때 쓰는 굽은 자.
5 塗(도) : 길, 도(途)와 같은 글자.
6 匠者(장자) : 목수, 장인(匠人).
7 狸狌(이생) : 살쾡이 또는 들고양이와 족제비.
8 敖者(오자) : 튀어나오는 놈, 곧 살쾡이와 족제비의 밥이 되는 들쥐 같은 것.
9 跳梁(도량) : 뛰어다니는 것.

高下, 中於機辟,[11] 死於罔罟.[12] 今夫斄牛,[13] 其大若垂天之雲. 此能爲大矣, 而不能執鼠. 今子有大樹, 患其無用. 何不樹之於無何有之鄕,[14] 廣莫之野,[15] 彷徨[16]乎無爲其側, 逍遙[17]乎寢臥其下? 不夭[18]斤斧,[19] 物無害者. 無所可用, 安所困苦哉?

| 해설 |

쓸데가 없다는 무용無用이야말로 크게 쓰일 수 있는 것임을 강조한 대목이다. 사람들이 쓸 곳이 없다고 생각하는 것일수록 일반적인 관점을 뛰어넘는 안목에서 볼 때에는 더욱 크게 쓰일 수가 있는 것이다. 따라서 속된 세상의 가치 판단 기준이나 속된 생각에 얽매이지 말아야 한다는 것이다. 아무 일도 하지 않으면서, '노니는 경지에 처신하는 것'이 '어슬렁어슬렁 노닒[逍遙遊]'이다. 사람의 이성을 초월하여 크고 작다든가 좋고 나쁜 것을 분별하는 어리석음을 버리고 '무위 자연'의 세계에 몸을 둘 것을 가르치는 것이 이 첫 장의 요지이다.

---

10 不避(불피) : 피하지 않다, 가리지 않다.
11 機辟(기벽) : 덫.
12 罔罟(망고) : 짐승 잡는 그물.
13 斄牛(이우) : 중국 서남 지방에 살던 들소의 일종.
14 無何有之鄕(무하유지향) : 아무것도 없는 고장, 무(無)의 이상향.
15 廣莫之野(광막지야) : 한없이 넓은 들, 아무것도 거리끼는 것이 없는 고장.
16 彷徨(방황) : 왔다갔다 하는 것.
17 逍遙(소요) : 하는 일 없이 노니는 것.
18 夭(요) : 젊어서 일찍 죽는 것.
19 斤斧(근부) : 도끼.

제 2 편

모든 사물은 한결같음
齊物論

　'제물(齊物)'이란 모든 사물을 한결같이 똑같은 것으로 본다는 뜻이다. 세상의 일반적인 가치관을 초월하여 높은 경지에서 볼 때, 모든 사물은 한결같이 보이는 것이다. '제물론(齊物論)'을 '물론(物論)을 한결같이 하나'라고 보는 것으로 풀이하는 이도 있다(王應麟 說). '물론'이란 유가를 비롯한 제자 백가들의 사물에 대한 논의를 뜻한다. 장자처럼 높은 경지에서 볼 때, 이들 제자(諸子)의 이론은 한낱 티끌이나 부스러기 같은 것이 된다. 이들의 작은 지혜에서 나온 '물론'을 초극함으로써 사람들은 자연과 융화되어 참다운 평화로운 삶을 누리게 된다는 것이다.

　따라서 이 편에서는 보통 사람들의 지혜에 의하여 처리되는 여러 가지 일들이 하나하나 비판된다.

1

남곽자기南郭子綦가 안석案席에 기대어 앉아서 하늘을 우러러 긴 숨을 내뿜고 있는데, 멍한 것이 그 자신조차도 잃고 있는 듯하였다.

안성자유顔成子游가 그 앞에서 시중 들고 있다가 말하였다.

"어째서 그러고 계십니까? 몸은 본시부터 마른 나무처럼 만들 수가 있는 것입니까? 마음은 본시부터 불 꺼진 재처럼 만들 수가 있는 것입니까? 오늘 안석에 기대고 계신 모습은 전날 안석에 기대고 계셨던 모습과 다릅니다."

자기가 말하였다.

"언偃아, 질문 참 잘하였다. 지금 내가 나 자신을 잃고 있는 것을 너는 알았느냐? 너는 사람들의 피리 소리는 들었겠지만 땅의 피리 소리는 듣지 못했을 것이다. 네가 땅의 피리 소리를 들었다 하더라도 하늘의 피리 소리는 듣지 못했을 것이다."

자유가 말하였다.

"감히 그 도리를 여쭙고자 합니다."

자기가 말하였다.

"대지가 기운을 내뿜는 것을 바람이라 말한다. 이것이 일어나지 않으면 그뿐이지만, 일어나기만 하면 모든 구멍이 성난 듯 울부짖는다. 그대만이 그 씽씽 부는 소리를 듣지 못하겠는가? 산 숲이 높다란 것과 백 아름 되는 큰 나무의 구멍들이 코와도 같고 입과도 같고 귀와도 같으며, 목이 긴 병과도 같고 술잔과도 같고, 절구통과도 같고, 깊은 웅덩이 같은 놈에 얕은 웅덩이 같은 놈도 있다. 큰 소리로 부르는 소리, 크게 성내는 소리, 꾸짖는 소리, 바람 들이마시는 소리, 외치는 소리, 큰 소리내어 곡하는 소리, 둔하게 울리는 소리, 맑게 울리는 소리를 낸다. 앞의 것들이 우우 하고 소리를 내면 뒤따르는 것들도 오오 하고 소리를 낸다. 소슬바람에는 작은 소리로 화창和唱하고, 회오리바

람에는 큰 소리로 화창한다. 사나운 바람이 자면 모든 구멍들은 텅 비
게 된다. 그대만이 살랑살랑 펄렁펄렁거리는 것을 보지 못하였는
가?"

자유가 말하였다.

"땅의 피리 소리란 바로 여러 구멍에서 나는 것임을 알았습니다. 사
람의 피리 소리란 바로 피리에서 나는 것임을 알았습니다. 감히 하늘
의 피리 소리에 관하여 여쭙고자 합니다."

자기가 말했다.

"온갖 물건을 불어서 모두 제각기 다른 자기 소리를 내게 하는데 모
두가 그 스스로 작용을 하지만, 성난 듯 소리치는 것은 누가 그렇게
만드는 것이겠느냐?"

| 원문 |

南郭子綦**1**隱几**2**而坐, 仰天而噓,**3** 荅焉**4**似喪其耦.**5** 顔成子游**6**立侍乎
前. 曰; 何居乎?**7** 形固可使如槁木, 而心固可使如死灰乎? 今之隱几者,
非昔之隱几者也.

子綦曰; 偃! 不亦善乎, 而問之也.**8** 今者吾喪我, 汝知之乎? 汝聞人

---

1 南郭子綦(남곽자기) : 초(楚)나라 소왕(昭王)의 서제(庶弟). 남쪽 외성 쪽에 살았다고 해
   서 그렇게 부르게 되었다.
2 隱几(은궤) : '궤'는 궤(机)로도 쓰며, '안석에 몸을 기대는 것'.
3 噓(허) : 길게 숨을 내뿜는 것.
4 荅焉(탑언) : 정신이 나간 모양. 멍청한 것.
5 耦(우) : 우(偶)와 통하는 글자로, 짝의 뜻. 여기서는 몸을 가리킴. 정신의 짝이 된다는 뜻
   을 지녔다(司馬彪 說).
6 顔成子游(안성자유) : 성이 안성, 자유는 그의 자이며, 이름은 언(偃)이라 하였다.
7 何居乎(하거호) : 어째서 그러고 계십니까? '거'를 조사로 보고 "어찌된 일입니까?"로 풀
   어도 된다.
8 不亦善乎, 而問之也(불역선호이문지야) : "매우 훌륭하다. 그대의 질문은!" 곧 "질문 잘
   했다!"는 뜻.

籟[9]而未聞地籟. 汝聞地籟而未聞天籟夫.

子游曰; 敢問其方?[10]

子綦曰; 夫大塊[11]噫氣,[12] 其名爲風. 是唯無作, 作則萬竅[13]怒呺.[14] 而獨不聞之翏翏[15]乎? 山林之畏隹,[16] 大木百圍之竅穴, 似鼻, 似口, 似耳, 似枅,[17] 似圈,[18] 似臼, 似洼[19]者, 似汚[20]者. 激[21]者. 謞[22]者, 叱者, 吸者, 叫者, 譹[23]者, 宎[24]者, 咬[25]者. 前者唱于,[26] 而隨者唱喁. 泠風[27]則小和, 飄風[28]則大和. 厲風[29]濟, 則衆竅爲虛. 而獨不見之調調[30]之刁刁[31]乎?

子游曰; 地籟則衆竅是已, 人籟則比竹[32]是已, 敢問天籟?

---

9 籟(뢰) : 피리, 피리 소리. 여기서는 사람을 비롯하여 자연에서 나는 모든 소리를 대표한다.

10 方(방) : 방도, 도리.

11 大塊(대괴) : 대지.

12 噫氣(애기) : 기운을 내뿜다, 재채기를 하다.

13 竅(규) : 구멍, 굴.

14 怒呺(노호) : 성난 듯 울부짖는 것.

15 翏翏(요료) : 바람이 거세게 부는 소리.

16 畏隹(외최) : '외'는 외(巍), '최'는 최(崔)와 통하여 산이 높은 모양. 이 앞의 산림(山林)의 '림' 자를 릉(陵)자로 쓰는 것이 옳다고 보는 이도 있다(奚洞 說).

17 枅(견) : 견(銒)과 통하여 '목이 긴 병'(洪頤煊 說). 보통은 '계'로 읽고, 기둥 위에 가로 댄 나무로 풀이하나 적합하지 않다.

18 圈(권) : 술잔.

19 洼(와) : 깊은 웅덩이.

20 汚(오) : 얕은 웅덩이.

21 激(교) : 교(噭)와 통하여 큰 소리로 부르는 소리.

22 謞(호) : 효(嗃)와 통하여 크게 성내는 소리.

23 譹(호) : 호(號)와 통하여 호곡(號哭)하는 것, 큰 소리내어 곡하는 것.

24 宎(요) : 깊은 곳에서 나는 나직이 울리는 소리.

25 咬(교) : 새가 우는 것 같은 높고 맑은 소리.

26 于(우) : 뒤의 우(喁)와 함께 '소리'.

27 泠風(영풍) : 소슬바람.

28 飄風(표풍) : 회오리 바람.

29 厲風(여풍) : 사나운 바람.

30 調調(조조) : 크게 흔들리는 모양.

31 刁刁(조조) : 작게 흔들리는 모양.

32 比竹(비죽) : 대나무를 나란히 하여 만든 악기. 피리나 생(笙) 같은 것.

子綦曰; 夫吹萬不同, 而使其自己³³也, 咸其自取, 怒者其誰邪?

| 해설 |

남곽자기는 자기 자신도 잊고 하늘의 피리 소리와 벗하는 경지에 놓여 있다. 그야말로 도가에서 말하는 참된 사람[眞人]이다. 자연의 피리 소리 중에는 사람들이 내는 소리가 있고, 대지가 내는 소리가 있으며, 이를 통틀어 존재케 하는 자연의 소리인 '하늘의 피리 소리[天籟]'가 있는 것이다.

이 대목을 보면, 장자의 사상을 알 듯하면서도 알 수 없는 것으로 느껴지지만, 은연중 그 속으로 끌려 들어가게 하는 그의 문장력이 더욱 실감나게 한다.

2

큰 지혜를 지닌 사람은 여유가 있지만 작은 지혜를 지닌 사람은 남의 눈치만 본다. 위대한 말은 담담하고 너절한 말은 수다스럽기만 한다. 잠잘 때에는 혼백에 의해 꿈을 꾸고, 깨어나면 몸에 의해 활동한다. 외물外物을 접하게 되면 어지러워져 매일처럼 마음은 갈등을 일으킨다. 그렇지만 너그러운 자도 있고 심각한 자도 있으며 꼼꼼한 자도 있다. 두려움이 작을 때에는 두려워 떨지만 두려움이 크면 멍청해진다.

쇠뇌의 줄을 튕기는 것처럼 그것이 튀어나온다는 말은 그들이 시비를 가릴 적에 알맞은 표현이다. 신에게 맹세한 것처럼 그것이 꿈쩍도 하지 않았다는 말은 그들이 남을 이기려는 입장을 지키는 것을 잘 표현한 말이다. 가을이나 겨울처럼 쇠해져 간다는 말은 그들이 날로 쇠

---

33 自己(자기) : 구멍들이 스스로 자기 모양에 따라 소리를 내는 것.

약하고 있음을 잘 표현한 것이다. 그들은 이렇게 하는 일에 자꾸만 빠져 들어가 다시는 돌이킬 수 없게 된다. 묶여진 것처럼 그들의 욕망에 억눌린다는 말은 그들이 늙으면서 시들어져 감을 표현한 것이다. 죽음에 가까워진 자의 마음은 다시 소생케 할 수가 없는 것이다.

| 원문 |

大知閑閑,[1] 小知閒閒,[2] 大言炎炎,[3] 小言詹詹.[4] 其寐也魂交,[5] 其覺也形開.[6] 與接[7]爲構,[8] 日以心鬪.[9] 縵[10]者, 窖[11]者, 密者. 小恐惴惴,[12] 大恐縵縵.[13]

其發若機栝,[14] 其司是非之謂也. 其留如詛盟,[15] 其守勝之謂也. 其殺[16]若秋冬, 以言其日消[17]也. 其溺之所爲,[18] 之不可使復之也. 其厭[19]也如緘,[20] 以言其老洫[21]也. 近死之心, 莫使復陽[22]也.

---

1 閑閑(한한) : 여유 있고 조용한 모양.
2 閒閒(간간) : 남의 눈치를 보는 모양.
3 炎炎(담담) : 담(炎)은 담(淡)과 통하여, 담담한 것, 아무 맛도 없는 것.
4 詹詹(첨첨) : 수다스러운 모양.
5 魂交(혼교) : 혼백이 교접되어 꿈을 꾸는 것(陸長庚 說).
6 形開(형개) : 몸이 활동하는 것.
7 與接(여접) : 여물접(與物接), 곧 밖의 사물에 접하는 것.
8 構(구) : 교섭을 갖다, 어지럽게 되다.
9 心鬪(심투) : 마음이 다투다. 마음에 갈등이 생기는 것.
10 縵(만) : 마음이 너그러운 것.
11 窖(고) : 심각한 것.
12 惴惴(췌췌) : 두려워하는 모양.
13 縵縵(만만) : 정신을 잃어 겉으로는 조용해 보이는 것.
14 機栝(기괄) : '기'는 쇠뇌의 화살을 재는 곳, '괄'은 화살 꼬리.
15 詛盟(저맹) : 신에게 맹세하는 것.
16 殺(살) : 쇠하는 것.
17 日消(일소) : 날로 기운이 없어져 가는 것.
18 溺之所爲(익지소위) : 하는 일에 빠져들어 가는 것. 여기서 지(之)는 와(於)와 같이 새긴다(吳汝綸 說).
19 厭(염) : 억눌리다, 막히다.

　사람들은 여러 가지 성격을 가지고 있다. 그러나 모두 자기 위주의 욕망이나 지혜 때문에 일생을 불안 속에 보낸다. 작은 지혜가 있고 말에도 작은 것이 있다고 했지만, 사람들은 거의 모두가 이러한 작은 범위를 벗어나지 못하는 것이다.

3

　기쁨과 노여움과 슬픔과 즐거움과 걱정과 탄식과 변덕과 고집스러움 및 경박함과 방탕함과 뽐냄과 허세 같은 사람의 마음이, 음악이 공간에서 생겨나고 버섯이 수증기로 말미암아 자라나는 것처럼, 밤낮으로 우리 앞에 서로 엇바뀌어 나타나지만, 그러나 그 싹이 트는 곳을 알지 못한다. 아아, 안타까워라! 아침 저녁으로 이것들이 나타남은 그 근원이 있어서 생기는 것이 아닌가!

　그것들이 아니면 나도 존재할 수 없고, 내가 아니면 그것들도 의지할 곳이 없게 될 것이다. 이것들은 나와 가까운 것일 터인데도 그렇게 만드는 것이 무엇인지는 알지 못한다. 혹 참된 주재자主宰者가 있을 법도 하지만 특별한 그 증거를 잡아낼 수는 없다. 그것의 작용에 대해서는 이미 믿고 있다 하더라도 그 형체는 볼 수가 없다. 그러한 실정은 존재하나 그 형체는 존재하지 않는 것이다.

　사람에게는 백 개의 뼈대와 아홉 개의 구멍과 여섯 가지의 내장이 모두 갖추어져 있다. 우리는 그 중 어느 것과 친한가? 당신은 그것을

---

20 緘(함) : 묶이다.
21 洫(혁) : 시드는 것, 고갈되는 것(錢穆 說).
22 暘(양) : 소생하는 것.

모두 좋아하는가? 그 중 특별히 사랑하는 것이 있는가? 모두가 같다면 그 모든 것이 신하와 첩 같은 것인가? 그러한 신하나 첩 같은 것들은 서로 다스릴 수가 없는 것이 아닌가? 그것들이 번갈아 가며 서로 임금이 되었다 신하가 되었다 하는가? 그래도 참된 임금은 따로 존재할 것이다. 그 실정을 이해하는 것과 이해하지 못하는 것은 그 참된 지배자의 존재에 아무런 영향도 주지 못할 것이다.

| 원문 |

喜怒哀樂, 慮嘆變慹,[1] 姚佚[2]啓態,[3] 樂出虛, 蒸[4]成菌.[5] 日夜相代[6]乎前, 而莫知其所萌.[7] 已乎,[8] 已乎荼![9] 且暮得此, 其所由以生乎!

非彼無我,[10] 非我無所取. 是亦近矣, 而不知其所爲使. 若有眞宰,[11] 而特不得其朕.[12] 可行[13]已信, 而不見其形. 有情[14]而無形.

百骸[15]九竅[16]六藏,[17] 賅[18]而存焉. 吾誰與爲親? 汝皆說之乎? 其有私[19]

---

1 變慹(변집) : 변덕 부리는 마음과 두려워하는 마음, 또는 잘 변하는 마음과 잘 움직이지 않는 마음.
2 姚佚(요일) : 요(姚)는 조(佻)와 통하여, 경박함과 방탕함.
3 啓態(계태) : 드러내 놓고 뽐내는 것과 일부러 허세를 부리는 것.
4 蒸(증) : 수증기.
5 菌(균) : 버섯.
6 相代(상대) : 서로 바뀌는 것.
7 萌(맹) : 싹, 근원.
8 已乎(이호) : 이(已)는 희(噫)와 통하여 감탄사, 아아! 또는 '끝장이다'라는 절망을 나타냄.
9 荼(날) : 고달프다, 안타깝다.
10 非彼無我(비피무아) : 그것이 아니면 내가 없다. 그것이란 앞에서 든 여러 가지 사람의 감정의 근원을 가리킨다.
11 眞宰(진재) : 참된 주재자, 우주의 지배자, 조물주.
12 朕(짐) : 조짐, 흔적.
13 可行(가행) : 행동케 하는 것, 참된 주재자의 작용이 드러나는 것.
14 情(정) : 실정, 정상(情狀).
15 百骸(백해) : 백 개의 뼈대, 백이란 숫자는 많음을 형용한 것이다.
16 九竅(구규) : 눈, 코, 입, 귀, 소변 누는 곳, 대변 누는 곳,

焉? 如是皆有爲臣妾乎? 其臣妾不足以相治乎? 其遞相爲君臣乎? 其有
眞君[20]存焉. 如求得其情與不得, 無益損乎其眞.

| 해설 |

　사람에게는 여러 가지 감정이 있지만, 그 감정이 어디에 근원을 두고
있는지는 모른다. 그러나 감정이 우리 눈앞에 나타나고 있는 이상, 그 근
원도 반드시 있을 것이다. 그 근원은 참된 우주의 지배자인지도 모른다.
장자는 그러한 감정과 감정의 근원의 관계를 자연과 주재자의 관계로까
지 연결짓고 있다.

　사람의 몸도 마찬가지이다. 몸의 여러 부분은 모두가 개인의 뜻에 의하
여 움직여지는 것은 아니다. 그것을 움직이고 있는 참된 지배자는 따로 있
는 듯하다. 이 몸과 지배자도 자연과 자연의 주재자의 관계로 발전된다.

　따라서 사람은 몸과 마음의 움직임이나 상태가 자연과 합치되어야 한
다. 자기 마음이나 지혜에 바탕을 둔 감정이나 행동이 뜻 없는 것이라는
논리가 여기에서 이루어질 근거를 갖게 되는 것이다.

4

　일단 그의 형체를 받고 태어났으면 몸을 손상시키지 않고 그것이
다해지기를 기다려야 한다. 밖의 물건들과 서로 맞서서 마찰을 일으
켜 인생을 뜀박질하듯 살아가면서 그 발길을 멈추지 못한다면 매우
슬픈 일이 아니겠는가? 평생을 발버둥치면서도 그가 이루어 놓은 공

---

17 六藏(육장) : 여섯 가지 내장. 심장, 간장, 비장, 폐, 신장(둘).
18 賅(해) : 갖추어져 있는 것.
19 私(사) : 한 가지만 특별히 더 사랑하는 것.
20 眞君(진군) : 참된 임금, 앞의 진재(眞宰)와 같은 말.

은 하나도 없고 나른히 일에 지쳤으면서도 그 일의 귀결은 알지 못한다면 어찌 가엾지 않겠는가? 사람들이 그를 보고 죽지 않았다고 말한들 무슨 보탬이 되겠는가? 그의 육체의 노화를 따라 그의 마음도 그와 같이 노화한다면 어찌 큰 슬픔이라 말하지 않을 수가 있겠는가? 사람의 삶이란 본시부터 이처럼 아둔한 것일까? 나만이 홀로 아둔하고, 사람들 중에는 아둔하지 않은 이들도 있는 것일까?

| 원문 |

一受其成形,[1] 不亡[2]以待盡.[3] 與物相刃[4]相靡,[5] 其行盡如馳, 而莫之能止, 不亦悲乎? 終身役役,[6] 而不見其成功, 苶然[7]疲役, 而不知其所歸, 可不哀邪? 人謂之不死, 奚益? 其形化,[8] 其心與之然,[9] 可不謂大哀乎? 人之生也, 固若是芒[10]乎? 其我獨芒, 而人亦有不芒者乎?

| 해설 |

사람이란 이 세상에 한 번 태어났으면 자연스럽게 살다가 죽으면 된다는 것이다. 자기의 육체를 위하여 외부 세계와 항상 마찰을 일삼거나, 평생을 고달프게 살아 가는 자들처럼 가련한 사람들은 없다. 또 몸이 늙는다고 해서 마음까지도 이를 따라 늘 근심하며 함께 늙어 갈 필요는 없다. 자

---

1 成形(성형) : 형체가 이루어지다, 형체를 갖추고 태어나다.
2 不亡(불망) : 몸을 손상시키지 않는 것.
3 待盡(대진) : 몸이 자연스럽게 죽게 되기를 기다리는 것.
4 刃(인) : 칼날처럼 외부 세계와 맞서는 것.
5 靡(미) : 마찰을 일으키는 것.
6 役役(역역) : 애쓰는 모양, 발버둥치듯 하는 것.
7 苶然(날연) : 고달픈 모양, 피곤한 모양.
8 形化(형화) : 육체가 노화해 가는 것.
9 心與之然(심여지연) : 마음도 육체를 따라 그렇게 노화해 가는 것.
10 芒(망) : 사리에 어두운 것, 아둔한 것.

연스러우면 그뿐이라는 것이다.

5

그의 이미 지니고 있는 마음을 좇아서 그것을 스승으로 삼는다면 그 누가 또 스승이 없겠는가? 어찌 반드시 마음의 변화를 인식하고 나서 자기 마음으로 스스로의 스승을 삼는 사람만이 있겠는가? 어리석은 사람에게도 지니고 있는 마음이 있는 것이다. 그런데 마음으로 스승을 삼지 않고서 옳고 그름을 따진다면 그것은 오늘 월越나라로 떠나면서 어제 이미 도착했다는 것이나 같다. 이것은 존재하지 않는 것을 존재한다고 하는 것이다. 존재하지 않는 것을 존재한다고 하는 자는 비록 신령스러운 우禹임금이라 하더라도 역시 알아줄 수 없는 것이어늘 내가 또한 어찌할 수 있겠는가?

| 원문 |

夫隨其成心¹而師之, 誰獨且無師乎? 奚必知代, 而心自取者²有之? 愚者與有焉. 未成乎心³而有是非, 是今日適越而昔至⁴也. 是以無有爲有. 無有爲有, 雖有神禹,⁵ 且不能知, 吾獨且奈何哉.

---

1 成心(성심) : 앞 대목의 '성형(成形)'과 대가 되는 '이미 지니고 있는 마음'.
2 知代, 而心自取者(지대이심자취자) : 마음의 여러 가지 변화를 알고서 마음으로 스스로의 스승을 삼는 자. 뒤의 '어리석은 자[愚者]'와 대가 되는 '현명한 자[賢者]'를 가리킨다.
3 未成乎心(미성호심) : 마음으로도 스승을 삼지 않는 것.
4 今日適越而昔至(금일적월이석지) : 오늘 월나라로 떠나면서 어제 도착했다고 하는 것. 일의 불합리함을 뜻하며, 천하의 사상가들[天下]편에서는 이 말을 혜시(惠施)의 것으로서 인용하고 있다.
5 神禹(신우) : 우는 하나라를 세운 임금의 이름, 신령한 우임금.

이 문장의 앞 부분은 이해하기 어렵다. 잘못된 글자나 빠진 글귀가 있다고 보는 이들이 많다. 마치 자기 마음을 스승으로 삼기만 하면 누구나 올바른 판단을 할 수 있다고 주장하고 있는 것 같기 때문이다. 보통 사람들의 마음은 믿을 것이 못되므로, 일반 사람들의 마음을 뛰어넘어 자연스럽게 살아야 함을 주장하는 것이 장자의 본 뜻이다. 『순자荀子』를 보면 "마음이란 육체의 임금이며, 신명神明의 주인이다. 명령을 내리기는 하지만 명령을 받는 일은 없다"(解蔽篇)며 마음을 인간 행위의 도덕적 근거이자 행동의 주체라 말하고 있다. 이것은 유가의 일반적인 견해이다. 장자는 이와 정반대되는 입장에서 사람의 마음을 파악하고 있다.

6

말이란 소리가 아니다. 말이란 것은 말로 어떤 생각을 표현하는 것이나, 그 말로 표현하는 생각은 일정하지 않은 것이다. 그러면 과연 말이란 존재하는 것일까, 본시부터 말이란 존재하지 않는 것일까? 그것은 새새끼가 우는 소리와는 다르다고 하지만, 그것과 차이가 있는 것일까, 차이가 없는 것일까?

도는 어디에 숨겨져 있다가 진실과 거짓을 드러내는가? 말은 어디에 가려져 있다가 옳고 그름을 분별하는가? 도는 어디에 간들 존재하지 않는 일이 있는가? 말은 어디에서 쓰인들 안 되는 일이 있는가? 도는 조그만 성취에 숨겨지게 되며, 말은 화려함에 가려지게 되는 것이다. 그러므로 유가와 묵가의 시비가 존재하게 되어, 상대방이 그르다고 하는 것은 이 편에서 옳다 하고, 상대방이 옳다고 하는 것은 이 편에서 그르다고 한다. 상대방이 그르다고 하는 것을 옳다고 하고, 상대방이 옳다고 하는 것은 그르다고 하려면 곧 밝은 지혜로써 해야만 할 것이다.

夫言非吹[1]也. 言者有言, 其所言者特未定[2]也. 果有言邪, 其未嘗有言
邪? 其以爲異於鷇[3]音, 亦有辯[4]乎, 其無辯乎?

道惡乎隱而有眞僞? 言惡乎隱而有是非? 道惡乎往而不存? 言惡乎存
而不可? 道隱於小成,[5] 言隱於榮華. 故有儒墨之是非, 以是其所非, 而
非其所是. 欲是其所非而非其所是, 則莫若以明.[6]

| 해설 |

사람들에게는 말이 있고, 또 사람들은 그 말을 사용하여 옳고 그름을
따진다. 그러나 그 말로 표현되는 생각은 이미 화려한 욕망에 가려져 있기
때문에 제대로 옳고 그름을 따질 기준을 잃고 있다. 그래서 결국은 유가나
묵가처럼 비난을 위한 비난이나, 주장을 위한 주장이 생겨난다. 그러니
올바른 말은 보통 사람들의 옳고 그름을 초월할 수 있는 밝은 지혜를 통해
이루어진다는 것이다.

그리고 앞 머리에선 말의 정의를 시도하면서 논리를 바탕으로 논리를
깨치려는 노력조차도 보여 주고 있다.

---

1 吹(취) : 소리, 음성.
2 未定(미정) : 일정하지 않는다. 이루어져 있지 않다(錢穆 說).
3 鷇(구) : 새새끼, 병아리.
4 辯(변) : 辨(변)과 통하여 '분별', '차별'.
5 小成(소성) : 조그만 성취, 보통 사람들이 바라는 성공.
6 明(명) : 밝은 지혜, 보통 사람들의 시비를 초월한 지혜.

7

　물건은 저것이 되지 않는 것이 없고, 또 이것이 되지 않는 것도 없다. 저것은 저것의 입장만으로는 드러나지 않아도 이것을 통하여 알아보면 곧 저것을 알게 된다. 그러므로, "저것은 이것에서 나오고, 이것 역시 저것에 말미암게 된다"고 하는 것이다. 이는 저것과 이것이 함께 생겨난다는 설인 것이다. 그뿐만 아니라 삶이 있으면 죽음도 있고 죽음이 있으면 삶도 있다. 가可한 것이 있으면 가하지 않은 것이 있고, 가하지 않은 것이 있으면 가한 것이 있다. 옳음으로 말미암아 그릇됨이 있고, 그릇됨으로 말미암아 옳음이 있다.

　그래서 성인은 이런 것에 의거하지 않고 그런 것을 자연에 비추어 생각하는 것이다. 이것은 또한 옳음에 근거를 둔 것이다. 이것은 또 저것이 되고 저것은 또 이것이 된다. 저것도 한 가지 시비가 되고, 이것도 한 가지 시비가 된다. 그러면 과연 저것과 이것이 있는 것인가? 과연 저것과 이것이 없는 것인가? 저것과 이것이란 상대적인 개념이 없는 것, 그것을 일컬어 도추道樞라 한다. 도추가 가장 알맞은 가운데에 들어맞아야만 비로소 무궁한 변화에 대응할 수 있게 된다. 옳음도 역시 무궁한 변화 중의 하나이고, 그름도 역시 무궁한 변화 중의 하나인 것이다. 그러므로, "밝은 지혜로써 판단하는 것이 가장 좋다"고 하는 것이다.

| 원문 |

　物無非彼, 物無非是. 自彼則不見, 自知則知之. 故曰; 彼出於是, 是亦因彼. 彼是方生[1]之說也. 雖然, 方生方死, 方死方生. 方可方不可, 方不可方可. 因是因非, 因非因是.

---

1 方生(방생) : 함께 생겨나는 것, 방(方)은 병(竝)의 뜻.

是以聖人不由,[2] 而照之于天.[3] 亦因是也.[4] 是亦彼也, 彼亦是也. 彼亦一是非, 此亦一是非矣. 果且有彼是乎哉? 果且無彼是乎哉? 彼是莫得其偶,[5] 謂之道樞.[6] 樞始得其環中,[7] 以應無窮. 是亦一無窮, 非亦一無窮也. 故曰; 莫若以明.

| 해설 |

　여기서는 모든 상대적인 옳고 그르다는 다툼이나 가치 판단을 부정한다. 세상 사람들이 좋다 나쁘다, 또는 크다 작다 하는 판단은 모두가 본질과는 상관 없는 상대적인 것이다. 따라서 상대적인 것을 초월하여 '밝은 지혜'를 바탕으로 하여 자연과 융화될 때, 비로소 참다운 사실의 파악이 가능해진다는 것이다.

8
　손가락을 가지고서 손가락을 손가락이 아니라고 말하는 것은, 손가락이 아닌 것을 가지고서 손가락을 손가락이 아니라고 말하는 것만은 못하다. 말[馬]을 가리키며 말을 말이 아니라고 말하는 것은, 말이 아닌 것을 가리키며 말을 말이 아니라고 말하는 것만은 못하다. 천지는

---

2 不由(불유) : 앞에서 얘기한 것 같은 상대적인 시비(是非)의 판단 기준을 따르지 않는다는 뜻.
3 照之于天(조지우천) : 판단을 자연에 비추어 결정하다. 천(天)은 '자연'을 가리킴.
4 亦因是也(역인시야) : 성인은 또한 옳음을 근거로 하는 것이다. 여기서 시(是)는 비(非)가 전혀 없는 절대적인 완전한 옳음이다(錢穆 說).
5 莫得其偶(막득기우) : 그 상대를 얻지 못하고 있다. 곧 상대적인 세계를 초월한 것.
6 道樞(도추) : 도(道)는 세상 모든 일의 중추(中樞)가 된다는 뜻에서 '도추'라 부르는 것이다.
7 得其環中(득기환중) : 도추는 둥근 고리의 알맞은 중심을 차지한다. '둥근 고리의 중심'이란 가장 알맞은 중심이 되는 위치이며 바로 '공(空)'의 상태를 가리키는 것이다.

한 개의 손가락과 같은 것이다. 만물은 한 마리의 말과 같은 것이다.

가능한 것은 할 수 있고, 불가능한 것은 할 수 없다. 도가 행해짐으로써 이루어지고, 물건은 그렇게 되도록 되어 있음으로써 그렇게 되는 것이다. 어찌하여 그렇게 되는가? 그렇게 되도록 되어 있기 때문에 그렇게 되는 것이다. 어찌하여 그렇게 되지 않는가? 그렇게 되도록 되어 있지 않기 때문에 그렇게 되지 않는 것이다. 물건에는 본시부터 그렇게 될 요소가 담겨져 있으며, 물건에는 본시부터 가능한 요소가 간직되어 있는 것이다. 그렇게 되지 않는 물건이란 없으며, 그렇게 가능하지 않은 물건이란 없는 것이다.

| 원문 |

以指喩指之非指, 不若以非指喩指之非指也. 以馬喩馬之非馬, 不若以非馬喩馬之非馬也. 天地, 一指也. 萬物, 一馬也.

可乎可,[1] 不可乎不可. 道行之而成, 物謂之[2]而然. 惡[3]乎然? 然於然. 惡乎不然? 不然於不然. 物固[4]有所然, 物固有所可. 無物不然, 無物不可.

| 해설 |

이 대목을 공손룡公孫龍의 궤변을 공격한 것이라 주장한 학자도 있으나 (章炳麟 說), 공손룡은 장자보다 후세 사람이니 불가능한 얘기이다. 논리 학파가 아니더라도 춘추 전국 시대의 제자 백가들은 모두 자기 사상의 체

---

1 可乎可(가호가) : 가한 것은 가하다, 본시부터 가능한 것은 할 수 있게 되어 있다. 따라서 만물에는 근본적으로 가(可)와 불가(不可)의 차별이란 없다는 것이다.
2 謂之(위지) : 그렇게 되도록 되다, 그렇게 말하여지다.
3 惡(오) : 어찌.
4 固(고) : 본시.

계화와 그것을 남에게 설득시키기 위하여 모두 논리의 전개에 세심한 주의를 하였다.

여기서는 남의 이론을 비판한 것이 아니라, 천지 만물을 큰 차원에서 보면 모두가 한 가지라는 '제물론齊物論'의 사상을 전개시킨 것이다. 그리고 만물의 존재나 도의 운행 같은 것은 모두가 상대적인 것이 아니라, 모두가 그렇게 되도록 되어 있고 본질적으로 그러한 것이다. 이것들은 모두 그 나름대로의 의의를 지닌 개연적蓋然的인 것이라는 것이다.

9

그러므로, 앞의 논리에 의하여 종채와 기둥, 문둥이와 서시西施, 진귀한 것과 괴상한 것 등을 놓고 볼 때, 도에 있어서는 모두가 통하여 한 가지 것이 된다.

나누어지는 것은 다른 면에서는 이루어지는 것이 된다. 이루어지는 것은 다른 면에서는 파괴가 된다. 모든 물건에는 이루어지는 것과 파괴가 없으며 다시 통하여 한 가지 것이 된다. 오직 통달한 사람만이 모든 것이 통하여 한 가지가 됨을 안다. 그렇기 때문에 그는 개인의 판단을 사용하지 않고 보편적인 영원한 것에 일체를 맡겨 버린다.

보편적이고 영원하다는 뜻의 '용庸'은 작용이란 뜻의 '용用'과 통한다. '용用'은 또 '통通'과 뜻이 통한다. '통通'은 제대로 된다는 '득得'과 뜻이 통한다. 알맞게 제대로 된다면 거의 도에 이른 것이다. 이것을 근거로 하기만 하면 되는 것이다. 이미 그렇게 되었는데도 그렇게 된 것을 알지 못하는데, 그것을 일컬어 도라고 하는 것이다.

| 원문 |

故爲是擧莛[1]與楹,[2] 厲[3]與西施,[4] 恢恑[5]憰怪,[6] 道通爲一.

其分也, 成也. 其成也, 毁[7]也. 凡物無成與毁, 復通爲一. 唯達者[8]知通
爲一. 爲是不用[9]而寓[10]諸庸.[11]

庸也者, 用也. 用也者, 通也. 通也者, 得[12]也. 適得而幾[13]矣. 因是[14]
已.[15] 已而不知其然, 謂之道.

| 해설 |

크게 보면, 크고 작고 흥하고 아름다운 것이란 본시는 세상에 없는 것
이다. 또한 완성도 파괴도 존재하지 않는 것이다. 사람들은 얕은 지혜로
써 상대적인 기준에 의하여 이러한 판단을 내리고는 기뻐하거나 걱정하
기도 한다. 모든 것은 본질적으로 같은 것이다. 모두가 한 가지 '도'로 통
한다. '도'란 사람들이 의식하지 못하는 속에 존재하고 있다는 것이다.

---

1 莛(정) : 종을 치는 나무 막대기.
2 楹(영) : 기둥. 정(莛)은 작고 영(楹)은 크다.
3 厲(여) : 문둥이.
4 西施(서시) : 월왕(越王) 구천(句踐)이 오왕(吳王) 부차(夫差)에게 바쳤던 미인 이름. 오
    왕은 서시의 아름다움에 혹하여 결국은 나라를 망친다.
5 恢恑(회궤) : 진귀한 것, 보기 드문 것.
6 憰怪(휼괴) : 괴상한 것, 허황된 것.
7 毁(훼) : 헐리다, 파괴되다.
8 達者(달자) : 세상의 모든 이치에 통달한 사람.
9 不用(불용) : 자기 개인의 판단이나 지혜를 사용하지 않는 것.
10 寓(우) : 붙이다, 맡기다.
11 庸(용) : 상(常)과도 통하여 언제 어디에나 있고 영원한 것.
12 得(득) : 제대로 되는 것.
13 幾(기) : 거의 도(道)에 이른 것.
14 因是(인시) : 이것을 근거로 하다.
15 已(이) : 멈추다, 이뿐이다. 뒤의 것은 '이미 그렇게 되었다'는 뜻.

10

정신과 마음을 통일하려고 수고를 하면서도 모든 것이 같음을 알지 못하는 것을 '아침에 세 개'라고 말한다. 무엇을 '아침에 세 개'라고 하는가? 옛날에 원숭이를 기르던 사람이 원숭이들에게 도토리를 주면서 "아침에 세 개 저녁에 네 개[朝三暮四] 주겠다"고 하자 원숭이들은 모두 화를 냈다. 다시 "그러면 아침에 네 개 저녁에 세 개 주겠다"고 하자 원숭이들은 모두 기뻐하였다. 명분이나 사실에 있어 달라진 것이 없는데도 기뻐하고 화내는 반응을 보인 것도 역시 그 때문이다. 그래서 성인은 모든 시비를 조화시켜 균형된 자연에 몸을 쉬는데, 이 것을 일컬어 '자기와 만물 양편에 다 통하는 것'이라 한다.

| 원문 |

勞神明**1**爲一, 而不知其同也, 謂之朝三. 何謂朝三? 狙公**2**賦**3**芧**4**曰; 朝三而暮四, 衆狙皆怒. 曰; 然則朝四而暮三, 衆狙皆悅. 名實未虧,**5** 而 喜怒爲用, 亦因是也. 是以聖人和之以是非, 而休乎天鈞,**6** 是之謂兩行.**7**

| 해설 |

만물은 본질적으로 모두 같다. 다르다고 생각하는 사람은 아침에 세 개, 저녁에 네 개[朝三暮四]와 아침에 네 개, 저녁에 세 개[朝四暮三]를 분

---

1 神明(신명) : 정신과 마음, 마음의 신묘한 작용과 밝은 판단을 뜻하는 것으로 보아도 좋다.
2 狙公(저공) : 원숭이를 기르는 사람.
3 賦(부) : 주다.
4 芧(저) : 도토리.
5 虧(휴) : 일그러지다, 모습이 변하다.
6 天鈞(천균) : 균형이 잘 잡힌 자연.
7 兩行(양행) : 밖의 만물과 자기의 양편이 모두 아무런 알력이나 충돌 없이 원만하게 어울려 무슨 일에나 잘 통한다는 뜻.

별하지 못하고 화내고 기뻐하는 원숭이들과 다를 바 없다는 것이다. 사람은 밖의 물건이나 일에 구애됨이 없이 자연과의 조화 속에 잘 어울려 살아야만 한다는 것이다.

11

옛날 사람에는 그의 지혜가 지극한 경지에 이르렀던 이가 있었다. 어느 정도에까지 이르렀던가? 처음부터 사물이란 존재하지 않은 것으로 생각한 이가 있었으니, 이것은 지극하고도 완전한 것이어서 여기에 더 무엇을 보탤 수는 없는 것이다. 그 다음의 경지는 사물이 존재하기는 하지만 처음부터 아무런 구별도 없다고 생각하는 것이다. 다시 그 다음의 경지는 사물에 구별이 있기는 하지만 처음부터 옳고 그른 것은 없다고 생각하는 것이다. 옳고 그르다는 시비가 드러난다는 것은 도가 무너지는 원인이 되는 것이다. 도가 무너지는 것으로 말미암아 사랑하는 것이 이루어지는 원인이 형성되는 것이다. 과연 이루어짐과 무너짐이 존재하는 것일까? 과연 이루어짐과 무너짐은 존재하지 않는 것일까?

| 원문 |

古之人, 其知有所至矣. 惡乎至? 有以爲未始有物[1]者. 至矣, 盡矣, 不可以加矣. 其次以爲有物矣, 而未始有封[2]也. 其次以爲有封焉, 而未始有是非[3]也. 是非之彰[4]也, 道之所以虧[5]也. 道之所以虧, 愛之所以成. 果

---

1 未始有物(미시유물) : 본시부터 물건이 존재하지 않았다.
2 封(봉) : 경계, 물건과 물건 사이의 구별.
3 是非(시비) : 사물에 대한 옳고 그르다는 가치 판단.
4 彰(창) : 분명히 드러나다.

且有成與虧乎哉? 果且無成與虧乎哉?

| 해설 |

　도를 닦는 데도 그 수준에 여러 가지 단계가 있다. 완전한 '지극한 사람'
이란, 사물의 존재 자체까지도 잊고 있는 사람이다. 그러나 그만은 못해
도 물건과 물건 사이의 구별을 모르는 사람, 다시 구별은 알아도 물건에
대한 판단 기준을 초월한 사람들이 있었다. 도에는 본시 이루어지는 것도
무너지는 것도 없다. 개인적인 입장을 완전히 초월할 때, 비로소 사람은
도를 터득하게 된다. 앞에서 얘기한 도를 닦는 데 생겨나는 여러 가지 단
계도 결국은 개인적인 입장을 어느 정도 초월하느냐 하는 데서 이루어지
는 것이다.

12

　이루어짐과 무너짐이 있는 보기란 옛날 소문昭文이 금琴을 타던 경
우이다. 이루어짐과 무너짐이 없는 보기란 옛날 소문이 금을 타지 않
고 있던 경우이다. 소문은 금을 탔고, 사광師曠은 지팡이를 짚고 음
악을 들었으며, 혜자惠子는 오동나무 안석에 기대어 앉아 담론을 하였
다. 이들 세 사람의 지혜는 거의 모두가 최고의 경지에 이르러 그런
행동이 만년에 이르기까지 그대로 이어졌던 것이다.

　다만 그들은 자기들이 좋아하는 것이 남들과는 다르다는 점에서,
자기들이 좋아하는 것을 남들에게 밝히려고 애썼다. 밝혀질 것이 아
닌 것을 가지고 남들에게 밝히려 들었기 때문에 결국은 견백론堅白論
의 어리석음과 같은 결말이 지어졌던 것이다.

---

5 虧(휴) : 일그러지다, 무너지다.

그리고 소문의 아들도 또 소문이 남긴 것을 계승하는 데 그치고 평생 이루어 놓은 것이 없게 되었던 것이다. 이러한 것을 이루어 놓은 것이 있다고 말할 수가 있는가? 그렇다면 우리라도 무엇이든 이루어 놓을 수가 있을 것이다. 이러한 것은 이루어 놓은 것이 있다고 말할 수가 없는가? 그렇다면 사물이나 우리에게는 이루어 놓은 것이 있을 수 없게 될 것이다.

그러므로, 도를 어지럽히는 빛을 성인들은 없애려 하였다. 그렇기 때문에 그러한 자기 본위의 방법을 쓰지 않고 영원하고 평범한 것에 자기를 맡겼던 것이다. 이것을 두고서 '밝음'을 따른다고 하는 것이다.

| 원문 |

有成與虧, 故昭氏[1]之鼓琴也. 無成與虧, 故昭氏之不鼓琴也. 昭文之鼓琴也, 師曠[2]之枝策[3]也, 惠子[4]之據梧[5]也. 三子之知, 幾乎皆其盛者也, 故載[6]之末年.[7]

唯其好之也, 以異於彼.[8] 其好之也, 欲以明之彼. 非所明[9]而明之, 故

---

1 故昭氏(고소씨) : 옛 소씨. 성이 소, 이름은 문(文), 금(琴)의 명수로 유명했다. 소문(昭文)이 금을 탈 때에는 거기에는 소리의 음계의 구별이 존재하게 되고, 화음의 구성 현상이 나타나게 된다. 소문도 그러한 음계와 화음의 이루어짐 및 무너짐의 의식을 바탕으로 하여 금을 연주하는 것이다. 그러나 금을 타지 않는다면 그러한 의식은 모두 없어지고 자연스러운 자연의 음의 변화만이 남는다.

2 師曠(사광) : 자는 자야(子野), 진(晉)나라 평공(平公)의 악사로서 음악 이론에 밝았다.

3 枝策(지책) : 지팡이를 세워 몸을 기대고 음악을 듣는 것. 지(枝)는 지(支)와 뜻이 통함.

4 惠子(혜자) : 장자의 친구 혜시(惠施).

5 據梧(거오) : 오동나무 안석[几]에 몸을 기대 담론하는 것. 오(梧)를 오동나무로 만든 금슬(琴瑟) 같은 악기라고 주장한 이도 있으나(崔譔 說), 혜시가 음악을 잘했다는 기록은 없다(成玄英 說).

6 載(재) : 행하는 것.

7 末年(말년) : 만년(晚年)과 같은 말.

8 異於彼(이어피) : 남들과 다른 것.

9 非所明(비소명) : 밝혀질 수 있는 것이 아님.

以堅白[10]之昧終.[11]

而其子又以文之綸[12]終, 終身無成. 若是而可謂成乎? 雖我亦成也. 若是而不可謂成乎? 物與我無成也.

是故滑疑之耀,[13] 聖人之所圖也. 爲是不用而寓[14]諸庸.[15] 此之謂以明.

| 해설 |

여기서는 앞 대목을 이어받아 일반적인 지혜 또는 지각의 무용無用을 주장한다. 지혜의 이상적인 형태란 아무런 인식 작용도 없는 것이다. 거기에는 이루어짐과 무너짐이 없고 옳고 그른 것이 없으며, 심지어는 만물의 존재조차도 의식되지 않는 것이다. 이러한 경지에 처하는 것이 진실로 밝은 지혜가 된다는 것이다.

13

지금 또 여기에 한 가지 이론이 있다고 하자. 그것이 이와 같은 것(밝은 지혜)인가 이와 같지 않은 것인가는 알 수가 없다. 그러나 같은 것과 같지 않은 것이 모두 비슷한 것이기 때문에 다른 것(곧 궤변)과

---

10 堅白(견백) : 전국 시대 조(趙)나라 공손룡(公孫龍)의 궤변의 일종. 그 내용은 다음과 같다. 여기에 굳고 흰[堅白] 돌이 있다. 눈으로 보면 흰 것만을 알게 되고, 만져 보면 굳은 것만을 알게 된다. 그러니 굳고 흰 돌이란 굳은 돌과 흰 돌의 두 가지이지, 그것이 합쳐진 한 가지가 아니라는 것이다. 이 밖에도 "흰 말은 말이 아니다(白馬非馬)"라는 궤변도 공손룡의 것이며, 혜시도 그러한 궤변론자 중의 한 사람이었다.

11 昧終(매종) : 몽매함으로 끝나다, 어리석음으로 끝맺다.

12 文之綸(문지륜) : 소문(昭文)의 유서(遺緖), 소문이 남긴 것.

13 滑疑之耀(활의지요) : 올바른 도를 어지럽히는 빛. 노장 사상에서는 빛은 드러나지 않고 싸여 있어야만 자연스러운 것으로 인정되었다.

14 寓(우) : 몸을 두다, 처신하다.

15 庸(용) : 영원하고도 언제 어디에나 있는 것.

도 다른 것이 없게 될 것이다. 비록 그렇다 하더라도 한 번 얘기해 보기로 하자.

시작이라는 것이 있다면 일찍이 시작되지 않았던 적이 있을 것이며, 일찍이 시작되지 않았던 그 이전도 있을 것이다. 있는 것이 있고 없는 것이 있다면 일찍이 있고 없는 것도 없었던 그 이전도 있을 것이다. 갑자기 없는 것이 존재하게 되는데, 그때에도 있고 없는 것 중에 과연 어느 것이 있고 어느 것이 없는지는 알지를 못한다. 지금 내게는 이미 이론이 있다. 그러나 내가 전개한 논리 중에 과연 이론이 존재하는 것일까, 과연 이론이 존재하지 않는 것일까 알 수가 없다.

| 원문 |

今且有言於此, 不知其與是**¹**類乎, 其與是不類**²**乎. 類與不類, 相與爲類, 則與彼**³**無以異矣. 雖然, 請嘗言之.

有始也者, 有未始有始**⁴**也者, 有未始有夫未始有始**⁵**也者. 有有也者, 有無也者, 有未始有無也者, 有未始有夫未始有無也者. 俄**⁶**而有無矣, 而未知有無之果孰有孰無**⁷**也. 今我則已有謂矣. 而未知吾所謂之其果有謂乎, 其果無謂**⁸**乎.

---

1 是(시) : 앞에서 얘기한 진정한 밝은 지혜.
2 類(류) : 같은 종류의 것, 비슷한 것.
3 彼(피) : 혜시와 같은 궤변을 가리킴.
4 未始有始(미시유시) : 시작이 되지 않았던 때.
5 未始有夫未始有始(미시유부미시유시) : 시작이 되지 않았던 때 이전. 여기서 더 발전시키면 '시작 이전의 이전', '시작 이전의 이전의 이전'…… 등이 있게 된다.
6 俄(아) : 갑자기.
7 孰有孰無(숙유숙무) : 어느 것이 있고 어느 것이 없는가?
8 謂(위) : 말한 것, 이론.

사람들의 인식이나 평가는 모두 완전한 것이 못 된다. 사람들의 인식을 바탕으로 한 있고 없는 것, 또는 평가를 바탕으로 한 올바른 이론이나 궤변은 모두 어느 것이 진실한 것인지 알 수 없는 것이다. 따라서 우리는 그러한 불완전한 인식과 평가를 초월할 수 있어야만 참된 사람으로 존재할 수가 있다는 것이다. 자기의 이론조차도 초월하려는 장자의 자세가 철저하다.

14

천하에서 가을 짐승 터럭 끝보다 더 큰 것이 없다고 여길 수도 있고, 태산泰山을 작다고 여길 수도 있다. 어려서 죽은 아이보다 더 오래 살 수 없다고 여길 수도 있고, 팽조彭祖를 일찍 죽었다고 여길 수도 있다. 하늘과 땅은 우리와 더불어 함께 존재하고 있고, 만물은 우리와 더불어 하나가 되어 있다. 이미 하나가 되어 있으니 또한 이론이 있을 수가 있겠는가? 이미 하나로 되어 있다고 말하면서 또한 이론이 없을 수가 있겠는가? 하나라는 것과 이론은 두 가지가 되며, 그 두 가지와 하나는 또 세 가지가 된다. 이렇게 미루어 나아간다면 계산을 잘하는 사람이라 하더라도 계산해 낼 수가 없을 것이니, 하물며 보통 사람들이야 어찌하겠는가? 그처럼 없는 것으로부터 있는 데로 나아가는 데도 세 가지가 되었으니, 하물며 있는 것으로부터 있는 데로 나아가는 데는 어찌 되겠는가? 나아감이 없이 도를 근거로 해야만 될 것이다.

| 원문 |

天下莫大於秋毫**1**之末, 而大山**2**爲小. 莫壽乎殤子,**3** 而彭祖**4**爲殀. 天

地與我竝生, 而萬物與我爲一. 旣已爲一矣, 且得有言乎? 旣已謂之一 矣, 且得無言乎? 一與言爲二, 二與一⁵爲三. 自此以往, 巧歷⁶不能得, 而況其凡乎? 故自無適有, 以至於三, 而況自有適有乎? 無適焉, 因是⁷ 已.

| 해설 |

크고 작다든가 오래 살고 일찍 죽는다는 것 같은 것은 모두가 상대적인 것이어서 보는 입장이나 기준에 따라 그 평가는 크게 달라진다. 이런 불완전한 바탕에서 천하의 모든 사물을 따져 보면 한없이 말만 많아지고 결론은 얻어지지 않는다. 따라서 우리는 물건의 있고 없는 것이나 크고 작은 것 등을 따질 것 없이 초연히 자연스럽게 살아 가야 한다는 것이다. '만물은 한결같다'는 이 편의 요점이 잘 요약되어 있는 대목이라 볼 수도 있다.

15

도에는 본시부터 한계가 없는 것이다. 말[言]에는 본시부터 법도가 없는 것이다. 그 때문에 말에는 구별이 생기는 것이다. 그 구별에 대하여 말해 보고자 한다. 말에는 왼편이 있고 오른편이 있으며, 이론이

---

1 秋毫(추호) : 가을 짐승의 가는 터럭.
2 大山(태산) : 태산(泰山)으로도 쓰며, 지금의 산동성(山東省)에 있는 큰 산 이름. '큰 산' 으로 풀어도 통한다.
3 殤子(상자) : 어려서 죽은 아이, 20세 전에 죽은 것을 상(殤)이라 한다.
4 彭祖(팽조) : 오래 산 것으로 유명한 옛사람 이름('어슬렁어슬렁 노닒'편에 보임).
5 二與一(이여일) : '이'는 하나로 되어 있다는 것과 이론, '일'은 한 가지라는 개념.
6 巧歷(교력) : 계산을 잘하는 사람.
7 因是(인시) : '도' 또는 상대적인 개념을 초월한, 앞에 보인 '진실한 지혜'를 근거로 하는 것.

있고 설명이 있으며, 분석이 있고 분별이 있으며, 대립이 있고 다툼이
있다. 이것을 '여덟 가지 덕[八德]'이라 말한다.

천지 사방 밖의 일을 성인은 살피기만 하지 논하지는 않는다. 천지
사방 안의 일을 성인은 논하기만 하지 설명하지는 않는다. 『춘추春秋』
는 세상을 다스리는 길을 쓴 책으로, 옛 임금들의 뜻이 실려 있는데,
성인은 일을 설명하기만 했지 일의 성격을 분별하지는 않았다. 그러
므로 분석해야 할 것에 대하여 분석하지 않은 것이 있고, 분별해야 할
것에 대하여 분별하지 않은 것이 있다. 그것은 어째서인가? 성인들은
모든 것을 마음 속에 품고 있으나, 보통 사람들은 모든 일을 분별함으
로써 자기를 내세우려 하기 때문인 것이다. 그러므로, 분별하는 사람
들은 옳게 보지 못하는 면이 있다는 것이다.

| 원문 |

夫道未始有封.[1] 言未始有常, 爲是而有畛也. 請言其畛.[2] 有左有右,[3]
有倫有義,[4] 有分有辯, 有競有爭. 此之謂八德.[5]

六合[6]之外, 聖人存[7]而不論. 六合之內, 聖人論而不議. 春秋[8]經世, 先
王之志, 聖人議而不辯. 故分也者, 有不分也. 辯也者, 有不辯也. 曰; 何

---

1 封(봉) : 경계, 한계.
2 畛(진) : 밭두둑. 뜻이 변하여 '경계', '구별'.
3 有左有右(유좌유우) : 말에 왼편이 있고 오른편이 있다. 곧 두 가지 극단적인 주장이 있
　음을 뜻한다.
4 有倫有義(유륜유의) : 말에는 비슷한 주장과 제각기 다른 주장이 있다는 뜻으로 푸는 이
　도 있으나(曹受坤 說), '유론유의(有論有議)'로 된 판본이 있고, 또 뒤에 "성인은 논하기
　는 하되 설명[議]하지는 않는다"는 대목이 보이므로 '륜(倫)'은 '론(論)'과 '의(義)'는 '의
　(議)'와 통하여 "이론이 있고 설명이 있다"로 풀이하였다.
5 八德(팔덕) : 여덟 가지 덕. 여덟 가지 말의 종류.
6 六合(육합) : 천지 사방(天地四方).
7 存(존) : 살피다.
8 春秋(춘추) : 공자가 지은 춘추 시대 역사에 관한 기록.

也? 聖人懷之, 衆人辯之, 以相示[9]也. 故曰; 辯也者, 有不見也.

| 해설 |

'도'에는 본시 어떤 구별이나 한계가 없다. 그런데도 사람들의 말에는 여러 가지 구별이 있다. 자기의 이론을 펴기도 하고 남과 다투기도 한다. 그러나 알고 보면 사람들이 올바른 '도'를 제대로 알지 못하는 데서 이러한 말의 구별이 생겨난다는 것이다.

16

위대한 도란 말로 표현하지 못하며, 위대한 이론은 말로 나타내지 못하는 것이다. 위대한 어짊은 어질지 않은 듯하고, 위대한 청렴은 겸손하지 않은 듯하며, 위대한 용기는 남을 해치지 않는다. 도가 밝게 드러난다면 도가 아닌 것이며, 말이 이론적이라면 불충분한 것이다. 언제나 어질다면 완전한 것이 못 되며, 청렴함이 분명히 드러난다면 믿음을 받지 못하며, 용감하면서도 남을 해친다면 용기가 이루어지지 않는다. 이 다섯 가지를 버리지 않고 있어야만 거의 도를 향해 나갈 수 있게 되는 것이다. 그러므로, 그의 지혜가 그의 지혜로서는 알지 못하는 곳에 머물러 있게 되었다면 지극한 경지에 이른 것이다. 그 누가 말로 표현되지 않은 이론이나 도의 모습을 지니지 않은 도를 알고 있는가? 만약 그런 것을 잘 아는 이가 있다면 그를 두고 자연의 보고인 '천부天府'라 부를 수 있을 것이다. 거기에는 물을 부어도 차는 일이 없고, 퍼내도 마르는 일이 없을 것이다. 그렇지만 그 근원은 알 수가 없으니, 이러한 경지를 바로 빛을 싸서 감추는 '보광葆光'이라 말하

---

9 相示(상시) : 남에게 자기를 드러내 보이는 것.

는 것이다.

夫大道不稱, 大辯不言. 大仁不仁, 大廉[1]不嗛,[2] 大勇不忮.[3] 道昭[4]而
不道, 言辯而不及.[5] 仁常而不成, 廉清而不信, 勇忮而不成. 五者园,[6] 而
幾向方[7]矣. 故知止其所不知, 至矣. 孰知不言之辯, 不道之道? 若有能
知, 此之謂天府.[8] 注[9]焉而不滿, 酌[10]焉而不竭, 而不知其所由來. 此之
謂葆光.[11]

세상에는 여러 가지 이론이 있고 여러 가지 사람들의 평가가 있다. 그
러나 겉으로 드러나는 여러 가지 이론이나 평가는 참된 것이 못 된다. 어
떠한 미덕이라 하더라도 이것을 의식하고 행할 때에는 오히려 악덕으로
변화해 버릴 위험이 있다. 다만 인위적이 아닌 자연 그대로일 때 그것은
무한한 미덕이 생겨나는 원천이 되는 것이다. 참된 '도'나 진실로 위대한
것은 모두 사람들의 지혜로서는 인지될 수가 없는 것이다.

---

1 廉(렴) : 청렴(淸廉), 검소한 것.
2 嗛(겸) : 겸(謙)과 통하여 겸손한 것, 사양하는 것(『漢書』 藝文志 顔師古 注).
3 忮(기) : 남을 해치는 것. 사나운 것.
4 昭(소) : 밝게 드러나다.
5 不及(불급) : 미치지 못한다, 불충분한 것.
6 五者园(오자원) : 오자(五者)는 도(道)·말·어짊·청렴·용기의 다섯 가지. 원(园)은, 『회
   남자(淮南子)』에도 "오자무기이기향방의(五者無棄而幾向方矣)"란 구절이 보이니, 무기
   (無棄)의 옛 글자를 잘못 합쳐 쓴 것일 것이다(吳汝綸, 馬其昶 說). 그러므로 '버리지 않
   고 지닌다'는 뜻으로 보아야 한다.
7 方(방) : 도(道)(『淮南子』 高誘 注).
8 天府(천부) : 자연의 창고, 풍부한 창고.
9 注(주) : 물을 붓는 것.
10 酌(작) : 술잔에 술을 따르는 것, 물을 퍼내는 것.
11 葆光(보광) : 덮여 있는 빛, 겉으로 드러나지 않는 빛.

17

그러므로 옛날 요堯임금이 순舜에게 물었다.

"나는 종宗나라·회膾나라와 서오胥敖나라를 치고자 하오. 천자의 자리에 있으면서도 마음이 깨끗이 풀리지 않으니 그 까닭이 무엇일까요?"

순舜이 말하였다.

"그 세 나라의 임금은 마치 쑥대 사이에 사는 자와 같습니다. 임금께서 마음이 깨끗이 풀리지 않으신 것은 어째서입니까? 옛날에는 열 개의 해가 한꺼번에 나와서 만물을 모두 비추었습니다. 하물며 덕이 해보다도 더 뛰어나신 임금께서 그러실 수 있으십니까?"

| 원문 |

故昔者, 堯問於舜曰; 我欲伐宗膾胥敖.[1] 南面[2]而不釋然,[3] 其故何也? 舜曰; 夫三子者, 猶存乎蓬艾[4]之閒. 若不釋然, 何哉? 昔者十日竝出,[5] 萬物皆照. 而況德之進乎日者乎?

| 해설 |

이 대목은 앞뒤 어느 편으로도 연결되지 않는다. 명대明代의 임운명林雲銘은 앞 대목의 빛을 싸서 가춘다는 '보광葆光'을 설명한 것이라 하였으

---

1 宗膾胥敖(종회서오) : 변경의 세 나라 이름
2 南面(남면) : 옛날 임금은 남쪽을 향해 앉아 신하들을 대하고 정사를 처리하였다. 따라서 남면은 임금 노릇을 한다는 뜻으로도 쓰인다.
3 釋然(석연) : 마음이 깨끗이 풀리는 것.
4 蓬艾(봉애) : 쑥대. "쑥대 사이에 있다"는 것은 "미개한 곳에 살고 있다"는 말과 같다.
5 十日竝出(십일병출) : 옛날에는 열 개의 해가 떠 있어서 생물이 살아가기 어려웠다. 이에 요임금이 예(羿)에게 명하여, 활을 쏘아 아홉 개의 해는 떨어뜨리고 한 개만 남겨 두도록 하였다 한다(『淮南子』天文訓).

나 아무래도 억지인 듯하다. 아마 옛날 대쪽에 쓴 일부분의 글이 잘못 끼여든 것일 것이다.

18

설결齧缺이 왕예王倪에게 물었다.

"선생님께서는 물건을 다 같이 그러하다고 여기는 근거를 아십니까?"

"내가 어찌 그것을 알겠느냐?"

"선생님께서는 선생님이 알지 못하고 계시다는 것을 알고 계십니까?"

"내가 어찌 그것을 알겠느냐?"

"그렇다면 물건에 대하여 아는 것이 없으시다는 것입니까?"

"내가 어찌 그것을 알겠느냐? 그렇지만 시험삼아 거기에 대하여 얘기해 보기로 하자. 내가 말하는 안다는 것이 알지 못하는 것이 아님을 그 어찌 알겠는가? 내가 말하는 알지 못한다는 것이 아는 것이 아님을 그 어찌 알겠는가?

그러니 내 너에게 물어 보기로 하자. 사람이 습지에서 자면 허리에 병이 나고 몸이 말라 죽게 되는데, 미꾸라지도 그러한가? 나무 위에서는 사람은 두려워 덜덜 떠는데 원숭이들도 그러한가? 이 세 가지 것들 중에서 어느 것이 올바른 몸 두는 곳을 알고 있는 것인가? 사람들은 소·양과 개·돼지를 잡아먹고, 고라니와 사슴은 부드러운 풀을 먹고, 지네는 뱀을 잘 먹고, 솔개와 까마귀는 쥐를 좋아한다. 이 네 가지 중에서 어느 것이 올바른 맛을 알고 있는 것인가?

원숭이는 편저猵狙에게 암컷이 되고, 고라니는 사슴과 교미를 하며, 미꾸라지는 물고기와 어울려 논다.

모장毛嬙과 이희麗姬는 사람들이 미인이라 하지만 물고기는 그를 보면 물 속 깊이 들어가고, 새는 그를 보면 높이 날아가고, 고라니와 사슴은 그를 보면 후닥닥 달아난다. 이 네 가지 것들은 누가 천하의 올바른 아름다움을 알고 있는 것인가?

내가 보건대 어짊과 의로움의 기준이나 옳고 그른 방향이 어지러이 뒤섞여 있다. 내 어찌 그 분별을 알 수가 있겠는가?"

| 원문 |

齧缺[1]問乎王倪曰; 子知物之所同是[2]乎? 曰; 吾惡乎知之? 子知子之所不知邪? 曰; 吾惡乎知之? 然則物無知邪? 曰; 吾惡乎知之? 雖然, 嘗試言之. 庸詎[3]知吾所謂知之非不知邪? 庸詎知吾所謂不知之非知邪?

且吾嘗試問乎女. 民[4]溼寢,[5] 則腰疾偏死.[6] 鰌[7]然乎哉? 木處, 則惴慄恂懼.[8] 猨猴[9]然乎哉? 三者孰知正處?

民食芻豢[10] 麋[11]鹿食薦,[12] 蝍且[13]甘帶,[14] 鴟[15]鴉耆鼠, 四者孰知正味? 猨[16]猵狙[17]以爲雌, 麋與鹿交,[18] 鰌與魚游.

---

1 齧缺(설결) : 요임금대의 어진 사람이며, 뒤에 보이는 왕예(王倪)의 제자.
2 所同是(소동시) : 다 같이 그러하다고 여기는 근거.
3 庸詎(용거) : 어찌, 그 어찌.
4 民(민) : 사람들, 인(人)과 같은 뜻.
5 溼寢(습침) : 습한 곳에 살다, 습한 곳에서 잠자다.
6 偏死(편사) : 몸이 말라 죽는 것.
7 鰌(추) : 미꾸라지.
8 惴慄恂懼(췌률준구) : 넉 자 모두 두려워서 떠는 것.
9 猨猴(원후) : 원숭이.
10 芻豢(추환) : 추(芻)는 소나 양 같은 가축, 환(豢)은 개나 돼지 같은 가축.
11 麋(미) : 고라니.
12 薦(천) : 부드러운 풀.
13 蝍且(즉저) : 지네(陸容 說).
14 帶(대) : 작은 뱀.
15 鴟(치) : 솔개.

毛嬙[19]麗姬,[20] 人之所美也. 魚見之深入, 鳥見之高飛, 麋鹿見之決
驟.[21] 四者孰知天下之正色哉?

自我觀之, 仁義之端,[22] 是非之塗,[23] 樊然[24]殽亂.[25] 吾惡能知其辯.

| 해설 |

세상의 평가나 판단은 뜻없는 것이다. 심지어 안다는 것과 모른다는 것
조차도 정말로 알고 모르는 것인지 알 수가 없다는 것이다. 자연이란 큰
입장에서 사람들의 모든 평가나 판단을 초월해야 한다는 것이다.

19

설결이 말하였다.

"선생님께서는 이롭고 해로운 것을 알지 못한다고 하시는데, 그러면
지극한 사람은 본시부터 이롭고 해로운 것을 알지 못하는 것입니까?"

왕예가 대답하였다.

"지극한 사람이란 신묘한 것이다. 큰 연못을 말릴 뜨거운 불이라 하
더라도 그를 뜨겁게 할 수가 없고, 큰 강물을 얼어 붙게 하는 추위도
그를 춥게 할 수가 없다. 굉장한 우레가 산을 무너뜨리고 바람이 바다

---

16 猨(원) : 원숭이. 원(猿)과 같은 글자.
17 猵狙(편저) : 원숭이의 일종.
18 交(교) : 교미하다.
19 毛嬙(모장) : 춘추 시대 월왕(越王)이 사랑한 여자 이름.
20 麗姬(이희) : 춘추 시대 진(晋)나라 헌공(獻公)이 사랑한 여자 이름.
21 決驟(결취) : 후닥닥 달아나는 것.
22 端(단) : 조리(條理), 기준.
23 塗(도) : 길, 방향.
24 樊然(번연) : 어지러운 모양.
25 殽亂(효란) : 어지럽게 뒤섞이는 것.

를 뒤흔든다 하더라도 놀라는 일이 없다. 그러한 사람은 구름 기운을 타고 해와 달에 올라앉아 이 세상 밖에 노니는 것이다. 죽음과 삶도 자기에게 변화를 가져올 수 없거늘 하물며 이롭고 해로운 것의 평가 기준이야 어떠하겠는가?"

| 원문 |

齧缺曰; 子不知利害, 則至人固不知利害乎?

王倪曰; 至人[1]神矣. 大澤焚, 而不能熱. 河漢[2]沍,[3] 而不能寒. 疾雷破山, 風振海, 而不能驚. 若然者, 乘雲氣, 騎日月, 而遊乎四海之外. 死生無變於己, 而況利害之端乎?

| 해설 |

'지극한 사람'은 장자가 이상으로 받드는 인간상이다. 그는 뜨거움이나 추위는 물론 죽음과 삶까지도 초월하여 이 세상 일에 초연하다. 따라서 이로움이나 해로움 같은 것은 그의 마음이나 행동을 조금도 움직일 수 없다는 것이다.

20

구작자瞿鵲子가 장오자長梧子에게 물었다.

"나는 선생님으로부터 다음과 같은 말씀을 들었습니다. 성인은 세상 일에 종사하지 않으며, 이로움도 좇지 않거니와 해로움도 피하지

---

1 至人(지인) : 도를 통달한 사람.
2 河漢(하한) : 황하(黃河)와 한수(漢水), 큰 강물.
3 沍(호) : 얼다.

않으며, 도를 추구하기를 좋아하지도 않거니와 도를 버리지도 않는다. 말하지 않아도 말한 것과 같이 표현되며, 말한다 하더라도 말하지 않은 것과 같이 된다. 그리고서 먼지 묻은 세상 밖에서 노니는 것이라고 하셨습니다. 선생께서는 이것을 터무니없는 말이라 하였지만, 나는 묘한 도를 실행하고 있는 것이라 생각합니다. 선생께서는 이것을 어떻게 생각하십니까?"

장오자가 말하였다.

"그것은 황제黃帝께서 들었다 하더라도 당황했을 말이외다. 그러니 내가 어찌 그것을 알 수가 있겠소이까? 또 당신은 너무 서두르는 듯하오. 달걀을 보고서 닭이 되어 울기를 바라고, 새 잡는 활을 보고서 새구이를 먹게 되기를 바라는 것과 같은 일입니다. 내가 당신을 위해 망령된 얘기를 할 터이니 그대도 아무렇게나 그것을 들어 보는 것이 어떻겠소?

사람은 해와 달을 의지하고 우주를 옆에 끼고서, 행동은 자연과 합치되고 몸은 자연의 어지러움 속에 두며, 천한 사람들을 존중해야 합니다. 보통 사람들은 수고로이 몸과 마음을 쓰지만 성인은 멍청히 지냅니다. 억만 년에 걸친 변화와 함께 하면서도 다만 한결같이 순수함을 지탱해 나갑니다. 만물을 모두 있는 그대로 두고, 이러한 방법으로 계속해 나아가는 것입니다."

| 원문 |

瞿鵲子[1]問乎長梧子曰; 吾聞諸夫子,[2] 聖人不從事於務. 不就利, 不違害. 不喜求, 不緣道.[3] 無謂有謂, 有謂無謂, 而遊乎塵垢[4]之外. 夫子以爲

---

1 瞿鵲子(구작자) : 장오자(長梧子)와 함께 장자가 만들어 낸 인물이다.
2 夫子(부자) : 선생님. 누구를 가리키는 말인지는 확실치 않다.

孟浪[5]之言, 而我以爲妙道之行也. 吾子以爲奚若?

長梧子曰; 是黃帝之所聽熒[6]也. 而丘[7]也何足以知之? 且汝亦大早計.[8]
見卵而求時夜,[9] 見彈[10]而求鴞炙.[11] 予嘗爲女妄言之, 汝以妄聽之奚?[12]

旁[13]日月, 挾[14]宇宙. 爲其脗合,[15] 置[16]其滑涽,[17] 以隷[18]相尊. 衆人役
役, 聖人愚芚.[19] 參萬歲[20]而一成純.[21] 萬物盡然, 而以是相蘊.[22]

| 해설 |

　만물의 가치에 차별을 두지 않고, 모든 것을 있는 그대로 보고, 일체를
자연스럽게 받아들이는 태도는 그 자체가 만물을 한결같은 것으로 보는
경지를 나타내는 것이다.

---

3 緣道(연도) : '연'은 폐(廢)의 뜻으로(『方言』권 13), 도를 버리는 것.

4 塵垢(진구) : 티끌과 때. 속세를 가리킨다.

5 孟浪(맹랑) : 터무니없는 것.

6 熒(형) : 당황하다, 의혹을 품다.

7 丘(구) : 장오자의 이름. 일인칭으로 자기의 이름을 쓰는 것은 중국의 습관이다. 공자를
　가리키는 것으로 보는 사람도 있다.

8 早計(조계) : 너무 일찍부터 서두르는 것.

9 時夜(시야) : 닭이 날이 밝은 것을 알리므로 '닭의 울음 소리'를 가리킨다.

10 彈(탄) : 탄궁(彈弓), 새를 잡는 탄환을 쏘는 활.

11 鴞炙(효자) : 솔개의 군고기.

12 奚(해) : 하여(何如), 곧 '어떠한가?'의 뜻.

13 旁(방) : 기대다, 의지하다.

14 挾(협) : 옆에 끼는 것.

15 脗合(문합) : 자연의 순환 변화와 사람의 행동이 합치되는 것.

16 置(치) : 몸을 두다, 처신하다.

17 滑涽(골혼) : 어지러움. 무엇이 무엇인지 알 수 없는 상태.

18 隷(예) : 노예, 천한 사람들.

19 愚芚(우둔) : 흐리멍텅한 모양.

20 參萬歲(참만세) : 억만년의 영원한 자연 변화와 함께 하는 것.

21 成純(성순) : 순수함을 지탱해 나가는 것.

22 以是相蘊(이시상온) : 이러한 방법으로 계속해 나아가다.

21

"내 어찌 삶을 좋아하는 것이 그릇된 일이 아님을 알겠소? 내 어찌 죽음을 싫어하는 것이 어려서 고향을 떠나 고향으로 돌아갈 줄 모르는 자와 같지 않음을 알겠소? 이희麗姬는 애艾 땅에서 땅의 경계를 관장하는 관리의 딸이었습니다. 진晉나라에서 그 여자를 처음 데려왔을 때에는 옷깃이 젖도록 눈물을 흘렸지요. 그러나 임금의 처소에 들어가 임금과 호사스러운 자리를 같이하고 맛있는 음식을 먹게 되자, 그는 처음에 울었던 일을 후회하였습니다. 내 어찌 죽는 사람이 그가 처음에 삶을 추구했던 일을 후회하지 않음을 알겠습니까?"

| 원문 |

予惡乎知說生[1]之非惑邪? 予惡乎知惡死之非弱喪[2]而不知歸者邪? 麗之姬,[3] 艾[4]封人[5]之子也. 晉國之始得之也, 涕泣[6]沾襟.[7] 及其至於王所, 與王同筐牀,[8] 食芻豢,[9] 而後悔其泣也. 予惡乎知夫死者, 不悔其始之蘄[10]生乎?

| 해설 |

장오자의 말의 계속이다. 사람들의 사물에 대한 평가는 그릇된 것이어서

---

1 說生(열생) : 삶을 좋아하는 것.
2 弱喪(약상) : 나이 어려서 자기 고향을 떠나 사는 것.
3 麗之姬(이지희) : 앞에 보인 이희(麗姬).
4 艾(애) : 땅 이름.
5 封人(봉인) : 신하들에게 떼어 준 땅의 경계를 관장하는 관리.
6 涕泣(체읍) : 눈물을 흘리며 우는 것.
7 沾襟(점금) : 옷깃을 눈물로 적시는 것.
8 筐牀(광상) : 큰 침대.
9 芻豢(추환) : 소와 돼지고기.
10 蘄(기) : 추구하다, 구하다.

심지어 죽음이 좋은지 삶이 좋은지조차도 알 수 없다는 것이다. 다시 말하면 죽음이나 삶조차도 초월해야만 진실된 사람이 될 수 있다는 말이다.

22

"꿈 속에서 술을 마시며 즐기던 자가 아침이 되어 울게 되는 수가 있습니다. 꿈 속에서 슬피 울던 자가 아침에는 즐거이 사냥을 나가기도 합니다. 막 꿈을 꾸고 있을 때에는 그것이 꿈인 줄을 알지 못합니다. 꿈 속에서 또 그 꿈을 점치기도 합니다. 꿈을 깬 뒤에야 그것이 꿈이었음을 알게 되는 것이지요.

또한 큰 깨어남이 있어야만 비로소 이 삶이 큰 꿈임을 알게 됩니다. 그런데도 어리석은 자들은 스스로 깨어 있다고 생각하고 버젓이 아는 체를 하여 임금이니 목동이니 하지만 고루한 일이지요. 나는 당신과 더불어 함께 꿈을 꾸고 있는 것입니다. 내가 당신이 꿈을 꾸고 있는 것이라고 말하는 것도 역시 꿈인 것입니다. 이러한 말을 사람들은 지극히 기묘하다고 할 것입니다. 만년 뒤에 위대한 성인을 한 번 만나서 그 뜻을 알게 된다 하더라도 그것은 아침 저녁으로 만나는 것이나 같은 일입니다."

| 원문 |

夢飲酒者, 旦而哭泣. 夢哭泣者, 旦而田獵. 方其夢也, 不知其夢也. 夢之中, 又占其夢焉. 覺而後知其夢也.

且有大覺,[1] 而後知此其大夢[2]也. 而愚者自以爲覺, 竊竊然[3]知之. 君

---

1 大覺(대각) : 크게 깨어남. 인생에 대한 큰 깨달음을 뜻함.
2 大夢(대몽) : 큰 꿈. 장자는 인생이 꿈일 뿐만 아니라, 인생의 죽음이나 삶이 모두 꿈이라

乎, 牧乎, 固⁴哉! 丘也, 與女皆夢也. 予謂女夢, 亦夢也. 是其言也, 其名
爲弔詭.⁵ 萬世之後而一遇大聖, 知其解者, 是旦暮遇⁶之也.

| 해설 |

　역시 장오자의 말의 계속이다. 사람의 삶은 물론, 죽음까지도 큰 꿈과
같은 것이라고 한다. 따라서 그는 오래 살기를 바라지도 않거니와 불교에
서처럼 적멸寂滅을 주장하지도 않는다. 인생은 꿈과 같은 것이니 세상에
서의 가치를 추구하느라 애쓰지 말라는 것이다.

23

　"나와 당신이 논쟁을 했다고 가정합시다. 당신이 나를 이기고 나는
당신을 이기지 못했다면, 과연 당신이 옳고 나는 그른 것일까요? 내
가 당신을 이기고 당신은 나를 이기지 못했다면, 과연 내가 옳고 당신
은 그른 것일까요? 그 어느 쪽은 옳고 그 어느 쪽은 그른 것일까요?
우리 모두가 옳거나 우리 모두가 그른 것일까요? 나나 당신이나 모두
알 수 없는 것입니다. 그렇다면 다른 사람들도 본시부터 제대로 알 수
가 없는 것입니다. 그러면 나는 누구에게 올바로 판정해 달라고 해야
하는 것입니까?
　당신과 의견이 같은 사람에게 올바로 판정해 달라고 한다면, 이미

는 것이다.

3　竊竊然(절절연) : 아는 체하는 모양.

4　固(고) : 고루한 것.

5　弔詭(조궤) : 지극히 기묘한 것.

6　旦暮遇(단모우) : 아침 저녁으로 만나는 것, 하루 사이에 만나는 것. 자기의 이러한 말을
　아는 위대한 성인이란 만 년 만에 한 번 이 세상에 나와도 아침 저녁으로 만나는 것과 같
　다. 곧 그러한 성인은 거의 세상에 나오기 어렵다는 말이다.

당신과 의견이 같거늘 어찌 올바로 판정할 수가 있겠습니까? 나와 의견이 같은 사람에게 올바로 판정해 달라고 한다면, 이미 나와 의견이 같거늘 어찌 올바로 판정할 수가 있겠습니까? 나와 당신과 의견이 다른 사람에게 올바로 판정해 달라고 한다면, 이미 나와 당신과 의견이 다르거늘 어찌 올바로 판정할 수 있겠습니까? 나와 당신과 의견이 같은 사람에게 올바로 판정해 달라고 한다면, 이미 나와 당신과 의견이 같거늘 어찌 올바로 판정할 수가 있겠습니까? 그러니 나나 당신이나 다른 사람들이나 모두 알 수가 없는 것입니다. 그런데도 그런 것들을 믿겠습니까?"

| 원문 |

旣使我與若**1**辯矣, 若勝我, 我不若勝, 若果是也, 我果非也邪? 我勝若, 若不吾勝, 我果是也, 而**2**果非也邪? 其或是也, 其或非也邪? 其俱是也, 其俱非也邪? 我與若不能相知也. 則人固受其黮闇,**3** 吾誰使正之**4**?

使同乎若者正之, 旣與若同矣, 惡能正之? 使同乎我者正之, 旣同乎我矣, 惡能正之? 使異乎我與若者正之, 旣異乎我與若矣, 惡能正之? 使同乎我與若者正之, 旣同乎我與若矣, 惡能正之? 然則我與若, 與人, 俱不能相知也. 而待彼**5**也邪?

| 해설 |

장오자의 말이 이어지고 있다. 사람들은 네가 옳으니 내가 옳으니 하고

---

1 若(약) : 그대, 너.
2 而(이) : 그대, 너.
3 黮闇(탐암) : 흐리멍텅한 것, 잘 알 수가 없는 것.
4 正之(정지) : 올바르게 판정하는 것.
5 待彼(대피) : 그것에 의지하는 것, 그것은 '논리'를 가리키므로 '그러한 논리를 믿는 것.

논쟁을 하며 자기 주장을 내세운다. 그러나 크게 보면 어떤 누구의 논리가 옳은 것인지는 아무도 모른다. 따라서 우리는 그러한 논리조차도 초월해야 한다는 것이다. 사람들의 이성이나 논리는 불완전한 것이기 때문이다.

24

"변화하는 이론을 믿는다는 것은 믿는 것이 없다는 것이나 같은 것입니다. 자연의 원리[天倪]로써 모든 것을 조화시키고 무궁함으로써 모든 것의 바탕을 삼는 것이 주어진 삶을 다하는 방법이 되는 것입니다. 무엇을 자연의 원리로써 모든 것을 조화시킨다고 말하는 것일까요? 옳은 것과 옳지 않은 것, 그러한 것과 그렇지 않은 것이 있습니다. 옳은 것이 만약 정말 옳은 것이라면 곧 옳은 것이 옳지 않은 것과 다르다는 것은 또한 말할 것이 없게 되는 것입니다. 그러한 것이 만약 진실로 그러한 것이라면 곧 그러한 것이 그렇지 않은 것과 다르다는 것은 또한 말할 것이 없게 되는 것입니다. 나이도 잊고 의리도 잊고 무한으로 발전하게 되는 것입니다. 그러므로 무한한 경지에 처신하여야만 하는 것입니다."

| 원문 |

化聲[1]之相待,[2] 若其不相待. 和之以天倪,[3] 因之以曼衍,[4] 所以窮年[5]

---

[1] 化聲(화성) : 사람에 따라 또는 경우에 따라 변화하는 이론, 곧 일정치 않은 이론.
[2] 相待(상대) : 서로 의지하는 것, 서로 믿는 것. 이 첫머리부터 '소이궁년야(所以窮年也)' 까지는 본시 '역무변(亦無辯)' 뒤, '망년망의(忘年忘義)' 앞에 끼어 있으나 여혜경(呂惠卿)이 지적했듯이 문맥으로 보아 이처럼 앞에 나오는 것이 옳은 것 같다.
[3] 天倪(천예) : 자연의 원리(郭象 說). 자연의 공평한 입장(朱桂曜 說).
[4] 曼衍(만연) : 무궁한 것, 끝없는 자연의 변화를 가리킨다.
[5] 窮年(궁년) : 주어진 삶을 다하는 것. 오래도록 잘 되는 것.

也. 何謂和之以天倪? 曰; 是不是, 然不然. 是若果是也, 則是之異乎不是也, 亦無辯.**6** 然若果然也, 則然之異乎不然也, 亦無辯. 忘年忘義,**7** 振**8**於無竟.**9** 故寓**10**諸無竟.

사람들의 이론은 아무런 가치도 뜻도 없는 것이니 무한한 자연에 자기를 맡겨야 한다는 것이다. 이것이 앞에서부터 이어진 장오자의 말의 결론이다.

25

망량罔兩이 그림자에게 물었다.

"당신은 조금 전에는 걸어다니다가 지금은 멈춰 있소. 당신은 조금 전에는 앉아 있다가 지금은 서 있소. 어째서 그처럼 일정한 마음가짐이 없소?"

그림자가 말하였다.

"나는 의지하는 것이 있어서 그렇게 되는 걸가요? 내가 의지하는 것도 또 의지하는 것이 있어서 그렇게 되는 걸까요? 내가 의지하는 것은 뱀 껍질이나 매미 날개 같은 걸까요? 그러나 어찌 그러한 까닭을 알겠으며, 어찌 그렇지 않은 까닭을 알겠소?"

---

6 無辯(무변) : 논할 것이 없게 되다.
7 義(의) : 의리, 시비(是非).
8 振(진) : 뻗어나가는 것. 발전하는 것.
9 無竟(무경) : 무한, 끝이 없는 것.
10 寓(우) : 몸과 마음을 두는 것. 처신하는 것.

| 원문 |

罔兩[1]問景[2]曰; 曩[3]子行, 今子止. 曩子坐, 今子起. 何其無特操[4]與?

景曰; 吾有待而然者邪? 吾所待, 又有待而然者邪? 吾待蛇蚹[5]蜩翼[6]
邪? 惡識所以然, 惡識所以不然?

| 해설 |

이 대목에서는 상대적인 세계를 그대로 인정하면서 사람들의 지혜에
의한 평가를 부정한 것이다. 어떤 존재나 움직임은 모두 그 원인이 있고,
그 원인은 다시 그 원인이 있다. 또 그 원인의 원인은 더 차원 높은 원인이
있다. 그 궁극의 원인은 도일 것이지만 그 도의 작용은 아무도 정확히 자
세한 내용을 알지 못하는 것이다.

26

옛날에 장주莊周가 꿈에 나비가 되었다. 그는 나비가 되어 펄펄 날
아다녔다. 자기 자신은 유쾌하게 느꼈지만 자기가 장주임을 알지 못
하였다. 갑자기 꿈을 깨니 엄연히 자신은 장주였다. 그러니 장주가 꿈
에 나비가 되었던 것인지 나비가 꿈에 장주가 되어 있는 것인지 알 수
가 없었다. 장주와 나비에는 반드시 분별이 있을 것이다. 이러한 것을
'만물의 조화'라 부른다.

---

1 罔兩(망량) : 그림자 밖에 있는 희미한 그늘(郭象 說).
2 景(영) : 영(影)과 통하여 '그림자'.
3 曩(낭) : 조금 전, 지난 번.
4 特操(특조) : 뛰어난 절조(節操), 일정한 마음가짐.
5 蛇蚹(사부) : 뱀 껍질. 뱀은 뱀 껍질에 의지하여 다닌다. 이런 때, 다닌다는 면에서 본다면
 뱀은 그림자나 같은 것이다.
6 蜩翼(조익) : 매미 날개. 매미는 날개에 의지하여 날아다닌다.

| 원문 |

昔者莊周夢爲胡蝶,[1] 栩栩然[2]胡蝶也. 自喩[3]適志[4]與, 不知周也. 俄然
覺, 則蘧蘧然[5]周也. 不知周之夢爲胡蝶與, 胡蝶之夢爲周與. 周與胡蝶,
則必有分矣. 此之謂物化.[6]

| 해설 |

이 대목은 장자의 '나비 꿈[胡蝶夢]'으로 유명한 우화이다. 그 글을 읽으
면 현묘玄妙한 느낌이 든다. 사람이나 나비나 똑같은 위치에 있는데 다만
사람들의 불완전한 개념에 의하여 차별이 생기는 것 같다. 현실이 꿈인
지, 삶과 죽음의 한계는 어떤 것인지? 만약 우리가 이러한 상대적인 개념
을 초월한다면 거기에는 아무런 차별도 없게 될 것이다.

상대적인 개념이 없어짐으로써 완전히 자유스러워진 세계, 이것이 장
자가 생각하는 이상향인 것이다. 그리고 '모든 사물이 한결같게' 여겨질
때, 자연에 완전히 융화될 수 있을 것이다.

---

1 胡蝶(호접) : 나비.
2 栩栩然(허허연) : 훨훨 나는 모양.
3 自喩(자유) : 스스로 생각하다(錢穆 說).
4 適志(적지) : 기분이 좋은 것. 유쾌한 것.
5 蘧蘧然(거거연) : 엄연히 어떤 형체가 존재하는 모양(李頤 說).
6 物化(물화) : 한 물건이 다른 물건으로 변화하는 것, 만물의 조화.

제3편

삶을 길러 주는 주인
養生主

'양생주'란 '삶을 길러 주는 주인'이란 뜻이다. 우리 몸이란 생명과 함께 살아가고 있는 것이며, 마음이나 지각은 또 신경의 작용에 의한 것이다. 따라서 몸이나 마음은 모두 생명의 주인이 될 수 없는 것이다. 자기 몸이나 마음에 따라 움직이는 일 없이 언제나 자연을 따르고 사물을 거스르지 않을 때, 비로소 행복한 인생의 길이 열린다는 것이다.

그러나 명대의 임운명(林雲銘)은 '양생주'를 '삶의 주인을 기르는 것'이라고 해석하고 있다. 삶이 의지하고 있는 주인인, '모든 사물은 한결같음'에서 언급한 '진실한 임금[眞君]'을 기르는 것이라는 말이다. 일리는 있으나 이 편의 글의 내용을 통해 볼 때 앞의 설명이 더 옳은 것 같다.

1

우리의 삶에는 한이 있으나 앎에는 한이 없다. 한이 있는 삶을 가지고 한 없는 앎을 뒤쫓음은 위태로운 일이다. 그런데도 앎을 추구하는 자가 있다면 위태로울 따름인 것이다.

| 원문 |

吾生也有涯,[1] 而知也无涯. 以有涯隨無涯, 殆已. 已而[2]爲知[3]者, 殆而已矣.

| 해설 |

사람들은 앎을 추구하며 똑똑한 체한다. 그러나 한이 있는 인생으로서 무한한 지식을 추구하면서 똑똑한 체하려는 것 자체가 비극이라는 것이다. 앎을 버려야만 참된 삶을 누릴 수 있다는 것이다.

2

착한 일을 행하여 명성을 가까이하지 말고, 악한 짓을 행하여 형벌을 가까이하지 말아야 한다. 가운데의 올바름을 따름으로써 법도를 삼는다면 몸을 보존할 수 있게 되고, 삶을 온전히 누릴 수 있을 것이며, 어버이를 부양할 수 있게 되고, 자기 목숨대로 살 수가 있을 것이다.

---

1 涯(애) : 한계, 끝.
2 已而(이이) : 그런데도.
3 爲知(위지) : 앎을 위하다, 앎을 추구하다.

爲善無近名,[1] 爲惡無近刑. 緣督[2]以爲經,[3] 可以保身, 可以全生, 可以
養親, 可以盡年.[4]

| 해설 |

장자는 진정한 양생은 '가운데의 올바른 도'를 지키는 데 있다고 주장
한다. 장자는 선과 악을 거의 같은 것으로 대비시키며 중간의 바르고도 자
연스러운 길을 따를 것을 주장한다.

3

한 백정이 문혜왕文惠王을 위하여 소를 잡은 일이 있었다. 그의 손
이 닿는 곳이나 어깨를 기대는 곳이나 발로 밟는 곳이나 무릎으로 누
르는 곳은 푸덕푸덕 살과 뼈가 떨어졌다. 칼이 지나갈 때마다 설겅설
겅 소리가 나는데 모두가 음률에 들어맞았다. 그의 동작은 상림桑林의
춤과 같았으며, 그 절도는 경수經首의 절주節奏에 들어맞았다.

문혜왕이 말하였다.

"아아, 훌륭하다. 재주가 이런 지경에까지 이를 수가 있는가?"

백정이 칼을 놓고 대답하였다.

"제가 좋아하는 것은 도로서 재주보다 앞서는 것입니다. 처음 제가
소를 잡았을 적에는 보이는 것 모두가 소였습니다. 그러나 3년 뒤에

---

1 近名(근명) : 명예나 명성을 좋아하는 것.
2 督(독) : 등의 중간에 뻗은 혈관. 또는 등 뒤 중간 옷의 솔기. 여기에서 뜻이 바뀌어 '가운
  데의 올바른 것', '중정(中正)한 것'.
3 經(경) : 법도, 기준.
4 盡年(진년) : 자기 목숨대로 다 사는 것.

는 완전한 소가 보이는 일이 없어졌습니다. 지금에 이르러서는 저는 정신으로 소를 대하지 눈으로는 보지 않습니다. 감각의 작용은 멈춰버리고 정신을 따라 움직이는 것입니다. 천연의 조리를 따라서 큰 틈을 쪼개고 큰 구멍을 따라 칼을 찌릅니다. 소의 본래의 구조에 따라 칼을 쓰므로 힘줄이나 질긴 근육에 부닥뜨리는 일이 없습니다. 하물며 큰 뼈에야 부딪치겠습니까? 훌륭한 백정은 일 년마다 칼을 바꾸는데 살을 자르기 때문입니다. 보통 백정들은 달마다 칼을 바꾸는데 뼈를 자르기 때문입니다. 지금 저의 칼은 십구 년이 되었으며, 그 사이 잡은 소는 수천 마리나 됩니다. 그러나 칼날은 숫돌에 새로 갈아 내온 것과 같습니다. 소의 뼈마디엔 틈이 있는데 칼날에는 두께가 없습니다. 두께가 없는 것을 틈이 있는 곳에 넣기 때문에 횡하니 칼날을 움직이는 데 언제나 반드시 여유가 있게 됩니다. 그래서 십구 년이 지나도 칼날은 새로 숫돌에 갈아 놓은 것과 같은 것입니다. 비록 그렇다 하더라도 뼈와 살이 엉긴 곳을 만날 때마다 저도 어려움을 느끼게 됩니다. 조심조심 경계를 하면서 눈은 그곳을 주목하고 동작을 늦추며 칼을 매우 미세하게 움직입니다. 그러면 뼈와 살이 후두둑 떨어져 흙이 땅 위에 쏟아지듯 쌓입니다. 그러면 칼을 들고 서서 사방을 둘러보며 만족스런 기분에 잠깁니다. 그리고는 칼을 닦아 잘 간수해 둡니다."

문혜왕이 말하였다.

"훌륭한지고! 나는 백정의 말을 듣고서 삶을 기르는 방법을 터득하였다."

원문

庖丁[1]爲文惠君[2]解牛.[3] 手之所觸, 肩之所倚,[4] 足之所履, 膝之所踦[5] 砉然[6]嚮然,[7] 奏刀騞然,[8] 莫不中音,[9] 合於桑林[10]之舞, 乃中經首[11]之會.[12]

文惠君曰; 譆,[13] 善哉! 技蓋至此乎?

庖丁釋刀對曰; 臣之所好者, 道也, 進乎技矣. 始臣之解牛之時, 所見無非牛者. 三年之後, 未嘗見全牛也. 方今之時, 臣以神遇,[14] 而不以目視. 官知止[15]而神欲行. 依乎天理,[16] 批大郤,[17] 導大窾[18]因其固然, 技經[19]肯綮[20]之未嘗, 而況大軱[21]乎?

良庖歲更刀, 割[22]也. 族庖[23]月更刀, 折[24]也. 今臣之刀, 十九年矣, 所解, 數千牛矣, 而刀刃若新發於硎.[25] 彼節者有間, 而刀刃者無厚. 以無

---

1 庖丁(포정) : 요리사, 백정.

2 文惠君(문혜군) : 전국 시대(戰國時代) 양나라 혜왕(惠王)을 가리킨다.

3 解牛(해우) : 소를 잡다.

4 倚(의) : 기대다, 떠받치다.

5 踦(기) : 한쪽 무릎을 꿇고 누르는 것.

6 砉然(획연) : 가죽과 뼈가 서로 떨어지는 소리(司馬彪 說).

7 嚮然(향연) : 살과 뼈가 서로 떨어지는 소리.

8 騞然(획연) : 획연(砉然) 보다 소리가 더 큰 것(崔譔 說).

9 中音(중음) : 음율(音律)에 맞는 것.

10 桑林(상림) : 탕(湯)임금이 만들었다는 춤 이름.

11 經首(경수) : 요임금의 음악인 함지(咸池)의 악장 이름.

12 會(회) : 절주(節奏).

13 譆(회) : 감탄사.

14 神遇(신우) : 정신으로 대하다.

15 官知止(관지지) : 관능의 작용이 멈춰지다.

16 天理(천리) : 천연(天然)의 문리(文理).

17 大郤(대극) : 극(郤)은 극(隙)과 통하여, 큰 틈.

18 窾(관) : 구멍.

19 技經(기경) : 기(技)는 지(枝)가 잘못 쓰인 것으로(俞樾 說), 지맥(枝脈)과 경맥(經脈). '힘줄'.

20 肯綮(긍계) : 긍(肯)은 뼈와 살이 붙은 곳(陸德明 說), 계(綮)는 근육이 뭉쳐 있는 곳(司馬彪 說).

21 軱(고) : 엉겨 있는 뼈.

22 割(할) : 살을 자르다.

23 族庖(족포) : 보통 백정.

24 折(절) : 뼈를 자르는 것.

25 硎(형) : 숫돌.

厚入有閒, 恢恢乎,[26] 其於遊刃, 必有餘地矣. 是以十九年, 而刀刃若新發於硎.

雖然, 每至於族,[27] 吾見其難爲.[28] 怵然[29]爲戒, 視爲止, 行爲遲, 動刀甚微. 謋然[30]已解, 如土委地,[31] 提刀而立, 爲之四顧, 爲之躊躇[32]滿志, 善刀而藏之. 文惠君曰; 善哉! 吾聞庖丁之言, 得養生焉.

| 해설 |

여기서는 백정이 소 잡는 솜씨를 빌려 삶을 기르는 방법을 얘기하고 있다. 소를 정신으로 대하되 눈으로 보지는 않으며, 소 몸통의 자연스런 문리文理를 따라 조금도 억지 없이 춤추듯 칼을 놀린다는 것이다. 그처럼 모든 일에 자기를 버리고 대상에 대한 의식 없이 자연의 원리를 따라 행동하는 것이 바로 삶을 기르는 방법이라는 뜻이다. 이것은 앞에서 말한 '가운데의 올바른 도'를 따름으로써 법도를 삼는다[緣督]는 데 대한 증명이다. 그러나 자연을 따르되 백정이 칼을 놀릴 때처럼 어려운 고비에는 스스로 두려운 듯 경계하지 않으면 성공하지 못한다 하였다. 이는 자연을 따르는 어려움을 인식시키려는 뜻일 것이다.

4

공문헌公文軒이 우사右師를 보고서 놀라며 말하였다.

---

26 恢恢乎(회회호) : 널따란 모양, 여유 있는 모양.
27 族(족) : 근육과 뼈가 뒤엉켜 있는 곳.
28 難爲(난위) : 손을 대기가 어려운 것.
29 怵然(출연) : 두려워하는 모양.
30 謋然(획연) : 몸통이 분해되는 모양.
31 委地(위지) : 높은 곳으로부터 떨어져 쌓이는 것.
32 躊躇(주저) : 만족스러워하는 모양.

"이건 어떻게 된 사람인가? 어째서 한 발을 잘렸는가? 하늘이 그랬는가? 사람이 그랬는가?"

"하늘이 그렇게 하신 것이지 사람이 그런 것은 아니오. 하늘이 낳으실 때 외다리[一足]가 되도록 정해 주신 것이오. 사람들의 모습은 모두 하늘이 내려 주신 것이오. 그러니 내 외다리도 하늘이 그렇게 하신 것이지 사람의 짓이 아님을 알 수 있소.

못 가에 사는 꿩은 열 발자국은 걸어야 한 번 쪼을 모이를 만나고, 백 발자국은 걸어야 한 번 마실 물을 만나오. 그러나 울 속에 갇혀 길러지기를 바라지는 않소. 울 속에선 신경을 수고롭히지는 않지만 좋지 않기 때문이오."

| 원문 |

公文軒[1]見右師[2]而驚曰; 是何人也? 惡乎介[3]也? 天與, 其人與?

曰; 天也, 非人也. 天之生是使獨[4]也. 人之貌有與[5]也. 以是知其天也, 非人也.

澤雉[6]十步一啄,[7] 百步一飮, 不蘄[8]畜乎樊[9]中. 神雖王,[10] 不善[11]也.

---

1 公文軒(공문헌) : 송(宋)나라 사람이란 설이 있으나 확실치 않다.

2 右師(우사) : 벼슬 이름.

3 介(개) : 한쪽 다리를 잘리는 것(向秀 說).

4 獨(독) : 외다리.

5 有與(유여) : 부여해 있는 것, 주어져 있는 것, 곧 하늘이 내려준 것.

6 澤雉(택치) : 못 가에 사는 꿩.

7 啄(탁) : 쪼아 먹는 것.

8 蘄(기) : 바라다, 구하다.

9 樊(번) : 울, 새장.

10 神雖王(신수왕) : 울 안에서 길러지면, '신경은 비록 왕성하나', '신경은 수고롭지 않으나'(馬其昶 說).

11 不善(불선) : 좋지 않다고 생각하다, 좋아하지 않다.

삶을 기르는 것은 완전한 몸을 지님으로써 이루어지는 것이 아니라, 자기 분수대로 자연을 따름으로써 이루어진다. 외다리라고 불행하고 두 다리가 멀쩡하다고 행복한 것은 아니다. 그것은 꿩이 우리 속에서 아무리 잘 먹고 지낸다 하더라도 자연 속에서 고생하며 먹이를 찾아다니는 생활보다 좋다고 생각하지 않는 것이나 같다는 것이다.

5

노담老聃이 죽자, 진실秦失이 조상하러 가서 세 번 곡을 하고는 나와 버렸다.

그의 제자가 물었다.

"그 분은 선생님의 친구가 아니십니까?"

진실이 말하였다.

"그래, 친구였지."

제자가 물었다.

"그렇다면 이렇게 조상을 하셔도 괜찮습니까?"

진실이 말하였다.

"그렇다. 처음에는 나는 그를 훌륭한 사람으로 여겼다. 그러나 지금은 그렇지 않다. 조금 전에 내가 조상을 하면서 보니 노인들은 자기 자식을 잃은 것처럼 곡을 하고, 젊은이들은 그의 어머니를 여읜 것처럼 곡을 하더구나. 그들이 그의 죽음에 감동된 까닭은 반드시 조문을 해 달라고 부탁하지는 않았을망정 조문을 하도록 만들고, 곡해 달라고 부탁하지는 않았을망정 곡을 하도록 만들었기 때문일 것이다. 이것은 자연을 어기고 진실을 배반한 것이며 그의 분수를 잊은 것이다. 옛날에는 그런 것을 '자연을 어긴 죄악'이라 말하였다. 그 사람이 이 세상에 태어난 것은 그가 태어날 때가 되었기 때문이며, 그 사람이 죽은 것도 죽을 운명에 따른 것이다. 윤회하는 때에 안주하고 주어진 운명에 따르면 슬픔이나 즐거움은 끼어들 수가 없는 것이다. 옛날에는 이것을 하늘이 속박으로부터 풀어주는 것이라 하였다."

| 원문 |

老聃¹死, 秦失²弔之, 三號³而出.

弟子曰; 非夫子之友邪?

曰; 然.

然, 則弔焉若此, 可乎?

曰; 然. 始也, 吾以爲其人⁴也, 而今非也. 向吾入而弔焉, 有老者哭之, 如哭其子, 少者哭之, 如哭其母. 彼⁵其所以會之,⁶ 必有不蘄言⁷而言, 不蘄哭而哭者. 是遁天⁸倍情,⁹ 忘其所受.¹⁰ 古者謂之遁天之刑.¹¹ 適來,¹² 夫子時也. 適去, 夫子順¹³也.

---

1 老聃(노담) : 노자(老子). 성은 이(李), 이름은 이(耳), 담(聃)은 자이며, 노(老)는 존경을 표시하기 위하여 붙인 것임.
2 秦失(진실) : 사람 이름. 실(失)이 일(佚)로 된 판본도 있다.
3 號(호) : 크게 소리내어 곡하는 것.
4 其人(기인) : 훌륭한 사람, '기'가 지(至)로 된 판본도 있으니 '지극한 사람'이라 보아도 좋다.
5 彼(피) : 조상하는 사람들.
6 會之(회지) : 노자의 죽음에 감동이 되는 것.
7 蘄言(기언) : 조문하는 말을 해 달라고 요구하는 것.
8 遁天(둔천) : 자연으로부터 도피하다. 자연을 어기다.
9 倍情(배정) : 인정을 배반하다, 진실과 어긋나다.
10 所受(소수) : 그가 나면서 받은 것, 그의 분수.
11 刑(형) : 형벌, 죄악.
12 來(래) : 이 세상에 오는 것, 태어나는 것. 따라서 반대로 거(去)는 죽음을 가리킨다.
13 順(순) : 자연의 섭리를 따르는 것.

安時而處順, 哀樂不能入也. 古者謂是帝¹⁴之縣解.¹⁵

| 해설 |

사람은 죽음과 삶에 초연해야 한다. 죽음은 삶과 같은 자연 현상에 불과하기 때문이다. 그래서 진실秦失이란 사람은 자기의 죽음을 제자들로 하여금 크게 슬퍼하도록 한 노자를 낮게 평가한 것이다.

6

기름은 촛불이 되어 타 없어져 버리지만, 불은 옮겨 붙여 주면 다할 줄 모르게 된다.

| 원문 |

指¹窮於爲薪,² 火傳也, 不知其盡也.

| 해설 |

이 대목에 대한 해설은 학자에 따라 구구하다. 그러나 여기에서 기름과 촛불은 사람의 몸과 여러 가지 사물에 비유한 것이고, 불은 여기에서 말하는 정신 곧 '삶을 기르는' 바탕을 뜻하는 것이다. 세상에서 바라는 사물이나 사람의 몸에는 한계가 있지만 '삶을 기르는' 바탕이 되는 정신은 영원

---

14 帝(제) : 천제(天帝), 하늘.
15 縣解(현해) : '현'은 현(懸)과 통하여 하늘에 의하여 매달려 있는 것, 곧 속박, 따라서 속박으로부터 해방되는 것.

1 指(지) : 脂(지)와 통하여(朱桂曜『莊子內篇 補』), 기름. 촛불을 만드는 주요 재료이다.
2 薪(신) : 땔나무. 옛날에는 나무로 소나 돼지기름을 싼 다음 불을 붙여 촛불로 썼다. 따라서 여기에서는 촛불을 뜻한다(聞一多 說).

히 존속되는 것이라는 말이다.

이 대목을 앞의 진실秦失의 말에 연결시켜 해석하는 사람도 있으나, 아무래도 이 편의 결론으로 독립된 대목이라고 보는 것이 옳을 것 같다.

제4편

사람들 세상
人間世

　'인간세(人間世)'란 '세상' 또는 '사람들이 살고 있는 세상'이란 뜻으로
서, 이 편에서는 속된 세상을 어떻게 살아가야 하는가를 논하고 있다.
장자는 사람들의 앎이나 일반적인 사물에 대한 평가를 부정하지만,
사람들이 살고 있는 사회까지 부정하지는 않는다. 따라서 사람들의
집단 속에서 개인이 취해야 할 행동은 언제나 문제가 된다.
　그는 사회 생활을 원만히 해 나가기 위해서는 개인의 마음을 텅 비
게 만들어야 하며, 그 뒤에는 '무용(無用)의 쓰임'의 방법을 터득해야
한다고 보았다.

1

안회顏回가 공자를 찾아 뵙고 여행을 떠나겠다고 하였다.

공자가 물었다.

"어디로 가는 것이냐?"

"위衛나라로 갈까 합니다."

공자가 말하였다.

"무엇하러 가는 것이냐?"

안회가 말하였다.

"제가 듣건대 위나라 임금은 나이가 젊은 데다가 행동은 독단적이라고 합니다. 그의 나라를 가벼이 다스리면서도 자기의 잘못은 거들떠보지도 않고, 백성들의 죽음도 가벼이 여겨 죽은 사람들이 연못 속의 이끼처럼 가득하다 합니다. 백성들은 갈 곳도 없습니다. 저는 일찍이 선생님께서 '잘 다스려지는 나라를 떠나 어지러운 나라로 가야 한다. 의사 집에 병자가 많이 모이는 것과 같은 이치다'라고 말씀하신 것을 들은 일이 있습니다. 저는 선생님께서 하신 말씀을 근거로 하여 행동할 것을 생각하고 있습니다. 그러면 그 나라는 바로 고쳐질 것입니다."

공자가 말하였다.

"흠, 네가 가 보았자 형벌이나 받게 될 것이다. 도란 잡되지 않아야 한다. 잡되면 일이 많아지고, 일이 많아지면 어지러워지고, 어지러우면 근심이 생기고, 근심이 생기면 구제해 줄 수도 없게 된다. 옛날의 지극한 사람은 먼저 자기 자신을 살피고 난 뒤에야 남의 일을 상관하였다. 자기 자신을 살펴본 결과가 불안정한데 난폭한 사람이 하는 짓을 상관할 겨를이 어디 있겠느냐?"

| 원문 |

顏回[1]見仲尼,[2] 請行.

曰; 奚之?

曰; 將之衛.

曰; 奚爲焉?

曰; 回聞, 衛君[3]其年壯, 其行獨.[4] 輕用其國, 而不見其過. 輕用民死, 死者以量[5]乎澤若蕉.[6] 民其無如[7]矣! 回嘗聞之夫子曰; 治國去之, 亂國就之, 醫門多疾. 願以所聞思其所行,[8] 則庶幾[9]其國有瘳[10]乎!

仲尼曰; 譆![11] 若殆[12]往而刑耳. 夫道不欲雜. 雜則多, 多則擾,[13] 擾則憂, 憂而不救. 古之至人, 先存[14]諸己, 而後存諸人. 所存於己者未定, 何暇至於暴人之所行?

| 해설 |

성실한 안회는 스승의 가르침을 따라, 어지러운 위나라로 가서 그 나라

---

1 顏回(안회) : 공자의 제자로 학문과 덕행에 뛰어났던 제자. 자가 자연(子淵)이라 안연(顏淵)이라고도 부른다. 젊은 나이에 죽어 스승인 공자를 무척 슬프게 하였다.
2 仲尼(중니) : 공자의 자.
3 衛君(위군) : 위나라 임금, 출공(出公) 첩(輒)을 가리킨다.
4 獨(독) : 독단적으로 행동하다, 제멋대로 행동하다.
5 量(량) : 가득 차다(『呂氏春秋』 高誘 註). 보통 이 위에 '국(國)'자가 하나 더 붙어 있으나 해동(奚侗)의 설을 따라 뺐다.
6 蕉(초) : 물풀, 이끼 같은 것.
7 無如(무여) : 갈 곳이 없는 것, 또는 어찌할 수가 없는 것.
8 所行(소행) : 행동할 바, 보통 이 두 자가 들어 있지 않은 판본이 많다.
9 庶幾(서기) : 거의, 아마도.
10 瘳(추) : 병이 낫다, 바로잡아지다.
11 譆(희) : 감탄사.
12 殆(태) : 아마도, 거의.
13 擾(요) : 소란한 것, 어지러운 것.
14 存(존) : 살피다, 돌보다.

의 정치를 바로잡으려 한다. 그러나 스승인 공자는 안회의 무모함을 만류한다. 그 이유는 남의 일을 간섭하기 전에 먼저 자기 자신에 대하여 살펴보아야 한다는 것이다. 공자의 말은 계속된다.

2

"또한 그대는 덕이 그 진실함을 잃기 쉽고, 지혜는 지나치게 되기 쉬운 까닭을 아는가? 덕은 명성 때문에 진실성을 잃기 쉽고, 지혜는 경쟁심 때문에 지나치게 되는 것이다. 명성은 서로를 손상시키는 것이고, 지혜는 다툼의 연모이기 때문이다. 이 두 가지는 흉기이므로 지나치게 행사해서는 안 되는 것이다.

또한 덕이 두텁고 신의가 많다고 하더라도 사람들의 기분은 잘 이해하지 못한다. 명성을 두고 다투지 않는다 하더라도 사람들의 마음은 잘 이해하지 못한다. 억지로 어짊과 의로움을 가지고 사람들을 바르게 하고자 하는 논의를 난폭한 사람 앞에서 하는 것은 남의 악함을 이용하여 자신의 훌륭함을 드러내려는 것이다. 이러한 사람을 '남을 해치는 사람'이라 부른다. 남을 해치는 사람이라면 남도 반드시 그를 해치게 될 것이다. 그대는 아마도 남들로부터 재해를 받게 될 것이다."

| 원문 |

且若亦知夫德之所蕩¹而知之所爲出²乎哉? 德蕩乎名? 知出乎爭. 名也者, 相軋³也. 知者也, 爭之器也. 二者凶器, 非所以盡行⁴也.

---

1 蕩(탕) : 동요하다, 참됨을 잃다(王叔岷 說).
2 出(출) : 지나치게 나오는 것, 너무 발휘되는 것.
3 軋(알) : 찰(札)로 된 판본도 있으며, 손상시키는 것, 또는 기울어지게 하는 것.
4 盡行(진행) : 지나치게 행사하는 것, 있는 그대로 쓰는 것.

且德厚信矼,**5** 未達人氣.**6** 名聞不爭, 未達人心. 而彊**7**以仁義繩墨**8**之言, 術**9**暴人之前者, 是以人惡有**10**其美也. 命之曰, 菑**11**人. 菑人者. 人必反菑之. 若殆爲人菑夫!

| 해설 |

공자의 말이 계속되고 있다. 세상에서 자기의 덕이나 지혜를 내세우는 것은 위험하다. 그것은 명성이나 경쟁을 전제로 하는 것이어서 위험하다는 것이다. 더욱이 난폭한 사람 앞에서 자기의 덕이나 지혜를 함부로 내세우는 것은 남의 단점을 이용하여 자신의 뛰어난 점을 내세우려는 결과가 되고 만다. 따라서 이것은 남을 해치는 일이 되고, 다시 남을 해치면 자기도 해침을 당하게 된다는 것이다. 그러니 위나라에 갈 생각을 버리라는 뜻이 된다.

3

"또한 만약에 어진 사람을 좋아하고 못난 자를 싫어하는 임금이라면 어찌 그대를 써서 특이한 일을 해주기 바라겠는가? 그대가 따지지 않으면 그뿐이지만 따진다면 임금은 반드시 그대를 권세로 누르고 그 이론을 무찌를 것이다. 그대의 눈은 어지러워질 것이고 그대의 얼굴

---

5 矼(강) : 성실한 것, 신용이 많은 것, 단단한 것.

6 人氣(인기) : 사람들의 기분.

7 彊(강) : 억지로.

8 繩墨(승묵) : 목수가 쓰는 먹줄, 여기에서 뜻이 발전되어 '올바른 것', '바로잡는 것', '기준', '도덕'의 뜻.

9 術(술) : 술(述)과 뜻이 통하여, 논술하다의 뜻.

10 有(유) : 육(育)과 뜻이 통하여, 길러주다, 또는 드러내다의 뜻.

11 菑(재) : 재(災)와 통하여 '재해', '해치는 것'.

빛은 새파래질 것이며, 입은 자기를 변명하기에 바쁘고, 태도는 비굴해질 것이며, 마음도 그를 따라가고 말 것이다. 이것은 불로써 불을 끄고 물로써 물을 막는 것과 같아서 이런 것을 '더욱 늘이는 것[益多]'이라 부르는 것이다. 처음부터 그를 따라 끝없이 그대로 따라가게 될 것이다. 그대는 아마도 믿어 주지 않는데도 말을 많이 하여 반드시 포악한 사람 앞에 죽임을 당하고 말 것이다.

또한 옛날에도 걸桀은 관용봉關龍逄을 죽였고, 주紂는 왕자 비간比干을 죽였다. 이들은 모두 그의 몸을 잘 닦고서 아래로 백성들을 잘 위하였지만, 신하로서 그의 임금의 뜻을 어긴 사람들이었다. 그러므로, 그들의 임금은 그들의 행동을 이유로 하여 그들을 제거해 버렸던 것이다. 이들은 명성을 좋아하던 사람들이었다.

옛날에 요堯임금은 총叢과 지枝와 서오胥敖를 공격하였고, 우禹임금은 유호有扈를 공격하였다. 이들 나라는 폐허가 되고 사람들은 죽음을 당하였다. 그들은 쉴 새 없이 전쟁을 하며 실리를 추구해 마지않던 임금이었다. 이들은 모두가 명성과 실리를 추구하던 사람들이다.

그대만이 이런 얘기를 듣지 못했는가? 명성과 실리라는 것은 성인이라 할지라도 어쩔 수가 없는 것이다. 그런데 하물며 그대가 어찌 하겠다는 것인가? 그렇기는 하지만 그대에게는 반드시 생각이 있을 것이다. 내게 얘기해 보아라."

| 원문 |

且苟爲悅賢而惡不肖,[1] 惡用而[2]求有以異? 若唯無[3]詔,[4] 王公必將乘

---

[1] 不肖(불초) : 못난 것.
[2] 用而(용이) : 그대를 쓰는 것. 그대가 아니더라도 위나라 조정에도 신하가 많다는 것을 뜻한다.
[3] 唯無(유무) : '만약 ……을 안하면 그뿐이지만 ……을 한다면'의 뜻.

人**5**而鬪其捷.**6** 而目將熒**7**之, 而色將平**8**之, 口將營**9**之, 容將形**10**之, 心且成**11**之. 是以火救火, 以水救水, 名之曰益多. 順始無窮. 若殆以不信厚言, 必死於暴人之前矣.

且昔者, 桀**12**殺關龍逢,**13** 紂**14**殺王子比干.**15** 是皆修其身以下傴拊**16**人之民, 以下拂**17**其上者也. 故其君因其脩以擠**18**之. 是好名者也.

昔者, 堯攻叢枝**19**胥敖, 禹攻有扈. 國爲虛厲,**20** 身爲刑戮.**21** 其用兵不止, 其求實無已, 是皆求名實者也.

而獨不聞之乎? 名實者, 聖人之所不能勝**22**也. 而況若乎? 雖然, 若必有以也. 嘗以語我來.

---

4 詔(조) : 논하다, 따지다.

5 乘人(승인) : 남을 권세로 억누르는 것.

6 捷(첩) : 재빠른 것, 예리한 이론.

7 熒(형) : 눈앞이 캄캄해지는 것.

8 平(평) : 상대방에게 눌려 파랗게 되는 것.

9 營(영) : 자기 변명을 하기에 겨를이 없는 것.

10 形(형) : 비굴하게 행동하는 것.

11 成(성) : 자기를 버리고 상대방을 따르는 것(郭象 說).

12 桀(걸) : 하(夏)나라의 마지막 임금으로 포악한 정치를 하다가 상(商)나라 탕(湯)임금에게 멸망당하였다.

13 關龍逢(관용봉) : 걸왕의 어진 신하. 걸의 폭정을 간하다가 사형을 당하였다.

14 紂(주) : 은(殷)나라의 마지막 임금. 걸과 함께 대표적인 폭군으로 알려졌으며, 주(周)나라 무왕(武王)에게 멸망당하였다.

15 比干(비간) : 주왕(紂王)의 숙부. 주왕의 폭정을 간하자 주왕은 성인의 심장에는 구멍이 일곱 개 있다는데 정말 있나 보자고 가슴을 쪼개어 죽였다 한다.

16 傴拊(구부) : 위해 주는 것, 어루만져 주는 것.

17 拂(불) : 뜻을 어기는 것.

18 擠(제) : 밀어내다, 제거하다.

19 叢枝(총지) : 총나라와 지나라. 서오(胥敖), 유호(有扈)와 함께 나라 이름.

20 虛厲(허려) : '허'는 그 고장에 사는 사람이 없는 것, '려'는 죽어서 후손이 없어지는 것(李頤 說). 곧 폐허가 되는 것.

21 刑戮(형륙) : 형벌을 받아 죽임을 당하는 것.

22 不能勝(불능승) : 어찌할 수가 없는 것.

안회가 위나라로 가서 아무리 훌륭한 말을 하더라도 독선적인 임금은 반드시 권세로 그를 억누를 것이며, 안회는 임금의 눈치나 보다 결국은 죽음을 당하고 말 것이라는 말이다. 예로부터 역사를 보면 올바른 소리를 하다가 임금에게 죽은 어진 신하들이 얼마든지 있다. 심지어는 어진 임금들까지도 자기의 실리를 위해서는 전쟁을 일으켜 남의 나라를 폐허로 만들었다. 그런데 네가 폭군을 어떻게 하겠느냐면서 공자는 안회를 설득한다. 그러나 일단 안회의 방법을 알아보려는 것이다.

4

안회가 말하였다.

"용모는 단정히 하고 마음은 텅 비게 하고서 힘써 한결같이 행동하면 되겠습니까?"

공자가 말하였다.

"아니, 어찌 되겠느냐? 그는 겉으로는 자신이 넘치고 매우 뽐내고 있으며 얼굴빛은 일정하지 않아서, 보통 사람들은 그의 뜻을 어기지 못한다. 그럼으로써 사람들의 감정을 억누르면서 자기 마음의 쾌락을 추구한다. 그런 것을 두고 '날로 발전해야 할 덕조차도 이루지 못하는 것'이라 말하는 것이다. 그러니 하물며 큰 덕이야 말할 것이 있겠느냐? 그는 자기를 고집함으로써 남에 의하여 변화되지 않으며, 겉으로는 타협을 하지만 속으로는 반성하지 않을 것이다. 그 어찌 괜찮을 수 있겠느냐?"

顔回曰; 端而虛,[1] 勉而一,[2] 則可乎?

曰; 惡, 惡可? 夫以陽³爲充,⁴ 孔⁵揚,⁶ 采色⁷不定, 常人之所不違. 因
案⁸人之所感, 以求容與⁹其心. 名之曰; 日漸之德¹⁰不成. 而況大德乎?
將執¹¹而不化, 外合而內不訾.¹² 其庸詎¹³可乎?

| 해설 |

　안회가 "자기 마음만 바르고 깨끗하고 한결같으면 되지 않습니까?" 하
고 묻자, 공자는 역시 그러한 폭군 앞에서는 소용없는 일임을 설명하고 있
다. 독선적인 폭군은 자기 고집만 내세우고 남의 말은 듣지 않으므로 어떠
한 올바른 충고도 소용없다는 말이다.

5

　안회가 말하였다.

　"그렇다면 저는 마음 속은 곧게 지니고 겉모양은 공손히 하여 마침
내는 옛분들과 견줄 만하게 하겠습니다.

　마음 속이 곧은 사람은 하늘과 같은 무리가 될 것입니다. 하늘과 같

1　端而虛(단이허) : 용모는 단정히 하고, 마음은 텅 비게 하는 것.
2　一(일) : 한결같음, 변치 않음.
3　陽(양) : 겉, 외모.
4　充(충) : 자신이 넘치는 것, 충실한 것.
5　孔(공) : 매우.
6　揚(양) : 드날리다, 뽐내다.
7　采色(채색) : 교만한 안색. 얼굴빛.
8　案(안) : 억누르다.
9　容與(용여) : 쾌락, 유쾌함.
10　日漸之德(일점지덕) : 날로 나아가는 덕, 나날이 발전해야만 할 덕.
11　執(집) : 자기를 고집함, 아집
12　訾(자) : 생각하다, 반성하다.
13　庸詎(용거) : 어찌.

은 무리가 된 사람은 천자나 자기나 모두가 하늘이 자식으로 감싸 주고 있음을 알고 있습니다. 그런데도 홀로 자기의 말을 상대방이 칭찬해 주기를 바라겠습니까? 상대방이 좋지 않다고 꾸짖기를 바라겠습니까? 이와 같은 사람을 사람들은 동자童子라 부르고 있습니다. 이것이 하늘과 같은 무리라고 부르는 사람입니다.

겉모양이 공손한 사람은 사람들과 같은 무리가 됩니다. 손 모아 홀笏을 들고 무릎을 꿇고 허리를 굽혀 엎드리는 것은 신하로서의 예입니다. 사람들이 모두 그렇게 하는데 나만이 감히 하지 않겠습니까? 남들이 하고 있는 짓을 하는 사람에 대해서는 사람들도 탓하지 않을 것입니다. 이것을 사람들과 같은 무리가 되는 것이라 말하는 것입니다.

마침내는 옛분들과 견줄 만하게 된다는 것은 옛분들과 같은 무리가 된다는 것입니다. 그 말이 비록 교훈이 되고 꾸짖는 내용이라 하더라도, 그것은 옛부터 있던 일이며 내가 지어낸 것은 아닙니다. 이와 같은 사람은 비록 곧다 하더라도 탓하지 못할 것입니다. 이것을 두고 옛분들과 같은 무리가 되는 것이라 말하는 것입니다. 이렇게 하면 괜찮겠습니까?"

공자가 말하였다.

"아니, 어찌 괜찮겠느냐? 남을 바로잡는 말이 너무 많아서 친근해질 수가 없을 것이다. 비록 그렇게 고집하여 죄를 범하지는 않는다 하더라도 그러나 그뿐일 것이다. 그래 가지고서야 어찌 남에게 감화를 미치게 할 수 있겠느냐? 그저 자기 마음을 따라 고집해 보는 것이지."

| 원문 |

回曰[1]; 然則我內直而外曲,[2] 成而[3]上比.[4]

---

1 回曰(회왈) : 보통 판본엔 없으나 왕슈민(王叔岷) 교수의 설을 따라 넣었다.

內直者, 與天爲徒. 與天爲徒[5]者, 知天子之與己, 皆天之所子. 而獨以己言蘄[6]乎而人[7]善之, 蘄乎而人不善之邪? 若然者, 人謂之童子. 是之謂與天爲徒.

外曲者, 與人之爲徒也. 擎[8]跽[9]曲拳,[10] 人臣之禮也. 人皆爲之, 吾敢不爲邪? 爲人之所爲者, 人亦無疵[11]焉. 是之謂與人爲徒.

成而上比者, 與古爲徒. 其言雖敎謫之實[12]也, 古之有也, 非吾有也. 若然者, 雖直, 而不病. 是之謂與古爲徒. 若是, 則可乎?

仲尼曰; 惡! 惡可? 太多政法[13]而不諜.[14] 雖固亦無罪, 雖然, 止是耳矣. 夫胡可以及化? 猶師心[15]者也.

| 해설 |

안회는 다시 곧은 마음, 공손한 행동에다 옛날을 거울로 삼으면 어떻겠느냐고 묻는다. 그러나 공자는 역시 위나라 임금 같은 폭군 앞에서는 자기 고집에 불과한 일임을 설교하고 있다.

---

2 曲(곡) : 공손한 것, 완곡한 것.
3 成而(성이) : 마침내, 종내(終乃)와 같은 말(王叔岷 說).
4 上比(상비) : 위로 옛사람에 견주는 것.
5 徒(도) : 같은 무리, 같은 종류.
6 蘄(기) : 바라다.
7 而人(이인) : 그 사람(其人).
8 擎(경) : 두 손으로 홀(笏)을 받쳐 드는 것.
9 跽(기) : 무릎을 꿇는 것.
10 曲拳(곡권) : 몸을 굽히는 것.
11 疵(자) : 병, 탓하다.
12 敎謫之實(교적지실) : 가르쳐 주고 꾸짖는 내용.
13 政法(정법) : '법'도 정(正)의 뜻이 있어 '남을 바로잡으려는 말'.
14 諜(첩) : 설(媟)과 통하여 '친근해지는 것'.
15 師心(사심) : 자기 마음을 따라 고집하는 것, 편견을 갖는 것.

6

안회가 말하였다.

"저로서는 이 이상 어찌할 방도가 없는 것 같습니다. 감히 다른 방법이 있는지 여쭙고자 합니다."

공자가 말하였다.

"재계를 한다면 내 네게 얘기해 주겠다. 자기 마음을 가지고 행동한다면 어찌 잘 되겠느냐? 잘 된다고 생각하는 자가 있다면 하늘이 마땅치 않게 여기실 것이다."

안회가 말하였다.

"저의 집은 가난해서 술을 마시지도 않고 매운 것을 먹지 않은 지여러 달이 됩니다. 이만하면 재계를 한 것이라 할 수가 있겠습니까?"

공자가 말하였다.

"그것은 제사 지낼 때의 재계이지 마음의 재계가 아니다."

안회가 말하였다.

"감히 마음의 재계에 대하여 여쭙고자 합니다."

공자가 말하였다.

"그대는 그대의 뜻을 통일하여 귀로 듣지 말고 마음으로 듣도록 해야 한다. 다음에는 마음으로도 듣지 않고 기운으로 듣도록 해야 한다. 귀란 듣기만 할 뿐이며 마음이란 느낌을 받아들일 뿐이지만, 기운이란 텅 빈 채 사물에 응대하는 것이다. 도란 텅 빈 곳에 모이게 마련이다. 텅 비게 하는 것이 마음의 재계인 것이다."

| 원문 |

顔回曰; 吾無以進矣. 敢問其方?

仲尼曰; 齋,[1] 吾將語若. 有而爲之, 其易[2]邪? 易之者, 皥天[3]不宜.

顔回曰; 回之家貧, 唯不飮酒, 不茹[4]葷[5]者, 數月矣. 若此, 則可以爲齋

122

乎?

曰; 是祭祀之齋, 非心齋也.

回曰; 敢問心齋?

仲尼曰; 若一志, 無聽之以耳, 而聽之以心. 無聽之以心, 而聽之以氣. 聽止於耳, 心止於符.**6** 氣也者, 虛而待物者也. 唯道集虛. 虛者, 心齋也.

| 해설 |

모든 잘못을 없애는 바탕으로, 먼저 '재계를 하여 마음을 깨끗이 닦을 것'을 얘기하고 있다. 마음은 '텅 비게' 만듦으로써 맑고 깨끗해져 재계가 된다는 것이다.

7

안회가 말하였다.

"저는 처음에는 그렇게 하지 못하여 실로 자기에게 얽매여 있었습니다. 그러나 그렇게 하게 되자 처음부터 자기가 존재하지 않게 되었습니다. 이제는 '텅 비었다'고 말할 수가 있겠습니다."

공자가 말하였다.

"다 되었다! 내 네게 얘기해 주마. 그대는 그 나라로 들어가 활동한다 하더라도 명성에 마음이 움직이지 않을 수 있게 된 것이다. 일이

---

1 齋(재) : 재계하는 것, 몸과 마음을 깨끗이 닦는 것. 편견을 마음에서 버리는 것.
2 其易(기이) : '기'는 기(豈)와 통하여 '어찌 쉽사리 되겠느냐'의 뜻.
3 皥天(호천) : 밝은 하늘.
4 茹(여) : 먹다.
5 葷(훈) : 매운 채소.
6 符(부) : 밖의 움직임에 부합시키는 것, 마음으로 느낌을 받아들이는 것.

생기면 호응하여 움직이고 일이 생기지 않으면 가만히 있는 것이다. 자기를 내세우지 말고 자기 생각을 앞세우지 말 것이며, 한결같은 순수한 마음을 지녀 어쩌는 수 없이 되도록 처신한다면 거의 완전하게 될 것이다.

행적을 숨기기는 쉽지만 흔적을 남기지 않기는 어렵다. 사람에게 부림을 당할 적에는 그대로 하기가 쉽지만, 하늘의 부림을 당할 적에는 그대로 하기가 어렵다. 날개를 가지고 나는 것이 있다는 말은 들었어도, 날개 없이 나는 것이 있다는 말은 들어 보지 못하였다. 지각知覺을 가지고 무엇을 안다는 말은 들은 일이 있으나, 지각도 없이 아는 사람이 있다는 말은 들어 본 일이 없다. 저 공허한 경지를 바라보노라면 텅 빈 마음이 밝아질 것이다. 행복하고 좋은 일은 이런 곳에 머물게 된다. 행복하고 좋은 일이 머물지 않는 것을, 이곳에 앉아 있으면서도 정신은 딴 곳으로 달린다고 말하는 것이다. 귀와 눈을 속 마음으로 통하게 하고서 그의 마음과 지각을 밖으로 내보낸다면, 귀신이라 하더라도 찾아와 그에게 머물게 될 것이다. 하물며 사람이야 말할 것이 있겠느냐? 이것이 만물의 변화에 호응하는 것이다.

우禹임금이나 순舜임금도 법도로 삼았던 것이다. 복희伏羲나 궤거几蘧 같은 제왕이 평생토록 실행한 요점도 이것이었다. 그러니 하물며 보통 사람이야 말할 것이 있겠느냐?"

| 원문 |

顔回曰; 回之未始得使,[1] 實自回[2]也. 得使之也, 未始有回也. 可謂虛乎?

---

1 得使(득사) : 그렇게 할 수 있다. 곧 마음을 재계함을 가리킨다.
2 自回(자회) : 자기에게 얽매인 나 자신.

夫子曰; 盡矣. 吾語若. 若能入遊其樊,³ 而無感其名.⁴ 入則鳴,⁵ 不入則止. 無門⁶無毒,⁷ 一宅⁸而寓於不得已, 則幾矣.

絕迹⁹易, 無行地¹⁰難. 爲人使, 易以僞.¹¹ 爲天使, 難以僞. 聞以有翼飛者矣, 未聞以無翼飛者也. 聞以有知知者矣, 未聞以無知知者也. 瞻¹²彼闋¹³者, 虛室¹⁴生白.¹⁵ 吉祥¹⁶止止,¹⁷ 夫且不止, 是之謂坐馳.¹⁸ 夫徇¹⁹耳目內通,²⁰ 而外於心知. 鬼神將來舍, 而況人乎? 是萬物之化也.

禹舜之所紐²¹也. 伏羲几蘧²²之所行終.²³ 而況散焉者²⁴乎?

| 해설 |

모든 일을 하기 전에 마음을 재계하여 텅 비게 만들어야 한다는 것이

---

3 其樊(기번) : 그 울 안, 위(衛)나라를 가리킨다.
4 其名(기명) : 일반적인 명성을 가리킨다.
5 入則鳴(입즉명) : 일이 들어오듯 내게 생기면 울리듯이 호응하여 움직이는 것.
6 無門(무문) : 문이 없다. 내세우는 자기가 없는 것.
7 無毒(무독) : 독(毒)은 길 가의 표지(王先謙 說). 곧 내세운 자기 의견이 없음을 비유한 것.
8 一宅(일택) : 한결같은 순수한 마음을 지니는 것.
9 絕迹(절적) : 행적을 끊다. 속세로부터 숨다.
10 無行地(무행지) : 행동의 흔적도 남기지 않는 것.
11 僞(위) : 위(爲)와 통하여 '행하다'.
12 瞻(첨) : 바라보다.
13 闋(결) : 공허한 경지, 텅 빈 곳.
14 虛室(허실) : 텅 빈 방, 텅 빈 마음에 비유한 말.
15 生白(생백) : 새하얗게 되다. 맑아지다.
16 吉祥(길상) : 길하고 상서로운 일, 곧 행복하고 좋은 일.
17 止止(지지) : 거기에 머물다, 뒤의 지(止)는 지(之)와 통하는 조사임.
18 坐馳(좌치) : 몸은 이곳에 앉아 있으면서 정신은 딴 곳을 달리고 있는 것.
19 徇(순) : 사(使)와 통하여 '……으로 하여금 ……케 하는 것'(李頤 說).
20 內通(내통) : 속 마음으로 통하는 것.
21 紐(뉴) : 강(綱)과 통하여 '법도', '기준'의 뜻.
22 几蘧(궤거) : 복희와 함께 옛 어진 제왕의 이름.
23 行終(행종) : 평생토록 실행한 것.
24 散焉者(산언자) : 보통 사람.

다. 이 대목의 얘기가 공자와 안회의 대화로서 인용되고 있지만 그것은 도가인 장자에 의해 씌어진 우화로 받아들여야 할 것이다. 상대적인 의식을 완전히 버리고 마음을 텅 비게 만드는 절대적인 경지는 바로 장자가 요구하는 개인의 수신 방법인 것이다.

8

섭공葉公 자고子高가 사신으로 제齊나라에 가게 되자 공자에게 물었다.

"초楚나라 임금께서는 저에게 상당히 중대한 사명을 주셨습니다. 제나라에서는 사신을 대하기를 매우 공경히 하면서도 일을 처리하는 데에는 서두르지 않는 것 같습니다. 보통 남자라 하더라도 움직이게 할 수가 없거늘 하물며 제후를 어떻게 하겠습니까? 저는 매우 걱정이 됩니다.

선생님께서는 일찍이 제게 말씀하시기를, '모든 일은 크건 작건 올바른 도를 따르지 않고서 일을 원만히 이루는 자는 드물다. 만약에 일을 성공시키지 못하면 반드시 법에 의한 형벌을 받게 될 것이다. 만약에 일을 성공시키면 반드시 기쁨과 두려움이 엇갈려 병이 생기게 될 것이다. 일을 성공시키건 성공시키지 못하건 간에 뒤의 걱정이 없는 것은 오직 덕이 있는 사람만이 할 수 있는 일이다'라고 하셨습니다. 저는 거친 음식을 먹으며 좋은 음식은 바라지도 않습니다. 밥을 지어 놓아도 식기를 바랄 것도 없는 형편의 사람입니다. 지금 저는 아침에 사신으로 가라는 명령을 받고서 저녁에 얼음물을 마셨는데도 저의 몸 안은 근심으로 뜨거워져 있습니다. 저는 일을 실천에 옮기기도 전에 이미 기쁨과 두려움이 엇갈리는 고통을 받고 있습니다. 만약에 일을 성공시키지 못하면 반드시 법에 의한 형벌을 받게 될 것입니다. 이러니 고통이 두 배가 되어 있습니다. 신하된 자로서는 감당할 수가 없는 일입니다. 선생님께서 제게 좋은 말씀을 해 주시기 바랍니다."

공자가 말하였다.

"천하에는 큰 법칙이 두 가지 있습니다. 그 하나는 운명이며, 다른 하나는 의로움입니다. 자식이 어버이를 사랑하는 것은 운명입니다. 그것은 마음으로부터 풀어 놓을 수가 없는 것입니다. 신하가 임금을 섬기는 것은 의로움입니다. 어디를 가나 임금이 없는 곳이 없으며, 하늘과 땅 사이에서는 그 관계로부터 벗어날 길이 없습니다. 이것을 큰 법칙이라 부르는 것입니다.

그래서 그의 어버이를 섬기는 사람은 처지 여하를 막론하고 어버이를 평안히 모시는 법인데, 이것이 효도의 극치입니다. 그의 임금을 섬기는 사람은 일의 여하를 가리지 않고 임금을 평안히 모시는 법인데, 이것이 충성의 위대함입니다. 스스로 그 분들의 마음을 섬기는 사람들은 슬픔과 즐거움이 눈앞에 엇바뀌어 드러나지 않고, 그들의 관계란 어찌할 수 없는 것임을 알고 운명을 따라 평안히 모시는데, 이것이 덕의 극치입니다. 나라의 신하가 된 사람은 본시부터 자기로서도 어쩔 수 없는 일이 있으니, 일의 실정을 따라 행동하면서 그 자신은 잊어야 합니다. 삶을 기뻐하고 죽음을 싫어할 겨를이 어디에 있겠습니까? 선생께서는 그대로 가시면 되겠습니다."

| 원문 |

葉公子高¹將使於齊, 問於仲尼曰; 王²使諸梁也甚重. 齊之待使者, 蓋

---

1 葉公子高(섭공자고) : 성은 심(沈), 이름은 제량(諸梁), 초(楚)나라의 대부로서 섭현(葉縣)을 영지로 다스렸으므로 섭공(葉公)이라고 불렸다.
2 王(왕) : 초(楚)나라 임금.

將甚敬而不急.[3] 匹夫[4]猶未可動也. 而況諸侯乎? 吾甚慄[5]之.

子嘗語諸梁也, 曰; 凡事若小若大, 寡不道以懽成.[6] 事若不成, 則必有人道之患.[7] 事若成, 則必有陰陽之患.[8] 若成若不成而後無患者, 唯有德者能之. 吾食也, 執粗[9]而不臧.[10] 爨,[11] 無欲淸[12]之人. 今吾朝受命而夕飮冰. 我其內熱與! 吾未至乎事之情, 而旣有陰陽之患矣. 事若不成, 必有人道之患. 是兩[13]也. 爲人臣者, 不足以任之. 子其有以語我來.

仲尼曰; 天下有大戒[14]二. 其一, 命也. 其一, 義也. 子之愛親, 命也, 不可解於心. 臣之事君, 義也. 無適而非君也, 無所逃於天地之間. 是之謂大戒.

是以夫事其親者, 不擇地[15]而安之, 孝之至也. 夫事其君者, 不擇事而安之, 忠之盛也. 自事其心者, 哀樂不易施[16]乎前, 知其不可奈何, 而安之若命,[17] 德之至也. 爲人臣子者, 固有所不得已. 行事之情, 而忘其身. 何暇至於悅生而惡死夫? 子其行, 可矣.

---

3 不急(불급) : 자기가 사신으로 가는 목적이 되는 일에 대해서는 협조하려고 '서두르지 않는다'는 뜻.

4 匹夫(필부) : 신분이 낮은 보통 남자.

5 慄(률) : 떨다, 두려워하다.

6 懽成(환성) : 기쁨을 이룩하다, 일을 원만히 이루다.

7 人道之患(인도지환) : 인간 관계에서 생기는 재해, 곧 형벌을 가리킨다.

8 陰陽之患(음양지환) : 기쁨과 두려움이 엇갈리는 불안한 고통. 병은 음양의 두 기운이 조화를 잃을 때 생기는 것이라고 생각되었으므로, 병을 가리킨다.

9 執粗(집조) : 거친 음식을 먹는 것.

10 臧(장) : 선(善)의 뜻으로 '좋은 것', '훌륭한 것'.

11 爨(찬) : 불을 때어 밥을 짓다.

12 無欲淸(무욕청) : 식기를 바랄 것도 없다. 음식이 검소함을 뜻한다.

13 兩(량) : 두 가지가 겹친 것.

14 戒(계) : 법, 법칙.

15 不擇地(불택지) : 지위가 높고 낮은 것을 가리지 않는 것. 생활 환경이 어떤가를 따지지 않는 것.

16 易施(역시) : 엇바뀌는 것.

17 若命(약명) : 운명을 따르는 것.

　섭공 자고의 물음에 대한 공자의 대답은 유가의 사상을 바탕으로 하고
있다. 공자의 사상을 도가의 입장에서 소화하여 받아들인 것이라 볼 수 있
다. 효도나 마찬가지로 임금에 대한 충성은 사람으로서는 피할 수 없는 자
연스러운 길이니, 임금으로부터 어떤 명이 내리면 자기 자신은 잊은 채 그
일에 충실해야 한다는 것이다. 공자의 말을 인용하고 있기는 하지만 이런
곳에서 장자가 받은 유가 사상의 영향을 발견할 수 있게 된다.

9

　"내가 들은 바를 말씀드리지요. 무릇 사람의 교제란 가까운 나라에
대해서는 반드시 신의로써 접촉해야 하고, 먼 나라에 대해서는 반드
시 말로써 충실함을 표시해야 합니다. 그 말은 반드시 누군가가 가서
전해 주어야 합니다. 양편이 다 기뻐하거나 양편이 다 노여워할 말을
전한다는 것은 천하에 어려운 일입니다. 양편이 다 기뻐하는 것이면
반드시 지나치게 칭송하는 말이 많을 것입니다. 양편이 다 노여워하
는 것이면 반드시 지나치게 비판하는 말이 많을 것입니다. 모든 지나
친 것은 거짓된 것과 같습니다. 거짓된 것이면 그것을 믿는 이들이 적
습니다. 믿는 이가 적으면 곧 말을 전하는 사신은 재앙을 당하게 될
것입니다. 그러므로, 격언에 말하기를 사신이 일상적인 사실만을 전
하고 지나친 말은 전하지 않는다면 거의 잘 될 것이라고 하였습니다."

| 원문 |

　丘請復¹以所聞. 凡交, 近則必相靡²以信, 遠則必忠之以言. 言, 必或

---

1 復(복) : 회답하다, 고하다.

傳之. 夫傳兩喜兩³怒之言, 天下之難者也. 夫兩喜, 必多溢美之言. 兩怒, 必多溢⁴惡之言. 凡溢之類也妄.⁵ 妄, 則其信之也莫.⁶ 莫, 則傳言者殃. 故法言⁷曰; 傳其常情,⁸ 無傳其溢言, 則幾乎全.

| 해설 |

공자의 대답은 계속된다. 여기서는 나라에 사신이 없을 수 없고, 또 사신은 다른 나라에 가서 지나친 말을 해서는 안 됨을 설명하고 있다.

10

"또한 기교技巧로써 힘을 다투는 사람은 처음에는 힘으로 내놓고 시작하지만 언제나 음모로써 끝맺습니다. 지나치게 되면 기묘한 기교가 많아집니다. 예를 따라서 술을 마시는 사람은 점잖게 시작하지만 언제나 어지러움 속에 끝나게 됩니다. 지나칠 때에는 기이한 즐김이 많아집니다. 모든 일이 다 그러합니다. 당당하게 시작하여 언제나 비루하게 끝납니다. 일을 시작할 때는 간단했지만 일이 끝나갈 때에는 반드시 거창해지기 때문입니다.

모든 말이란 풍파와 같은 것입니다. 행동이란 득실이 따르게 마련입니다. 풍파란 요동하기 쉬운 것이고, 득실이 있으면 위태로워지기 쉽습니다. 그러므로, 분노가 생기게 되는 까닭은 다름아니라 바로 교

---

2 靡(미) : 연결하다, 접촉하다.
3 兩(량) : 피차의 두 나라를 가리킴.
4 溢(일) : 지나친, 너무 심한.
5 妄(망) : 망령된 것. 거짓 속이는 것.
6 莫(막) : 엷어지다, 적어지다.
7 法言(법언) : 격언.
8 常情(상정) : 일상적인 사실, 변함 없는 진실.

묘한 말과 약삭빠른 말에 있는 것입니다. 짐승이 죽을 적에는 소리를 가리지 않고 악을 씁니다. 숨결이 가빠지니까 마음이 다급해져 그렇게 되는 것입니다. 각박함이 너무 지나치게 되면 반드시 상대방은 좋지 않은 마음으로 이에 대응하게 되는데 그들은 그렇게 되는 줄도 모릅니다. 만약 그렇게 되는 줄도 알지 못한다면 그 결말이 어떻게 될지 누가 알겠습니까? 그러므로 격언에 명령을 바꾸지 말 것이며, 성공에 힘쓰지 말라고 한 것입니다. 도를 넘으면 지나치게 됩니다. 명령을 바꾸고 성공에 힘쓰면 일이 위태로워집니다. 원만한 성공은 시간이 오래 걸립니다. 성과가 나쁘면 고칠 여유도 없습니다. 신중히 하지 않을 수 있겠습니까?

또한 사물을 초월하여 마음을 노닐게 하고 어쩔 수 없이 되어 가는 처지에 몸을 두고 마음을 기르는 것이 최선의 길입니다. 어찌 일부러 애써 일을 감당할 수가 있겠습니까? 왕명을 그대로 전하는 것이 가장 좋을 것입니다. 이것이 어찌 어려운 일이겠습니까?"

| 원문 |

且以巧鬪力者, 始乎陽,¹ 常卒乎陰.² 泰至³則多奇巧. 以禮飮酒者, 始乎治, 常卒乎亂. 泰至則多奇樂. 凡事亦然. 始乎諸,⁴ 常卒乎鄙. 其作始也簡, 其將畢也必巨.

言者, 風波也. 行者, 實喪⁵也. 夫風波易以動, 實喪易以危. 故忿設⁶無

---

1 陽(양) : 당당한 힘으로 내놓고 싸우는 것.
2 陰(음) : 음모, 뒤로 쓰는 계책.
3 泰至(태지) : 너무 지나친 것.
4 諸(저) : 보통 량(諒)으로 되어 있으나 유월(兪樾)을 따라 고쳤음. '저'는 도(都)와 통하여 '당당한 것', '버젓한 것'.
5 實喪(실상) : 득실(郭嵩燾 說).
6 忿設(분설) : 분노가 생겨나는 것.

由, 巧言偏辭.**7** 獸死不擇音.**8** 氣息茀然,**9** 於是竝生心厲.**10** 剋核**11**太至, 則必有不肖之心**12**應之, 而不知其然也. 苟爲**13**不知其然也, 孰知其所 終? 故法言曰; 無遷令, 無勸成.**14** 過度, 益**15**也. 遷令勸成, 殆事. 美成 在久. 惡成, 不及改. 可不愼與?

且夫乘物**16**以遊心, 託不得已以養中, 至矣. 何作爲報**17**也? 莫若爲致 命.**18** 此其**19**難者?

| 해설 |

공자의 말이 계속된다. 여기서는 초탈한 마음으로 일을 서두르지 말고 자연스럽게 처리하라고 권한다. 그러한 마음가짐으로 일을 대하면 제나 라에 사신을 가는 일도 결코 어려운 일이 될 수가 없을 것이다.

11

안합顔闔이 위衛나라 영공靈公의 태자의 스승이 되어 먼저 거백옥蘧 伯玉을 찾아가 물었다.

---

7 偏辭(편사) : '편'은 편(諞)과 통하여 '약삭빠른 말'.
8 不擇音(불택음) : 소리를 가리지 않다. 함부로 소리치는 것.
9 茀然(불연) : 숨이 가쁜 모양, 숨이 거친 모양.
10 心厲(심려) : 마음에 병이 생기다. 마음이 다급해지다.
11 剋核(극핵) : 각박한 것.
12 不肖之心(불초지심) : 좋지 않은 마음.
13 苟爲(구위) : 만약.
14 勸成(권성) : 이루도록 권하다, 성공하려고 애쓰다.
15 益(익) : 일(溢)과 통하여 '지나친 것'.
16 乘物(승물) : 사물을 초월하다.
17 報(보) : 當(당)의 뜻으로, 일을 감당하는 것(『說文』).
18 致命(치명) : 초나라 임금의 명령을 그대로 수행하는 것.
19 其(기) : 기(豈)와 통하여 '어찌?'의 뜻.

"여기에 한 사람이 있는데 그의 덕은 선천적으로 각박하기 짝이 없습니다. 그와 더불어 무도한 짓을 하면 곧 우리 나라가 위태로워집니다. 그와 더불어 올바른 일을 하면 곧 제 자신이 위태로워집니다. 그의 지혜는 남의 잘못에 대하여는 잘 알면서도, 자기의 잘못에 대하여는 알지를 못합니다. 이러한 사람을 저는 어떻게 대하면 좋겠습니까?"

　거백옥이 대답하였다.

　"잘 물으셨습니다. 경계하고 조심하십시오. 그리고 당신의 몸을 올바로 가지십시오. 태도는 종순해야 하며, 마음은 온화해야 합니다.

　그렇지만 이 두 가지에도 조심이 필요합니다. 종순하면서도 남에게 끌려 들어가지 않아야 합니다. 온화하면서도 남에게 일을 드러내지 않아야 합니다. 태도가 종순하면서 남에게 끌려 들어가다 보면 전복되고 멸망당하여 무너지고 파멸하게 됩니다. 마음이 온화하면서 남에게 일을 드러내다 보면 명성을 뒤쫓다가 재난을 당하게 됩니다. 상대방이 아이 같다면 그와 더불어 아이같이 되십시오. 상대방이 분수 없는 사람이라면 그와 더불어 분수 없게 행동하십시오. 상대방이 종잡을 수 없는 사람이라면 그와 더불어 종잡을 수 없게 행동하십시오. 여기에 통달하게 되면 탈 없는 경지에 들어가게 될 것입니다."

| 원문 |

　顔闔¹將傳衛靈公太子, 而問於蘧伯玉²曰; 有人於此, 其德天殺.³ 與之爲無方,⁴ 則危吾國. 與之爲有方, 則危吾身. 其知適足以知人之過, 而

1　顔闔(안합) : 노(魯)나라의 현인. 위나라 영공의 태자는 이름을 괴외(蒯聵)라고 하며, 난폭한 사람으로 알려졌다.
2　蘧伯玉(거백옥) : 성은 거(蘧), 이름은 원(瑗), 옥(玉)은 자(字). 위나라의 대부.
3　天殺(천살) : 천성이 살벌한 것, 타고난 성격이 각박한 사람.
4　方(방) : 법, 도(道).

不知其所以過. 若然者, 吾奈之何?

蘧伯玉曰; 善哉, 問乎! 戒之, 愼之, 正女身哉. 形[5]莫若就,[6] 心莫若和. 雖然, 之二者有患. 就不欲入,[7] 和不欲出. 形就而入, 且爲顚爲滅,[8] 爲崩爲蹶.[9] 心和而出, 且爲聲爲名, 爲妖爲孽.[10] 彼且爲嬰兒, 亦與之爲嬰兒. 彼且爲無町畦,[11] 亦與之爲無町畦. 彼且爲無崖,[12] 亦與之爲無崖. 達之, 入於無疵.[13]

| 해설 |

안합이 천성이 각박한 사람을 상대하는 방법을 묻자, 거백옥은 상대방이 어떻든 상대방에 맞추어 무리없이 처신해야 한다는 원칙을 먼저 밝히고 있다. 말은 쉽지만 상대방에 맞추어 행동하기란 어려운 일이다. 따라서 그 구체적인 설명은 다음 대목에 계속된다.

12

"당신은 사마귀를 알지 못합니까? 화가 나면 그의 집게를 빌리고 수레바퀴 앞에 막아 서서 자기가 깔려 죽을 것도 알지 못합니다. 자기

---

5 形(형) : 몸가짐, 태도.
6 就(취) : 상대방을 따라가는 것, 종순(從順)한 것.
7 入(입) : 남에게 끌려 들어가는 것.
8 爲顚爲滅(위전위멸) : 전복되고 멸망되다.
9 爲崩爲蹶(위붕위궐) : 무너지고 넘어지다. 부숴지고 파멸하다.
10 爲妖爲孽(위요위얼) : 요망한 일이 되고 재난이 되다.
11 無町畦(무정휴) : 본시는 '땅의 경계가 없는 것'. 여기서는 '분별없이 행동하다', '분수가 없다'의 뜻.
12 無崖(무애) : '애'는 애(涯)와 통하여 '한이 없는 것'. 곧 여기서는 '종잡을 수 없이 행동하는 것'.
13 無疵(무자) : 잘못이 없는 것, 탈이 없는 것.

재질의 훌륭함만 믿고 있는 것이지요. 경계하고 조심해야 합니다. 자기의 훌륭함을 크게 뽐내면서 상대방의 권위를 범하면 위태로워집니다.

당신은 호랑이 기르는 사람을 알지 못합니까? 감히 그에게 산 것을 먹이로 주지 않는데, 호랑이가 먹이를 죽이는 중에 생겨날 노여움 때문입니다. 감히 그에게 완전한 물건을 먹이로 주지 않는데, 호랑이가 그것을 찢는 사이에 생겨날 노여움 때문입니다. 그의 굶주림과 배부름에 맞춰 먹이를 주어 그 노여운 마음을 트이게 해 줍니다. 호랑이와 사람은 종류가 다른 동물이지만, 자기를 길러 주는 사람에게 아첨하는 것은 그의 성질을 따라 주기 때문입니다. 그리고 호랑이가 길러 주는 사람을 죽이는 것은 그의 성질을 거스르기 때문입니다.

말을 사랑하는 사람은 바구니에 똥을 받고, 큰 조개 껍질에 오줌을 받습니다. 그러나 마침 모기나 등에가 말에 앉아 있을 때 갑자기 그놈들을 잡으려고 손으로 치면, 말은 놀라 재갈을 물어 부수고 사람의 머리를 깨거나 가슴을 들이받습니다. 노여움이 생겨 사랑이 잊혀지기 때문입니다. 어찌 조심하지 않을 수 있겠습니까?"

| 원문 |

汝不知夫螳螂¹乎? 怒其臂²以當車轍, 不知其不勝任³也. 是其才⁴之美者也. 戒之, 愼之! 積伐⁵而美者以犯之,⁶ 幾⁷矣.

---

1 螳螂(당랑) : 사마귀.
2 怒其臂(노기비) : 성을 내어 그의 팔을 펼치다. 여기서는 사마귀가 집게를 벌리고 대드는 것.
3 不勝任(불승임) : 감당해 내지 못하다. 곧 수레에 깔려 죽는 것.
4 是其才(시기재) : '시'는 시(恃)와 통하여 '그의 재질을 믿는 것'.
5 積伐(적벌) : 많이 뽐내다, 매우 뽐내다.
6 犯之(범지) : 상대방의 권위를 범하는 것.

汝不知夫養虎者乎? 不敢以生物與之, 爲其殺之之怒也. 不敢以全物與之, 爲其決之之怒也. 時其飢飽, 達⁸其怒心. 虎之與人異類, 而媚⁹養己者, 順¹⁰也. 故其殺者, 逆也.

夫愛馬者, 以筐盛¹¹矢,¹² 以蜄¹³盛溺.¹⁴ 適有蚉¹⁵蝱¹⁶僕緣,¹⁷ 而拊¹⁸之不時, 則缺銜¹⁹毀首²⁰碎胸.²¹ 意²²有所至, 而愛有所亡. 可不愼邪?

| 해설 |

거백옥의 말이 계속된다. 사마귀처럼 무모하게 권력자와 맞서면 안 되고, 호랑이를 기르듯 그의 성질을 따라 잘 길들여야 하며, 말을 다루듯 조심하여 권력자를 놀라게 해서는 안 된다는 것이다. 이런 점만 조심하면 천성이 각박한 권력자와도 어울려 지낼 수 있다는 것이다. 다시 말하면 벼슬을 함에 있어서도 자연스러운 행동, 상대의 본성을 따르는 행동이 가장 적절한 몸가짐이라는 것이다.

---

7 幾(기) : 위태로운 것.
8 達(달) : 통하게 하다, 터 주다.
9 媚(미) : 아첨하다, 잘 보이다.
10 順(순) : 호랑이 성질에 잘 따라 주는 것.
11 盛(성) : 담다.
12 矢(시) : 똥.
13 蜄(신) : 큰 조개. 여기서는 큰 조개껍질.
14 溺(익) : 오줌.
15 蚉(문) : 모기.
16 蝱(망) : 등에.
17 僕緣(복연) : 말의 몸에 '달라붙어 있는 것'.
18 拊(부) : 모기나 등에를 잡으려고 손바닥으로 탁 치는 것.
19 缺銜(결함) : 놀라 말이 재갈을 물어 부수는 것.
20 毀首(훼수) : 사람의 머리를 깨다.
21 碎胸(수흉) : 가슴을 받아서 부수는 것.
22 意(의) : 놀란 마음.

13

장석匠石이 제齊나라로 가다가 곡원曲轅에 이르러 토신묘土神廟의 참나무를 보았다. 그 크기는 수천 마리의 소를 뒤덮을 만하였고, 그 둘레는 백 아름이나 되었으며, 그 높이는 산을 열 길 더 높은 위에서 내려다볼 만한 데서부터 가지가 나 있었다. 배를 만들 만한 가지들도 몇십 개나 되었다. 구경꾼들이 시장처럼 모여 있었으나, 장석은 돌아다 보지도 않고 멈추는 일도 없이 그대로 지나갔다.

그의 제자는 실컷 그것을 구경하고 나서 장석에게 달려가 말하였다.

"제가 도끼를 손에 들고 선생님을 따라다닌 이래로 이처럼 훌륭한 재목은 본 일이 없습니다. 선생님께서는 거들떠보려고도 하지 않고 발길을 멈추지도 않으시니 어찌 된 일입니까?"

장석이 말하였다.

"아서라, 그런 말 말거라. 그것은 쓸데없는 나무다. 그것으로 배를 만들면 가라앉고, 관을 만들면 빨리 썩어 버리고, 그릇을 만들면 바로 깨어져 버리고, 문짝을 만들면 나무진이 흘러내리고, 기둥을 만들면 곧 좀이 먹는다. 재목이 될 만한 나무가 아니다. 쓸 만한 곳이 없어서 그처럼 오래 살고 있는 것이야."

장석이 집으로 돌아온 뒤, 토신묘의 참나무가 꿈에 나타나 말하였다.

"그대는 나를 어디에다 견주려는 것인가? 그대는 나를 좋은 재목에 견주려는 것인가? 돌배·배·귤·유자나 과일이 열리는 나무나 풋과일 따위는 열매가 익으면 따게 되고, 딸 때에는 욕을 당하게 된다. 큰 가지는 꺾어지고 작은 가지는 휘어진다. 이들은 자기의 능력으로 자기의 삶을 괴롭히는 것들이다. 그러므로 타고난 목숨대로 끝까지 살지 못하고 중간에 일찍 죽어 버리는 것이다. 세속에서 스스로 얻어맞는 것과 다름없는 일이다. 어떤 물건이든지 이와 같지 않은 것이란 없다. 나는 쓸곳이 없기를 바라 온 지가 오래 되었다. 거의 죽을 뻔하다가 이제서야 뜻대로 되어 쓰일 곳 없는 것이 나의 큰 쓰임이 된 것이다. 만약 내가 쓸데가 있었다면 어찌 이처럼 커질 수가 있었겠는가? 또한 그대와 나는 모두가 같은 물건이다. 어찌해서 그대는 물건됨을 살피는가? 그리고 거의 죽어 가는 쓸모 없는 사람이 또 어찌 쓸데없는 나무를 알 수가 있겠는가?"

장석은 깨어나서 그의 꿈을 얘기하였다. 그의 제자가 말하였다.

"쓰일 곳 없는 것에 뜻을 두었다면 그가 신사의 나무가 된 것은 어째서일까요?"

"쉬, 너는 아무 말도 말아라. 그는 신사에 몸을 기탁하고 있을 뿐인데도 자기를 알지 못하는 사람들이 욕을 한다고 생각하고 있다. 신사의 나무가 되지 않았다면 아마 땔나무로 베어졌겠지. 또한 그의 보전방법은 딴 사람들과는 다르다. 그런데도 겉만 보고 그를 칭찬한다면 또한 사실과 다른 일이 아니겠느냐?"

| 원문 |

匠石[1]之齊, 至乎曲轅, 見櫟社樹,[2] 其大蔽數千牛,[3] 絜[4]之百圍. 其高, 臨山十仞而後有枝. 其可以爲舟者, 旁[5]十數. 觀者如市. 匠伯[6]不顧, 遂行不輟.[7]

---

1 匠石(장석) : 장(匠)은 목수, 석(石)은 목수의 성임.
2 櫟社樹(역사수) : 토지신 묘의 참나무. '사'는 각지에 있는 토지신(土地神), 신묘(神廟)의 경내에는 신목(神木)이 있었다. 이 사의 신목은 참나무였으므로 역사(櫟社)라 불렸을 것이다.
3 蔽數千牛(폐수천우) : 수천 마리의 소를 뒤덮다. '수천'의 두 글자는 성현영(成玄英)『소본(疏本)』에 의거 보충하였다.
4 絜(혈) : 재다, 헤아리다.
5 旁(방) : 방(方)과 통하여 차(且)의 뜻.
6 匠伯(장백) : '백'은 석(石)의 잘못이라고도 하고, 장석의 자가 '백'이라고도 한다.
7 不輟(불철) : 멈추지 않다.

弟子厭觀[8]之, 走及匠石, 曰; 自吾執斧斤以隨夫子, 未嘗見材如此其美也. 先生不肯視, 行不輟, 何邪?

曰; 已矣, 勿言之矣. 散木[9]也. 以爲舟, 則沈. 以爲棺槨, 則速腐. 以爲器, 則速毀. 以爲門戶, 則液樠.[10] 以爲柱, 則蠹.[11] 是不材之木也. 無所可用, 故能若是之壽.

匠石歸, 櫟社見夢曰; 女將惡乎比予哉? 若將比予於文木[12]邪? 夫柤[13]梨橘柚果蓏[14]之屬, 實熟則剝,[15] 剝則辱. 大枝折, 小枝泄.[16] 此以其能苦其生者也. 故不終其天年, 而中道夭. 自掊擊[17]於世俗者也. 物莫不若是. 且予求無所可用, 久矣. 幾死, 乃今得之, 爲予大用. 使予也而有用, 且得有此大也邪? 且也, 若與予也皆物也. 奈何哉, 其相物也? 而幾死之散人, 又惡知散木?

匠石覺, 而診[18]其夢. 弟子曰; 趣取[19]無用, 則爲社, 何邪?

曰; 密,[20] 若無言! 彼亦直寄焉, 以爲不知己者詬厲[21]也. 不爲社者, 且幾有翦[22]乎! 且也, 彼其所保與衆異, 而以義[23]譽之, 不亦遠乎?

---

8 厭觀(염관) : 실컷 보는 것.
9 散木(산목) : 쓸데없는 나무.
10 液樠(액만) : 나무 진이 솟아나는 것.
11 蠹(두) : 좀벌레, 좀이 먹는 것.
12 文木(문목) : 좋은 재목이 되는 나무. 앞 산목(散木)의 반대.
13 柤(사) : 돌배. 배처럼 생겼으나 맛이 시다.
14 蓏(라) : 풀에 여는 과일. 과(果)는 나무에 여는 과일임.
15 剝(박) : 열매를 따는 것.
16 泄(예) : 예(拽)와 통하여 끌어 잡아당겨 휘는 것.
17 掊擊(부격) : 얻어맞는 것.
18 診(진) : 고하다, 얘기하다.
19 趣取(취취) : 뜻이 바라는 것, 뜻을 둔 곳.
20 密(밀) : 말을 말라는 뜻.
21 詬厲(구려) : 욕하는 것.
22 翦(전) : 땔나무로서 자르는 것.
23 義(의) : 의(儀)와 통하여 '겉모양'.

여기서는 토신묘의 참나무를 인용하여 '쓸데없는 것의 쓰임'을 설명하고 있다. 세상을 살아 나가는 데는 쓸데없는 것, 또는 능력 없는 것이 오히려 세상으로부터 괴로움을 당하지 않고 자기의 삶을 잘 보전할 수 있게 된다는 것이다.

14

남백자기南伯子綦가 상구商丘에 가서 큰 나무를 보았는데 특이하였다. 말 사천 마리를 매어 놓아도 그 그늘에 완전히 가려질 정도였다. 자기가 말하였다.

"무슨 나무인지 모르겠지만 이건 반드시 특이한 재목감이 될 것이다."

머리를 들어 그 나무의 가는 가지들을 보니 모두 꾸불꾸불하여 서까래나 기둥이 될 수가 없었다. 머리를 숙여 그 나무의 큰 뿌리를 보니 속이 텅 비어 관棺을 만들 재목이 될 수가 없었다. 그 잎새를 맛보니 입이 얼얼해지고 상처가 났다. 그 냄새를 맡아 보니 사람으로 하여금 심하게 취하여 사흘이나 깨어나지 않게 하였다.

자기가 말하였다.

"이것은 과연 재목이 되지 않는 나무라서 이처럼 크게 자랄 수 있었구나. 아, 신인神人들은 이래서 재능이 없다는 것이로구나."

| 원문 |

南伯子綦¹遊乎商之丘,² 見大木焉, 有異. 結駟³千乘, 隱將芘⁴其所

---

1 南伯子綦(남백자기) : 모든 사물은 한결같음[齊物論]에 보인 남곽자기(南郭子綦).

藾.⁵ 子綦曰; 此何木也哉? 此必有異材夫.

仰而視其細枝, 則拳曲而不可以爲棟梁. 俯而視其大根, 則軸解⁶而不可以爲棺槨. 咶⁷其葉, 則口爛⁸而爲傷. 嗅之, 則使人狂酲,⁹ 三日而不已.

子綦曰; 此果不材之木也, 以至於此其大也. 嗟乎! 神人以此不材.

| 해설 |

여기서도 쓸 곳이 없어 사람들이 베어 가지 않음으로써 크게 자란 나무를 빌려 '쓸데없는 것의 쓰임' 이론을 계속하고 있다. 재능도 없고 쓸모도 없는 것이 세상에서 삶을 보전하는 가장 좋은 길이라는 것이다.

15

송宋나라에 형씨荊氏라는 곳이 있었는데, 개오동나무와 잣나무와 뽕나무가 잘 자랐다. 그 중 한 아름이나 두 아름 이상으로 자란 나무가 있으면 원숭이를 매어 놓는 말뚝을 찾는 사람들이 잘라 갔다. 세 아름이나 네 아름 되는 것이 있으면 큰 집의 들보가 필요한 사람들이 잘라 갔다. 일곱 아름이나 여덟 아름이 되는 것이 있으면 귀족이나 부상富商들 집에서 관을 만들 재목을 찾는 사람들이 잘라 갔다. 그러므

---

2 商之丘(상지구) : 상구(商丘), 지명. 송(宋)나라 도읍이던 휴양(睢陽)을 가리킨다.

3 駟(사) : 한 채의 수레를 끄는 네 마리의 말.

4 隱將芘(은장비) : 그늘에 덮어서 가리는 것. 장(將)자는 은(隱)자 앞에 놓이는 게 옳음 (奚侗 說).

5 藾(뢰) : 그늘, 그늘지는 것.

6 軸解(축해) : 나무 속이 텅 비어 구멍이 나 있는 것.

7 咶(시) : 핥아 보다, 맛보다.

8 爛(란) : 얼얼하다. 심히 자극적인 것.

9 狂酲(광정) : 매우 취하게 하는 것.

로 그 나무들은 타고난 제 명대로 다 살지를 못하고 중도에 도끼에 의하여 찍혀 일찍 죽었다. 이것은 재질 있는 것들의 환난인 것이다.

그런데 행운을 비는 해사解祠에는 이마에 흰 털이 난 소와 코가 위로 올라간 돼지와 치질이 있는 사람은 제물로 적당치 않아 강물에 던지지 않는다. 이것들에 대해서는 모두 무당이나 축관祝官들이 잘 알고 있어서 상서롭지 않은 것들이라 생각하는 것이다. 그러나 이것은 신인神人이 크게 상서로운 것이라 생각하고 있는 것들이다.

| 원문 |

宋有荊氏**1**者, 宜**2**楸**3**柏桑. 其拱把**4**而上者, 求狙猴**5**之杙**6**者斬之. 三圍四圍, 求高名**7**之麗**8**者斬之. 七圍八圍, 貴人富商之家, 求樿傍**9**者斬之. 故未終其天年, 而中道之夭於斧斤. 此材之患也.

故解**10**之以牛之白顙**11**者, 與豚之亢鼻**12**者, 與人有痔病**13**者, 不可以適河. 此皆巫祝以知之矣, 所以爲不祥也. 此乃神人之所以爲大祥也.

---

1 荊氏(형씨) : 송(宋)나라의 땅 이름.

2 宜(의) : 적합하다, 잘 자라다.

3 楸(추) : 개오동나무.

4 拱把(공파) : '공'은 두 손으로 잡는 것, 파(把)는 한 손으로 잡는 것. 따라서 두 손 또는 한 손으로 잡을 만한 굵기를 뜻함.

5 狙猴(저후) : 원숭이.

6 杙(익) : 말뚝.

7 高名(고명) : 높고 큰 집.

8 麗(려) : 려(欐)와 통하여 '들보'.

9 樿傍(선방) : 관의 한쪽이 되는 나무판.

10 解(해) : 액운을 쫓고 행운을 비는 봄에 지내는 제사, 해사(解祠).

11 白顙(백상) : 이마에 흰 털이 난 것.

12 亢鼻(항비) : 위쪽으로 올라간 코.

13 痔病(치병) : 치질. 옛날에는 사람도 제물로서 강물에 잡아 넣어 신에게 바쳤다.

여기서는 반대로 나무가 잘 자란 덕분에 재목으로 쓰려고 사람들이 잘라 가는 경우를 얘기하고 있다. 보통 사람들은 어떤 일에 부적합한 것은 나쁘다고 생각하지만 신인은 그것이 오히려 세상에서 삶을 보전하는 좋은 길임을 알고 좋아한다는 것이다. 역시 '쓸데없는 것의 쓰임' 이론의 계속이다.

16

지리소支離疏라는 사람은 턱이 배꼽 아래 감추어지고, 어깨가 머리보다 높으며, 머리꼬리가 하늘로 치솟아 있고, 오장五臟은 위쪽에 붙어 있고, 두 다리가 옆구리에 와 있었다. 그러나 바느질을 하여 입에 풀칠을 하기에 충분하였다. 키질을 하여 쌀을 불려 열 식구를 먹이기에 충분하였다.

위에서 군인들을 징집하더라도 지리는 팔을 휘저으며 그곳을 노닐었다. 큰 역사役事가 있다 하더라도 지리는 언제나 병을 지니고 있기 때문에 일에 끌려가지 않았다. 위에서 불구자들에게 곡식을 나누어 줄 적에는 삼종三鍾의 곡식과 열 다발의 땔나무를 받았다.

그의 형체가 불완전한 사람은 그래도 그 자신을 충분히 보양할 수 있고, 그가 타고난 목숨대로 다 살 수 있는 것이다. 그러니 하물며 그의 덕이 불완전한 사람이야 어떠하겠는가?

| 원문 |

支離疏**1**者, 頤**2**隱於齊,**3** 肩高於頂,**4** 會撮**5**指天, 五管**6**在上, 兩髀爲

---

1 支離疏(지리소) : '지리'는 성, '소'는 이름. 그러나 지리는 모양이 불완전한 것을 뜻하기

脅, 挫鍼[7]治繲,[8] 足以餬口. 鼓筴[9]播精,[10] 足以食十人.

上徵武士, 則支離攘臂[11]而遊於其間. 上有大役, 則支離以有常疾, 不受功. 上與病者粟, 則受三鍾,[12] 與十束薪.

夫支離其形[13]者, 猶足以養其身, 終其天年. 又況支離其德者乎?

| 해설 |

여기에서는 실제로 심한 곱추인 지리소의 보기를 들어 '쓸데없는 것의 쓰임' 이론을 계속 펴고 있다.

17

공자가 초楚나라로 갔는데 초광 접여楚狂接輿가 객사客舍 문앞을 지나가면서 노래하였다.

"봉새야, 봉새야,

어찌하여 그대의 덕이 쇠하였나?

장래는 기대할 수 없는 것이고

도 한다.

2 頤(이) : 턱.

3 齊(제) : 제(臍)와 통하여 배꼽.

4 頂(정) : 머리 꼭대기.

5 會撮(회찰) : 뒤로 땋아 묶은 머리.

6 五管(오관) : 오장(五臟).

7 挫鍼(좌침) : 바늘을 놀리는 것.

8 治繲(치해) : 실을 다루는 것. 좌침과 함께 바느질을 뜻한다.

9 鼓筴(고협) : 키질을 하는 것.

10 播精(파정) : 쌀을 키질하여 깨끗이 불리는 것.

11 攘臂(양비) : 팔을 휘저으면서 떳떳이 돌아다니는 것.

12 三鍾(삼종) : '종'은 부피를 재는 단위. 1종은 64두.

13 支離其形(지리기형) : 그의 형체가 불완전한 것, 그의 몸이 불구인 것을 뜻함.

과거는 돌이킬 수 없는 것.
천하에 올바른 도가 행해지면
성인은 교화를 이룩하고,
천하에 올바른 도가 행해지지 않으면
성인은 자기 삶을 보전한다.
지금 시국에선
근근이 형벌 면하기도 바쁘다.
복福은 새깃보다도 가벼운데
아무도 그것을 잡을 줄 모르고,
화禍는 땅보다도 무거운데
아무도 그것을 피할 줄 모른다.
아서라, 아서라,
덕을 사람들에게 내세우는 짓을!
위태롭고 위태롭도다,
땅을 가려가며 쫓아다니는 짓이!
밝음을 가리고 가려서
나의 갈 길을 그르치지 말아라.
내 가는 길 물러났다 돌아갔다 하며
나의 발을 다치지 않게 하라.
산의 나무는 스스로 자라 베어지게 되고,
기름 불은 스스로 타 버린다.
육계肉桂는 먹을 수 있기 때문에
사람들에게 잘리고,
옻나무는 옻을 쓸 수 있는 것이어서
껍질이 벗겨진다.
사람들은 모두 쓸데 있는 것의 쓰임을 알지만

쓸데없는 것의 쓰임은 아무도 알지 못하는도다."

| 원문 |

孔子適楚, 楚狂接輿¹遊其門, 曰;

鳳²兮鳳兮, 何如³德之衰也?

來世不可待, 往世不可追也.

天下有道, 聖人成⁴焉.

天下無道, 聖人生⁵焉.

方今之時, 僅免刑焉.

福輕乎羽, 莫之知載.⁶

禍重乎地, 莫之知避.

已乎已乎, 臨人以德.

殆乎殆乎, 畫地⁷而趨.

迷陽迷陽.⁸ 無傷吾行.

吾行卻曲,⁹ 無傷吾足.

山木自寇¹⁰也, 膏火自煎也.

---

1 楚狂接輿(초광접여) : 초나라의 광인(狂人) 접여.
2 鳳(봉) : 세상이 평화로우면 나타난다는 전설적인 새, 봉황. 여기서는 공자에 비유하고
  있다.
3 如(여) : 여(汝)와 통하여 '그대', '너'의 뜻.
4 成(성) : 교화를 이룩하는 것.
5 生(생) : 숨어서 자기 삶을 보전하는 것.
6 載(재) : 손으로 잡다, 취하다.
7 畫地(획지) : 땅에 구획을 그은 것, 자기가 갈 땅을 고르는 것.
8 迷陽(미양) : 밝음을 남이 잘 모르게 가려 두는 것.
9 卻曲(각곡) : 각은 뒤로 물러나는 것, 곡은 굽은 길로 돌아가는 것. 각도 곡의 뜻으로 보
  는 학자도 있다.
10 寇(구) : 나무를 자르는 것.

桂¹¹可食, 故伐之.

漆可用, 故割¹²之.

人皆知有用之用, 而莫知無用之用也.

| 해설 |

이와 비슷한 얘기는 『논어論語』 미자微子편에도 보이는데 접여의 노래 내용이 약간 다르다. 『논어』에는 다음과 같이 기록되어 있다.

"초광 접여가 노래를 하면서 공자 앞을 지나갔다.

'봉새야, 봉새야, 어째서 덕이 쇠했느냐?

과거는 되돌이켜 따질 수 없지만

장래는 알아서 대처할 수 있는 것.

아서라, 아서라.

지금 정치를 하는 사람은 위태롭다.'

공자는 수레에서 내려 그와 더불어 얘기하고자 하여, 뒤쫓아 갔으나 피해 버려 그와 더불어 얘기할 수가 없었다.

(楚狂接輿歌而過孔子, 曰; 鳳兮鳳兮, 何德之衰? 往者不可諫, 來者猶可追. 已而已而, 今之從政者殆而. 孔子下, 欲與之言, 趨而辟之, 不得與之言.)"

어떻든 어지러운 세상을 구하려고 사방을 쫓아다니는 공자의 위태로움을 노래한 것이다. 그리고 이러한 공자에 대한 접여의 노래를 빌려 '쓸데없는 것의 쓰임' 이론을 결론짓고 있다.

---

11 桂(계) : 육계(肉桂).
12 割(할) : 쪼개다, 껍질을 벗기다.

제 5 편

덕이 속에 차 있는 증험
德充符

　'덕충부(德充符)'란, 덕이 사람의 마음 속에 충만하게 되면 그 증험이 밖으로 자연히 나타난다는 뜻을 지니고 있다. 덕이 안으로 찬 사람은 밖으로 자기의 형체를 잊게 되며, 형체를 잊어야만 자연의 변화에 응할 수 있게 된다는 것이다. 따라서 이 편에서는 겉모양은 불완전한 불구이면서도 안으로 완전한 덕을 갖춘 사람들의 얘기를 보기로 들고 있다. 이것은 겉모양을 보고 사람을 평가하려는 세상 사람들의 상식을 비웃는 것이라고도 할 수 있다.

1

　노魯나라에 형벌로 발을 잘린 왕태王駘라는 사람이 있었는데, 그를 따라 공부하는 사람들의 수가 공자를 따르는 사람들과 비슷하였다.

　상계常季가 한 번은 공자에게 물었다.

　"왕태는 형벌로 절름발이가 된 사람입니다. 그를 따라 공부하는 사람들의 수는 선생님과 함께 노나라 인구를 둘로 나눠 갖는 형편입니다. 그는 서서 가르치지도 않고 앉아서 논하지도 않는데, 텅 빈 머리로 간 사람이 머리가 꽉 차서 돌아옵니다. 본시부터 말로 하지 않는 가르침이라는 것이 있어서 형식은 없어도 마음을 충실히 해 줄 수가 있는 것입니까? 그는 어떻게 된 사람입니까?"

　공자가 말하였다.

　"그 분은 성인입니다. 나는 뒤로 미루다가 아직도 찾아가 뵙지는 못했지만, 나도 장차 그 분을 스승으로 모시려고 생각하고 있습니다. 그런데 하물며 나만 못한 사람이야 그러지 않을 수 있겠습니까? 어찌 노나라 사람들뿐이겠습니까? 나는 천하 사람들을 이끌고 가서 그를 따라 배우려 하고 있습니다."

　상계가 말하였다.

　"그는 절름발이인데도 선생님을 앞서고 있습니다. 보통 사람들보다도 훨씬 뛰어난 것입니다. 이러한 사람은 마음 쓰임을 도대체 어떻게 하고 있는 것일까요?"

　공자가 말하였다.

　"죽음과 삶도 큰 문제이긴 합니다만, 그러나 그 분은 그것에 의해 변화를 받지 않습니다. 비록 하늘과 땅이 떨어지고 뒤엎어진다 하더라도 역시 그 때문에 그 분은 무너지지 않을 것입니다. 그는 의지할 것 없는 참된 경지를 잘 알고 있어서 밖의 사물에 의해 변화를 받지 않습니다. 밖의 사물의 변화를 따르면서 그의 근본을 지키는 분인 것입니다."

| 원문 |

魯有兀者[1]王駘,[2] 從之遊者, 與仲尼相若.

常季[3]問於仲尼曰; 王駘, 兀者也. 從之遊者, 與夫子中分魯.[4] 立不敎, 坐不議. 虛而往, 實而歸. 固有不言之敎, 無形而心成[5]者邪? 是何人也?

仲尼曰; 夫子, 聖人也. 丘也, 直後而未往耳. 丘將以爲師. 而況不若丘者乎? 奚假[6]魯國, 丘將引天下而與從之.

常季曰; 彼, 兀者也, 而王[7]先生. 其與庸,[8] 亦遠矣. 若然者, 其用心也, 獨若之何?

仲尼曰; 死生亦大矣, 而不得與之變. 雖天地覆墜, 亦將不與之遺.[9] 審[10]乎無假,[11] 而不與物遷. 命[12]物之化, 而守其宗[13]也.

| 해설 |

여기서는 절름발이 왕태의 위대한 인격을 얘기하고 있다. 그는 자기 밖의 일이나 물건에 의해서는 절대로 마음이 움직이지 않는 수양을 쌓은 공자보다도 위대한 성인이라는 것이다. 이처럼 안으로 충실한 덕에 대한 설명이 이 편의 주제이다.

---

1 兀者(올자) : '올'은 월(刖)과 통하여, 형벌로 한 발을 잘려 절름발이가 된 사람.
2 王駘(왕태) : 노나라 사람.
3 常季(상계) : 노나라의 현인(賢人), 공자의 제자라고도 한다.
4 中分魯(중분로) : 노나라 인구를 반으로 나누고 있는 것.
5 心成(심성) : 마음이 제대로 완성되는 것.
6 奚假(해가) : '가'는 이(已)와 통하여 '어찌 ……에만 그치겠는가?'의 뜻.
7 王(왕) : 뛰어나다, 앞서다.
8 庸(용) : 보통 사람들.
9 遺(유) : 무너지다, 망하다.
10 審(심) : 잘 아는 것.
11 無假(무가) : 자기밖에 의지함이 없는 것.
12 命(명) : 따르는 것, 믿는 것.
13 宗(종) : 자신의 근본, 참된 자기 자신.

2

상계가 말하였다.

"무슨 뜻의 말씀이신지요?"

공자가 말하였다.

"서로 다른 점으로부터 본다면 한 몸의 간과 쓸개도 초楚나라와 월越나라처럼 다른 것이고, 서로 같은 점으로부터 본다면 만물은 모두가 한 가지인 것입니다. 이런 것을 아는 사람은 귀와 눈을 즐겁게 하는 아름다운 것도 알지 못하게 되며, 마음을 덕의 조화 속에 노닐게 합니다. 만물이 한결같이 완전한 것만을 보지 그것들이 손상된 점은 보지 않습니다. 그는 그의 발을 잃은 것을 마치 흙을 털어 버린 것과 같이 여기고 있는 것입니다."

상계가 말하였다.

"그는 자기 자신만을 위하고 있습니다. 그의 지혜로써 그의 마음을 얻었고, 그 마음으로써 그의 변함없는 참된 마음을 이룩하였습니다. 사람들은 어찌하여 그에게로 모여드는 것일까요?"

공자가 말하였다.

"사람들은 흐르는 물을 거울로 삼지 않고 멈춰 있는 물을 거울로 삼습니다. 멈춰 있는 물만이 물건들이 와서 멈추게 하고 사람들을 모여들어 멈추게 합니다. 땅에서 생명을 받고 있는 것 중 오직 소나무와 잣나무만이 올바라서 겨울이나 여름이나 푸른 것입니다. 하늘에서 생명을 받고 있는 것 중 오직 순舜임금만이 홀로 올바라서 만물의 우두머리가 되었습니다. 다행히도 삶을 올바르게 할 수 있어서 여러 사람들의 삶을 바로잡아 주었던 것입니다.

근본적인 덕을 지니고 있는 징험은 두려움이 없는 충실한 상태를 이룩합니다. 한 사람의 용사가 많은 군사들 속으로 돌진해 들어갑니다. 용감하다는 명성을 추구하기 위해 스스로 행동하는 사람도 그와 같을 수 있습니다. 하물며 하늘과 땅을 다스리고 만물을 감싸며, 자기 육체는 잠시 맡겨진 것에 불과하고 귀와 눈으로 듣고 보는 것도 일시적인 현상假象이며, 앎과 알지 못하는 것도 한 가지라 여김으로써 마음이 죽어 버리는 일이 없는 사람이야 어떠하겠습니까? 그는 또한 날을 가려 이승을 떠나갈 것이고, 사람들은 그를 따를 것입니다. 그가 또 어찌 사물로써 자기 일을 삼으려 하겠습니까?"

| 원문 |

常季曰; 何謂也? 仲尼曰; 自其異者視之, 肝膽[1]楚越也. 自其同者視之, 萬物皆一也. 夫若然者, 且不知耳目之所宜,[2] 而遊心乎德之和, 物視其所一, 而不見其所喪.[3] 視喪其足, 猶遺土也.

常季曰; 彼爲己,[4] 以其知得其心,[5] 以其心得其常心. 物何爲最[6]之哉?

仲尼曰; 人莫鑑於流水, 而鑑於止水. 唯止, 能止,[7] 衆止.[8] 受命於地, 唯松柏獨也正, 冬夏靑靑. 受命於天, 唯舜[9]獨也正, 在萬物之首. 幸能正生, 以正衆生.

夫保始[10]之徵, 不懼之實. 勇士一人, 雄入於九軍.[11] 將求名而能自要[12]

---

1 肝膽(간담) : 간과 쓸개. 뒤의 '초월(楚越)'이 먼 것을 뜻함에 반하여, 가까운 것을 가리킨다.
2 宜(의) : 합당한 것, 즐거운 것, 아름다움.
3 喪(상) : 손상받다, 잃다.
4 爲己(위기) : 자기 자신만을 위하는 것.
5 其心(기심) : 분별 작용이 있는 마음. 상심(常心)은 분별 작용이 없는 언제나 같은 텅 빈 마음을 가리킨다.
6 最(최) : 취(聚)와 통하여 모여드는 것.
7 能止(능지) : 밖의 물건이 물에 비추어져 멈춰 있게 되는 것.
8 衆止(중지) : 여러 사람들이 와서 거울처럼 들여다보며 멈추어 있는 것.
9 舜(순) : 순임금. 그에 이은 '독야(獨也)' 아래 '정(正)'자 및 아래 '재만물지수(在萬物之首)'는 왕슈민(王叔岷) 교수의 설을 따라 보충하였다.
10 保始(보시) : 본시의 근본적인 덕을 보존하는 것.

者, 而猶若是. 而況官天地, 府¹³萬物, 直¹⁴寓¹⁵六骸,¹⁶ 象¹⁷耳目, 一知之所知, 而心未嘗死者乎? 彼且擇日而登假,¹⁸ 人則從是也. 彼且何肯以物爲事乎?

| 해설 |

여기서도 사람들이 왕태에게 모여드는 이유를 설명하고 있다. 그는 실제로 사람들을 가르치지는 않지만, 그가 텅 빈 올바른 마음을 지니고 있으므로, 사람들은 그것을 거울삼으려고 자연히 모여들게 된다는 것이다. 사람은 겉모양보다도 그 속마음이 중요하다. 겉으로 나타나는 현상이란 만물이 모두 한 가지라는 것이다. 육체는 불구라 하더라도 올바른 마음의 수양은 사람들을 따르게 만든다는 것이다.

3

신도가申徒嘉는 형벌로 다리를 잘린 사람이었는데, 정鄭나라 자산子産과 함께 백혼무인伯昏無人을 스승으로 모시고 있었다. 자산이 신도가에게 말하였다.

"내가 먼저 나가게 되면 자네는 머물러 있고, 자네가 먼저 나가게 되면 내가 머물러 있기로 하세."

---

11 九軍(구군) : 중군(衆軍), 많은 군사들.
12 自要(자요) : 스스로 실천하다.
13 府(부) : 감싸다, 포함하다.
14 直(직) : 다만 ……에 불과하다.
15 寓(우) : 가탁하다, 임시로 맡겨 두다.
16 六骸(육해) : 육체, 몸.
17 象(상) : 상(像)과 통하여 '일시적인 현상이라 보는 것'.
18 登假(등하) : 승하하다, 이승을 떠나다.

그 다음날 다시 같은 방에서 자리를 함께하게 되었는데, 자산이 신도가에게 말하였다.

"내가 먼저 나가게 되면 자네는 머물러 있고, 자네가 먼저 나가게 되면 내가 머물러 있기로 하세. 지금 나는 나가고자 하는데 자네는 머물러 있을 텐가 어쩔 텐가? 또한 자네는 재상인 나를 보고도 길을 비키지 않는데, 자네는 재상과 신분이 같다고 생각하고 있는가?"

신도가가 말하였다.

"선생님의 문하에 본시부터 그러한 재상이란 것이 있었나? 당신은 당신이 재상이란 것을 내세우면서 남을 업신여기고 있구려. 듣건대 거울이 맑은 것은 먼지와 때가 묻지 않았기 때문이고, 먼지와 때가 묻으면 거울이 맑지 않다 하였네. 오랜 동안 현명한 사람과 생활하면 곧 잘못이 없게 된다고도 하였네. 지금 당신이 크게 높이며 배우고 있는 분은 우리 선생님일세. 그런데도 이러한 말을 하고 있으니 잘못된 것이 아니겠나?"

자산이 말하였다.

"자네는 몸이 이 모양인데도 요堯임금과 훌륭함을 겨루어 보려고 하는구려. 자기의 덕을 헤아려 스스로를 반성할 줄도 모르는가?"

신도가가 말하였다.

"스스로 자기의 허물을 변호하며 자기 다리를 부당하게 잃었다고 생각하는 사람들은 많지만, 자기의 허물을 변호하지도 않고 자기 다리를 부당하게 보존하고 있다고 생각하는 사람은 적네. 어찌 할 수도 없는 일임을 알고서 운명을 따라 평안히 지내는 일은 오직 덕이 있는 사람만이 할 수 있는 일일세. 예羿의 활 사정 거리 안을 노닐면 그 가운데 있는 모두가 화살에 맞을 것이네. 그런데도 맞지 않는다는 것은 운명일세. 사람들 중에는 자기의 다리가 완전하다고 해서 내 불완전한 다리를 비웃는 사람이 많네. 나는 머리끝까지 화가 치밀지만 선생님 계신 곳에 가기만 하면 곧 다 잊고 돌아오게 되네. 선생님께서 훌륭함으로써 나를 씻어 주시는 것인지 내 스스로 깨닫게 되는 것인지는 알 수가 없네. 나는 선생님을 따라 공부한 지 십구 년이 되지만 내가 절름발이라는 것을 의식한 일이 없었네. 지금 당신은 나와 형체 속의 마음으로 공부하고 있으면서도, 당신은 내게 형체의 외모를 따지고 있으니 또한 잘못이 아니겠나?"

자산이 부끄러운 듯 얼굴을 붉히며 몸을 바로잡고 말하였다.

"더 말을 말아 주게."

| 원문 |

申徒嘉,**1** 兀者也, 而與鄭子産**2**同師於伯昏無人.**3** 子産謂申徒嘉曰; 我先出, 則子止. 子先出, 則我止.

其明日, 又與合堂同席而坐. 子産謂申徒嘉曰; 我先出, 則子止. 子先出, 則我止. 今我將出, 子可以止乎, 其未邪? 且子見執政**4**而不違, 子齊執政乎?

申徒嘉曰; 先生之門, 固有執政焉如此哉? 子而說子之執政, 而後人**5**者也. 聞之曰; 鑑明, 則塵垢不止, 止則不明也. 久與賢人處, 則無過. 今子之所取大者, 先生也. 而猶出言若是, 不亦過乎.

子産曰; 子旣若是**6**矣, 猶與堯爭善. 計子之德, 不足以自反邪?

---

1 申徒嘉(신도가) : 신도는 성, 가는 이름이며, 정나라의 현인.

2 子産(자산) : 성은 공손(公孫), 이름은 교(僑), 자산은 그의 자. 기원전 7세기, 춘추 시대 정나라의 명재상.

3 伯昏無人(백혼무인) : 열자도 스승으로 모셨다 하며, 잡편(雜篇)과 『열자』에서는 무(無)를 무(督)로 쓰고 있다.

4 執政(집정) : 재상.

5 後人(후인) : 남을 업신여기다.

6 若是(약시) : 이와 같다. 그의 절름발이를 가리킴.

申徒嘉曰; 自狀[7]其過, 以不當亡[8]者衆. 不狀其過, 以不當存者寡. 知不可奈何, 而安之若命,[9] 唯有德者能之. 遊於羿[10]之彀中,[11] 中央[12]者, 中地[13]也. 然而不中者, 命也. 人以其全足笑吾不全足者, 衆矣. 我怫然[14]而怒, 而適先生之所, 則廢然[15]而反. 不知先生之洗我以善邪, 吾之自寤邪?[16] 吾與夫子遊, 十有九年矣, 而未嘗知吾兀者也. 今子與我遊於形骸之內,[17] 而子索我於形骸之外, 不亦過乎?

子産蹴然[18]改容更貌, 曰; 子無乃稱.

| 해설 |

여기서는 사람의 겉모양이나 세속적인 신분은 참된 사람의 입장에서는 무의미한 것임을 주장하고 있다. 신도가는 비록 절름발이이며 천한 신분의 사람이지만 그런 겉모양이나 신분의 차별을 초월하여 당당한 재상인 자산보다도 더 떳떳이 행동하고 있다. 또한 이처럼 계속 절름발이를 내세우고 있는 것은 "크게 교묘한 것은 졸렬한 것과 같다[大巧若拙]"고 한 장자 자신의 아름다움과 추함에 대한 평가를 크게 내세우려는 뜻도 있을 것이다.

---

7 狀(장) : 변호하다, 얘기하다.
8 亡(망) : 다리를 잃는 것.
9 若命(약명) : 운명을 따르다.
10 羿(예) : 요임금 시대의 활의 명수.
11 彀中(구중) : 활의 사정 거리 안(郭象 說).
12 中央(중앙) : 그 사정 거리 안에 있는 것.
13 中地(중지) : 화살에 맞을 곳에 있는 것.
14 怫然(불연) : 성내는 모양.
15 廢然(폐연) : 노여움이 풀리는 모양.
16 吾之自寤邪(오지자오야) : 왕슈민(王叔岷) 교수의 설을 따라 보충하였다.
17 形骸之內(형해지내) : 육체 속, 곧 마음.
18 蹴然(축연) : 부끄러운 얼굴을 짓는 모양.

4

형벌로 다리를 잘린 노나라의 숙산무지叔山無趾라는 사람이 공자를 찾아가 뵈었다. 공자가 말하였다.

"그대는 근신하지 않음으로써 이미 죄를 범하여 이렇게 되어 버렸소. 비록 이제 내게 왔다 하더라도 어쩔 도리가 있겠소?"

무지가 말하였다.

"저는 오직 힘쓸 일을 알지 못하고 저의 몸을 가벼이 써 왔습니다. 저는 그래서 다리를 잃었습니다. 지금 제가 온 것은 아직도 다리보다 귀중한 것이 남아 있기 때문입니다. 저는 그래서 그것을 온전히 지니고자 합니다. 하늘은 모든 것을 덮어 주고 땅은 모든 것을 실어 주고 있습니다. 저는 선생님을 하늘과 땅처럼 여겨 왔습니다. 선생님이 이러하실 줄이야 어찌 알았겠습니까?"

공자가 말하였다.

"내가 고루하였소이다. 선생, 어찌하여 들어오시지 않소? 들은 것을 얘기해 드리리다."

무지가 나간 뒤에 공자가 말하였다.

"제자들이여, 힘써야 한다. 무지로 말하면 절름발이인데도 배움에 힘씀으로써 전날 잘못한 행동을 다시 보충하려 하는데 하물며 온전한 몸을 가진 사람이 아니 하겠는가?"

무지가 뒤에 노담老聃에게 말하였다.

"공자는 아직 지극한 사람은 못 되고 있는 듯하더군요. 그는 어째서 자주 선생님께 배우는 것일까요? 그는 또 특출하고 괴상한 명성이 알려지기를 바라고 있지만 지인은 그런 것을 자기를 구속하는 차꼬와 수갑이라 생각한다는 것을 알지 못하는 듯합니다."

노담이 말하였다.

"어찌하여 바로 그로 하여금 죽음과 삶을 한 가지로 여기게 하고 가

可한 것과 불가不可한 것이 같은 종류임을 깨닫게 하지 않았소? 그의 질곡을 풀어 주는 일은 가능한 일이오!"

무지가 말하였다.

"그에 대한 하늘의 형벌인데 어찌 풀어줄 수가 있겠습니까?"

| 원문 |

魯有兀者叔山無趾[1], 踵[2]見仲尼.

仲尼曰; 子不謹, 前旣犯患若是矣. 雖今來, 何及矣?

無趾曰; 吾唯不知務, 而輕用吾身, 吾是以亡足. 今吾來也, 猶有尊足者[3]存, 吾是以務全之也. 夫天無不覆, 地無不載, 吾以夫子爲天地, 安知夫子之猶若是也?

孔子曰; 丘則陋矣. 夫子胡不入乎? 請講以所聞.

無趾出, 孔子曰; 弟子勉之. 夫無趾, 兀者也, 猶務學以復補前行之惡, 而況全德[4]之人乎?

無趾語老聃曰; 孔丘之於至人, 其未邪? 彼何賓賓[5]以學子爲? 彼且蘄以諔詭[6]幻怪之名聞, 不知至人之以是爲己桎梏[7]邪.

老聃曰; 胡不直使彼以死生爲一條[8], 以可不可[9]爲一貫[10]者? 解其桎梏, 其可乎! 無趾曰; 天刑之, 安可解?

---

1 叔山無趾(숙산무지) : 숙산이 성, 무지가 이름임.

2 踵(종) : 이르다, 찾아가다(王叔岷 說).

3 尊足者(존족자) : 발보다 존귀한 것, 곧 덕 또는 올바른 마음을 가리킨다.

4 全德(전덕) : 덕이 완전한 것. 여기서는 육체가 불구가 아닌 것을 가리킨다.

5 賓賓(빈빈) : 빈빈(頻頻)과 통하여 '자주', '언제나.'

6 諔詭(숙궤) : 특이한 것.

7 桎梏(질곡) : 손과 발을 매어 두는 형틀, 차꼬와 수갑.

8 一條(일조) : 한 가지, 한 종류.

9 可不可(가불가) : 가한 것과 불가한 것, 곧 시비(是非)를 뜻한다.

10 一貫(일관) : 하나로 관통되다. 같은 성격의 것들을 뜻함.

지극한 사람은 자기를 특별히 드러내지 않고 죽음과 삶 및 옳은 것과 그 릇된 것을 초월하는 마음가짐을 이룩한다. 공자처럼 명성을 추구하는 사 람은 지인이 못 될 뿐더러, 그러한 명성의 추구는 자기 몸을 구속하는 형 틀과 같은 것이라는 것이다. 공자와 절름발이를 대응시키고 있는 장자의 우화가 신랄하다.

5

노나라 애공哀公이 공자에게 물었다.

"위衛나라에 추하게 생긴 사람이 있는데 이름을 애태타哀駘它라 하 였소. 남자들이 그와 더불어 생활하게 되면 그를 사모하여 떠나지를 못하였소. 여자들이 그를 보고서는 다른 사람의 처가 되느니보다는 차라리 선생님의 첩이 되겠다고 하면서 자기 부모에게 혼인시켜 줄 것을 간청하는 사람들이 수십 명이 넘었다 하오. 그러나 그가 어떤 주 장을 내세운다는 말은 들어 본 일이 없고, 언제나 사람들과 화합할 따 름이었다 하오. 그는 사람의 죽음을 구제해 줄 만한 임금의 지위도 없 고, 사람들의 배를 불려 줄 만한 모아 놓은 녹祿도 없소. 게다가 추함 은 천하를 놀라게 하고 있소.

남과 화합하기는 하지만 자기 주장을 내세우지는 않고, 명성은 그가 살고 있는 사방의 지역을 벗어나지 않고 있소. 그런데도 남녀들이 그 의 앞에 모여들고 있소. 이것은 반드시 사람들과는 다른 점이 있기 때 문일 것이오. 내가 그를 불러서 보니 과연 추함이 천하를 놀라게 할 만 하였소. 내가 그와 더불어 한 달도 넘지 않게 지내자 나는 그의 사람됨 에 마음이 끌렸고, 일 년이 넘지 않아 그를 믿게 되었소. 나라에 재상 이 없기에 나는 나라를 그에게 맡기려 하였소. 걱정하는 듯하더니 응답했는데 아무 일도 아닌 듯이 사양하는 것이었소. 나는 마침내 그에게 나라를 맡기려던 일을 부끄럽게 여기고 말았소. 얼마 안 있다가 그는 나를 떠나가 버렸소. 나는 멍하니 무엇을 잃어버린 느낌이었소. 이 나라에 함께 즐길 이가 없어진 것 같았소. 그는 어찌된 사람일까요?"

공자가 말하였다.

"제가 일찍이 초나라에 사신으로 간 일이 있었습니다. 마침 그 때 새끼 돼지들이 죽은 어미의 젖을 빨고 있는 것을 보았습니다. 조금 있다 보니 놀라서 모두 어미를 버리고 달아났습니다. 그것은 자기들을 보살펴 주지 않았기 때문이며, 자기들과는 달랐기 때문입니다. 그들이 어미를 사랑하는 것은 그 형체를 사랑하는 것이 아니라, 형체를 부리는 정신을 사랑했던 것입니다.

전쟁을 하다가 죽은 사람에게는 그를 장사지낼 때 칼을 함께 묻어주지 않습니다. 다리를 잘린 사람은 신발에 대하여 애착이 없습니다. 그것은 모두 그렇게 할 근거가 없기 때문입니다. 천자의 처첩이 되려면 앞머리를 자르지 않고 귀에 구멍을 뚫지 않은 처녀여야 하며, 하인도 장가를 들면 밖에 나가 머물게 하고는 다시 부리지 않습니다. 형체가 완전하다는 것조차도 천자가 부리는 조건에 들어가거늘 하물며 덕이 완전한 사람이야 어떠하겠습니까? 지금 애태타는 말을 하지 않아도 남에게 믿음을 주고 아무 공로 없이도 남과 친근해집니다. 사람들이 자기의 나라를 내어 주면서도 오직 그가 받지 않을까 두려워하게 만들고 있습니다. 그는 반드시 재질은 완전하면서도 덕을 겉으로 나타내지 않는 사람일 것입니다."

| 원문 |

魯哀公問於仲尼曰; 衛有惡人[1]焉, 曰哀駘它.[2] 丈夫與之處者, 思[3]而不能去也. 婦人見之, 請於父母曰; 與爲人妻, 寧[4]爲夫子妾者, 十數而未

止也. 未嘗有聞其唱⁵者也, 常和人而已矣. 無君人之位, 以濟乎人之死, 無聚祿以望⁶人之腹. 又以惡駭天下.

和而不唱, 知⁷不出乎四域.⁸ 且而雌雄⁹合乎前, 是必有異乎人者也. 寡人召而觀之, 果以惡駭天下. 與寡人處, 不至以月數, 而寡人有意乎其爲人也. 不至乎期年, 而寡人信之. 國無宰, 而寡人傳國焉. 悶然¹⁰而後應, 氾而若¹¹辭. 寡人醜乎,¹² 卒授之國. 無幾何也, 去寡人而行. 寡人卹焉¹³若有亡也, 若無與樂是國也. 是何人者也?

仲尼曰; 丘也, 嘗使於楚矣. 適見狋子¹⁴食於其死母者. 少焉眴若¹⁵皆棄之而走. 不見己¹⁶焉爾, 不得類焉爾. 所愛其母者, 非愛其形也, 愛使其形者也.

戰而死者, 其人之葬也, 不以翣資.¹⁷ 刖者之屨,¹⁸ 無爲愛之. 皆無其本矣. 爲天子之諸御,¹⁹ 不爪翦,²⁰ 不穿耳. 取妻者, 止於外, 不得復使.

---

1 惡人(악인) : 용모가 추악한 사람.
2 哀駘它(애태타) : 애태가 성이며 타는 이름.
3 思(사) : 사모하다, 존경하다.
4 與……寧(여……녕) : ……할진대 차라리……하겠다.
5 唱(창) : 주장하다, 주장을 내세우다.
6 望(망) : 채우다. 만족시키다.
7 知(지) : 명성의 알려짐(王敔 說).
8 四域(사역) : 그가 살고 있는 고장의 사방.
9 雌雄(자웅) : 남녀.
10 悶然(민연) : 걱정하는 모양.
11 氾而若(범이약) : 아무 일도 아닌 듯이.
12 醜乎(추호) : 부끄러이 여기다.
13 卹焉(휼언) : 멍청한 모양. 걱정하는 모양.
14 狋子(돈자) : 새끼 돼지.
15 眴若(순약) : 놀라서 바라보는 모양.
16 見己(견기) : 자기를 보살펴 주는 것.
17 翣資(삽자) : 삽은 협(鈒)과 통하여 '칼', 자는 함께 묻어 주는 것(奚侗 說).
18 屨(구) : 신, 신발.
19 諸御(제어) : 천자가 직접 거느리는 여자들 전부를 가리킴.
20 爪翦(조전) : 앞머리를 자르는 것. '부조전(不爪翦)'은 '불천이(不穿耳)'와 함께 몸이 완

形全猶足以爲爾, 而況全德之人乎? 今哀駘它, 未言而信, 無功而親. 使人授己國, 唯恐其不受也. 是必才全而德不形²¹者也.

| 해설 |

　모습은 추악한데도 모든 남녀들이 따르는 애태타의 얘기로, 사람에게 중요한 것은 속에 지니고 있는 재질과 덕임을 얘기하고 있다. 재질과 덕에 대한 설명은 뒤의 대화에 계속된다.

6

　애공哀公이 말하였다.

　"무엇을 가지고 재질이 완전하다고 말합니까?"

　공자가 말하였다.

　"죽음과 삶, 존속과 사라짐, 곤궁과 영달, 가난과 부富, 어짊과 우둔함, 욕 먹음과 칭찬, 굶주림과 목마름, 추위와 더위, 이러한 것들은 일의 변화요 운명의 실현입니다. 낮과 밤이 눈앞에서 엇바뀌어지고 있지만 사람들의 지혜는 그 시작을 규명하지 못하고 있습니다. 그러므로 원활히 조화를 이루는 수가 없고, 신령한 세계로 들어갈 수가 없는 것입니다. 그로 하여금 조화로움으로 즐겁게 통달하여 충실함을 잃지 않게 하면, 밤낮으로 변화가 들어올 틈이 없게 되어 만물과 더불어 어울리게 되는 것입니다. 이것은 만물과 접하여 마음에 조화를 이룩하는 것입니다. 이것을 재질이 완전하다고 말하는 것입니다."

　"무엇을 두고 덕이 겉으로 나타나지 않는다고 말합니까?"

　전한 처녀를 가리킨다.

21不形(불형) : 모양이 겉으로 드러나지 않는 것.

162

"평형平衡이란 물이 가득히 멈춰져 있는 것 같은 것입니다. 그것을 법도로 삼을 수 있는 사람은 안으로 그 평형을 보전하여 밖으로 요동하지 않게 됩니다. 덕이란 조화를 이룩하는 수양인 것입니다. 덕이 겉으로 나타나지 않는 사람이라면 사람들이 그로부터 떠날 수가 없게 됩니다."

애공이 뒷날 그 얘기를 민자閔子에게 하였다.

"처음에는 나는 천하의 임금으로서 나라를 다스림에 있어 백성들의 기강을 손에 잡고 그들의 죽음을 걱정하면서 스스로 지극히 도통한 임금이라 여겼었소. 지금 나는 지극한 사람의 말씀을 듣고 나서 그러한 실력도 없으면서 내 자신을 가벼이 써서 내 나라를 망치게 될까 두려워하게 되었소. 나와 공자는 임금과 신하가 아니라 덕으로 맺어진 벗일 따름이오."

| 원문 |

哀公曰? 何謂才全?

仲尼曰; 死生存亡, 窮達貧富, 賢與不肖, 毁譽,[1] 饑渴寒暑, 是事之變, 命之行也. 日夜相代乎前, 而知不能規[2]乎其始者也. 故不足以滑和,[3] 不可入於靈府.[4] 使之和豫通,[5] 而不失於充.[6] 使日夜無郤,[7] 而與物爲春.[8]

---

1 毁譽(훼예) : 남이 욕하는 것과 칭찬하는 것.
2 規(규) : 규명하다, 헤아리다.
3 滑和(활화) : 원활(圓滑)하게 조화(調和)하다.
4 靈府(영부) : 신령함이 깃들여 있는 곳, 신령한 세계.
5 豫通(예통) : 즐겁게 통달하는 것.
6 充(충) : 충실한 것, 보통 '태(兌)'로 되어 있으나 왕슈민(王叔岷) 교수의 설을 따라 고쳤다.
7 郤(극) : 변화가 들어올 틈.
8 春(춘) : 추(推)와 통하여(『說文』), 추이(推移)하는 것, 어울려 가는 것.

是接而生時⁹於心者也. 是之謂才全.

何爲德不形?

曰; 平者, 水停之盛也. 其可以爲法也. 內保之而外不蕩¹⁰也, 德者, 成
和之脩也. 德不形者, 物不能離也.

哀公異日以告閔子,¹¹ 曰; 始也, 吾以南面¹²而君天下, 執民之紀¹³而
憂其死, 吾自以爲至通¹⁴矣. 今吾聞至人¹⁵之言, 恐吾無其實, 輕用吾身,
而亡吾國. 吾與孔丘, 非君臣也, 德友而已矣.

| 해설 |

여기에서는 '지극한 사람'의 재질과 겉으로 나타나지 않는 덕을 설명하
고 있다. 재질이 완전하다는 것은 사물의 변화에 자기 마음이 움직이지 않
는 것이며, 덕이 겉으로 나타나지 않는다는 것은 만물의 변화와 함께 어울
림을 뜻한다는 것이다. 애태타는 그러한 덕을 지녔기 때문에, 여러 남녀
들의 존경을 받는다는 말이 된다.

노나라 애공은 이러한 말을 듣고 자기의 임금 노릇에 대하여 깊이 반성
하게 된다. 임금 노릇과 그러한 지극한 사람의 경지는 서로 모순이 되는
것이기에 불가피한 일이었을 것이다.

---

9 生時(생시) : 어울림을 생성하는 것.
10 蕩(탕) : 요동하는 것.
11 閔子(민자) : 공자의 제자. 성은 민(閔), 이름은 손(損), 자는 자건(子騫).
12 南面(남면) : 임금 노릇하는 것. 임금은 남쪽을 향해 앉아 신하들을 만난다.
13 紀(기) : 기강, 법도.
14 至通(지통) : 지극히 사리에 통달하는 것.
15 至人(지인) : 공자를 가리킨다.

7

　인기지리무순闡跂支離無脤이 위衛나라 영공靈公에게 유세하러 가니 영공이 기뻐하였다. 영공이 완전한 사람이라고 여겨지는 그를 보니 그의 목이 가늘고 길었다. 옹앙대영甕㼜大癭이 제齊나라 환공桓公에게 유세하러 가니 환공이 기뻐하였다. 환공이 완전한 사람이라고 여겨지는 그를 보니 그의 목이 가늘고 길었다. 본시 덕에 뛰어난 사람이라면 형체에 대해서는 잊어도 되는 것이다. 사람들은 그들이 잊어도 되는 일에 대해서는 잊지 않고, 그들이 잊어서는 안 될 일은 잊는데, 이러한 것을 진실한 잊음이라 말하는 것이다.

　그러므로, 성인은 마음을 노닐게 하는 바가 있으며, 지혜를 번거로운 것이라 하고, 약속은 아교와 같이 사람을 제약하는 것이라 하고, 소득이란 것은 다른 것을 더 추구하는 것이라 하고, 기교는 남에게 물건을 파는 것과 같다고 여겼다. 성인은 일을 꾀하지 않는데 어찌 지혜를 쓰겠는가? 약속을 깎아 없애지 않거늘 아교 같은 제약을 어디에 쓰겠는가? 잃는 것이 없거늘 소득을 어찌 추구하겠는가? 이익을 추구하지 않거늘 어찌 물건을 팔겠는가? 이 네 가지는 하늘의 보육이라는 것이다. 하늘의 보육이란 하늘이 먹여 주는 것이다. 이미 하늘로부터 먹을 것을 받고 있거늘 또 어찌 사람을 필요로 하겠는가?

　성인은 사람의 형체는 지니고 있지만 사람의 감정은 지니고 있지 않다. 사람의 형체를 지니고 있기 때문에 사람들과 어울린다. 사람의 감정이 없기 때문에 시비가 몸에 붙지 않는다. 아득히 작은 것은 그들의 사람에게 속한 일들이고, 덩그렇게 큰 것은 그들의 홀로 이룩하고 있는 하늘에서 내려받은 것이다.

| 원문 |

闡跂支離無脤,**1** 說衛靈公, 靈公說**2**之. 而視全人, 其脰**3**肩肩.**4** 甕㼜大癭[5]說齊桓公, 桓公說之. 而視全人, 其脰肩肩. 故德有所長, 而形有所忘. 人不忘其所忘,[6] 而忘其所不忘, 此謂誠忘.

故聖人有所遊.[7] 而知爲孽,[8] 約爲膠,[9] 德[10]爲接,[11] 工[12]爲商.[13] 聖人不謀, 惡用知? 不斲,[14] 惡用膠? 無喪, 惡用德? 不貨, 惡用商? 四者, 天鬻[15]也. 天鬻也者, 天食也. 旣受食於天, 又惡用人?

有人之形, 無人之情. 有人之形, 故羣於人. 無人之情, 故是非不得於身. 眇乎[16]小哉, 所以屬於人也! 謷乎[17]大哉, 獨成其天!

| 해설 |

　성인은 감정을 가지고 있지 않으므로 사람들과의 관계는 지극히 작게 보이지만, 홀로 하늘로부터 내려받은 것을 이룩하고 있는 점은 덩그렇게 크다는 것이다. 계속 위대한 성인의 덕을 설명하고 있다.

---

1 闉跂支離無脤(인기지리무순) : 가공적인 인물 이름. '인기'는 다리가 굽은 사람, '지리'는 곱추. '무순'은 언청이. 온갖 불구인 사람을 대표한다.
2 說(열) : 기뻐하다, 열(悅)과 통하는 글자임.
3 脰(두) : 목.
4 肩肩(견견) : 가느다란 모양.
5 甕㼜大癭(옹앙대영) : 가공적 인물 이름. '옹앙'은 혹이 큰 모양, '대영'은 큰 혹. 큰 혹이 달린 추한 사람임.
6 其所忘(기소망) : 위나라 영공이나 제나라 환공이 잊었던 일.
7 所遊(소유) : 마음을 한 군데 집착시키지 않고 구속 없이 노닐도록 하는 것.
8 孽(얼) : 거추장스러운 물건.
9 膠(교) : 아교, 풀, 사람을 제약하는 것.
10 德(덕) : 득(得)과 통하여, 소득, 이득.
11 接(접) : 첩(捷)과 통하여, 다른 것들을 더 열심히 추구하는 것.
12 工(공) : 기교.
13 商(상) : 장사하다. 남에게 물건을 팔아 이익을 보는 것.
14 斲(착) : 물건을 깎듯이 약속을 일방적으로 취소하는 것.
15 鬻(육) : 보육, 기르는 것.
16 眇乎(묘호) : 아득히 작게 보이는 모양.
17 謷乎(오호) : 덩그렇게 큰 모양.

8

혜자惠子가 장자에게 말하였다.

"사람은 본시부터 감정이 없는 것이오?"

장자가 말하였다.

"그렇소."

혜자가 말하였다.

"사람이면서 감정이 없다면 어떻게 그를 사람이라 할 수 있겠소?"

장자가 말하였다.

"도가 그에게 용모를 부여했고, 하늘이 그에게 형체를 부여했는데, 어찌 사람이라 말하지 않을 수가 있겠소?"

혜자가 말하였다.

"이미 그를 사람이라 부른다면 어찌 감정이 없을 수가 있겠소?"

장자가 말하였다.

"그것은 내가 말하는 감정이 아니오. 내가 감정이 없다고 말하는 근거는 사람들이 좋아하고 싫어하는 것으로서, 안으로 그 자신을 상하게 하지 않으며, 언제나 자연을 따르기만 하고 자기 삶에 이익을 주려 하지 않는 것이오."

혜자가 말하였다.

"삶에 이익이 되게 하지 않는다면 어떻게 그 자신을 보유할 수가 있겠소?"

장자가 말하였다.

"도가 그에게 용모를 부여했고, 하늘이 그에게 형체를 부여했으니, 좋아하고 싫어하는 것으로서 안으로 그 자신을 상하게 하지 않는 것이오. 지금 당신은 자신의 정신을 소외하고 당신의 정력을 낭비하고 있소. 나무에 기대 서면 읊조리고, 오동나무 안석을 베고 누우면 잠을 자오. 하늘이 당신의 형체를 갖추어 주었는데도 당신은 궤변으로 천하를 떠들썩하게 만들고 있소."

| 원문 |

惠子[1] 謂莊子曰; 人故[2]無情乎?

莊子曰; 然.

惠子曰; 人而無情, 何以謂之人?

莊子曰; 道與之貌, 天與之形, 惡得不謂之人?

惠子曰; 旣謂之人, 惡得無情?

莊子曰; 是非吾所謂情也. 吾所謂無情者, 言人之不以好惡內傷其身,
常因自然而不益生也.

惠子曰; 不益生, 何以有其身?

莊子曰; 道與之貌, 天與之形, 無以好惡內傷其身. 今子外乎子之神,
勞乎子之精. 倚樹而吟, 據槁梧[3]而瞑.[4] 天選[5]子之形, 子以堅白[6]鳴.[7]

| 해설 |

사람은 본시 감정이 없어야 한다. 자기 자신의 감정을 따라 자기 삶을
이익되게 하려는 노력 없이 자연에 자신을 맡겨야만 참된 삶을 살 수가 있
다는 것이다. 자기 육체는 물론, 자기 감정에도 얽매임이 없어야 지극한
사람이 될 수 있다는 것이다.

---

1 惠子(혜자) : 장자의 친구로 궤변학파에 속하는 사람.
2 故(고) : 고(固)와 통하여 '본시부터'.
3 槁梧(고오) : 마른 오동나무로 만든 안석.
4 瞑(명) : 잠자다.
5 選(선) : 갖추어 주다.
6 堅白(견백) : 공손룡의 '흰 말은 말이 아니다(白馬非馬)' 또는 '굳은 돌은 흰 돌이 아니다
　(堅石非白石)'라는 것과 같은 궤변.
7 鳴(명) : 세상에 선전하는 것.

제 6 편

위대한 참 스승
大宗師

　'대종사(大宗師)'란 '크게 높여야 할 참된 스승'이라는 뜻으로 '도'를
가리킨다.『노자』에서 "사람은 땅을 법도로 삼고, 땅은 하늘을 법도로
삼고, 하늘은 '도'를 법도로 삼고, '도'는 자연을 법도로 삼고 있으니,
위대한 스승임을 알 수가 있을 것이다"라고 하였다. 장자는 노자의 이
러한 사상을 계승하여 '자연'이야말로 사람들이 법도로 삼아야 할 위
대한 스승이라 생각하고 있는 것이다. 따라서 여기서는 이러한 자연
을 따르는 '참된 사람[眞人]'의 모습이 여러 가지 각도에서 얘기되고 있
다. 근본적인 자기 수양을 통하여 '참된 사람'에 이르는 것을 내성(內
聖)이라 말한다. 그리고 이러한 덕으로써 나라나 백성을 다스리는 것
이 외왕(外王)인데, '외왕'의 문제는 다음 '자연에 따르는 제왕[應帝王]'
편에서 논의될 것이다.

1

하늘이 하는 일을 알고 사람이 하는 일을 아는 사람은 지극한 사람이다. 하늘이 하는 일을 아는 사람은 타고난 대로 살아간다. 사람이 하는 일을 아는 사람은 그의 지각知覺이 아는 일을 가지고 그의 지각이 알지 못하는 것을 길러 나가는 것이다. 그가 타고난 나이대로 다 살면서 중도에 일찍 죽지 않는 사람은 곧 앎이 지극하다고 하겠다.

그럼에도 불구하고 걱정이 있다. 앎이란 것은 의거하는 데가 있은 연후에야 판단이 서게 되는 것이다. 그런데 그 의거하는 데가 전혀 불안정된 것이다. 그러니 어찌 내가 말하는 하늘이 사람이 아님을 알 수가 있겠는가? 어찌 사람이 하늘이 아님을 알 수가 있겠는가?

| 원문 |

知天之所爲,**1** 知人之所爲者, 至矣. 知天之所爲者, 天而生也. 知人之所爲者, 以其知之所知, 以養其知之所不知. 終其天年, 而不中道夭者, 是知之盛也.

雖然, 有患. 夫知有所待,**2** 而後當. 其所待者, 特未定也. 庸詎**3**知吾所謂天之非人乎? 所謂人之非天乎?

| 해설 |

여기서 장자는 사람의 지식에 대한 이상적인 형태를 먼저 논한다. 일찍 죽지 않고 타고난 목숨대로 다 사는 것이 지식의 쓰임이라는 것이다.

그러나 사람의 지식이란 불완전한 기준에 의해 얻어진 것이므로 완전

---

1 天地所爲(천지소위) : 하늘이 하는 일, 곧 자연의 변화 현상을 가리킨다.
2 所待(소대) : 의거하는 바, 표준.
3 庸詎(용거) : 어찌, 어찌 …… 하겠는가?

한 것이 못 된다는 것이다. 그래서 다음에는 참된 앎이란 어떤 것인가를 논한다.

2

또한 '참된 사람[眞人]'이어야만 '참된 앎[眞知]'을 알게 된다. 그러면 '참된 사람'이란 어떤 것을 말하는가? 옛날의 '참된 사람'은 적은 일에도 거스르지 않고, 성공을 뽐내지 않으며, 일을 꾀하지 않았다. 이러한 사람은 잘못 되는 일이 있어도 후회하지 않으며, 잘 되어도 스스로 만족하지 않는다. 이러한 사람은 높은 곳에 올라가도 떨리지 않고, 물에 빠져도 젖지 않고, 불 속으로 들어가도 뜨거워하지 않는다. 그의 앎이 도에까지 승화되면 이와 같이 되는 것이다.

옛날의 '참된 사람'은 잠을 자도 꿈을 꾸지 않고, 깨어나도 근심이 없었다. 음식은 좋은 것만을 찾지 않고, 그는 숨을 깊이 깊이 들이쉬었다. '참된 사람'은 발뒤꿈치로도 숨을 쉬지만, 보통 사람들은 목구멍으로 숨을 쉰다. 남에게 굴복당한 사람들은 목에서 나는 소리가 물건을 토해 내는 것 같고, 욕심이 많은 자는 그의 타고난 기틀이 천박하다.

옛날의 '참된 사람'은 삶을 기뻐할 줄도 모르고, 죽음을 싫어할 줄도 몰랐다. 세상에 나옴을 기뻐하지도 않거니와 저승으로 들어감을 거부하려 들지도 않았다. 의연히 가고 의연히 올 따름인 것이다. 그는 삶의 시작을 꺼리지도 않거니와 삶의 종말을 바라지도 않는다. 삶을 받아도 그것을 기뻐하고 그것을 잃어도 또다시 그러하다. 이것이 자기 마음으로써 도를 저버리지 않는 것이며, 사람으로써 하늘을 돕지 않는다는 것이다. 이런 이를 두고 '참된 사람'이라 부른다.

| 원문 |

且有眞人而後有眞知. 何謂眞人? 古之眞人, 不逆寡,[1] 不雄成,[2] 不謩士.[3] 若然者, 過而弗悔, 當而不自得也. 若然者, 登高不慄, 入水不濡, 入火不熱. 是知之能登假[4]於道也, 若此.

古之眞人, 其寢不夢, 其覺無憂. 其食不甘, 其息深深. 眞人之息以踵, 衆人之息以喉. 屈服者, 其嗌言[5]若哇.[6] 其嗜欲深者, 其天機[7]淺.

古之眞人, 不知說生, 不知惡死. 其出[8]不訢,[9] 其入不距.[10] 翛然[11]而往, 翛然而來而己矣. 不忘其所始, 不求其所終. 受而喜之, 忘而復之. 是之謂不以心捐道,[12] 不以人助天. 是之謂眞人.

| 해설 |

여기서는 '참된 사람'의 '참된 앎'을 설명하고 있다. '참된 앎'이란 지각知覺을 잊어 버리는 것이다. 사람의 모든 감정이나 욕망 또는 이롭고 해로운 것을 잊음으로써 순수한 자연의 상태로 돌아가는 것이다. 추위나 뜨거움은 물론, 죽음이나 삶까지도 그런 사람의 마음은 전혀 움직일 수가 없다는 것이다.

---

1 逆寡(역과) : 적은 것을 거스르다. 열세의 것을 무시하다.

2 雄成(웅성) : 성공을 뽐내다.

3 謩士(모사) : 일을 꾀하다. '모'는 모(謨) 또는 모(謀)와 뜻이 통하고 '사'는 사(仕) 또는 사(事)와 통한다.

4 登假(등가) : 올라가다, 승화하다.

5 嗌言(액언) : 목구멍에서 나오는 말.

6 哇(와) : 토하다, 내뱉다.

7 天機(천기) : 타고난 기틀, 타고난 자질.

8 出(출) : 출생. 따라서 입(入)은 사망을 가리킨다.

9 訢(흔) : 흔(炘)과 통하여, 기뻐하다.

10 距(거) : 거(拒)와 통하여 '거부하다', '거역하다'.

11 翛然(소연) : 아무런 마음 없이 의연한 모양. '숙연'이라 읽고 '빠른 모양'이라 해석하는 이도 있다.

12 捐道(연도) : '도'를 버리다. '연'이 읍(揖)으로 된 판본도 있다.

이렇게 보면 '참된 앎'이란 '앎이 없는 것[無知]'과 통하고 만다.

3

그러한 사람은 그의 마음을 잊고 있고, 그의 얼굴은 적막하며, 그의 이마는 널찍한 것이다. 쓸쓸하기 가을과 같고, 따스하기 봄과 같다. 기쁨과 노여움의 감정은 사철의 변화와 통하고, 만물과 잘 조화되어 그 한계를 알 수가 없다. 그러므로, 성인이 군사를 일으켜 나라를 멸망시켜도 그 나라 사람들의 마음은 잃지 않는다. 이익과 은택을 만세토록 베풀지만 사람들을 사랑해서 그렇게 하는 것은 아니다.

그러므로 만물에 통달함을 즐기는 것은 성인이 아니다. 따로 친근한 사람이 있는 것은 어짊이 아니다. 때에 앞서는 것은 현명한 것이 아니다. 이로움과 해로움이 같이 통하지 않는 것은 군자가 아니다. 명성을 좇아서 자기를 잃는 것은 선비가 아니다. 자신을 망치면서도 참되지 않은 것은 남을 부리는 사람이 아니다. 호불해狐不偕・무광務光・백이伯夷・숙제叔齊・기자箕子・서여胥餘・기타紀他・신도적申徒狄 같은 이들은 남의 부림에 부림을 당하고 남의 즐거움을 즐겁게 하며, 그들의 즐김을 스스로 즐기지 못한 사람들이었다.

| 원문 |

若然者, 其心志,[1] 其容寂, 其顙[2]頯.[3] 淒然[4]似秋, 煖然似春, 喜怒通四時, 與物有宜,[5] 而莫知其極.[6] 故聖人之用兵也, 亡國而不失人心. 利澤

---

1 志(지) : 忘(망)을 잘못 쓴 것으로, 잊는 것(焦竑, 王懋竑 등의 설).
2 顙(상) : 이마.
3 頯(규) : 이마가 널찍한 것.
4 淒然(처연) : 쌀쌀한 것. 싸늘한 것.

施乎萬世, 不爲愛人.

故樂通物,[7] 非聖人也. 有親, 非仁也. 先時,[8] 非賢也. 利害不通, 非君子也. 行名[9]失己, 非士也. 亡身不眞, 非役人[10]也. 若狐不偕,[11] 務光,[12] 伯夷,[13] 叔齊, 箕子,[14] 胥餘,[15] 紀他,[16] 申徒狄,[17] 是役人之役, 適[18]人之適, 而不自適其適者也.

| 해설 |

여기서는 자기의 마음조차 잊고 자연과 화합해 있는 '참된 사람'의 모양을 적고 있다. 성인이라고도 부를 수 있는 '참된 사람'은 어떠한 사물에

---

5 有宜(유의) : 만물과 잘 조화되는 것.

6 莫知其極(막지기극) : 무심히 자연을 따르는 마음의 작용의 한계를 헤아릴 수도 없다는 뜻.

7 通物(통물) : 사물의 이치에 통달하여 자기에게 유리하도록 활용하는 것.

8 先時(선시) : 알맞은 때에 앞서 행동하는 것. 보통 '선'은 천(天)으로 되어 있으나 왕개운(王闓運)의 설을 따라 고쳤다.

9 行名(행명) : 명성을 추구하다.

10 役人(역인) : 남을 부리는 사람.

11 狐不偕(호불해) : 요임금이 제위를 물려 주려 하자 이것을 수치로 여기고 황하에 몸을 던져 죽은 은자(隱者).

12 務光(무광) : 하(夏)나라 사람. 은나라 탕임금이 제위를 내주려 하자 돌을 안고 여수(廬水)에 몸을 던져 죽었다 한다. 황제(黃帝)의 신하라는 설도 있다.

13 伯夷(백이) : 숙제(叔齊)와 함께 고죽군(孤竹君)의 아들. 두 형제가 서로 임금 자리를 사양하다 결국은 문왕(文王)의 덕을 흠모하여 주(周)나라로 갔다. 그러나 무왕(武王)이 은(殷)나라 주왕(紂王)을 쳐부수자 수양산(首陽山)으로 들어가 고사리를 뜯어먹고 살다 굶어죽었다 한다.

14 箕子(기자) : 은나라 주왕의 어진 신하. 주왕이 그의 간하는 말을 듣지 않자 미친 사람 행세를 하다가 은나라가 망하자 조선으로 들어가 나라를 세웠다는 얘기가 있다.

15 胥餘(서여) : 초나라의 접여(接輿). 앞 편에 보였음.

16 紀他(기타) : 은나라 탕임금 때의 어진 사람. 무광이 탕임금의 임금 자리를 거절하자 다음에는 자기에게로 차례가 돌아올 것이라 판단하고 관수(窾水)에 몸을 던져 죽었다 한다.

17 申徒狄(신도적) : 도척(盜跖)편에, 그 임금에게 간하다가 듣지 않자 돌을 지고 강물에 몸을 던져 죽었다고 되어 있다.

18 適(적) : 즐기다.

도 지배당하지 않고 자연스럽게 산다. 따라서 호불해·무광 같이 임금 자리를 피해 자기 목숨을 끊었던 사람을 두고 세상에서는 절조 있는 사람이라고 하지만 사실은 '참된 사람'이 못 된다는 것이다.

그것은 그들의 삶이 남에 의해 지배당했기 때문에 그들이 그렇게 행동하였다는 것이다.

4

옛날의 '참된 사람'은 그의 키가 크다 하더라도 무너진 모습을 하지 않으며, 무엇이 부족한 듯하지만 남에게서 받는 것이 없다. 편안히 행동하는 것이 모가 난 듯도 하지만 고집하는 일은 없다. 널따랗게 텅 비어 있지만 화려하지는 않다. 화락하여 언제나 기쁜 듯하다. 몰려 그렇게 하지 않을 수 없는 듯이 행동한다. 그의 얼굴 빛은 윤기가 더해 가고, 그의 덕은 점잖게 지극한 선[至善]에 머물러 있다. 널따랗게 큰 듯하고, 높아서 제어할 수 없는 듯하다. 느릿느릿하여 한가함을 좋아하는 듯하고 멍하니 그의 말을 잊고 있는 듯하다.

법도로써 본체를 삼고, 예의로써 보익補翼을 삼는다. 앎으로써 때에 알맞게 하고 덕으로써 자연을 따른다. 법도로써 본체를 삼는 것은 그의 관찰이 밝기 때문이다. 예의로써 보익을 삼는 것은 세상에서 행동하는 근거가 되기 때문이다. 앎으로써 때에 알맞게 하는 것은 일을 부득이하게 처리하기 때문이다. 덕으로써 자연을 따른다는 것은 발이 있는 사람들이 언덕에 오르는 것과 같은 것을 말한다. 그런데도 사람이 참되려면 힘써 행실을 닦아야만 한다고들 생각하고 있다.

그러므로 그들에게는 좋아하는 것도 한 가지이고, 좋아하지 않는 것도 한 가지이다. 그들에게는 한 가지의 것도 한 가지이고, 한 가지 것이 아닌 것도 한 가지이다. 그처럼 한 가지라는 것은 하늘과 한 무리가 되는 것이고, 한 가지가 아니라는 것은 사람과 한 무리가 되는 것이다. 하늘과 사람은 서로 다툴 수가 없는 것이다. 이런 사람을 '참된 사람'이라고 부르는 것이다.

| 원문 |

古之眞人, 其狀義¹而不朋,² 若不足而不承.³ 與乎,⁴ 其觚⁵而不堅⁶也. 張乎,⁷ 其虛而不華也. 邴邴乎,⁸ 其似喜乎, 崔乎,⁹ 其不得已乎. 滀乎進,¹⁰ 我色也. 與乎¹¹止,¹² 我德也. 厲乎,¹³ 其似世¹⁴乎. 謷乎,¹⁵ 其未可制也. 連乎,¹⁶ 其似好閉¹⁷也. 悗乎¹⁸ 忘其言也.

以刑¹⁹爲體, 以禮爲翼.²⁰ 以知爲時, 以德爲循.²¹ 以刑爲體者, 綽乎²² 其殺也. 以禮爲翼者, 所以行於世也. 以知爲時者, 不得已於事也. 以德

---

1 狀義(장의) : '의'는 아(峨)와 통하여(兪樾 說) '키가 큰 것'.
2 朋(붕) : 붕(崩)과 통하여 모습이 '무너지는 것'.
3 承(승) : 남에게서 받는 것.
4 與乎(여호) : 편안히 행동하는 모양(李楨 說).
5 觚(고) : 모가 나는 것.
6 堅(견) : 고(固)로 씀이 옳으며(劉師培 說), '고집하는 것'.
7 張乎(장호) : 널따란 모양.
8 邴邴乎(병병호) : 화락한 모양, 기쁜 모양.
9 崔乎(최호) : '최'는 최(催)와 통하여, 남에게 '몰리는 것', '강요되는 것'.
10 滀乎進(축호진) : 윤기가 더해 가다. 순수하고 충실한 빛이 발전하다.
11 與乎(여호) : 점잖은 것, 의젓한 것.
12 止(지) : 지극한 선[至善]에 머물러 있으면서 변화가 없는 것(陸長庚 說).
13 厲乎(여호) : 넓은 모양.
14 世(세) : 큰 것, 위대한 것.
15 謷乎(오호) : 높고 먼 모양.
16 連乎(연호) : 느린 모양. 더딘 모양.
17 閉(폐) : 한(閑)의 잘못인 듯하며(姚鼐 說), '한가한 것', '한적한 것'.
18 悗乎(문호) : 멍청한 모양, 마음이 없는 듯한 모양.
19 刑(형) : 법, 법도.
20 翼(익) : 날개, 보조가 되는 것.
21 循(순) : 자연을 따르는 것.
22 綽乎(작호) : '작'은 작(焯)과 통하여, '밝은 모양'(章炳麟 說).

爲循者, 言其與有足者, 至於丘[23]也. 而人眞, 以爲勤行者也.

故其好之也一, 其弗好之也一. 其一也一, 其不一也一. 其一, 與天爲
徒, 其不一, 與人爲徒. 天與人不相勝也. 是之謂眞人.

| 해설 |

여기서도 '참된 사람'의 모습이 자세히 기록되어 있다. 결론적으로 '참
된 사람'은 모든 상대적인 것까지도 한 가지의 것으로 보고 자연스럽게 살
아간다는 것이다.

5

죽음과 삶은 운명이다. 밤과 낮이 일정하게 있는 것은 천연天然이
다. 사람들이 관여할 수 없는 그런 일이 있는 것은 모두가 만물의 실
정인 것이다. 그들은 특히 하늘을 아버지처럼 여기면서 몸소 그것을
사랑하고 있다. 하물며 더욱 뛰어난 것에 대해서야 어떠하겠는가? 사
람들은 특히 임금은 자기보다 뛰어나다 생각하고 스스로 그를 위해
목숨을 바친다. 하물며 참된 사람에게야 어떠하겠는가?

우물이 마르면 물고기들은 함께 땅 위에 모여 서로 물기를 뿜어 주
고 서로 물거품으로 적셔 준다. 그러나 강물이나 호수 속에서 서로를
잊고 있던 때만 못한 것이다. 요임금을 기리고 걸왕桀王을 비난하는
것은 차라리 두 사람을 다 잊고 올바른 도로 동화되는 것만은 못한 것
이다.

대지는 우리에게 형체를 부여하고 삶을 주어 우리를 수고롭게 하고

---

23 有足者, 至於丘(유족자지어구) : 발이 있는 자가 언덕에 오르다. 곧 누구나 할 수 있는
일이며, 자연을 따라 행동하는 것을 비유한 말.

있다. 늦게 만듦으로써 우리를 편안하게 해 주고, 죽음으로써 우리를
쉬게 하고 있다. 그러므로, 자기의 삶을 잘 사는 것은 곧 자기의 죽음
을 잘 맞이하는 길인 것이다.

| 원문 |

死生, 命也. 其有夜旦之常, 天也. 人之有所不得與[1], 皆物之情[2]也. 彼
特以天爲父, 而身猶愛之, 而況其卓[3]乎? 人特以有君爲愈[4]乎己, 而身猶
死之, 而況其眞乎?

泉涸,[5] 魚相與處於陸, 相呴[6]以濕, 相濡[7]以沫,[8] 不如相忘於江湖. 與
其譽堯[9]而非桀也, 不如兩忘而化其道.

夫大塊, 載我以形, 勞我以生. 佚[10]我以老, 息我以死. 故善吾生者, 乃
所以善吾死也.

| 해설 |

이 대목들은 문맥의 연결이 뚜렷하지 못하다. 그래서 왕무횡王懋竑 같
은 이는 '우물이 마르면[泉涸]'에서부터 일흔 자는 잘못 끼여든 것이며, 그
중 '대지는[夫大塊]' 하는 데서부터 끝까지도 이 편 뒤에 다시 보이는 글귀
이니 잘못 끼여든 게 분명하다고 주장하고 있다. 그리고 '우물이 마르면'

---

1 所不得與(소부득여) : 참여할 수 없는 것, 곧 죽음과 삶 또는 낮과 밤의 변화를 가리킨다.
2 物之情(물지정) : 만물의 실정.
3 卓(탁) : 탁월한 것. 곧 하늘보다 더욱 뛰어난 도를 가리킨다.
4 愈(유) : 낫다, 뛰어나다.
5 涸(학) : 물이 마르는 것.
6 呴(구) : 입으로 내뿜는 것.
7 濡(유) : 적시다.
8 沫(말) : 물거품, 입의 침.
9 堯(요) : 요임금. 그가 성군(聖君)임에 비하여 하나라 걸왕은 폭군으로 유명하다.
10 佚(일) : 안일, 편안한 것.

에서부터 스물두 자는 뒤 하늘의 운행〔天運〕편에 노자의 말이라 하며 인용되고 있다. 문맥은 서로 연결이 잘 안 되지만 모두가 죽음과 삶 또는 자연의 변화 등에 관한 도가적인 주장인 것만은 사실이다.

6

배를 골짜기에 감춰 두고 어살을 못 속에 감춰 두면 든든하다고 할 것이다. 그러나 밤중에 힘 있는 자가 그것을 짊어지고 달아날 수도 있는 것인데, 어리석은 자들은 그것을 알지 못한다. 크고 작은 것을 감추어 두는 데는 적당한 곳이 있겠지만, 그래도 딴 곳에 옮겨질 곳이 있는 것이다. 만약 천하를 천하에 감추어 두면 옮겨질 곳이 있을 수가 없는데, 이것이 영원한 만물의 위대한 실정인 것이다. 특히 사람들은 형체를 타고 나기만 해도 그것을 기뻐한다. 사람의 형체 같은 것은 여러 가지로 변화하여 처음부터 한계가 없는 것이다. 그것을 즐거워한다면 즐길 것이 이루 다 헤아릴 수도 없이 많을 것이다. 그러므로 성인은 물건이 딴 곳으로 옮겨갈 수 없이 모두가 존재하는 경지에 노니는 것이다. 일찍 죽는 일에도 잘 대처하고 늙는 일에도 잘 대처하며, 시작하는 일에도 잘 대처하고 끝맺는 일에도 잘 대처하여 사람들이 그를 본받게 되는 것이다. 그러니 하물며 만물이 관계되어 있고 또 일체의 변화의 근거가 되는 것에 대해서는 어떻게 대처하겠는가?

| 원문 |

夫藏舟於壑, 藏山[1]於澤, 謂之固[2]矣. 然而夜半有力者, 負之而走, 昧

---

[1] 山(산) : 산(汕)과 통하여 '어살'. 냇물을 보로 막고 가운데를 트이게 하여 급류로 만든 다음, 그곳에 통발을 대어 놓고 고기를 잡는 것.

者³不知也. 藏小大有宜, 猶有所遯.⁴ 若夫藏天下於天下, 而不得所遯, 是恆物之大情也. 特犯⁵人之形, 而猶喜之. 若人之形者, 萬化而未始有極也. 其爲樂, 可勝計邪? 故聖人將遊於物之所不得遯而皆存.⁶ 善夭善老, 善始善終, 人猶效之. 又況萬物之所係,⁷ 而一化之所待乎?

| 해설 |

앞 대목의 '천하를 천하에 감춘다'는 말은 '자연스럽게 그대로 버려 둠'을 뜻하는 것이다. 그래서 뒤 대목에서는 성인은 '물건을 딴 곳으로 옮겨지게 할 수 없는 경지' 곧 '자연스러운 경지'에 노닌다고 한 것이다. 여기서는 인위적인 어떤 일을 하는 것보다는 자연스런 올바른 '도'가 소중함을 설명하려는 것이다. '도'에 대한 본격적인 설명은 뒤에 계속된다.

7

도에는 실정實情이 있고 진실이 있지만 하는 일도 없고 형체도 없다. 그것은 마음으로 전할 수는 있으되 물건처럼 주고받을 수는 없다. 그것을 터득할 수는 있으되 볼 수는 없다. 스스로 뿌리가 되고 스스로 근본이 되는 것이어서 하늘과 땅이 생기기 전의 옛날부터 엄연히 존재하였다. 귀신처럼 신령스럽고 천제天帝처럼 신성하며, 하늘을 생성

---

2 固(고) : 튼튼히 잘 감추어진 것.

3 昧者(매자) : 우매한 자, 어리석은 자.

4 遯(둔) : 딴 곳으로 옮겨지는 것.

5 犯(범) : 범(範)과 통하여(姚鼐, 吳汝綸 說), 만나다, 타고나다의 뜻.

6 所不得遯而皆存(소부득둔이개존) : 딴 곳으로 옮겨갈 수 없이 모두가 자연스럽게 존재하는 것.

7 萬物之所係(만물지소계) : 만물이 관계된 것. 뒤의 '일화지소대(一化之所待)' 곧 일체 변화의 근거가 되는 것과 함께 도를 가리킨다.

하고 땅을 생성시켰다. 태극太極보다도 위에 있지만 높은 듯하지 않고, 땅 속 깊은 곳의 아래에 있지만 깊은 듯하지 않다. 하늘과 땅보다 먼저 생겼으면서도 오래 된 것 같지 않고, 태고보다 오래 되었지만 늙은 것 같지 않다.

희위씨猻韋氏는 그것을 얻어 가지고 하늘과 땅을 열었으며, 복희伏戱는 그것을 얻어 가지고 음양陰陽을 화합시켰다. 북두北斗는 그것을 얻어 옛부터 영원히 어지러워지지 않게 되었다. 감배堪坏는 그것을 얻어 곤륜산崑崙山으로 들어갔고, 풍이馮夷는 그것을 얻어 큰 강물에 노닐게 되었으며, 견오肩吾는 그것을 얻어 큰 산에 거처하게 되었다. 황제黃帝는 그것을 얻어 하늘로 올라갔으며, 전욱顓頊은 그것을 얻어 현궁玄宮에 거처하게 되었다. 우강禹强은 그것을 얻어 땅 북쪽 끝에 서게 되었고, 서왕모西王母는 그것을 얻어 소광산少廣山에 자리를 잡았다. 그 시작도 알 수 없거니와 그 종말도 알 수가 없는 것이다. 팽조彭祖는 그것을 얻어 위로는 순舜임금 시대부터 아래로는 오패五覇의 시대까지 살았다. 부열傳說은 그것을 얻어 무정武丁의 재상으로 온 천하를 다스렸으며, 동유東維를 올라 타고 기수箕宿의 꼬리를 차지하여 여러 별들과 나란히 하게 되었다.

| 원문 |

夫道, 有情[1]有信,[2] 無爲無形. 可傳而不可受, 可得而不可見. 自本自根, 未有天地, 自古以固存. 神鬼神帝, 生天生地. 在太極[3]之先而不爲高, 在六極[4]之下而不爲深, 先天地生而不爲久, 長於上古而不爲老.

---

1 情(정) : 실정, 사실. 정기(精氣)의 뜻으로 보는 이도 있다.
2 信(신) : 진실, 실효, 공용(功用).
3 太極(태극) : 여기서는 하늘 위 가장 높은 곳을 가리킨다.
4 六極(육극) : 땅 속 깊은 곳을 가리킴(王闓運 說).

狶韋氏⁵得之, 以挈⁶天地. 伏戲⁷得之, 以襲⁸氣母.⁹ 維斗¹⁰得之, 終古不忒.¹¹ 日月得之, 終古不息. 堪坏¹²得之, 以襲¹³崑崙.¹⁴ 馮夷¹⁵得之, 以遊大川. 肩吾¹⁶得之, 以處大山. 黃帝¹⁷得之, 以登雲天. 顓頊¹⁸得之, 以處玄宮.¹⁹ 禺强²⁰得之, 立乎北極. 西王母²¹得之, 坐乎少廣.²² 莫知其始, 莫知其終. 彭祖²³得之, 上及有虞, 下及五伯.²⁴ 傅說²⁵得之, 以相武丁, 奄有天下, 乘東維,²⁶ 騎箕尾,²⁷ 而比於列星.

---

5 狶韋氏(희위씨) : 전설상의 제왕.

6 挈(계) : 연결시키다, 합치다. 계(契)로 된 판본도 있다.

7 伏戲(복희) : 태고적 황제 이름. '복희(伏羲)'로도 쓴다.

8 襲(습) : 합치다, 화합시키다.

9 氣母(기모) : 기(氣)의 모체가 되는 음양(陰陽).

10 維斗(유두) : 북두성(北斗星). 뭇 별의 강유(綱維)란 뜻에서 '유두'라 부른다.

11 忒(특) : 어긋나다, 어지러워지다.

12 堪坏(감배) : 귀신 이름. 사람 얼굴에 짐승의 몸을 갖고 있었다 한다.

13 襲(습) : 들어가다.

14 崑崙(곤륜) : 중국에 있는 높은 산 이름.

15 馮夷(풍이) : 황하의 신(神).

16 肩吾(견오) : 산을 다스리는 신.

17 黃帝(황제) : 고대 전설의 제왕. 전설에 의하면 황제가 수산(首山)의 구리를 캐어 솥을 부어 만드니, 용이 내려와 황제는 용을 타고 하늘로 올라갔다 한다.

18 顓頊(전욱) : 황제의 손자라는 전설상의 제왕.

19 玄宮(현궁) : 북방의 궁전.

20 禺强(우강) : 북해(北海)에 있다는 수신(水神).

21 西王母(서왕모) : 전설적인 신녀(神女).

22 少廣(소광) : 먼 서쪽에 있다는 산 이름.

23 彭祖(팽조) : 전욱(顓頊)의 현손(玄孫)으로서, 요임금 때부터 시작하여 칠팔백 년 살았다는 사람 이름.

24 五伯(오백) : 오패(五霸)라고도 하며, 춘추 시대의 제(齊) 환공(桓公), 진(晉) 문공(文公), 송(宋) 양공(襄公), 진(秦) 목공(穆公), 초(楚) 장왕(莊王)의 다섯 패자(霸者)를 가리킨다.

25 傅說(부열) : 은(殷)나라 무정(武丁) 곧 고종(高宗)을 도와 천하를 다스렸다는 현명한 사람.

26 東維(동유) : 기수(箕宿)와 두수(斗宿) 사이에 있는 별자리 이름.

27 箕尾(기미) : 기수(箕宿)의 꼬리. 기수는 28수(宿) 중의 하나이다.

이 대목은 '도'에 대한 설명이다. '도'는 천지만물의 근원이며 언제 어디에나 있는 것이다. 그리고 사람도 그 '도'를 터득할 수 있는 것이지만, 보거나 만져 볼 수는 없는 것이다. 뒤에서는 다시 '도'를 터득했던 여러 귀신들과 옛 제왕들과 어진 사람들의 실례를 들고 있다. 그러나 내용이 허황된 점이 있어 옌푸嚴復 같은 이는 자세히 따져 볼 가치조차 없는 것이라 하였고, 첸무錢穆 같은 이는 후세에 보태어진 글인 듯하다고 하였다.

8

남백자규南伯子葵가 여우女偶에게 물었다.

"선생께서는 나이가 많으신데도 얼굴빛이 아이들과 같으니 어째서입니까?"

"나는 도에 관해서 얘기를 들었기 때문이오."

남백자규가 말하였다.

"도는 배울 수가 있는 것입니까?"

"어찌, 어찌 되겠소? 당신은 그럴 만한 사람이 못 되오. 복량의卜梁倚란 사람은 성인의 재질은 지니고 있었지만 성인의 도는 지니지 못하였소. 나는 성인의 도는 지니고 있지만 성인의 재능은 지니지 못하고 있소. 나는 그를 가르치고자 하였는데, 그가 정말로 성인이 되기를 바랐기 때문이었소. 그렇지 않다 하더라도 성인의 도를 가지고서 성인의 재질이 있는 이에게 일러 주는 것은 또한 쉬운 일이오.

나는 도를 그대로 지킴으로써 그에게 도를 알려 주려 하였소. 사흘 뒤에는 천하를 잊게 되었는데 천하를 잊게 된 뒤에도 나는 도를 그대로 지켜 칠 일 뒤에는 만물을 잊게 되었소. 이미 만물을 잊게 된 뒤에도 나는 도를 그대로 지키기만 하였는데, 구 일 뒤에는 삶을 잊을 수 있게 되었소. 이미 삶을 잊게 된 뒤에는 아침 햇살처럼 깨달음이 열렸소. 깨달음이 열린 뒤에는 유일한 도를 볼 수 있게 되었소. 도를 볼 수 있게 된 뒤에는 시간의 변화가 없게 되었소. 시간의 변화가 없게 된 뒤에는 죽음도 없고 삶도 없는 경지에 들어가게 되었소.

삶의 욕망을 죽이는 사람은 죽지 않으며, 삶의 욕망을 살리는 사람은 살지 못하오. 그는 만물을 전송하지 않는 것도 없고, 마중하지 않는 것도 없으며, 파괴하지 않는 것도 없고, 생성시키지 않는 것도 없소. 그런 것을 '혼란 뒤에 안정된다'는 뜻의 영녕攖寧이라 부르오. 영녕이란 혼란한 뒤에야 이루어지는 것이오."

남백자규가 말하였다.

"선생께서는 어디에서 그런 얘기를 들으셨습니까?"

"부묵副墨의 아들에게서 들었지요. 부묵의 아들은 낙송洛誦의 손자에게서 들었고, 낙송의 손자는 첨명瞻明에게서 들었고, 첨명은 섭허聶許에게서 들었으며, 섭허는 수역需役에게서 들었고, 수역은 어구於謳에게서 들었고, 어구는 현명玄冥에게서 들었고, 현명은 참료參寥에게서 들었으며, 참료는 의시疑始에게서 들었다 합니다."

| 원문 |

南伯子葵**1**問乎女偊**2**曰; 子之年長矣, 而色若孺子,**3** 何也?

曰; 吾聞道矣.

南伯子葵曰; 道, 可得學邪?

曰; 惡, 惡可? 子非其人也.

---

1 南伯子葵(남백자규) : 앞 모든 사물은 한결같음[齊物論]에 보인 남곽자기(南郭子綦)와 같은 사람인 듯하다.
2 女偊(여우) : 도를 닦은 어진 사람.
3 孺子(유자) : 어린 아이.

夫卜梁倚,[4] 有聖人之才, 而無聖人之道. 我有聖人之道, 而無聖人之才. 吾欲以教之, 庶幾其果爲聖人乎. 不然, 以聖人之道, 告聖人之才, 亦易矣.

吾猶守[5]而告之, 參日而後能外天下.[6] 已外天下矣, 吾又守之, 七日而後能外物. 已外物矣, 吾又守之, 九日而後能外生. 已外生矣, 而後能朝徹.[7] 朝徹而後能見獨,[8] 見獨而後能無古今, 無古今而後能入於不死不生. 殺生者不死, 生生者不生. 其爲物,[9] 無不將[10]也, 無不迎也, 無不毁也, 無不成也. 其名爲攖寧.[11] 攖寧也者, 攖而後成者也.

南伯子葵曰; 子獨惡乎聞之?

曰; 聞諸副墨[12]之子. 副墨之子聞諸洛誦[13]之孫, 洛誦之孫聞之瞻明,[14] 瞻明聞之聶許,[15] 聶許聞之需役, 需役聞之於謳, 於謳聞之玄冥, 玄冥聞之參寥, 參寥聞之疑始.

| 해설 |

장자는 '도', 곧 자연에 도달하는 방법으로는 오직 '무위', 다시 말하면 일부러 하는 행동을 하지 않아야 한다고 하며, 도를 깨치기 위한 특별한

---

4 卜梁倚(복량의) : 사람의 이름. 복량이 성이며 의가 이름.

5 守(수) : 도를 지키다. 도를 닦는 것을 가리킴.

6 外天下(외천하) : 천하를 외면하다, 곧 천하를 잊는 것.

7 朝徹(조철) : 아침 햇살이 돋듯이 깨달음이 일시에 확 트이는 것.

8 獨(독) : 한 가지의 것. 곧 도.

9 爲物(위물) : 만물을 위하여, 만물에 대하여.

10 將(장) : 보내다, 곧 죽는 것.

11 攖寧(영녕) : '영'은 어지럽히는 것. '녕'은 안정시키는 것. 혼란한 뒤에 안정이 이루어짐을 뜻하는 말이다.

12 副墨(부묵) : 의인화한 말로서 서책(書冊)을 뜻하기도 한다.

13 洛誦(낙송) : 암기하고 외우는 것. 여기서는 의인화한 것이다.

14 瞻明(담명) : 밝게 본다는 뜻을 가졌음.

15 聶許(섭허) : 수역(需役)·어구(於謳)·현명(玄冥)·참료(參寥)·의시(疑始)와 함께 모두 가공의 인물들이다.

수양법을 말하지 않는다. 수양을 하기 위해서는 노력을 해야 되겠지만, 장자에 있어서 노력은 작위요 인위이므로, 수양 그 자체가 부자연스러운 것이어서 버려야 한다고 보았기 때문이다.

그러나 이 대목에서는 분명히 상징적인 형태이기는 하나 '도'에 이르는 실천적인 방법이 서술되어 있다. 어떻든 '도'는 먼저 모든 인간적 욕망의 초월에서 얻어진다는 것이다. 그러나 그러한 인간적인 욕망의 초월이 결과적으로 늙지 않고 죽지 않는다는 인간의 가장 기본적 욕망과 결부되고 있는 것은 재미있는 일이라 하겠다.

9

자사子祀 · 자여子輿 · 자리子犁 · 자래子來의 네 사람이 모여 얘기하였다.

"누가 무無를 머리로 삼고, 삶을 척추로 삼고, 죽음을 궁둥이로 삼을 수가 있겠는가? 누구든 삶과 죽음과 생존과 멸망이 한 가지임을 알고 있는 사람이 있다면 나는 그와 더불어 친구가 될 것이다."

네 사람은 서로 바라보면서 웃고, 마음이 투합하여 마침내 함께 친구가 되었다.

얼마 있지 않아 자여가 병이 나자, 자사가 위문을 갔다. 자여는 말하였다.

"위대하도다, 조물주여! 내 몸을 이토록 구부러지게 만들다니. 등은 구부러져 곱사등이 되고, 오장의 힘줄은 위쪽으로 올라가고, 턱은 배꼽 아래로 감추어지고, 어깨는 머리 끝보다도 높고, 머리꼬리는 하늘을 향하고 있다!"

음陰과 양陽의 기운이 어지러워져 있었으나, 그의 마음은 아무 일도 없는 듯 고요하였다. 뒤뚱뒤뚱 걸어가 우물에 자기 모습을 비추어 보면서 말하였다.

"아아, 조물주가 나의 몸을 이토록 구부러지게 만들다니!"

자사가 말하였다.

"당신은 그것이 싫소?"

"아니오. 내가 어찌 싫어하겠소? 나의 왼팔을 조금씩 변화시켜서 닭으로 만들어 준다면 나는 그대로 사람들에게 새벽이나 알려주지요. 나의 오른팔을 조금씩 변화시켜 새 잡는 활로 만들어 준다면 나는 그 것으로 솔개를 맞춰 잡아 군고기를 구워 먹게 해 주지요. 나의 궁둥이 를 조금씩 변화시켜 수레바퀴로 만들고 정신을 변화시켜 말로 만들어 준다면, 나는 그대로 타고 다닐 것이오. 어찌 달리 수레에 말을 맬 필 요가 있겠소? 또한 몸을 타고나는 것은 때를 얻은 것이며, 삶을 잃는 것은 자연 변화를 따르는 것이오. 때에 안정되고 자연 변화에 순응하 면 슬픔이나 즐거움이 끼어들 수가 없게 되오. 이것이 옛날부터 이른 바 속박으로부터의 해방인 것이오. 그런데 속박으로부터 스스로를 해 방시키지 못하는 것은 사물이 그를 동여매고 있기 때문이오. 사물이 하늘을 이기지 못한다는 것은 오래 된 진리요. 내가 또 어찌 싫어하겠 소?"

| 원문 |

子祀[1], 子輿, 子犂, 子來四人, 相與語曰; 孰能以無爲首, 以生爲脊, 以死爲尻[2]? 孰知死生存亡之一體者, 吾與之友矣. 四人相視而笑, 莫逆[3] 於心, 遂相與爲友.

---

1 子祀(자사) : 『회남자(淮南子)』에는 자영(子永)으로 되어 있으며, 자여(子輿)·자리(子 犂)·자래(子來)와 함께 가설적인 인물.

2 尻(고) : 꽁무니, 궁둥이.

3 莫逆(막역) : 서로 어긋나는 것이 없는 것, 뜻과 의기가 투합하는 것.

俄而子輿有病, 子祀往問之. 曰; 偉哉, 夫造物者, 將以予爲此拘拘[4]也. 曲僂[5]發背,[6] 上有五管,[7] 頤[8]隱於齊,[9] 肩高於頂, 句贅[10]指天.

陰陽之氣有沴,[11] 其心閒而無事. 跰[12]而鑒於井, 曰; 嗟乎! 夫造物者, 又將以予爲此拘拘也.

子祀曰; 女惡之乎?

曰; 亡. 予何惡? 浸假[13]而化予之左臂而爲雞. 予因以求時夜.[14] 浸假而化予之右臂以爲彈,[15] 予因以求鴞[16]炙. 浸假而化予之尻以爲輪, 以神爲馬, 予因以乘之. 豈更駕[17]哉? 且夫得者, 時也. 失者, 順也. 安時而處順, 哀樂不能入也. 此古之所謂縣解[18]也. 而不能自解者, 物有結之. 且夫物不勝天, 久矣. 吾又何惡焉?

| 해설 |

무無는 사람이 태어나기 전을 뜻한다. 사람이 태어나기 전과 살아 있을 때와 죽은 뒤를 일치시키는 비유로서 "무를 머리로 삼고, 삶을 척추로 삼

---

4 拘拘(구구) : 몸이 구부러진 모양.
5 曲僂(곡루) : 곱사등이, 곱사등의 혹.
6 發背(발배) : 등이 구부러져 위로 치솟은 것.
7 五管(오관) : 오장(五臟)의 힘줄, 오장.
8 頤(이) : 턱.
9 齊(제) : 제(臍)와 통하여 '배꼽'.
10 句贅(구취) : 땋은 머리꼬리.
11 沴(려) : 어지러워지다, 뒤섞이다.
12 跰(변선) : 뒤뚱뒤뚱 걷는 것.
13 浸假(침가) : '침'은 침(侵)과 통하여(王叔岷 說), 조금씩 발전하는 것.
14 時夜(시야) : 밤의 때를 알리는 것, 새벽을 알리는 것.
15 彈(탄) : 옛날 탄궁(彈弓), 새 잡는 활.
16 鴞(효) : 올빼미.
17 駕(가) : 수레에 말을 매는 것.
18 縣解(현해) : '현'은 현(懸)과 통하여, 묶여 매달린 데로부터 풀려나는 것, 구속으로부터 해방되는 것. 앞의 삶을 길러 주는 주인[養生主]편에도 보임.

고, 죽음을 궁둥이로 삼는다" 하였다. 이처럼 과거와 현재와 미래의 시간적인 제약을 초월하는 사람들 넷이 친구로서 모인 것이다.

첫째로 자여가 지독한 곱사등이 병에 걸리지만, 자기의 몸의 변화를 위대한 자연 변화와 같은 것으로 받아들이고 있다. 모든 변화에 순응하는 자연의 태도에서 장자가 추구하고 있는 지극한 사람의 일면을 볼 수가 있다.

10

조금 있다가 자래가 병이 나서 숨을 몰아 쉬며 죽으려 하였다. 그의 처자들은 그를 둘러싸고 울고 있었다. 자리가 문안을 가서 말하였다.

"쉬, 저리 비키시오. 변화를 슬퍼할 것 없소."

그리고 방문에 기대 서서 자래에게 말하였다.

"위대하도다. 천지의 조화여! 또 당신을 무엇으로 만들려는 것일까? 당신을 어디로 가게 하려는 것일까? 당신을 쥐의 간으로 만들려는 것일까, 벌레의 팔로 만들려는 것일까?"

자래가 말하였다.

"부모가 자식에게 동서남북 어느 편으로 가라 하든 그대로 명령을 따를 따름이오. 음양의 조화가 사람에게 미치는 영향은 부모의 명命의 정도가 아니오. 음양이 나에게 죽음을 요구하는데도 내가 따르지 않는다면 나는 곧 난폭자가 될 것인데, 음양에게야 무슨 죄가 있겠소? 대지는 나에게 형체를 부여하여 살게 함으로써 나를 수고롭게 하고 늙음으로써 나를 편안케 하고 죽음으로써 나를 쉬게 하오. 그러므로, 자기의 삶을 잘 사는 것이 곧 자기의 죽음을 잘 맞이하는 것이오.

지금 훌륭한 야금사冶金師가 쇠를 붓는다 합시다. 이 때, 쇠가 튀어나오면서 '나는 반드시 막야鏌鎁의 명검名劍이 되겠다'고 말한다면 훌룽한 야금사는 상서롭지 않은 쇠라고 생각할 것이오. 지금 한 번 사람의 형체를 타고났다고 해서 '사람으로 살아야지, 사람으로 살아야지' 하고 말한다면 조물주는 반드시 상서롭지 않은 사람이라고 생각할 것이오. 지금 한결같이 하늘과 땅을 큰 용광로라 생각하고 조물주를 훌륭한 야금사라 생각한다면 어디로 가게 된들 안 될 곳이 있겠소? 깜박 잠들었다가 문득 깨어날 따름이지요."

| 원문 |

俄而子來有病, 喘喘然¹將死. 其妻子環而泣之. 子犂往問之, 曰; 叱,²
避! 無怛³化.

倚其戶, 與之語, 曰; 偉哉, 造化! 又將奚以汝爲? 將奚以汝適⁴? 以汝
爲鼠肝⁵乎? 以汝爲蟲臂乎?

子來曰; 父母於子, 東西南北, 唯命之從. 陰陽⁶於人, 不翅⁷於父母. 彼
近⁸吾死, 而我不聽, 我則悍⁹矣, 彼何罪焉? 夫大塊載我以形, 勞我以生,
佚我以老, 息我以死. 故善吾生者, 乃所以善吾死也.

今大冶¹⁰鑄金, 金踊躍曰, 我且必爲鏌鋣,¹¹ 大冶必以爲不祥之金. 今
一犯¹²人之形, 而曰, 人耳, 人耳, 夫造化者, 必以爲不祥之人. 今一以天

---

1 喘喘然(천천연) : 숨을 할딱할딱 몰아쉬는 모양.
2 叱(질) : 쉬. 조용히 하라고 경고하는 소리.
3 怛(달) : 슬퍼하다, 놀라다.
4 適(적) : 가다.
5 鼠肝(서간) : 쥐의 간, 뒤의 충비(蟲臂)와 함께 하잘것없는 물건을 가리킨다.
6 陰陽(음양) : 여기서는 음양의 변화에 의한 조화를 가리킨다.
7 翅(시) : 시(啻)와 통하여 '……에 그칠 뿐만이 아니라'의 뜻.
8 近(근) : 요구하다, 강요하다.
9 悍(한) : 사납다, 난폭하다.
10 大冶(대야) : 위대한 야금사.
11 鏌鋣(막야) : 오나라의 간장(干將)이 만들었다는 유명한 칼 이름.
12 犯(범) : 범(範)과 통하여 '타고나는 것'.

地爲大鑪, 以造化爲大冶, 惡乎往而不可哉? 成然[13]寐, 蘧然[14]覺.

| 해설 |

삶과 죽음을 자연 변화의 현상 가운데의 한 가지로 보고, 의연히 이를 초월하는 자래와 자리의 얘기가 적절한 비유로 서술되어 있다.

11

자상호子桑戶와 맹자반孟子反과 자금장子琴張 세 사람이 서로 어울려 벗하고 있었는데, 그 중 한 사람이 말하였다.

"누가 서로 관계 없는 데서 서로 관계를 가지며, 서로 작용이 없는 데서 서로 작용할 수가 있는가? 누가 하늘로 올라가 안개 속을 노닐며 무한히 돌아다니고, 모든 것을 잊고 살면서 끝나는 곳이 없을 수가 있을까?"

세 사람은 서로 쳐다보며 웃고 마음이 투합해 마침내 함께 친구가 되었다.

그 후 아무 일 없이 얼마 동안 지내다가 자상호가 죽었다. 장사지내기 전에 공자도 그가 죽었다는 말을 듣고 자공子貢을 보내어 일을 거들도록 하였다. 가 보니 한 사람은 누에 발을 짜고 있고, 한 사람은 거문고를 타면서 소리에 맞추어 노래하고 있었다.

"아아, 상호여! 아아, 상호여! 그대는 이미 참된 세상으로 돌아갔는데, 우리는 아직도 이 세상에 남아 있네."

자공이 달려 들어가서 말하였다.

---

13 成然(성연) : 불이 꺼지는 모양(奚侗 說).
14 蘧然(거연) : 갑자기, 문득.

"감히 여쭙건대 시체를 앞에 두고 노래하는 것이 예입니까?"

두 사람은 서로 쳐다보고 웃으면서 말하였다.

"저 사람이야 어찌 예의 뜻을 알겠는가?"

자공은 돌아와 그 얘기를 공자께 아뢰면서 말하였다.

"저들은 어찌 된 사람들입니까? 세련된 행동이란 없고 자기의 육체를 도외시하고 있습니다. 시체를 앞에 두고 노래하고 있는데 얼굴빛 차도 변하지 않더군요. 그들을 무어라 말해야 좋을지 모르겠습니다. 그들은 어찌 된 사람들입니까?"

공자가 말하였다.

"그들은 세속의 밖에 노니는 사람들이다. 그런데 나는 세속의 안에서 놀고 있다. 이 세상 밖과 안은 서로 미칠 수 없는 것인데도 내가 그대로 하여금 가서 조상케 하였으니 내가 고루한 탓이었다. 그들은 지금 조물주와 벗이 되어 하늘과 땅의 한 가지 기운 속에 노닐고 있다. 그들은 태어나는 것을 군살이나 혹이 생기는 것처럼 여기고, 죽음을 곪은 것이 터지거나 종기가 무너져 버리는 것과 같은 것으로 알고 있다. 그러한 사람들이야 또 어찌 죽음과 삶에 앞서고 뒤지는 것이 있음을 알겠는가? 자기와 다른 물체를 빌려 자기와 같은 물체로 기탁하고 있는 것이다. 자기의 간이나 쓸개까지도 잊고, 자기의 귀와 눈도 염두에 없다. 처음과 끝이 되풀이되고 있지만 끝가는 데를 알 수가 없다. 아득히 티끌 세상 밖을 왕래하면서 하는 일 없는 무위無爲에 종사하며 노닐고 있다. 그들이 어찌 번거로이 세상 습속의 예를 따름으로써 여러 사람들 앞에 보여 주고 들려 주려 하겠는가?"

| 원문 |

子桑戶[1], 孟子反, 子琴張三人, 相與[2]友. 曰; 孰能相與於無相與, 相爲於無相爲[3]? 孰能登天遊霧, 撓挑[4]無極, 相忘以生, 無所終窮[5]? 三人相視而笑, 莫逆於心, 遂相與友.

莫然[6]有閒, 而子桑戶死. 未葬, 孔子聞之, 使子貢[7]往侍事焉. 或編曲,[8] 或鼓琴, 相和而歌曰; 嗟來, 桑戶乎! 嗟來,[9] 桑戶乎! 而已反其眞,[10] 而我猶爲人猗.[11]

子貢趨而進,[12] 曰; 敢問臨尸而歌, 禮乎?

二人相視而笑, 曰; 是惡知禮意?

子貢反, 以告孔子, 曰; 彼何人者邪? 修行[13]無有, 而外其形骸. 臨尸而歌, 顏色不變. 無以命[14]之, 彼何人者邪?

孔子曰; 彼, 遊方之外[15]者也. 而丘, 遊方之內者也. 外內不相及, 而丘使女往弔之, 丘則陋矣. 彼方且與造物者爲人,[16] 而遊乎天地之一氣.[17] 彼以生爲附贅[18]縣疣,[19] 以死爲決疯[20]潰癰.[21] 夫若然者, 又惡知死生先

---

1 子桑戶(자상호) : 맹자반(孟子反) · 자금장(子琴張)과 함께 모두 공자의 제자 이름을 약간 변형시킨 가상적 인물인 듯하다.

2 相與(상여) : 서로 관계가 있는 것.

3 相爲(상위) : 서로 작위를 하는 것, 상대방에게 서로 작용을 미치게 하는 것.

4 撓挑(요도) : 돌아다니는 것(李頤 說).

5 終窮(종궁) : 끝나는 것, 죽음.

6 莫然(막연) : 아무일도 없는 모양.

7 子貢(자공) : 공자의 제자, 이름은 사(賜). 자공은 그의 자(字)임.

8 曲(곡) : 누에 발(李頤 說).

9 嗟來(차래) : 차호(嗟乎)와 같은 감탄사. 아아.

10 眞(진) : 참된 것, 참된 세계, 도.

11 猗(의) : 어조사.

12 趨而進(추이진) : 종종 걸음으로 들어가다.

13 修行(수행) : 닦여진 행동, 세련된 행동.

14 命(명) : 명칭을 붙이다, ……이라 부르다.

15 方之外(방지외) : 이 세상 밖, 아무런 구속 없는 완전히 자유로운 세계. 따라서 방지내(方之內)는 이 세상 안, 인간 사회를 가리킨다.

16 爲人(위인) : 짝이 되다, 벗이 되다(王引之 說).

17 一氣(일기) : 만물을 생성 변화시키기 이전의 한 가지 기운. 음양(陰陽) 이전의 태극(太極)과 같은 것임.

18 附贅(부취) : 사람 몸에 붙어 있는 군살.

19 縣疣(현우) : 사람 몸에 달려 있는 혹.

後之所在? 假於異物,[22] 託於同體. 忘其肝膽, 遺其耳目. 反覆終始, 不知端倪.[23] 芒然彷徨乎塵垢之外, 逍遙乎無爲之業. 彼又惡能憒憒然[24]爲世俗之禮, 以觀衆人之耳目哉?

| 해설 |

여기서는 죽음을 두고도 노래하며 태연한 세 사람의 얘기를 하고 있다. 공자는 이들을 자기 자신의 존재조차도 잊고 이 세상 밖에 노니는 사람들이라 평한다. 장자는 이러한 사람들을 보기로 들어가면서 사람들이 가장 소중히 해야 할 것이 무엇인가를 가르치고 있는 것이다.

12

자공이 말하였다.

"그렇다면 선생님께서는 세속의 안과 밖, 어느 쪽을 좇고 계십니까?"

공자가 말하였다.

"나는 하늘의 벌을 받은 사람으로 손발이 얽매여 있는 셈이지. 그렇지만 나도 너희들과 함께 세속 밖에 살고자 한다."

자공이 말하였다.

"감히 그 방법을 여쭙고 싶습니다."

---

20 決疣(결환): 종기를 째는 것.
21 潰癰(궤옹): 종기를 짜는 것.
22 異物(이물): 이 세상의 물체. 자기와 온 만물의 본체가 되는 뒤의 '동체(同體)'와 대(對)가 된다.
23 端倪(단예): 처음과 마지막.
24 憒憒然(궤궤연): 마음이 번거로운 모양.

공자가 말하였다.

"물고기는 물에서 살아가고 사람들은 도를 바탕으로 살고 있다. 물에서 사는 것을 위해서는 못을 파주면 먹고 살 수 있게 되고, 도를 바탕으로 사는 것을 위해서는 아무 일 없게 해 주면 삶이 안정되는 것이다. 그러므로 물고기는 강과 호수에서는 서로를 잊고, 사람들은 도의 세계에서는 서로를 잊는다고 한 것이다."

자공이 말하였다.

"감히 기이한 사람에 대하여 여쭙고자 합니다."

공자가 말하였다.

"기이한 사람이란 사람으로서는 기이하지만 하늘에 대해서는 어울리는 사람이다. 그러므로 하늘의 소인小人은 사람들에게는 군자가 되며, 사람의 군자는 하늘에 대해서는 소인이 된다고 말하는 것이다."

| 원문 |

子貢曰; 然則夫子何方之依?

曰; 丘, 天之戮民[1]也. 雖然, 吾與汝共之.

子貢曰; 敢問其方?

孔子曰; 魚相造[2]乎水, 人相造乎道. 相造乎水者, 穿池而養給. 相造乎道者, 無事而生定. 故曰; 魚相忘乎江湖, 人相忘乎道術.

子貢曰; 敢問畸人[3]?

曰; 畸人者, 畸於人而侔[4]於天. 故曰; 天之小人, 人之君子. 人之君子, 天之小人也.

---

1 戮民(육민) : 벌을 받은 사람.
2 造(조) : 살다, 만나다.
3 畸人(기인) : 기인(奇人), 기이한 사람.
4 侔(모) : 비등하다, 짝이 되다, 벗이 되다.

앞 대목의 계속이다. 이 얘기는 유가에서 존중하는 예에 대한 비판인데
도, 공자로 하여금 이런 말을 시키고 있다. 장자의 풍자적인 수법이 신랄
하게 느껴진다.

13

안회가 공자에게 물었다.

"맹손재孟孫才는 그의 어머니가 죽었을 때, 곡을 하면서 눈물도 흘
리지 않고 마음 속엔 슬픔이 없는 듯했고 상을 치름에 있어 서러워하
지도 않았습니다. 이러한 예에 어긋나는 세 가지 일이 있었는데도 상
을 잘 치렀다는 평판이 노나라에 파다합니다. 본시 그러한 사실이 없
으면서도 그러한 명성을 얻은 사람이 아니겠습니까? 저는 그것이 도
무지 이상하기만 합니다."

공자가 말하였다.

"맹손 씨는 도리를 다하였고, 예를 아는 사람들보다 훌륭하였다.
사람들은 상을 간단히 치르려 해도 되지를 않는데, 그는 이미 간단히
치르고 있다. 맹손 씨는 살게 된 까닭도 알지 못하고, 죽게 되는 까닭
도 알지 못하였다. 먼저 태어나는 것도 알지 못하였고 뒤에 죽는 것도
알지 못하였다. 자연의 변화를 따라 사람이 되었으니 자기는 알지 못
하는 변화를 기다릴 따름이라 생각했던 것이다. 또한 살아서 변화하
고 있는 지금 어찌 변화하기 전의 상태를 알겠는가? 변화하지 않고
있는 지금 어찌 변화한 뒤를 알 수가 있겠는가? 나나 그대나 꿈에서
아직 깨어나지 않은 자들이 아닐까?

또한 그는 형체의 변화가 있다 하더라도 마음이 손상받지 않았다.
마음을 기탁한 몸의 바뀜이 있다 하더라도 마음은 정말로 죽는 일이

없기 때문이다. 맹손 씨는 독특한 깨달음이 있어서 남들이 곡하니까 자기도 역시 곡은 하지만, 자기에게 합당한 방법으로 한 것이다. 또한 사람들은 모두 지금의 몸을 가리켜 자기라고 하지만 그들이 어찌 자기들이 생각하는 자기가 진실한 자기임을 알겠는가? 또한 그대가 꿈에 새가 되어 하늘로 날아 오르거나, 꿈에 물고기가 되어 못 속에 잠겼었다면, 지금 말하고 있는 것이 꿈에서 깨어난 것인지 지금 말하고 있는 것이 꿈인지를 알지 못할 것이다. 즐거운 경지에 이르러도 웃으려 들 것이 없으며 즐겁고 웃을 일이 있다면 그것을 물리칠 것까지는 없는 것이다. 편히 대할 일이나 배척할 일이 닥쳤을 때 변화를 따른다면 비로소 텅 빈 하늘과 한 몸을 이루는 경지로 들어가게 될 것이다."

| 원문 |

顔回問仲尼曰; 孟孫才[1]其母死, 哭泣無涕, 中心不慼,[2] 居喪不哀. 無是三者, 以善喪蓋魯國.[3] 固有無其實而得其名者乎? 回一怪之.

仲尼曰; 夫孟孫氏, 盡之[4]矣, 進於知[5]矣. 唯簡[6]之而不得, 夫已有所簡矣. 孟孫氏不知所以生, 不知所以死. 不知就先, 不知就後. 若化爲物, 以待其所不知之化[7]已乎. 且方將化, 惡知不化哉? 方將不化, 惡知已化哉? 吾特與汝, 其夢未始覺者邪?

且彼有駭形,[8] 而無損心. 有旦宅,[9] 而無情死.[10] 孟孫氏特覺, 人哭亦

---

1 孟孫才(맹손재) : 노(魯)나라의 대부에 맹손 씨라는 집안이 있었으나, 이 맹손재는 실제 인물인지 분명치 않다.

2 慼(척) : 슬퍼하는 것.

3 蓋魯國(개로국) : 명성이 노나라를 덮었다. 평판이 노나라에 파다했다.

4 盡之(진지) : 사람의 죽음에 대한 도리를 다하는 것.

5 進於知(진어지) : 예를 아는 사람들보다도 앞서 있다는 뜻.

6 簡(간) : 예를 마음에 두지 않고 상을 간략히 치르는 것.

7 化(화) : 변화, 자연의 변화.

8 駭形(해형) : '해'는 혁(革)이 옳으며, '형체가 바뀌는 것'.

哭, 是自其所以乃.[11] 且也相與吾之[12]耳矣, 庸詎知吾所謂吾之乎? 且汝夢爲鳥而厲[13]乎天, 夢爲魚而沒於淵, 不識今之言者, 其覺者乎, 其夢者乎? 造適[14]不及笑, 獻笑不及排. 安排[15]而去化, 乃入於寥天[16]一.

| 해설 |

맹손재는 죽음을 자연 변화의 현상에 불과하다고 보고서 자기 어머니의 상조차도 간단히 치렀다. 공자는 자기 제자인 안회에게 죽음과 삶의 참된 모습을 알고 있는 맹손재는 일반적인 예의를 따르는 사람들보다도 뛰어난 사람임을 설명하고 있다. 절대로 아무런 차별도 없는 경지에 있어서는 삶과 죽음, 꿈과 현실의 사이에는 구별이 없다. 인생을 꿈으로 보는 사상은 모든 사물은 한결같음[齊物論]편의 '나비의 꿈' 이야기에도 나온다.

14

의이자意而子가 허유許由를 만나니 허유가 말하였다.

"요임금은 당신에게 무엇을 가르쳐 주었소?"

의이자가 말하였다.

"요임금은 나에게 말씀하시기를 '그대는 반드시 어짊과 의로움을

---

9 旦宅(단택) : '단'은 선(嬗) 또는 선(禪)의 뜻으로 쓴 글자(章炳麟 說), '단택'은 정신이나 마음이 깃들여 있는 곳인 택(宅)이 바뀌는 것. 곧 몸이 죽는 것.
10 情死(정사) : 정말로 죽는 것, 진실한 죽음.
11 所以乃(소이내) : '내'는 의(宜)로 쓴 판본도 있으며(王叔岷 說), '합당한 방법'.
12 吾之(오지) : 지금의 자기, 곧 자기가 생각하는 자기를 진실한 자기로 생각하는 것.
13 厲(려) : 이르다.
14 造適(조적) : 즐거움에 이르다.
15 排(배) : 물리치다, 배척하다.
16 寥天(요천) : 공허하고 넓은 하늘.

몸소 닦고, 옳고 그름을 밝게 말해야 한다'고 하셨습니다."

허유가 말하였다.

"당신은 무엇 때문에 왔소? 요임금이 이미 당신에게 어짊과 의로움이란 문신을 몸에 새기는 형벌[黥]을 가하고, 옳고 그름이란 코 베는 형벌[劓]을 가한 셈이오. 그런데 당신은 어떻게 거리낌없고 자유롭게 변화 많은 도에 노닐려 하오?"

의이자가 말하였다.

"그렇다 하더라도 저는 그러한 경계 안에 노닐고자 합니다."

허유가 말하였다.

"그렇지 않소. 장님에게는 이목耳目과 얼굴의 아름다움이 상관 없고, 판수에게는 여러 가지 채색과 무늬의 고움이 상관 없는 것이오."

의이자가 말하였다.

"무장無莊이 그의 아름다움을 잃고, 거량據梁이 그의 힘을 잃고 황제黃帝가 그의 앎을 잃었던 것은 모두가 노력을 통해서 이루어진 것입니다. 조물주께서 저의 몸에 새겨진 문신을 지워 주시고 저의 코 잘린 형벌을 보완해 주어 저로 하여금 완전한 몸으로 선생님을 따르게 하실지 그 누가 압니까?"

허유가 말하였다.

"허, 알 수 없는 일이오. 내 당신에게 대체적인 내용을 얘기해 주겠소. 내 스승이시어, 내 스승이시어! 스승께서는 만물을 이룩해 주면서도 의로움이라 여기지 않았고, 만세를 두고 은택이 미치게 하면서도 어짊이라 여기지 않았으며, 태고적부터 살았으면서도 늙었다고 여기지 않았고, 하늘과 땅을 위 아래로 만들고 만물의 형체들을 조각하셨으면서도 교묘하다 여기지 않으셨소. 이것이 우리가 노닐 경지요."

| 원문 |

意而子[1]見許由,[2] 許由曰; 堯何以資[3]汝?

意而子曰; 堯謂我, 汝必躬服[4]仁義, 而明言是非.

許由曰; 而奚來爲軹[5]? 夫堯旣已黥[6]汝以仁義, 而劓[7]汝以是非矣. 汝將何以遊夫遙蕩[8]恣睢[9]轉徙[10]之塗[11]乎?

意而子曰; 雖然, 吾願遊於其藩.[12] 許由曰; 不然. 夫盲者, 無以與乎眉目顏色之好. 瞽者,[13] 無以與乎靑黃黼黻[14]之觀.

意而者曰; 夫無莊[15]之失其美, 據梁[16]之失其力, 黃帝之亡其知, 皆在鑪捶[17]之閒耳. 庸詎知夫造物者之不息我黥, 而補我劓, 使我乘成[18]以隨先生邪?

---

1 意而子(의이자) : 가상적 인물.
2 許由(허유) : 요임금이 천하를 물려주겠다고 하자 더러운 말을 들었다고 강물에 귀를 씻었다.
3 資(자) : 도움을 주다, 가르침을 주다.
4 躬服(궁복) : 몸소 지니다, 몸소 닦다.
5 軹(지) : 어조사.
6 黥(경) : 얼굴에 문신을 하는 형벌, 묵형(墨刑).
7 劓(의) : 코를 베는 형벌.
8 遙蕩(요탕) : 거침없는 모양.
9 恣睢(자휴) : 자유로이 행동하는 것.
10 轉徙(전사) : 쉴 새 없이 변화하는 것.
11 塗(도) : 도(道), 길.
12 藩(번) : 울타리, 경계(境界) 안.
13 瞽者(고자) : 판수, 여기에서는 귀머거리를 가리킨다.
14 黼黻(보불) : 옛날 무늬 이름. '보'는 검고 흰색의 도끼 모양이 연결된 무늬. '불'은 검고 푸른색의 '己'자가 연결된 모양의 무늬.
15 無莊(무장) : 미인 이름. 도에 관한 얘기를 들은 후론 자기의 아름다움을 의식치 않게 되었다.
16 據梁(거량) : 장사(壯士) 이름.
17 鑪捶(노추) : '노'는 용광로, '추'는 망치. 용광로 곁에서 망치로 쇠를 단련시키듯, 도를 애써 닦음을 비유한 말. 자연의 조화를 가리키는 말로 보아도 된다.
18 乘成(승성) : 완전한 몸을 가지고서.

許由曰; 噫, 未可知也. 我爲汝言其大略. 吾師乎, 吾師乎! 齏[19]萬物而
不爲義, 澤及萬世而不爲仁, 長於上古而不爲老. 覆載天地, 刻彫衆形,
而不爲巧. 此所遊已.

| 해설 |

여기서는 의이자와 허유의 대화를 통하여 일단 길을 잘못 들어선 사람
이라 하더라도 깨우쳐 노력하기만 하면 올바른 도를 닦을 수 있음을 설명
하고 있다.

15

안회가 말하였다.
"저에게도 한 가지 발전한 것이 있습니다."
공자가 말하였다.
"무슨 뜻이지?"
안회가 말하였다.
"저는 어짊과 의로움을 잊게 되었습니다."
공자가 말하였다.
"괜찮기는 하지만 아직도 덜 되었다."
뒷날 다시 만나서 안회가 말하였다.
"저에게도 한 가지 발전한 것이 있습니다."
공자가 말하였다.
"무슨 뜻이지?"
안회가 말하였다.

---

19 齏(제) : 이룩하는 것(『爾雅』).

"저는 예의와 음악을 잊게 되었습니다."

공자가 말하였다.

"괜찮기는 하지만 아직도 덜 되었다."

뒷날 다시 만나 안회가 말하였다.

"저에게도 발전한 것이 있습니다."

공자가 말하였다.

"무슨 뜻이지?"

안회가 말하였다.

"저는 앉아 있으면서 모든 것을 잊게 되었습니다."

공자는 놀란 듯이 되물었다.

"앉아 있으면서 모든 것을 잊는다는 것은 어떤 것인가?"

안회가 대답하였다.

"자기의 신체나 손발의 존재를 잊어버리고, 눈이나 귀의 움직임을 멈추고, 형체가 있는 육체를 떠나 마음의 지각을 버리며, 모든 차별을 넘어서 위대한 도에 동화하는 것, 이것이 앉아 있으면서 모든 것을 잊는다는 것입니다."

공자가 말하였다.

"도와 일체가 되면 좋아하고 싫어하는 것을 차별하는 마음이 없어지고, 변화에 그대로 따르면 일정한 것만을 추구하는 마음이 없어진다. 그대는 과연 현명하구나, 나도 그대 뒤를 따르며 배워야 되겠다."

| 원문 |

顔回曰; 回益¹矣. 仲尼曰; 何謂也? 曰; 回忘仁義矣. 曰; 可矣, 猶未也.

―――――――――

1 益(익) : 발전, 진보.

它日, 復見. 曰; 回益矣. 曰; 何謂也? 曰; 回忘禮樂矣. 曰; 可矣, 猶未也.

它日, 復見. 曰; 回益矣. 曰; 何謂也? 曰; 回坐忘[2]矣. 仲尼蹴然[3]曰; 何謂坐忘? 顔回曰; 墮[4]肢體, 黜[5]聰明, 離形去知, 同於大通,[6] 此謂坐忘.

仲尼曰; 同則無好也, 化則無常也. 而果其賢乎! 丘也, 請從而後也.

| 해설 |

앉아 있으면서 모든 것을 잊는다는 유명한 좌망坐忘 문답이다. 장자 전체를 통하여 '무위 자연'에 이르기 위한 수행법은 전혀 언급되어 있지 않다. 오히려 수행이나 노력은 부자연스런 인위로서 배척되는 것이라고 생각된다. 그러므로 '앉아 있으면서 모든 것을 잊는다'는 것도 일체의 차별을 잊어 버리는 경지를 상징적으로 표현한 데 지나지 않는 것으로 보아야 할 것이다.

16

자여子輿와 자상子桑이 친구로 친하게 지내고 있었다. 마침 장맛비가 열흘 동안 내리니 자여가 "자상이 병이 났을지도 모르지" 하고 말하면서 밥을 싸 가지고 그에게 주러 갔다.

자상의 집 문 앞에 이르니 노래하는 것 같기도 하고, 곡하는 것 같기도 한 목소리로 거문고[琴]를 타면서 말하는 소리가 들려 왔다.

---

2 坐忘(좌망) : 앉은 채 모든 것을 잊어 버리는 것.
3 蹴然(축연) : 놀라는 모양.
4 墮(타) : 떨어지다, 떼어 버리다.
5 黜(출) : 내치다, 버리다.
6 大通(대통) : 모든 차별을 넘어서 통하는 도. 자연을 가리킴.

"아버진가, 어머닌가? 하늘의 짓인가, 사람의 짓인가?"

그는 힘겹게 나오는 듯한 소리로 가사만을 중얼거리는 것이었다.

자여가 들어가 말하였다.

"자네의 노래가 어째서 이 모양인가?"

자상이 말하였다.

"나는 나로 하여금 이런 궁지에 몰리게 한 것이 누군가 생각해 보았으나 알 수가 없네. 부모라면 어찌 내가 가난하기를 바라시겠는가? 하늘은 사사로이 어느 개인만을 덮어 주지 않고, 땅은 사사로이 어느 개인만을 길러 주지 않으니, 하늘과 땅도 어찌 나를 가난하게 만드셨겠는가? 나를 이렇게 만든 사람을 찾아 보았지만, 찾지 못했던 것이네. 그러나 이토록 궁지에 놓이게 되었으니 이것이 운명이란 것인 모양일세."

| 원문 |

子輿與子桑友, 而霖雨[1]十日. 子輿曰; 子桑殆病矣. 裹飯[2]而往食之. 至子桑之門, 則若歌若哭, 鼓琴曰, 父邪, 母邪? 天乎? 人乎? 有不任其聲[3]而趨擧其詩[4]焉.

子輿入, 曰; 子之歌詩, 何故若是?

曰; 吾思夫使我至此極[5]者, 而弗得也. 父母豈欲吾貧哉? 天無私覆, 地無私載, 天地豈私貧我哉? 求其爲之者, 而不得也. 然而至此極者, 命也夫.

---

1 霖雨(임우) : 장맛비, 계속되는 비.
2 裹飯(과반) : 밥을 싸다.
3 不任其聲(불임기성) : 그의 소리를 이기지 못하다, 힘겹게 소리를 내다.
4 趨擧其詩(추거기시) : 그 가사만을 중얼거리며 외는 것.
5 極(극) : 궁한 것. 가난함.

　사람에 관한 모든 것, 가난하고 부한 것, 귀하고 천한 것 등은 모두가 운명에 의한 것이며, 이 운명의 주체는 하늘도 아니고 사람도 아니며, 자연의 필연적이고 맹목적인 힘인 것이다. 그것을 맹목적이라고 하는 것은 차별하고 선택하는 것 같은 작용을 전혀 헤아릴 수 없기 때문이다.

제 7 편

자연에 따르는 제왕
應帝王

'응제왕(應帝王)'이란, 자기의 마음조차도 잊고 자연의 변화에 모든 것을 맡기고 있으면 그러한 수양에 응하여 제왕이 될 수 있다는 뜻이다. 이처럼 도가적인 수양을 통하여 남을 다스리는 것이 외왕(外王)이다. 이 편의 내용을 보면 일곱 가지 빗대어 하는 얘기인 우화로 이루어져 있는데, 모두가 사람들의 지혜나 작위의 부정에서부터 시작하여 자연의 변화에 따를 것을 주장하는 내용이다.

1

설결齧缺이 왕예王倪에게 네 가지 질문을 하였는데 네 가지 다 모른다고 하였다. 그러자 설결은 날뛰면서 크게 기뻐하고, 포의자蒲衣子에게 가서 그 얘기를 하였다.

포의자가 말하였다.

"그대는 이제서야 그것을 알았는가? 유우씨有虞氏는 태씨泰氏에 미치지 못하는 분이었다. 유우씨는 그래도 어짊을 속에 감추고서 사람들을 대하였다. 그리하여 사람들의 마음을 얻었으나, 처음부터 사람들을 비난하는 입장으로부터 벗어나지는 못하였다. 태씨는 잠잘 때는 평화스러웠고, 깨어났을 때에는 멍청하였다. 어떤 때는 자기를 말이라 하였고, 어떤 때는 자기를 소라 하였다. 그러나 그의 지혜는 진실로 충실하였고, 그의 덕은 매우 참되었다. 그리고 처음부터 사람들을 비난하는 입장에는 들어가지 않았다."

| 원문 |

齧缺問於王倪, 四問[1]而四不知. 齧缺因躍而大喜, 行以告蒲衣子.[2]

蒲衣子曰; 而乃今知之乎? 有虞氏[3]不及泰氏.[4] 有虞氏其猶藏仁以要人.[5] 亦得人矣, 而未始出於非人.[6] 泰氏其臥徐徐,[7] 其覺于于.[8] 一以己

---

1 四問(사문) : 네 가지 질문을 하다. 앞 모든 사물은 한결같음[齊物論]편에 보인 이들의 문답에 나오는 네 가지 질문이라고 해설하는 이도 있으나, 내용이 무엇이냐는 이곳에서는 상관 없는 일이다.

2 蒲衣子(포의자) : 왕예(王倪)의 스승인 피의(被衣)인 듯하다. 뒤 외편(外篇) 지가 북쪽 땅에 노닒[知北遊]편에는 설결과 피의의 문답이 보인다.

3 有虞氏(유우씨) : 순임금. 유우는 순임금의 왕조 이름.

4 泰氏(태씨) : 태고적 제왕 이름. 간혹 복희라는 이도 있다.

5 要人(요인) : 사람들을 대하다.

6 出於非人(출어비인) : 사람들을 비난하는 입장으로부터 벗어나다.

7 徐徐(서서) : 편안한 모양, 평화스런 모양.

爲馬,[9] 一以己爲牛. 其知情[10]信, 其德甚眞. 而未始入於非人.[11]

| 해설 |

　보통 사람들은 여러 가지 일을 많이 아는 것을 훌륭하게 여긴다. 그러나 세상 사물에 얽매이지 않고 아무것도 모르는 사람이야말로 참된 '도'를 터득한 사람이라는 것이다. 태씨처럼 모든 분별은 물론 자기 자신조차도 잃고 자연스럽게 되는 대로 살아 가는 것이 장자의 이상이다. 그리고 그런 참된 덕을 지녀야만 정말로 훌륭한 제왕도 될 수 있다는 것이다.

2

　견오肩吾가 광접여狂接輿를 만났다. 광접여가 말하였다.

　"일중시日中始가 무엇을 당신에게 얘기하던가요?"

　견오가 말하였다.

　"내게 말하기를, 임금 된 사람이 자기 생각대로 법령과 제도를 만들어낸다고 하더라도 어떤 사람이 감히 그를 따라 교화되지 않을 수 있겠느냐고 하였습니다."

　접여가 말하였다.

　"그것은 덕을 속이는 것이오. 그런 방법으로 천하를 다스린다는 것은, 바다를 걸어서 건너거나 땅을 파서 강을 만드는 것처럼 힘들고, 모기에게 산을 짊어지우는 것처럼 어려운 일이오. 성인이 천하를 다

8　于于(우우) : 아무것도 모르는 모양, 멍청한 것.

9　一以己爲馬(일이기위마) : 어떤 사람이 그를 보고 말이라 하면, 자기도 말이라고 인정하는 것(李威 說).

10　情(정) : 참된, 진실한.

11　入於非人(입어비인) : 사람들을 비난하는 입장으로 들어가다.

스림에 겉을 다스리겠소? 자신을 올바르게 한 후에 행동하며, 확실히 그런 일을 할 수 있도록 해 줄 따름인 것이오. 새는 높이 낢으로써 주살의 가해를 피하고, 두더지는 두툼한 언덕 아래 깊이 굴을 파서 집이 불에 그을리고 파헤쳐지는 환난을 피하오. 그러니 이들 두 짐승만도 못한 것 같소."

| 원문 |

肩吾¹見狂接輿, 狂接輿曰; 日中始何以語汝? 肩吾曰; 告我, 君人者, 以己出經式義度,² 人孰敢不聽而化諸?

接輿曰; 是欺德也. 其於治天下也, 猶涉海³鑿河⁴而使蚊負山也. 夫聖人之治也, 治外⁵乎? 正而後行, 確乎能其事者而已矣. 且鳥高飛以避矰弋⁶之害, 鼷鼠深穴乎神丘⁷之下, 以避熏鑿⁸之患. 而曾二蟲⁹之無如.

| 해설 |

천하는 법이나 권력의 강압에 의하여 다스려지는 것이 아니다. 사람들의 본성을 올바로 유도하는 것이 올바른 정치라는 것이다.

---

1 肩吾(견오) : 광접여·일중시와 함께 모두 가공의 인물.
2 經式義度(경식의도) : 경식·의도(義度) 모두 법 내지 제도의 뜻이 있음.
3 涉海(섭해) : 바다를 걸어서 건너다.
4 鑿河(착하) : 땅을 파 강을 만드는 것.
5 治外(치외) : 법령으로 겉을 다스리는 것.
6 矰弋(증익) : 주살, 줄이 달린 화살.
7 神丘(신구) : '신'은 신(申), 중(重)과 뜻이 통하여, '층이 진 언덕', '두툼한 언덕'.
8 熏鑿(훈착) : 불에 그을리고 파헤쳐지고 하는 것.
9 二蟲(이충) : 새와 쥐.

3

천근天根이 은양殷陽 땅을 가다가 요수蓼水가에 이르러 마침 무명인 無名人을 만나서 물어 보았다.

"천하를 다스리는 방법을 가르쳐 주십시오."

무명인이 말하였다.

"저리 가시오! 당신은 천한 사람이오. 어째서 즐겁지 않은 질문을 하는 거요? 나는 지금 조물주와 벗이 되어 있소. 싫증이 나면 곧 아득히 나는 새를 타고서 이 세상 밖으로 나아가 아무것도 없는 고장에 노닐며, 한없이 넓은 들에 살고 있소. 당신은 또 무엇 때문에 천하를 다스리는 일로써 내 마음을 움직이는 거요?"

그래도 다시 물으니 무명인이 말하였다.

"당신은 마음을 담담한 곳에 노닐게 하고 기운을 막막한 곳에 모아 놓고, 만물의 자연스러움을 따름으로써, 사사로움이 끼어들지 않게 하시오. 그러면 천하가 다스려질 것이오."

| 원문 |

天根[1]遊於殷陽,[2] 至蓼水[3]之上, 適遭無名人而問焉, 曰; 請問爲天下.

無名人曰; 去, 汝鄙人也. 何問之不豫[4]也? 予方將與造物者爲人. 厭, 則又乘夫莽眇[5]之鳥, 以出六極[6]之外, 而遊無何有之鄕[7], 以處壙埌[8]之

---

1 天根(천근) : 원래는 성수(星宿)의 이름. 여기서는 뒤의 무명인과 함께 가공적인 인물.
2 殷陽(은양) : 땅 이름.
3 蓼水(요수) : 강 이름.
4 不豫(불예) : 즐겁지 않은 것. 불유쾌한 것.
5 莽眇(망묘) : 아득한 모양.
6 六極(육극) : 천지 사방, 이 세상의 사방과 위 아래의 끝.
7 無何有之鄕(무하유지향) : 앞 어슬렁어슬렁 노닒[逍遙遊]편에도 보였음.
8 壙埌(광랑) : 한없이 넓은 것.

野. 汝又何帠⁹以治天下, 感予之心爲?

又復問, 無名人曰; 汝遊心於淡,¹⁰ 合氣於漠,¹¹ 順物自然, 而無容私焉, 而天下治矣.

| **해설** |

　장자도 노자와 마찬가지로 '무위 자연', 자유 방임의 정치를 말하고 있으나, 그 밑바탕에는 자연의 질서에 대한 절대적인 신뢰가 있다. 임금이 일일이 백성에 대한 걱정을 하지 않더라도 백성은 각기 자연의 슬기를 가지고 평안한 생활을 할 능력을 지니고 있다는 것이다.

4

　양자거陽子居가 노자를 만나서 말하였다.

　"여기에 한 사람이 있는데 동작이 잽싸고 몸이 튼튼하며, 생각도 트이고 밝은 데다 도를 배우는 일을 게을리하지 않고 있습니다. 이런 사람은 밝은 임금에 견줄 수가 있겠습니까?"

　노자가 말하였다.

　"그런 사람을 성인에 견준다면 천한 일을 하는 재주꾼과 같아서, 몸을 수고롭히고 마음을 졸이는 자이다. 또한 호랑이나 표범의 가죽 무늬는 사람들에게 사냥하도록 불러들이고, 원숭이의 날램이나 살쾡이를 잡는 개의 특기는 줄에 묶여 사람들에게 끌려다니도록 되는 것이다. 이런 사람을 밝은 임금에 견줄 수가 있겠느냐?"

9　帠(예) : 전징지(錢澄之)는 위(爲)의 잘못, 손이양(孫詒讓)은 가(叚)의 잘못으로 보았는데, 뒤의 것이 나은 듯하다. 하가(何叚)는 '어찌하여'.

10　淡(담) : 담담하고 맑은 경지.

11　漠(막) : 막막하고 고요한 경지.

양자거는 감동한 듯이 말하였다.

"감히 밝은 임금의 다스림에 대하여 여쭙고자 합니다."

노자가 말하였다.

"밝은 임금의 다스림은 공로가 천하를 뒤덮을 만하여도 자기 힘으로 한 것같이 보이지 않으며, 교화가 만물에 베풀어져도 백성들은 그것을 의식도 못한다. 훌륭한 공로가 있어도 명성이 드러나지 않으며, 만물로 하여금 스스로 기뻐하게 만든다. 헤아릴 수 없는 경지에 서서 아무것도 없는 세계에 노니는 것이다."

| 원문 |

陽子居**1**見老聃, 曰; 有人於此, 嚮疾**2**彊梁,**3** 物徹**4**疏明,**5** 學道不勌**6** 如是者可比明王乎?

老聃曰; 是於聖人也, 胥易**7**技係, 勞形怵心**8**者也. 且也, 虎豹之文, 來田.**9** 猨狙**10**之便,**11** 執斄**12**之狗, 來藉.**13** 如是者, 可比明王乎?

陽子居蹵然曰; 敢問明王之治?

---

1 陽子居(양자거) : 전국 시대 양주(楊朱)를 가리킨다는 설도 있으나 확실하지 않다(姚鼐 說).

2 嚮疾(향질) : 동작이 잽싼 것.

3 彊梁(강량) : 『노자』 제42장의 강량(强良)과 같은 말로, 힘센 것.

4 物徹(물철) : 사물의 이치에 밝은 것. 생각이 탁 트인 것.

5 疏明(소명) : 생각이 밝은 것.

6 勌(권) : 권(倦)과 통하여, '게을리하다'.

7 胥易(서역) : '서'는 잡역(雜役)에 종사하는 천한 사람. '역'은 역(役)과 통하여, 남에게 부림을 당하는 사람. 이 말은 하늘과 땅[天地]편에도 보인다.

8 怵心(출심) : 마음을 졸이는 것, 마음이 불안한 것.

9 來田(내전) : 사냥하도록 불러들이는 것.

10 猨狙(원저) : '원'은 원(猿)과 같은 글자, 원숭이.

11 便(편) : 날램. 편첩(便捷).

12 斄(리) : 리(貍)와 통하여 '살쾡이'.

13 藉(자) : 올가미.

老聃曰; 明王之治, 功蓋天下, 而似不自己.[14] 化貸[15]萬物, 而民弗恃.[16] 有[17]莫擧名,[18] 使物自喜. 立乎不測, 而遊於無有者也.

| 해설 |

도가에서는 사람들의 지혜나 노력에 의한 어떤 일의 성취도 무시한다. 따라서 정치도 사람의 지혜나 노력에 의하지 않고 자연에 따라 행해야 한다고 생각했다. 따라서 훌륭한 임금의 자질로 뛰어난 지혜나 재주 또는 힘보다도 저절로 천하가 다스려지게 할 수 있는 '도'를 터득해야 한다고 생각한 것이다.

5

정鄭나라에 계함季咸이라는 신통한 무당이 있었다. 그는 사람들의 살고 죽는 것과 잘 살고 못 사는 것 및 불행과 행복이나 오래 살고 일찍 죽는 일들을 몇 년 몇 월 며칠까지 집어내 귀신같이 알아맞혔다. 정나라 사람들은 그를 보기만 하면 모두 급히 달아났다. 열자列子가 그를 만나 보고서 심취心醉하여 돌아와 호자壺子에게 아뢰었다.

"처음에 저는 선생님의 도가 지극한 것으로 생각했었는데, 알고 보니 더 지극한 사람이 있더군요."

호자가 말하였다.

"나는 너에게 형식에 대해서는 다 가르쳤지만 내용에 대해서는 다

---

[14] 自己(자기) : 자기로부터 나오는 것, 자기에 의하여 그렇게 되는 것.
[15] 貸(대) : 베풀어지다.
[16] 弗恃(불시) : 의식하지 못하여 '의지하지 않다.'
[17] 有(유) : 큰 공적이나 훌륭한 정치가 존재하는 것.
[18] 擧名(거명) : 이름을 들다, 말로 표현하다.

가르치지 못하였다. 너는 본시부터 도를 터득했다고 생각했느냐? 암컷이 많다 하더라도 수컷이 없으면 어찌 새끼가 있겠느냐? 네가 도를 세상에 드러내 보이면 겉으로 표시가 나게 되는 것이다. 그 때문에 남으로 하여금 네 관상을 볼 수 있도록 만든 것이다. 시험삼아 데리고 와서 내 관상을 보이도록 하자."

다음날, 열자는 그를 데리고 와서 호자를 뵈었다.

계함이 나와서는 열자에게 말하였다.

"아아, 당신의 선생님은 죽을 것이오. 살지 못할 것이오. 열흘을 못 넘길 것이오. 나는 이상한 것을 보았소. 젖은 재의 상相을 본 것이오."

열자는 들어가 눈물이 옷자락을 적시도록 울면서 그 얘기를 호자에게 하였다. 호자가 말하였다.

"조금 전에 나는 그에게 땅 무늬의 상相을 보여 주었다. 그것은 멍하니 움직이지도 않고 멎어 있지도 않는 것이다. 그는 아마 나의 덕의 움직임이 막혀 있는 경지를 보았을 것이다. 다시 데려와 보거라."

다음날, 다시 계함을 데려와 호자를 뵈었다. 계함이 나와서 열자에게 말하였다.

"다행이오. 당신의 선생님이 나를 만난 것은…… 병이 나았소. 완전히 살아났소. 나는 그의 생명의 싹이 솟아나는 것을 보았소."

열자가 들어가 그 얘기를 호자에게 아뢰었다. 호자가 말하였다.

"조금 전 나는 그에게 하늘과 땅의 상을 보여 주었다. 이것은 이름도 형태도 없는 상태이지만 생기가 발뒤꿈치에서 솟아나고 있는 것이다. 그는 아마 나의 병이 나아 생기가 나타나는 경지를 보았을 것이다. 다시 데려와 보거라."

다음날, 열자는 다시 계함과 함께 호자를 뵈었다. 계함이 나와서 열자에게 말하였다.

"당신의 선생님은 일정하지 않기 때문에 나로서는 관상을 보아 드릴 수가 없소. 다시 마음을 일정하게 하도록 전해 주시오. 그러면 다시 관상을 보아 드리겠소."

열자가 들어가 그 애기를 호자에게 아뢰니, 호자가 말하였다.

"나는 조금 전에 그에게 극도로 텅 비어 아무런 조짐도 없는 상을 보여주었다. 그는 아마 나의 생기를 평평하게 유지하는 경지를 보았을 것이다. 소용돌이치는 물이 모여 못이 되고, 정지한 물이 모여 못이 되며, 흐르는 물이 모여 못이 된다. 못에는 아홉 가지가 있지만 나는 그 중에 세 가지만 들었다. 시험삼아 다시 데려 오너라."

다음날 다시 열자가 계함과 함께 호자를 뵈었다. 계함은 서 있을 새도 없이 자기를 잃고 도망쳤다. 호자가 말하였다.

"그를 쫓아가 봐라."

열자는 그를 뒤쫓았으나, 따라가지 못하고 되돌아와 호자에게 아뢰었다.

"이미 없어졌습니다. 보이지 않게 되었습니다. 저는 따라갈 수가 없었습니다."

호자가 말하였다.

"조금 전에 나는 그에게 내가 숭상하는 도에서 벗어나지 않은 상을 보여 주었다. 나는 이 경지에서 자기를 텅 비게 하고 어슬렁거리며 노닐되 자기가 누구인지도 알지 못한다. 그런 중에 무너져 흔들거리듯 하기도 하고, 그런 중에 물결을 따라 출렁이듯 하기도 하였다. 그래서 그가 도망쳤던 것이다."

그 뒤로 열자는 스스로 전혀 학문이 되어 있지 않음을 깨닫고, 집으로 돌아가 삼 년 동안 문 밖에 나가지 않았다. 자기 아내 대신 밥을 짓기도 하고, 돼지 먹이기를 사람에게 밥을 주듯 하였다. 사물에 있어 각별히 친한 것이 없게 되고, 인위적인 허식이 본래의 소박함으로 돌아가 우뚝이 홀로 그의 형체를 지니고 서 있게 되었다. 매우 위대해진 것이다. 열자는 한결같이 이런 상태로 일생을 마쳤다.

| 원문 |

鄭有神巫. 曰季咸.¹ 知人之死生存亡, 禍福壽夭, 期²以歲月旬日, 若神. 鄭人見之, 皆奔而走.

列子見之而心醉. 歸以告壺子,³ 曰; 始吾以夫子之道爲至矣, 則又有至焉者矣.

壺子曰; 吾與汝旣其文,⁴ 未旣其實. 而固得道與? 衆雌而無雄, 而又奚卵焉? 而以道與世亢,⁵ 必信,⁶ 夫故使人得而相汝. 嘗試與來, 以予示之.

明日, 列子與之見壺子. 出而謂列子曰; 嘻, 子之先生死矣, 弗活矣, 不以旬數⁷矣. 吾見怪焉. 見濕灰⁸焉.

列子入, 泣涕沾襟,⁹ 以告壺子. 壺子曰; 鄕¹⁰吾示之以地文.¹¹ 萌乎¹² 不震¹³不止. 是殆見吾杜德機¹⁴也. 嘗又與來.

---

1 季咸(계함) : 옛날의 신통한 무당의 이름.
2 期(기) : 날짜를 예측하다, 시일을 약속하다.
3 壺子(호자) : 열자(列子)의 스승, 호구자림(壺丘子林)이라고도 부른다(『여씨춘추』·『열자』 등).
4 旣其文(기기문) : 학문의 외형적인 것은 다 공부하다.
5 亢(항) : 높이다, 드러내보이다.
6 信(신) : 밖으로 증거가 드러나다. 사실이 드러나다.
7 不以旬數(불이순수) : 열흘[旬]을 헤아리지도 못하다. 열흘을 넘기지 못하다.
8 濕灰(습회) : 젖은 재. 완전히 불기가 없어져 있듯 생기가 없음을 뜻함.
9 沾襟(점금) : 옷 앞자락을 적시다.
10 鄕(향) : 조금 전, 전에.
11 地文(지문) : 땅의 무늬, 산과 강물과 초목이 있는 모양.
12 萌乎(맹호) : 맹(盲) 또는 망(茫)과도 통하여, 아무것도 모르는 모양, 멍청한 모양.
13 震(진) : 움직이다.
14 杜德機(두덕기) : 덕(德)의 움직임이 막혀 있는 경지. 활동할 생명력이 막혀 있는 상태.

明日, 又與之見壺子. 出而謂列子曰; 幸矣. 子之先生遇我也. 有瘳[15]矣. 全然有生矣. 吾見其杜權[16]矣.

列子入, 以告壺子, 壺子曰; 鄕吾示之以天壤.[17] 名實不入,[18] 而機發於踵.[19] 是殆見吾善者機[20]也. 嘗又與來.

明日, 又與之見壺子. 出而謂列子曰; 子之先生不齊,[21] 吾無得而相焉. 試齊, 且復相之.

列子入, 以告壺子. 壺子曰; 吾鄕示之以太沖莫勝.[22] 是殆見吾衡氣機[23]也. 鯢桓[24]之潘[25]爲淵, 止水之潘爲淵, 流水之潘爲淵. 淵有九名, 此處三焉. 嘗又與來.

明日, 又與之見壺子. 立未定, 自失而走. 壺子曰; 追之. 列子追之, 不及. 反以報壺子曰; 已滅矣, 已失矣. 吾弗及已.

壺子曰; 鄕吾示之以未始出吾宗.[26] 吾與之虛而委蛇,[27] 不知其誰何. 因以爲弟靡,[28] 因以爲波隨,[29] 故逃也.

---

15 瘳(추) : 병이 낫는 것.
16 杜權(두권) : 변화의 권능이 막혀 있는 것, 변화하여 죽을 길이 막힌 것.
17 天壤(천양) : 하늘과 땅, 하늘과 땅의 기운이 화합하는 형상을 뜻함.
18 名實不入(명실불입) : 이름이나 사실이 드러나지 않는 것. 이름도 형태도 드러나지 않는 것.
19 機發於踵(기발어종) : 변화 생성의 기운이 뒤꿈치로부터 솟아나는 것.
20 善者機(선자기) : 선한 경지, 훌륭한 생성의 경지.
21 不齊(부제) : 외부로 나타나는 상(相)이 '일정치 않은 것'. 재(齋)와 통하여, 재계하는 것으로 보아도 좋다.
22 太沖莫勝(태충막승) : 극도로 텅 비어 있어서[太沖] 아무런 조짐도 없는 것[莫勝]. 승(勝)은 짐(朕)과 통하여, 조짐을 보이는 것.
23 衡氣機(형기기) : 생기를 평평하게 유지하는 경지.
24 鯢桓(예환) : '예'는 연(硏), '환'은 선(旋)과 통하여, 물이 돌면서 소용돌이치는 것.
25 潘(반) : 깊은 물, 모여드는 물. 심(審)으로 된 판본도 있다.
26 未始出吾宗(미시출어종) : 내가 받드는 도에서 전혀 벗어나지 않는 경지.
27 委蛇(위이) : 위이(逶迤)와 같은 말로, 어슬렁거리다, 서성이다.
28 弟靡(제미) : '제'는 퇴(頹)와 통하여, 무너지는 것. '미'는 흔들거리다, 하늘거리다.
29 波隨(파수) : 물결을 따르다, 물결을 따라 출렁이다.

然後, 列子自以爲未始學而歸. 三年不出, 爲其妻爨[30] 食豕[31]如食人. 於事無與親, 雕琢[32]復朴,[33] 塊然[34]獨以其形立. 紛而[35]封戎.[36] 一以是終.

| 해설 |

장자는 운명에 따라야 함을 말하고 있으면서도, 운명을 내다본다고 하는 무술巫術이나 점술占術에 대해서는 완전히 부정적이다. 후세의 도교에서는 노자와 장자를 그들의 시조로 받들어 모셨으나 장자는 보다 분명히 이와 같은 민간 신앙과는 사상에 있어 뚜렷한 차이를 보여 주고 있다.

6

명성을 추구하는 자가 되지 말라. 모의를 일삼는 자가 되지 말라. 일의 책임자가 되지 말라. 지혜의 소유주가 되지 말라. 무궁한 도를 철저히 터득하여 아무 조짐도 없는 경지에 노닐라. 하늘로부터 받은 본성을 다하여 이득을 추구하지 말라. 언제나 마음을 텅 비울 따름이어야 한다.

지극한 사람의 마음쓰임은 거울과 같은 것이다. 가는 것은 전송하지 않고 오는 것은 마중하지 않는다. 변화에 호응하되 감추는 것이 없다. 그러므로, 사물을 이겨 내면서도 상처받지 않을 수가 있는 것이

---

30 爨(찬) : 불을 때어 밥을 짓는 것.
31 食豕(사시) : 돼지를 먹이는 것.
32 雕琢(조탁) : 형식을 꾸미는 것. 인위적인 허식.
33 復朴(복박) : 본시의 소박함으로 되돌아가는 것.
34 塊然(괴연) : 우뚝히 솟아 있는 모양.
35 紛而(분이) : 분연(紛然), 성대한 모양.
36 封戎(봉융) : '봉', '융' 모두 크다는 뜻이 있어 위대한 것.

다.

| 원문 |

無爲名尸.[1] 無爲謀府.[2] 無爲事任. 無爲知主. 體盡[3]無窮, 而遊無朕.
盡其所受乎天, 而無見得,[4] 亦虛而已.

至人之用心, 若鏡. 不將[5]不迎. 應而不藏.[6] 故能勝物而不傷.

| 해설 |

거울은 장자의 만물은 한결같다는 경지를 나타내는 데 알맞은 것이다.
거울의 표면 그 자체는 바로 허무이다. 허무이기 때문에 모든 사물을 그곳
에 머물게 할 수 있다. 또한 거울은 차별의 마음이 없기 때문에 특정한 것
만을 비추지 않고 찾아오는 것 그 모두를 비출 수가 있는 것이다.

7

남해의 제왕을 숙儵이라 하고, 북해의 제왕을 흘忽이라 하고, 중앙
의 제왕을 혼돈渾沌이라 한다.

숙과 홀이 어느 때, 혼돈의 땅에서 만나게 되었다. 혼돈이 이들을
매우 잘 대접하여 숙과 홀은 혼돈의 은덕을 갚을 방법을 의논하여 말
하였다.

"사람들은 모두 일곱 개의 구멍을 가지고 보고 듣고 먹고 숨쉬고 있

---

1 尸(시) : 주인, 주가 되는 사람.
2 謀府(모부) : 모의 중심. 모의를 일삼는 자.
3 體盡(체진) : 모두 다 체득하는 것.
4 見得(견득) : 이득을 추구하는 것.
5 將(장) : 보내다, 전송하다.
6 不藏(불장) : 고의로 감추어 두지 않고 다 드러내는 것.

는데, 혼돈만은 이것을 가지고 있지 않소. 그에게도 구멍을 뚫어 주어
보십시다."

그리고는 혼돈의 몸에 하루에 한 구멍씩 뚫어 나갔는데, 칠 일 만에
혼돈은 죽고 말았다.

| 원문 |

南海之帝爲儵[1] 北海之帝爲忽,[2] 中央之帝爲渾沌.

儵與忽, 時相與遇於渾沌之地. 渾沌待之甚善, 儵與忽謀報渾沌[3]之
德. 曰; 人皆有七竅, 以視聽食息. 此獨無有, 嘗試鑿之. 日鑿一竅, 七日
而渾沌死.

| 해설 |

여기서는 '인위'와 '자연'을 우화적인 수법으로 설명하고 있다. '혼돈'
이란 본시 하늘과 땅이 나뉘기 전의 상태를 뜻하지만, 한편 그것은 순수한
본성이나 '자연'을 뜻하기도 한다. 이러한 순수한 '자연'에는 아무리 훌륭
하고 좋은 뜻에서라도 일단 어떤 사람의 의식적인 행동이 가해지면 바로
죽어 버린다는 것이다. 말하자면 그것은 이미 '인위'이지 '자연'은 아닌 것
이다.

---

1 儵(숙) : 제왕의 이름이라 하였으나, 어떤 현상이 '재빨리 나타남'을 뜻한다.
2 忽(홀) : 어떤 현상이 '갑자기 없어짐'을 뜻한다. 따라서 '숙'은 유(有), '홀'은 무(無)로
  비유된다.
3 渾沌(혼돈) : 만물이 나뉘지 않은 원기가 자욱한 모양. 곧 인위적인 차별을 초월한 자연
  그대로의 모양을 뜻하며, 유도 무도 아닌 것이다.

외편
外篇

제 8 편

엄지발가락과 둘째발가락이
붙어 있는 사람
騈拇

　내편은 각 편에 실린 내용을 따라서 편명(篇名)을 붙이고 있지만, 외
편과 잡편은 각 편의 첫머리 글자들을 뜻도 없이 되는 대로 따서 편명
으로 사용하고 있다. 그뿐 아니라 글의 내용에도 성격상 적지 않은 차
이가 있다. 내편에는 장자의 사상을 충실히 반영하는 글들이 실려 있
는 반면, 외편과 잡편에는 본래의 장자 사상으로부터 변질된 성격의
내용들이 실려 있다. 따라서 외편과 잡편은 후세에 장자의 제자들에
의하여 이루어진 것이라고 보는 학자들이 많다. 제목 '변무'란 '엄지발
가락과 둘째발가락이 붙어 있는 것'을 뜻한다.
　이 편에서는 세상에는 아름답고 흉한 것이 있으나, '도'에는 아름답
고 흉한 것은 물론 옳고 그른 것도 없다는 것을 설명하고, 군자와 소인
및 악인이나 절조가 있는 사람들에 대한 도가적인 평가를 꾀하고 있다.

1

엄지발가락이 둘째발가락과 붙어 있는 변무騈拇나 육손은 나면서부터 그러한 것이라 해도 정상적인 인간의 입장에서 보면 군더더기이다. 사마귀나 늘어진 혹은 몸에서 나왔다고는 해도 인간의 본성에서 보면 군더더기이다. 어짊과 의로움을 여러 가지 방법으로 내세우면서 그것을 중시하는 사람은 그것이 사람의 오장五臟이나 같은 것이라 생각하더라도 그것은 도덕의 올바른 형태는 아니다.

그러므로 발가락이 달라붙은 것은 쓸데없는 살이 연결되어 있는 것이며, 손에 육손이 달린 것은 소용없는 손가락이 하나 더 붙어 있는 것이다. 오장의 진실한 기능에다 쓸데없는 여러 가지 것들을 내세우며 존중하는 사람들은 어짊과 의로움의 행위에 너무 치우쳐 밝은 귀와 밝은 눈의 사용을 여러 면에서 존중하는 것이 된다.

그러므로 눈밝음이 지나친 사람은 다섯 가지 색깔에 혼란을 일으키고 아름다운 무늬에 빠져 버린다. 파랑색·노랑색의 여러 가지 무늬의 화려함은 그릇된 것이다. 이주離朱 같은 사람이 그 보기이다.

귀밝음이 지나친 사람은 오성五聲에 혼란을 일으키고 육률六律에 빠져 버린다. 쇠와 돌과 실과 대로 만든 악기와 황종黃鍾과 대려大呂의 음악은 그릇된 것이다. 사광師曠 같은 사람이 그 보기이다.

어짊에 집착하는 사람은 덕德을 빼어 버리고 본성을 뽑아내며 명성을 얻으려 하고 천하 사람들로 하여금 따를 수 없는 법도를 받들라고 선전하는데, 그릇된 짓이다. 증삼曾參과 사추史鰌 같은 사람이 그 보기이다.

변설辯說을 중시하는 사람은 탄환을 쌓아 놓고 새끼줄로 묶는 것처럼 말귀를 따지려 들고 궤변에 마음을 쓰면서 남을 비판하거나 칭찬하는 쓸데없는 말을 하는데 그릇된 짓이다. 양자楊子와 묵자墨子 같은 사람이 그 보기이다.

그러므로 이런 것은 모두가 쓸데없이 붙은 것을 존중하고 소용 없이 덧붙은 것을 존중하는 도이며, 천하의 지극히 올바른 도는 아닌 것이다.

| 원문 |

騈拇[1]枝指,[2] 出乎性哉, 而侈[3]於德.[4] 附贅縣疣, 出乎形哉, 而侈於性. 多方[5]乎仁義, 而用之者, 列於五藏[6]哉, 而非道德之正也.

是故騈於足者, 連無用之肉也. 枝於手者, 樹無用之指也. 多方騈枝[7], 於五藏之情[8]者, 淫僻[9]於仁義之行, 而多方於聰明之用也.

是故, 騈於明者, 亂五色,[10] 淫[11]文章. 靑黃黼黻[12]之煌煌,[13]非乎! 而離朱[14]是已.

多於聰者, 亂五聲,[15] 淫六律,[16] 金石絲竹,[17] 黃鍾大呂[18]之聲, 非乎!

---

1 騈拇(변무) : 엄지발가락이 둘째발가락에 달라붙어 있는 것.
2 枝指(지지) : 육손. 손가락이 한 손에 여섯 개 있는 것.
3 侈(치) : 너무 많은 것. 군더더기.
4 德(덕) : 사람 누구나가 갖고 있는 정상적인 형태.
5 多方(다방) : 여러 가지 방법으로 내세우다, 여러 면에서 존중하다.
6 五藏(오장) : 심장·간장·비장·신장·폐의 다섯 가지 내장. 오행설(五行說)에 따르면, 인(仁)은 간장에, 예(禮)는 심장에, 신(信)은 비장에, 의(義)는 폐장에, 지(知)는 신장에 각각 달려 있다고 한다.
7 騈枝(변지) : 두 자 모두 쓸데없이 붙어 있는 것을 가리킨다.
8 情(정) : 실정, 진실한 작용.
9 淫僻(음벽) : 지나치게 치우치는 것. 너무나 편벽되는 것.
10 五色(오색) : 청(靑)·황(黃)·적(赤)·백(白)·흑(黑)의 다섯 가지 빛깔.
11 淫(음) : 빠지다, 너무 좋아하다.
12 黼黻(보불) : 옛날의 무늬 이름.
13 煌煌(황황) : 빛나는 모양, 화려한 모양.
14 離朱(이주) : 멀리서 털끝을 분별할 수 있는 눈을 가졌다고 하는 전설적 인물. 『맹자(孟子)』에는 이루(離婁)로 되어 있다.
15 五聲(오성) : 궁(宮)·상(商)·각(角)·치(徵)·우(羽)의 다섯 가지 음계.
16 六律(육률) : 옛 음악의 십이율(十二律)에서 양성(陽聲)에 속하는 황종(黃鍾)·태주(太蔟)·고세(姑洗)·유빈(蕤賓)·이칙(夷則)·무역(無射)의 여섯 가지.

而師曠¹⁹是已.

枝於仁者, 擢德²⁰塞性,²¹ 以收名聲, 使天下簧鼓²²以奉不及之法, 非乎! 而曾史²³是已.

駢於辯者, 纍瓦²⁴結繩, 竄句,²⁵ 遊心於堅白同異之間,²⁶ 而敝²⁷跬譽²⁸無用之言, 非乎! 而楊墨是已.

故此皆多駢旁枝之道, 非天下之至正也.

| 해설 |

쓸데없이 인의 같은 덕성을 존중하는 것이나 소용없는 논리를 전개시키는 것은 모두가 사람의 올바른 '도'에서 볼 때, 엄지발가락이 붙은 불구나 육손처럼 쓸데없는 것이 더 달린 것과 같다는 것이다. 세상의 윤리와 귀와 눈의 평가 기준까지도 부정하는 장자의 태도가 용감하다.

---

17 金石絲竹(금석사죽) : 타악기·현악기·관악기를 만드는 재료임.
18 大呂(대려) : 황종(黃鍾)과 함께 십이율(十二律) 중의 하나임.
19 師曠(사광) : 진(晉)나라 평공(平公) 때의 유명한 음악가 이름.
20 擢德(탁덕) : 덕을 뽑아 버리는 것.
21 塞性(색성) : 본성을 막다. 그러나 색(塞)은 건(搴)의 잘못으로 '본성을 뽑아 버리는 것'으로 보는 것이 좋다(王念孫 說).
22 簧鼓(황고) : 생황(笙簧)을 불고 북을 치다. 선전하다.
23 曾史(증사) : 증삼(曾參)과 사추(史鰌). 증삼은 공자의 제자로 어짊을 행하였고, 사추는 위(衛)나라의 대부로 의로움을 행했다고 전한다.
24 纍瓦(누와) : '와'는 환(丸)의 잘못(陸德明 說)으로, 탄환 또는 알을 쌓아 올리는 것. 둥근 알을 쌓아 놓고 새끼줄로 묶을 수는 없다.
25 竄句(찬구) : 글귀 또는 말귀를 따지고 드는 것.
26 堅白同異之間(견백동이지간) : 궤변을 가리킴. 이미 모든 사물은 한결같음[齊物論]편에 보였음.
27 敝(폐) : 폐(弊)와 통하여 지치도록 하다, 애써 다하다의 뜻.
28 跬譽(규예) : '규'는 훼(毁)와 통하여, 남을 비판하는 것. '예'는 남을 칭찬하는 것.

2

지극히 올바른 경지에 이른 사람은 그의 본성과 운명의 진실함을 잃지 않는다. 그러므로 합쳐져 있다 하더라도 쓸데없이 들러붙지 않고, 갈라져 있다 하더라도 소용 없이 덧붙어 있지는 않고, 길다 하더라도 남는 것이 있지 않고, 짧다 하더라도 부족하지 않다. 그러므로 물오리의 다리는 비록 짧지만 길게 이어 주면 걱정이 될 것이며, 학의 다리가 비록 길지만 짧게 잘라 주면 슬퍼하게 될 것이다. 그러므로 본성이 길면 잘라 주지 않아도 되고, 본성이 짧으면 이어 주지 않아도 된다. 아무것도 걱정할 것이 없는 것이다.

어짊과 의로움은 사람의 진실한 모습이 아니라고 생각한다. 어진 사람이란 얼마나 많은 걱정을 지니고 있는가?

또한 엄지발가락과 둘째발가락이 붙어 있는 사람은 그것을 쪼개 주면 울 것이다. 육손이 달린 사람은 그것을 잘라 주면 울 것이다. 이 두 가지 사람은 한편은 숫자상 남음이 있고, 한편은 숫자상 부족함이 있다. 그러나 그들의 걱정에 있어서는 마찬가지인 것이다.

지금 세상의 어진 사람들은 눈을 똑바로 뜨고서 세상의 환난을 걱정한다. 어질지 않은 사람들은 타고난 성질과 운명의 진실한 모습을 버리고 부귀를 탐내고 있다. 그러니 어짊과 의로움은 사람의 진실한 모습이 아니라고 생각한다.

| 원문 |

彼正正**1**者, 不失其性命之情.**2** 故合者不爲駢, 而枝者不爲跂**3** 長者不

---

1 正正(정정) : 앞의 '정'은 지(至)의 잘못으로(宣穎), 지극히 올바른 것, 올바른 경지에 이르는 것.

2 情(정) : 성(誠)과 통하여 진실, 진실한 모양. 이 대목에서는 뒤에서도 모두 이런 뜻으로 쓰였다.

爲有餘, 短者不爲不足. 是故鳧⁴脛雖短, 續之則憂. 鶴脛⁵雖長, 斷之則悲. 故性長, 非所斷. 性短, 非所續. 無所去憂⁶也.

意仁義其非人情乎. 彼仁人, 何其多憂也?

且夫騈於拇者, 決之則泣. 枝於手者, 齕⁷之則啼. 二者, 或有餘於數, 或不足於數. 其於憂一也.

今世之仁人, 蒿目⁸而憂世之患. 不仁之人, 決性命之情, 而饕⁹富貴. 故意仁義其非人情乎.

| 해설 |

여기서도 어짊과 의로움을 주장하는 사람은 마치 본성보다 손가락이 하나 덧붙은 육손과 같고, 어질거나 의롭지 못한 사람은 발가락이 달라붙어 있어 수가 모자라는 사람과 같음을 얘기하고 있다. 말하자면 어짊과 의로움은 타고난 사람의 본성과는 아무런 관계도 없는 쓸데없는 것이라는 것이다.

3

하夏 · 은殷 · 주周의 삼대 이후로부터 천하는 얼마나 시끄러워졌는가? 또한 갈고리와 먹줄과 그림쇠와 굽은 자를 써서 바로잡는다는 것

---

3 跂(기) : 발가락이 여섯 개 있는 것. 곧 쓸데없는 것이 더 붙어 있는 것.

4 鳧(부) : 물오리.

5 脛(경) : 다리.

6 去憂(거우) : 걱정을 지니고 있는 것. 거(去)는 장(藏)과도 뜻이 통한다(『漢書』顔師古注). 겁(怯)과 통하여, 겁내다, 두려워하다의 뜻으로 보아도 된다.

7 齕(흘) : 물어뜯다, 자르다.

8 蒿目(호목) : '호'는 학(矐)과 통하여, 눈을 밝게 뜨고 보는 것, 또는 눈을 똑바로 뜨고 보는 것.

9 饕(도) : 탐내는 것.

은 나무의 본성을 손상시키는 일이다. 새끼와 끈과 아교와 옻칠로써 단단히 만드는 것은 본시의 형태를 침해하는 것이다. 예의와 음악을 번거롭게 찾고, 어짊과 의로움으로 달램으로써 천하 사람들의 마음을 위로하는 사람들도 역시 그의 일정한 본래의 모습을 잃은 것이다.

천하에는 일정한 본연이 있다. 일정한 본연이란 것은 굽었어도 갈고리로 굽힌 것이 아니고, 곧아도 먹줄로써 곧게 한 것이 아니고, 둥글어도 그림쇠로 둥글게 한 게 아니고, 모가 났어도 굽은 자로 모나게 한 것이 아닌 것이다. 붙어 있되 아교나 옻칠로써 붙인 것이 아니고, 묶여 있되 줄이나 새끼로써 묶인 것이 아닌 것이다. 그러므로 천하에 개성을 달리하여 모두가 살고 있지만 그가 그렇게 살고 있는 까닭은 알지 못한다. 다 같이 모두가 자기 모습을 지니고 있지만 그가 자기 모습을 지니게 된 까닭은 알지 못한다. 그런 것은 옛부터 지금까지 변한 것이 아니니, 사람의 힘으로 어찌할 수도 없는 것이다.

그렇다면 어찌하여 또 어짊과 의로움으로 연이어 놓아 아교나 옻칠로 붙여지고 줄과 새끼로 묶인 듯이 도와 덕의 세계에 노닐게 하려 하는가? 그것은 천하 사람들을 미혹시킬 따름인 것이다. 작게 미혹된 것이라면 방향이 틀린 것이지만, 크게 미혹된 것은 본성을 잃은 것이다. 무엇으로써 그러함을 알 수 있는가? 순임금이 어짊과 의로움을 내걸고서 천하의 인심을 어지럽힌 이래로, 천하 사람들은 모두가 목숨을 걸고 어짊과 의로움의 편으로 달려가고 있다. 이것이야말로 어짊과 의로움으로써 그들의 본성을 잃게 만든 것이 아닌가? 그러니 여기에 대하여 더 논해 보기로 하자. 하·은·주 삼대 이후부터 천하는 모두가 물건 때문에 그의 본성을 잃었다. 소인小人들은 이익을 위하여 자신을 희생하였다. 선비들은 명예를 위하여 자신을 희생하였다. 대부들은 국가를 위하여 자신을 희생하였다. 성인은 천하를 위하여 자신을 희생하였다. 그러니 이러한 사람들은 그 행위의 내용은 같지 않고 그것에 의하여 얻은 명성의 성질도 다르지만, 그들이 자기 몸을 희생하면서 자기 본성을 손상시켰다는 점에 있어서는 같은 것이다.

하인과 하녀 두 사람이 함께 양을 치러 갔다가 둘 다 자기의 양을 잃어 버렸다. 하인에게 무엇을 하고 있었느냐고 물으니, 책을 들고 독서했다고 하였다. 하녀에게 무엇을 하고 있었느냐고 물으니, 주사위를 가지고 놀았다고 하였다. 두 사람이 하던 일은 같지 않았지만 그들이 자기네 양을 잃은 점에 있어서는 같은 것이다. 백이伯夷는 수양산首陽山 아래서 명예를 위하여 죽었다. 도척盜跖 동릉東陵 위에서 이익을 위하여 죽었다. 두 사람이 죽은 방법은 달랐지만, 그들이 자기 삶을 해치고 자기 본성을 손상시킨 점에 있어서는 같은 것이다. 어찌 반드시 백이는 옳고 도척만이 글렀겠는가?

천하 사람들은 모두가 자기를 희생하고 있다. 어짊과 의로움을 위하여 자기를 희생하면 세상 사람들은 그를 군자라 부른다. 그가 재물을 위하여 자기를 희생하면 세상 사람들은 그를 소인이라 부른다. 그들이 자기 몸을 희생한 점은 같은데도 어떤 이는 군자가 되고 어떤 이는 소인이 된다. 그러나 삶을 해치고 본성을 손상시킨 점으로 말하면 도척도 백이와 같은 사람이다. 그런데 어찌 그 사이에서 군자와 소인을 가려 내야 하겠는가?

| 원문 |

自三代[1]以下者天下, 何其囂囂[2]也? 且夫待鉤[3]繩[4]規[5]矩[6]而正者, 是削

---

1 三代(삼대) : 중국 고대 하(夏)·은(殷)·주(周)의 세 왕조.
2 囂囂(효효) : 시끄러운 모양.
3 鉤(구) : 갈고리. 나무를 굽히는 데 쓰는 기구.
4 繩(승) : 먹줄. 목수가 나무를 곧게 자를 때 쓰는 기구.
5 規(규) : 그림쇠. 목수가 원을 그릴 때 썼던 기구.

其性也. 待繩約[7]膠漆[8]而固者, 是侵其德也. 屈折禮樂, 呴兪[9]仁義, 以慰天下之心者, 此失其常然[10]也.

　天下有常然. 常然者, 曲者不以鉤, 直者不以繩, 圓者不以規, 方者不以矩. 附離[11]不以膠漆, 約束不以纆索.[12] 故天下誘然[13]皆生, 而不知其所以生. 同焉皆得, 而不知其所以得. 故古今不二, 不可虧[14]也.

　則仁義又奚連連,[15] 如膠漆纆索, 而遊乎道德之閒爲哉? 使天下惑也. 夫小惑易方,[16] 大惑易性. 何以知其然邪? 自虞氏[17]招仁義, 以撓天下也, 天下莫不奔命於仁義. 是非以仁義, 易其性歟?

　故嘗試論之. 自三代以下者天下, 莫不以物易其性矣. 小人則以身殉[18]利, 士則以身殉名, 大夫則以身殉家, 聖人則以身殉天下. 故此數子者, 事業不同, 名聲異號, 其於傷性, 以身爲殉, 一也.

　臧[19]與穀[20]二人, 相與牧羊, 而俱亡其羊. 問臧奚事, 則挾筴[21]讀書. 問穀奚事, 則博塞[22]以遊. 二人者, 事業不同, 其於亡羊, 均也. 伯夷死名於

---

6 矩(구) : 굽은 자. 목수가 직각을 그릴 때 쓰던 자.

7 繩約(승약) : 새끼와 줄.

8 膠漆(교칠) : 나무를 붙이는 데 쓰는 아교와 옻칠.

9 呴兪(구유) : 구무(嫗撫)와 통하여(成元英 說), 어루만지다, 달래다.

10 常然(상연) : 일정한 본연, 본래의 모습.

11 附離(부리) : '리'도 려(麗)와 통하여, 붙이는 것.

12 纆索(묵색) : 줄과 새끼.

13 誘然(유연) : '유'는 유(褎)와 통하여, 나아가다, 뛰어가다. 여기서는 개성이 다른 것을 뜻함.

14 虧(휴) : 사람의 힘으로 손상시키는 것.

15 連連(련련) : 연이어 놓은 모양.

16 易方(역방) : 방향이 바뀌다, 방향을 알다.

17 虞氏(우씨) : 순임금.

18 殉(순) : 몸을 희생하는 것.

19 臧(장) : 남자 하인.

20 穀(곡) : 여자 하녀.

21 筴(책) : 책(策) 또는 책(冊)과 같다. 종이가 없었던 때에는 대나무 조각에 글자를 썼다.

22 博塞(박색) : 주사위 놀이. 놀음의 일종.

首陽之下, 盜跖[23]死利於東陵[24]之上. 二人者, 所死不同, 其於殘生[25]傷性, 均也. 奚必伯夷之是, 而盜跖之非乎?

天下盡殉也. 彼其所殉仁義也, 則俗謂之君子. 其所殉貨財也, 則俗謂之小人. 其殉一也, 則有君子焉, 有小人焉. 若其殘生損性, 則盜跖亦伯夷已 又惡[26]取君子小人於其閒哉?

| 해설 |

인위적인 모든 행위는 사람의 본성을 해치는 일이다. 도둑질은 말할 것도 없고, 세상에서 어짊과 의로움을 행하겠다는 것도 모두가 본성을 해치는 일이다. 그러므로 절의를 위하여 굶어 죽은 백이나 평생을 도둑질로 보내다 죽은 도척이나 사람의 본성을 저버렸다는 점에 있어서는 같다는 것이다.

사람의 본성을 해쳤다는 것은 참된 사람으로 살지 못했음을 뜻한다. 장자는 참된 사람의 모습, 참된 사람으로서의 생활을 찾기 위하여 이처럼 과격한 논리를 주저 없이 전개시키고 있는 것이다.

4

또한 그의 본성을 어짊과 의로움에 종속시켰다면 비록 증삼曾參이나 사추史鰌처럼 통달했다 하더라도 내가 말하고자 하는 훌륭한 것은 못 된다. 그의 본성을 다섯 가지 맛에 종속시켰다면 비록 유아兪兒처럼 통달하였다 하더라도 내가 말하고자 하는 훌륭한 것은 못 된다. 그

---

23 盜跖(도척) : 옛날의 유명한 도적 이름.
24 東陵(동릉) : 산동성(山東省)에 있는 태산(泰山).
25 殘生(잔생) : 삶을 해치는 것.
26 惡(오) : 어찌.

의 본성을 다섯 가지 소리에 종속시켰다면 비록 사광師曠처럼 통달하였다 하더라도 내가 말하고자 하는 귀밝은 것은 되지 못한다. 그의 본성을 다섯 가지 색깔에 종속시켰다면 비록 이주離朱처럼 통달하였다 하더라도 내가 말하고자 하는 눈밝은 것은 되지 못한다.

내가 말하고자 하는 훌륭한 것은 어짊과 의로움 같은 것을 두고 말하는 것이 아니다. 그의 덕이 훌륭하기만 하면 되는 것이다. 내가 말하고자 하는 훌륭한 것은 이른바 어짊과 의로움 같은 것을 두고 말하는 것이 아니다. 그의 타고난 성품의 진실함에 맡겨 두기만 하면 되는 것이다. 내가 말하려 하는 귀밝음이란 그가 남의 것을 듣는 것을 말하는 것이 아니라 스스로 듣기만 하면 되는 것이다. 내가 말하고자 하는 눈밝음이란 것은 남의 것을 보는 것을 말하는 것이 아니라 스스로 보기만 하면 되는 것이다.

스스로 보지는 않고 남의 것만을 보고, 스스로의 것을 지니지 않고 남의 것만을 지니는 것은, 남이 지니는 것만을 지니려 들고 그가 지녀야 할 것은 스스로 지니지 않는 것이 된다. 남의 편안함만을 편안히 여기고, 그의 편안함은 스스로 편안하지 않다고 하는 것이 된다. 남의 편안함만을 편안히 여기고, 그의 편안함은 스스로 편안하지 않다고 하는 점에 있어서는 도척이나 백이 같은 사람들과 마찬가지로 지나치게 편벽되고 있는 것이다. 나는 이 점에서 도와 덕에 있어 부끄럽다고 여기고 있다. 그래서 위로는 감히 어짊과 의로움의 절조를 지키지 못하고, 아래로는 감히 지나치게 편벽된 행동을 하지 못하는 것이다.

| 원문 |

且夫屬[1]其性乎仁義者, 雖通如曾史, 非吾所謂臧[2]也. 屬其性於五味,[3]

---

1 屬(속) : 종속시키다. 매이게 하다.

雖通如兪兒,[4] 非吾所謂臧也. 屬其性乎五聲, 雖通如師曠,[5] 非吾所謂聰也. 屬其性乎五色, 雖通如離朱,[6] 非吾所謂明也.

吾所謂臧, 非仁義之謂也. 臧於其德而已矣. 吾所謂臧者, 非所謂仁義之謂也. 任其性命之情[7]而已矣. 吾所謂聰者, 非謂其聞彼也, 自聞而已矣. 吾所謂明者, 非謂其見彼也, 自見而已矣.

夫不自見而見彼, 不自得[8]而得彼者, 是得人之得, 而不自得其得者也. 適[9]人之適, 而不自適其適者也. 夫適人之適, 而不自適其適, 雖盜跖與伯夷, 是同爲淫僻[10]也. 余愧乎道德, 是以上不敢爲仁義之操,[11] 而下不敢爲淫僻之行也.

| 해설 |

사람은 본성에 어긋나는 일을 해도 안 되고 지나친 일을 해도 안 된다. 본성에 어긋나는 일을 하는 것은 발가락이 달라붙은 것 같은 사람이고, 지나친 일을 하는 사람은 육손 같은 장애를 지닌 사람이라는 것이다. 본시부터 타고난 대로 자연에 모든 것을 맡기고 사는 것이 가장 참된 삶의 길이라는 것이다. 어짊과 의로움 같은 훌륭하게 보이는 행동이나, 음악이나 미술에 뛰어난 재질 같은 것도 모두가 인위적인 행동에 속하는 이상은 사

---

2 臧(장) : 착함, 훌륭함.
3 五味(오미) : 달고[甘], 시고[酸], 맵고[辛], 쓰고[苦], 짠[鹽] 다섯 가지 맛.
4 兪兒(유아) : 옛날에 맛을 잘 알기로 유명한 사람 이름.
5 師曠(사광) : 옛날의 유명한 음악가 이름. 앞에 보임.
6 離朱(이주) : 옛날에 눈이 밝기로 유명했던 전설적인 사람 이름.
7 性命之情(성명지정) : 타고난 본성의 진실함.
8 自得(자득) : 자기 스스로 필요한 것을 구하여 지니다. 이 말이 바뀌어서 마음에 만족함을 깨닫다, 즐기다. 이 말은『맹자(孟子)』·『순자(荀子)』·『중용(中庸)』등에서도 보이며 반드시 장자 특유의 말은 아니다.
9 適(적) : 편안함, 안락함.
10 淫僻(음벽) : 지나치게 편벽된 것.
11 操(조) : 절조, 행실.

람의 본성을 해치는 일이 되고 만다는 것이다. 아무리 세상에 도움이 되는 듯한 일이라 하더라도 인위적인 것은 훌륭한 것이 못 된다.

제 9 편

말 발굽
馬蹄

'마제(馬蹄)'란 '말 발굽'의 뜻이며, 이 편의 첫머리 두 글자에서 따온 것이다. 이 편에서는 『노자』의 '아무것도 안해도 자연히 교화되고, 맑고 고요해도 자연히 바르게 된다'고 한 말을 부연하고 있다. 이미 '무위(無爲)'에 대한 주장은 앞에도 여러 번 보였지만, 이 편에서는 처음부터 끝까지 비유하는 말을 사용하여 자신의 주장을 펴고 있다. 천하를 다스리는 데 있어서도 어짊과 의로움 또는 예의와 음악 같은 것보다도 순수하고 소박한 본성을 추구해야 함을 주장하고 있다.

1

말은 발굽으로는 서리와 눈을 밟고, 털로는 바람과 추위를 막는다. 풀을 뜯고 물을 마시며 발을 높이 들고 날뛴다. 이것이 말의 참된 본성인 것이다. 비록 높은 누대樓臺와 궁궐이 있다 하더라도 말에게는 소용이 없는 것이다. 백락伯樂이라는 사람이 나와 "나는 말을 잘 다스린다"고 하면서 말에 낙인烙印을 찍고, 털을 깎고, 발굽을 다듬고, 굴레를 씌우고, 고삐와 띠를 맨 다음 구유가 딸린 마구간을 짓고 넣어 두었다. 그러자 말이 살지 못하고 죽는 놈이 열 마리 가운데 두세 마리나 되었다.

게다가 말을 굶주리게도 하고, 목마르게도 하고, 너무 뛰게도 하고, 갑자기 달리게도 하며, 가지런히 발 맞추어 걷게도 하고 나란히 줄지어 걷게도 하였다. 말의 앞에는 재갈과 머리 장식을 거추장스럽게 붙이고, 뒤에는 채찍의 위협이 존재하게 되었다. 그러자 살지 못하고 죽는 말이 반도 넘게 되었다.

옹기장이는 "나는 찰흙을 잘 매만진다"고 말하면서, 둥근 것은 그림쇠에다 맞추고 모난 것은 굽은 자에다 맞춘다. 목수는 "나는 나무를 잘 매만진다"고 말하면서, 굽은 것을 갈고리에다 맞추고 곧은 것은 먹줄을 따라 깎는다. 그러나 찰흙과 나무의 성질이야 어찌 그림쇠나 굽은 자와 갈고리나 먹줄에 들어 맞겠는가? 그런데도 세상에서는 대대로 백락은 말을 잘 다스리고, 옹기장이와 목수는 찰흙과 나무를 잘 매만진다고 일컬어져 왔다. 이것도 역시 천하를 다스리는 사람들의 잘못인 것이다.

내 생각으로는 천하를 잘 다스리는 사람들은 그렇지 않다. 백성들에게는 일정한 본성이 있다. 길쌈해서 옷 입고 농사지어 밥 먹는데 이것을 '다 같이 타고난 덕'이라 말한다. 하나가 되어 치우치지 않는 것을 '하늘에 맡겨 되는 대로 버려 두는 것'이라 말한다.

馬, 蹄可以踐霜雪, 毛可以禦風寒. 齕[1]草飲水, 翹[2]足而陸.[3] 此馬之眞性也. 雖有義臺[4]路寢,[5] 無所用之.

及至伯樂, 曰; 我善治馬, 燒[6]之, 剔[7]之, 刻[8]之, 雒[9]之. 連之以羈馽,[10] 編之以皁棧.[11] 馬之死者, 十二三矣.

饑之, 渴之, 馳[12]之, 驟[13]之, 整[14]之, 齊[15]之. 前有橛飾[16]之患, 後有鞭筴[17]之威. 而馬之死者, 已過半矣.

陶者曰; 我善治埴.[18] 圓者中規, 方者中矩. 匠人曰; 我善治木. 曲者中鉤, 直者應繩. 夫埴木之性, 豈欲中規矩鉤繩哉? 然且世世稱之曰; 伯樂善治馬, 而陶匠善治埴木. 此亦治天下者之過也.

吾意善治天下者, 不然. 彼民有常性. 織而衣, 耕而食, 是謂同德.[19] 一而不黨, 命曰天放.[20]

---

1 齕(흘) : 물다, 뜯다.
2 翹(요) : 높이 들다.
3 陸(육) : 들뛰다. 날뛰다.
4 義臺(의대) : '의'는 위(魏)와 통하여(章炳麟 說), '높은 누대(樓臺)'.
5 路寢(노침) : 궁전의 정전(正殿). 궁궐 같은 큰 집.
6 燒(소) : 쇠를 달구어 말에 낙인을 찍는 것.
7 剔(척) : 말의 털을 깎는 것.
8 刻(각) : 말발굽을 깎아 다듬는 것.
9 雒(낙) : 낙(絡)과 통하여(司馬彪 說), 말 머리에 굴레를 씌우는 것.
10 羈馽(기칩) : 고삐와 말에 맨 띠.
11 皁棧(조잔) : 말 구유와 마판.
12 馳(치) : 너무 뛰게 하는 것.
13 驟(취) : 갑자기 달리게 하는 것.
14 整(정) : 가지런히 발맞추어 걷는 것.
15 齊(제) : 나란히 줄지어 걷는 것.
16 橛飾(궐식) : 재갈과 머리 장식.
17 鞭筴(편책) : 채찍.
18 埴(식) : 질그릇을 만드는 데 쓰는 찰흙.
19 同德(동덕) : 덕이 같음. 타고난 성질이나 모양이 같은 것.
20 天放(천방) : 자연에 맡기고 되는 대로 내버려 두는 것.

　말을 인공으로 기르느라고 말에게 인위적인 제약을 가하여 말은 얼마나 큰 피해를 입는지 모른다. 그처럼 사람들은 타고난 본성대로 살지 못하고 여러 가지 인위적인 제약으로 본성을 거슬러 올바로 살지 못한다는 것이다. '자연에 모든 것을 맡겨 되는 대로 내버려 두는 것[天放]'이 가장 올바로 사는 방법이라는 것이다.

2

　그러므로 지극한 덕으로 다스려지는 세상에서는 백성들의 행동이 신중하고 그들의 눈길은 한결같다. 이러한 시대에는 산에 오솔길도 나지 않고, 물 위에는 배도 다리도 없다. 만물이 무리를 이루어 살고, 그들이 사는 고장의 이웃하고만 접촉한다. 새와 짐승이 무리를 이루고 풀과 나무는 제대로 자란다. 그러므로 새나 짐승은 줄로 매어 끌고 다니며 놀 수가 있고, 새나 까치 둥우리로 기어올라가 들여다 볼 수도 있다.

　지극한 덕으로 다스려지는 세상에서는 함께 새나 짐승과 어울려 살고, 만물과 무리지어 다 같이 산다. 그러니 어찌 군자와 소인이 있음을 알겠는가? 다 같이 무지하여 그의 타고난 성질을 떠나지 않는다. 다 같이 욕망이 없으며, 이것을 소박함이라 말한다. 소박함으로써 백성들의 본성이 보전되는 것이다. 성인이 나와 애써 어짊을 행하고 힘써 의로움을 행하게 됨에 이르러 천하 사람들은 비로소 의심을 지니게 되었다. 터무니없는 음악을 작곡하고 번거로운 예의를 제정하게 되자, 천하 사람들이 비로소 분열되게 되었다.

　그러므로 나무의 순박함을 해치지 않고서야 누가 소머리를 조각한 술잔을 만들 수 있겠느냐? 흰 옥돌을 깨뜨리지 않고서야 누가 옥기玉

器를 만들 수 있겠느냐? 도와 덕이 무너지지 않았다면 어찌 어짊과 의로움을 주장하겠느냐? 본성과 진실함에서 떠나지 않았다면 어찌 예의와 음악을 쓸 필요가 있겠느냐? 다섯 가지 빛깔이 어지러워지지 않았다면 누가 육률六律을 맞추었겠느냐? 소박함을 해침으로써 연모를 만든 것은 장인匠人의 죄이다. 도덕을 무너뜨리고 어짊과 의로움을 내세운 것은 성인의 잘못이다.

| 원문 |

故至德之世, 其行塡塡,[1] 其視顚顚.[2] 當是時也, 山無蹊隧,[3] 澤無舟梁. 萬物羣生, 連屬其鄕.[4] 禽獸成羣, 草木遂長. 是故禽獸可係羈[5]而遊, 鳥鵲之巢, 可攀援[6]而闚.[7]

夫至德之世, 同與禽獸居, 族與萬物竝. 惡乎知君子小人哉? 同乎無知, 其德不離. 同乎無欲, 是謂素樸. 素樸而民性得矣. 及至聖人, 蹩躠[8]爲仁, 踶跂[9]爲義, 而天下始疑矣. 澶漫[10]爲樂, 摘僻[11]爲禮, 而天下始分矣.

故純樸不殘, 孰爲犧尊[12]? 白玉不毀, 孰爲珪璋[13]? 道德不廢, 安取仁

---

1 塡塡(진진) : 더딘 모양, 신중한 모양.
2 顚顚(전전) : 한결같은 모양.
3 蹊隧(혜수) : 좁은 길, 오솔길.
4 連屬其鄕(연속기향) : 사람이나 동물이나 자기 나라, 자기 집이 없이 '그가 사는 고장 바로 이웃하고만 접촉이 있었다'는 뜻.
5 係羈(계기) : 끈으로 붙들어 매는 것.
6 攀援(반원) : 잡고 기어 올라가는 것.
7 闚(규) : 들여다 보는 것.
8 蹩躠(별설) : 절름거리며 걷는 모양, 애써 행하는 모양.
9 踶跂(제기) : 급히 가는 모양, 서두르는 모양.
10 澶漫(단만) : 도에 지나친 것, 터무니없이 지나친 것.
11 摘僻(적벽) : 번거로운 것.
12 犧尊(희준) : 소 머리 모양의 술 그릇. 선조의 묘(廟)에서 제사지낼 때 쓴다.
13 珪璋(규장) : 서옥(瑞玉)과 반쪽 모양의 서옥. 옥으로 만든 기구들을 대표한 것임.

義? 性情不離, 安用禮樂? 五色不亂, 孰爲文采? 五聲不亂, 孰應六律? 夫殘樸[14]以爲器, 工匠之罪也. 毁道德以爲仁義, 聖人之過也.

| 해설 |

사람은 본성으로 소박하게 자연 속에 어울려 살아야 한다. 어짊과 의로움이나 음악과 예의를 찾는다는 것은 이미 소박한 사람의 본성이나 자연스러움에 어긋나는 것이므로 옳지 못한 일이라는 것이다. 성인이 어짊과 의로움을 주장했지만 그것은 올바른 '도'와 타고난 덕을 무너뜨리는 것이어서, 그것은 성인의 잘못이라는 것이다.

3

말이 마음껏 뛰어다니며 살고 있을 때에는 풀을 먹고 물을 마시며, 기쁘면 목을 서로 맞대고 비벼 대고, 성이 나면 등을 돌려 서로 걷어찬다. 말의 지혜란 이것뿐이었다. 그런데 말에게 멍에를 올려 놓고 굴레로써 제약을 가하게 되자, 말은 수레채를 비키고, 멍에를 떨쳐 버리고, 수레 포장을 물어 찢고, 재갈을 뱉어내고, 고삐를 물어 뜯을 줄 알게 되었다. 그러므로 말의 지혜를 도적처럼 교활하게 만든 것은 백락伯樂의 죄인 것이다.

혁서씨赫胥氏의 시대에는 백성들은 살면서도 무엇을 해야 할지 알지 못하였고, 걸어다니면서도 갈 곳을 알지 못하였다. 입에 음식을 문채로 즐거워하였고, 배를 두드리며 놀았다. 백성들의 능력은 이런 정도에 그쳤다. 성인이 나와 예의와 음악을 번거로이 하여 천하의 모양을 뜯어고쳤다. 어짊과 의로움을 내걸고 천하 사람들의 마음을 위로

---

14 殘樸(잔박) : 소박함을 무너뜨리다. 소박함을 해치다.

하려 하였다. 그러자 백성들은 비로소 일에 힘쓰면서 지혜를 좋아하고 다투어 이익을 추구하게 되었으나, 이를 금할 수가 없게 되었다. 이것도 역시 성인의 잘못인 것이다.

| 원문 |

夫馬, 陸[1]居, 則食草飮水, 喜則交頸[2]相靡,[3] 怒則分背相踶[4] 馬知已此[5]矣. 夫加之以衡扼,[6] 齊之以月題,[7] 而馬知介倪,[8] 闉扼[9] 鷙曼[10] 詭銜,[11] 竊轡.[12] 故馬之知而能至盜[13]者, 伯樂之罪也.

夫赫胥氏[14]之時, 民居不知所爲, 行不知所之. 含哺[15]而熙,[16] 鼓腹而遊. 民能已此矣. 及至聖人, 屈折禮樂, 以匡天下之形. 縣跂[17]仁義, 以慰天下之心. 而民乃始踶跂,[18] 好知, 爭歸於利, 不可止也. 此亦聖人之過也.

---

1 陸(육) : 날뛰는 것. 이 편 앞머리에서도 이 뜻으로 쓰임.
2 交頸(교경) : 목을 서로 맞대다.
3 相靡(상미) : 서로 비벼대는 것.
4 踶(제) : 발길로 걷어차는 것.
5 已此(이차) : 여기에 그치다.
6 衡扼(형액) : 멍에.
7 月題(월제) : 말의 이마에 대는 장식. 굴레라 번역해 두었다.
8 介倪(개예) : '예'는 예(輗)와 통하여(孫詒讓 說), 수레채를 멍에에 거는 것을 피하는 것.
9 闉扼(인액) : 목 위에 멍에를 얹는 것을 거부하는 것.
10 鷙曼(지만) : '지'는 지(鷙)와 통하여, 수레 포장을 물어 째는 것.
11 詭銜(궤함) : 재갈을 뱉어내는 것.
12 竊轡(절비) : 고삐를 물어뜯는 것.
13 至盜(지도) : 도적처럼 교활해지는 것.
14 赫胥氏(혁서씨) : 태고적의 제왕.
15 含哺(함포) : 입에 먹던 음식을 그대로 물고 있는 것.
16 熙(희) : 기뻐하는 것, 즐거워하는 것.
17 縣跂(현기) : 드러내놓는 것.
18 踶跂(제기) : 빨리 걷는 모양, 일에 힘쓰는 모양.

   말이 말을 잘 다루는 사람들에 의하여 교활해졌듯이, 사람들은 성인이 어짊과 의로움으로 본성을 잃게 함으로써 어지러워졌다는 것이다. 이러한 말의 비유는 앞 대목에서부터 계속되고 있다. 따라서 노자가 말했듯이 "아무것도 하지 않아도 사람들이 스스로 교화되도록" 하는 것이 이상적인 사회라는 것이다.

제10편

남의 상자를 열고 도둑질함
胠篋

  '거협(胠篋)'이란 남의 상자를 열고 물건을 도둑질하는 것. 이것도
이 편의 첫 구절에서 두 글자를 따온 것이다. 이 편에서는 『노자』에서
말한 "성인이 죽지 않으면 큰 도적도 없어지지 않는다"는 내용을 부연
하고 있다(王夫之 說). 자연의 본성에 거슬리는 어짊과 의로움은 오히
려 악한 자들을 이롭게 할 뿐이며 나라나 백성을 해친다는 것을 말하
고 있다.

1

상자를 열고 주머니를 뒤지며 궤짝을 여는 도적에 대비하기 위해서는 반드시 끈으로 꼭 묶고 고리에 자물쇠를 단단히 채워야 한다. 이것이 이른바 일반 세상의 지혜인 것이다. 그러나 큰 도적이 오면 곧 궤짝을 짊어지고 상자를 둘러메고 주머니째 들고 달아나면서, 오직 끈과 자물쇠와 고리가 견고하지 않은 것만을 걱정한다. 그러니 세상에서 말하는 지혜로운 사람이란 바로 큰 도적을 위하여 재물을 쌓아 놓는 꼴이 되지 않겠는가?

| 원문 |

將爲胠篋¹探囊發匱²之盜而爲守備, 則必攝³緘縢,⁴ 固扃鐍.⁵ 此世俗之所謂知也. 然而巨盜至, 則負匱揭篋擔囊而趨, 唯恐緘縢扃鐍之不固也. 然則鄕之所謂知者, 不乃爲大盜積者也?

| 해설 |

세상에는 나쁜 일을 하는 데도 큰 지혜를 가진 자들이 있다. 따라서 보통 사람들은 그를 대비하지만 결과는 그를 위하여 도와 주는 꼴이 되는 일이 많다는 것이다.

---

1 胠篋(거협) : 대나무로 만든 상자를 여는 것.
2 發匱(발궤) : 남의 궤짝을 여는 것.
3 攝(섭) : 붙들어 매는 것.
4 緘縢(함등) : 주머니나 상자 뚜껑을 매는 끈.
5 扃鐍(경휼) : 자물쇠와 고리.

2

　그러니 이 문제를 더 논해 보겠다. 세상의 이른바 지혜로운 사람이란 큰 도적을 위하여 재물을 쌓아놓는 사람이 아닌 이가 있는가? 이른바 성인이란 큰 도적을 잘 지켜 주는 사람이 아닌 이가 있는가?

　무엇으로써 그러함을 아는가? 옛날 제齊나라는 이웃 고을이 서로 바라보이고 닭과 개 소리가 서로 들리며, 고기 그물 새 그물이 쳐지는 곳과 쟁기와 괭이로 경작되는 땅이 사방 이천여 리나 되었다. 그리고 모든 사방 국경 안에 종묘宗廟와 사직社稷을 세우고 읍邑과 옥屋과 주州와 여閭와 마을들을 다스리는 방법이 어느 하나인들 성인을 본뜨지 않은 것이 있었는가? 그러나 전성자田成子가 하루 아침에 제나라 임금을 죽이고 그의 나라를 도둑질하였다. 도둑질한 것이 어찌 그 나라 뿐이겠는가? 그 성인의 지혜에서 나온 법까지도 아울러 도둑질하였다.

　그러므로 전성자는 도적이란 명칭은 붙여졌어도 몸은 요堯임금이나 순舜임금처럼 편안히 지냈다. 조그만 나라는 감히 그를 비난하지 못하여, 12대에 걸쳐 제나라를 통치하였다. 그러니 제나라와 아울러 그 성인의 지혜에서 나온 법까지도 훔침으로써 그 도적의 몸이 지켜지지 않았던가?

| 원문 |

　故嘗試論之. 世俗所謂知者, 有不爲大盜積者乎? 所謂聖者, 有不爲大盜守者乎?

　何以知其然邪? 昔者, 齊[1]國, 鄰邑相望, 雞狗之音相聞. 罔罟[2]之所布,

---

1 齊(제) : 제나라. 지금의 산동성(山東省) 북부에 있었다. 주나라 무왕(武王)이 강태공(姜太公)을 봉한 나라. 그러나 25대 뒤 전성자(田成子)가 나라를 빼앗아 전씨(田氏)의 나라

耒耨³之所刺,⁴ 方二千餘里. 闔四竟之內, 所以立宗廟社稷, 治邑屋州閭鄕曲⁵者, 曷嘗不法聖人哉? 然而田成子,⁶ 一旦殺齊君而盜其國. 所盜者, 豈獨其國邪? 並與其聖知之法而盜之.

故田成子有乎盜賊之名, 而身處堯舜之安. 小國不敢非, 大國不敢誅, 二十世有齊國. 則是不乃竊齊國, 並與其聖知之法, 以守其盜賊之身乎?

| 해설 |

세상에서 말하는 성인이란 결국 큰 도적의 보호자에 불과하다는 것이다. 그 보기로 전성자가 제나라를 도둑질하고 성인의 법도에 의하여 대대로 편히 도둑질한 제나라를 잘 통치했던 이야기를 하고 있다.

3

이에 대해 더 논해 보자. 세상에서 말하는 지극한 지혜로운 사람으로 큰 도적을 위하여 재물을 쌓지 않은 사람이 있던가? 이른바 지극한 성인으로 큰 도적을 지켜 주지 않은 이가 있던가?

무엇으로써 그러함을 아는가? 옛날에 용봉龍逢은 목이 잘리고, 비간比干은 가슴이 쪼개지고, 장홍萇弘은 배를 찢기고, 자서子胥는 강물에 던져졌다. 그러니 이 네 사람은 현명하였기 때문에 죽음을 면치 못

로 바뀌었다.
2 罔罟(망고) : 새 그물과 고기 그물.
3 耒耨(뇌누) : 쟁기와 괭이.
4 所刺(소자) : 경작되는 곳, 경작지.
5 邑屋州閭鄕曲(읍옥주려향곡) : 모두 마을 고을 등의 행정 구획 단위.
6 田成子(전성자) : 성은 전(田), 이름은 상(常). 춘추 시대 제나라 재상을 지내다 임금인 간공(簡公)을 죽이고 실권을 장악했다. 그러나 실제로 군주가 된 것은 그의 증손인 전화(田和) 때였다.

하였다고 할 수 있다.

그러므로 도척盜跖의 부하가 도척에게 물었다.

"도둑질에도 도가 있습니까?"

도척이 대답하였다.

"어디를 간들 도가 없을 수 있겠느냐? 남의 집안에 감추어져 있는 것을 마음대로 알아 맞추는 것은 성인이다. 남보다 먼저 들어가는 것은 용기이다. 남보다 뒤에 나오는 것은 의로움이다. 도둑질해도 되는가 안 되는가를 아는 것은 지혜이다. 고르게 나누어 갖는 것은 어짊이다. 이 다섯 가지를 갖추지 않고서 큰 도적이 될 수 있는 사람은 세상에 하나도 없다."

이로써 본다면 착한 사람도 성인의 도를 얻지 못하면 서지 못하고, 도척도 성인의 도를 얻지 못하면 행세하지 못한다. 천하에는 착한 사람은 적고 착하지 않은 사람은 많으니, 성인이란 천하를 이롭게 하는 점은 적고 천하를 해롭게 하는 점이 더 많은 자이다.

그러므로 "입술이 언청이면 이가 시리고, 노나라 술이 묽어 한단邯鄲이 포위당했다"고 하는 것이다. 성인이 생겨나자 큰 도적이 나왔다. 그러니 성인을 쳐 없애고 도적을 멋대로 버려 두면 천하는 비로소 다스려질 것이다. 냇물이 마르면 골짜기가 텅 비게 되고 언덕이 평평해지면 연못이 메이게 된다. 성인이 죽어 버리면 큰 도적이 생겨나지 않고 천하는 평화로워져 아무 탈도 없게 될 것이다. 성인이 죽어 버리지 않으면 큰 도적은 없어지지 않는다. 비록 성인을 존중하며 천하를 다스린다 하더라도 그것은 바로 도척을 존중하고 이롭게 해 주는 것이 된다.

| 원문 |

嘗試論之. 世俗之所謂至知者, 有不爲大盜積者乎? 所謂至聖者, 有

不爲大盜守者乎?

何以知其然邪? 昔者, 龍逢[1]斬, 比干[2]剖, 萇弘[3]胣,[4] 子胥[5]靡.[6] 故四子之賢, 而身不免乎戮.[7]

故跖之徒, 問於跖曰; 盜亦有道乎? 跖曰; 何適而無有道邪? 夫妄意[8]室中之藏, 聖也. 入先, 勇也. 出後, 義也. 知可否, 知也. 分均, 仁也. 五者不備, 而能成大盜者, 天下未之有也.

由是觀之, 善人不得聖人之道, 不立, 跖不得聖人之道, 不行. 天下之善人少, 而不善人多. 則聖人之利天下也少, 而害天下也多.

故曰; 唇竭[9]則齒寒, 魯酒薄而邯鄲圍.[10] 聖人生而大盜起. 掊擊[11]聖人, 縱舍[12]盜賊, 而天下始治矣. 夫川竭而谷虛, 丘夷[13]而淵實. 聖人已

---

1 龍逢(용봉) : 관용봉(關龍逢), 하(夏)나라 걸왕의 어진 신하. 걸왕의 폭정을 간하다 죽임을 당하였다.

2 比干(비간) : 상(商)나라 주왕의 삼촌. 사흘을 연이어 주왕의 폭정을 간하자 주왕은 "성인의 심장에는 일곱 개의 구멍이 있다니 정말인가 보자" 하면서 가슴을 찢어 심장을 꺼내 보았다 한다.

3 萇弘(장홍) : 주(周)나라의 어진 대부. 영왕(靈王)의 그릇된 정치를 간하다 처형되었다 한다(『拾遺記』).

4 胣(이) : 배를 째 창자가 끊기는 것.

5 子胥(자서) : 성은 오(伍), 이름은 원(員), 자서는 그의 자이다. 오나라를 위해 큰 공을 세웠으나 뒤에 월나라와의 강화를 반대하다 모함을 받고 자결했다.

6 靡(미) : 멸(滅), 몰(沒)과 뜻이 통하여, '강물에 몸을 던지는 것'(武延緖 說).

7 戮(육) : 죽다, 죽임을 당하다.

8 妄意(망의) : 뜻대로 알아맞추는 것.

9 唇竭(순갈) : 입술이 없는 언청이.

10 魯酒薄而邯鄲圍(노주박이한단위) : 노나라 술이 묽었던 결과로 조(趙)나라 수도 한단이 포위당하다. 초(楚)나라 선왕(宣王)이 제후들을 내조(來朝)케 했을 때 노(魯)나라 공공(恭公)이 뒤늦게 온 데다가 바친 술이 묽어 맛이 없었다. 선왕은 노하여 노나라를 쳤다. 한편 양(梁)나라 혜왕(惠王)은 조나라를 치려 벼르고 있었는데, 초나라가 노나라를 도울까 두려워 뜻을 이루지 못하고 있다가, 초나라가 노나라를 치느라 정신이 팔린 기회를 이용하여 조나라를 공격하여 그 수도 한단을 포위하였다(陸德明 說). 원인은 노나라 술이었지만 결과는 조나라 도읍이 포위당한 것이다.

11 掊擊(부격) : 치는 것. 쳐 없애는 것.

12 縱舍(종사) : 멋대로 버려 두다.

死, 則大盜不起, 天下平而無故矣. 聖人不死, 大盜不止. 雖重聖人而治
天下, 則是重利盜跖也.

| 해설 |

도적들도 결국 성인들이 말하는 '도'를 따라 도둑질을 하므로 성인이란
도적들의 보호자이다. 성인이 없어져야 도적도 없어져 세상이 평화로워
진다는 것이다.

4

세상을 위하여 말과 되를 만들어 헤아리면 곧 말과 되를 아울러 쓰
며 도적질하게 된다. 세상을 위하여 저울을 만들어 무게를 달면 곧 저
울을 아울러 쓰며 도적질하게 된다. 세상을 위하여 부신符信과 도장을
만들어 그것을 믿게 하면 곧 부신과 도장을 아울러 쓰며 도적질하게
된다. 세상을 위하여 어짊과 의로움으로써 그릇됨을 바로잡으려 하면
곧 어짊과 의로움을 아울러 쓰며 도적질하게 된다.

무엇으로 그러함을 아는가? 허리띠 고리를 훔친 자는 처형을 당하
지만 나라를 도적질한 자는 제후가 된다. 제후의 문 안에는 어짊과 의
로움이 존재한다. 그러니 이것은 어짊과 의로움과 성인의 지혜까지
도적질한 것이 아닌가? 그러므로 큰 도적의 방법을 따라 제후가 일어
나게 되는 것이다. 어짊과 의로움과 되와 말과 저울 및 부신과 도장의
편리함을 아울러 써서 훔치는 짓은, 비록 높은 벼슬을 내리는 상으로
도 막을 수가 없는 것이며, 도끼의 위협으로도 금할 수가 없는 일이
다. 이처럼 도척을 매우 이롭게 하면서도 그것을 금지시킬 수 없는 것

---

13 夷(이) : 평평해지는 것.

은 바로 성인의 잘못 때문인 것이다.

| 원문 |

爲之斗斛[1]以量之, 則幷與斗斛而竊之. 爲之權衡[2]以稱[3]之, 則幷與權衡而竊之. 爲之符璽[4]以信之, 則幷與符璽而竊之. 爲之仁義以矯[5]之, 則幷與仁義而竊之.

何以知其然邪? 彼竊鉤[6]者誅, 竊國者爲諸侯. 諸侯之門, 而仁義存焉. 則是非竊仁義聖知邪? 故逐[7]於大盜, 揭[8]諸侯. 竊仁義, 幷斗斛權衡符璽之利者, 雖有軒冕[9]之賞, 弗能勸. 斧鉞[10]之威, 弗能禁. 此重利盜跖, 而使不可禁者, 是乃聖人過也.

| 해설 |

제후는 성인의 법도를 따라 나라까지 훔쳐 영화를 누린다. 이처럼 큰 도적을 이롭게 만든 것은 성인의 잘못이라는 것이다.

---

1 斗斛(두곡) : 일곡은 열 말[斗]임.
2 權衡(권형) : 저울.
3 稱(칭) : 무게를 다는 것.
4 符璽(부새) : 부신(符信)과 옥새(玉璽). 부신은 옛날의 신분 증명의 일종이며, 옥새는 임금의 도장.
5 矯(교) : 잘못을 바로잡다.
6 鉤(구) : 허리띠의 고리.
7 逐(축) : 뒤쫓다, 뒤따르다.
8 揭(계) : 일어서다, 일어나다.
9 軒冕(헌면) : 큰 수레와 면류가 달린 관. 여기서는 '높은 벼슬'을 뜻한다.
10 斧鉞(부월) : 둘 다 무기로 쓰는 도끼임.

5

그러므로 "물고기는 연못을 벗어나면 안 되고, 나라의 편리한 기구
器具는 남에게 보여서는 안 된다"고 한 것이다. 성인이란 세상의 편리
한 기구인 것이다. 그러니 세상에 밝게 드러낼 것이 못 된다. 그러므
로 성인을 없애고 지혜를 버리면 큰 도적이 없어질 것이다. 옥을 내던
지고 진주를 깨어 버리면 작은 도적이 생기지 않을 것이다. 부신을 태
워 버리고 도장을 부숴 버리면 백성들이 순박해질 것이다. 말을 쪼개
고 저울을 분질러 버리면 백성들이 다투지 않게 될 것이다. 천하의 성
인과 법을 없애 버려야만 백성들은 비로소 함께 토론할 만하게 될 것
이다.

음악의 음계도 어지럽히고, 악기들을 태워 없애고, 사광師曠 같은
음악가의 귀를 막아 버려야만 세상 사람들은 비로소 귀가 밝아질 것
이다. 무늬를 없애고, 다섯 가지 채색을 흩뜨리고, 이주離朱 같은 이의
눈을 붙여 놓아야만 세상 사람들은 비로소 눈이 밝아질 것이다. 갈고
리와 먹줄을 부숴 버리고, 그림쇠와 굽은 자를 내버린 다음 공수工倕
같은 사람의 손가락을 비틀어 버려야만 세상 사람들은 비로소 재주가
교묘해질 것이다. 그러므로 "위대한 기교는 졸렬한 듯이 보인다"고
했던 것이다. 증삼曾參과 사추史鰌의 행실을 깎아 버리고, 양자楊子와
묵자墨子의 입을 틀어막고 어짊과 의로움을 내던져 버려야만 세상 사
람들의 덕은 비로소 현묘玄妙한 도와 함께 어울리게 될 것이다.

사람들이 정말로 눈이 밝아지면 세상에는 눈부셔 보이지 않는 것이
없게 될 것이다. 사람들이 정말로 귀밝게 되면 세상에는 들리지 않아
걱정되는 일이 없게 될 것이다. 사람들이 정말로 지혜롭게 된다면 세
상에는 미혹되는 일이 없게 될 것이다. 사람들이 정말로 덕을 지니게
된다면 세상에는 편벽된 것이 없게 될 것이다. 저 증삼·사추·양자·
묵자·사광·공수·이주 같은 사람들이란 모두 겉으로만 자기의 덕을

내세워 온 세상을 눈부시고 어지럽게 만든 사람들이다. 올바른 법도에 있어서는 아무 소용도 없는 사람들이다.

| 원문 |

故曰;¹ 魚不可脫於淵, 國之利器, 不可以示人. 彼聖人者, 天下之利器也, 非所以明天下也. 故絶聖棄知, 大盜乃止. 擿²玉毀珠, 小盜不起. 焚符破璽, 而民朴鄙.³ 掊⁴斗折衡, 而民不爭. 殫殘⁵天下之聖法, 而民始可與論議.

擢亂⁶六律, 鑠絶⁷竽瑟.⁸ 塞瞽曠⁹之耳, 而天下始人含其聰矣. 滅文章, 散五采, 膠離朱之目, 而天下始人含其明矣. 毀絶鉤繩, 而棄規矩, 攦¹⁰工倕¹¹之指, 而天下始人有其巧矣. 故曰; 大巧若拙.¹² 削曾史¹³之行, 鉗¹⁴楊墨¹⁵之口, 攘棄仁義, 而天下之德, 始玄同¹⁶矣.

---

1 故曰(고왈) : 이 말은『노자』에 보임.
2 擿(척) : 내버리다, 내던지다.
3 朴鄙(박비) : 소박한 것, 소박하고 천한 것.
4 掊(부) : 치다, 부수다.
5 殫殘(탄잔) : 없애다, 부숴 버리다.
6 擢亂(탁란) : 뽑아내어 어지럽히는 것.
7 鑠絶(삭절) : 태워 없애는 것.
8 竽瑟(우슬) : '우'는 관악기, '슬'은 현악기.
9 瞽曠(고광) : 장님 사광(師曠).
10 攦(열) : 비틀다.
11 工倕(공수) : 옛날의 유명했던 목수 이름.
12 大巧若拙(대교약졸) : 이것도『노자』에서 인용한 말임.
13 曾史(증사) : 증삼(曾參)과 사추(史鰌). 어짊과 의로움을 실천한 유가의 대표적 인물로 이들을 든 것임.
14 鉗(겸) : 입을 틀어막는 것.
15 楊墨(양묵) : 양자(楊子)와 묵자(墨子). 양자는 극단적으로 자기만을 위하면 된다는 위아주의(爲我主義), 묵자는 반대로 극단적으로 남들을 모두 똑같이 사랑해 주어야 한다는 겸애주의(兼愛主義)를 내세운 사상가임.

彼人含其明, 則天下不鑠[17]矣. 人含其聰, 則天下不累矣. 人含其知, 則天下不惑矣. 人含其德, 則天下不僻矣. 彼曾史楊墨, 師曠工倕離朱者, 皆外立其德, 而以爚亂[18]天下者也. 法之所無用也.

| 해설 |

여기서도 계속하여 성인의 법도나 인위적인 도덕 및 기교가 세상을 어지럽히는 장본임을 주장하고 있다.

6

그대만이 홀로 지극한 덕이 행해지던 세상을 알지 못하는가? 옛날에 용성씨容成氏·대정씨大庭氏·백황씨伯皇氏·중앙씨中央氏·율륙씨栗陸氏·여축씨驪畜氏·헌원씨軒轅氏·혁서씨赫胥氏·존로씨尊盧氏·축융씨祝融氏·복희씨伏戲氏·신농씨神農氏의 시대가 있었다. 그 시대에는 새끼에 매듭을 지어 기호로 사용하였으며, 먹는 음식을 달게 먹고, 입는 옷을 아름답게 여겼고, 자기네 풍속을 즐겼고, 그들의 거처에서 편안히 지냈다. 이웃이 서로 바라보였고, 이웃의 닭과 개의 소리가 서로 들렸다. 백성들은 늙어 죽을 때까지 서로 내왕도 하지 않았다. 이러한 시대야말로 지극히 잘 다스려지던 때라 할 것이다.

지금은 마침내 백성들로 하여금 목을 빼고 발돋움하고 기다리다가 "어디어디에 현명한 사람이 있다"고 말하기만 하면 양식을 싸 짊어지고 그에게로 달려가도록 되었다. 그러니 안으로는 그의 어버이를 버

---

16 玄同(현동) : 현묘한 도와 같아지는 것. 『노자』에 보이는 말.
17 鑠(삭) : 눈이 부신 것.
18 爚亂(약란) : 눈부시게 하고 어지럽게 하는 것.

리고, 밖으로는 그의 임금 섬기는 일을 버리는 것이 된다. 그들의 발자취는 제후들의 국경을 연잇게 되고, 그들의 수레바퀴 자국은 천 리 밖에까지 연이어지게 된다. 이것은 곧 임금이 지혜를 좋아하는 데서 생긴 잘못인 것이다. 임금이 정말로 지혜만 좋아하고 도를 알지 못하면 천하는 크게 혼란에 빠진다.

무엇으로써 그러함을 아는가? 활·쇠뇌·그물·주살·덫·올가미 등의 지혜가 많게 되자, 곧 새들은 하늘 위를 어지럽게 날게 되었다. 낚시·미끼·그물·전지그물·투망·통발 등의 지혜가 많아지자, 곧 물고기들은 물 속을 어지러이 헤엄치게 되었다. 덫·함정·그물 등의 지혜가 많아지자, 곧 짐승들은 늪 속을 어지러이 뛰어다니게 되었다. 지혜·거짓·속임수·원한·위선·교활·궤변·논쟁·의견의 차이 등이 많아지자, 곧 세상의 습속은 이론에 미혹되게 되었다. 그러므로 세상은 언제나 크게 어지러운데, 그 죄는 지혜를 좋아하는 점에 있는 것이다.

그런데 세상 사람들은 모두 그가 알지 못하는 일은 추구할 줄 알면서도, 그가 이미 알고 있는 일은 추구할 줄 모른다. 모두 그가 좋지 않다고 생각하는 일은 비난할 줄 알면서도, 그가 이미 좋다고 생각한 일에 대해서는 비난할 줄 모른다. 그래서 크게 어지러워지는 것이다. 그래서 위로는 해와 달의 밝음을 어기고, 아래로는 산과 내의 정화精華를 녹여 버리고, 가운데로는 사철의 변화를 무너뜨렸다. 숨쉬며 움직이는 벌레나 날아다니는 새들에 이르기까지 모두가 그의 본성을 잃게 되었다. 심하도다, 지혜를 좋아하는 것이 이토록 천하를 어지럽히게 되다니!

하夏·은殷·주周의 삼대三代 이후론 언제나 그러하였다. 농사 짓는 백성들은 버리고 교활하고 간사한 자들을 좋아하며, 고요한 무위無爲는 버리고 남을 속이는 마음을 기뻐하는데, 그러한 거짓은 이미 천하를 어지럽히기에 충분한 것이다.

| 원문 |

子獨不知至德之世乎? 昔者容成氏,[1] 大庭氏, 伯皇氏, 中央氏, 栗陸氏, 驪畜氏, 軒轅氏, 赫胥氏, 尊盧氏, 祝融氏, 伏戲氏, 神農氏. 當是時也, 民結繩[2]而用之, 甘其食, 美其服, 樂其俗, 安其居. 鄰國相望, 雞狗之音相聞, 民至老死, 而不相往來. 若此之時, 則至治已.

今遂至使民延頸擧踵,[3] 曰; 某所有賢者, 贏糧[4]而趣之, 則內棄其親, 而外去其主之事. 足跡接乎諸侯之境, 車軌結乎千里之外. 則是上好知之過也. 上誠好知而無道, 則天下大亂矣.

何以知其然邪? 夫弓弩[5]畢[6]弋[7]機[8]變[9]之知多, 則鳥亂於上矣. 鈎[10]餌[11]罔[12]罟[13]罾[14]笱[15]之知多, 則魚亂於水矣. 削格[16]羅落[17]罝罘[18]之知

---

1 容成氏(용성씨) : 이하 신농씨(神農氏)에 이르기까지 열두 명은 모두 옛날의 제왕 이름.
2 民結繩(민결승) : 백성들이 새끼줄에 매듭을 지어 문자처럼 기호로 썼다. 여기서부터 뒤의 '불상왕래(不相往來)'에 이르기까지는 『노자』에도 보이는 글임.
3 延頸擧踵(연경거종) : 목을 길게 빼고 발돋움하여 무엇을 기다리는 모양.
4 贏糧(영량) : 양식을 싸다.
5 弩(노) : 쇠뇌.
6 畢(필) : 새 그물.
7 弋(익) : 주살, 줄이 달린 화살.
8 機(기) : 덫.
9 變(변) : 짐승 그물, 올가미.
10 鈎(구) : 낚시.
11 餌(이) : 미끼.
12 罔(망) : 그물.
13 罟(고) : 전지 그물. 대가 달린 그물.
14 罾(증) : 그물의 일종.
15 笱(구) : 고기 잡는 통발,
16 削格(삭격) : 덫.
17 羅落(나락) : 함정.
18 罝罘(저부) : 짐승 그물.

多, 則獸亂於澤矣. 知詐漸¹⁹毒²⁰頡²¹滑堅白解垢²²同異之變多, 則俗惑於辯矣. 故天下每每²³大亂, 罪在於好知.

故天下皆知求其所不知, 而不知求其所已知者. 皆知非其所不善, 而不知非其所已善者. 是以大亂. 故上悖日月之明, 下爍²⁴山川之精, 中墮四時之施. 惴耎²⁵之蟲, 肖翹²⁶之物, 莫不失其性. 甚矣夫, 好知之亂天下也.

自三代以下者, 是已. 舍夫種種²⁷之機,²⁸ 而悅夫役役²⁹之佞.³⁰ 釋夫恬淡³¹無爲, 而悅夫啍啍³²之意. 啍啍已亂天下矣.

| 해설 |

여기서도 성인이나 지혜는 세상을 어지럽히는 장본임을 말하고 있다. 태고적 백성들이 순박하던 시대를 예로 든 것은 지혜의 발달이 바로 사회의 혼란의 원인임을 증명하기 위한 것이다. 문명이 발달할수록 인류는 전체적으로 문명 때문에 생긴 위협 또는 위기 의식을 강하게 받고 있는 것도 사실이다.

---

19 漸(점) : 속임수(王引之 說).
20 毒(독) : 원한, 원망.
21 頡(힐) : 할(黠)과 통하여, 위선.
22 解垢(해구) : 말다툼, 논쟁.
23 每每(매매) : 언제나.
24 爍(삭) : 불로 녹이는 것.
25 惴耎(췌연) : 숨쉬고 움직이는 것(奚侗 說).
26 肖翹(초요) : 높이 날아다니는 것.
27 種種(종종) : 곡물을 심다. 농사를 짓다.
28 機(기) : 민(民)의 잘못(奚侗 說).
29 役役(역역) : 교활한 모양.
30 佞(영) : 간사한 자, 간악한 자.
31 恬淡(염담) : 담담한 것, 고요한 것.
32 啍啍(톤톤) : 자기를 위해 남을 속이는 모양.

제11편

있는 그대로 버려둠

在宥

　'재유(在宥)'란 편명은 역시 이 편의 첫 구절에서 따온 것인데, '있는 그대로 내버려 둔다'는 뜻이다. 이 편에도 노자의 설을 부연한 부분이 많고, '무위'의 다스림을 논하면서 사람들에게 모든 것을 있는 그대로 받아들일 것을 가르치고 있다. 그러나 신선 사상과 법가의 이론 같은 것도 섞여 있는 곳이 있으니 이 글은 장자가 직접 쓴 것이 아닌 듯하다는 견해가 지배적이다. 그러나 전편의 논리는 비교적 뚜렷한 편이다.

1

 듣건대 천하는 있는 그대로 내버려 두어야지 다스려서는 안 된다고
한다. 천하를 있는 그대로 두는 것은 천하 사람들이 그들의 본성을 잃
게 될까 두렵기 때문이다. 천하를 내버려 두는 것은 천하 사람들이 그
들의 타고난 덕이 바뀔까 두렵기 때문이다. 천하 사람들이 그들의 본
성을 잃지 않고 그들의 타고난 덕이 바뀌지 않는데도 천하를 다스리
려고 할 사람이 있겠는가?

 옛날 요堯임금이 천하를 다스릴 때에는 천하 사람들로 하여금 기꺼
워하면서 누구나 다 그의 본성을 즐기도록 하였다. 이것은 고요히 둔
것은 아니다. 걸왕桀王이 천하를 다스릴 때에는 천하 사람들로 하여금
누구나 그의 본성을 지키기에 괴로움을 당하도록 하였다. 이것은 즐
기도록 둔 것은 아니다. 고요히 두지 않은 것이나 즐기도록 두지 않은
것은 모두가 타고난 덕에 어긋나는 것이다. 타고난 덕에 어긋나면서
도 오래 갈 수 있는 것이란 천하에는 없다.

 사람이 크게 기뻐하면 양陽으로 치우치게 되며, 크게 노하면 음陰으
로 치우치게 된다. 음이나 양으로 다 같이 치우쳐지면 사철이 제대로
오지 않고 추위와 더위의 조화가 이루어지지 않는다. 음과 양이 어긋
나면 사람들의 몸을 상하게 한다. 사람들로 하여금 기쁨과 노여움의
도를 잃게 하고, 사는 곳이 일정치 않게 만들고, 생각이 제대로 되지
않게 하고, 도에 알맞는 조화를 이루지 못하게 한다. 그렇게 되면 온
세상 사람들의 뜻도 고르지 않고 행동도 고르지 않게 되어, 도척盜跖
이나 증삼曾參과 사추史鰍 같은 행실이 생겨나게 되는 것이다. 그렇게
되면 온 세상에서 가장 좋은 것으로 선한 사람들에게 상을 준다 해도
선을 행하도록 할 수가 없고, 온 세상에서 가장 위협적인 방법으로 악
한 사람들에게 벌을 준다 해도 그들의 악을 막을 수 없게 된다. 그러
므로 세상이 크다고는 하지만 상과 벌로만 다스릴 수는 없는 것이다.

하夏·은殷·주周의 삼대三代 이후로는 시끄럽게 내내 상벌로 다스리는 것을 일삼았으니, 그의 본성과 운명의 진실함에 편안히 지낼 겨를이 어디에 있었겠는가?

또한 눈밝은 것을 좋아한 결과 색깔에 빠지게 되었고, 귀 밝은 것을 좋아한 결과 소리에 빠지게 되었고, 어짊을 좋아한 결과 덕을 어지럽히게 되었고, 의로움을 좋아한 결과 의리에 어긋나게 되었고, 예의를 좋아한 결과 겉치레에 자신을 잃게 되었고, 음악을 좋아한 결과 음탕함에 자신을 잃게 되었고, 성인을 좋아한 결과 재주에 자신을 잃게 되었고, 지혜를 좋아한 결과 남의 허물 찾기에 자신을 잃게 되었다.

온 천하가 그의 본성과 운명의 진실함에 편안하려면 이상 여덟 가지의 것은 있어도 좋고 없어도 좋은 것들이다. 온 천하가 그의 본성과 운명의 진실함에 편안하지 않으려면 이 여덟 가지 것들이 곧 엉키고 뒤섞이면서 천하를 어지럽히는 것이다. 그러면 온 천하가 비로소 그것들을 존중하고 아끼게 되는 것이다. 심하다, 천하의 미혹됨이여! 어찌 그대로 지나가는 대로 가게 버려 둘 수 있겠는가? 그들은 재계를 하고서 그에 관한 얘기를 하고, 무릎 꿇고 바로 앉아 그것들을 전하면서, 그것을 북치고 노래하며 춤출 정도로 좋아하고 있으니, 우리가 이것을 어찌할 수 있겠는가?

| 원문 |

聞在宥[1]天下, 不聞治天下也. 在之也者, 恐天下之淫其性也. 宥之也者, 恐天下之遷其德也. 天下不淫其性, 不遷其德, 有治天下者哉?

昔堯之治天下也, 使天下欣欣[2]焉, 人樂其性. 是不恬[3]也. 桀之治天下

---

1 在宥(재유) : 있는 그대로 내버려 두는 것, 자연에 맡겨 두는 것.
2 欣欣(흔흔) : 기뻐하는 모양.

260

也, 使天下瘁瘁⁴焉, 人苦其性. 是不愉⁵也. 夫不恬不愉, 非德也. 非德也
而可長久者, 天下無之.

　人大喜邪, 毗於陽. 大怒邪, 毗⁶於陰. 陰陽並毗, 四時不至, 寒暑之和
不成, 其反⁷傷人之形乎! 使人喜怒失位, 居處無常, 思慮不自得, 中道
不成章. 於是乎天下始喬詰⁸卓鷙⁹而後有盜跖曾史之行. 故擧天下以賞
其善者, 不足. 擧天下以罰其惡者, 不給. 故天下之大, 不足以賞罰. 自
三代以下者, 匈匈焉,¹⁰ 終以賞罰爲事, 彼何暇安其性命之情¹¹哉?

　而且說明邪, 是淫於色也. 說聰邪, 是淫於聲也. 說仁邪, 是亂於德也.
說義邪, 是悖於理也. 說禮邪, 是相¹²於技¹³也. 說樂邪, 是相於淫也. 說
聖邪, 是相於藝也. 說知邪, 是相於疵¹⁴也.

　天下將安其性命之情, 之八者, 存可也, 亡可也. 天下將不安其性命之
情, 之八者, 乃始臠卷¹⁵傖囊¹⁶而亂天下也. 而天下乃始尊之, 惜之. 甚
矣, 天下之惑也! 豈直過也而去之邪? 乃齊戒¹⁷以言之, 跪坐¹⁸以進之,
鼓歌以儛¹⁹之. 吾若是何哉?

3　恬(념) : 고요한 것.
4　瘁瘁(췌췌) : 병들어 괴로워하는 모양.
5　愉(유) : 기뻐함, 즐거워함.
6　毗(비) : 한 편만 강조되는 것, 치우치는 것.
7　其反(기반) : 그것이 반대가 되다, 음과 양이 서로 어긋나는 것.
8　喬詰(교힐) : 뜻이 고르지 못한 것.
9　卓鷙(탁지) : 행동이 고르지 못한 것.
10　匈匈焉(흉흉언) : 시끄러운 모양.
11　情(정) : 성(誠)과 통하여 진실함, 참됨.
12　相(상) : 여럿이 어울려 다 같이 자신을 잃는 것(王夫之 說).
13　技(기) : 겉치레하는 기술.
14　疵(자) : 흠, 결점, 남의 흠을 찾는 것.
15　臠卷(연권) : 엉켜드는 것, 엉기는 것.
16　傖囊(창낭) : 뒤섞이는 것.
17　齊戒(재계) : '재'는 재(齋)와 통하여, 재계하는 것.
18　跪坐(궤좌) : 무릎을 꿇고 앉는 것.
19　儛(무) : 무(舞)와 같은 자, 춤추다.

천하는 있는 그대로 버려 두어야만 될 터인데도, 사람들은 인위적으로 다스리려 한다. 그 결과 총명함·어짊·의로움·예의·음악·성인·지혜 같은 것을 내세우고 존중하게 되어 세상을 더욱 혼란 속에 빠뜨리고 있다는 것이다.

2

그러므로 군자가 부득이하여 천하를 다스리게 되었다면 무위無爲한 것보다 더 좋은 방법은 없다. 무위하여야만 사람의 본성과 운명의 진실함에 편안할 수가 있는 것이다. 그러므로 그의 몸을 천하를 다스리는 것보다 귀하게 여기는 사람에게는 천하를 맡겨도 괜찮다. 자기 몸을 천하를 다스리는 것보다 사랑하는 사람에게는 천하를 다스리게 해도 괜찮다.

그러므로 군자는 진실로 오장五臟에 깃든 생명을 흩뜨리지 않고, 그의 귀밝음과 눈밝음을 드러내지 않는다. 조용하고 깨끗이 지내지만 그의 덕은 용처럼 나타나고, 심연처럼 침묵을 지키지만 우레 같은 위세를 나타낸다. 신묘神妙하게 움직이면서 자연의 변화를 따르고, 조용히 무위하게 지내지만 만물은 저절로 잘 다스려진다. 내가 또 어찌 천하를 다스릴 겨를이 있겠는가?

| 원문 |

故君子不得已而臨蒞[1]天下, 莫若無爲. 無爲也, 而後安其性命之情. 故貴以身於爲天下,[2] 則可以託[3]天下. 愛以身於爲天下, 則可以寄[4]天下.

---

1 臨蒞(임리) : 임하다, 다스리다.

故君子苟能無解[5]其五藏,[6] 無擢其聰明. 尸居[7]而龍見, 淵默而雷聲, 神動而天隨, 從容無爲, 而萬物炊累[8]焉. 吾又何暇治天下哉?

| 해설 |

천하는 인위적으로 다스릴 것이 아니라 아무런 작위도 가하지 말고 무위함으로써 그대로 버려 두어야만 한다는 이야기이다.

3

최구崔瞿가 노자에게 물었다.

"천하를 인위적으로 다스리지 않고 어떻게 인심을 선도한다는 것입니까?"

노자가 말하였다.

"그대는 삼가 인심을 교란시키지 말라. 인심이란 아랫사람을 밀쳐 내고 위로 올라가려 하는 것이다. 윗사람과 아랫사람은 서로 구속하고 서로 해치려 한다. 부드러움은 억세고 강한 것을 유하게 만드는데, 사람들은 모나고 날카롭게 깎고 쪼으려고만 한다. 뜨겁게 달아오르면 타오르는 불길 같고, 차갑게 식으면 꽁꽁 언 얼음 같게 된다. 마음의 빠르기는 잠깐 사이에 이 세상 밖을 두 번 도는 정도이다. 가만히 있을 적에는 심연처럼 고요하지만, 움직이기 시작하면 하늘로 날아오른

---

2 爲天下(위천하) : 천하를 다스리는 것.
3 託(탁) : 맡기다.
4 寄(기) : 기탁하다, 다스리게 하다.
5 解(해) : 흩뜨리다.
6 五藏(오장) : 사람의 오장 속에 깃들여 있는 생명.
7 尸居(시거) : 조용히 지내는 것.
8 炊累(취루) : 먼지가 스스로 움직이는 모양, 자연스럽게 다스려지는 모양.

다. 성이 났다 뽐냈다 하여 잡아매 둘 수가 없는 것이 인심인 것이다."

| 원문 |

崔瞿[1]問於老聃曰; 不治天下, 安臧[2]人心? 老聃曰; 女愼無攖[3]人心.
人心, 排下而進上. 上下, 囚殺.[4] 淖約,[5] 柔乎剛强. 廉劌,[6] 彫琢.[7] 其熱焦
火, 其寒凝冰 其疾, 俛仰之間,[8] 而再撫[9]四海之外. 其居也, 淵而靜, 其
動也, 縣[10]而天. 僨驕[11]而不可係者, 其唯人心乎!

| 해설 |

여기서는 노자가 인심은 종잡을 수도 없이 변화가 많은 것임을 설명하
고 있다.

4

옛날에 황제黃帝가 처음으로 어짊과 의로움으로써 사람들의 마음
을 교란하였다. 그래서 요임금과 순임금은 넓적다리에는 살이 없고
정강이에는 털이 붙어 있지 못할 정도로 애쓰며 천하 사람들의 육체

---

1 崔瞿(최구) : 노자의 제자인 듯하다.
2 臧(장) : 착함, 선도함.
3 攖(영) : 어지럽히다, 교란시키다.
4 囚殺(수살) : 서로 구속하고 서로 해치는 것.
5 淖約(작약) : 작(淖)은 작(綽)과 통하여, 부드러운 것, 아리따운 것.
6 廉劌(염궤) : 모가 나고 날카로운 것.
7 彫琢(조탁) : 밖의 물건을 자기 멋대로 깎고 다듬으려 드는 것.
8 俛仰之間(면앙지간) : 몸을 굽혔다 젖혔다 하는 사이, 짧은 동안.
9 再撫(재무) : 두 번 도는 것.
10 縣(현) : 멀리 가다, 날아오르다.
11 僨驕(분교) : '분'은 분(憤)과 통하여, 성을 내고 또 교만하게 구는 것.

를 양육해 주었다. 그의 온 몸으로 걱정하면서 어짊과 의로움을 행하였다. 그의 혈기를 쇠약케 하면서 사람들을 위한 법도를 제정하였다. 그러나 뜻대로 잘 되지 않았다. 요임금은 이에 환두讙兜를 숭산崇山으로 쫓아내고, 삼묘三苗를 삼위산三峗山으로 추방하고, 공공共工을 유도幽都로 귀양보내야만 하였다. 이것은 천하가 뜻대로 다스려지지 않았기 때문이었다.

하·은·주의 삼대로 오면서 천하는 크게 어지러워졌다. 아래로는 걸왕과 도척이 있었고, 위로는 증삼과 사추가 있었으며, 유가와 묵가들이 한꺼번에 생겨났다. 이에 기뻐하고 노여워하면서 서로를 의심하고 어리석은 자와 지혜 있는 자들이 서로를 속이고, 훌륭하다든가 그렇지 않다고 하면서 서로 비난하고, 거짓이니 참말이니 하면서 서로 헐뜯게 되어, 천하가 쇠퇴하였다. 사람들의 참된 위대한 덕은 변하여 서로 다르게 되고, 타고난 본성과 운명이 혼란해졌다. 온 천하가 지혜를 좋아하게 되자 백성들은 혼란을 일으키게 되었다. 이에 도끼와 톱으로 자르고, 먹줄로 바로잡아 주고, 망치와 끌로써 쪼개 주어야만 하게 되었다. 온 천하는 뒤범벅이 되어 크게 어지러워졌는데, 그 잘못은 인심을 교란한 데에 있었다. 그러므로 현명한 사람들은 큰 산 험한 바위 아래 숨어 살게 되었고, 천자만이 묘당廟堂에서 걱정하고 두려워하며 지내게 된 것이다.

지금 세상에는 목 잘려 죽은 시체가 쌓여 가고, 형틀에 매인 자들이 줄을 잇고, 형벌을 받은 자들이 수두룩하게 되었다. 그래서 유가와 묵가들이 곧 형틀 사이를 돌아다니면서 팔을 휘저으며 자기 주장을 드러내기 시작하였다. 아, 심하도다! 그들은 부끄러워하지도 않고 수치도 모르고 있으니, 너무하다! 우리는 성스러움과 지혜가 사람을 구속하는 형틀이 되고, 어짊과 의로움이 사람 손발을 얽매는 형틀이 되지 않는 것이라고 잘못 알고 있었던 것이다. 증삼과 사추가 걸왕이나 도척의 선도자가 되지 않았다고 어찌 알 수가 있었겠는가? 그러므로 "성인을 내치고 지혜를 버리면 천하가 크게 다스려진다"고 한 것이다.

| 원문 |

昔者, 皇帝始以仁義攖人之心. 堯舜於是乎股無胈,[1] 脛無毛, 以養天下之形. 愁其五藏,[2] 以爲仁義. 矜[3]其血氣, 以規法度. 然猶有不勝也. 堯於是放讙兜[4]於崇山,[5] 投三苗[6]於三峗,[7] 流共工[8]於幽都, 此不勝天下也. 夫施[9]及三王,[10] 而天下大駭[11]矣. 下有桀跖, 上有曾史, 而儒墨畢起. 於是乎喜怒相疑, 愚知相欺, 善否相非, 誕信[12]相譏, 而天下衰矣. 大德不同, 而性命爛漫[13]矣. 天下好知, 而百姓求竭[14]矣. 於是乎釿[15]鋸[16]制[17]

---

1 股無胈(고무발) : 넓적다리에 살이 없는 것. '경무모(脛無毛)' 곧 '정강이에 털이 없다'는 말과 함께 심한 노동을 한 것을 가리킨다.
2 五藏(오장) : '장'은 장(臟)과 통하여, 온몸 또는 온 정신을 가리킨다.
3 矜(긍) : 괴롭히는 것.
4 讙兜(환두) : 순임금의 신하. '환'은 '환(驩)'으로도 쓴다. 여기엔 요임금이 한 것으로 되어 있으나『서경』에 의하면 순임금이 한 일이다(『書經』舜典).
5 崇山(숭산) : 지금의 호남성(湖南省) 대용현(大庸縣)에 있는 산 이름.
6 三苗(삼묘) : 본시는 종족 이름이나, 여기서는 그들을 다스리던 제후를 가리킨다.
7 三峗(삼위) : 지금의 감숙성(甘肅省) 안서현(安西縣) 근처에 있는 산 이름. '위(峗)'는 '위(危)'로도 쓴다.
8 共工(공공) : 순임금의 신하 이름.『서경』엔 '유도(幽都)'가 '유주(幽洲)'로 되어 있으며, 하북성(河北省) 밀운현(密雲縣) 근처가 공공이 귀양살이한 곳이라 한다.
9 施(이) : 뻗다, 이르다.
10 三王(삼왕) : 하(夏)의 우왕(禹王), 은(殷)의 탕왕(湯王), 주(周)의 무왕(武王).
11 駭(해) : 해(絃)와 통하여, '어지러워지는 것'(嚴復 說).
12 誕信(탄신) : 거짓과 진실.
13 爛漫(난만) : 산란해지는 것(成玄英 說).
14 求竭(구갈) : 규갈(糾葛)과 통하여 '혼란해지는 것'(章炳麟 說).
15 釿(근) : 도끼.
16 鋸(거) : 톱.
17 制(제) : 제약을 가하다, 자르다.

焉, 繩墨殺**18**焉, 椎鑿**19**決焉. 天下脊脊**20**大亂. 罪在攖人心 故賢者伏處
大山嵁巖**21**之下, 而萬乘之君, 憂慄乎廟堂之上.

今世殊死**22**者, 相枕也, 桁楊**23**者, 相推也, 刑戮者, 相望也. 而儒墨乃
始離跂**24**攘臂**25**乎桎梏**26**之間. 意,**27** 甚矣哉! 其無愧而不知恥也, 甚矣!
吾未知聖知之不爲桁楊椄槢**28**也, 仁義之不爲桎梏鑿枘**29**也. 焉知曾史
之不爲桀跖嚆矢**30**也? 故曰; 絶聖棄知, 而天下大治.

| 해설 |

여기서도 노자가 말한 "성인을 내치고 지혜를 버려야만 천하가 크게 다
스려진다"는 말을 부연하고 있다. 포악한 짓이나 도둑질과 마찬가지로 어
짊과 의로움 같은 인위적인 행동은 모두가 세상을 어지럽게 만드는 원인
이 되니, 일체의 인위적인 행동을 버리고 모든 것을 자연에 맡겨야만 한다
는 것이다.

---

18 殺(살) : 설(設)과 통하여(吳汝綸 說), 먹줄을 써서 '바로잡는 것'.
19 椎鑿(추착) : 망치와 끌.
20 脊脊(척척) : 크게 어지러운 모양.
21 嵁巖(감암) : 험한 바위.
22 殊死(수사) : 목을 잘려 죽은 것.
23 桁楊(항양) : 차꼬, 형틀의 일종.
24 離跂(이기) : 남에게 자기를 드러내는 것, 뽐내는 것.
25 攘臂(양비) : 팔을 내젓는 것, 신이 나는 몸짓을 가리킴.
26 桎梏(질곡) : 손발을 구속하는 형틀, 차꼬와 수갑.
27 意(희) : 감탄사, 희(噫)와 같은 자임.
28 椄槢(접습) : 형틀(차꼬)을 끼우는 것.
29 鑿枘(조예) : 형구를 손발에 끼우는 것.
30 嚆矢(효시) : 화살이 나가며 울리는 소리. 맨 앞에 서서 행동하는 것을 뜻함.

5

황제黃帝가 천자가 된 뒤에 십구 년이 되자 명령이 천하에 행해지게 되었다. 광성자廣成子가 공동산空同山 위에 살고 있다는 말을 듣고 그를 찾아가 만났다. 그리고 말하였다.

"제가 듣건대 선생님께서는 지극한 도에 통달하셨다니 지극한 도의 정수精粹에 대하여 감히 여쭙고자 합니다. 저는 천하의 정수를 취하여 오곡의 생산을 도움으로써 백성들을 먹여 살리려 합니다. 저는 또 음양을 다스려 모든 생물을 제대로 생육케 하고자 합니다. 그러자면 어떻게 해야 되겠습니까?"

광성자가 말하였다.

"당신이 물어 보고자 하는 것은 사물의 바탕인데, 당신이 다스리고자 하는 것은 사물의 찌꺼기이오. 당신이 천하를 다스린 이래로 구름이 모여들지 않고서도 비가 오고, 풀과 나무는 단풍이 들지 않고도 낙엽지며, 해와 달의 빛은 더욱 흐려지게 되었소. 당신처럼 간사한 인간의 마음으로 말이나 번지르르하게 잘하는 사람이 또 어찌 지극한 도를 얘기할 수 있겠소?"

황제는 물러가 천하를 버리고 자기만의 집을 지은 다음 흰 띠풀을 깔고 석 달 동안 한가히 지낸 다음 다시 그를 찾아갔다. 광성자는 남쪽으로 머리를 두고 누워 있었다. 황제는 아랫목으로부터 무릎으로 걸어나아가 두 번 절하고 머리를 조아린 채 물었다.

"듣건대 선생님께서는 지극한 도에 통달하고 계시다니 감히 제가 몸을 다스리는 법을 여쭙고자 합니다. 어떻게 하면 영원히 살 수가 있겠습니까?"

광성자가 벌떡 일어나면서 말하였다.

"훌륭한 질문이오! 이리 오시오. 내 당신에게 지극한 도를 얘기해 드리리다. 지극한 도의 정수는 깊숙하고 까마득하며, 지극한 도의 극치는 어둑하고도 고요하오. 보이는 것도 없고 들리는 것도 없이, 정신을 간직하고 고요히 있으면 육체는 자연히 올바르게 될 것이오. 반드시 고요해야 하고 반드시 맑아야만 하며, 당신의 육체를 수고롭게 하지 않고 당신의 정신을 요동케 하지 말아야만 곧 오래도록 살 수가 있게 되는 것이오. 눈으로는 보는 것이 없고, 귀로는 듣는 것이 없고, 마음으로는 아는 것이 없이 당신의 정신은 자기 몸만을 지켜야 그 몸이 오래도록 살 수가 있게 되는 것이오. 당신의 속 마음을 삼가고 당신의 몸 밖의 일이 안으로 못 들어오게 해야 하오. 아는 것이 많으면 재난이 될 것이오. 나는 당신을 크게 밝은 태양 위에 이르게 하여 저 지극한 양陽의 근원에 도달하도록 하겠소. 당신을 깊숙하고 아득한 문 안으로 들어가게 하여 저 지극한 음陰의 근원에 도달하도록 하겠소. 하늘과 땅은 각기 맡은 직능이 있고 음과 양은 서로의 작용이 있소. 삼가 당신의 몸을 지키시오. 모든 물건은 스스로 튼튼해질 것이오.

나는 그 도를 지키며 그 조화에 살고 있소. 그래서 나는 천이백 년 동안 몸을 닦아 왔으나 내 육체는 전혀 쇠하지 않고 있소."

황제가 두 번 절하며 머리를 조아리고 말하였다.

"선생님이야말로 바로 하늘이십니다."

광성자가 말하였다.

"이리 오시오. 내 당신에게 얘기해 주리다. 저 물건들은 무궁한 것인데 사람들은 모두 종말이 있다고 생각하고 있소. 저 물건들은 헤아릴 수 없는 것인데 사람들은 모두 한계가 있는 것이라고 생각하고 있소. 내 도를 체득한 사람은 위로는 황제가 되고 아래로는 왕이 될 것이오. 내 도를 잃은 사람을 위로는 빛을 보다가 아래로는 흙이 되고 말 것이오.

지금 모든 물건들은 모두 흙에서 살다가 흙으로 되돌아가오. 그러므로 나는 당신을 떠나서 무궁無窮의 문 안으로 들어가 끝없는 들판에 노닐겠소. 나는 해나 달과 빛을 함께할 것이며, 나는 하늘과 땅과 함께 영원할 것이오. 나에게 부딪쳐도 나를 의식치 못할 것이며, 나로부터 멀리 가도 그것을 모를 것이오. 사람들은 모두 죽어 버리겠지만 나는 홀로 존재할 것이오."

| 원문 |

黃帝立爲天子十九年, 令行天下. 聞廣成子在於空同[1]之上, 故往見之. 曰; 我聞吾子達於至道, 敢問至道之精. 吾欲取天地之精, 以佐五穀, 以養民人. 吾又欲官[2]陰陽, 以遂羣生. 爲之奈何?

廣成子曰; 而所欲問者, 物之質也. 而所欲官者, 物之殘[3]也. 自而治天下, 雲氣不待族[4]而雨, 草木不待黃而落, 日月之光, 益以荒[5]矣. 而佞人之心翦翦[6]者, 又奚足以語至道?

黃帝退, 捐[7]天下, 築特室,[8] 席白茅,[9] 閒居三月, 復往邀之. 廣成子南首而臥, 皇帝順下風,[10] 膝行而進, 再拜稽首而問, 曰; 聞吾子達於至道, 敢問治身, 奈何而可以長久?

廣成子蹶然[11]而起, 曰; 善哉, 問乎! 來, 吾語汝至道. 至道之精, 窈窈[12]冥冥, 至道之極, 昏昏默默. 無視無聽, 抱神以靜, 形將自正. 必靜必

---

1 空同(공동) : 산 이름. 공동(崆峒)으로도 쓰며, 하남성(河南省) 임여현(臨汝縣)에 있다.
2 官(관) : 다스리다, 지배하다.
3 殘(잔) : 나머지, 찌꺼기.
4 族(족) : 모이다.
5 荒(황) : 망(芒)과 통하여(奚侗 說), '희미해진 것'.
6 翦翦(전전) : 말을 잘하는 모양.
7 捐(연) : 버리다.
8 特室(특실) : 자기만의 집, 단칸 방의 집.
9 白茅(백모) : 흰 띠풀. 옛부터 정갈한 풀로 알려져 왔다.
10 順下風(순하풍) : 아랫목 쪽으로부터 윗목으로 나아가는 것.
11 蹶然(궐연) : 벌떡 일어나는 모양.
12 窈窈(요요) : 깊숙한 모양. 『노자』에 "깊숙하고[窈兮] 까마득하니[冥兮], 그 가운데 정

淸, 無勞女形, 無搖女精, 乃可以長生. 目無所見, 耳無所聞, 心無所知,
女神將守形, 形乃長生. 愼女內, 閉女外, 多知爲敗.

我爲女遂於大明[13]之上矣, 至彼至陽之原也. 爲女入於窈冥之門[14]矣,
至彼至陰之原也. 天地有官, 陰陽有藏. 愼守女身, 物將自壯.

我守其一,[15] 以處其和. 故我脩身千二百歲矣, 吾形未嘗衰.

黃帝再拜稽首曰; 廣成子之謂天矣!

廣成子曰; 來, 余語女. 彼其物無窮, 而人皆以爲終. 彼其物無測, 而
人皆以爲極. 得吾道者, 上爲皇而下爲王. 失吾道者, 上見光而下爲土.

今夫百昌,[16] 皆生於土, 而反於土. 故余將去女, 入無窮之門, 以遊無
極之野. 吾與日月參光, 吾與天地爲常. 當我, 緡[17]乎, 遠我, 昏乎! 人其
盡死, 而我獨存乎!

| 해설 |

이 대목 얘기는 장자의 사상이라기보다는 첸무錢穆 교수가 지적한 것처
럼 후세 신선가의 말인 듯하다. 왜냐하면 여기서는 무위無爲와 무심無心
또는 죽음과 삶으로부터의 초탈超脫보다도 오래오래 죽지 않고 사는 '장
생長生'이 주제가 되고 있기 때문이다.

수[精]가 있다" 하였다.

13 大明(대명) : 크게 밝은 것, 태양. 지극한 지혜를 상징한다.

14 窈冥之門(요명지문) : 깊숙하고 까마득한 문. 곧 '지극한 도의 정수'가 있는 문을 상징한
다.

15 一(일) : 지극한 도를 가리킴.

16 百昌(백창) : 백물(百物), 모든 생물.

17 緡(민) : 뒤의 혼(昏)과 비슷한 뜻으로 모두 잘 '의식조차도 못하는 것'.

6

운장雲將이 동쪽을 노닐다가 부요扶搖라는 신목神木 가지 옆을 지나는 중에 마침 홍몽鴻蒙을 만났다. 홍몽은 자기 넓적다리를 두드리며 깡총깡총 뛰면서 놀고 있었다. 운장은 그를 보고서 갑자기 발길을 멈추고 우뚝 서서 말하였다.

"노인은 무엇 하는 분이십니까? 노인이 어째서 이런 일을 하십니까?"

홍몽은 자기 넓적다리를 두드리며 깡총깡총 뛰기를 그치지 않았다. 그러면서 운장에게 말하였다.

"노니는 것이오."

운장이 말하였다.

"여쭈어 보고 싶은 것이 있습니다."

홍몽은 머리를 들어 운장을 보면서 말하였다.

"흠!"

운장이 말하였다.

"지금 하늘의 기운은 조화를 이루지 못하고 땅의 기운은 뒤엉켜 있습니다. 여섯 가지 기후도 고르지 않고 사철도 절도節度에 맞지 않습니다. 지금 저는 여섯 가지 기후의 정기精氣를 화합시켜 여러 생물들을 생육하게 하고자 합니다. 어떻게 하면 되겠습니까?"

홍몽은 자기 넓적다리를 두드리며 깡총깡총 뛰면서 머리를 흔들며 말하였다.

"나는 모르오, 나는 모르오!"

운장은 그래서 물어볼 수가 없었다.

다시 3년 있다가 동쪽을 노닐게 되었는데 송宋나라 들판을 지나다 마침 홍몽을 만나게 되었다. 운장은 크게 기뻐하며 달려가 앞으로 나서면서 말하였다.

"하늘같이 위대한 분께서 저를 잊으셨습니까? 하늘같이 위대한 분께서 저를 잊으셨습니까?"

두 번 절하면서 머리를 조아리고 홍몽에게 가르쳐 주기를 요청하였다. 홍몽이 말하였다.

"떠돌아 다니면서 추구하는 바가 무엇인지 알지 못하고, 함부로 날뛰면서 추구하는 바가 무엇인지 알지 못하고, 함부로 뛰어가면서도 가는 곳이 어디인지 알지 못하고 있소. 노니는 사람이란 집착하는 곳 없이 '참된 경지'만을 바라볼 뿐이오. 나 같은 사람이 무엇을 알겠소?"

운장이 말하였다.

"저는 스스로 함부로 날뛴다고 생각하고 있습니다만 사람들은 제가 가는 곳으로 따라옵니다. 저는 사람들에게 부득이한 일만 하고 있습니다만 지금 사람들이 따르고 있습니다. 바라건대 한마디 가르침이 있기를 바랍니다."

홍몽이 말하였다.

"하늘의 법도를 어지럽히고 만물의 진실됨에 역행하면 하늘의 현묘玄妙한 조화가 이루어지지 않소. 짐승들은 무리로부터 흩어지고 새들은 모두 밤에도 울게 될 것이오. 재난은 풀과 나무에 미치고, 화는 기어다니는 벌레에까지 미칠 것이오. 이것이야말로 사람들을 인위적으로 다스린 잘못인 것이오."

운장이 말하였다.

"그러면 저는 어떻게 해야 되겠습니까?"

홍몽이 말하였다.

"아아, 괴롭소. 빨리 돌아가시오!"

운장이 말하였다.

"지금 하늘의 재난을 당하고 있으니, 한마디의 가르침을 바랍니다."

홍몽이 말하였다.

"아아, 마음을 수양하시오. 당신은 다만 무위無爲 속에 살기만 하면 만물은 저절로 변화할 것이오. 당신의 육체를 떼어 버리고 당신의 총명함을 내버리시오. 밖의 사물에 대한 생각을 잊는다면 자연의 기운과 크게 융합될 것이오. 마음을 버리고 정신을 풀어 버리면 아득히 영혼도 없게 될 것이오. 만물은 번성하여 각각 자기 근본으로 되돌아 가게 될 것이오. 각각 자기 근본으로 되돌아 가면서도 아무것도 모르고 혼돈 상태에서 평생토록 그곳을 떠나지 않게 될 것이오. 만약 그것을 알게 되면 곧 그곳으로부터 떠나게 될 것이오. 그 이름도 묻지 않고 그 실정도 보려 들지 않을 것이니, 만물은 저절로 생육될 것이기 때문이오."

운장이 말하였다.

"하늘께서 저에게 덕을 내려 주시고 저에게 고요함을 보여 주셨습니다. 몸소 그것을 구하여 왔는데 이제 와서야 그것을 얻은 것입니다."

두 번 절하고 머리를 조아린 다음 일어나 작별을 하고 길을 떠났다.

| 원문 |

雲將[1]東遊, 過扶搖[2]之枝, 而適遭鴻蒙.[3] 鴻蒙方將拊髀[4]雀躍而遊. 雲將見之, 倘然[5]止, 贄然[6]立. 曰; 叟何人邪? 叟何爲此? 鴻蒙拊髀雀躍不

---

1 雲將(운장) : 구름의 신. 가공적인 인물이다.
2 扶搖(부요) : 동쪽에 있는 신목(神木)의 이름.
3 鴻蒙(홍몽) : 자연의 원기(元氣). 여기서는 도에 통달한 신인(神人)의 이름으로 쓰였다.
4 拊髀(부비) : 신이 나서 넓적다리를 두드리는 것.
5 倘然(당연) : 갑자기 멈추는 모양.
6 贄然(지연) : 꿈쩍도 않는 모양.

輟, 對雲將曰; 遊. 雲將曰; 朕願有問也.

鴻蒙仰而視雲將曰; 吁!

雲將曰; 天氣不和, 地氣鬱結. 六氣[7]不調, 四時不節. 今我願合六氣之精, 以育羣生. 爲之奈何? 鴻蒙拊髀雀躍掉頭曰; 吾弗知, 吾弗知. 雲將不得問.

又三年, 東遊, 過有宋之野, 而適遭鴻蒙. 雲將大喜, 行趨而進曰; 天[8]忘朕邪? 天忘朕邪? 再拜稽首, 願聞於鴻蒙.

鴻蒙曰; 浮遊不知所求, 猖狂[9]不知所往. 遊者鞅掌,[10] 以觀無妄.[11] 朕又何知?

雲將曰; 朕也自以爲猖狂, 而民隨予所往. 朕也不得已於民, 今則民之放[12]也. 願聞一言.

鴻蒙曰; 亂天之經, 逆物之情, 玄天[13]弗成. 解獸之羣, 而鳥皆夜鳴. 災及草木, 禍及正蟲.[14] 意,[15] 治人之過也.

雲將曰; 然則吾奈何?

鴻蒙曰; 意, 毒哉! 僊僊乎,[16] 歸矣!

雲將曰; 吾遇天難, 願聞一言.

---

7 六氣(육기) : 여섯 가지 기후, 곧 흐리고, 햇빛 나고, 바람 불고, 비 오고, 어둡고, 밝은 것 (『左傳』昭 元年).

8 天(천) : 홍몽을 높여 '하늘'이라 부른 것이다.

9 猖狂(창광) : 함부로 뛰어다니는 것.

10 鞅掌(앙장) : 한 군데 집착하는 곳이 없는 것.

11 無妄(무망) : '역경'의 괘 이름으로 ䷘임. 망녕됨이 없는 것, 곧 진실한 것. '망'은 망(望)과 통하여 '아무런 바람도 없는 것', '아무런 기대도 없는 것' 곧 '무위(無爲)'와도 통하는 말로 보아도 됨.

12 放(방) : 따르다, 의지하다, 본받다.

13 玄天(현천) : 현묘한 하늘의 조화.

14 正蟲(정충) : 기어다니는 벌레, 곤충.

15 意(의) : 감탄사. 희(噫)와 통함.

16 僊僊乎(선선호) : 펄펄 나는 모양, 빨리.

鴻蒙曰; 意, 心養! 汝徒處無爲, 而物自化. 墮爾形體, 吐爾聰明. 倫與物[17]忘, 大同乎涬溟.[18] 解心釋神, 莫然無魂. 萬物云云,[19] 各復其根. 各復其根而不知, 渾渾沌沌, 終身不離, 若彼知之, 乃是離之. 無問其名, 無闚其情, 物固自生.

雲將曰; 天降朕以德, 示朕以默. 躬身求之, 乃今也得. 再拜稽首, 起辭而行.

| 해설 |

이 대목도 장자의 본 사상과는 거리가 먼 후세 신선가의 이야기인 것 같다. 내용이 허황되고 문장도 천하고 속되다.

7

세상 사람들은 모두 남이 자기 의견에 찬동하는 것을 좋아하고, 남이 자기와 의견이 다르면 싫어한다. 자기에게 찬동하는 것을 바라고, 자기와 의견이 다르기를 바라지 않는 것은 여러 사람들 가운데서 뛰어나고 싶은 심리에서이다.

여러 사람들 가운데 뛰어나고자 하는 마음을 지녔다고 해서 어찌 늘 여러 사람들보다 뛰어날 수가 있겠는가? 여러 사람들의 중론에 의하여 자기의 견문을 인정받아 편안히 지내려 하지만, 여러 사람들의 재주가 많아 의견을 일치시킬 수가 없는 것이다. 그런데도 인위적으로 나라를 다스리려는 사람들은 우禹·탕湯·문무文武의 이 점만을 보

---

17 倫與物(윤여물) : 물건에 대한 생각.
18 涬溟(행명) : 자연의 기.
19 云云(운운) : '운'은 운(芸)과 통하여 '잘 자라는 모양', '무성해지는 모양'.

고 그들의 환난은 보지 않은 사람들이다. 그러니 이들이 온 나라 사람들의 의견 일치를 바라는 것은 요행을 바라는 것이다. 어찌 요행을 바라면서도 그의 나라를 잃지 않은 사람이 있을 수 있겠는가? 그의 나라를 잘 보전한 사람은 만萬에 한 사람도 안 될 것이다. 그리고 그의 나라를 잃은 사람은 한 사람도 나라를 다스리는 데 성공하지 못하고, 만여 명이 넘는 사람이 망했던 것이다. 슬프다, 나라를 다스리는 사람들의 무지함이여!

나라를 다스린다는 것은 큰 물건을 지니고 있는 것과 같다. 큰 물건을 지닌 사람은 작은 물건에 구애되어서는 안 된다. 사물을 다스리면서도 사물에 구애받지 않으면 모든 사물이 제대로 보존되게 된다. 사물을 제대로 보존하는 사람이 사물에 구애받지 않음을 알았다면 어찌 다만 천하 백성을 다스리는 일만이 그렇지 않을 수 있겠는가? 천지 사방을 드나들고 온 세상에 노닐되, 홀로 갔다 홀로 오는 것을 두고 일체를 홀로 소유하고 있는 것이라 부르는 것이다. 홀로 모든 것을 소유하게 된 사람을 두고 '지극히 존귀한 사람'이라 부르는 것이다.

| 원문 |

世俗之人, 皆喜人之同乎己,[1] 而惡人之異於己也. 同於己而欲之, 異於己而不欲者, 以出乎衆爲心也.

夫以出乎衆[2]爲心者, 曷嘗出乎衆哉? 因衆以寧所聞,[3] 不如衆技衆[4] 矣. 而欲爲人之國[5]者, 此攬乎三王之利, 而不見其患者也. 此以人之國,

---

1 同乎己(동호기) : 자기 의견에 찬동하는 것.
2 出乎衆(출호중) : 많은 사람들 가운데 뛰어난 것, 출중한 것.
3 寧所聞(영소문) : 자기의 견문을 인정받아 편안히 지내는 것.
4 不如衆技衆(불여중기중) : 여러 사람들은 모두 재주가 많아 의견을 일치시킬 수가 없다는 뜻. 이 글에는 빠진 글자가 있다고 보는 이도 있다(馬叙倫).

僥倖也. 幾何僥倖而不喪人之國乎? 其存人之國也, 無萬分之一. 而喪
人之國也, 一不成[6]而萬有餘喪矣. 悲夫, 有土者[7]之不知也!

夫有土者, 有大物也. 有大物者, 不可以物. 物而不物, 故能物物. 明
夫物物者之非物也, 豈獨治天下而已哉? 出入六合,[8] 遊乎九州,[9] 獨往獨
來, 是謂獨有. 獨有之人, 是之謂至貴.

| 해설 |

나라는 인위적으로 다스릴 것이 아니라 아무런 작위도 가하지 않고 자
연스러운 대로 맡겨 두어야 한다는 것이다. 이러한 무위의 다스림의 정치
론은 앞에서도 이미 여러 번 보였다.

8

위대한 사람의 가르침은 형체에 그림자가 따르고 소리에 울림이 따
르는 것같이, 의문이 있으면 거기에 응답을 하여 자기가 품고 있는 생
각을 다 털어 놓는다. 그래서 온 천하의 반려伴侶가 된다. 그는 아무
소리도 없는 고요함에 몸을 두고, 일정한 방향도 없는 자유로운 행동
을 한다. 허둥지둥 왔다갔다 하고 있는 그대들을 이끌어 무한한 경지
에 노닐게 할 것이다. 그는 드나듦에 있어 의지하는 곳이 없고, 태양
처럼 시작도 끝도 없다. 그의 신체의 모양으로 말할 것 같으면 만물과
크게 합동되어 있으며, 크게 합동됨으로써 자기가 없다. 자기가 없는

---

5 爲人之國(위인지국) : 나라를 인위적으로 다스리는 것.
6 一不成(일불성) : 하나도 나라를 다스리는 일에 성공하지 못하다.
7 有土者(유토자) : 국토를 소유한 사람, 나라를 다스리는 사람, 임금.
8 六合(육합) : 천지 사방.
9 九州(구주) : 온 세상, 옛날 중국은 아홉 개 주(州)로 이루어졌었다.

데 어찌 사물의 존재를 인식하겠는가? 존재를 인식하는 사람이란 옛날의 군자이며, 무無만을 보고 있는 사람은 하늘과 땅의 벗인 것이다.

| 원문 |

大人之敎, 若形之於影, 聲之於響.[1] 有問而應之, 盡其所懷, 爲天下配. 處乎無響,[2] 行乎無方. 挈汝適復[3]之撓撓,[4] 以遊無端. 出入無旁,[5] 與日無始.[6] 頌論形軀,[7] 合乎大同,[8] 大同而無己. 無己惡乎得有有.[9] 覩有者, 昔之君子, 覩無者, 天地之友.

| 해설 |

여기서는 위대한 사람의 교화와 그의 몸가짐 등을 간단히 이야기하고 있다. 위대한 사람이란 결국 일부러 하는 일도 없고, 자기 자신도 없고, 아무것도 기대하는 것이 없는 사람이다.

9

천하기는 하지만 쓰지 않을 수 없는 것이 물건이다. 비천하기는 하지만 의지하지 않을 수 없는 것이 백성들이다. 귀찮기는 하지만 하지

---

1 響(향) : 울림. 향(響)과 같은 글자.
2 無響(무향) : 아무런 울림도 없는 고요한 경지.
3 適復(적복) : 왕복하는 것.
4 撓撓(요요) : 허둥지둥하다. 자유로이 활동하다.
5 無旁(무방) : '방'은 방(方)과 같다. 일정한 방향을 갖지 않는 것, 의지할 곳이 없는 것.
6 無始(무시) : 시작도 끝도 없는 것, 영원한 것.
7 頌論形軀(송론형구) : '송'은 송(誦)과 통하여, '송론'은 논하다, 말하다의 뜻, '형구'는 '육체의 모양'.
8 大同(대동) : 밖의 만물들과 크게 합동되는 것.
9 有有(유유) : 유(有)를 유(有)로 인정하다. 물건의 존재를 인식하다.

않을 수 없는 것이 일이다. 불완전하기는 하지만 널리 펴지 않을 수 없는 것이 법이다. 본성과 먼 것이지만 실천하지 않을 수 없는 것이 의로움이다. 사람들과 친하게 지내는 것에 불과하지만 널리 펴지 않을 수 없는 것이 어짊이다. 절도節度에 불과한 것이지만 실천하여 쌓아가지 않을 수 없는 것이 예禮이다. 잘 들어 맞는 것에 불과하지만 높이지 않을 수 없는 것이 덕德이다. 일一에 불과한 것이지만 여러 가지로 변화하지 않을 수 없는 것이 도道이다. 신묘神妙하기는 하지만 그것에 따라 행동하지 않을 수 없는 것이 하늘이다.

그러므로 성인은 하늘을 잘 살펴 따르기만 하지 힘들여 일을 돕지 않는다. 덕을 이루기만 하지 남에게 누를 끼치지는 않는다. 도를 따라 가기만 하지 꾀하지는 않는다. 어짊에 합치시키기만 하지 그것에 의지하지는 않는다. 의로움에 몸을 두기만 하지 그것을 쌓으려고 하지는 않는다. 예에 들어맞게만 하지 그것을 꺼리지는 않는다. 일을 처리하기만 하지 그것을 사양하지는 않는다. 법을 따라 바르게 행동하기만 하지 어지러워지게 하지는 않는다. 백성들에 의지하기만 하지 그들을 가볍게 여기지는 않는다. 물건을 쓰기만 하지 버리지는 않는다. 사물이란 상대할 만한 것은 못 되지만 상대하지 않을 수는 없는 것이다.

하늘에 밝지 않은 사람이란 덕에 있어서 순수하지 않다. 도에 통하지 않은 사람이란 덕을 닦으려 해도 제대로 되지 않는다. 도를 잘 모른다는 것은 슬픈 일이다.

도란 무엇을 말하는가? 하늘의 도가 있고 사람의 도가 있다. 아무런 일도 하지 않아도 존귀한 것은 하늘의 도이다. 인위적이며 번거로운 것이 사람의 도이다. 임금이란 하늘의 도에 속하는 것이고, 신하란 사람의 도에 속하는 것이다. 하늘의 도와 사람의 도란 서로 멀리 떨어져 있는 것이니 살피지 않을 수가 없는 것이다.

賤而不可不任¹者, 物也. 卑而不可不因²者, 民也. 匿³而不可不爲者,
事也. 麤⁴而不可不陳者, 法也. 遠而不可不居者, 義也. 親而不可不廣
者, 仁也. 節而不可不積者, 禮也. 中而不可不高者, 德也. 一而不可不
易⁵者, 道也. 神而不可不爲者, 天也.

故聖人觀於天而不助, 成於德而不累,⁶ 出於道而不謀, 會於仁而不
恃, 薄⁷於義而不積, 應於禮而不諱,⁸ 接於事而不辭, 齊⁹於法而不亂, 恃
於民而不輕, 因於物而不去. 物者, 莫足爲也, 而不可不爲.

不明於天者, 不純於德. 不通於道者, 無自而可.¹⁰ 不明於道者, 悲夫!

何謂道? 有天道, 有人道. 無爲而尊者, 天道也. 有爲而累者, 人道也.
主者, 天道也, 臣者, 人道也. 天道之與人道也, 相去遠矣, 不可不察也.

| 해설 |

　장자가 죽은 뒤, 그의 사상을 받아들인 사람들 가운데에는 차츰 정치
권력에 접근하던 한 파가 있었다. 이들은 '무위 자연'의 가르침을 받들기
는 하면서도 이것을 군주의 정치에 연결시키고자 하였다. 따라서 이들에
게서는 법가의 낌새도 느껴진다. 외편이나 잡편 가운데에는 이러한 경향
을 나타내고 있는 대목이 많다. 이 '있는 그대로 버려둠'편에서도 처음부

---

1 任(임) : 처리하는 책임을 지는 것, 여기서는 물건을 쓰는 것.

2 因(인) : 의지하는 것.

3 匿(익) : 감추어져 있는 것, 하기가 번거로운 것.

4 麤(추) : 거친 것, 불완전한 것.

5 易(역) : 변화하다, 널리 변화하게 하다.

6 累(루) : 남에게 누를 끼치는 것.

7 薄(박) : 멈추다, 몸을 두다(馬其昶 說).

8 諱(휘) : 꺼리는 것.

9 齊(제) : 가지런히 하다, 바르게 행동하다.

10 無自而可(무자이가) : 덕을 닦으려 해도 스스로 제대로 되지 않는 것.

터 이러한 경향이 보였으나 이 대목에 와서는 그것이 특히 현저하다.

여기에 열거된 것들, 백성 · 일 · 법法 · 의로움[義] · 어짊[仁] · 예禮 · 덕德 · 도道 · 하늘 따위는 대부분이 장자 본래의 사상과는 먼 부자연스런 인위에 속하는 것으로서, 장자와는 직접 관련이 없는 것들이다. 그러므로 여기서는 조건이 딸린 소극적인 형태이긴 하나, 그 존재 이유를 긍정하고 있다. 이것은 정치에 대한 타협이며, 장자 본래의 사상을 변질시킨 것이라고 할 수 있다. 특히 '임금은 하늘의 도이고, 신하는 사람의 도'라는 논리는 그 중에서도 더욱 두드러지는 장자 사상의 변질을 보여 주는 예이다.

제12편

하늘과 땅
天地

　이 편에서는 '무위(無爲)'의 사상을 부연하고 있어, 내편(內篇)의 자연에 따르는 제왕[應帝王]편과 연결되는 내용을 담고 있다. 다만 앞 부분과 뒷부분을 한 편으로 묶기에는 성격이 좀 다른 것이 특징이다. 편명(篇名)은 역시 첫머리 두 글자를 딴 것이지만 다음에 '하늘의 도[天道]', '하늘의 운행[天運]'으로 이어지고 있어 그 내용이 하늘 또는 자연과의 관계에 중점이 주어지고 있음을 암시하는 것이라고도 할 수 있다.

1

하늘과 땅은 비록 크다고는 하지만 그 변화는 고르다. 만물은 비록 종류가 많다고는 하지만 그것의 다스림은 하나에 의하여 되어지는 것이다. 백성들은 비록 수가 많다고는 하지만 그 주인은 임금인 것이다. 임금은 덕을 근거로 하고 하늘에 의하여 이루어진 것이다. 그러므로 "태고적 임금은 천하를 다스림에는 무위無爲로써 하였고 하늘의 덕을 따랐을 뿐이다"라고 하는 것이다.

도로써 이론을 살펴보면 천하의 임금은 올바르다. 도로써 분수를 살펴보면 임금과 신하의 뜻은 분명하다. 도로써 능력을 살펴보면 천하의 벼슬 자리는 잘 다스려지고 있다. 도로써 모든 것을 살펴보면 만물의 기능은 잘 갖추어져 있다.

그러므로 하늘과 통하는 것이 도이며, 땅에 따르는 것이 덕이며, 만물에 행해지는 것이 의로움인 것이다. 위에서 사람을 다스리는 것이 일이다. 할 수 있는 기술을 가지고 있는 것이 재주이다. 재주는 일에 지배되고, 일은 의로움에 지배되고, 의로움은 덕에 지배되고, 덕은 도에 지배되며, 도는 하늘에 의하여 지배된다. 그러므로 "옛날의 천하 사람들을 먹여 살리던 사람들은 아무런 욕망도 없는데도 온 천하가 만족하였고 아무 하는 일도 없는데도 온 만물이 변화하였고 고요히 있는데도 백성들은 안정되었다"고 하는 것이다. 옛날 기록에도 "하나에 통함으로써 만사가 다 이루어지고, 아무런 마음도 없게 됨으로써 귀신들도 굴복하였다"고 하였다.

| 원문 |

天地雖大, 其化均也. 萬物雖多, 其治一也. 人卒雖衆, 其主君也. 君原於德, 而成於天. 故曰; 玄古[1]之君天下, 無爲也. 天德而已矣.

以道觀言,[2] 而天下之君正. 以道觀分,[3] 而君臣之義明. 以道觀能, 而天下之官治. 以道汎觀,⁴ 而萬物之應⁵備.

故通於天者, 道也. 順於地者, 德也. 行於萬物者, 義也. 上治人者, 事也. 能有所藝者, 技也. 技兼⁶於事, 事兼於義, 義兼於德, 德兼於道, 道兼於天. 故曰; 古之畜⁷天下者, 無欲而天下足, 無爲而萬物化, 淵靜而百姓定. 記⁸曰, 通於一而萬事畢, 無心得而鬼神服.

| 해설 |

여기서는 '도'와 '덕'과 '의로움'과 '일'과 '재주'의 관계를 설명하면서, 천하는 오직 '무위'의 '도'에 의해서만 올바로 다스려짐을 강조 하고 있다.

2

선생님께서 말씀하셨다.

"도란 만물을 덮어 주고 실어 주는 것이다. 얼마나 광대한가! 군자들은 그의 마음을 텅 비게 하지 않으면 받아들여질 수가 없는 것이다."

무위無爲로써 일하는 것을 하늘이라고 한다. 무위로써 말하는 것을 덕이라고 한다. 사람들을 사랑하고 사물을 이롭게 하는 것을 어짊이라고 한다. 같지 않은 것들을 같게 합치시키는 것을 크다고 한다. 행

---

1 玄古(현고) : 태고적, 아주 옛날.
2 觀言(관언) : 말하는 명분을 살피다, 이론을 살펴 보다.
3 觀分(관분) : 그의 분수를 살펴 보다.
4 汎觀(범관) : 널리 보는 것, 모든 것을 보는 것(宣穎 說).
5 萬物之應(만물지응) : 만물의 기능.
6 兼(겸) : 다스리는 것, 지배하는 것(宣穎 說).
7 畜(혹) : 기르다, 먹여 살리다.
8 記(기) : 옛날 기록, 옛날 책.

동이 남들과 달리 어긋나지 않는 것을 너그러움이라고 한다. 같지 않은 것을 만 가지 가지고 있는 것을 부富라고 한다. 굳게 자기 덕을 지키는 것을 기강이 있다고 한다. 덕을 이룩하는 것을 바로 서는 것이라고 말한다. 도를 따르는 것을 잘 갖추어진 것이라고 한다. 사물로 말미암아 뜻이 꺾이지 않는 것을 완전한 것이라고 한다. 군자로서 이 열 가지 것들만 분명히 알면 곧 그가 지닌 마음이 커질 것이며, 널리 만물이 그를 따르게 될 것이다.

그러한 사람은 산에 금을 저장해 두고, 못에 진주를 저장해 둔 것과 같다. 재물을 이익이라 생각하지 않고 부귀를 가까이하려 들지 않을 것이다. 오래 사는 것을 좋아하지도 않고, 일찍 죽는 것을 슬퍼하지도 않을 것이다. 뜻을 얻은 것을 영화롭다고 생각하지 않고, 궁핍한 것을 수치로 생각하지 않을 것이다. 한 평생의 이익에 얽매이지 않고 자기의 분수대로 따를 것이다. 천하의 임금이 되려 하지 않고 자신을 위하여 영예롭게 처신한다. 영예롭게 처신하면 밝게 드러난다. 만물은 한 가지 세계에 놓여 있고 죽음이나 삶이나 같은 모양인 것이다.

| 원문 |

夫子**¹**曰; 夫道, 覆載萬物**²**者也. 洋洋乎大哉, 君子不可以不刳**³**心焉.

無爲爲之之謂天, 無爲言之之謂德, 愛人利物之謂仁, 不同同之之謂大. 行不崖異**⁴**之謂寬, 有萬不同之謂富. 故**⁵**執德之謂紀, 德成之謂立,

---

1 夫子(부자) : 선생님. 장자를 가리킨다고도 하고 노자를 가리킨다고 하는 이도 있다(司馬彪 說). 심지어 공자를 가리킨다고 주장하는 이도 있으니(宣穎 說), '선생님'이 누구인지 확실하지 않다.

2 覆載萬物(복재만물) : 만물을 덮고 싣고 하다. 왕슈민(王叔岷) 교수는 '하늘과 땅이 덮고 싣고[覆載天地], 만물을 변화 생성케 하는 것[化生萬物]'으로 봄이 옳다고 주장하였다.

3 刳(고) : 과(夸)와 통하여 '큰 것' 또는 '텅 비게 하는 것'.

4 崖異(애이) : 남들과 다른 것.

循於道之謂備, 不以物挫志之謂完. 君子明於此十者, 則韜乎[6]其事心之
大也, 沛乎[7]其爲萬物逝[8]也.

若然者, 藏金於山, 藏珠於淵. 不利貨財, 不近貴富. 不樂壽, 不哀夭.
不榮通, 不醜窮. 不拘一世之利, 以爲己私分. 不以王天下, 爲己處顯.[9]
顯則明. 萬物一府,[10] 死生同狀.

| 해설 |

　여기에서는 도가에서 말하는 군자란 어떤 사람인가를 설명하고 있다.
군자가 갖추어야 할 열 가지 조건들이 애매하기는 하지만 일부러 하는 일
이 없고, 말하는 일도 없고, 자기조차도 없는 것을 바탕으로 하고 있는 것
만은 틀림없는 사실이다.

3

　선생님께서 말씀하셨다.

　"도란 그 모습이 심연처럼 조용하고, 깊은 물처럼 맑다. 쇠나 돌도
도를 바탕으로 하지 않으면 소리를 낼 수가 없다. 그러므로 쇠나 돌의
소리가 나지만, 두드리지 않으면 나지 않는 것이다. 만물의 이러한 성
질을 그 누가 정하여 놓았던가?"

　큰 덕을 지닌 사람은 소박하게 행동하면서도 마음은 모든 일에 통

---

5 故(고) : 고(固)와 통하여 '굳게'.
6 韜乎(도호) : '도'는 도(滔)와 통하여 '크게 되는 모양'.
7 沛乎(패호) : 넓은 모양.
8 逝(서) : 따라 오는 것.
9 顯(현) : 밝게 드러나는 것, 영예로운 것.
10 府(부) : 창고, 곳간. 여기서는 만물이 담겨 있는 세계를 가리킨다.

달한다. 근본적인 도에 입각하여 살고 있어서 그의 지혜는 신묘神妙함으로 통하게 된다. 그러므로 그의 덕이 넓다는 것이다. 그의 마음의 움직임은 밖의 물건에 의하여 결정된다. 그러므로 모든 형체는 도가 아니고는 생성되지 않으며, 모든 생성은 덕이 아니고는 밝혀지지 않는 것이다. 형체를 보존하면서 생성을 다하고, 덕을 세우고 도를 밝힌다면 큰 덕을 지닌 사람이 아니겠는가? 널리 어디에나 불쑥 나타나 갑자기 움직이는 데도 만물이 그것을 따른다면 그를 두고 큰 덕을 지닌 사람이라 하는 것이다.

보아도 까마득하고 들어도 아무 소리도 없는데, 까마득한 가운데에서 홀로 밝음을 보고, 소리 없는 가운데에서 홀로 화和하는 소리를 듣는 것이다. 그러므로 깊고도 깊으면서 만물을 존재케 할 수 있고, 신묘하고도 신묘하여서 정묘精妙한 작용을 발휘케 하는 것이다. 그러므로 그가 만물과 접촉함에 있어서는 지극한 무無에 있으면서도 만물의 요구를 충족시키고, 제 때에 달려가서 그의 알맞은 자리를 되찾는다. 크고도 작고 길고도 짧고 가깝고도 먼 것이다.

| 원문 |

夫子曰; 夫道, 淵乎其居[1]也, 漻[2]乎其淸也. 金石不得, 無以鳴. 故金石有聲, 不考[3]不鳴, 萬物孰能定之?

夫王德之人, 素逝[4]而恥[5]通於事, 立之本原, 而知通於神. 故其德廣. 其心之出, 有物採之. 故形非道不生, 生非德不明. 存形窮生, 立德明

---

1 其居(기거) : 도가 처해 있는 형태.
2 漻(요) : 물이 깊고 맑은 모양.
3 考(고) : 두드리다, 치다.
4 素逝(소서) : 소박하고 있는 그대로 행동하는 것.
5 恥(치) : 심(心)자의 잘못인 듯하다(錢穆 說).

道, 非王德者邪? 蕩蕩乎, 忽然出, 勃然[6]動, 而萬物從之乎, 此謂王德
之人.

視乎冥冥, 聽乎無聲, 冥冥之中, 獨見曉焉, 無聲之中, 獨聞和焉. 故
深之又深, 而能物[7]焉, 神之又神, 而能精[8]焉. 故其與萬物接也, 至無而
供其求, 時騁而要其宿.[9] 大小長短脩遠.

| 해설 |

여기에서는 도가에서 말하는 지극한 덕을 지닌 사람이란 어떤 사람인
가를 설명하고 있다. 지극한 덕을 지닌 사람이란 곧 '지극한 사람', '신묘
한 사람'과도 통한다.

4

황제黃帝가 적수赤水의 북쪽에 노닐고 곤륜산崑崙山 언덕에 올라갔
다가 남쪽을 바라보며 돌아오는 길에 그의 검은 진주를 잃어 버렸다.
지혜[知]로 하여금 그것을 찾아보게 하였으나 찾지 못하였고, 이주離
朱로 하여금 그것을 찾아보게 하였으나 역시 찾지 못하였고, 계구喫詬
로 하여금 그것을 찾아보게 하여도 찾아내지 못하였다. 이에 상망象罔
을 시켰더니 상망은 진주를 곧 찾아냈다. 황제가 말하였다.

"이상하군! 상망만이 그것을 찾을 수 있는 것인가!"

---

6 勃然(발연) : 갑자기 움직이는 모양.
7 能物(능물) : 만물을 만물의 상태로 존재할 수 있게 하는 것.
8 能精(능정) : 정묘한 작용을 발휘케 하는 것.
9 要其宿(요기숙) : 그의 합당한 처소로 되돌아오는 것.

| 원문 |

黃帝遊乎赤水[1]之北, 登乎崑崙之丘, 而南望還歸, 遺其玄珠.[2] 使知[3] 索之而不得, 使離朱[4]索之而不得, 使喫詬[5]索之而不得也. 乃使象罔,[6] 象罔得之. 黃帝曰; 異哉! 象罔乃可以得之乎!

| 해설 |

일반적인 지혜나 밝음 또는 논리로써는 참된 '도'를 찾을 수 없고 오직 의식적으로 하는 일도 없고, 나라는 존재도 없고, 아무런 마음도 없는 경지에 이르러야만 '도'를 터득할 수 있음을 빗대어 만들어낸 얘기로 암시한 것이다.

5

요堯임금의 스승은 허유許由였고, 허유의 스승은 설결齧缺이었고, 설결의 스승은 왕예王倪였고, 왕예의 스승은 피의被衣였다.

요임금이 허유에게 물었다.

"설결께서는 하늘의 짝인 천자가 될 만한 분이시지요? 저는 왕예의 힘을 빌려 그 분을 모시고자 합니다."

허유가 말하였다.

---

1 赤水(적수) : 지금의 섬서성(陝西省) 의천현(宜川縣) 북쪽에 있는 강물 이름. 그러나 여기에서는 곤륜산과 함께 세속을 떠난 유현(幽玄)하고 고원(高遠)한 고장을 가리킨다.

2 玄珠(현주) : 검은 진주. 여기에서는 참된 도에 비유하고 있다.

3 知(지) : 지혜라는 사람 이름. 사람들의 일반적인 지혜를 뜻한다.

4 離朱(이주) : 눈이 밝기로 유명했던 사람 이름. 이것도 일반적인 사람들의 시력을 상징한다.

5 喫詬(계구) : 사람 이름. 변론(辯論)의 뜻을 지녔던 사람이어서, 일반 사람들의 논리를 상징한다.

6 象罔(상망) : 형상이 있는 듯 없는 듯한 것. 수양을 쌓은 사람의 무아의 상태를 상징한다.

"위험하오. 천하를 위태롭게 할 것이오. 설결의 사람됨은 총명하고 지혜가 밝으며 일을 잘하면서도 민첩하오. 그 분의 천성은 남보다 뛰어나서 사람의 지혜로써 하늘을 떠받들려 하오. 그 분은 잘못을 금하는 일은 잘 알고 있지만 잘못이 생기는 원인에 대해서는 알지 못하고 있소. 그에게 하늘의 짝인 천자가 되게 하면 그는 인위적인 행동으로 하늘을 무시할 것이오. 또한 자신을 근본으로 하여 다른 것들에 대하여 차별을 둘 것이오. 또한 지혜를 존중하여 날뛰게 될 것이오. 그리고 일에 부림을 당할 것이오. 그리고 물건에 구속당할 것이오. 그리고 사방을 돌아보면서 사물에 대처하기 바쁠 것이오. 그리고 여러 가지 일을 합당하게 처리하려고 애쓸 것이오. 그리고 물건을 좇아 변화함으로써 처음부터 일정한 것이 없을 것이오. 그러니 어찌 하늘의 짝인 천자가 될 수 있겠소?

그렇기는 하지만 가족이 있으면 조상이 있을 것이오. 그는 한 집안의 아버지는 될 수가 있지만 한 집안의 조상은 되지 못하오. 그의 다스림은 혼란의 근본이 될 것이니, 그의 신하된 사람들에게는 재난이 될 것이며 임금이 된 자신에게는 파멸이 닥치게 할 것이오."

| 원문 |

堯之師曰許由, 許由之師曰齧缺, 齧缺之師曰王倪, 王倪之師曰被衣.

堯問於許由曰; 齧缺可以配天**1**乎? 吾藉王倪**2**而要之.**3**

許由曰; 殆哉, 圾乎**4**天下. 齧缺之爲人也, 聰明叡智, 給數**5**以敏. 其性

---

1 配天(배천) : 하늘의 짝이 되다. 천자가 됨을 뜻한다(郭象 說).
2 藉王倪(자왕예) : 그의 스승 왕예의 힘을 비는 것.
3 要之(요지) : 억지로 천자 자리에 모시는 것.
4 圾乎(급호) : 위태로운 모양.
5 給數(급삭) : 일을 재빨리 잘 처리하는 것.

過人, 而又乃以人受天.⁶ 彼審乎禁過, 而不知過之所由生. 與之配天乎,
彼且乘人而無天,⁷ 方且本身而異形.⁸ 方且尊知而火馳.⁹ 方且爲緒使.¹⁰
方且爲物絯.¹¹ 方且四顧而物應.¹² 方且應衆宜.¹³ 方且與物化¹⁴而未始
有恆.¹⁵ 夫何足以配天乎?

  雖然, 有族有祖, 可以爲衆父,¹⁶ 而不可以爲衆父父.¹⁷ 治, 亂之率¹⁸
也, 北面¹⁹之禍也, 南面之賊也.

| 해설 |

  세상은 지혜로써 다스려지는 것이 아니다. 따라서 사람의 지혜로써 모
든 일을 처리하려는 설결齧缺 같은 이는 천자가 될 자격이 없다는 것이다.
그런 이가 천자가 되면 천하가 다스려지기는커녕 혼란만이 더해질 것이
라는 말이다.

---

6 以人受天(이인수천) : 사람의 지혜로써 하늘을 받들어 모시는 것. 사람의 지혜로써 자연
  을 처리하는 것.
7 乘人而無天(승인이무천) : 인위적인 행동으로 하늘을 무시하다. 사람의 지혜로 자연을
  무시하다.
8 異形(이형) : 자기 이외의 물건들을 자기와 구별하여 대하는 것.
9 火馳(화치) : 성급히 날뛰는 것.
10 緒使(서사) : '서'는 사(事)와 통하여(『爾雅』), 일에 부림을 당하는 것.
11 物絯(물해) : 물건에 의하여 자신이 구속되는 것.
12 物應(물응) : 많은 물건들에 호응하여 바쁘게 움직이려고 애쓰는 것.
13 應衆宜(응중의) : 여러 가지 일을 지혜로써 합당하게 처리하려고 애쓰는 것.
14 與物化(여물화) : 물건을 좇아 자신을 변화시키는 것.
15 恆(항) : 일정한 것, 영원한 것.
16 衆父(중부) : 한 집안의 아버지.
17 衆父父(중부부) : 한 집안의 아버지의 아버지, 한 집안의 선조.
18 率(솔) : 주(主)와 통하여(王先謙 說), 근본이 되는 것, 요점.
19 北面(북면) : 궁중에서 조회(朝會)할 때 임금은 남쪽을 면하여 앉고, 신하들은 북쪽을
  면하고 임금을 대하므로, 북면은 신하를, 남면은 임금을 뜻한다.

6

요임금이 화華 땅에 놀러 갔었는데, 화 땅의 경계지기[封人]가 말하였다.

"아아, 성인이시여! 청컨대 성인을 위하여 빌게 해 주십시오. 성인으로 하여금 오래 살도록 해 드리고 싶습니다."

요임금이 말하였다.

"사양하겠소."

"성인으로 하여금 부자가 되도록 빌게 해 주십시오."

"사양하겠소."

"성인으로 하여금 많은 아들을 두도록 빌게 해 주십시오."

"사양하겠소."

그러자 경계지기가 말하였다.

"오래 살고 부자가 되고 많은 아들을 낳는 것은 사람들이 바라는 일입니다. 당신만이 홀로 바라지 않으시니 어찌 된 일입니까?"

요임금이 말하였다.

"아들이 많으면 근심이 많아지고, 부자가 되면 일이 많아지고, 오래 살면 욕된 일이 많아지오. 이 세 가지 것들은 덕을 기를 수 있는 것들이 못 되기에 사양한 것이오."

경계지기가 말하였다.

"처음에 나는 당신을 성인이라고 생각했었습니다. 지금 보니 군자에 지나지 않는군요. 하늘은 만민을 낳고 반드시 그들에게 직분을 줍니다. 아들이 많다 하더라도 그들에게 직분이 주어지는데 무슨 두려움이 있다는 것입니까? 부자가 된다 하더라도 사람들로 하여금 나누어 갖도록 한다면 무슨 일이 있겠습니까? 성인이란 메추라기처럼 일정한 거처도 없고 병아리처럼 부실하게 먹으면서도, 새처럼 날아다니며 행적도 남기지 않습니다. 천하에 올바른 도가 행해지면 모두와 함께 번창하지만, 천하에 도가 행해지지 않을 때에는 덕이나 닦으면서 한가히 지냅니다. 천 년이나 세상을 피해 살다가 세상을 떠나 신선 세상으로 올라갑니다. 흰 구름을 타고서 하늘을 다스리는 분이 계신 곳으로 가는 것이지요. 앞의 세 가지가 환난을 가져올 수 없으며 몸에는 언제나 재앙이 없습니다. 그런데 무슨 욕될 일이 있겠습니까?"

그리고는 경계지기가 떠나가자 요임금이 뒤쫓아 가면서 말하였다.

"가르침을 바랍니다."

경계지기는 "물러가시오" 하고 대답할 뿐이었다.

| 원문 |

堯觀乎華. 華封人¹曰; 嘻, 聖人! 請祝聖人, 使聖人壽.

堯曰; 辭.

使聖人富.

堯曰; 辭.

使聖人多男子.

堯曰; 辭.

封人曰; 壽, 富, 多男子, 人之所欲也. 女獨不欲, 何邪?

堯曰; 多男子, 則多懼. 富, 則多事. 壽, 則多辱. 是三者, 非所以養德也, 故辭.

封人曰; 始也, 我以汝爲聖人邪. 今然, 君子也. 天生萬民, 必授之職. 多男子而授之職, 則何懼之有? 富而使人分之, 則何事之有? 夫聖人, 鶉居²而鷇食,³ 鳥行而無彰.⁴ 天下有道, 則與物皆昌. 天下無道, 則修德就

閒. 千歲厭世,[5] 去而上僊.[6] 乘彼白雲, 至於帝鄕. 三患莫至, 身常無殃.
則何辱之有?

　封人去之, 堯隨之曰; 請問.

　封人曰; 退已.

| 해설 |

　얼핏 보면 오래 살고 부자가 되고 많은 아들을 갖는다는 일반 사람들의
욕망을 부정하는 요임금의 태도가 성인에 가까운 듯하다. 그러나 요임금
의 그러한 태도는 자연스럽지 못하기 때문에 성인이라 할 수 없다는 것
이다.

　그러나 오래 살고 부자가 되고 많은 아들을 갖도록 빌어 주겠다던 경계
지기의 태도와 뒤의 성인에 대한 설명은 아무래도 꼭 들어맞지 않는 것 같
다. 더구나 이 글에는 "신선 세상으로 올라간다"라든가 "하늘을 다스리는
분이 계신 곳으로 간다"는 등의 얘기가 있는 것으로 보아 후세 신선가의
손에 의해 이루어진 글이지 장자의 글이 아니라고 보는 견해가 많다.

7

　요임금이 천하를 다스리게 되자 백성자고伯成子高를 제후로 삼았
다. 그 뒤 요임금이 순에게 천자 자리를 물려 주고, 순임금이 우禹에게
천자 자리를 물려 주자, 백성자고는 제후를 사퇴하고 농사를 지었다.

　우임금이 그를 찾아가 보니 그는 들에서 밭을 갈고 있었다. 우임금

---

4 無彰(무창) : 흔적이 없는 것, 행적을 남기지 않는 것.
5 厭世(염세) : 세상을 싫어하는 것. 세상을 피해 사는 것.
6 上僊(상선) : 신선 세상으로 올라가는 것.

은 낮은 쪽으로 내려가 서서 물었다.

"옛날 요임금이 천하를 다스리실 때에는 선생께서 제후로 계셨습니다. 요임금은 순임금께 천자 자리를 물려 주셨고, 순임금은 저에게 천자 자리를 물려 주셨는데, 그러자 선생께서는 제후를 사퇴하고 농사를 짓고 계십니다. 감히 그 까닭이 무엇인지 여쭙고자 합니다."

백성자고가 말하였다.

"옛날 요임금이 천하를 다스릴 때에는 상을 내리지 않아도 백성들은 일에 힘썼고, 벌을 내리지 않아도 백성들은 두려워했습니다. 지금 당신은 상을 주고 벌을 내리는데도 백성들은 어질지 않습니다. 덕은 이로부터 쇠하여지고, 형벌이 이로부터 확립되었습니다. 후세의 혼란은 이로부터 시작되고 있는 것입니다. 어째서 당신은 떠나 가지 않습니까? 내 일이나 방해하지 마십시오."

그리고는 돌아다보지도 않고 서둘러 밭을 갈았다.

| 원문 |

堯治天下, 伯成子高[1]立爲諸侯. 堯授舜, 舜授禹, 伯成子高辭爲諸侯而耕.

禹往見之, 則耕在野. 禹趨就[2]下風,[3] 立而問焉. 曰; 昔堯治天下, 吾子立爲諸侯. 堯授舜, 舜授予, 而吾子辭爲諸侯而耕. 敢問其故, 何也?

子高曰; 昔堯治天下, 不賞而民勸, 不罰而民畏. 今子賞罰, 而民且不仁. 德自此衰, 刑自此立. 後世之亂, 自此始矣. 夫子闔[4]行邪? 無落[5]吾事.

---

1 伯成子高(백성자고) : 백성은 성, 자고는 그의 이름. 『열자』에 의하면 물욕이 전혀 없어 나라를 버리고 숨어서 농사를 지었다 한다.
2 趨就(추취) : 달려 나가는 것.
3 下風(하풍) : 아래쪽, 낮은 쪽.
4 闔(합) : 하불(何不)과 같은 뜻으로, '어찌 ……하지 않는가?'

偈偈乎,**6** 耕而不顧.

| 해설 |

인위적인 정치로써는 세상이 다스려지지 않을 뿐만 아니라 더욱 혼란
해진다. 요임금 이래로 세상이 더욱 어지러워진 것은 정치를 더욱 인위적
인 방법으로 하였기 때문이라는 것이다.

8

태초太初에는 무無만이 있었다. 유有도 없었고 명칭도 없었다. 일一
이 여기에서 생겨났는데, 일만 있고 형체는 아직 이루어지지 않았다.
물건은 일로 말미암아 생겼는데, 그 작용을 덕이라 한다. 아직 형체가
이루어지지 않았을 적에 일로부터 나뉘어지는 것이 잠시도 끊임이 없
었는데, 이것을 명命이라고 한다. 일이 유동함으로써 물건을 생성시
키며, 물건이 생성되어 생리生理가 갖추어지는데, 그것을 형체라 한
다. 형체는 정신을 보존하게 되며 제각기 원칙을 지니게 되는데, 그것
을 본성이라고 한다.

본성이 닦여지면 덕으로 되돌아간다. 덕이 지극해지면 처음과 같아
진다. 같아진다는 것은 곧 텅 비게 된다는 뜻이며, 텅 빈다는 것은 곧
커진다는 뜻이다. 새가 주둥이로 우는 상태와 합치되는데, 새가 주둥
이로 우는 상태에 합치된다는 것은 하늘과 땅에 합치된다는 뜻이다.
그 합치되는 상태는 흐리터분하여 어리석은 듯도 하고 흐리멍텅한 듯
도 하다. 이것을 현묘한 덕이라 말하는 것이며, 크게 순조로운 상태와

---

5 落(락) : 막다, 방해하다(于省吾 說).
6 偈偈乎(읍읍호) : 급급호(伋伋乎)와 같은 말로, 서두르는 모양.

같은 것이다.

泰初有無, 無有無名. 一之所起,[1] 有一而未形. 物得以生, 謂之德. 未
形者有分,[2] 且然[3]無間, 謂之命. 留動[4]而生物, 物成生理,[5] 謂之形. 形體
保神, 各有儀則,[6] 謂之性.

性修反德, 德至, 同於初. 同乃虛, 虛乃大. 合喙鳴,[7] 喙鳴合, 與天地
爲合. 其合緡緡,[8] 若愚若昏. 是謂玄德, 同乎大順.

| 해설 |

여기에서는 도가의 중요 개념인 덕과 본성 같은 것을, 그 기원에 거슬
러 올라가서 설명하고 있다. 이러한 발생론 내지 발전론은 『노자』와 『역
경』에도 보인다.

9

선생이 노자에게 물었다.

---

1 一之所起(일지소기) : 일(一)이 생기는 곳. 곧 도를 뜻함. 『노자』에서는 "도가 일을 낳는
  다" 하였다. '일'이란 『주역』의 태극(太極)과 같은 것이다.
2 未形者有分(미형자유분) : 아직 형체가 없는 상태에서 '일'로부터 둘로 갈라진다. 그리
  고 더 변화하여 만물을 생성하는 것이다.
3 且然(차연) : 재빨리 변화하는 모양.
4 留動(유동) : '유'는 유(流)와 통하여(朱駿聲 說), '일'이 유동하는 것.
5 生理(생리) : 이(理)가 생겨나다, 이가 갖추어지다.
6 儀則(의칙) : 원칙, 법칙.
7 合喙鳴(합훼명) : 새가 주둥이로 소리내어 울듯 무심히 행동하는 자연의 상태와 합치되
  는 것.
8 緡緡(민민) : 흐리터분한 모양.

"어떤 사람이 도를 다스리되 만약 서로 거스르기에 힘쓴다면 불가능한 것을 가능하다 하고 그렇지 않은 것을 그렇다고 하게 될 것입니다. 논설가들은 '한 개의 돌에서 굳다는 개념과 희다는 개념을 분리시켜 놓으면 허공에 달아 놓은 것처럼 분명해진다'고도 말했습니다. 이와 같은 사람을 성인이라 할 수 있겠습니까?"

노자가 말하였다.

"그것은 천한 일을 하는 재주꾼들이나 같아서 몸을 수고롭히고 마음을 불안하게 하는 자요. 짐승을 잘 잡는 개는 마음을 쓰게 되고, 날렵한 원숭이는 잡혀서 산과 숲으로부터 끌려 오게 되오.

구(丘)여, 나는 당신에게 당신이 들어 보지도 못했던 얘기와 말해 보지도 못했던 일을 일러 주겠소. 대체로 머리도 있고 발도 있지만, 마음도 없고 귀도 없는 것들이 많소. 형체를 가지고 있는 사람이 형체도 없고 모양도 없는 도를 따라 제대로 존재하는 일은 절대로 없다고 할 수 있소. 그리고 그들이 움직이고 멈추는 것과, 죽고 사는 것과, 망하고 흥하는 것은, 또한 일반 사람들이 말하는 것 같은 근거에 의하여 되는 것은 아니오. 다스린다는 것은 사람에게 달려 있는 것이오. 물건을 잊고 하늘을 잊으면 그것을 자기를 잊었다고 말하는 것이오. 자기를 잊은 사람을 두고서 하늘로 들어간 사람이라 말하는 것이오."

| 원문 |

夫子**1**問於老聃曰; 有人治道, 若相放,**2** 可不可, 然不然. 辯者有言曰; 離堅白,**3** 若縣寓.**4** 若是則可謂聖人乎?

---

1 夫子(부자) : 뒤에 노자가 구(丘)라는 이름을 부르고 있어 공자를 가리키는 말로 알려져 있다.

2 相放(상방) : '방'은 방(方)으로 된 판본도 있으며, 방(方)은 '거스르다'의 뜻이니, 상대방의 뜻을 거스르는 것.

老聃曰; 是胥易技係,[5] 勞形怵[6]心者也. 執留[7]之狗, 成思. 猿狙之便, 自山林來.

丘, 予告若.[8] 而所不能聞, 與而所不能言. 凡有首有趾, 無心無耳者衆. 有形者, 與無形無狀, 而皆存者, 盡無. 其動止也, 其死生也, 其廢起也, 此又非其所以[9]也. 有治在人.[10] 忘乎物, 忘乎天, 其名爲忘己. 忘己之人, 是之謂入於天.

| 해설 |

인위적인 지혜에 힘을 쓰는 자는 성인이 될 수 없다. 물건을 잊고 하늘조차 잊고, 자기를 잊은 상태에 이른 사람이라야만 정말로 훌륭한 사람이라 할 수 있다는 것이다. 다만 이 대목은 뜻을 빗대어 만들어낸 얘기이지 정말로 공자와 노자가 대화한 것으로 생각해서는 안 될 것이다.

---

3 離堅白(이견백) : 하나의 돌에서 굳다는 개념과 희다는 개념을 분리시키는 것. 앞 모든 사물은 한결같음[齊物論]편에서도 보인 궤변을 가리킨다.

4 縣寓(현우) : '우'는 우(宇)와 통하여, 공중에 매달려 있는 것처럼 분명한 것.

5 胥易技係(서역기계) : 서(胥)는 잡일을 하는 일꾼, 역(易)은 역(役)과 통하여, 남에게 부림을 당하는 것, 기계(技係)는 기교에 얽매여 있는 것. 따라서 천한 일을 하는 재주꾼을 가리키는 말임. 이 대목은 앞 자연에 따르는 제왕[應帝王]편에 보였다.

6 怵(출) : 두려워하다, 불안해하다.

7 執留(집류) : 이 구절도 '자연에 따르는 제왕'편과 비슷한 말이어서, '짐승을 잘 잡는 것'으로 해석해야 할 것이다.

8 若(약) : 아래 이(而)와 함께 모두 '너', '당신'의 뜻.

9 非其所以(비기소이) : 앞의 궤변론자들이 말하는 것 같은 근거에 의하여 되어지는 것은 아니다.

10 有治在人(유치재인) : 다스린다는 일은 사람에게 달려 있는 것이다. 도나 자연의 원리가 아닌 인위적인 것이다.

10

장려면蔣閭葂이 계철季徹을 만나서 말하였다.

"노나라 임금이 저에게 가르침을 받기를 원해 사양하였으나 허락되지 않아 말씀을 드린 것이 있습니다. 옳은 말이었는지 그른 말이었는지 알지 못하겠습니다. 그래도 말씀드릴 터이니 들어 주십시오. 제가 노나라 임금에게 아뢰었습니다. '반드시 공손함과 검소함을 실행하고 공정하고 충실한 사람들을 뽑아내어 쓰되, 사사로움에 기우는 일이 없다면 백성들이 누가 감히 화합하지 않겠습니까?'"

계철이 껄껄 웃으면서 말하였다.

"만약 선생의 말을 제왕의 덕에다 비추어 본다면 마치 사마귀가 앞다리를 벌리고 수레바퀴 앞에 버티고 서 있는 것이나 같은 것이니, 반드시 당해 낼 수 없을 것입니다. 또 그렇게 한다면 곧 그 자신이 위험에 처하게 될 것입니다. 그는 높은 누대樓臺를 갖게는 되겠지만 일이 많아질 것이고, 그에게로 몰려드는 사람만이 많아질 것입니다."

장려면이 깜짝 놀라면서 말하였다.

"저는 선생의 말씀에 멍청해졌습니다. 그렇지만 선생께서 그 대강이라도 말씀해 주시기를 바랍니다."

계철이 말하였다.

"위대한 성인은 천하를 다스림에 있어서 백성들의 마음을 풀어 주어 그들로 하여금 가르침에 따라서 풍속을 훌륭하게 만들도록 합니다. 백성들의 악한 마음을 완전히 없애 모두가 도를 터득하려는 뜻을 밀고 나가도록 합니다. 사람의 본성이 자연히 그렇게 되는 것과 같아서 백성들은 그렇게 되는 까닭을 알지 못합니다. 이와 같은 정치를 어찌 요堯임금이나 순舜임금이 백성들을 교화하던 일에 견주겠으며, 멍청하게 모두가 같은 정치라고 하겠습니까? 모든 사람이 같은 덕을 지니고 마음이 편하게 되기를 바라는 것입니다."

蔣閭葂¹見季徹²曰; 魯君謂葂也, 曰; 請受敎. 辭, 不獲命,³ 旣已告矣. 未知中否, 請嘗薦⁴之. 吾謂魯君曰; 必服⁵恭儉, 拔出⁶公忠之屬, 而無阿私,⁷ 民孰敢不輯⁸?

季徹局局然⁹笑曰; 若夫子之言, 於帝王之德, 猶螳蜋¹⁰之怒臂¹¹而當車轍,¹² 則必不勝任矣. 且若是, 則其自爲處危. 其觀臺多物,¹³ 將往投迹者衆.¹⁴

蔣閭葂覤覤然¹⁵驚曰; 葂也, 汒若於夫子之所言矣. 雖然, 願先生之言其風¹⁶也.

季徹曰; 大聖之治天下也, 搖蕩¹⁷民心, 使之成敎易俗. 擧滅其賊心, 而皆進其獨志.¹⁸ 若性之自爲, 而民不知其所由然. 若然者, 豈兄¹⁹堯舜之敎民, 溟涬然²⁰弟²¹之哉? 欲同乎德, 而心居²²矣.

---

1 蔣閭葂(장려면) : 사람 이름. 학문을 좋아하여 많은 책을 썼다 한다.
2 季徹(계철) : 도가에 속하는 사람 이름.
3 不獲命(불획명) : 사양한 것이 임금에게 받아들여지지 않았다는 뜻.
4 薦(천) : 이야기하다, 진술하다.
5 服(복) : 행하다.
6 拔出(발출) : 뽑아 내어 쓰는 것.
7 阿私(아사) : 사사로운 감정이나 친분에 기울어지는 것.
8 輯(집) : 화합하다.
9 局局然(국국연) : 껄껄 크게 웃는 모양.
10 螳蜋(당랑) : 사마귀, 버마재비, 오줌싸개.
11 怒臂(노비) : 성이 나서 팔을 벌리듯 앞다리를 벌리고 버티는 것.
12 車轍(거철) : 수레바퀴 자국, 수레바퀴가 지나갈 자리.
13 多物(다물) : 일이 많은 것, 번거로워지는 것.
14 投迹者衆(투적자중) : 모여드는 사람이 좋은 사람 나쁜 사람을 가리지 않고 많아져 어지럽고 위태로워짐을 뜻한다.
15 覤覤然(혁혁연) : 놀라는 모양.
16 風(풍) : 범(凡)과 통하여 '대강', '대체'.
17 搖蕩(요탕) : 풀어놓아 주는 것.
18 獨志(독지) : 오로지 도(道)를 얻으려는 마음.
19 兄(형) : 황(況)과 통하여(孫詒讓 說), 비기다, 견주다.

여기서도 대화를 이용하여 유가적인 정치 방법을 비평하는 한편 도가의 무위의 다스림을 설교하고 있다.

11

자공子貢이 남쪽으로 초楚나라를 유람하고 나서 진晉나라로 돌아오다가, 한수漢水 남쪽을 지나가게 되었다. 한 노인이 마침 채소밭을 손질하고 있는 것을 보았다. 그는 땅에 굴을 파서 만든 우물로 들어가 항아리에 물을 퍼 가지고 나와서 밭에 물을 주고 있었다. 끙끙거리면서 힘을 무척 많이 들이고 있었으나 효과는 적었다.

자공이 말을 걸었다.

"여기에 기계가 있다면 하루에 백 이랑의 밭에 물을 줄 수 있을 것입니다. 힘은 매우 적게 들이고서도 드러나는 효과는 많습니다. 선생께서는 기계를 쓰지 않으시렵니까?"

밭을 관리하던 사람이 머리를 들어 그를 보면서 말하였다.

"어떻게 하는 것입니까?"

"나무에 구멍을 뚫어 만든 기계인데 뒤는 무겁고 앞이 가볍습니다. 손쉽게 물을 푸는데 빠르기가 물이 끓어 넘치는 것 같습니다. 그것을 물틀이라고 부르지요."

밭을 손질하던 사람은 성난 듯 얼굴빛이 바뀌었지만 웃으면서 말하였다.

---

20 溟涬然(명행연) : 멍청한 모양, 흐리멍텅한 모양.
21 弟(제) : 이(夷)의 잘못으로(孫詒讓 說), 동등하게 보다, 같다고 보다.
22 心居(심거) : 마음 편히 지내는 것.

"내가 우리 선생님께 들은 얘기지만, 기계를 가진 자는 반드시 기계를 쓸 일이 있게 되고, 기계를 쓴 일이 있는 사람은 반드시 기계에 관한 마음 쓰임이 있게 됩니다. 기계에 관한 마음 쓰임이 가슴 속에 차 있으면 순수함과 깨끗함이 갖추어지지 않게 되고, 순수함과 깨끗함이 갖추어지지 않게 되면 정신과 성격이 불안정하게 됩니다. 정신과 성격이 불안정한 사람에게는 도가 깃들지 않게 됩니다. 나는 알지 못해서가 아니라 부끄러워서 하지 않는 것입니다."

자공은 얼굴을 붉히며 부끄러워하고 몸을 굽힌 채 대답도 못하였다.

금 있다가 밭을 손질하던 사람이 말하였다.

"선생은 무엇 하시는 분입니까?"

"공자의 제자입니다."

밭을 손질하던 사람이 말하였다.

"선생은 널리 배움으로써 성인의 흉내를 내고, 허망한 말로써 사람들의 눈을 가리고, 홀로 금琴을 뜯으면서 슬픈 노래를 함으로써 천하에 명성을 팔고 있는 사람이 아닙니까? 당신도 당신의 정신과 기운을 잊고 당신의 육체를 버린다면 거의 도에 가까워질 수 있을 것입니다. 당신의 몸도 다스리지 못하면서 무슨 천하를 다스릴 겨를이 있다는 것입니까? 선생은 가시오, 내 일이나 방해하지 마시오."

자공은 부끄러움에 얼굴빛을 잃고, 멍청해져서 자신도 잃고 말았다. 그러고 나서 삼십 리 길을 가고 난 뒤에야 제정신을 차렸다.

그의 제자가 말하였다.

"조금 전의 사람은 무얼 하는 사람입니까? 선생님께서 무엇 때문에 그 분을 만나고 나서는 얼굴빛을 잃고서 하루 종일 자기 정신으로 되돌아오지 못했습니까?"

"본시 나는 천하에는 우리 선생님 한 분뿐이라 생각했었다. 또 그런 사람이 있는 줄은 알지도 못했었지. 내가 들은 선생님의 가르침은 일이란 가능한 것을 추구하고, 결과로는 성공을 추구하여, 힘은 적게 쓰고 드러나는 공로가 많도록 하는 것이 성인의 도라는 것이었다. 지금 보니 그렇지가 않더구나!

도를 지키는 사람은 덕이 완전해야 되며, 덕이 완전한 사람은 몸이 완전해야 되고, 몸이 완전한 사람은 정신이 완전해야 된다. 정신이 완전한 것이 성인의 도이다.

삶을 타고나서 사람들과 나란히 행동하면서도 가는 곳을 알지 못하고 망연하면서도 순수하고 완전해야 한다. 공로와 이익과 기교 같은 것은 반드시 사람의 마음에서 잊혀져야만 한다. 그러한 사람은 그의 뜻이 아니면 가지 않고, 그의 마음이 아니면 행하지 않는다. 비록 온 천하가 그를 칭찬하고 그의 말하는 대로 된다고 하더라도 오만한 태도로 돌아보지도 않는다. 온 천하가 그를 비난하고 그의 말하는 대로 안 된다 하더라도 멍청한 태도로 받아들이지 않는다. 천하의 비난과 칭찬도 그를 손상시키거나 유익하게 할 수가 없는 것이다. 이것을 덕이 완전한 사람이라 하는 것이다. 나 같은 사람은 바람에 출렁이는 물결 같은 사람이라 할 것이다."

노나라로 돌아와 공자에게 그 얘기를 하니 공자가 말하였다.

"그는 혼돈씨渾沌氏의 술법을 빌려 수양한 사람이다. 절대적인 도 하나만을 알지 상대적인 둘은 알지를 못한다. 그의 속만을 다스리지 그의 밖은 다스리지 않는다. 그는 마음을 밝게 하여 소박함으로 들어갔고 무위함으로써 질박함으로 되돌아갔으며, 본성을 체득하고 순수한 정신을 지니고서 속세에 노닐고 있는 사람이다. 너는 무엇을 놀라고 있느냐? 또한 혼돈씨의 술법을 나와 너로서는 어찌 알 수가 있겠느냐?"

子貢南遊於楚, 反於晉, 過漢陰,[1] 見一丈人, 方將爲圃畦.[2] 鑿隧而入井, 抱甕而出灌, 搰搰然,[3] 用力甚多, 而見功寡.

子貢曰; 有械於此, 一日浸百畦,[4] 用力甚寡而見功多. 夫子不欲乎?

爲圃者卬[5]而視之, 曰; 奈何? 曰; 鑿木爲機, 後重前輕, 挈水若抽, 數如泆湯[6] 其名爲槔[7] 爲圃者忿然[8]作色而笑, 曰; 吾聞之吾師, 有機械者必有機事, 有機事者必有機心. 機心存於胸中, 則純白不備, 純白不備, 則神生[9]不定. 神生不定者, 道之所不載也. 吾非不知, 羞而不爲也.

子貢瞞然[10]慙, 俯而不對.

有閒, 爲圃者曰; 子奚爲者邪?

曰; 孔丘之徒也.

爲圃者曰; 子非夫博學以擬聖, 於于[11]以蓋衆, 獨弦哀歌, 以賣名聲於天下者乎? 汝方將妄汝神氣, 墮汝形骸, 而庶幾[12]乎. 而身之不能治, 而何暇於治天下乎? 子往矣, 無乏[13]吾事.

子貢卑陬[14]失色, 頊頊然[15]不自得, 行三十里而後愈.

---

1 漢陰(한음) : 한수(漢水)의 남쪽 가. 강물은 남쪽을 음(陰), 북쪽을 양(陽)이라 한다.

2 圃畦(포휴) : 밭, 채소밭.

3 搰搰然(골골연) : 힘쓰는 모양.

4 畦(휴) : 밭이랑, 또는 땅 넓이의 단위. 1휴는 50묘이다.

5 卬(앙) : 앙(仰)과 통하여, 우러르다, 쳐다보다.

6 泆湯(일탕) : 물이 끓어 넘치는 것.

7 槔(고) : 물을 퍼 올리는 기계 이름.

8 忿然(분연) : 성이 나는 모양.

9 神生(신생) : 생(生)은 성(性)과 통하여(吳汝綸 說), 정신과 성격.

10 瞞然(만연) : 부끄러워하는 모양.

11 於于(어우) : 허망된 모양(司馬彪 說). 공연히 큰소리 치는 모양(章炳麟 說)으로 봐도 좋다.

12 庶幾(서기) : 거의 도에 가깝게 될 것이라는 뜻.

13 乏(핍) : 막다, 방해하다.

14 卑陬(비추) : 부끄러워하는 모양.

其弟子曰; 向之人, 何爲者邪? 夫子何故見之變容失色, 終日不自反邪? 曰; 始吾以爲夫子天下一人[16]耳, 不知復有夫人也. 吾聞之夫子, 事求可, 功求成, 用力少, 見功多者, 聖人之道. 今徒[17]不然.

執道者德全, 德全者形全, 形全者神全, 神全者, 聖人之道也.

託生與民竝行, 而不知其所之, 汒乎淳備[18]哉. 功利機巧, 必忘夫人心. 若夫人者, 非其志不之, 非其心不爲. 雖以天下譽之, 得其所謂, 警然[19]不顧. 以天下非之, 失其所謂, 儻然[20]不受. 天下之非譽, 無益損焉. 是謂全德之人哉. 我之謂風波之民.

反於魯, 以告孔子. 孔子曰; 彼假修渾沌氏[21]之術者也. 識其一,[22] 不知其二.[23] 治其內, 而不治其外. 夫明白入素. 無爲復朴, 體性[24]抱神, 以遊世俗之閒者. 汝將固[25]驚邪? 且渾沌氏之術, 予與汝何足以識之哉?

| 해설 |

밭에 물을 길어다 주고 있던 사람의 애기는 바로 현대 문명을 비판하고 있는 듯하다. 사실 현대 사회에서는 기계의 발달에 따라 반대로 사람이 기계에게 지배당하고, 날이 갈수록 순박하고 참된 사람의 본연의 자세를 잃어 가고 있는 것이다. 노자나 장자의 설교가 절대적인 진리라 애기하기는

---

15 項項然(옥옥연) : 자기조차도 잃은 모양(李頤 說).
16 一人(일인) : 자기 선생인 공자를 가리킨다.
17 徒(도) : 내(乃)와 같은 조사(王引之 說).
18 淳備(순비) : 순수하고 완비되어 있는 것, 순일(純一)되고 완전한 것.
19 警然(오연) : 오만한 모양.
20 儻然(당연) : 멍청한 모양.
21 渾沌氏(혼돈씨) : 무위로 세상을 다스렸다는 태고적 제왕 이름.
22 一(일) : 도를 가리킴.
23 二(이) : 상대적인 것, 자기와 밖의 사물.
24 體性(체성) : 참된 사람의 본성을 체득하는 것.
25 固(고) : 호(胡)와 통하여(兪樾 說), '어찌하여'.

어려울지 모르지만, 적어도 현대인이 귀를 기울여야 할 진리의 일부를 얘기하고 있는 것은 사실일 것이다.

12

순망諄芒이 동쪽 넓은 바다로 가다가 동쪽 바닷가에서 우연히 원풍苑風을 만났다. 원풍이 말하였다.

"선생은 어디를 가시는 길입니까?"

"넓은 바다로 가는 길입니다."

"무엇하러요?"

"넓은 바다란 곳의 특징은 물이 흘러들어도 차지를 않고, 퍼내어도 마르지 않습니다. 저는 거기에 가서 놀려는 것입니다."

원풍이 말하였다.

"선생께서는 일반 백성들에게는 뜻이 없으신가요? 성인의 다스림에 관하여 듣고 싶습니다."

순망이 말하였다.

"성인의 다스림이오? 관청에서 정치를 시행함에 있어서는 그 합당함을 잃어서는 안 되며, 사람을 등용함에 있어서는 능력 있는 사람을 빠뜨려서는 안 됩니다. 또 실정을 잘 살펴 백성들이 바라는 일을 해야만 합니다. 말은 자신부터 실천해야만 천하가 교화됩니다. 손짓하고 손가락질만 하여도 사방의 백성들이 따르지 않는 자가 없어야 합니다. 이것을 성인의 다스림이라 말합니다."

"덕 있는 사람에 관하여 듣고자 합니다."

"덕 있는 사람은 들어앉아 있을 적에도 아무런 생각이 없고, 행동함에 있어서도 어떠한 생각도 없습니다. 옳고 그르다거나 아름답고 추악하다는 감정을 지니고 있지 않습니다. 온 세상을 아울러 이롭게 하는 것을 기쁨으로 여기고, 온 세상을 충족시켜 주는 것을 안락이라 생각합니다. 모습은 의지할 곳 없는 듯하여 마치 어린아이가 그의 어머니를 잃은 것과 같습니다. 멍청하여 길을 가는 사람이 길을 잃은 것과도 같습니다. 쓰는 재물에는 여유가 있지만 그것이 어디에서 생기는지는 알지를 못합니다. 음식은 충분히 먹으면서도 그것이 어디에서 온 것인지는 알지 못합니다. 이것이 덕 있는 사람의 모습이라 생각합니다."

"신인神人에 관하여 듣고 싶습니다."

"훌륭한 신인은 해와 달과 별의 빛을 타고 다니며, 몸은 없는 것과 같습니다. 이것을 '널리 비추는 것'이라 말하는 것입니다. 운명대로 따르고 실정대로 다하여, 하늘과 땅도 녹아 없어지고 만사가 사라져 버린 듯이 됩니다. 만물과 함께 진실한 형태로 되돌아가는데, 이것을 '멍청하고 어두운 것'이라 말하는 것입니다."

| 원문 |

諄芒[1]將東之大壑,[2] 適遇苑風[3]於東海之濱. 苑風曰; 子將奚之?

曰; 將之大壑.

曰; 奚爲焉?

曰; 夫大壑之爲物也, 注焉而不滿, 酌焉而不竭. 吾將遊焉.

苑風曰; 夫子無意於橫目之民[4]乎? 願聞聖治.

諄芒曰; 聖治乎? 官施而不失其宜, 拔擧而不失其能. 畢見[5]其情事,[6]

---

1 諄芒(순망) : 지어낸 사람 이름.
2 大壑(대학) : 바다를 가리킨다.
3 苑風(원풍) : 지어낸 사람 이름.
4 橫目之民(횡목지민) : 눈이 옆으로 달린 백성. 사람은 누구나 눈이 옆으로 달렸으므로 '일반 백성들'을 가리킨다.

而行其所爲. 行言自爲而天下化. 手撓[7]顧指,[8] 四方之民, 莫不俱至. 此之謂聖治.

願聞德人.

曰; 德人者, 居無思, 行無慮. 不藏是非美惡. 四海之內, 共利之之謂悅, 其給之之謂安. 怊乎[9]若嬰兒之失其母也, 儻乎[10]若行而失其道也. 財用有餘, 而不知其所自來, 飮食取足, 而不知其所自從. 此謂德人之容.

願聞神人.

曰; 上神[11]乘光,[12] 與形滅亡. 此謂照曠.[13] 致命盡情, 天地樂[14]而萬事銷亡. 萬物復情, 此之謂混冥.[15]

| 해설 |

여기서는 성인과 덕 있는 사람과 신인神人을 설명하고 있다. 신인은 도가에서 가장 이상적인 사람으로 받드는 인간상으로, 덕 있는 사람이나 성인은 그보다는 급이 낮다. 따라서 여기에서 말하는 성인도 결국은 유가에서 말하는 성인에 접근하지 않을 수가 없을 것이다. 유가에서도 지극한 성인의 정치는 무위의 다스림으로 생각했으니 더욱이 가깝지 않을 수가 없

---

5 畢見(필견) : 빠짐없이 잘 살펴보는 것.
6 情事(정사) : 참된 일의 모습, 실정.
7 手撓(수뇨) : 손을 굽히다, 손짓하다.
8 顧指(고지) : 손가락으로 지시하는 것.
9 怊乎(초호) : 의지할 곳 없는 모양, 슬픈 모양.
10 儻乎(당호) : 멍청한 모양.
11 上神(상신) : 상급의 신인, 훌륭한 신령스런 사람.
12 乘光(승광) : 해와 달과 별의 빛을 타고 노는 것.
13 照曠(조광) : 널리 비추는 것.
14 樂(락) : 삭(鑠)과 통하여 '녹는 것'.
15 混冥(혼명) : 뒤섞이고 어두운 것. 혼돈과 비슷한 말.

었을 것이다.

13

문무귀門無鬼와 적장만계赤張滿稽가 무왕武王의 군사들을 보러 갔다. 적장만계가 말하였다.

"순舜임금의 정치에 미치지 못하고 있기 때문에 전쟁의 환난을 당하고 있는 것입니다."

문무귀가 말하였다.

"고루 다스려지고 있던 천하를 물려 받아 순임금이 그대로 다스리신 것입니까, 그렇지 않으면 어지러웠던 세상을 물려 받아 올바로 다스리신 것입니까?"

적장만계가 말하였다.

"천하가 고루 다스려져 있었다면 그것은 백성들이 바라던 일인데, 무엇 때문에 순임금에게 다스리게 하였겠습니까? 순임금은 머리 종기에 대처하는 방법으로, 머리를 박박 깎고서 다리꼭지를 붙이는 식의 정치를 했습니다. 병이 난 뒤에 의사를 부르는 것이지요. 효자가 약을 가져다 아버지에게 드릴 때 그의 얼굴빛은 근심스러운 듯하지만, 성인은 그처럼 병이 난 것을 부끄러워합니다.

지극한 덕이 펴진 세상에서는 현명한 사람도 숭상하지 않고, 능력 있는 사람도 쓰지 않습니다. 임금은 솟아난 나뭇가지 같고, 백성들은 들사슴 같습니다. 행동이 바르지만 그것이 의로움인 줄은 알지 못하며, 서로 사랑하지만 그것이 어짊인 줄은 알지 못합니다. 충실하지만 그것이 충실함인 줄은 알지 못하고, 말과 행동이 들어맞지만 그것이 신의인 줄은 알지 못합니다. 꿈틀거리면서 움직여 서로를 위하여 일하지만 그것이 은혜로움인 줄은 알지 못합니다. 그러므로 행하여도 흔적도 없게 되며, 일하여도 전해지지 않습니다."

| 원문 |

門無鬼[1]與赤張滿稽,[2] 觀於武王[3]之師.

赤張滿稽曰; 不及有虞氏[4]乎, 故離[5]此患也.

門無鬼曰; 天下均治, 而有虞氏治之邪, 其亂而後治之與?

赤張滿稽曰; 天下均治之爲願, 而何計以有虞氏爲? 有虞氏之藥瘍[6]也, 禿[7]而施髢.[8] 病而求醫. 孝子操藥以修[9]慈父, 其色燋然,[10] 聖人羞之.

至德之世, 不尙賢, 不使能. 上如標枝,[11] 民如野鹿. 端正而不知以爲義, 相愛而不知以爲仁, 實而不知以爲忠, 當而不知以爲信. 蠢動[12]而相使, 不以爲賜.[13] 是故行而無迹, 事而無傳.

| 해설 |

순임금이 세상을 잘 다스렸다고는 하지만 사실은 다스리지 않아도 아무 일도 없는 세상만은 못한 것임을 설명한 대목이다.

---

1 門無鬼(문무귀) : 사람 이름. 문(門)이 성이고 무귀(無鬼)는 그의 자임.

2 赤張滿稽(적장만계) : 적장(赤張)은 성, 만계(滿稽)가 이름.

3 武王(무왕) : 주(周)나라 무왕. 은(殷)나라 주(紂)왕을 쳐부순 임금.

4 有虞氏(유우씨) : 순(舜)임금. 그의 나라 이름이 우(虞)였다.

5 離(리) : 리(罹)와 통하여 '걸리다'.

6 瘍(양) : 머리에 난 종기. 순이 어지러운 세상을 다스리는 것을 머리에 난 종기에 대처하는 일에 비유하였다.

7 禿(독) : 머리를 박박 깎아 버리는 것.

8 髢(체) : 다리꼭지. 가발.

9 修(수) : 수(羞)와 통하여 '갖다 드리는 것'.

10 燋然(초연) : 근심하는 모양.

11 標枝(표지) : 나무 위에 솟아난 가지. 임금은 높은 가지처럼 위에 있기만 할 뿐이라는 것이다.

12 蠢動(준동) : 쉬지 않고 벌레처럼 움직이는 것.

13 賜(사) : 은혜(馬其昶 說).

14

효자는 그의 부모에게 잘 보이려 들지 않고 충신은 그의 임금에게 아첨하지 않는데, 그것이 신하와 자식의 훌륭한 태도이다. 부모가 말씀하신 것을 그대로 받아들이고 부모가 행한 일을 훌륭하다 여기면 곧 세상에서는 못난 자식이라고 말한다. 임금이 말한 것을 그대로 받아들이고 임금이 행한 것을 훌륭하다 여기면 곧 세상에서는 그를 못난 신하라고 말한다. 그러나, 그것이 반드시 그런지 어떤지는 알지 못할 일이다.

세상에서 그렇다고 말하는 것을 그렇다 하고, 훌륭하다고 말하는 것을 훌륭하다고 받아들이면, 곧 아첨하는 사람이란 말은 듣지 않는다. 그렇다면 세상 습속이 본시 부모보다도 엄하고 임금보다도 존귀하다는 말인가? 자기를 아첨꾼이라 말하면 곧 성난 듯이 얼굴빛을 바꾸고, 자기에게 눈치꾼이라 말하면 화난 듯이 얼굴빛을 바꾼다. 그러면서도 평생토록 아첨꾼 노릇을 하고, 평생토록 눈치꾼 노릇을 한다. 비유를 들면서 말을 꾸미는 것은 사람들을 제자로 모으기 위한 것이다. 그러나 시작과 끝, 근원과 결과가 서로 들어맞지 않는다. 옷자락을 늘어뜨리고, 아름다운 채색으로 꾸미고, 갖은 용모를 써 가며 온 세상에 아양을 떨면서도 자신은 아첨을 한다고 말하지 않는다. 사람들과 더불어 무리를 이루고, 같은 옳고 그른 판단을 내리면서도 자신은 일반 사람과 같다고 생각하지 않는다. 이들은 지극히 어리석은 자들이다.

그 자신이 어리석음을 아는 사람은 크게 어리석은 것은 아니다. 그 자신이 미혹된 것을 아는 사람은 크게 미혹된 것은 아니다. 크게 미혹된 자는 평생토록 자신의 잘못을 이해하지 못하고, 크게 어리석은 자는 평생토록 자신의 그릇됨을 깨닫지 못한다. 세 사람이 길을 가는데

한 사람이 미혹되어 있다면 목적지로 갈 수가 있다. 그것은 미혹된 자가 적기 때문이다. 세 사람 중 두 사람이 미혹되었다면 수고만 하지 목적지에 다다르지 못한다. 그것은 미혹된 자가 우세하기 때문이다. 그런데 지금은 온 천하가 미혹되어 있으니, 내가 비록 가려는 방향이 있다 하더라도 갈 수가 없다. 그러니 슬프지 아니한가?

위대한 음악은 천한 귀에는 들어가지 않지만 절양折楊·황화皇華 같은 속된 음악을 들으면 좋아서 웃고 법석이다. 그러므로 고상한 말도 여러 사람들의 마음에는 받아들여지지 않는 것이다. 지극한 말이 나오지 않는 것은 속된 말이 우세하기 때문이다. 두 갈래로 모두가 미혹되어 있다면 목적지에 도달하지 못하는 것이다. 그처럼 지금은 온 천하가 미혹되어 있다. 내가 비록 갈 곳이 있다 하더라도 어떻게 그곳에 도달할 수가 있겠는가? 목적지에 도달하는 것이 불가능함을 알면서도 억지를 쓰는 것도 또 한 가지 미혹이다. 그러므로 그대로 버려 두고 밀고 나아가지 않는 것이 가장 좋다. 밀고 나아가지만 않는다면 그 누가 근심을 할 것인가? 문둥이는 밤중에 자기 자식을 낳고서 바로 불을 가져다 비추어 보면서 초조히 오직 그 애가 자기를 닮았을까 두려워하는 것이다.

| 원문 |

孝子不諛[1]其親, 忠臣不諂[2]其君, 臣子之盛也. 親之所言而然, 所行而善, 則世俗謂之不肖子. 君之所言而然, 所行而善, 則世俗謂之不肖臣. 而未知此其必然邪.

---

1 諛(유) : 잘 보이려고 하다, 아첨하다, 눈치보다.
2 諂(첨) : 아첨하다.

世俗之所謂然而然之, 所謂善而善之, 則不謂之道³諛之人也. 然則俗故嚴於親而尊於君邪? 謂己道人, 則勃然⁴作色, 謂己諛人, 則怫然⁵作色. 而終身道人也, 終身諛人也. 合譬⁶飾辭, 聚衆也. 是終始本末不相坐.⁷ 垂衣裳, 設采色, 動容貌, 以媚一世, 而不自謂道諛. 與夫人之爲徒, 通是非, 而不自謂衆人. 愚之至也.

知其愚者, 非大愚也, 知其惑者, 非大惑也. 大惑者, 終身不解, 大愚者, 終身不靈.⁸ 三人行而一人惑, 所適者猶可致也, 惑者少也. 二人惑, 則勞而不至, 惑者勝也. 而今也, 以天下惑, 予雖有祈嚮,⁹ 不可得也. 不亦悲乎?

大聲不入於里耳,¹⁰ 折揚¹¹皇華, 則嗑然¹²而笑. 是故高言不止於衆人之心. 至言不出, 俗言勝也. 以二垂¹³鍾惑,¹⁴ 而所適不得矣. 而今也以天下惑, 予雖有祈嚮, 其庸¹⁵可得邪? 知其不可得而强之, 又一惑也. 故莫若釋之而不推. 不推, 誰其比憂¹⁶? 厲之人,¹⁷ 夜半生其子, 遽取火而視之, 汲汲然¹⁸唯恐其似己也.

---

3 道(도) : 아첨하다, 첨(諂)과 같은 뜻(郭慶藩 說).
4 勃然(발연) : 불끈 성을 내는 모양.
5 怫然(불연) : 기분 나쁜 빛을 띠는 모양.
6 合譬(합비) : 모든 비유를 다 주워 모아 사용하는 것.
7 不相坐(불상좌) : 서로 들어맞지 않는 것, 모순이 되는 것(嚴復 說).
8 靈(령) : 깨닫는 것(司馬彪 說).
9 祈嚮(기향) : 가려고 하는 곳(錢穆 說).
10 里耳(이이) : 천한 사람들의 귀.
11 折揚(절양) : 황화(皇華)와 함께 속된 노래의 곡명.
12 嗑然(합연) : 좋아서 입을 크게 벌리고 웃는 모양.
13 二垂(이수) : 두 갈래 길(馬其昶 說), 두 종류의 사람들.
14 鍾惑(종혹) : 크게 미혹되는 것.
15 庸(용) : 어찌.
16 比憂(비우) : 함께 어울려 근심하는 것.
17 厲之人(여지인) : 문둥이.
18 汲汲然(급급연) : 마음을 졸이는 모양.

이 세상 사람들의 판단은 매우 미혹되어 있다. 사람들은 올바르고 진실한 것은 알아보지도 못하고, 속되고 그릇된 것만을 좋아한다. 문둥이는 자기 자식이 자기를 닮지 않기를 바라는데, 그릇된 세상 사람들은 자기 자식이 닮을까 걱정도 하지 않는다는 것이다.

15

백 년 묵은 나무를 쪼개어 제사 때 쓰는 술그릇을 만들 적엔, 거기에다 채색을 칠하고 무늬를 조각한다. 한편, 그러고 남은 부스러기는 도랑 가운데 던져 버린다. 제사에 쓰는 술그릇을 도랑 가운데 버려진 부스러기와 견주어 본다면 아름답고 추한 차이가 있다. 그러나 그것들이 본성을 잃었다는 데 있어서는 한 가지인 것이다. 도척盜跖과 증삼曾參·사추史鰌는 의로움을 행한 데 있어서는 차이가 있다. 그러나 그들이 본성을 잃고 있는 데 있어서는 마찬가지인 것이다.

또한 본성을 잃는 데는 다섯 가지가 있다. 첫째로 다섯 가지 빛깔은 눈을 어지럽혀 눈을 밝지 않게 만든다. 둘째로 다섯 가지 소리는 귀를 어지럽혀 귀를 잘 들리지 않게 만든다. 셋째로 다섯 가지 냄새는 코를 자극하여 콧속을 메이게 만든다. 넷째로 다섯 가지 맛은 입안을 흐려 놓아 입을 병나고 상하게 만든다. 다섯째로 좋아하고 싫어하는 것은 마음을 어지럽혀 본성을 날아가 버리게 만든다. 이 다섯 가지는 모두 삶에 해가 되는 것이다. 그런데, 양주楊朱와 묵자墨子는 자기의 주장을 드러내 놓고 스스로 제대로 되었다고 여기고 있다. 그러나 내가 말하는 올바른 방법은 아니다.

본성을 따르려는 사람이 사는 데 어려움을 당한다면, 그가 본성을 따랐다고 할 수가 있겠는가? 그렇다면 비둘기나 부엉이가 새장 속에 있는 것도 역시 본성을 따르는 것으로 볼 수 있을 것이다. 또한 좋아하고 싫어하는 것과 소리와 빛깔은 그의 마음을 막아 버리는 것이다. 가죽 관이나 비취새 깃으로 장식한 관冠을 쓰고 홀笏을 꽂고, 큰 띠와 긴 바지를 입는 것은 그의 외모를 제약하는 것이다. 마음은 울 안에 갇히고 막힌 듯이 되고, 외모는 여러 겹으로 줄에 묶인 듯이 된다. 몸은 꽁꽁 줄로 묶인 가운데 있는 듯한데도 스스로는 본성을 따른다고 생각하고 있는 것이다. 그렇다면 죄인이 팔을 뒤로 돌려 묶이고 손가락에 깍지가 끼어 있거나, 호랑이와 표범이 우리 속에 갇혀 있다 하더라도 역시 본성을 따르는 것이라 할 수 있게 될 것이다.

| 원문 |

百年之木, 破爲犧尊,[1] 靑黃而文之, 其斷[2]在溝中. 比犧尊於溝中之斷, 則美惡有閒矣. 其於失性, 一也. 跖與曾史, 行義有閒矣, 然其失性, 均也.

且夫失性有五; 一曰五色[3]亂目, 使目不明. 二曰五聲[4]亂耳, 使耳不聰. 三曰五臭[5]薰鼻,[6] 困惾[7]中顙.[8] 四曰五味濁口, 使口厲爽.[9] 五曰趣

---

1 犧尊(희준) : 소머리 모양을 한 제사 때 쓰는 술그릇.
2 斷(단) : 술그릇을 만들고 남은 나무 부스러기.
3 五色(오색) : 파랑·노랑·빨강·검정·흰색. 아름다운 미술을 가리킴.
4 五聲(오성) : 궁(宮)·상(商)·각(角)·치(徵)·우(羽)의 옛 음계. 아름다운 음악을 가리킴.
5 五臭(오취) : 고기 비린내·그을음 냄새·향기·생선 비린내·썩은 내.
6 薰鼻(훈비) : 코를 자극하는 것.
7 困惾(곤수) : 막혀 통하지 않는 것.
8 中顙(중상) : 상(顙)은 안(頞)으로 쏨이 옳으며(奚侗 說), '콧잔등의 속'.
9 厲爽(여상) : 병나고 상하게 하는 것.

舍¹⁰滑心, 使性飛揚. 此五者, 皆生之害也. 而楊墨乃始離跂¹¹自以爲得, 非吾所謂得¹²也.

夫得者困, 可以爲得乎? 則鳩鴞¹³之在於籠也, 亦可以爲得矣. 且夫趣舍聲色, 以柴¹⁴其內, 皮弁¹⁵鷸冠,¹⁶ 搢笏¹⁷紳修,¹⁸ 以約其外. 內支盈¹⁹於柴柵,²⁰ 外重纆繳.²¹ 睆睆然²²在纆繳之中, 而自以爲得, 則是罪人交臂²³歷指,²⁴ 而虎豹在於囊檻,²⁵ 亦可以爲得矣.

| 해설 |

사람은 본성대로 살아야 한다. 어짊이나 의로움을 위하여 본성을 잃는다 하더라도 그것은 결과적으로 도둑질을 하기 위하여 본성을 잃는 것과 마찬가지이다. 본성을 잃지 않으려면 개인의 욕망이나 감정을 모두 버리고 자연의 모습으로 돌아가지 않으면 안 된다. 자연과 화합되어 아무런 자기 의식도 없이 살아가는 것이 인간의 참된 본성이라는 것이다.

---

10 趣舍(취사) : 취하고 버리는 것, 좋아하고 싫어하는 것.
11 離跂(이기) : 남과 동떨어진 주장을 내세우는 것.
12 得(득) : 본성을 얻다, 본성을 따르다.
13 鴞(효) : 올빼미.
14 柴(채) : 막히는 것.
15 弁(변) : 관, 고깔.
16 鷸冠(휼관) : 비취새 깃으로 장식한 관.
17 搢笏(진홀) : 홀을 허리띠에 꽂는 것.
18 紳修(신수) : 넓은 띠를 띠고, 긴 바지를 입는 것. 이상은 모두 정장(正裝)을 형용한 말임.
19 支盈(지영) : 막혀 가득 찬 것.
20 柴柵(채책) : 나무를 짜서 만든 울.
21 纆繳(묵교) : 줄, 끈.
22 睆睆然(환환연) : '환'은 환(繯)과 통하여, 꽁꽁 줄로 감아 묶은 모양.
23 交臂(교비) : 두 팔을 뒤로 돌려 묶는 것.
24 歷指(역지) : 깍지를 손가락에 끼는 것.
25 囊檻(낭함) : 운반할 수 있는 짐승 우리.

제13편

하늘의 도
天道

　이 편의 내용에는 특히 장자의 사상과 거리가 먼 대목이 많다. 이 점은 예로부터 여러 학자들이 이미 지적한 바이다. 문맥이 앞뒤로 잘 통하지 않는 대목들도 있다. 그래서 왕부지(王夫之) 같은 이들은 진한 (秦漢) 시대에 황로지술(黃老之術)을 닦은 사람이 쓴 것이라 하였고, 구 양수(歐陽修)는 장자를 공부한 후세 사람이 쓴 것이라 하였다. 특히 이 편에서 제왕의 도는 텅 비고 고요하고 무위하여야 함을 논하고 있는 대목은 『여씨춘추(呂氏春秋)』의 글과 매우 흡사하다.
　편명은 역시 첫머리 두 글자를 딴 것이다.

1

하늘의 도道는 운행하면서 멈추는 일이 없다. 그래서 만물을 이룩
하게 되는 것이다. 제왕의 도 역시 운행하면서 멈추는 일이 없어야 한
다. 그래야 온 천하가 따르게 되는 것이다. 성인聖人의 도도 운행하면
서 멈추는 일이 없어야 한다. 그래야 온 세상 사람들이 복종하게 되는
것이다. 하늘에 대하여 밝고, 성인에 대하여 통달하고, 제왕의 덕에
대하여 완전히 트인 사람은, 그 자신을 간수함에 있어서 어둑어둑하
고 고요하지 않은 적이 없는 것이다.

성인이 고요한 것은 고요한 것이 훌륭하기 때문에 고요한 것이 아
니다. 만물에 그의 마음을 굽힐 수 있는 것이 없기 때문에 고요한 것
이다. 물이 고요하면 수염과 눈썹도 밝게 비추며, 완전한 수평이 되어
위대한 목수라 하더라도 그것을 법도로 삼는다. 물이 고요해도 밝은
데, 하물며 정신이나 성인의 마음이 고요할 때야 어떠하겠는가? 그것
은 하늘과 땅을 비추는 거울이요, 만물을 비추는 거울인 것이다.

| 원문 |

天道運而無所積,¹ 故萬物成. 帝道運而無所積, 故天下歸. 聖道運而
無所積, 故海內服. 明於天, 通於聖, 六通²四辟³於帝王之德者, 其自爲
也. 昧然⁴無不靜者矣.

聖人之靜也, 非曰靜也善, 故靜也. 萬物無足以鐃⁵心者, 故靜也. 水靜
則明燭⁶鬚眉, 平中准,⁷ 大匠取法焉. 水靜猶明, 而況精神聖人之心靜

---

1 積(적) : 쌓듯이 일을 하는 것.
2 六通(육통) : 상하와 동서남북 어디로나 통하는 것.
3 四辟(사벽) : 사방으로 탁 트여 있는 것.
4 昧然(매연) : 희미한 모양, 어둑어둑한 모양, 분명치 않은 모양.
5 鐃(뇨) : 뇨(撓)와 통하여(王念孫 說), 굽히는 것.

乎? 天地之鑒也, 萬物之鏡也.

| 해설 |

여기서는 '고요함'의 귀중함을 역설하고 있다. 지극한 성인의 마음은 '고요함'을 지니고 있으며, 고요해야만 하늘과 땅의 모든 것이 제대로 마음 속에 비추어져 마음이 밝아진다는 것이다.

2

무릇 텅 비고 고요하며 아무런 거리낌도 없고 적막하게 아무것도 하지 않는 것은 하늘과 땅의 기준이며 도덕의 극치이다. 그러므로 제왕이나 성인은 그러한 경지에 머문다. 거기에 머물면 텅 비게 되고, 텅 비면 모든 것이 차게 되고, 모든 것이 차면 이치가 생기게 된다. 텅 비게 되면 고요해지고, 고요해지면 올바로 움직이게 되고, 올바로 움직이면 모든 일이 제대로 되게 된다. 고요하면 곧 무위하게 되고, 무위하면 제각기 일을 맡고 그 책임을 지게 된다. 무위하면 즐겁게 되고 즐거우면 걱정이나 근심이 있을 수 없게 되어 생명이 길어지는 것이다.

텅 비고 고요하며 아무런 거리낌도 없고 적막하게 아무것도 하지 않는 것은 만물의 근본인 것이다. 이것을 잘 알고 나라를 다스렸던 것이 요堯임금이 세상을 다스리던 때였다. 이것을 잘 알고 임금을 섬겼던 것이 순舜이 신하 노릇을 하던 때였다. 이런 방법으로 윗자리에 처하는 것이 제왕이나 천자의 덕이다. 이런 방법으로 아랫자리에 처하

---

6 明燭(명촉) : 분명하게 비추는 것.
7 平中准(평중준) : 평평하기가 수준에 들어맞다, 완전한 수평이 되다.

는 것이 현묘한 성인[玄聖]과 왕위에 오르지 않고 왕도王道를 행한 이의 도이다. 이런 방법으로 물러나 살면서 한가하게 노닌다면, 강과 바다나 산림에 숨어 사는 선비들이 따를 것이다. 이런 방법으로 나아가 세상을 다스린다면, 공로가 커지고 이름이 드러나며 천하가 통일될 것이다. 고요히 있으면 성인이 되고, 움직이면 임금이 된다. 아무것도 하지 않아도 존경을 받고, 소박한 채로 있어도 천하에는 그와 아름다움을 다툴 상대가 없게 될 것이다.

| 원문 |

夫虛靜[1]恬淡,[2] 寂漠無爲者, 天地之平,[3] 而道德之至.[4] 故帝王聖人休焉. 休則虛, 虛則實, 實者倫[5]矣. 虛則靜, 靜則動, 動則得矣. 靜則無爲. 無爲也, 則任事者責矣. 無爲則兪兪.[6] 兪兪者, 憂患不能處, 年壽長矣.

夫虛靜恬淡, 寂漠無爲者, 萬物之本也. 明此以南鄕,[7] 堯之爲君也. 明此以北面, 舜之爲臣也. 以此處上, 帝王天子之德也. 以此處下, 玄聖[8]素王[9]之道也. 以此退居而閒遊, 江海山林之士服. 以此進爲而撫世, 則功大名顯, 而天下一也. 靜而聖, 動而王. 無爲也而尊, 樸素而天下莫能與之爭美.

---

1 虛靜(허정) : 마음을 텅 비게 하고 고요히 있는 것.
2 恬淡(염담) : 마음에 아무 거리낌없이 고요히 있는 것.
3 平(평) : 기준, 기본.
4 至(지) : 지극한 것, 극치.
5 倫(륜) : 이치, 원리(郭象 說).
6 兪兪(유유) : '유'는 유(愉)와 통하여(焦竑 說), '즐거운 모양'.
7 南鄕(남향) : '향'은 향(向)과 통하여, '남면(南面)'의 뜻, 곧 임금 노릇을 하는 것.
8 玄聖(현성) : 현묘한 성인, 노자를 가리키는 것이 보통이다.
9 素王(소왕) : 임금 자리에는 오르지도 않고 왕도를 행한 분, 보통은 공자를 가리킨다.

　여기서는 '텅 비고 고요함'이 천지 만물의 원리임을 논하고 있다. 마음을 텅 비어 고요하게 하고 아무것도 의식적으로 하는 일 없이 지내야만 올바른 삶을 누릴 수 있게 된다는 것이다. 그러나 뒤의 임금 자리에 오르지도 않고 임금 노릇을 한 공자를 흔히 지칭하는 소왕素王까지 인용하고 있는 것을 보면 청대의 학자 요내姚鼐가 지적했듯이 한대漢代 사람의 말투처럼 느껴진다. '텅 비고 고요함'과 '의식적인 행동을 하지 않을 것'을 애기하면서 한편 '큰 공'과 '뚜렷한 명성' 및 천하의 통일을 목표로 한다는 것은 아무래도 장자답지 않다. 한 제국漢帝國의 시대적 특징을 반영하고 있는 듯하다.

3

　하늘과 땅의 덕을 분명히 체득한 것, 이것을 만물의 위대한 근본이요, 위대한 조상이라 부르며, 이것이 바로 하늘과 조화되는 것이다. 온 천하를 고르게 다스리고, 사람들을 화합하게 하는 근본이 되는 것이다. 사람들과 화합하는 것을 '사람의 즐거움'이라 부르고, 하늘과 조화되는 것을 '하늘의 즐거움'이라 부른다.

　장자가 말하였다.

　"나의 스승이여, 나의 스승이여! 만물을 부수어 버리고도 도리에 어긋나는 것이 되지 않고, 은택은 만세에 미치지만 어짊이 되지 않고, 아득한 옛날부터 살고 있으면서도 오래 산다고 하지 않으신다. 하늘과 땅을 위 아래에 있게 하고, 만물의 형상을 조각하여 놓고서도 교묘하다고 하지 않으신다. 이것을 두고 '하늘의 즐거움'이라 말하는 것이다."

　그러므로 하늘의 즐거움을 아는 사람은 그의 삶은 천체天體의 운행과 같고, 그의 죽음은 물건의 변화와 같다고 말하는 것이다. 그는 고요히 있을 적에는 음陰과 같은 덕을 지니게 되고, 움직일 적에는 양陽과 같은 움직임을 지닌다. 그러므로 '하늘의 즐거움'을 아는 사람은 하늘에 대한 원망이 없고, 사람에 대한 비난이 없고, 물건에 의한 재난이 없고, 귀신에 의한 책망이 없는 것이다. 그러므로 "그가 움직이는 것은 하늘과 같고, 그가 고요히 있는 것은 땅과 같다. 한결같은 마음으로 안정되어 천하를 다스린다. 따라서 귀신도 그에게 화를 내리지 못하고, 그의 영혼은 지치는 일이 없다. 한결같이 마음이 안정되어 있어서 만물이 복종하게 되는 것이다"고 말하는 것이다. 그것은 텅 비고 고요함을 가지고서 하늘과 땅을 미루어 이해하고 만물의 이치에 통달함을 뜻하는 것이다. 이것을 '하늘의 즐거움'이라 말하는 것이다. 하늘의 즐거움이란 것은 성인의 마음으로 천하 사람들을 양육하는 것이다.

| 원문 |

夫明白於天地之德者, 此之謂大本大宗, 與天和者也. 所以均調[1]天下, 與人和者也. 與人和者, 謂之人樂, 與天和者, 謂之天樂.

莊子曰; 吾師乎, 吾師乎, 螯[2]萬物而不爲戾,[3] 澤及萬世而不爲仁, 長於上古而不爲壽. 覆載[4]天地, 刻雕衆形, 而不爲巧. 此之謂天樂.

故曰; 知天樂者, 其生也天行,[5] 其死也物化. 靜而與陰同德, 動而與陽同波.[6] 故知天樂者, 無天怨, 無人非, 無物累, 無鬼責. 故曰; 其動也天,

---

1 均調(균조) : 고루 잘 다스리는 것.
2 螯(제) : 부수다. 가을에 낙엽이 지는 것을 가리킨다고 볼 수 있다.
3 戾(려) : 도리나 조화에서 어긋나는 것.
4 覆載(복재) : 하늘이 위에서 만물을 덮고, 땅이 밑에서 만물을 싣고 있는 것.
5 天行(천행) : 하늘의 운행, 천체의 운행.

其靜也地. 一心定而王天下, 其鬼不崇.**7** 其鬼不疲, 一心定而萬物服. 言
以虛靜推於天地, 通於萬物, 此之謂天樂. 天樂者, 聖人之心, 以畜**8**天下
也.

| 해설 |

여기서 장자가 말한 '나의 스승'이란 '도' 또는 '조화'를 가리킨다. '도'
의 덕이란 본시부터 '텅 비고 고요한 것'이므로 사람도 '텅 비고 고요한'
덕을 길러야만 하늘과 땅의 변화와 조화될 수 있고, 천하를 평화롭게 할
수 있다는 것이다. '텅 비고 고요함'이란 '움직임'에까지도 적용되는 것이
며, 무위의 경지를 가리키는 것이다.

4

제왕의 덕은 하늘과 땅을 조종으로 삼고, 도와 덕을 위주로 하며,
의식적인 행동을 하지 않는 것으로써 법도를 삼는다. 의식적인 행동
을 하지 않는 것이란 것은 천하를 다스리는 데 써도 여유가 있는 것이
다. 반대로 의식적인 행동을 하는 것이란 천하를 위하여 쓰기에는 부
족한 것이다. 그러므로 옛날 사람들은 의식적인 행동을 하지 않는 것
을 귀중히 여겼다.

임금이 의식적인 행동을 하지 않고 백성들도 역시 의식적인 행동을
하지 않는다면 곧 백성들과 임금이 같은 덕을 지니게 되는 것이다. 백
성들이 임금과 같은 덕을 지니게 되면 곧 신하 노릇을 하지 않는 것이

---

6 波(파) : 물결, 물결같은 움직임.
7 崇(수) : 화를 내리는 것. 불행케 하는 것.
8 畜(휵) : 기르다, 양육하다.

된다. 백성들이 의식적인 행동을 하고 임금도 역시 의식적인 행동을 한다면, 이것은 임금과 백성들이 같은 도를 지키는 것이 된다. 임금과 백성들이 같은 도를 지키면 임금 노릇을 않는 것이 된다. 임금은 반드시 의식적인 행동을 하지 않음으로써 천하를 다스리고, 백성들은 반드시 의식적인 행동을 함으로써 천하를 위하여 쓰이는 것, 이것은 영원히 변치 않을 도인 것이다.

| 원문 |

夫帝王之德, 以天地爲宗, 以道德爲主, 以無爲爲常.**1**

無爲也, 則用天下而有餘. 有爲也, 則爲天下用而不足. 故古之人, 貴夫無爲也. 上無爲也, 下亦無爲也, 是下與上同德.**2** 下與上同德, 則不臣. 下有爲也, 上亦有爲也, 是上與下同道.**3** 上與下同道, 則不主. 上必無爲而用天下, 下必有爲爲天下用, 此不易之道也.

| 해설 |

여기서는 천하를 다스리는 '도'를 설명하고 있다. 다만 임금만이 의식적인 행동을 하지 않는 '무위'로써 천하를 다스리고, 아래 신하나 백성들은 반대로 의식적인 행동을 해야 한다는 것은 법가法家 사상의 영향을 받아 변질된 도가 사상이라 할 수 있으며, 장자 본래의 사상이라 할 수 없다. 장자는 임금뿐만이 아니라 백성들까지도 모두가 '무위'해야 한다고 믿었다.

---

1 常(상) : 영원히 변치 않을 법도.
2 同德(동덕) : 생각이나 감정이 같은 것.
3 同道(동도) : 행동이나 방법이 같은 것.

5

그러므로 옛날에 천하를 다스리던 임금은 지혜가 비록 하늘과 땅을 덮을 만큼 넓다 해도 스스로 생각하지는 않았다. 그의 말재주가 비록 만물을 두루 변호할 만하다 해도 스스로 말하지는 않았다. 그의 능력이 비록 온 세상에 으뜸간다 하더라도 스스로 행동하지는 않았다. 하늘이 생산하지 않아도 만물은 변화하고, 땅이 생장시키지 않아도 만물은 자라나며, 제왕은 무위해도 천하는 다스려지는 것이다. 그러므로 "하늘보다 신묘神妙한 것은 없고, 땅보다 더 풍부한 것은 없고, 제왕보다 위대한 것은 없다"고 하는 것이다. 그러므로 "제왕의 덕은 하늘과 땅의 짝이 된다"고 하는 것이다. 이것이 하늘과 땅을 타고서 만물을 달리게 하며 사람들을 부려 쓰는 도인 것이다.

근본은 위에 있고 말단은 아래에 있다. 요점은 임금에게 달려 있고, 자세한 것은 신하들에게 달려 있다. 군대와 여러 가지 무기의 사용은 덕의 말단적인 일이다. 상과 벌과 이익과 손해와 다섯 가지 형벌에 관한 법은 교화의 말단적인 일이다. 예의 제도와 형식과 명칭 및 자세한 비교는 다스림의 말단적인 일이다. 종과 북의 소리 및 새깃과 소꼬리를 들고 추는 춤은 음악의 말단적인 것들이다. 곡하고 울면서 여러 가지 상복을 입는 것은 슬픔의 말단적인 것이다. 이 다섯 가지 말단적인 것은 반드시 정신의 작용이나 마음과 지혜의 활동이 있은 뒤에야 그에 따라 써야 하는 것이다. 말단적인 학문은 옛 사람들도 지니고는 있었으나 그것을 앞세우지는 않았다.

| 원문 |

故古之王天下者, 知雖落¹天地, 不自慮也. 辯雖彫²萬物, 不自說也,

---

1 落(락) : 락(絡)과 통하여(奚侗 說), 둘러쌀 만큼 넓은 것.

能雖窮海內, 不自爲也. 天不産而萬物化, 地不長而萬物育, 帝王無爲而天下功.³ 故曰; 莫神於天, 莫富於地, 莫大於帝王. 故曰; 帝王之德配天地. 此乘天地,⁴ 馳萬物,⁵ 而用人羣之道也.

本在於上, 末在於下. 要在於主, 詳在於臣. 三軍⁶五兵⁷之運, 德之末也. 賞罰利害五刑⁸之辟,⁹ 敎之末也. 禮法度數¹⁰刑名¹¹比詳,¹² 治之末也. 鍾鼓之音, 羽旄¹³之容, 樂之末也. 哭泣衰絰¹⁴隆殺之服,¹⁵ 哀之末也. 此五末者, 須精神之運, 心術之動, 然後從之者也. 末學者, 古人有之, 而非所以先也.

| 해설 |

　제왕의 덕은 '무위'에 있다. 아무런 작위도 가하지 않고 하늘과 땅의 원리에 융합될 수 있어야만 천하는 올바로 다스려지는 것이다.

　그러나 사람들은 이러한 근본적 문제는 버려 두고 예의 제도 같은 여러

---

2 彫(조) : 주(周)와 통하여(章炳麟 說), 두루 변호를 하는 것.

3 功(공) : 성(成)과 뜻이 통하여(『爾雅』), 다스림이 이룩되는 것.

4 乘天地(승천지) : 하늘과 땅을 타다. 하늘과 땅을 운용(運用)함을 뜻한다.

5 馳萬物(치만물) : 만물을 달리게 하다. 만물을 이용함을 뜻한다.

6 三軍(삼군) : 군은 군대의 편제로서 대군(大軍)을 가리킨다.

7 五兵(오병) : 창·두 갈래 창·도끼·방패·활과 화살의 다섯 가지 병기(『荀子』儒效篇注).

8 五刑(오형) : 먹칠 새기기[墨]·코베기[劓]·다리 자르기[刖]·거세하기[宮]·사형[大辟]의 예로부터 전해 오는 중국의 다섯 가지 체형.

9 辟(벽) : 법.

10 度數(도수) : 제도.

11 刑名(형명) : '형'은 형(形)과 통하여, 형식과 명칭.

12 比詳(비상) : 상세히 비교하는 것.

13 羽旄(우모) : 새깃과 모우(旄牛)의 꼬리로서 춤출 때 춤추는 사람이 손에 들던 물건.

14 衰絰(최질) : '최'는 상복, '질'은 상복의 허리나 머리에 두르는 거친 띠.

15 隆殺之服(융쇄지복) : 무겁고 가벼운 차별이 있는 상복. 상복에는 죽은 이와 복상하는 이의 관계에 따라 참최(斬衰)·자최(齊衰)·대공(大功)·소공(小功)·시마(緦麻)의 다섯 가지 구별이 있었다.

가지 말단적인 일에만 정신을 쓴다는 것이다.

6

임금이 앞서면 신하가 따라간다. 아버지가 앞서면 아들이 따라간다. 형이 앞서면 아우가 따라간다. 어른이 앞서면 젊은이가 따라간다. 남자가 앞서면 여자가 따라간다. 남편이 앞서면 아내가 따라간다. 모든 높고 천한 것과 앞서고 뒤서는 것은 하늘과 땅의 운행에 의한 것이다. 그러므로 성인들은 그 모양을 본떴던 것이다. 하늘은 높고 땅은 낮은 것은 하늘과 땅의 신명神明의 위치인 것이다. 봄과 여름이 앞서고 가을과 겨울이 뒤따르는 것은 사철의 질서인 것이다. 만물이 변화하는 데 있어서 펴지고 굽어지는 모양의 차별이 있고, 성해지고 쇠해지는 단계가 있는데, 그것이 변화의 양상인 것이다.

하늘과 땅은 지극히 신령스러운 것인데도 높고 낮고 앞서고 뒤서는 순서가 있는데, 하물며 사람의 도에야 없을 수가 있겠는가? 종묘에서는 가까운 친족이 숭상되고, 조정에서는 지위 높은 사람이 숭상되고, 마을에서는 나이 많은 이가 숭상되고, 일을 하는 데에는 현명한 사람이 숭상되는데, 이것이 위대한 도의 질서인 것이다. 도를 얘기하면서도 그 질서로부터 벗어나는 것은 참된 도가 못 되는 것이다. 도를 얘기하면서도 참된 도가 못 되는 것이라면 어디에서 참된 도를 가져오겠는가?

그러므로 옛날에 위대한 도를 밝히던 사람들은 먼저 하늘을 밝히고는 도와 덕을 그 다음에 밝혔다. 도와 덕이 밝혀진 뒤에는 어짊과 의로움이 그 다음에 따랐다. 어짊과 의로움이 밝혀진 뒤에는 분수와 직분이 그 다음에 따랐다. 자기 분수와 직분이 밝혀진 뒤에는 형체와 명칭이 다음에 따랐다. 형체와 명칭이 밝혀진 뒤에는 일에 따른 책임이 그 다음에 따랐다. 일에 따른 책임이 밝혀진 뒤에는 살피고 생각하는 일이 그 다음에 따랐다. 살피고 생각하는 일이 밝혀진 뒤에는 옳고 그른 판단이 그 다음에 따랐다. 옳고 그른 판단이 밝혀진 뒤에는 상과 벌이 그 다음에 따랐다. 상과 벌이 밝혀진 뒤에는 어리석은 사람과 지혜 있는 사람이 적절한 위치에 처하게 되고, 귀한 사람과 천한 사람들이 제자리를 차지하게 되고, 어질고 현명한 사람이나 못난 사람이나 모두 자기의 진실대로 살아가고, 반드시 자기의 능력에 따른 할 일을 지키고, 반드시 그 이름에 알맞게 행동하였다. 이런 방법으로 임금을 섬겼고, 이런 방법으로 백성들을 양육하였다. 이런 방법으로 만물을 다스렸고, 이런 방법으로 자신을 닦았다. 지혜와 계책을 쓰지 않고 반드시 하늘을 따랐다. 이것을 두고 태평이라 말하는 것이니, 다스림의 극치인 것이다.

| 원문 |

君先而臣從, 父先而子從, 兄先而弟從, 長先而少從, 男先而女從, 夫先而婦從. 夫尊卑先後, 天地之行也. 故聖人取象焉. 天尊地卑, 神明[1]之位也. 春夏先, 秋冬後, 四時之序也. 萬物化作, 萌區[2]有狀, 盛衰之殺,[3] 變化之流也.

夫天地至神, 而有尊卑先後之序, 而況人道乎? 宗廟尙親, 朝廷尙尊, 鄕堂尙齒,[4] 行事尙賢, 大道之序也. 語道而非其序者, 非其道也. 語道而非其道者, 安取道?

是故古之明大道者, 先明天而道德次之. 道德已明, 而仁義次之. 仁義

---

1 神明(신명) : 천지 신명의 뜻.
2 萌區(맹구) : '맹'은 싹이 펴져서 나오는 것, '구'는 싹이 구부러져 나오는 것.
3 殺(쇄) : 단계, 등급.
4 齒(치) : 노인, 나이.

已明, 而分守⁵次之. 分守已明, 而形名次之. 形名已明, 而因任⁶次之. 因任已明, 而原省⁷次之. 原省已明, 而是非次之. 是非已明, 而賞罰次之. 賞罰已明, 而愚知處宜, 貴賤履位,⁸ 仁賢不肖襲情,⁹ 必分其能,¹⁰ 必由其名.¹¹ 以此事上, 以此畜下. 以此治物, 以此修身. 知謀不用, 必歸其天. 此之謂太平, 治之至也.

| 해설 |

　천하는 근본적인 것만을 가지고 다스릴 수 있는 것은 아니다. 앞에서 말단적인 것이라고 한 예의 제도나 상벌 같은 것은 하늘과 땅의 질서를 본받아 적절히 처리할 수 있어야 이상적인 정치를 이룩할 수 있다는 것이다. 임금과 신하 · 아버지와 아들 · 형과 아우 · 남편과 아내 · 어른과 젊은 이의 질서를 천지 자연의 질서와 비교한 것은 유가 사상의 영향을 강하게 반영하고 있고, 상벌을 논한 것은 법가法家 사상에 접근하고 있음을 보여준다. 완전한 '무위'를 강조하는 장자의 사상과는 큰 차이가 있다.

7

　그러므로 옛 글에 말하기를 "형체가 있으면 명칭이 있게 마련이다" 라고 하였다. 형체와 명칭은 옛 사람들에게도 있었지만 그것을 앞세 웠던 것은 아니었다. 옛날의 위대한 도를 얘기하던 사람들은 다섯번

---

5 分守(분수) : 자기에게 알맞은 분수와 직분.
6 因任(인임) : 일에 따른 책임. 원인과 책임.
7 原省(원성) : '원'은 찰(察)과 통하여(兪樾 說), 살피고 생각하는 것.
8 履位(이위) : 제자리에 오르는 것.
9 襲情(습정) : 진정을 발휘하는 것, 참된 길을 따르는 것.
10 分其能(분기능) : 그의 능력에 알맞은 일을 하는 것.
11 由其名(유기명) : 그 이름에 알맞게 행동하는 것.

째로 형체와 명칭을 들었고, 아홉번째로 상과 벌을 말하고 있다. 갑자기 형체와 명칭을 얘기해도 그 근본을 알지 못할 것이기 때문이다. 갑자기 상과 벌을 얘기한다면 그 시작을 알지 못할 것이기 때문이다. 도를 거꾸로 얘기하고, 도에 어긋나게 논하는 사람은 남에게 다스림을 받아야 할 사람이니, 어찌 남들을 다스릴 수가 있겠는가?

갑자기 형체와 명칭이나 상과 벌을 얘기한다면, 정치의 수단에 대해서는 알 수가 있겠지만 정치의 도에 대해서는 알 수가 없을 것이다. 천하에 그가 쓰여질 수는 있겠지만 그를 천하를 다스리는 데 쓰기에는 부족할 것이다. 이런 사람을 두고서 변사辯士로서의 한 가지 재주만 있는 사람이라고 말하는 것이다. 예의 제도와 형체와 명분 및 자세히 견주어 살피는 일은 옛사람들에게도 있었다. 이것은 아래 백성들이 임금을 섬기는 방법이지, 임금이 백성들을 잘 살게 해주는 방법은 아니었던 것이다.

| 원문 |

故書曰; 有形有名. 形名者, 古人有之, 而非所以先也. 古之語大道者, 五變[1]而形名可擧, 九變[2]而賞罰可言也. 驟[3]而語形名, 不知其本也. 驟而語賞罰, 不知其始也. 倒道而言, 迕道[4]而說者, 人之所治也, 安能治人?

驟而語形名賞罰, 此有知治之具, 非知治之道. 可用於天下, 不足以用

---

1 五變(오변) : 앞 대목에서 '하늘을 밝힘[明天]'으로부터 '형체와 명칭[形名]'에 이르기까지 다섯 단계를 거친 것이다.
2 九變(구변) : 앞 대목의 '하늘을 밝힘'으로부터 '상과 벌'에 이르기까지 아홉 단계를 거친 것이다.
3 驟(취) : 갑자기, 별안간.
4 迕道(오도) : 도를 거스르다.

天下. 此之謂辯士一曲⁵之人也. 禮法數度,⁶ 形名比詳, 古人有之. 此下
之所以事上, 非上之所以畜下也.

| 해설 |

　형체와 명칭은 어떤 일의 내용과 형식을 뜻한다. 전국 시대에 제자 백
가들의 사상 논쟁은 논리학을 발달시켜 명칭과 사물 또는 형식과 내용의
일치가 중요한 문제로 대두되었다. 이곳에서 형식과 내용의 문제를 논한
것은 그 시대적인 배경에서 볼 때 당연한 일이라고도 할 수 있다. 궤변가
는 내용에 관계 없이 형식적인 논리를 체계 세웠고, 법가 같은 이들은 어
떤 직분 또는 형식에 맞는 올바른 인물 또는 내용의 채용과 거기에 따른
상과 벌을 중히 여겼다. 도가의 입장에서 볼 때 이것은 모두가 중요하지
않은 쓸데없는 일에 지나지 않았던 것이다.

8

　옛날에 순이 요임금에게 물었다.

　"천자는 어떤 데에 마음을 써야 합니까?"

　요임금이 말하였다.

　"나는 의지할 곳 없는 백성들에게 오만하지 않고, 궁한 백성들을 버
리지 않았소. 죽은 자에게는 가슴 아파하고, 어린 고아들을 돌보아 주
고, 과부들을 가엾게 여겨 주었소. 이것이 내가 마음을 쓴 일들이오."

　순이 말하였다.

　"훌륭하기는 합니다만 위대하지는 못합니다."

<hr>

5　一曲(일곡) : 한 가지 재주만을 가진 것(章炳麟 說).
6　數度(수도) : 제도를 가리킴.

요임금이 물었다.

"그렇다면 어떻게 하면 되오?"

순이 말하였다.

"하늘의 덕이 있으면 나라가 편안해지고, 해와 달이 제대로 비치면 사철이 올바로 운행됩니다. 낮과 밤의 법도가 있고 구름이 흐르고 비가 내리는 것처럼 자연스럽게 됩니다."

요임금이 말하였다.

"나는 사물에 집착되어 번거로이 하였소. 당신의 덕은 하늘과 합치되고, 내 덕은 사람에게 합치되는 것이오."

하늘과 땅이란 것은 옛날부터 위대하다고 높인 것이며, 황제黃帝와 요임금·순임금이 다 같이 훌륭히 여겼던 것이다. 그러므로 옛날의 천하를 다스리던 사람은 어떻게 하였던가? 하늘과 땅을 따를 따름이었다.

| 원문 |

昔者舜問於堯曰; 天王之用心何如?

堯曰; 吾不敖無告,[1] 不廢窮民. 苦[2]死者. 嘉[3]孺子,[4] 而哀婦人.[5] 此吾所以用心已.

舜曰; 美則美矣, 而未大也.

堯曰; 然則何如?

舜曰; 天德而出寧,[6] 日月照而四時行. 若晝夜之有經, 雲行而雨施矣.

---

1 無告(무고) : '고'는 고(靠)와 통하여, 의지할 데 없는 사람들, 고할 데도 없는 사람.
2 苦(고) : 가슴 아파하다. 괴롭게 여기다.
3 嘉(가) : 돌봐 주다.
4 孺子(유자) : 어린아이. 고아들을 가리킨다.
5 婦人(부인) : 과부들을 가리킨다.

堯曰; 膠膠[7]擾擾[8]乎! 子, 天之合也, 我, 人之合也.

夫天地者, 古之所大也, 而黃帝堯舜之所共美也. 故古之王天下者, 奚
爲哉? 天地而已矣.

| 해설 |

이것은 지어낸 얘기이다. 천자는 자질구레한 일들을 올바로 하는 것보
다도 '하늘과 땅'에 화합하도록 하는 것이 더 중요하다는 것이다. 곧 자잘
한 일들은 신하들이 처리할 문제이고, 임금은 좀더 근본적인 문제를 가지
고 노력해야 한다는 것이다.

9

공자가 서쪽 주나라 왕실 서고에 책을 넣어 두려 하였다. 자로가 그
에 관해 상의하여 말하였다.

"제가 듣건대 주나라의 서고를 관리하던 관리에 노담老耼이란 사람
이 있는데, 지금은 그만두고 돌아가 집에 살고 있다 합니다. 선생님께
서 책을 넣어 두시려면 가서 부탁해 보시지요."

공자가 말하였다.

"좋겠군."

그리고 가서 노담을 만났으나 청탁을 들어 주려고 하지 않았다. 이
에 공자는 십이경十二經을 펼쳐 놓고서 설명하였다. 노담은 그의 설명
에 동의하면서 말하였다.

---

6 出寧(출녕) : '출'은 토(土)로 씀이 옳으며(孫詒讓 說), 나라 땅이 편안한 것.

7 膠膠(교교) : 일에 집착하는 모양.

8 擾擾(요요) : 어지러이 일을 쫓는 모양.

"너무 산만합니다. 그 요점만을 들려 주십시오."

공자가 말하였다.

"요점은 어짊과 의로움입니다."

노담이 말하였다.

"어짊과 의로움은 사람의 본성입니까?"

공자가 말하였다.

"그렇습니다. 군자는 어짊이 아니면 이룩되지 아니하고, 의로움이 아니면 살아가지 못합니다. 어짊과 의로움은 참된 사람의 본성입니다. 그 밖에 또 무엇이 있겠습니까?"

노담이 말하였다.

"무엇을 어짊과 의로움이라 하는 것입니까?"

공자가 말하였다.

"마음 속은 부드럽고 사사로움 없이 모두 서로 사랑하는 것, 이것이 어짊과 의로움의 진실한 모습입니다."

노담이 말하였다.

"아아, 뒤에 하신 말씀은 더욱 위태롭습니다. 모두가 서로 사랑한다는 것은 어리석은 일이 아니겠습니까? 사사로움이 없다는 것이 바로 사사로움인 것입니다. 선생은 온 천하 사람들로 하여금 그들의 생육生育을 잃지 않도록 하고자 하십니까? 그러면 하늘과 땅에는 본시부터 법도가 있고, 해와 달에는 본시부터 광명이 있고, 별과 성좌에는 본시부터 배열된 자리가 있고, 새와 짐승들에게는 본시부터 무리가 있고, 나무에게는 본시부터 서서 자라는 본성이 있습니다. 선생님도 그러한 자연의 덕을 본받아 행하시고, 자연의 도를 따라 나아간다면 이미 목적에 달하였을 것입니다. 무엇 때문에 어짊과 의로움을 애써 들고 나와 북을 치고 다니면서 잃어 버린 자식을 찾듯 하십니까? 아아, 선생은 사람들의 본성을 어지럽히고 있는 것입니다."

孔子西藏書於周室. 子路謀曰; 由聞周之徵藏史[1]有老聃者, 免而歸居. 夫子欲藏書, 則試往因[2]焉.

孔子曰; 善. 往見老聃, 而老聃不許. 於是繙[3]十二經[4]以說. 老聃中其說,[5] 曰; 大謾,[6] 願聞其要.

孔子曰; 要在仁義.

老聃曰; 請問仁義, 人之性邪?

孔子曰; 然. 君子不仁則不成, 不義則不生. 仁義, 眞人之性也. 又將奚爲矣.

老聃曰; 請問何謂仁義?

孔子曰; 中心物愷,[7] 兼愛無私, 此仁義之情也.

老聃曰; 意,[8] 幾[9]乎後言.[10] 夫兼愛不亦迂[11]乎? 無私焉, 乃私也. 夫子若欲使天下無失其牧[12]乎, 則天地固有常矣, 日月固有明矣, 星辰固有列矣, 禽獸固有群矣, 樹木固有立矣. 夫子亦放[13]德而行, 循道而趨, 已

---

1 徵藏史(징장사) : 장서를 관장하는 관리.

2 因(인) : 의지하다, 부탁하다.

3 繙(번) : 풀다, 펼치다.

4 十二經(십이경) : 『시(詩)』·『서(書)』·『역(易)』·『예(禮)』·『악(樂)』·『춘추(春秋)』의 육경(六經)에 육위(六緯) 여섯 가지를 보탠 것. 그러나 『한서(漢書)』는 한대에 나온 것이어서, 『역(易)』의 상하경(上下經)에 십익(十翼)을 보탠 것이라 주장하는 이도 있고, 『춘추』 12공경(十二公經)을 가리킨다고 주장하는 이도 있다.

5 中其說(중기설) : 그의 설명을 받아들이다.

6 大謾(대만) : 너무나 산만하다.

7 物愷(물개) : 낙개(樂愷)와 같은 뜻으로(馬其昶 說), 마음이 부드럽고 즐거운 것.

8 意(의) : 희(噫)와 통하는 감탄사.

9 幾(기) : 위태로운 것(馬其昶 說).

10 後言(후언) : 뒤에 한 말. '겸애무사(兼愛無私)'를 가리킨다.

11 迂(우) : 어리석은 것, 이치에 어긋나는 것.

12 牧(목) : 올바른 생육.

13 放(방) : 본뜨다.

至矣. 又何偈偈¹⁴乎揭仁義, 若擊鼓而求亡子焉? 意, 夫子亂人之性也.

| 해설 |

유가에서 내거는 어짊과 의로움, 심지어 사랑까지도 모두가 사람의 본성을 벗어나는 것이다. 따라서 얼핏 보기에는 훌륭한 덕인 듯하면서도 사실은 사람의 본성을 어지럽혀 세상을 혼란케 하는 원인이 된다는 것이다.

『사기史記』의 노장신한 열전老莊申韓列傳을 보면 공자가 주나라 도읍으로 노자를 찾아가 예에 관하여 질문하는 대목이 보인다. 그 때 노자는 공자에게 "당신의 말하는 것은 사람과 뼈는 다 썩고 살만이 남은 듯하다"고 말하고 있고, 공자는 노자를 용 같은 인물이라고 감탄하고 있다. 여기서는 노자가 어짊과 의로움을 비평하고 있지만 모두 도가의 입장에서 지어낸 얘기일 것이다.

10

사성기士成綺가 노자를 찾아 뵙고 물었다.

"저는 선생이 성인이라는 말씀을 들었습니다. 그래서 저는 먼 길을 사양치 않고 찾아와 뵙고자 하였던 것입니다. 백 날을 여관에서 잤고, 발에는 물집이 겹으로 생겼어도 오는 길을 쉬지 않았습니다. 지금 제가 선생님을 뵙고 보니 성인이 아닌 듯합니다. 쥐 굴 앞에도 나머지 곡식이 있는 법인데, 어리석은 사람들을 버려 두고 길러 주지 않는 것은 어질지 않은 일입니다. 날것이나 삶은 것들이 눈앞에 무진장인데도 한없이 물건들을 긁어모아 쌓고만 있습니다."

노자는 모르는 체 아무런 반응도 보이지 않았다.

---

14 偈偈(게게) : 애쓰는 모양.

사성기가 다음날 다시 뵙고서 말하였다.

"어제 저는 선생을 공격하였는데 오늘 와서는 제 마음이 달라졌으니 어째서일까요?"

노자가 말하였다.

"교묘한 지혜를 지닌 신성한 사람의 경지를 나는 스스로 벗어났다고 생각하고 있소. 어제 당신이 나를 소라고 불렀다면 나는 소라고 생각했을 것이고, 나를 말이라고 불렀다면 나는 말이라고 생각했을 것이오. 진실로 사실이 그러한데도 다른 사람이 그에게 이름을 붙여 주는 것을 받지 않는다면 거듭 그 재앙을 당하게 될 것이오. 나의 행동은 언제나 같은 행위이오. 나는 어떤 행위를 위하여 행동하는 것은 아니오."

사성기는 옆으로 비켜서면서 노자의 그림자를 밟지 않으려고 피하였다. 그리고 신을 신은 채로 방안으로 들어가서는 몸을 닦으려면 어떻게 되는가를 물었다.

노자가 말하였다.

"당신의 얼굴은 돋보이고, 눈은 번들번들하며, 이마는 넓고 입은 크게 벌어지며, 몸집은 훤칠한데, 뛰려는 발은 묶어 놓은 듯하오. 행동을 억제하고는 있지만 움직임은 쇠뇌를 튕긴 것처럼 빠를 듯하고, 일을 잘 살펴 자세히 알 것이며, 지혜 있고 교묘하며, 오만한 모습이 나타나고 있소. 이런 것은 성실하지 않다고 여겨지는 것이오. 변경에 사는 도둑질하는 사람과 다를 것이 없소."

| 원문 |

士成綺[1]見老子而問曰; 吾聞夫子, 聖人也. 吾固不辭遠道, 而來願見.

---

1 士成綺(사성기) : 사람 이름. 성은 사, 성기는 그의 자임.

百舍[2]重趼,[3] 而不敢息. 今吾觀子, 非聖人也. 鼠壤[4]有餘蔬,[5] 而棄妹,[6] 不仁也. 生熟[7]不盡於前, 而積斂無崖.[8] 老子漠然不應.

士成綺明日復見, 曰; 昔者吾有刺[9]於子, 今吾心正郤[10]矣. 何故也?

老子曰; 夫巧知神聖之人, 吾自以爲脫[11]焉. 昔日, 子呼我牛也而謂之牛, 呼我馬也而謂之馬. 苟有其實, 人與之名而弗受, 再受其殃. 吾服也恆服,[12] 吾非以服有服.

士成綺鴈行[13]避影, 履行[14]遂進, 而問, 修身若何?

老子曰; 而容崖然,[15] 而目衝然,[16] 而顙頯然,[17] 而口闞然,[18] 而狀義然,[19] 似繫馬而止也. 動而持,[20] 發也機,[21] 察而審,[22] 知巧而覩於泰.[23]

---

2 百舍(백사) : 숙박을 백 번이나 하다.

3 重趼(중견) : 너무 걸어 발에 물집이 생긴 위에 거듭 물집이 생기는 것.

4 鼠壤(서양) : 쥐가 굴을 파느라고 굴 앞으로 파내 놓은 흙(王念孫 說).

5 餘蔬(여소) : '소'는 서(糈)의 뜻으로(司馬彪 說), '나머지 곡식'.

6 棄妹(기매) : '매'는 매(昧)와 통하여(馬其昶 說), '어리석은 사람들을 돌보지 않고 버리는 것'.

7 生熟(생숙) : 익히지 않은 음식과 익힌 음식.

8 無崖(무애) : 한없이 많은 것.

9 刺(자) : 풍자하다, 공격하다.

10 郤(극) : 공허해지다, 달라지다.

11 脫(탈) : 초탈하다, 초월하다.

12 恆服(항복) : 일정하게 언제나 같은 행위. 복(服)은 행동, 행위의 뜻.

13 鴈行(안행) : 기러기가 옆으로 나란히 줄짓듯 스승의 그림자를 감히 밟지 않으려고 '옆으로 비켜 서는 것'.

14 履行(이행) : 신을 신은 채 나아가는 것. 정신을 잃었음을 뜻한다.

15 崖然(애연) : 홀로 우뚝한 모양, 돋보이는 모양.

16 衝然(충연) : 주위를 살피느라고 눈이 '번들번들한 모양'.

17 頯然(규연) : 이마가 넓은 모양.

18 闞然(함연) : 크게 벌어지는 모양.

19 義然(의연) : '의'는 아(峨)와 통하여(王先謙 說), 키가 큰 모양.

20 持(지) : 지탱하다, 억제하다.

21 機(기) : 쇠뇌[弩]가 튀겨진 것처럼 빠른 것.

22 審(심) : 자세히 아는 것.

23 覩於泰(도어태) : 교만한 듯이 보여지는 것.

凡以爲不信. 邊竟有人焉, 其名爲竊.

| 해설 |

　노자는 아무런 꾸밈 없이 자연스런 모습대로 사람을 대한다. 그러기에 그를 성인이라 듣고 먼 길을 찾아온 사성기가 처음에는 실망을 하다가 나중에는 그가 성인임을 깨닫는다. 사성기는 노자의 얘기를 듣고서 자기가 사람을 평가해 온 기준이 얼마나 그릇된 것이었는가를 깨닫는 것이다.

11

　노자가 말하였다.

　"도란 것은 크기에 있어서는 끝이 없고, 작기에 있어서는 없는 곳이 없으므로 만물에 갖추어져 있는 것이다. 그 넓이는 넓어서 용납하지 못하는 것이 없고, 그 깊이는 헤아릴 수도 없는 것이다. 덕을 어짊과 의로움으로 표현하는 것은 정신의 말초적인 일이다. 그런 것이야 지극한 사람이 아니라면 그 누가 결정지을 수가 있겠는가?

　지극한 사람이 세상을 다스린다면 역시 위대한 일이 아니겠는가? 그러나 그러한 일 때문에 자기에게 장애가 되어서는 안 될 일이다. 온 천하가 권세를 두고 다툰다 하더라도 그는 거기에 끼어들지 않는다. 도란 의지하는 것이 없는 것임을 잘 알고 있으므로 이익을 따라 움직이지 않는다. 만물의 참됨을 추구하며 그 근본을 잘 지킨다. 그러므로 하늘과 땅을 도외시하고 만물을 잊으면 그의 정신은 곤경에 처하는 일이 없게 되는 것이다. 도에 통하고, 덕에 합쳐지며, 어짊과 의로움을 물리치고, 예의와 음악을 멀리한다. 그래서 지극한 사람의 마음은 안정됨이 있게 되는 것이다."

| 원문 |

老子曰; 夫道, 於大不終, 於小不遺,[1] 故萬物備. 廣廣乎[2]其無不容也, 淵乎[3]其不可測也. 形德[4]仁義, 神之末也. 非至人孰能定之?

夫至人有世,[5] 不亦大乎? 而不足以爲之累.[6] 天下奮棅,[7] 而不與之偕. 審乎無假,[8] 而不與利遷. 極物之眞, 能守其本. 故外天地, 遺萬物, 而神未嘗有所困也. 通乎道, 合乎德, 退仁義, 賓[9]禮樂. 至人之心, 有所定矣.

| 해설 |

여기서는 앞에서도 이미 여러 번 보인 '도'와 '지극한 사람'의 몸가짐과 마음 가짐을 노자의 말을 빌려 설명하고 있다. 간단히 말하면 온 천지를 감싸는 한편 만물 어디에나 있는 '도'를 체득한 사람이 '지극한 사람'이라는 것이다. 유가에서 중시하는 어짊과 의로움이나 예의와 음악 같은 것은 모두 사람의 본성으로부터 어긋나는 것이라는 것이다.

12

도를 배움에 있어서 세상에서 귀중히 여기는 것은 글이다. 글이란 말에 지나지 않으니, 말이 귀중한 것이 된다. 말이 귀중한 까닭은 뜻이 있기 때문인데, 뜻이란 추구하는 것이 있는 것이다. 뜻이 추구하는

---

1 不遺(불유) : 빠뜨리는 곳 없이 어디에나 있다, 없는 곳이 없다.
2 廣廣乎(광광호) : 널따란 모양.
3 淵乎(연호) : 깊은 모양.
4 形德(형덕) : 덕을 표현하는 것.
5 有世(유세) : 세상을 다스리는 것.
6 累(루) : 방해, 장애.
7 奮棅(분병) : 권세를 놓고 다투는 것.
8 無假(무가) : 빌리는 게 없다. 의지하는 곳이 없다.
9 賓(빈) : 빈(擯)과 통하여(兪樾 說), '내치는 것'.

것은 말로써 전할 수가 없는 것이다. 그런데도 세상에는 그 때문에 말을 귀중히 여기며 글을 전한다. 세상에서는 비록 그것들을 귀중히 여기지만 귀중히 여길 것이 못되는 것이다. 세상에서 귀중히 여기는 것이 귀중한 것이 못되는 까닭이다.

그런데 눈으로써 볼 수 있는 것은 형체와 색깔이다. 귀로써 들을 수 있는 것은 명칭과 소리이다. 슬프다! 세상 사람들은 그 형체와 색깔과 명칭과 소리로써 그것들의 진실을 파악할 수 있다고 생각하고 있다. 형체와 색깔과 명칭과 소리로써는 절대로 그것들의 진실을 파악할 수가 없는 것이다. 그러니 아는 사람은 말하지 않고 말하는 사람은 알지 못하고 있으니, 세상에서야 어찌 그것을 알 수가 있겠는가?

제齊나라 환공桓公이 대청 위에서 글을 읽고 있을 때 윤편輪扁이 뜰 아래서 수레바퀴를 깎고 있었다. 그가 망치와 끌을 놓고 올라와서 환공에게 물었다.

"임금님께서 읽고 계신 것에 무엇이 씌어 있는지 감히 여쭙고 싶습니다."

환공이 말하였다.

"성인의 말씀이지."

"성인은 살아 계신 분입니까?"

"이미 돌아가신 분이지."

"그렇다면 임금님께서 읽고 계신 것은 옛 사람의 찌꺼기이겠습니다."

환공이 말하였다.

"내가 책을 읽고 있는데 수레바퀴장이가 어찌 논의를 할 수가 있겠는가? 올바른 근거가 있다면 괜찮지만 근거가 없으면 죽여 버릴 것이다."

윤편이 말하였다.

"저는 제가 하고 있는 일로써 그 일도 관찰한 것입니다. 수레바퀴를 깎을 때 엉성히 깎으면 헐렁해져 견고하게 되지 않고, 꼭 끼게 깎으면 빡빡해서 서로 들어맞지 않습니다. 엉성하지도 않고 꼭 끼지도 않게 하는 것은 손의 감각이 마음에 호응하여 이루어지는 것이지, 입으로 설명할 수는 없는 것입니다. 거기에는 법도가 존재하기는 합니다만 저는 그것을 저의 아들에게 가르쳐 줄 수가 없고, 저의 아들도 그것을 제게서 배울 수가 없습니다. 그래서 나이 칠십의 노인이 되도록 수레바퀴를 깎게 된 것입니다. 옛날 사람과 그의 전할 수 없는 정신은 함께 죽어 버린 것입니다. 그러니 임금님께서 읽고 계신 것은 옛 사람들의 찌꺼기일 것입니다."

| 원문 |

世之所貴道者, 書也. 書不過語, 語有貴也. 語之所貴者, 意也. 意有所隨.[1] 意之所隨者, 不可以言傳也. 而世因貴言傳書, 世雖貴之哉? 猶不足貴也. 爲其貴, 非其貴也.

故視而可見者, 形與色也. 聽而可聞者, 名與聲也. 悲夫, 世人以形色名聲爲足以得彼之情.[2] 夫形色名聲, 果不足以得彼之情. 則知者不言, 言者不知,[3] 而世豈識之哉?

桓公讀書於堂上, 輪扁[4]斲[5]輪於堂下. 釋椎鑿[6]而上, 問桓公曰; 敢問公之所讀者, 爲何言邪?

---

1 所隨(소수) : 따르는 바. 추구하는 것. 목표하는 것.
2 彼之情(피지정) : 도의 진실한 내용.
3 知者不言, 言者不知(지자불언, 언자부지) : 『노자』 56장에 보이는 말.
4 輪扁(윤편) : 수레바퀴를 깎는 목수 이름.
5 斲(착) : 깎다.
6 椎鑿(추착) : 망치와 끌.

公曰; 聖人之言也.

曰; 聖人在乎? 公曰; 已死矣.

曰; 然則君之所讀者, 古人之糟魄[7]已夫.

桓公曰; 寡人讀書, 輪人安得議乎? 有說則可, 無說則死.

輪扁曰; 臣也, 以臣之事觀之. 斲輪徐,[8] 則甘[9]而不固. 疾[10]則苦[11]而不入. 不徐不疾, 得之於手, 而應於心, 口不能言. 有數存焉於其間, 臣不能以喩臣之子, 臣之子亦不能受之於臣. 是以行年七十而老斲輪. 古之人, 與其不可傳[12]也, 死矣. 然則君之所讀者, 古人之糟魄已夫!

| 해설 |

글에 대한 공격이다. 사람의 말이나 글로써는 도저히 올바른 도를 표현할 수 없다는 것이다. 『노자』에서도 첫머리에 "도라 하더라도 말로 표현할 수 있는 도는 진실한 도가 아니다"고 말하고 있다. 그런데도 사람들은 글을 통하여 도를 공부하려 들고 있으니 한심한 일이다. 그렇지만, 글을 욕하고 말을 부정하는 장자 자신이 글을 쓰고 말을 하지 않을 수 없다는 것은 인간의 모순된 일면을 보여 준다.

---

7 糟魄(조박) : '조'는 술지게미, '박'은 박(粕)과 통하여, 말린 술지게미.
8 徐(서) : 허술히 만들다.
9 甘(감) : 느슨하다, 헐렁하다.
10 疾(질) : 꼭 끼다, 빈틈없이 하다.
11 苦(고) : 빠듯하다, 꼭 끼다.
12 其不可傳(기불가전) : 옛 사람이 전할 수 없었던 도.

제14편

하늘의 운행
天運

　　이 편에서는 특히 자연을 강조하고 있다. 자연을 따르면 천하가 잘
다스려진다는 것이다. 하늘과 땅의 모든 변화치고 자연스럽게 그렇게
되는 것이 아닌 것이 없다. 장자는 세상에서 애쓰며 일하는 사람은 그
자신을 괴롭힐 뿐만 아니라 온 천하를 어지럽히게 된다고 주장하고 있
다. 노자가 "성인을 없애고 지혜를 버려야 한다"고 주장했던 취지와도
통하는 것이다.
　　'천운'이란 '하늘의 운행'이란 뜻이며, 편명은 역시 이 편의 첫 구절
에서 딴 것이다.

1

"하늘은 움직이고 있는 것인가? 땅은 제자리에 그대로 있는 것인가? 해와 달은 서로 장소를 놓고 다투고 있는 것인가? 누가 이것들을 주관하는가? 누가 이것들의 질서를 유지하는가? 누가 아무 일도 하지 않으면서도 이것들을 밀어 그렇게 되게 하는가? 생각건대 땅은 틀로 묶여 있어 그렇지 않을 수가 없는 것인가? 생각건대 하늘은 움직이며 돌아서 스스로 멈출 수도 없게 되어 있는 것인가?

구름이 비를 오게 하는가? 비가 구름을 만드는가? 누가 구름이 일고 비를 내리게 하는가? 누가 아무 일도 하지 않고 있으면서 재미가 나서 그렇게 추진하는가?

바람은 북쪽에서 생겨나서는 서쪽으로 불었다 동쪽으로 불었다 하기도 하고, 위쪽으로 불면서 빙빙 돌기도 한다. 누가 바람을 불고 마시고 하는 것일까? 누가 아무 일도 하지 않고 있으면서 바람을 부채질하는가? 감히 어째서 그러한가를 묻고자 한다."

무함巫咸이 손짓을 하면서 말하였다.

"자, 내 당신에게 얘기해 주리다. 하늘에는 육극六極과 오상五常이란 것이 있다. 제왕이 이것을 따르면 다스려지고, 이것을 거스르면 흉해지는 것이다. 구주九疇와 낙서洛書에 기록된 것을 보면, 정치가 완성되고 덕이 갖추어지면 온 세상을 햇빛처럼 비추게 되어, 세상 사람들은 그 임금을 떠받들게 되는데, 이런 분을 훌륭한 황제라 부르는 것이다."

| 원문 |

天其運乎? 地其處**1**乎? 日月其爭於所乎? 孰主張是? 孰維綱**2**是? 孰

---

1 處(처) : 제자리에 있는 것.

居無事, 推而行是? 意者, 其有機緘[3]而不得已邪? 意者, 其運轉而不能自止邪?

雲者爲雨乎? 雨者爲雲乎? 孰隆施[4]是? 孰居無事, 淫樂[5]而勸是?

風起北方, 一西一東, 有上彷徨. 孰噓吸[6]是? 孰居無事, 而披拂[7]是? 敢問何故.

巫咸[8]袑[9]曰; 來, 吾語女. 天有六極[10]五常.[11] 帝王順之則治, 逆之則凶. 九洛[12]之事, 治成德備, 監照下土, 天下戴之, 此謂上皇.

| 해설 |

이 대목의 문답은 앞뒤의 말이 잘 들어맞지 않는다. 표현도 애매한 곳이 보이며, 빠지고 엇섞인 구절이 있는 듯하다.

---

2 維綱(유강) : 질서를 유지하는 것. 그런 상태를 유지하는 것.
3 機緘(기함) : 어떤 장치로써 꼭 묶어 두는 것.
4 隆施(융시) : 구름이 피어 오르고 비가 내리는 것.
5 淫樂(음락) : 재미로서 즐기는 것(章炳麟 說).
6 噓吸(허흡) : 바람을 불어내고 들이마시고 하는 것.
7 披拂(피불) : 부채질하여 바람을 내는 것.
8 巫咸(무함) : 옛날의 유명했던 무당 이름.
9 袑(초) : 초(招)와 통하여(馬敍倫 說), 손짓하여 부르는 것. 무당의 이름이라 보는 이도 있다.
10 六極(육극) : 일찍 죽음·병·걱정·가난·악함·약함의 여섯 가지(『書經』洪範篇 참조). 사방과 위 아래로 보기도 한다.
11 五常(오상) : 금(金)·목(木)·수(水)·화(火)·토(土)의 오행(五行). 역시 『서경』 홍범편(洪範篇)에 보인다. 유월(兪樾)은 『서경』 홍범편의 오복(五福)으로 보았는데, 오복이란 수(壽)·부(富)·건강과 안녕·미덕을 닦음·늙어 죽음이다.
12 九洛(구락) : 『서경』의 구주(九疇)인 낙서(洛書). 구주는 홍범편의 내용을 뜻한다. '구주(九州)의 세상살이 일'이라 해석하는 이도 있다. '낙서'는 낙수(洛水)에서 나왔다는 문서, 그 문서가 바로 '구주'라는 것이다.

2

상商나라 태재太宰인 탕蕩이 장자에게 어짊에 관하여 물었다. 장자가 말하였다.

"호랑이와 이리 같은 것이 어짊이오."

"어째서 그렇습니까?"

장자가 말하였다.

"그 놈들도 애비와 새끼가 서로 친한데 어찌 어질지 않다고 하겠소?"

"지극한 어짊에 대하여 여쭙고자 합니다."

장자가 말하였다.

"지극한 어짊에는 친함이 없소."

태재가 말하였다.

"제가 듣건대 친함이 없다면 사랑하지도 않고, 사랑하지 않으면 효성스럽지도 않다고 했습니다. 지극한 어짊이 효성스럽지 않다고 해도 괜찮겠습니까?"

장자가 말하였다.

"그렇지 않소. 지극한 어짊이란 고상한 것이어서 효성으로서는 본시 그것을 말할 만한 것이 못되오. 그것이 효성보다 뛰어난 것이라는 말이 아니라 효성이 될 수 없다는 말이오. 남쪽으로 가는 사람이 영郢에 이르러 북쪽을 바라보면 명산冥山은 보이지 않소. 그것은 어째서이겠소? 멀리 떠나 온 때문이겠지요. 그러므로 '공경으로써 효도를 하는 것은 쉽지만 사랑으로써 효도를 하기는 어렵다. 사랑으로써 효도를 하는 것은 쉽지만 어버이를 잊기는 어렵다. 어버이를 잊는 것은 쉽지만 어버이로 하여금 자기를 잊게 하기는 어렵다. 어버이로 하여금 자기를 잊게 하는 것은 쉽지만 천하를 모두 잊게 하기는 어렵다. 천하를 모두 잊는 것은 쉽지만 천하로 하여금 나를 모두 잊게 하기는 어렵다'고 하는 것이오. 그의 덕은 요임금·순임금도 잊고 그들이 한 것 같은 일도 하지 않고, 이익과 은택이 만세토록 베풀어지게 하면서도 천하에서는 그를 알아 주지 않게 되어야 하오. 어찌 다만 크게 한숨 지으며 어짊과 효성만을 얘기하겠소?

효도와 공경과 어짊과 의로움이나 충성과 신용과 정절貞節과 결렴潔廉 같은 것은 모두가 스스로 힘씀으로써 자기의 덕을 부려먹는 것들이어서, 존귀한 것이 못되오. 그러므로 '지극히 존귀한 사람은 나라의 벼슬도 버리고, 지극한 부자는 나라의 재물도 물리치고, 지극한 소망을 얻은 사람은 명예도 물리친다'고 하는 것이오. 그래서 도란 변하지 않는다는 것이오."

| 원문 |

商¹太宰²蕩³問仁於莊子, 莊子曰; 虎狼, 仁也.

曰; 何謂也?

莊子曰; 父子相親, 何爲不仁?

曰; 請問至仁?

莊子曰; 至仁無親.

太宰曰; 蕩聞之, 無親則不愛, 不愛則不孝. 謂至仁不孝, 可乎?

莊子曰; 不然. 夫至仁, 尙⁴矣, 孝固不足以言之. 此非過孝之言也, 不及孝之言也. 夫南行者至於郢,⁵ 北面而不見冥山.⁶ 是何也? 則去之遠

---

1 商(상) : 송(宋)나라. 송나라는 상나라의 후예이므로 '상'이라고도 불렸다.
2 太宰(태재) : 벼슬 이름. 재상과 비슷했다.
3 蕩(탕) : 태재의 이름.
4 尙(상) : 높다. 고상하다.
5 郢(영) : 남쪽 초나라의 수도.
6 冥山(명산) : 북쪽 바닷가에 있는 산 이름.

也. 故曰; 以敬孝易, 以愛孝難. 以愛孝易, 而忘親難. 忘親易, 使親忘我難. 使親忘我易, 兼忘**7**天下難. 兼忘天下易, 使天下兼忘我難. 夫德遺**8**堯舜而不爲也. 利澤施於萬世, 天下莫知也. 豈直**9**太息而言仁孝乎哉?

夫孝悌**10**仁義, 忠信貞廉, 此皆自勉以役其德者也, 不足多**11**也. 故曰; 至貴, 國爵幷**12**焉, 至富, 國財幷焉, 至願,**13** 名譽幷焉. 是以道不渝.**14**

| 해설 |

지극한 효도는 부모의 존재를 잊고 부모로 하여금 자기를 잊게 하는 것이며, 지극한 어짊이란 천하의 존재도 잊고, 또 천하로 하여금 자기를 잊게 하는 것이라는 설명이다. 이처럼 모든 것을 서로 잊어야만 완전한 자연의 상태인 '도'로 돌아갈 수가 있다는 것이다.

3

북문성北門成이 황제黃帝에게 물었다.

"임금님께서 함지咸池의 음악을 동정洞庭의 들판에서 연주했는데, 나는 처음 듣고서는 두려움을 느꼈고, 다시 듣고서는 권태를 느꼈고, 마지막으로 듣고서는 미혹되어 버렸습니다. 펀펀하고 멍멍하여 자신을 어찌할 수도 없었습니다."

---

7 兼忘(겸망) : 아울러 잊다, 다 잊다, 완전히 잊다.
8 遺(유) : 버리다, 거들떠보지도 않다.
9 直(직) : 지(只)와 통하여 '오직', '다만'.
10 悌(제) : 아랫사람이 윗사람을 공경하는 것.
11 多(다) : 존중하다, 높이 평가하다.
12 幷(병) : 버리다, 제거하다.
13 願(원) : 소망. 해동(奚侗)은 현(顯)자를 잘못 쓴 것으로 보고 '출세하다', '명성이 드러나다'의 뜻으로 보았다.
14 渝(유) : 변하다.

황제가 말하였다.

"당신은 아마 그렇게 되었을 것이오. 나는 음악을 연주함에는 사람을 따르고, 악기를 연주함에는 하늘을 따르고, 음악을 진행시킴에는 예의를 따르고, 음악의 완성은 하늘처럼 맑은 도를 따르오. 이른바 지극한 음악이라는 것은 먼저 사람의 일에 호응하고, 하늘의 도리에 따르고, 다섯 가지 덕[五德]으로써 진행시키며, 자연으로써 거기에 호응케 하는 것이오. 그러한 뒤에야 사철이 고르게 다스려지듯 되고 만물이 잘 조화되듯 될 수 있는 것이오. 사철이 엇바뀌고 만물이 연이어 생겨나듯이, 한 번 성했다 한 번 쇠하였다 하면서 부드러운 문화와 억센 무력을 번갈아 쓰듯이 조리 있게 다스리고, 한 번은 맑고 한 번은 흐리게 음양으로써 조화시키게 되는 것이오.

그 음악 소리가 널리 흐르게 되면 동면하던 벌레들이 꿈틀거리기 시작하는데, 나는 벌레들을 우레 소리로 놀라게 하오. 그러나 그 끝에는 꼬리가 없고, 그 시작에는 머리가 없소. 한 번은 죽었다가 한 번은 살았다 하며, 한 번은 넘어졌다 한 번은 일어섰다 하듯이 연주하오. 그 변화의 법도는 무궁해서 하나도 예측할 수가 없소. 당신은 그래서 두려워했었을 것이오.

나는 또 음양의 조화로써 음악을 연주하고, 해와 달의 밝음으로써 그것을 밝히오. 그래서 그 소리는 짧기도 하고 길기도 하며, 부드럽기도 하고 억세기도 한 것이오. 변화는 한결같이 정제하여 옛 법도만을 위주로 하지는 않소. 골짜기에 있어서는 골짜기에 가득 차고, 굴 속에 있어서는 굴 속에 가득 차오. 마음의 빈틈을 막아 주고 정신을 지켜 주며, 물건을 따라서 양을 변화하오. 그 소리는 널리 진동하여, 그 이름을 높고 밝음이라 할 만하오. 그러므로 귀신은 그 그윽함을 지키고, 해와 달과 별들은 그 법도를 따라 운행하게 되는 것이오. 나는 그것을 언제나 궁극에 머물러 있게 하고 정지 없는 상태에서 흘러가게 하오.

당신이 그것에 대하여 생각해 보려고 한다 하더라도 알 수가 없을 것이오. 그것을 바라보아도 볼 수가 없을 것이오. 그것을 뒤쫓아도 미칠 수가 없을 것이오. 무심히 사방으로 트인 길에 서 있거나, 오동나무 안석에 몸을 기대고 읊려 보시오. 눈과 지혜는 보고자 하는 데서 막히게 될 것이며, 능력은 뒤쫓으려 하는 데서 다하게 될 것이오. 나도 그것을 어찌할 수가 없소. 자기 형체가 공허한 세계로 확충되면 흐물흐물 힘이 없어지게 될 것이오. 당신 몸이 흐물흐물해지기 때문에 권태로움을 느꼈던 것이오.

나는 또 음악을 연주함에 있어서 권태로움이 없는 소리를 사용하였고, 그것을 조화시킴에 있어서 자연의 생명으로써 하였소. 그러므로 만물이 뒤섞이며 한꺼번에 생겨나는 듯하였고, 음악 연주가 고조되자 아무런 형체도 없는 듯이 되었소. 널리 진동하여 퍼지며 멈추지 않고 흐리멍텅해져서 소리가 없는 듯이 되었소. 방향도 없는 곳으로 움직이고 아득한 곳에 자리잡게 되었소. 때로는 죽은 것이라 생각되기도 하고, 때로는 산 것이라 생각되기도 하였을 것이오. 혹은 열매가 열린 듯이 생각되기도 하고 혹은 꽃만이 핀 듯이 생각되기도 하였을 것이오. 움직이며 흐르고 흩어지며 옮겨 가서 일정한 소리를 위주로 하지 않았소. 세상에서는 그것을 의심하고 성인들에게 물어 보아야만 알게 되었소. 성인이란 사람은 진실에 통달하고 운명에 순종하는 분이오. 하늘의 기틀인 마음을 긴장하지 않아도 사람들의 감각에 모두가 작용하게 되오. 이것을 하늘의 음악이라 하는데, 말은 하지 않아도 마음은 기쁘게 되는 것이오. 그러므로 유염씨有焱氏가 기려 말하였소. '그것을 들어 보아도 그 소리는 들리지 않고, 그것을 보아도 그 형상은 보이지 않는다. 그러나 하늘과 땅에 가득 차고 천지 사방을 포괄한다.' 당신이 그것을 들으려 해도 귀에 들리지 않았을 것이니, 그래서 미혹되었던 것이오.

음악 연주를 두려움에서 시작하였는데, 두려움 때문에 재난을 당한 것처럼 느껴지오. 나는 또 그 다음에는 권태로움으로써 그것을 계속하오. 권태롭기 때문에 모든 의식이 없어질 것이오. 마지막으로는 미혹됨으로써 음악을 끝내는 것이니, 미혹되기 때문에 어리석은 듯 모든 것을 잊소. 어리석기 때문에 도를 터득하게 되오. 도를 터득하면 모든 것을 거기에 싣고서 도와 더불어 있을 수 있게 되는 것이오."

| 원문 |

北門成[1]問於皇帝曰; 帝張咸池[2]之樂於洞庭之野.[3] 吾始聞之懼, 復聞之怠, 卒聞之而惑. 蕩蕩默默, 乃不自得.

帝曰; 汝殆其然哉! 吾奏之以人, 徵[4]之以天, 行之以禮義, 建之以太清.[5] 夫至樂者, 先應之以人事, 順之以天理, 行之以五德,[6] 應之以自然. 然後調理四時, 太和萬物. 四時迭起, 萬物循生, 一盛一衰, 文武[7]倫經,[8] 一淸一濁, 陰陽調和.

流光[9]其聲, 蟄蟲[10]始作, 吾驚之以雷霆.[11] 其卒無尾, 其始無首. 一死一生, 一僨[12]一起. 所常[13]無窮, 而一不可待. 女故懼也.

---

1 北門成(북문성) : 북문(北門)이 성, 성(成)이 이름이며, 황제(黃帝)의 신하.
2 咸池(함지) : 황제가 지었다는 음악 이름.
3 洞庭之野(동정지야) : 동정의 들, 넓은 들을 상징한 말.
4 徵(치) : 휘(徽)로 씀이 옳으며(陸德明 說), 금(琴)의 줄을 타는 것.
5 太淸(태청) : 맑은 하늘, 또는 하늘처럼 맑은 도(道).
6 五德(오덕) : 인(仁)·의(義)·예(禮)·지(智)·신(信).
7 文武(문무) : 옛 중국의 음악에는 문무의 구별이 있었다. 우아한 악상을 지닌 것이 '문'이며, 용감하고 절도가 있는 것이 '무'이다.
8 倫經(윤경) : 법도를 세워 잘 다스리는 것.
9 流光(유광) : '광'은 광(廣)과 통하여(馬其昶 說), 널리 흐르는 것.
10 蟄蟲(칩충) : 동면하는 벌레.
11 雷霆(뇌정) : 우레. 중국에서는 봄이 시작할 때 천둥이 울리며 비가 와 봄을 알린다.
12 僨(분) : 넘어지다.
13 所常(소상) : 언제나 있는 것, 곧 음악의 변화를 가리킨다.

吾又奏之以陰陽之和, 燭之以日月之明. 其聲能短能長, 能柔能剛. 變化齊一, 不主故常. 在谷滿谷, 在阬[14]滿阬. 塗郤[15]守神, 以物爲量. 其聲揮綽,[16] 其名高明. 是故鬼神守其幽, 日月星辰行其紀. 吾止之於有窮, 流之於無止. 子欲慮之而不能知也, 望之而不能見也, 逐之而不能及也. 儻然[17]立於四虛之道, 倚於槁梧[18]而吟. 目知窮乎所欲見, 力屈乎所欲逐, 吾旣不及已. 夫形充空虛, 乃至委蛇.[19] 汝委蛇, 故怠.

吾又奏之以無怠之聲, 調之以自然之命. 故若混逐[20]叢生, 林樂[21]而無形. 布揮[22]而不曳,[23] 幽昏而無聲. 動於無方, 居於窈冥. 或謂之死, 或謂之生. 或謂之實, 或謂之榮.[24] 行流散徙, 不主常聲. 世疑之, 稽於聖人. 聖也者, 達於情而遂於命也. 天機[25]不張, 而五官[26]皆備. 此之謂天樂, 無言而心說. 故有焱氏[27]爲之頌曰; 聽之不聞其聲, 視之不見其形. 充滿天地, 苞裹[28]六極. 女欲聽之而無接焉, 而故惑也.

樂也者, 始於懼, 懼故崇[29] 吾又次之以怠, 怠故遁. 卒之於惑, 惑故愚. 愚故道, 道可載而與之俱也.

---

14 阬(갱) : 구덩이, 굴.

15 塗郤(도극) : 마음의 빈틈을 메우는 것.

16 揮綽(휘작) : 휘작(煇綽)과 통하여 빛나는 것.

17 儻然(당연) : 무심한 모양.

18 槁梧(고오) : 마른 오동나무로 만든 안석. 앞 덕이 속에 차 있는 증험[德充符]편에도 보임.

19 委蛇(위이) : 힘이 없어 흐물흐물한 모양.

20 混逐(혼축) : 뒤섞여 서로 뒤쫓는 것.

21 林樂(임악) : '임'은 융(隆)과 통하여(章炳麟 說), 음악이 고조되는 것.

22 布揮(포휘) : 널리 퍼져 가는 것.

23 曳(예) : 멈추는 것, 머무는 것.

24 榮(영) : 열매는 열지 않는 꽃. 영(英)과 통함.

25 天機(천기) : 하늘의 기틀. 마음의 작용을 뜻한다.

26 五官(오관) : 눈·귀·코·혀·피부. 이 구절은 앞뒤와 잘 어울리지 않는다.

27 有焱氏(유염씨) : 신농(神農).

28 苞裹(포과) : 휩싸다, 포괄하다.

29 崇(수) : 재앙을 당하는 것.

여기서는 지극한 음악을 통하여 지극한 '도'란 어떤 것인가를 설명하고 있다. 사람의 감각이나 감정을 초월하여 하늘과 땅을 포괄할 수 있는 것이 지극한 음악이며, 바로 그것이 지극한 '도'와 통하는 것이다. 따라서 지극한 음악 또는 지극한 '도'에는 자기 자신의 존재조차도 없는 것이다. 여러 군데 애매한 표현이 있지만 오히려 그것이 장편의 시 같은 효과를 내는 문장을 이루어 주고 있다.

4

공자가 서쪽 위衛나라로 여행을 갔을 때, 안연顔淵이 사금師金에게 말하였다.

"선생님의 이번 여행을 어떻게 생각하십니까?"

사금이 말하였다.

"애석하게도 당신의 선생님은 궁지에 몰릴 것입니다."

안연이 물었다.

"왜 그렇습니까?"

사금이 대답하였다.

"무당이 쓰는 개허수아비[芻狗]는 귀신 앞에 진열되기 전에는 상자에 담겨지고 무늬를 수놓은 보자기에 싸입니다. 시동尸童과 축관祝官은 재계를 하고서 그것을 신에게 바칩니다. 그러나 그것을 바치고 난 다음에는 버려져서 길 가는 사람들이 그 머리와 등을 짓밟고, 꼴 베는 사람들이 가져다가 그것을 불에 태우게 됩니다. 다시 그것을 가져다가 상자에 담고 무늬를 수놓은 보자기로 싸놓고서 그 곁에 지나면서 자고 눕고 한다면, 그가 악몽을 꾸지 않는다 하더라도 반드시 자주 가위에 눌리게 된다고들 합니다.

지금 당신의 선생님은 옛 임금들이 이미 사용한 개허수아비를 가져다가 제자들을 모아놓고는 함께 그 곁에 노닐면서 자고 눕고 하고 있습니다. 그러므로 송나라에서는 나무를 베어넘기는 협박을 당하고, 위나라로 도망해서는 종적을 감추고 다녀야 할 정도로 두 나라에서 궁지에 몰렸었습니다. 이것은 악몽이 아니겠습니까? 진陳나라와 채蔡나라 사이에서는 포위를 당하여 이레 동안이나 익힌 음식을 먹어 보지 못하고 죽음과 삶을 함께 이웃하고 지냈습니다. 이것이 가위에 눌리는 것이 아니겠습니까?

물 위를 여행하는 데는 배를 사용하는 것보다 더 좋은 것이 없고, 땅 위를 여행하는 데는 수레를 사용하는 것보다 더 좋은 것이 없습니다. 배로 물 위를 여행할 수 있다고 해서 땅 위에서도 그런 식으로 밀고 가려 한다면 평생 가도 얼마 나아가지 못할 것입니다. 옛날과 지금이란 물과 육지와 같은 것이 아닙니까? 주周나라와 노魯나라는 배와 수레와 같은 것이 아닙니까? 지금 주나라의 방식을 노나라에 행하려 한다는 것은 마치 육지 위에서 배를 밀고 가려는 것과 같습니다. 수고롭기만 했지 아무런 성과도 없을 것이며 반드시 자신에게 재앙이 돌아가게 될 것입니다.

그 분은 방향이 없는 작용이 사물에 대응하는 데 있어서 궁지에 몰리는 일이 없는 것임을 알지 못하고 있습니다. 또한 당신은 용두레를 보지 못하였습니까? 끌어당기면 밑으로 내려가고 놓으면 올라갑니다. 그것은 사람이 끌어당기는 것이지 사람을 끌어당기는 것이 아닙니다. 그러므로 밑으로 내려가건 올라가건 사람들에게 책잡히지 않습니다.

옛날 삼황三皇 오제五帝의 예의와 법도는 모두 공통됨을 숭상하지 않고 세상을 다스리는 것을 숭상하였습니다. 그러니 삼황 오제의 예의와 법도를 비유로 들면 마치 돌배와 배와 귤과 유자와 같은 것입니다. 그 맛은 모두 틀리지만 입에 넣으면 모두가 맛이 있습니다. 그러므로 예의와 법도라는 것은 시대에 따라 변해야 되는 것입니다. 지금 원숭이에게 주공周公의 옷을 입혀 준다면 그는 반드시 물어뜯고 찢어 발겨 다 벗어 버려야만 만족할 것입니다. 옛날과 지금의 차이를 볼 것 같으면 마치 원숭이가 주공과 다른 것과 마찬가지입니다.

옛날에 아름다운 서시西施가 가슴이 아파서 그의 동리에서 얼굴을 찌푸리자, 그 동리의 못난 여자가 그것을 보고는 아름답게 생각하고서 돌아와서는 자기도 역시 가슴에 두 손을 얹고서 남이 보는 앞에서 얼굴을 찌푸렸습니다. 그 마을의 부자는 그를 보고서는 문을 굳게 닫아걸고 나가지 않았고, 가난한 사람들은 그를 보고서는 처자를 거느리고 다른 고장으로 달아났다고 합니다. 그는 아름다운 얼굴로 찌푸리는 것만을 알았지 얼굴을 찌푸리는 것이 아름다웠던 까닭은 알지 못하였던 것입니다. 애석하도다! 당신의 선생님도 그와 같이 궁지에 몰리게 될 것입니다."

| 원문 |

孔子西遊於衞, 顔淵問師金[1]曰; 以夫子之行爲奚如?

師金曰; 惜乎, 而夫子其窮哉!

顔淵曰; 何也?

師金曰; 夫芻狗[2]之未陳[3]也, 盛以篋衍[4], 巾以文繡, 尸祝[5]齋戒以將之.

---

1 師金(사금) : '사'는 노나라 태사(太師)의 벼슬, '금'은 이름임.
2 芻狗(추구) : 짚으로 만든 허수아비 개. 액막이를 하려고 푸닥거리를 할 때 쓰였다.
3 陳(진) : 귀신 앞에 진열하는 것.
4 篋衍(협연) : 상자.
5 尸祝(시축) : '시'는 귀신의 대리 역할을 하는 시동(尸童). '축'은 축문을 읽는 사람.

及其已陳也, 行者踐其首脊, 蘇者⁶取而爨⁷之而已. 將復取而盛以篋衍, 巾以文繡, 遊居寢臥其下, 彼不得夢, 必且數眯⁸焉.

今而夫子亦取先王已陳芻狗, 取弟子,⁹ 遊居寢臥其下. 故伐樹於宋,¹⁰ 削迹於衞,¹¹ 窮於商周.¹² 是非其夢耶? 圍於陳蔡之閒,¹³七日不火食, 死生相與鄰. 是非其眯邪?

夫水行莫如用舟, 而陸行莫如用車. 以舟之可行於水也, 而求推之於陸, 則沒世不行尋常.¹⁴ 古今非水陸與? 周魯非舟車與? 今蘄¹⁵行周於魯, 是猶推舟於陸也. 勞而無功, 身必有殃.

彼未知夫無方之傳,¹⁶ 應物而不窮者也. 且子獨不見夫桔槔¹⁷者乎? 引之則俯, 舍之則仰. 彼, 人之所引, 非引人也. 故俯仰而不得罪於人.

故夫三皇¹⁸五帝¹⁹之禮義法度, 不矜於同, 而矜²⁰於治. 故譬三皇五帝

---

6 蘇者(소자) : 꼴을 베는 사람.

7 爨(찬) : 아궁이에 불때다. 태우다.

8 數眯(삭미) : 자주 가위에 눌리는 것.

9 取弟子(취제자) : 제자를 모으다. '취'는 취(聚)와 통함.

10 伐樹於宋(벌수어송) : 공자가 송나라를 지나가다가 제자들과 나무 그늘에서 쉬고 있었는데, 송나라 사마(司馬)인 환퇴(桓魋)가 그를 죽이려고 나무를 잘라 넘어뜨렸으나 죽지는 않았다.

11 削迹於衞(삭적어위) : 노(魯)나라에서 쫓겨나 위(衞)나라로 도망하여 자취를 감추는 것 (뒤 잡편 '고기잡이'편 참조).

12 商周(상주) : 송나라는 상나라의 후손이고, 위나라는 주나라의 후손이므로, 송나라와 위나라를 가리킨다.

13 圍於陳蔡之閒(위어진채지간) : 공자가 초나라 소왕(昭王)의 초청을 받고 초나라로 가다가 진나라와 채나라라는 작은 나라들을 지나게 되었다. 진나라와 채나라는 공자가 초나라로 가면 초나라가 강성해져서 자기들은 불리한 입장에 놓일 거라 생각하고 도중에서 공자 일행을 포위하여 가지 못하도록 하였다.

14 尋常(심상) : 짧은 거리(馬其昶 說). 모두 길이의 단위로 '심'은 여덟 자, '상'은 '심'의 두 배 길이임.

15 蘄(기) : 구하다, 바라다.

16 無方之傳(무방지전) : 방향이 없는 작용. 법도가 없는 행동.

17 桔槔(길고) : 물을 푸기 쉽도록 한편에 무거운 것을 달아 놓은 두레박틀.

18 三皇(삼황) : 복희(伏羲) · 신농(神農) · 황제(黃帝).

19 五帝(오제) : 소호(少昊) · 전욱(顓頊) · 제곡(帝嚳) · 요(堯) · 순(舜). 삼황이나 오제 모두

之禮義法度, 其猶柤²¹梨橘柚邪. 其味相反, 而皆可於口. 故禮義法度
者, 應時而變者也. 今取猨狙²²而衣以周公²³之服, 彼必齕齧²⁴挽裂, 盡
去而後慊.²⁵ 觀古今之異, 猶猨狙之異乎周公也.

　故西施²⁶病心而矉²⁷其里, 其里之醜人, 見而美之, 歸亦捧心²⁸而矉其
里. 其里之富人見之, 堅閉門而不出. 貧人見之, 挈妻子而去之走. 彼知
美矉. 而不知矉之所以美. 惜乎! 而夫子其窮哉.

| 해설 |

　사금師金의 이론이 빛난다. 개허수아비의 비유에서 시작하여 배와 수
레 · 용두레 · 과일 · 원숭이와 주공周公 · 서시西施와 추한 여자 등 여섯
가지의 비유를 구사하면서 특히 옛것만을 숭상하는 공자를 공격하고 있
다. 어떤 한 가지 일에 집착되지 않고 사물의 변화에 순응해야 한다는 것
이다. 내용이나 문장 또는 얘기를 이끌어 가는 방법까지도 모두가 장자가
잘 쓰는 자기 뜻에 빗대어 만든 얘기인 우언寓言의 특징을 보여 주는 훌륭
한 글로 이루어진 대목이다.

여러 가지 설이 있으나, 태고적 임금들이라 보면 될 것이다.
20 矜(금) : 숭상하다(高秋月 說).
21 柤(사) : 돌배, 산리(山梨).
22 猨狙(원저) : 원숭이.
23 周公(주공) : 이름은 단(旦). 주(周)나라 무왕(武王)의 아우로서, 무왕이 죽은 뒤 어린
　성왕(成王)을 도와 주나라의 기틀을 잡아 놓은 어진 사람.
24 齕齧(홀설) : 이빨로 씹고 물어뜯고 하는 것.
25 慊(협) : 만족하다, 통쾌히 여기다.
26 西施(서시) : 춘추 시대 월나라의 미인. 뒤에 오(吳)나라 임금 부자(夫差)에게로 가서
　부차의 총애를 받았다.
27 矉(빈) : 얼굴을 찌푸리다, 이마를 찡그리다.
28 捧心(봉심) : 가슴에 두 손을 대는 것.

5

공자는 나이 쉰한 살이 되도록 도에 대하여 들어 보지 못하였다. 노자가 말하였다.

"어서 오십시오. 내가 듣건대 선생은 북방의 현명한 사람이라 하니 선생께서도 도를 터득하고 계시겠군요."

공자가 말하였다.

"아직 터득하지 못했습니다."

노자가 말하였다.

"선생께서는 어디에서 도를 구하려 하셨습니까?"

"저는 도를 법도에서 구하려 하였으나 5년이 지나도록 터득하지 못하였습니다."

노자가 말하였다.

"선생께서는 또 어디에서 구하여 보셨습니까?"

"저는 도를 음양의 변화에서 구하여 보았으나 12년이 지나도록 터득하지 못하였습니다."

노자가 말하였다.

"그렇지요. 도가 바칠 수만 있는 것이라면 사람들은 누구나 그것을 자기 임금에게 바칠 것입니다. 도가 가져다 드릴 수만 있는 것이라면 사람들은 누구나 그것을 자기 부모님께 가져다 드릴 것입니다. 도가 남에게 일러 줄 수만 있는 것이라면 사람들은 누구나 그것을 자기 형제들에게 일러 줄 것입니다. 도가 남에게 줄 수만 있는 것이라면 사람들은 누구나 그것을 자기 자손들에게 가져다 줄 것입니다. 그렇지만 그렇게 할 수 없는 것은 다름이 아닙니다. 그것은 바로 마음 속에 도의 주인이 될 만한 것이 없으면 그 사람에게 머물지 않고, 사람의 외양이 올바르지 않으면 그것은 행해지지 않는 것이기 때문입니다. 마음 속으로부터 나오는 것이 밖에서 받아들여지지 않는다면 성인은 그것을 내놓지 않습니다. 밖으로부터 들어오는 것에 대하여 마음 속에 주인 노릇을 할 만한 것이 없으면 성인은 그것에 의지하지 않습니다.

명예란 공개적으로 쓰이는 연모이니 홀로 많이 취해서는 안 되는 것입니다. 어짊과 의로움은 옛 임금들의 여관과 같은 것이니, 오직 하루 저녁 묵는 것은 괜찮지만 오래 묵어 있을 곳은 못됩니다. 머물러 있으면 책망이나 많이 받게 됩니다. 옛날의 지극한 사람은 어짊을 가야 할 길로 알고서 빌리고, 의로움을 숙소로 삼아 몸을 기탁함으로써 어슬렁거리는 고장에 노닐었습니다. 그는 자기 먹을 것만이 생산되는 정도의 땅을 지녔고, 먹고 남는 것이 없을 정도의 채소밭을 경작하였습니다. 어슬렁거린다는 것은 아무것도 하지 않는 것을 뜻합니다. 자기 먹을 것만을 생산한다는 것은 몸을 보양하기 쉬움을 뜻합니다. 먹고 남는 것이 없을 정도란 남에게 내놓지도 않음을 뜻합니다. 옛날에는 이것을 '참됨을 추구하는 노닒'이라 불렀습니다.

부富를 좋은 것으로 아는 사람은 남에게 벼슬을 사양하지 못하며, 출세를 좋은 것으로 아는 사람은 남에게 명예를 양보하지 못하고, 권세를 친근히 하는 사람은 남에게 권력을 맡기지 못합니다. 그것들을 가지고 있자니 두렵고, 그것들을 버리자니 슬퍼질 것입니다. 전혀 도에 대하여 살핀 것이 없어서 언제나 쉬지 않고 변동하는 것들만을 바라보고 있으니, 이런 사람들은 '하늘의 처벌을 받을 백성'인 것입니다. 원한, 은혜, 취하는 것, 주는 것, 간諫하는 것, 가르치는 것, 살리는 것, 죽이는 것의 여덟 가지는 일을 바로잡는 기구입니다. 오직 위대한 변화를 따라서 막히는 것이 없는 사람만이 그것들을 제대로 쓸 수 있습니다. 그러므로 '올바르게 하려면 자기가 올바라야 하는 것이다'라고 말하는 것입니다. 그의 마음으로 그렇지 않다고 생각하는 사람에게는 하늘의 문이 열리지 않을 것입니다."

孔子行年五十有一而不聞道, 乃南之沛,¹ 見老聃. 老聃曰; 子來乎. 吾聞, 子北方之賢者也. 子亦得道乎?

孔子曰; 未得也.

老子曰; 子惡乎求之哉?

曰; 吾求之於度數,² 五年而未得也.

老子曰; 子又惡乎求之哉?

曰; 吾求之於陰陽, 十有二年而未得.

老子曰; 然. 使道而可獻, 則人莫不獻之於其君. 使道而可進, 則人莫不進之於其親. 使道而可以告人, 則人莫不告其兄弟. 使道而可以與人, 則人莫不與其子孫. 然而不可者, 無他也, 中無主³而不止, 外無正而不行. 由中出者不受於外, 聖人不出. 由外入者無主於中, 聖人不隱.⁴

名, 公器也, 不可多取. 仁義, 先王之蘧廬⁵也, 止可以一宿, 而不可久處. 覯⁶而多責. 古之至人, 假道於仁, 託宿於義, 以遊逍遙之墟. 食於苟簡之田,⁷ 立於不貸之圃.⁸ 逍遙, 無爲也. 苟簡, 易養也. 不貸, 無出也. 古者謂是采眞⁹之遊.

以富爲是者, 不能讓祿.¹⁰ 以顯¹¹爲是者, 不能讓名. 親權者, 不能與

---

1 沛(패) : 땅 이름. 지금의 강소성(江蘇省)에 있었다. 노자는 본시 진(陳)나라 상(相) 사람인데 상 땅은 패(沛) 땅과 가까운 곳이었다.

2 度數(도수) : 법도, 제도.

3 中無主(중무주) : 마음 속에 도(道)를 받아들여 주관할 만한 태세가 되어 있지 않은 것.

4 隱(은) : 의거하다, 의지하다(章炳麟 說).

5 蘧廬(거려) : 여관, 여인숙.

6 覯(구) : 두(逗)와 통하여 '오래 머무는 것'.

7 苟簡之田(구간지전) : 자급 자족하기에 꼭 알맞은 밭.

8 不貸之圃(불대지포) : 자기 식구가 먹기에 알맞아서 남에게 줄 것이 남지 않는 채소밭.

9 采眞(채진) : 참됨을 취하다, 진실을 채취하다.

10 祿(녹) : 재물, 재산.

11 顯(현) : 출세하는 것.

人柄.[12] 操之則慄, 舍之則悲. 而一無所鑒.[13] 以闚[14]其所不休者,[15] 是天之戮民[16]也. 怨恩, 取與, 諫敎, 生殺八者, 正之器也. 唯循大變無所湮[17]者, 爲能用之. 故曰; 正者, 正也. 其心以爲不然者, 天門弗開矣.

| 해설 |

『사기史記』의 공자 세가孔子世家에 의하면 공자가 쉰한 살 때는 노魯나라 정공定公 19년에 해당한다. 이 해에 공산불뉴公山不狃가 세도가 계씨季氏에게 반기를 들어, 계씨가 공자를 초빙하였으나 공자는 가지 않았다. 그 뒤로 정공에게 등용되어 중도中都의 재宰가 되었는데 일 년 만에 교화가 사방에 뻗치도록 잘 다스렸으며, 곧 사공司空을 거쳐 대사구大司寇가 되었다. 공자의 일생에서 가장 득의한 시대는 이 쉰한 살부터 몇 년 동안이었다. 장자가 일부러 그러한 쉰한 살이란 나이를 밝히고 있는 것은 이 뒤로도 계속되는 공자와 노자의 대화를 통하여 유교의 학설을 신랄하게 공격하려는 의도처럼 생각된다. 어찌되었든 이곳에 나오는 공자와 노자의 문답은 장자가 꾸며낸 이야기라고 보아야 할 것이다.

6

공자가 노자를 만나서 어짊과 의로움에 대하여 얘기하였다. 노자가 말하였다.

---

12 柄(병) : 권병, 권리.
13 鑒(감) : 도에 대하여 살피는 것.
14 闚(규) : 들여다보다, 바라보다.
15 其所不休者(기소불휴자) : 쉬지 않고 변화하는 것, 부와 출세와 권세 같은 것.
16 戮民(육민) : 처벌이 내려진 백성, 사형 언도를 받은 백성.
17 湮(인) : 막히다.

"날아 오르는 겨가 눈에 들어가면 곧 하늘과 땅과 사방의 위치를 혼동하게 됩니다. 모기가 살갗을 물면 밤새도록 잠을 못 잡니다. 어짊과 의로움이란 잔인한 것이어서 우리 마음을 어지럽히므로 이보다 더 혼란케 하는 것은 없습니다. 선생께서는 천하 사람들로 하여금 그의 소박함을 잃지 않게 하십시오. 선생께서도 바람을 따라서 자연스럽게 움직이면 모든 덕을 아울러 처신하게 될 것입니다. 또 어찌 애쓰면서 큰 북을 짊어지고 두드리고 다니며, 잃은 자식을 찾듯 지낼 필요가 있겠습니까?

백조는 매일 목욕을 하지 않아도 희고, 까마귀는 매일 검은 물을 들이지 않아도 검습니다. 검고 흰 소박한 바탕은 좋고 나쁨을 따질 것이 못 됩니다. 명예라는 겉보기 모양은 널리 뽐낼 것이 못 됩니다. 샘물이 마르면 그곳 물고기들은 땅 위에 함께 모여 서로 물을 뿜어 주고 서로 침으로 적셔 줍니다. 그러나 그것은 강물과 호수 속에서 서로를 잊고 지내는 것만 못한 것입니다."

| 원문 |

孔子見老聃而語仁義. 老聃曰; 夫播穅[1]眯目,[2] 則天地四方易位矣. 蚊虻[3]噆[4]膚, 則通昔[5]不寐矣. 夫仁義憯然[6]乃憤[7]吾心, 亂莫大焉. 吾子使天下無失其朴.[8] 吾子亦放風[9]而動, 總德而立矣. 又奚傑然,[10] 若負建鼓[11]

---

1 播穅(파강) : 방아에 찧은 곡식을 키로 까불려 겨를 날리는 것.
2 眯目(미목) : 눈에 티끌이 들어가 보이지 않게 되는 것.
3 蚊虻(문망) : 모기와 등에, 모기.
4 噆(참) : 물다, 씹다.
5 通昔(통석) : 온밤, 밤새도록.
6 憯然(참연) : 잔인한 모양.
7 憤(분) : 궤(憒)로 씀이 옳으며(王叔岷 說), 마음이 어지러워지는 것.
8 朴(박) : 순박함, 본질.
9 放風(방풍) : 바람을 따르다. 자연을 따르다.

而求亡子者耶?

夫鵠[12]不日浴而白, 烏不日黔[13]而黑. 黑白之朴, 不足以爲辯.[14] 名譽之觀,[15] 不足以爲廣.[16] 泉涸,[17] 魚相與處於陸, 相呴以濕, 相濡以沫, 不若相忘於江湖.

| 해설 |

인위적인 행동이란 결국 사람을 애쓰게만 했지 좋은 결과를 가져오지 못하는 것이다. 어짊과 의로움이라는 것도 인위적인 것이기 때문에 결과적으로는 사람의 마음과 세상을 혼란시킬 따름이다. 어려움 속에서 남을 돕고 남과 어울리려 애쓸 것 없이 피차의 존재를 잊고 자연스럽게 살아가는 것이 상책이라는 것이다.

7

공자가 노자를 만나고 돌아와서는 사흘 동안 말을 하지 않았다. 제자들이 물었다.

"선생님께서는 노자를 만나서 무엇을 가르쳐 주려 하셨습니까?"

공자가 말하였다.

"나는 이제서야 용을 본 것 같다. 용은 합쳐지면 훌륭한 몸을 이룩

---

10 傑然(걸연) : 애쓰는 모양.
11 建鼓(건고) : 큰 북.
12 鵠(혹) : 고니, 백조.
13 黔(검) : 검은 물을 들이는 것.
14 辯(변) : 좋고 나쁜 것을 논하는 것.
15 觀(관) : 외관, 외모.
16 廣(광) : 널리 남에게 뽐내는 것.
17 泉涸(천학) : 샘물이 마르다. 이하의 대목은 앞 위대한 참스승[大宗師]편에 실린 글과 같은 내용임.

하고, 흩어지면 아름다운 무늬를 이룩한다. 구름 기운을 타고 다니며, 음양 속을 날아다니는 것이다. 나는 입이 벌어져 다물 수가 없었다. 내가 노자에게 무엇을 가르쳐 줄 수 있었겠느냐?"

자공子貢이 말하였다.

"그렇다면 사람 중에는 본시 시체처럼 있다가도 용처럼 나타나고, 우레 소리를 내다가도 깊은 연못 같은 침묵을 지키고, 활동이 하늘과 땅 같은 사람이 있다는 것입니까? 저도 그 분을 뵈올 수가 있겠습니까?"

마침내는 공자의 주선으로 그가 노자를 만났다. 노자는 마침 대청에 앉아 있다가 마중하면서 작은 소리로 말하였다.

"내 나이 다 늙어 버렸는데 당신은 무엇을 내게 얘기해 주려 하오?"

자공이 말하였다.

"삼왕三王과 오제五帝가 천하를 다스리던 방법은 같지 않지만 그 분들이 명성을 누렸다는 점에서는 같습니다. 그런데, 선생님께서만은 그 분들을 성인이 아니라고 생각하고 계시다니 어째서입니까?"

노자가 말하였다.

"젊은이, 좀더 가까이 오시오! 당신은 어째서 그들의 방법이 같지 않다는 것이오?"

"요임금은 순에게 천하를 물려 주었고, 순임금은 우禹에게 천하를 물려 주었으며, 우임금은 힘을 사용하였고, 탕湯임금은 군사를 사용하였습니다. 문왕文王은 주왕紂王에게 순종하여 감히 거스르려 하지 않았으나, 무왕武王은 주왕을 거스르고 순종하려 들지 않았습니다. 그래서 같지 않다는 것입니다."

노자가 말하였다.

"젊은이, 좀더 가까이 오오! 내 당신에게 삼왕과 오제가 천하를 다스리던 방법을 얘기해 주겠소. 황제黃帝가 천하를 다스릴 적에는 백성들의 마음을 하나로 만들었소. 백성들은 그의 부모가 죽어도 곡하지 않았는데, 그래도 백성들은 그를 비난하지 않았소. 요임금이 천하를 다스림에 있어서는 백성들의 마음을 서로 친하게 만들었소. 백성들은 그들의 친분 때문에 친하고 소원한 관계의 차별을 두었으나, 백성들은 그를 비난하지 않았소. 순임금이 천하를 다스림에 있어서는 백성들의 마음을 서로 다투게 만들었소. 백성들은 부인이 아이를 배어 열달 만에 자식을 낳고, 아이가 태어나 다섯 달 지나서는 말을 하게 되고, 방긋방긋 웃기도 전에 사람들을 분별하게 되었소. 그래서 사람들에게 비로소 어려서 죽는 일이 생긴 것이오. 우임금이 천하를 다스림에 있어서는 백성들의 마음을 변하게 만들었소. 사람들은 제각기 다른 마음을 갖게 되었고, 전쟁은 도리를 따른다는 구실이 생겼으며, 도적을 죽이는 것은 살인이 아닌 것으로 되었고, 자기만을 중히 여기고 천하에서 보고 듣는 것을 믿지 않게 되었소. 그리하여 온 천하 사람들은 크게 놀라게 되어 유가와 묵가들이 한꺼번에 생겨났던 것이오. 다스림을 시작할 적에는 그래도 법도가 있었으나, 결과는 지금과 같은 상태가 되고 만 것이오. 당신이 무슨 말을 하겠다는 것이오?

내 당신에게 삼황과 오제가 천하를 다스리던 방법을 얘기해 주겠소. 이름은 천하를 다스렸다고 하지만 사실은 더 말할 수 없이 어지럽혔던 것이오. 삼황의 지혜는 위로는 해와 달의 광명을 거슬렀고, 아래로는 산과 냇물의 정기를 배반하였으며, 가운데로는 사철의 순환을 파괴했던 것이오. 그들의 지혜는 갈충蠍虫의 꼬리보다도 잔혹한 것이었소. 작은 짐승들도 모두가 그의 본성과 생명의 진실한 모습을 따라 편안히 지내오. 그런데 스스로 성인이라 생각하고 있다면 부끄럽지 않을 수가 있겠소. 그들은 수치를 모르는 것이오."

자공은 다리를 떨면서 불안하게 서 있기만 하였다.

| 원문 |

孔子見老聃歸, 三日不談. 弟子問曰; 夫子見老聃, 亦將何規[1]哉?

孔子曰; 吾乃今於是乎見龍. 龍, 合而成體, 散而成章, 乘乎雲氣, 而養[2]乎陰陽. 予口張而不能嗋[3] 予又何規老聃哉?

子貢曰; 然則人固有尸居[4]而龍見, 雷聲而淵默, 發動如天地者乎? 賜[5]亦可得而觀乎?

遂以孔子聲見老聃. 老聃方將倨[6]堂而應, 微曰; 予年運而往矣, 子將何以戒我乎?

子貢曰; 夫三王[7]五帝之治天下不同, 其係聲名一也. 而先生獨以爲非聖人, 如何哉?

老聃曰; 小子, 少進. 子何以謂不同?

對曰; 堯授[8]舜, 舜授禹, 禹用力,[9] 而湯用兵.[10] 文王順紂而不敢逆, 武王逆紂而不肯順. 故曰不同.

老聃曰; 小子, 少進. 余語女三王五帝之治天下. 黃帝之治天下, 使民心一. 民有其親死不哭, 而民不非也. 堯之治天下, 使民心親. 民有爲其親殺其殺,[11] 而民不非也. 舜之治天下, 使民心競. 民孕婦十月生子,[12]

---

1 規(규) : 바로잡아 주다, 가르쳐 주다.

2 養(양) : 상(翔)과 통하여(劉師培 說), 나는 것.

3 嗋(협) : 합치다, 다물다.

4 尸居(시거) : 시체처럼 움직이지 않고 있는 것. 시동(尸童)처럼 우두커니 있는 것.

5 賜(사) : 공자의 제자 자공의 이름.

6 倨(거) : 앉아 있는 것.

7 三王(삼왕) : 삼황과 같은 말.

8 授(수) : 천자의 자리를 내주는 것. 이른바 선양(禪讓)을 가리킨다.

9 禹用力(우용력) : 우임금이 천하의 홍수를 애써 다스린 것을 가리킴.

10 湯用兵(탕용병) : 탕임금이 군사를 일으켜 걸왕(桀王)을 친 것을 가리킴.

11 殺其殺(쇄기쇄) : '쇄'는 등급, 친소(親疏)의 차별. 앞의 글자는 동사. 따라서 그의 친소의 차별을 따라 차별을 두는 것.

12 十月生子(십월생자) : 옛날에는 십사 개월 동안 임신하였다가 아이를 낳았는데, 서둘러 열 달 만에 아이를 낳게 되었다는 뜻.

子生五月而能言,[13] 不至乎孩[14]而始誰,[15] 則人始有夭矣. 禹之治天下,
使民心變. 人有心[16]而兵有順,[17] 殺盜非殺人, 自爲種[18]而天下耳.[19] 是
以天下大駭, 儒墨皆起. 其作始有倫, 而今乎婦.[20] 女何言哉?

余語女. 三皇五帝之治天下, 名曰治之, 而亂莫甚焉. 三皇之知, 上悖
日月之明,[21] 下睽山川之情, 中墮四時之施. 其知憯[22]於蠣蠆[23]之尾. 鮮
規[24]之獸, 莫得安其性命之情者. 而猶自以爲聖人, 不可恥乎? 其無恥
也.

子貢蹴蹴然[25]立不安.

| 해설 |

『사기』의 노장신한 열전老莊申韓列傳에도 공자가 노자에게 예에 관하여
물어본 다음 그의 인물의 위대함에 감복하여 노자를 용에 비유하는 얘기
가 나온다. 이것은 도가 편에서 노자를 공자 위에 놓으려고 지어낸 얘기일
것이다. 여기서는 자공이라는 공자의 제자를 중간에 내세워 얘기를 진행

---

13 五月而能言(오월이능언) : 갓난아이는 생후 2년이 되어야 말을 했었는데, 다섯 달 만에
   말을 하게 되었다는 뜻.
14 孩(해) : 갓난아이가 웃는 것.
15 誰(수) : 상대가 누구인가 분별하는 것.
16 人有心(인유심) : 사람들이 제각기 다른 마음을 갖는 것.
17 兵有順(병유순) : 전쟁이 정의를 따르는 것이란 구실이 생겼다는 뜻.
18 種(종) : 중(重)과 통하여(奚侗 說), 자기를 중히 여기는 것.
19 耳(이) : 이(珥)와 통하며(章炳麟 說), 또는 익(眣)을 잘못 쓴 것이라 볼 수도 있으며(奚
   侗 說), 보고 듣는 것을 믿지 않는 것.
20 今乎婦(금호부) : '부'는 귀(歸)의 잘못으로(錢穆 說), 지금과 같은 상태로 귀결되었다
   는 뜻.
21 上悖日月之明(상패일월지명) : 이하의 세 구절은 앞 남의 상자를 열고 도둑질함[胠篋]
   편에도 보였다.
22 憯(참) : 잔혹한 것.
23 蠣蠆(여채) : 갈충(蠍虫), 전갈, 꼬리에 독이 있는 독벌레 이름.
24 鮮規(선규) : 작은 것(馬叙倫 說).
25 蹴蹴然(축축연) : 불안한 모양, 다리를 떠는 모양.

시키고 있다.

8

공자가 노자에게 말하였다.

"저는 『시詩』·『서書』·『예禮』·『악樂』·『역易』·『춘추春秋』의 여섯 가지 경서를 스스로 오랜 동안 공부하여 그 뜻을 익히 알고 있다고 생각하고 있습니다. 그리고 수많은 임금들에게 쓰이기를 구하면서, 옛 임금들의 도를 논하고 주공周公과 소공召公의 업적을 밝혔습니다. 그러나 한 임금도 저를 등용해 주지 않았습니다. 사람이란 굉장히 설복시키기 어려운 것이며, 도란 밝히기 어려운 것이군요."

노자가 말하였다.

"당신이 세상을 잘 다스리는 임금을 만나지 않은 것은 다행한 일이오. 여섯 가지 경서란 옛 임금들이 남겨 놓은 발자취입니다. 어찌 그 발자취를 남긴 근본이겠습니까? 지금 당신이 말하는 것은 발자취 같은 것입니다. 발자취란 것은 신발이 만들어 내는 것입니다. 그 발자취가 어찌 신발이겠습니까?

백역白鵙이란 새는 암수컷이 서로 바라보면서 눈동자도 움직이지 않는데도 정이 통하여 새끼를 뱁니다. 벌레는 수컷이 바람 부는 위쪽에서 울고 암컷이 바람 부는 아래쪽에서 호응하기만 해도 새끼를 뱁니다. 유類란 짐승은 자신이 암컷 수컷을 다 겸하기 때문에 정을 통하여 새끼를 뱁니다. 본성은 바꾸어질 수가 없고, 천명도 변할 수가 없습니다. 시간은 멈출 수가 없고, 도는 막히는 수가 없습니다. 진실로 도를 터득하기만 한다면 자기 뜻대로 되지 않는 것이 없고, 도를 잃으면 뜻대로 되는 것이 없습니다."

공자는 석 달 동안 밖에 나오지 않고 들어앉아 있다가 다시 노자를 찾아뵈었다.

"저도 터득하였습니다. 까마귀와 까치는 알에서 부화하고, 물고기는 물거품에 붙어서 새끼를 치고, 나나니벌은 배추벌레를 변화시켜 자기 새끼로 만들고, 아우를 보게 되면 형은 울게 됩니다. 제가 이러한 자연의 변화와 더불어 사람이 되지 못한 지 오래 되었습니다. 자연의 변화와 더불어 사람이 되지 못한 주제에 어떻게 남을 교화시킬 수가 있겠습니까?"

노자가 말하였다.

"좋습니다. 당신은 도를 터득한 것입니다."

| 원문 |

孔子謂老聃曰; 丘治詩書禮樂易春秋六經, 自以爲久矣, 孰[1]知其故[2]矣. 以奸[3]者七十二君,[4] 論先王之道, 而明周召[5]之迹. 一君無所鉤用.[6] 甚矣乎, 人之難說[7]也, 道之難明耶.

老子曰; 幸也, 子之不遇治世之君也. 夫六經, 先王之陳迹也. 豈其所以迹哉? 今子之所言, 猶迹也. 夫迹, 履[8]之所出. 而迹豈履哉?

夫白鵙[9]之相視, 眸子[10]不運而風化.[11] 蟲, 雄鳴於上風, 雌應於下風,

---

1 孰(숙) : 숙(熟)과 통하여, 익히, 잘(嚴復 說).

2 故(고) : 고(詁)와 통하여(嚴復 說), 글의 뜻, 내용.

3 奸(간) : 간(干)과 통하여(王敔 說), 쓰이기를 구하는 것.

4 七十二君(칠십이군) : 많은 임금을 가리킴, 실수(實數)가 아님.

5 周召(주소) : 주공(周公) 단(旦)과 소공(召公) 석(奭). 모두 주나라 초기의 현명한 신하들임.

6 鉤用(구용) : 등용되는 것. '구'는 취(取)의 뜻(陸德明 說).

7 難說(난세) : 설복시키기 어려운 것.

8 履(이) : 신, 신발.

9 白鵙(백역) : 거위 종류의 새 이름.

10 眸子(모자) : 눈동자.

11 風化(풍화) : 정이 통하여 새끼를 배는 것(王先謙 說).

而化. 類,**12** 自爲雌雄, 故風化. 性不可易, 命不可變, 時不可止, 道不可
壅.**13** 苟得於道, 無自而不可. 失焉者, 無自而可.

孔子不出三月, 復見, 曰; 丘得之矣. 烏鵲孺,**14** 魚傅沫,**15** 細要**16**者
化,**17** 有弟而兄啼.**18** 久矣夫, 丘不與化爲人. 不與化爲人, 安能化人?

老子曰; 可, 丘得之矣.

| 해설 |

여기서는 유교의 경전인 여섯 가지 경서들이 전혀 무가치한 것이라고
공격하고 있다. 자연스러운 자기 본성으로 되돌아가는 것이 올바른 도리
라는 것이다.

---

12 類(유) : 동물 이름(陸德明 說).『산해경(山海經)』에는 사류(師類)·기류(奇類)라는 동
물 이름이 보인다.

13 壅(옹) : 막히다.

14 孺(유) : 알에서 부화하는 것.

15 傅沫(부말) : 물거품에 붙어 새끼를 치다. 물고기가 알을 까 놓은 것이 물거품 같게도 보
인다.

16 細要(세요) : 나나니벌.

17 化(화) : 나나니벌은 배추벌레를 물어다 놓고 거기에 알을 낳아, 거기에서 새끼들이 영
양을 취하도록 한다. 옛사람들은 그것을 잘못 알고 배추벌레가 나나니벌로 변한다고 믿
었다.

18 有弟而兄啼(유제이형제) : 동생이 생기면 형은 울게 된다. 어린 아우에게 부모의 관심
이 더 쏠림을 뜻한 말임.

제15편

뜻을 굳게 지님
刻意

이 편도 문장의 품격이 떨어져 모두 장자보다 훨씬 후세에 씌어진 글이라 보고 있다. 청대 요내(姚鼐) 같은 학자는 한대에 씌어진 글이라 하였으나, 한대 초기 가의(賈誼)의 「복조부(鵩鳥賦)」, 『회남자(淮南子)』 원도(原道)·정신(精神)·도응(道應) 등의 편에서 이 글을 많이 인용하고 있는 것을 보면 늦어도 전국 시대의 말엽 이전에 씌어진 글이라 볼 수 있다.

내용은 정신을 잘 보호하고 수양을 하여야 한다는 주장이 중심이며, 편명은 첫 구절에서 두 글자를 따서 붙인 것이다.

1

뜻을 굳게 갖고 행동을 고상히 하며, 세상과 동떨어져 사람들과 다르게 살며, 고답적高踏的인 이론으로 세상을 원망하고 비난하는 것은 높은 자세로 처신하려는 것일 따름이다. 이것은 산골짜기에 숨어 사는 선비나 세상을 비난하는 사람들과 깡마른 몸으로 연못에 투신하는 사람들이 좋아하는 일이다. 어짊과 의로움과 충성과 믿음을 얘기하며, 공손하고 검소하며 남을 앞세우며 겸양하는 것은 자기 몸을 닦으려는 것일 따름이다. 이것은 세상을 다스리려는 선비와, 사람들을 가르치려는 사람들과 이리저리 돌아다니는 학자들이 좋아하는 일이다. 위대한 공로를 얘기하고 위대한 명성을 세우며, 임금과 신하의 예를 지키고, 위 아래의 질서를 바로잡는 것은 세상을 다스리려는 일일 따름이다. 이것은 조정에 나가 벼슬하는 선비와 임금을 높이고 나라를 강하게 하려는 사람들과 공로를 세우고 다른 나라를 병합시키려는 사람들이 좋아하는 짓이다. 풀과 나무가 우거진 택지로 나아가 널따란 곳에 살면서 고기를 낚으며 한가로이 지내는 것은 아무런 일도 하지 않고 무위로 지내려는 것일 따름이다. 이것은 강이나 바다에 노니는 선비와, 세상을 피하려는 사람들과 한가로이 살려는 사람들이 좋아하는 것이다. 깊은 호흡을 하면서 낡은 기운은 토해 내고 신선한 기운을 빨아들이며, 곰이 나무에 매달리고 새가 날면서 발을 뻗치는 것 같은 체조를 하는 것은 오래 살려는 것일 따름이다. 이것은 기운을 끌어들이는 선비와 몸을 보양하는 사람들과 팽조彭祖같이 오래 살려는 사람들이 좋아하는 것이다.

그런데 뜻을 굳게 갖지 않고도 고상해지고, 어짊과 의로움이 없이도 몸이 닦여지고, 공로와 명성 없이도 다스려지고, 강과 바다에 노닐지 않고도 한가로워지고, 기운을 끌어들이지 않고도 오래 사는 사람은, 잊지 않는 것도 없고 갖추고 있지 않은 것도 없는 사람이다. 담담히 마음은 끝가는 데가 없지만 모든 미덕은 그에게로 모이게 되는 것이다. 이것이 하늘과 땅의 도이며 성인의 덕인 것이다.

그러므로 담담하고 고요하며 허무하고 무위한 것은 하늘과 땅의 올바른 도리이며 도덕의 본질이라고 했던 것이다. 그래서 또 성인은 쉬면서 편히 지내어 편안하고도 간단하게 살아간다고 하였다. 편안하고도 간단하면 담담하게 되고, 편안하고 간단하여 담담하다면 근심 걱정이 끼어들 수가 없고, 사악한 기운이 침입할 수 없을 것이다. 그러므로 그의 덕은 완전하고 그의 정신에는 결함이 없는 것이다.

| 원문 |

刻意¹尙行, 離世異俗, 高論怨誹, 爲亢²而已矣. 此山谷之士, 非世之人, 枯槁赴淵³者之所好也. 語仁義忠信, 恭儉推讓, 爲修而已矣. 此平世之士, 敎誨之人, 遊居學者之所好也. 語大功, 立大名, 禮君臣, 正上下, 爲治而已矣. 此朝廷之士, 尊主彊國之人, 致功幷兼⁴者之所好也. 就藪澤,⁵ 處閒曠, 釣魚閒處, 無爲而已矣. 此江海之士, 避世之人, 閒暇者之所好也. 吹呴⁶呼吸, 吐故納新,⁷ 熊經⁸鳥申,⁹ 爲壽而已矣. 此導引¹⁰之士, 養形之人, 彭祖¹¹壽考者之所好也.

---

1 刻意(각의) : 뜻을 굳게 갖다. '각'은 극(剋)과 통하여(馬叔倫 說), 힘쓰는 것, 굳게 갖는 것.

2 亢(항) : 높은 것. 고답적인 것.

3 枯槁赴淵(고고부연) : 고상한 자가 몸을 지키려고 자기 몸은 깡마르게 만든 채 결국은 연못에 투신 자살하는 것.

4 幷兼(병겸) : 외국을 정복하여 자기 나라에 합병시키는 것.

5 藪澤(수택) : 풀과 나무가 우거지고 못이 많은 지대.

6 吹呴(취구) : 심호흡을 하는 것.

7 吐故納新(토고납신) : 낡은 기운은 뱉어 내고 새 기운을 받아들이는 것.

8 熊經(웅경) : 곰이 나뭇가지에 매달리는 형태의 운동을 하는 것.

9 鳥申(조신) : 새가 날면서 발을 뒤로 뻗치는 형태의 체조를 하는 것.

10 導引(도인) : 기운을 끌어들여 몸의 활력을 기르는 것.

若夫不刻意而高, 無仁義而修, 無功名而治, 無江海而閒, 不導引而壽, 無不忘也, 無不有也. 澹然[12]無極, 而衆美從之. 此天地之道, 聖人之德也.

故曰; 夫恬惔[13]寂漠, 虛無無爲, 此天地之平, 而道德之質也. 故曰; 聖人休休焉,[14] 則平易[15]矣. 平易則恬惔矣. 平易恬惔, 則憂患不能入, 邪氣不能襲. 故其德全而神不虧.

| 해설 |

여기서는 여러 종류의 사람들이 살아가는 방법을 제시하고는 끝으로 가장 올바로 사는 방법이란 어떤 것인가를 얘기하고 있다. 그것은 아무런 인위적인 작위나 의식 없이 모든 것을 잊고 '무위'로 자연의 '도'를 따라 살아가는 것이다. 그것이 하늘과 땅의 '도'와 합치되는 성인의 덕이라는 것이다.

2

그러므로 "성인은 살아감에 있어서는 자연의 운행을 따르고, 죽음에 있어서는 만물과 함께 변화한다. 고요히 있으면 음과 같은 덕이 되고, 움직이면 양과 같은 물결을 이룬다"고 하는 것이다. 그는 행복을 위하여 노력하지 않으며, 환난을 피하려고 애쓰지 않는다. 밖의 사물

---

11 彭祖(팽조) : 전욱(顓頊)의 현손자로서 약 팔백 년을 살았다는 사람 이름. 앞 어슬렁어슬렁 노닒[逍遙遊]편에 보임.
12 澹然(담연) : 담담한 것. 안온한 모양.
13 恬惔(염담) : 편안하고 고요한 모양.
14 休休焉(휴휴언) : 편히 쉬는 모양.
15 平易(평이) : 편안하고 간단한 것.

이 느껴지는 데 따라서 반응을 보이고, 밖의 사물이 닥쳐 온 다음에야 움직이며, 부득이해야만 비로소 일어선다. 지혜와 기교를 버리고 자연의 이치를 따른다. 그러므로 그에게는 하늘의 재난도 없고, 물건으로 인한 번거로움도 없고, 사람들의 비난도 없고, 귀신의 책망도 없다. 그의 삶은 물 위에 떠돌아다니는 듯하며, 그의 죽음은 휴식과 같은 것이다. 생각하고 염려하지 않고, 미리 일을 계획하지 않는다. 빛이 있지만 겉으로 빛나지 않고, 믿음이 있지만 일을 고집하지 않는다. 그들은 잠을 자도 꿈꾸지 않으며, 잠에서 깨어나도 걱정하는 일이 없다. 그들의 정신은 순수하며, 그의 영혼은 지치지 않는다. 허무하고 담담함으로써 바로 자연의 덕과 합치되는 것이다.

| 원문 |

故曰[1]; 聖人之生也天行, 其死也物化. 靜而與陰同德, 動而與陽同波. 不爲福先, 不爲禍始. 感而後應, 迫而後動, 不得已而後起. 去知與故,[2] 循天之理. 故無天災, 無物累, 無人非, 無鬼責. 其生若浮, 其死若休. 不思慮, 不豫謀. 光矣而不耀, 信矣而不期.[3] 其寢不夢, 其覺無憂. 其神純粹, 其魂不罷.[4] 虛無恬惔 乃合天德.

| 해설 |

이 대목은 성인의 덕이란 어떤 것인가를 묘사하고 있다. 앞 하늘의 도[天道]편을 비롯하여 위대한 참 스승[大宗師]편 같은 데에도 이미 여러 번 이와 비슷한 글들이 보였다.

---

1 故曰(고왈) : 이 대목과 비슷한 글은 앞 하늘의 도[天道]편에도 보였다.
2 知與故(지여고) : '고'는 교(巧)와 통하여(王念孫 說), 지혜와 기교.
3 不期(불기) : 꼭 하려고 고집하지 않는다.
4 罷(피) : 피(疲)와 통하여, 지치다, 피로하다.

3

그러므로 "슬퍼하고 즐거워하는 것은 덕에 있어서 편벽된 것이며, 기뻐하고 노여워하는 것은 도에 있어서 그릇된 것이며, 좋아하고 싫어하는 것은 마음에 있어서 올바름을 잃은 것"이라고 하는 것이다. 그러므로 마음으로 근심하고 즐거워하지 않는 것은 덕에 있어서 지극한 것이며, 한결같음으로써 변하지 않는 것은 고요함에 있어서 지극한 것이며, 마음에 거슬리는 것이 없는 것은 텅 빔에 있어서 지극한 것이며, 사물과 교섭이 없는 것은 담담함에 있어서 지극한 것이며, 자연에 역행하는 것이 없는 것은 순수함에 있어서 지극한 것이다.

그러므로 "육체를 수고롭히고 쉬지 않으면 지치게 되며, 정신을 사용하고 멈추는 일이 없으면 수고롭게 된다. 수고로우면 마르게 된다"고 하는 것이다. 물의 본성은 잡된 것이 섞이지 않으면 맑고, 움직이지 않으면 평평하다. 그러나 꽉 막히고 흐르지 않으면 역시 맑아질 수가 없다. 이것은 자연의 덕과 비슷한 형상이다. 그러므로 "순수히 잡된 것이 섞이지 않고, 고요하고 한결같아 변하지 않으며, 담담히 무위하고, 움직이면 자연의 운행을 따른다"고 말했던 것이다. 이것이 정신을 보양하는 도인 것이다.

| 원문 |

故曰; 悲樂者, 德之邪[1]也. 喜怒者, 道之過也. 好惡者, 德之失.[2] 故心不憂樂, 德之至也. 一而不變, 靜之至也. 無所於忤,[3] 虛之至也. 不與物交, 淡之至也. 無所於逆, 粹之至也.

---

1 邪(사) : 사악함, 편벽됨.
2 德之失(덕지실) : '덕'은 『회남자(淮南子)』에 의하면 심(心)으로 씀이 옳으며(劉文典說), 마음이 올바름을 잃는다는 뜻임.
3 忤(오) : 거스르다.

故曰; 形勞而不休, 則弊. 精用而不已, 則勞. 勞則竭.[4] 水之性, 不雜則淸, 莫動則平. 鬱閉[5]而不流, 亦不能淸. 天德之象也. 故曰; 純粹而不雜, 靜一而不變, 淡而無爲, 動而以天行. 此養神之道也.

| 해설 |

여기서는 성인의 덕을 이룩하기 위하여 자기 몸과 정신을 보양하는 방법을 설명하고 있다.

4

간수干遂에서 난 명검名劍을 가지고 있는 사람은 그것을 칼 상자 속에 잘 보관해 두고 감히 사용하지 않는다. 보물로서 지극한 것이기 때문이다. 사람의 정신은 사방으로 자유로이 흘러 이르지 못하는 곳이 없다. 위로는 하늘 끝에 이르고, 밑으로는 땅 속에 서리면서, 만물을 변화시키고 양육시키지만 그 형상은 알 수가 없다. 그래서 그것을 '자연과 같은 것'이라고 부른다.

순수하고 소박한 도란 오직 이 정신을 지키는 것이다. 지켜 잃지 않음으로써 정신과 더불어 일체가 되어야 한다. 일체가 됨으로써 순수함으로 통하고 자연의 윤리와 합치되는 것이다. 속담에 말하기를 "보통 사람들은 이익을 중히 여기고, 깨끗한 선비는 명예를 중히 여기고, 현명한 선비는 의지를 존중하며, 성인은 정순함을 귀중히 여긴다"고 하였다. 그러므로 소박하다는 것은 그의 정신에 다른 아무것도 섞이지 않은 것을 뜻한다. 순수하다는 것은 그의 정신에 결함이 전혀 없다

---

4 竭(갈) : 마르다, 다하다.
5 鬱閉(울폐) : 꽉 막히는 것.

는 것을 뜻한다. 이러한 순수함과 소박함을 체득하고 있는 사람을 '참된 사람'이라 말하는 것이다.

| 원문 |

夫有干越之劍¹者, 柙²而藏之, 不敢用也. 寶之至也. 精神四流竝達, 無所不極. 上際於天, 下蟠³於地. 化育萬物, 不可爲象. 其名爲同帝.⁴

純素之道, 唯神是守. 守而勿失, 與神爲一. 一之精通, 合於天倫. 野語⁵有之曰; 衆人重利, 廉士重名, 賢人尙志, 聖人貴精. 故素也者, 謂其無所與雜也. 純也者, 謂其不虧其神也. 能體純素, 謂之眞人.

| 해설 |

여기서는 '참된 사람'이 되기 위해서는 그의 정신이 소박하고 순수해야 함을 강조하고 있다. 장자가 말하는 '참된 사람'이란 유가에서 말하는 성인처럼 도가의 이상적인 인간형이다.

---

1 干越(간월) : '월'은 수(遂)의 잘못. 『여씨춘추(呂氏春秋)』지분(知分)편에 "간수에서 보검을 얻었다" 하였다. '간수'는 오(吳)나라 고을 이름(王叔岷 說). 오(吳)나라와 월(越)나라라고 풀이하는 이도 있다(司馬彪 說).
2 柙(합) : 칼을 넣는 상자(說文).
3 蟠(반) : 서리는 것.
4 同帝(동제) : 자연의 주재자와 같다는 뜻.
5 野語(야어) : 세상의 속담.

제16편

본성을 닦음
繕性

　이 편도 앞의 뜻을 굳게 지님[刻意]편과 거의 같은 취지의 뜻을 쓰고 있다. 세상의 학문과 일반적인 사람들의 사고 방식을 비난하면서 고요하고 담담함으로써 마음을 잘 간수할 것을 주장하고 있다. 그러나 이 편 역시 논리상 문제가 많아 장자의 글이 아니라는 것이 여러 학자들의 공통된 견해이다. 편명은 역시 첫머리 두 글자를 딴 것이다.

1

통속적인 학문으로 본성을 닦아 그의 원초적인 상태로 되돌아가기를 바라고, 통속적인 생각으로 욕망을 다스려 밝은 지혜를 추구하는 사람들을 '몽매한 백성'이라고 말한다.

옛날의 도를 다스리던 사람들은 고요함으로 지혜를 길렀다. 나면서부터 지혜로 행동하는 일이 없었으니, 그를 두고 지혜로써 고요함을 기르는 사람이라 말한다. 지혜와 고요함이 서로를 길러 줌으로써 조화와 이치가 그의 본성에 생겨나는 것이다.

덕이란 조화를 이루는 것이며, 도란 이치에 맞는 것이다. 덕이 모든 것을 용납하는 것이 어짊이다. 도가 모두 이치에 들어맞는 것이 의로움이다. 의로움이 밝음으로써 사물과 친근하게 되는 것이 충실함이다. 속마음이 순수하고 충실하여 진실함으로 되돌아가는 것이 음악이다. 자기 모습과 몸을 행하는 대로 맡겨 두어도 자연의 질서에 따르게 되는 것이 예의이다. 예의와 음악이 편벽되게 행하여지면 곧 천하가 혼란에 빠지는 것이다. 사람들이 올바로 행동하면서 자기의 덕을 지니고 있으면, 덕은 가려지지 않는 법이다. 덕이 가려지면 물건은 반드시 그의 본성을 잃게 될 것이다.

| 원문 |

繕¹性於俗學, 以求復其初, 滑²欲於俗思, 以求致其明, 謂之蔽蒙³之民.

古之治道者, 以恬養知. 生而無以知爲也, 謂之以知養恬. 知與恬交相

---

1 繕(선) : 다스리다, 닦다.
2 滑(활) : 다스리다.
3 蔽蒙(폐몽) : 가려져 어두운 것. 몽매한 것.

養, 而和理出其性.

夫德, 和也. 道, 理也. 德無不容, 仁也. 道無不理, 義也. 義明而物親, 忠也. 中純實而反乎情,[4] 樂也. 信行[5]容體,[6] 而順乎文,[7] 禮也. 禮樂偏行, 則天下亂矣. 彼正而蒙己德,[8] 德則不冒.[9] 冒則物必失其性也.

| 해설 |

속된 학문이나 속된 생각으로는 사람의 본성이나 지혜를 기를 수가 없다는 것이다.

2

옛날 사람들은 흐리멍텅하여 어두운 가운데 온 세상 사람들과 더불어 담담하고도 적막한 생활을 하였다. 그 때에는 음양이 조화되어 고요하였고, 귀신도 소란을 피우지 않았다. 사철은 절도에 맞았고, 만물은 손상받는 일이 없었으며, 모든 생물은 일찍 죽는 일이 없었다. 사람들은 비록 지혜를 가졌다 하더라도 쓸 곳이 없었다. 이것을 '지극한 통일'이라 말하는 것이다. 이 때에는 일부러 하는 일이란 없이 언제나 자연스러웠다.

세상의 덕이 쇠퇴하자 수인燧人과 복희伏戱가 천하를 다스리기 시작하였다. 그러므로 백성들은 자연을 따르기는 하였지만 통일되지는

---

4 情(정) : 진실.
5 信行(신행) : 행하는 대로 버려 두다.
6 容體(용체) : 모습과 몸, 외모와 신체.
7 文(문) : 무늬, 조리, 자연의 질서.
8 蒙己德(몽기덕) : 자기의 덕을 몸에 지니는 것.
9 冒(모) : 가리다, 덮다.

않았다. 덕이 더 쇠퇴하자 신농神農과 황제黃帝가 천하를 다스리기 시작하였다. 그러므로 안락하기는 하였지만 자연을 따르지 않게 되었다. 덕이 더 쇠퇴하자 요와 순이 세상을 다스리기 시작하였다. 정치와 교화의 폐단을 일으켰고, 순진함이 없어지고 소박함이 사라지게 했으며, 선善을 위하여 도로부터 떨어져 나가게 했고, 덕을 저버리고 행동하게 하였다. 그렇게 된 뒤에는 사람의 본성을 버리고 자기 마음을 따르게 되었다. 마음과 마음으로 상대방을 살펴 알았으나 천하를 안정시킬 수는 없었다. 그런 뒤에 다시 무늬를 거기에 덧붙였고, 넓은 지식을 더하였다. 무늬는 본질을 없어지게 하고, 넓은 지식은 마음을 빠지게 하는 것이다. 그렇게 된 뒤에는 백성들이 미혹되어 혼란을 일으키게 되었으니, 그들의 본성과 진실로 되돌아가거나 그들의 원래 상태로 복귀할 수가 없게 되었다.

| 원문 |

古之人,¹ 在混芒²之中, 與一世³而得澹漠⁴焉. 當是時也, 陰陽和靜, 鬼神不擾. 四時得節, 萬物不傷, 羣生不夭. 人雖有知, 無所用之. 此之謂至一. 當是時也, 莫之爲而常自然.

逮德下衰, 及燧人伏戲始爲天下, 是故順⁵而不一. 德又下衰, 及神農黃帝, 始爲天下, 是故安而不順. 德又下衰, 及唐虞始爲天下, 興治化之流, 澆淳⁶散朴, 離道以善, 險德⁷以行. 然後去性而從於心. 心與心識, 知

---

1 古之人(고지인) : 삼황(三皇) 이전의 태고적 사람들.
2 混芒(혼망) : 태초의 혼돈되고 어둑한 상태, 흐리멍텅한 것.
3 一世(일세) : 온 세상 사람들.
4 澹漠(담막) : 담박(淡泊)과 적막. 무위의 상태를 형용한 말임.
5 順(순) : 자연을 따르는 것.
6 澆淳(요순) : 순진함을 잃는 것.
7 險德(험덕) : 덕을 가리는 것(馬其昶 說).

而不足以定天下. 然後附之以文[8], 益之以博. 文滅質, 博溺心. 然後民始
惑亂, 無以反其性情, 而復其初.

| 해설 |

옛날 사람들은 순박하여 의식적으로 아무런 일도 하지 않는 상태로 아
무 일 없이 잘 살았다. 그러나 사람들의 지혜가 발달하고 인위적인 요소들
이 늘어감에 따라 세상은 더욱 혼란에 빠지게 되었다. 그래서 사람들은 원
초의 순진하고 질박했던 본성이란 찾을 길도 없게 되었다는 것이다.

3

이로써 본다면 세상은 도를 잃었고, 도는 세상을 잃었다. 세상과 도
가 서로를 잃었던 것이다. 그러니 도를 닦은 사람이라도 무슨 수로 세
상을 일으키겠으며, 세상 역시 무슨 수로 도를 일으키겠는가? 도는
세상에 일어나는 수가 없고, 세상은 도를 따라 일어나는 수가 없으니,
비록 성인이 산 숲 속에 숨어 있지 않다 하더라도 그의 덕은 숨겨지는
것이다. 덕이 숨겨진다는 것은 본시 성인 스스로가 덕을 숨기는 것이
아니다.

옛날의 이른바 숨어 있는 선비란 사람들은 그의 몸을 감추어 드러
나지 않게 하는 것이 아니었다. 그의 입을 닫고서 말을 내지 않는 것
이 아니었다. 그의 지혜를 감춰 두고서 드러내지 않는 것이 아니었다.
시대와 운명이 그와 크게 어긋나기 때문에 그렇게 되었다. 시대와 운
명이 들어맞아 크게 자기 뜻을 천하에 폈다면, 백성들을 옛날의 '지극
한 통일'로 되돌려 놓되 자기 자신은 흔적조차도 남기지 않았을 것이

---

8 文(문) : 무늬, 무늬와 채색, 형식적인 꾸밈.

다. 시대와 운명이 들어맞지 않아 자기가 천하에서 큰 어려움에 놓이게 된다면 자기의 본성을 깊이 간직하고 자기의 운명을 편안히 받아들이면서 때를 기다릴 것이다. 이것이 몸을 보전하는 도인 것이다.

| 원문 |

由是觀之, 世喪道矣, 道喪世矣. 世與道交相喪也. 道之人何由興乎世, 世亦何由興乎道哉? 道無以興乎世, 世無以興乎道. 雖聖人不在山林之中, 其德隱矣. 隱故¹不自隱.

古之所謂隱士者, 非伏其身²而弗見也. 非閉其言而不出也. 非藏其知而不發也. 時命大謬³也. 當時命⁴而大行乎天下, 則返一⁵無迹.⁶ 不當時命而大窮乎天下, 則深根⁷寧極⁸而待. 此存身之道也.

| 해설 |

도가 세상을, 세상이 도를 잃어 버린 상태에서는 원하지 않더라도 세상을 떠나 자기 몸을 깨끗이 보존하며 때를 기다려야 한다는 것이다.

4

옛날의 몸을 보전하던 사람들은 말로 지혜를 꾸미지 않았고, 지혜

---

1 故(고) : 固(고)와 통하며, 본디, 본래(馬其昶 說).
2 伏其身(복기신) : 그의 몸을 숨기다.
3 大謬(대류) : 크게 어긋나다.
4 時命(시명) : 시대와 운명.
5 返一(반일) : 태고적의 '지극한 통일' 상태로 되돌아가게 하는 것.
6 無迹(무적) : 자기 자신은 흔적도 없게 하다.
7 根(근) : 뿌리. 본성을 가리킨다(高秋月 說).
8 極(극) : 명(命), 운명 또는 생명의 뜻(高秋月 說).

로 천하의 일을 다 추구하려 들지 않았으며, 지혜로 덕을 다 밝히려 들지 않았다. 우뚝이 그의 자리에 있으면서 그의 본성으로 돌아갔었으니, 자기가 또 무슨 일을 인위적으로 하였겠는가?

도란 본시 작은 행동으로 될 수 있는 것이 아니며, 덕이란 본시 조그만 지식으로 얻어지는 것이 아니다. 조그만 지식이란 덕을 손상시키는 것이며, 작은 행동이란 도를 손상케 하는 것이다. 그러므로 "자기를 올바르게 할 따름이다"라고 말하는 것이다. 그러면 즐거움이 완전해지는데, 그것을 뜻을 얻었다고 말하는 것이다.

옛날의 이른바 뜻을 얻었던 사람들이란 높은 벼슬을 얻은 것을 뜻하는 것이 아니었다. 그것은 그의 즐거움을 더해 줄 수 있는 것이 더 이상 없다는 뜻일 따름이다. 지금의 이른바 뜻을 얻었다는 사람들이란 높은 벼슬을 얻은 것을 두고 말한다. 높은 벼슬이 자신에게 있다는 것은 자기의 본성이나 운명이 아닌 것이다. 그것은 물건이 갑자기 와서 자기에게 붙은 것과 같다. 자기에게 붙은 것이지만 그것이 오는 것은 막을 수도 없고, 그것이 떠나는 것을 붙들어 둘 수도 없는 것이다. 그러므로 높은 벼슬을 얻었다 하여 뜻을 방자히 지니지 말고, 곤궁하다 해도 세속을 좇지 않아야 한다. 그 즐거움은 그러나 저러나 같기 때문이다. 그러므로 근심이 없을 따름인 것이다. 지금 자기에게 붙었던 것이 떨어져 나가면 즐겁지 않은 것이 보통이다. 이로써 본다면 비록 즐긴다 하더라도 전혀 마음은 본성을 버리고 있는 것이다. 그러므로 '물건에 의하여 자기를 잃게 되고, 세속 때문에 본성을 잃는 것'을 두고서 근본과 말단을 '거꾸로 하는 백성들'이라 말하는 것이다.

| 원문 |

古之存身者, 不以辯飾知, 不以知窮天下, 不以知窮德. 危然[1]處其所而反其性, 已又何爲哉?

道固不小行, 德固不小識. 小識傷德, 小行喪道. 故曰; 正己而已矣. 樂全之, 謂得志.[2]

古之所謂得志者, 非軒冕[3]之謂也. 謂其無以益其樂而已矣. 今之所謂 得志者, 軒冕之謂也. 軒冕在身, 非性命也. 物之儻來,[4] 寄也. 寄之, 其 來不可圉,[5] 其去不可止. 故不爲軒冕肆志,[6] 不爲窮約趨俗, 其樂彼與此 同. 故無憂而已矣. 今寄去[7]則不樂. 由是觀之, 雖樂, 未嘗不荒[8]也. 故 曰; 喪己於物, 失性於俗者, 謂之倒置之民.

| 해설 |

옛날에는 사람들이 지혜를 버리고 '무위'함으로써 자기 몸을 잘 보전하 였다. 그러나 지금 사람들은 본성을 버리고 인위적인 일만 추구하여 혼란 에 빠져 있다. 이것은 어떤 것이 근본적인 것이고 어떤 것이 말단적인 것 인가조차도 분별하지 못하기 때문이라는 것이다.

---

1 危然(위연) : 우뚝이 홀로 솟은 모양.
2 樂全之, 謂得志(낙전지, 위득지) : 그러면 즐거움이 완전하게 되는데, 그것을 뜻을 얻었 다고 말한다.
3 軒冕(헌면) : '헌'은 큰 수레, '면'은 면류관. 여기서는 '높은 벼슬'을 가리킨다.
4 物之儻來(물지당래) : 물건이 갑자기 닥쳐오다. 여기서 '물건'은 높은 벼슬을 가리킨다.
5 圉(어) : 막다, 어(禦)와 통함.
6 肆志(사지) : 뜻을 멋대로 하다. 마음을 방종하게 갖다.
7 寄去(기거) : 자기 몸에 와 붙어 있던 높은 벼슬이 떨어지는 것을 뜻함.
8 荒(황) : 본성을 버리는 것.

제17편

가을 물
秋水

이 편은 내편 어슬렁어슬렁 노닒[逍遙遊]과 모든 사물은 한결같음 [齊物論]의 취지를 대체로 계승하고 있다. 전체적으로 7장의 뜻을 빗대어 꾸며낸 얘기인 '우화'로 이루어져 있는데, 내용은 각 장이 제각기 독립되어 있다. 이들 우화 때문에 이 편은 장자 중에서도 명편의 하나로 알려져 있다. '추수'라는 편명은 역시 이 편의 첫머리 두 글자를 딴 것이다.

1

가을철이 되면 물이 불어난 모든 냇물이 황하로 흘러든다. 그 흐름은 커서 양편 물가 언덕의 거리가 상대편에 있는 소나 말을 분별할 수 없을 정도이다. 그리하여 황하의 신은 흔연히 기뻐하며 천하의 아름다움이 모두 자기에게 갖추어져 있다고 생각하면서, 흐름을 따라서 동쪽으로 가 북해北海에 도착하였다. 그곳에서 동쪽을 바라보았으나 물가가 보이지 않았다.

이에 황하의 신은 비로소 그의 얼굴을 돌려 북해의 신 약若을 우러러보고 탄식하면서 말하였다.

"속담에 백 가지 도리를 알고는 자기만한 사람은 없다고 생각하는 자가 있다고 하였는데 나 같은 사람을 두고 한 말인 것 같습니다. 또한 나는 일찍이 공자의 넓은 지식을 낮게 평가하고, 백이伯夷 같은 절의를 가볍게 여기는 이론을 듣고서 이제까지 믿지 않고 있었습니다. 지금 나는 선생님의 끝을 알 수 없는 모습을 보고서야 그런 것같이 느껴집니다. 내가 선생님의 문하로 찾아오지 않았더라면 위태로웠을 것입니다. 나는 오랫동안 위대한 도를 터득한 사람들에게 비웃음을 받게 되었을 것입니다."

| 원문 |

秋水時至,[1] 百川灌河. 涇流[2]之大, 兩涘[3]渚崖[4]之間, 不辯牛馬. 於是焉, 河伯[5]欣然自喜, 以天下之美, 爲盡在己. 順流而東行, 至於北海. 東

---

1 秋水時至(추수시지) : 가을 물이 제철이 되어 불었다.
2 涇流(경류) : '경'은 경(徑)과 통하여, 흐르는 강물의 너비.
3 兩涘(양사) : 양쪽 가.
4 渚崖(저애) : 물가 언덕.
5 河伯(하백) : 황하의 신.

面而視, 不見水端.

　於是焉, 河伯始旋其面目, 望洋[6]向若[7]而歎曰; 野語有之曰; 聞道百,
以爲莫己若者, 我之謂也. 且夫, 我嘗聞少仲尼之聞, 而輕伯夷之義者.
始吾弗信, 今我睹者之難窮也. 吾非至於子之門, 則殆矣. 吾長見笑於大
方[8]之家.

| 해설 |

　세상에는 상식적인 아름다움이나 훌륭함을 초월하는 위대한 아름다움
과 훌륭함이 있음을 비유로 얘기하고 있다. 세상 사람들은 황하가 제일 큰
강물인 줄 알지만, 다시 그 위에 끝없이 넓은 북해가 있는 것이다.

2

　북해의 신 약若이 말하였다.

　"우물 안의 개구리에게 바다에 대하여 얘기해도 알지 못하는 것은
공간의 구속을 받고 있기 때문이다. 여름 벌레에게 얼음에 관한 얘기
를 해도 알지 못하는 것은 시간의 제약을 받고 있기 때문이다. 비뚤어
진 선비에게 도에 관하여 얘기해도 알지 못하는 것은 가르침에 속박
되어 있기 때문이다. 지금 당신은 물가를 벗어나 큰 바다를 보고서야
당신의 추함을 알게 되었다. 당신은 이제서야 위대한 도리를 얘기하
면 이해할 수 있게 된 것이다.

　천하의 물은 바다보다 더 큰 것이란 없다. 모든 강물이 바다로 흘러

---

6 望洋(망양) : 우러러보는 모습(崔譔 說).
7 若(약) : 북해의 신 이름.
8 大方(대방) : 대도(大道), 위대한 도.

들며, 한때도 멈추는 일이 없는데도 차서 넘치지 않는다. 미려尾閭에서는 바닷물이 한때도 그치는 일 없이 새어나가는 데도 물이 말라 버리지 않는다. 봄이나 가을에도 변화가 없고, 장마가 지나 가뭄이 드나 영향이 없다. 이 바다가 장강長江이나 황하의 흐름보다 얼마나 방대한 것인가는 수량으로 계산할 수가 없는 것이다. 그러나 나는 이런 것으로 스스로 뛰어났다고 생각해 본 일이 없다. 자신은 하늘과 땅으로부터 형체를 물려받았고 음과 양으로부터 기운을 물려받았다. 나는 하늘과 땅 사이에 있어서는 마치 작은 돌이나 작은 나무가 큰 산에 있는 것이나 다름없는 존재인 것이다. 바로 이렇게 나의 존재를 작게 보고 있거늘 어찌 스스로 뛰어났다고 생각할 이가 있겠는가?

사방의 바다가 하늘과 땅 사이에 존재하는 크기를 헤아려 보면 소라 구멍이 큰 연못가에 나 있는 정도와 비슷하지 않은가? 중국이 우주에서 차지하는 크기를 헤아려 보면 큰 창고 속에 있는 곡식알 하나와 비슷하지 않은가? 물건의 종류에는 몇 만이란 숫자가 붙는데 사람은 그 중 하나를 차지한다. 사람들은 이 세상 곡식이 생산되는 곳과 배와 수레가 통하는 곳에 널리 살고 있는데, 사람이란 그 중의 하나에 불과하다. 이런 사람을 만물에 비겨 본다면 말의 몸에 난 한 개의 가는 터럭과 같지 않은가? 오제五帝가 천자 자리를 서로 물려 준 것이나, 삼왕三王에 이르러 서로 다툰 것이나, 어진 사람이 근심했던 것이나, 일을 맡은 사람이 수고를 하는 것이나 모두가 이와 같은 작은 일이다. 백이는 왕위를 사양함으로써 명성을 얻었고, 공자는 여러 가지 가르침을 얘기하여 박학하다고 여겨지고 있다. 이들은 스스로 남보다 뛰어나다고 여기고 있었지만, 당신이 조금 전까지 스스로 물 가운데에서는 뛰어나다고 생각하던 것과 비슷하지 않은가?"

| 원문 |

北海若曰; 井黽[1]不可以語於海者, 拘於虛[2]也. 夏蟲不可以語於冰者, 篤[3]於時也. 曲士[4]不可以語於道者, 束於教也. 今爾出於崖涘, 觀於大海, 乃知爾醜. 爾將可與語大理矣.

天下之水, 莫大於海. 萬川歸之, 不知何時止, 而不盈. 尾閭[5]泄之, 不知何時已, 而不虛. 春秋不變, 水旱不知. 此其過江河之流, 不可爲量數. 而吾未嘗以此自多者. 自以比形[6]於天地, 而受氣於陰陽. 吾在天地之間, 猶小石小木在大山也. 方存乎見少, 又奚以自多?

計四海之在天地之間也, 不似礨空[7]之在大澤乎? 計中國之在海內, 不似稊米[8]之在太倉[9]乎? 號物之數謂之萬, 人處一焉. 人卒[10]九州穀食之所生, 舟車之所通, 人處一焉. 此其比萬物也, 不似毫末之在於馬體乎? 五帝之所連, 三王之所爭, 仁人之所憂, 任士[11]之所勞, 盡此矣. 伯夷辭之以爲名, 仲尼語之以爲博. 此其自多也, 不似爾向之自多於水乎?

| 해설 |

여기서는 눈앞의 대상에 집착하는 감각적 인식의 잘못을 깨우치고 있다.

---

1 黽(와): 개구리. 와(蛙)와 같은 글자.
2 虛(허): 공간.
3 篤(독): 얽매이다, 제약을 받다.
4 曲士(곡사): 생각이 비뚤어진 선비.
5 尾閭(미려): 바닷물이 새어 흐른다는 강물 이름.
6 比形(비형): '비'는 승(承)과 뜻이 통하여, 형체를 물려받는 것.
7 礨空(뢰공): '뢰'는 라(蠃)와 통하여, 소라. 공(空)은 공(孔)과 통하여 구멍.
8 稊米(제미): 피. 곡식의 일종.
9 太倉(태창): 나라의 창고. 큰 창고.
10 人卒(인졸): 사람들.
11 任士(임사): 일을 맡은 사람.

3

황하의 신이 말하였다.

"그렇습니다. 그러면 저로서는 하늘과 땅은 크다 하고 터럭 끝은 작다 해도 괜찮겠습니까?"

북해의 신 약이 말하였다.

"아니다. 물건이란 양이 무궁한 것이다. 시간은 멈추지 않고 흐르고, 각자의 분수는 일정하지 않고 변하는 것이며, 일은 처음부터 끝까지 그대로 있는 것이란 없다. 그러므로 위대한 지혜를 지닌 사람은 먼 것 가까운 것을 똑같이 본다. 그래서 작은 것이라 하더라도 무시하지 않고 큰 것이라 하더라도 대단한 것으로 보지 않는다. 물건의 양이란 무궁하여 한정할 수 없는 것임을 알기 때문이다. 그는 또 옛날과 현재를 한 가지 것으로 분명히 알고 있다. 그러므로 오래 산다 하더라도 고민하지 않고 생명이 짧다 하더라도 더 살기를 바라지 않는다. 시간이란 멈추지 않고 흐르는 것임을 알기 때문이다. 그는 또 모든 것은 달처럼 찼다 기울었다 하는 것을 살펴 알고 있다. 그러므로 물건을 얻어도 기뻐하지 않고, 물건을 잃어도 걱정하지 않는다. 사람의 분수란 일정하지 않다는 것을 알기 때문이다. 그는 또 도란 넓은 것임을 분명히 이해하고 있다. 그러므로 산다고 해서 기뻐하지 않고, 죽는다고 해서 불행으로 여기지 않는다. 일이란 처음부터 끝까지 그대로 있을 수 없는 것임을 알기 때문이다.

사람들이 알고 있는 것을 헤아려 보면 사람들이 알지 못하는 것에 비길 바가 못 된다. 그가 살아 있는 시간이란 그가 살아 있지 못한 시간에 비길 바가 못 된다. 그러한 지극히 작은 입장에서 지극히 큰 영역을 추궁하려 들고 있으므로, 미혹되고 혼란하여 스스로 안정되지 못하는 것이다. 이렇게 본다면 또한 터럭 끝을 지극히 미세한 물건이라고 결정지을 수 있다는 것을 어떻게 알겠는가? 하늘과 땅이 지극히 큰 영역이라고 규정할 수 있다는 것을 또 어찌 알겠는가?"

| 원문 |

河伯曰; 然, 則吾大天地而小毫末,[1] 可乎?

北海若曰; 否. 夫物, 量無窮, 時無止. 分無常, 終始無故.[2] 是故, 大知觀於遠近, 故小而不寡, 大而不多. 知量無窮. 證曏[3]今故, 故遙[4]而不悶, 掇[5]而不跂.[6] 知時無止. 察乎盈虛, 故得而不喜, 失而不憂. 知分之無常也. 明乎坦塗,[7] 故生而不說,[8] 死而不禍. 知終始之不可故也.

計人之所知, 不若其所不知. 其生之時, 不若未生之時. 以其至小, 求窮其至大之域, 是故迷亂而不能自得也. 由此觀之, 又何以知毫末之足以定至細之倪?[9] 又何以知天地之足以窮至大之域?

| 해설 |

어슬렁어슬렁 노닒[逍遙遊]편에서 보인 것처럼 크고 작다는 사람들의 일반적인 평가가 얼마나 무의미한 것인가를 논하고 있다. 크고 작은 것뿐만 아니라 좋고 나쁜 것, 선하고 악한 것, 아름답고 추한 것, 죽는 것과 사는 것 같은 모든 것의 분별은 모두 사람들의 짧은 지혜에서 나온 것에 불과하다는 것이다.

---

1 毫末(호말) : 터럭 끝.
2 無故(무고) : 옛것이 없다. 곧 언제나 변하고 있다는 뜻.
3 證曏(증향) : 분명히 아는 것.
4 遙(요) : 오래 사는 것.
5 掇(철) : 일찍 죽는 것.
6 跂(기) : 죽지 않기를 바라는 것.
7 坦塗(탄도) : 평평한 도. 넓은 도.
8 說(열) : 기뻐하다.
9 倪(예) : 종류, 물건.

4

황하의 신이 말하였다.

"세상의 논자들은 모두 말하기를 지극히 가는 것에는 형체가 없고, 지극히 큰 것은 끌어안을 수가 없다고 하는데, 이것은 진실입니까?"

북해의 신 약이 말하였다.

"작은 것에서 큰 것을 보면 그 전체를 다 볼 수가 없고, 큰 것에서 작은 것을 본다면 분명히 보이지 않는다. 가늘다는 것은 작은 것 중에서도 가늘다는 뜻이다. 지극히 크다는 것은 큰 것 중에서도 아주 크다는 뜻이다. 그러므로 다 볼 수 없고 잘 보이지 않는 등의 형편이 다른 것은 자연의 형세가 그러한 것이다. 가늘다든가 굵다든가 하는 것은 형체가 있음으로써 결정되는 것이다. 형체가 없는 것은 수로써 나눌 수가 없는 것이다. 끌어안을 수도 없이 큰 것은 수로써 크기를 추궁할 수 없는 것이다. 말로써 논할 수 있는 것이란 물건으로서 큰 것이다. 뜻으로서 인지할 수 있는 것은 물건으로서 가는 것이다. 말로써 논할 수가 없고 뜻으로써 살펴 인지할 수 없는 것은 가늘고 크다는 것을 결정지을 수가 없는 것이다."

| 원문 |

河伯曰; 世之議者, 皆曰; 至精無形, 至大不可圍.¹ 是信情²乎?

北海若曰; 夫自細視大者不盡,³ 自大視細者不明. 夫精, 小之微也. 垺,⁴ 大之殷⁵也. 故異便.⁶ 此勢之有也. 夫精粗⁷者, 期於有形者也. 無形

---

1 圍(위) : 둘러싸다, 끌어안다.
2 信情(신정) : 진실, 사실.
3 不盡(부진) : 전체를 다 볼 수가 없다는 뜻.
4 垺(부) : 매우 넓고 큰 것.
5 殷(은) : 성한 것. 굉장한 것.

者, 數之所不能分也. 不可圍者, 數之所不能窮也. 可以言論者, 物之粗
也. 可以意致**8**者, 物之精也. 言之所不能論, 意之所不能察致者, 不期精
粗焉.

| 해설 |

우리가 보기에 작은 것과 큰 것은 진실로 작고 큰 것이 아니다. 우리의
지각은 매우 한정된 범위 안에서만 제대로 작용할 수 있는 것이다. 그리고
거기에서 얻어지는 크고 작다는 평가도 비교를 통해서 겨우 이루어지는
것이다. 그러나 진실은 상대적인 비교를 초월한 곳에 있다는 것이다.

5

"그러므로 위대한 사람의 행동은 사람들을 해치지도 않지만 어짊
과 은혜를 소중히 여기지도 않는다. 행동은 이익을 위하는 일이 없고
문지기나 노예를 천하게 여기지도 않는다. 재물을 위하여 다투지 않
지만 사양하는 것을 훌륭한 일이라 여기지도 않는다. 일을 함에 있어
서 남의 힘을 빌리지 않으며, 자기 힘으로 먹고 사는 것을 훌륭하게
여기지도 않고, 탐욕 많은 자나 비열한 자들을 천하게 여기지도 않는
다. 행동은 세속과 다르지만 편벽되고 기이한 일을 훌륭하게 여기지
도 않는다. 행동은 여러 사람들을 따르지만 간사하고 아첨하는 자들
을 천하게 여기지도 않는다. 세상의 벼슬이나 봉록으로도 그의 행동
을 권하여 힘쓰게 할 수 없으며, 형벌이나 치욕으로도 그를 욕되게 할

---

6 異便(이편) : 전체를 다 보고 분명히 보고 하는 형편이 다른 것.
7 粗(조) : 정(精)의 반대로, 굵은 것. 큰 것.
8 致(치) : 인지하다, 알다.

수는 없다. 옳고 그름은 분별할 수 없는 것이며, 작고 큰 것은 분류할 수 없는 것임을 알고 있다. 듣건대 '도를 터득한 사람은 남이 알아 주지 않으며, 위대한 사람에게는 자기가 없다'고 하였는데, 자기의 분수를 한정하고 지내는 지극한 경지인 것이다."

| 원문 |

是故, 大人之行, 不出乎害人, 不多¹仁恩. 動不爲利, 不賤門隸.² 貨財弗爭, 不多辭讓. 事焉不借人,³ 不多食乎力,⁴ 不賤貪汚. 行殊乎俗, 不多辟異.⁵ 爲在從衆, 不賤佞諂.⁶ 世之爵祿不足以爲勸, 戮恥,⁷不足以爲辱. 知是非之不可爲分, 細大之不可爲倪.⁸ 聞曰;⁹ 道人不聞, 至德不得,¹⁰ 大人無己. 約分¹¹之至也.

| 해설 |

이 대목도 북해의 신 약若의 말이다. 여기에서는 일반적인 세상의 가치 평가를 초월한 위대한 인물이란 어떤 사람인가를 말하고 있다.

---

1 多(다) : 좋게 평하다. 훌륭한 것으로 알다.
2 門隸(문례) : 문지기와 노예, 문지기하는 노예.
3 借人(차인) : 남의 힘을 빌리는 것.
4 食乎力(식호력) : 자기 힘으로 사는 것.
5 辟異(벽이) : 편벽되고 기이한 것.
6 佞諂(영첨) : 간사하고 아첨하는 자.
7 戮恥(육치) : 형벌과 수치.
8 爲倪(위예) : 분류하다, 종류를 나누다.
9 聞曰(문왈) : 옛말 또는 격언을 듣건대.
10 不得(부득) : 덕이 없다고 인정해 주지 않는 것.
11 約分(약분) : 자기 분수를 한정하는 것.

6

황하의 신이 말하였다.

"물건의 외형 또는 물건의 내면에 있어서 무엇을 기준으로 하여 귀하고 천한 분별이 생기며, 무엇을 기준으로 하여 작고 큰 분별이 생기는 것입니까?"

북해의 신 약이 말하였다.

"도의 입장에서 본다면 물건에는 귀하고 천한 것이 없다. 물건 자체의 입장에서 본다면 자신은 귀하고 남은 천한 것이다. 세속적인 입장에서 본다면 귀하고 천한 것은 자기에게 달려 있는 것이 아니라 남이 정해 주는 것이다. 상대적인 관심에서 볼 때에 그것에 비하여 크다는 입장에서 말하면 만물에는 크지 않은 것이 없게 되며, 그것에 비하여 작다는 입장에서 보면 만물에는 작지 않은 것이 없게 된다. 하늘과 땅도 큰 것과 비교할 적에는 피[稊] 한 알 정도로 생각될 수 있고, 터럭 끝도 작은 것과 비교할 적에는 큰 산 정도로 생각될 수 있다는 것을 알면, 그것은 상대적인 구별에서 그렇게 됨을 알 것이다. 쓰임의 관점에서 본다면, 그 쓰임이 있다고 인정하는 입장에서 말하면 만물에는 쓰임이 없는 것이란 없게 되며, 그 쓰임이 없다고 부정하는 입장에서 말하면 만물은 쓰임이 있는 것이란 없게 된다. 동쪽과 서쪽은 서로 반대가 되면서도 서로 어느 한 편이 없어서도 안 되는 것임을 안다면 곧 쓰임의 규정도 상대적인 것임을 알 것이다. 취향이란 관점에서 본다면, 그것이 그러함을 인정하는 입장에서 말하면 만물에는 옳지 않은 것이란 없게 된다. 그것이 그름을 비난하는 입장에서 말하면 만물에는 그릇되지 않은 것이 없게 된다. 요임금이나 걸왕이 모두 스스로는 시인하면서도 서로는 비난하였다는 것을 안다면 취향이란 것도 상대적으로 결정됨을 알 것이다."

河伯曰; 若物之外, 若物之內, 惡至而倪**1**貴賤, 惡至而倪小大?

北海若曰; 以道觀之, 物無貴賤. 以物觀之, 自貴而相賤. 以俗觀之, 貴賤不在己. 以差**2**觀之, 因其所大而大之, 則萬物莫不大. 因其所小而小之, 則萬物莫不小. 知天地之爲稊米**3**也, 知毫末之爲丘山也, 則差數**4**覩矣. 以功觀之, 因其所有而有之, 則萬物莫不有. 因其所無而無之, 則萬物莫不無. 知東西之相反, 而不可以相無, 則功分定矣. 以趣觀之, 因其所然而然之, 則萬物莫不然. 因其所非而非之, 則萬物莫不非. 知堯桀之自然而相非, 則趣操**5**覩矣.

| 해설 |

여기서도 귀천과 대소는 물론, 모든 것의 쓰임이나 취향까지도 모두가 상대적인 기준에 의해 정해지므로, 여러 가지 일반 사람들의 판단은 절대적인 가치는 되지 못하는 것임을 역설하고 있다.

7

옛날에 요와 순은 천자의 자리를 물려받아 황제가 되었고, 연燕나라 임금 쾌噲는 재상 지之에게 임금 자리를 물려 주었으나 나라가 멸망하고 말았다. 은殷나라 탕湯임금과 주周나라 무왕武王은 다툼을 통하여 임금이 되었으나, 초楚나라 백공白公은 다툼을 통하여 멸망하였

---

1 倪(예) : 나뉘다, 갈리다.
2 差(차) : 차등, 상대적인 것.
3 稊米(제미) : 피. 곡식의 일종.
4 差數(차수) : 상대적인 분별.
5 趣操(취조) : 취향의 결정. 상대적인 취향의 결정.

다. 이로써 본다면, 다투고 사양하는 예절이나 요임금과 걸왕桀王 같은 행동이 때에 따라 귀하게도 되고 천하게도 되는 것이어서 일정한 표준에 의하여 생각할 수 없는 것이다. 들보나 기둥 재목은 성벽을 무너뜨리는 데는 유용하지만 구멍을 막는 데는 소용없다. 그것은 기구가 다르기 때문이다. 천리마는 하루에 천 리를 달릴 수 있지만 쥐를 잡는 데에는 살쾡이만 못하다. 그것은 재주가 다르기 때문이다. 올빼미는 밤에는 벼룩을 잡고 터럭 끝도 볼 수 있지만 낮에 나와서는 눈을 뜨고도 큰 산조차 보지 못한다. 그것은 본성이 다르기 때문이다.

그러므로 묻노니 어째서 옳다는 것은 존중하고 그르다는 것은 무시하며, 다스림은 존중하고 혼란은 무시하는가? 그것은 하늘과 땅의 이치와 만물의 진상을 알지 못하기 때문이다. 그것은 마치 하늘은 존중하면서 땅은 무시하고, 음陰은 존중하면서도 양陽은 무시하는 것과 같은 것이니, 그것이 통용될 수 없는 것임은 분명한 일이다. 그런데도 그런 주장을 버리지 않고 내세우는 자들은 어리석은 자가 아니면 거짓말쟁이인 것이다.

옛날 제왕들을 보면 임금 자리를 물려주는 방법이 서로 달랐고, 하夏·은殷·주周 삼대의 왕위 계승 방법도 각기 달랐다. 그 시대와 어긋나게 하고, 그 때의 세속을 거스르는 자를 두고서 자리를 뺏는 자라 부른다. 그 시대에 합당하게 하고 그 때의 세속에 따르는 사람을 두고서 의로운 사람이라 부른다. 잠자코 있거라, 황하의 신이여! 그대가 어찌 귀하고 천한 구별과 작고 큰 분별을 알겠는가?"

| 원문 |

昔者, 堯舜讓而帝, 之噲[1]讓而絶. 湯武爭而王, 白公[2]爭而滅. 由此觀

---

1 之噲(지쾌) : '지'는 연(燕)나라 재상의 이름인 자지(子之), '쾌'는 연나라 임금 이름. 연

之, 爭讓之禮, 堯桀之行, 貴賤有時, 未可以爲常也. 梁麗[3]可以衝城, 而不可以窒穴. 言殊器也. 騏驥驊騮,[4] 一日而馳千里. 捕鼠不如狸狌[5] 言殊技也. 鴟鵂[6]夜撮蚤,[7] 察毫末, 晝出瞋[8]目而不見丘山. 言殊性也.

故曰; 蓋師[9]是而無[10]非, 師治而無亂乎? 是未明天地之理, 萬物之情者也. 是猶師天而無地, 師陰而無陽, 其不可行, 明矣. 然且語而不舍, 非愚則誣也.

帝王殊禪, 三代殊繼. 差其時, 逆其俗者, 謂之簒夫.[11] 當其時, 順其俗者, 謂之義之徒. 默默乎河伯. 女惡知貴賤之門, 小大之家?

| 해설 |

사람들은 좋다 나쁘다는 평가를 내린 다음 어느 한편을 중시한다. 그러나 이미 그 평가가 기준부터 무의미한 것임은 말할 것도 없고, 또 상대적인 것이란 어느 한편이 없으면 다른 한편이 존재할 수 없다는 사실조차도 모르는 행위라는 것이다. 세상에서 훌륭하다고 생각하는 일도, 어떤 이는

나라 임금 쾌는 소대(蘇代)의 말을 따라 임금 자리를 재상 자지에게 물려 주었는데, 삼 년 만에 나라가 어지러워졌고 제(齊)나라의 공격을 받아 쾌도 죽음을 당하였다(『사기』 연세가).

2 白公(백공) : 이름은 승(勝). 초(楚)나라 평왕(平王)의 손자이며, 태자 건(建)의 아들, 백 읍(白邑)을 봉해 받아 백공(白公)이라 부른다. 아버지의 원수를 갚으려고 정(鄭)나라를 치자고 하였으나, 말을 듣지 않자 스스로 난을 일으켰다. 그러나 섭공자고(葉公子高)에 게 크게 패하여 목매어 죽었다(『좌전』 애공 16년).

3 梁麗(양려) : 대들보와 기둥 재목(郭慶藩 說).

4 騏驥驊騮(기기화류) : 모두 천리마의 이름.

5 狸狌(이생) : 살쾡이.

6 鴟鵂(치휴) : 올빼미, 부엉이.

7 撮蚤(촬조) : 벼룩을 잡다.

8 瞋(진) : 눈을 크게 뜨는 것.

9 師(사) : 존중하다.

10 無(무) : 무시하다.

11 簒夫(찬부) : 임금 자리를 힘으로 뺏는 남자.

그렇게 하여 잘 되었지만 어떤 이는 그렇게 함으로써 망하기도 하였다. 따라서 그러한 평가에 관계 없이 시대와 환경에 자연스럽게 따를 줄 알아야만 된다는 것이다.

8

황하의 신이 말하였다.

"그렇다면 저는 무엇을 해야 됩니까? 무엇을 하지 않아야 됩니까? 제가 사양하거나 받거나 또는 나아가거나 멈추는 데 있어서 저는 도대체 어떻게 해야만 됩니까?"

북해의 신 약이 말하였다.

"도의 입장에서 볼 때 무엇을 귀히 여기고, 무엇을 천히 여기겠는가? 이런 경지를 반복 순환하는 상태라고 말하는 것이다. 자기 뜻에 얽매여서는 안 된다. 그러면 도에 크게 어긋나기 때문이다. 도의 입장에서 볼 때 무엇을 적다 하고 무엇을 많다 하겠는가? 이런 경지를 구별 없이 연결되는 상태라고 말하는 것이다. 한편에만 치우치는 행동을 해서는 안 된다. 그러면 도에 어긋나게 되기 때문이다. 엄격하기가 나라의 임금과 같아서 사사로운 은덕을 베푸는 일이 없어야 한다. 유유히 여유 있기가 제사를 받는 땅의 신과 같아서 사사로이 복을 내려 주는 일이 없어야만 한다. 대범하기가 사방이 끝없는 것 같아서 아무런 한계도 없어야만 한다. 만물을 다 같이 아울러 감싸서 그 어떤 사람만을 아껴 주거나 도와 주는 일이 없으면, 이것을 두고 일정한 방향이 없는 사람이라 말하는 것이다. 만물은 한결같이 평등한 것이니, 어느 것이 못하고 어느 것이 더 나은가?

도에는 시작도 끝도 없지만, 물건에는 삶과 죽음이 있다. 그래서 물건이 이룩되는 것은 믿어서는 안 되는 것이다. 어떤 때는 비었다가도

어떤 때는 차게 마련이어서 그 형세에는 일정한 모양이 없다. 늙어가
는 나이는 막을 수가 없고, 흘러가는 시간은 멈추게 할 수가 없다. 생
성 소멸과 찼다가는 비는 일을 반복하여 그치면 또 시작을 한다. 이것
이야말로 내가 위대한 도의 뜻을 얘기하고 만물의 이치를 논하는 까
닭인 것이다. 물건의 생성은 말이 뛰는 것도 같고 달리는 것도 같이
변화한다. 조금도 변하지 않고 있는 것이란 없고, 잠시도 바뀌지 않는
것이란 없는 것이다. 그런데 무엇을 하겠는가? 무엇을 하지 않겠는
가? 그대로 스스로 변화하게 버려 두면 그뿐인 것이다."

| 원문 |

河伯曰; 然, 則我何爲乎? 何不爲乎? 吾辭受[1]趣舍[2]? 吾終奈何?

北海若曰: 以道觀之, 何貴何賤? 是謂反衍.[3] 無拘而志, 與道大蹇.[4]
何少何多? 是謂謝施.[5] 無一而行, 與道參差.[6] 嚴乎若國之有君, 其無私
德. 繇繇[7]乎若祭之有社,[8] 其無私福. 汎汎乎其若四方之無窮, 其無所畛
域.[9] 兼懷萬物, 其孰承翼?[10] 是謂無方. 萬物一齊, 孰短孰長?

道無終始, 物有死生. 不恃其成. 一虛一滿, 不位乎其形. 年不可擧,
時不可止. 消息[11]盈虛, 終則有始. 是所以語大義之方, 論萬物之理也.

---

1 辭受(사수) : 사양하고 받는 것.
2 趣舍(취사) : 나아가고 멈추는 것.
3 反衍(반연) : 반복 순환하는 상태. 크고 작은 것 또는 죽고 사는 것 등이 반복 순환함을
　뜻함.
4 蹇(건) : 절름발이, 어긋나는 것.
5 謝施(사시) : 아무 구별도 없이 모두가 연결되어 있는 모양.
6 參差(참치) : 들쭉날쭉한 것. 서로 맞지 않은 것.
7 繇繇(유유) : 유유 자득한 모양.
8 社(사) : 나라에서 땅의 신에게 제사 지내는 곳.
9 畛域(진역) : 한계, 경계.
10 承翼(승익) : 받들어 주고 돕는 것.
11 消息(소식) : 소멸과 생성.

物之生也, 若驟若馳. 無動而不變, 無時而不移. 何爲乎? 何不爲乎? 夫固將自化.

| 해설 |

여기서는 이제 결론으로 말을 유도하고 있다. 세상의 모든 평가가 무의미하다는 것을 알고 그러한 평가에 관계 없이 자연스럽게 살아 가야 한다는 결론이다.

9

황하의 신이 말하였다.

"그렇다면 어찌하여 도가 귀하다는 것입니까?"

북해의 신 약이 말하였다.

"도를 아는 사람은 반드시 이치에 통달해 있고, 이치에 통달한 사람은 반드시 임기응변에 밝다. 임기응변에 밝은 사람은 사물에 의하여 자신이 해를 받는 일이 없다. 지극한 덕을 지닌 사람은 불도 그를 뜨겁게 하지 못하고, 물도 그를 빠져 죽게 하지 못하며, 추위와 더위도 그를 해치는 수가 없고, 새나 짐승들도 그를 상하게 하는 수가 없다. 그렇다고 그것들을 가벼이 여긴다는 말도 아니다. 편안과 위험을 살피고 화禍와 복福 어느 것에나 편히 지내며, 자기의 거취를 신중히 함으로써 아무것도 그를 해칠 수가 없다는 말이다. 그러므로 자연을 그의 내부에 존재케 하고, 인위적인 것은 밖으로 내보내어, 그의 덕이 자연에 있게 된다고 말하는 것이다. 자연과 사람의 행위에 대하여 알고 자연을 근본으로 삼는다면, 그의 올바른 위치를 얻게 될 것이다. 그러면 나아가고 물러나고 굽히고 뻗치고 함이 자유자재롭게 되며, 도로 되돌아가 진리의 극치를 얘기할 수 있게 될 것이다."

"무엇을 자연이라 하고, 무엇을 인위라 하는 것입니까?"

북해의 신 약이 말하였다.

"소나 말이 네 발을 갖고 있는 것을 자연이라 말하고, 말 머리에 고삐를 매거나 소의 코를 뚫는 것을 인위라고 말하는 것이다. 그러므로 인위로써 자연을 손상시키면 안 되고, 지혜로써 천명을 손상시키면 안 되고, 자기의 덕을 명성을 위하여 희생시키면 안 된다고 한 것이다. 자연을 삼가 지켜 잃지 않는 것을 그의 진실로 되돌아가는 것이라 말한다."

| 원문 |

河伯曰; 然, 則何貴於道邪?

北海若曰; 知道者, 必達於理. 達於理者, 必明於權.[1] 明於權者, 不以物害己. 至德者, 火弗能熱, 水弗能溺, 寒暑弗能害, 禽獸弗能賊. 非謂其薄[2]之也. 言察乎安危, 寧於禍福, 謹於去就, 莫之能害也. 故曰; 天在內, 人在外, 德在乎天. 知天人之行, 本乎天, 位乎得.[3] 蹢躅[4]而屈伸, 反要[5]而語極.

曰; 何謂天, 何謂人?

北海若曰; 牛馬四足, 是謂天. 落[6]馬首, 穿牛鼻, 是謂人. 故[7]曰; 無以人滅天, 無以故滅命, 無以得徇[8]名. 謹守而勿失, 是謂反其眞.

---

1 權(권) : 권변(權變). '임기응변', 변화에 따른 적절한 조치.

2 薄(박) : 가벼이 여기는 것.

3 位乎得(위호득) : 그의 올바른 위치를 얻게 된다. 각기 자기의 분수에 알맞은 자리를 얻다.

4 蹢躅(척촉) : 나아가고 물러나고 끊임없이 하는 모양(成玄英 說).

5 反要(반요) : 근본적인 도로 되돌아가는 것.

6 落(낙) : 낙(絡)과 통하여(段玉裁 說), 말에 고삐를 매는 것.

7 故(고) : 지혜(王敔 說).

8 徇(순) : 순(殉)과 통하여, 희생하는 것.

　사람에게 가장 소중한 것은 자연이라는 것이다. 자연으로 돌아가 사는 것이 바로 사람의 참된 제 모습을 찾는 것이라는 결론이다.

10

　발이 하나밖에 없는 기夔라는 짐승은 발이 많은 지네를 부러워하고, 지네는 발 없이도 움직이는 뱀을 부러워하고, 뱀은 의지하는 데 없이 움직이는 바람을 부러워하고, 바람은 움직이지 않고도 가는 눈[目]을 부러워하고, 눈은 가지 않고도 아는 마음을 부러워한다.

　기가 지네에게 말하였다.

　"나는 한 발로 껑충껑충 뛰어다니지만 뜻대로 가지지를 않습니다. 지금 당신은 수많은 발을 쓰고 있으니 얼마나 편리할까요?"

　지네가 말하였다.

　"그렇지 않습니다. 당신은 침 뱉는 것을 보지 못했습니까? 침을 내뱉으면 큰 놈은 구슬같고 작은 놈은 안개 같은데, 크고 작은 것이 섞여 떨어지는 그 수는 이루 다 알 수도 없을 지경입니다. 지금 나는 그처럼 나의 자연스러운 기능을 사용할 따름이어서 그렇게 편리한 줄은 알지 못하고 있습니다."

　지네가 뱀에게 말하였다.

　"나는 많은 발로 다니고 있지만 당신이 발 없는 것만도 못하니 어째서일까요?"

　뱀이 말하였다.

　"자연스러운 기능에 의하여 움직여지는 것을 어떻게 바꿀 수가 있겠습니까? 내 어찌 발을 쓸 필요가 있겠습니까?"

　뱀이 바람에게 말하였다.

"나는 나의 척추와 갈비뼈를 움직여 다니고 있으니 의지하는 곳이 있는 셈입니다. 지금 당신은 씽씽하고 북쪽 바다에서 일어나 횡횡하고 남쪽 바다로 불어 들어가는데도 의지하는 곳이란 없으니 어째서입니까?"

바람이 말하였다.

"그렇습니다. 나는 씽씽 북쪽 바다에서 일어나 남쪽 바다로 불어들어갑니다. 손가락도 나를 이겨낼 수 있고, 발길질도 나를 이겨낼 수가 있습니다. 그러나 큰 나무를 꺾고 큰 집 지붕을 날려 보내는 것은 바로 나의 능력입니다. 그러므로 작은 것은 이겨내지 못하면서도 큰 것은 이겨내고 있는 것입니다. 완전히 크게 이겨낼 수 있는 것은 오직 성인만이 할 수 있는 일입니다."

| 원문 |

夔1憐蚿,2 蚿憐蛇, 蛇憐3風, 風憐目, 目憐心.

夔謂蚿曰; 吾以一足趻踔4而行, 予無如5矣. 今子之使萬足, 獨奈何?

蚿曰; 不然. 子不見夫唾6者乎? 噴7則大者如珠, 小者如霧, 雜而下者, 不可勝數也. 今予動吾天機, 而不知其所以然.

蚿謂蛇曰; 吾以衆足行, 而不及子之無足, 何也?

蛇曰; 夫天機8之所動, 何可易耶? 吾安用足哉?

---

1 夔(기) : 한 개의 발을 갖고 있다는 짐승 이름(『산해경』).
2 蚿(현) : 지네.
3 憐(연) : 부러워하는 것.
4 趻踔(참탁) : 껑충껑충 뛰어 가는 모양.
5 無如(무여) : 뜻대로 잘 움직여지지 않는다는 뜻.
6 唾(타) : 침. 침을 뱉는 것.
7 噴(분) : 뱉는 것.
8 天機(천기) : 자연의 기능, 자연스러운 타고난 기능.

蛇謂風曰; 予動吾脊脅⁹而行, 則有似¹⁰也. 今子蓬蓬然¹¹起於北海, 蓬
蓬然入於南海, 而似無有, 何也?

風曰; 然, 予蓬蓬然起於北海, 而入於南海也. 然而指我則勝我, 鰌¹²
我亦勝我. 雖然, 夫折大木, 蜚¹³大屋者, 唯我能也. 故以小不勝, 爲大勝
也. 爲大勝者, 唯聖人能之.

| 해설 |

하늘에서 내려 준 자연스러운 기능대로 살아가는 게 가장 올바르게 사
는 방법이라는 것이 이 대목의 요지이다. 다만 이 글 끝 부분은 빠져 달아
난 구절이 있는 것 같아서 뜻이 잘 통하지 않는 곳도 있다.

11

공자가 광匡이라는 곳에 갔을 때 송宋나라 사람들이 그를 몇 겹으로
포위하고 해치려 했으나 쉬지 않고 금琴을 타며 노래하였다.

자로子路가 들어와 공자를 뵙고서 말하였다.

"어찌하여 선생님께서는 즐거우실 수가 있습니까?"

공자가 말하였다.

"이리 오너라. 내 너에게 얘기해 주마. 나는 이제껏 곤궁한 것을 싫
어한 지 오래 되었지만 그것을 면치 못하고 있는 것은 운명일 것이다.
나는 뜻대로 되기를 바란 지 오래 되었지만 그대로 되지 않고 있는 것

---

9 脅(협) : 갈비뼈.
10 似(사) : 대(待)와 통하여(吳汝綸 說), '의지하는 곳' 또는 '기대하는 곳'이 있는 것.
11 蓬蓬然(봉봉연) : 바람이 씽씽 부는 모양.
12 鰌(추) : 추(蹈)와 통하여, 발길질을 하는 것(王敔 說).
13 蜚(비) : 날리다, 날다.

은 시세時勢일 것이다. 요임금·순임금의 시대에는 천하에 곤궁한 사람이 없었는데, 그것은 모든 사람이 지혜가 있어 그렇게 되었던 것은 아니다. 걸왕과 주왕의 시대에는 천하에 뜻대로 되는 사람이란 없었는데, 그것은 모든 사람이 지혜가 없어서 그렇게 되었던 것은 아니다. 시세가 마침 그러하였던 것이다.

물 속을 다니면서도 교룡蛟龍이나 용을 피하지 않는 것은 어부들의 용기이다. 육지를 다니면서도 외뿔소나 호랑이를 피하지 않는 것은 사냥꾼들의 용기이다. 흰 칼날이 눈앞에 맞부딪치고 있어도 죽음을 삶과 같이 여기는 것은 열사烈士들의 용기이다. 자기가 곤궁해진 것은 운명임을 알고, 뜻대로 되자면 시세를 만나야 한다는 것을 알아 큰 어려움을 당하더라도 두려워하지 않는 것은 성인의 용기이다. 자로야, 자리에 편히 앉거라. 나는 운명에 의하여 지배당하고 있는 것이다."

얼마 되지 않아서 무장한 군사를 이끄는 장수가 들어와 사과하였다.

"저희들은 선생님이 양호陽虎인 줄 알고 포위했던 것입니다. 지금은 아닌 것을 알았으니 사과를 드리고 물러가려고 왔습니다."

| 원문 |

孔子遊於匡,[1] 宋人圍之數匝.[2] 而弦歌不輟.[3]

子路入見, 曰; 何夫子之娛也?

孔子曰; 來, 吾語女. 我諱[4]窮久矣, 而不免, 命也. 求通久矣, 而不得, 時也. 當堯舜而天下無窮人, 非知得也. 當桀紂而天下無通人, 非知失

---

1 匡(광) : 춘추 시대 위(衛)나라에 있던 땅 이름. 지금의 하북성(河北省) 장원현(長垣縣)에 해당한다. 『논어』 자한(子罕)편에도 공자가 광 땅에서 곤경을 겪었다는 얘기가 있다.
2 匝(잡) : 겹, 둘레.
3 輟(철) : 멈추다, 그치다. 철(惙)로 된 판본도 있다.
4 諱(휘) : 꺼리다, 싫어하다.

也. 時勢適然.

夫水行不避蛟[5]龍者, 漁父之勇也. 陸行不避兕[6]虎者, 獵夫之勇也. 白
刃交於前, 視死若生者, 烈士之勇也. 知窮之有命, 知通之有時, 臨大難
而不懼者, 聖人之勇也. 由,[7] 處矣. 吾命有所制矣.

無幾何, 將甲者[8]進辭曰; 以爲陽虎[9]也, 故圍之. 今非也, 請辭而退.

| 해설 |

세상의 일이란 억지로 되는 것이 아니라 운명과 시세에 의하여 모든 일
이 결정된다는 것이다. 따라서 사람이란 운명과 시세를 믿고 자연스럽게
살아 가야 한다는 뜻도 된다.

12

공손룡公孫龍이 위모魏牟에게 물었다.

"나는 어릴 적부터 옛 훌륭한 임금들의 도를 배웠고, 자라서는 어짊
과 의로움의 행동을 밝혔습니다. 같고 다른 것들을 하나로 합쳐 논하
였고, 같은 돌에서 굳다는 개념과 희다는 개념을 둘로 분리시켰습니
다. 그렇지 않은 것을 그렇다 하고, 불가능한 것을 가능하다고 했습니
다. 그리하여 여러 학자들의 지혜를 곤경으로 몰아넣었고, 여러 사람

---

5 蛟(교) : 용의 종류.
6 兕(시) : 외뿔소.
7 由(유) : 자로의 이름.
8 將甲者(장갑자) : 무장한 군사들을 거느리는 장수.
9 陽虎(양호) : 춘추 시대 노나라 사람. 노나라의 권세가인 계씨(季氏)의 가신으로 있다가
   반란을 일으켰으나 실패하였다. 그는 용모가 공자와 비슷했다고 하며, 일찍이 광 땅의 사
   람들에게 해를 끼친 일이 있었다 한다. 『논어』에 양화(陽貨)편이 있는데, 화(貨)는 양호
   의 자이다.

들의 이론을 궁지로 몰았습니다. 그래서 나는 스스로 지극히 통달한 사람이라고 생각하고 있었습니다. 지금 나는 장자의 말을 듣고 나서는 멍하니 정신을 잃고 이상하다고 여기고 있습니다. 나의 이론이 그에게 미치지 못하는 것인지, 나의 지혜가 그만 못한 것인지 모르겠지만, 지금 나는 내 입을 열 수가 없습니다. 그의 도가 어떤 것인지 감히 여쭙는 바입니다."

공자 모牟가 책상에 기대 크게 한숨을 짓고 하늘을 우러러 웃으면서 말하였다.

"당신은 홀로 무너진 우물 안의 개구리 얘기를 듣지 못하였소? 개구리가 어느 날 동해의 자라에게 말하였소. '나는 참 즐겁소! 나는 우물가 위로 뛰어 올라 놀기도 하고, 우물 안에 깨어진 벽 틈으로 들어가 쉬기도 하오. 물로 들어가서는 양편 겨드랑이를 수면에 대고 턱을 물 위에 받치며, 진흙을 발로 차면 발은 발등까지밖에는 그 속에 빠지지 않소. 장구벌레나 게나 올챙이를 둘러보아도 나와 같은 자가 없소. 거기다가 한 우물을 독점하고서 무너진 우물을 지배하는 즐거움이란 또한 최고의 것이오. 당신도 때때로 들어와 보는 게 어떻겠소?'

그래서 동해의 자라가 들어가 보려고 왼발을 넣기도 전에 오른편 무릎이 걸려 버리고 말았소. 그래서 어정어정 물러나와 개구리에게 바다 얘기를 하였소. '천 리의 먼 거리로도 바다의 크기를 표현하기엔 불충분하며, 천 길의 높이로도 바다의 깊이를 형용하기엔 부족하오. 우임금 때 십 년 동안에 아홉 번이나 장마가 졌지만 바다의 물은 더 불어나지 않았고, 탕임금 적에는 팔 년 동안에 일곱 번이나 가뭄이 들었지만 바다의 물은 더 줄어들지 않았소. 시간의 흐름에 따라서 변화하는 법이 없으며, 물을 더 보태고 덜어내고 하는 데 따라 늘고 줄고 하지 않는 것이 바로 동해의 큰 즐거움인 것이오.'

무너진 우물 안 개구리는 그 얘기를 듣고 나자 소스라치게 놀라서 멍하니 스스로를 잃었소."

| 원문 |

公孫龍[1]問於魏牟[2]曰; 龍少學先王之道, 長而明仁義之行. 合同異,[3] 離堅白,[4] 然不然, 可不可. 困百家之知, 窮衆口之辯. 吾自以爲至達[5]已. 今吾聞莊子之言, 汒焉[6]異之. 不知論之不及與, 知之弗若與. 今吾無所 開吾喙.[7] 敢問其方.

公子牟隱机大息, 仰天而笑曰; 子獨不聞夫埳井[8]之䵷[9]乎? 謂東海之 鼈[10]曰; 吾樂與. 吾跳梁乎井幹[11]之上, 入休乎缺甃[12]之崖. 赴水則接掖[13] 持頤,[14] 蹶泥[15]則沒足滅跗.[16] 還[17]虷[18]蟹[19]與科斗,[20] 莫吾能若也. 且夫,

---

1 公孫龍(공손룡) : 이른바 명가(名家)에 속하는 궤변론자로서 장자와 비슷한 시대에 살았
다.
2 魏牟(위모) : 위(魏)나라의 공자로서 이름이 모이다. 『한서』 예문지에 '공자 모' 4편이 보
인다.
3 合同異(합동이) : 같은 것을 다르게, 다른 것을 같게 논하는 공손룡(公孫龍)의 궤변.
4 離堅白(이견백) : 굳고 흰 돌을 굳다는 촉각에 의한 개념과 희다는 시각에 의한 개념의
둘로 분리시키는 궤변이다. 앞 모든 사물은 한결같음[齊物論]에선 혜시(惠施)의 궤변으
로 나왔다.
5 至達(지달) : 지극히 통달한 것. 지극히 지혜로운 것.
6 汒焉(망언) : 망연(茫然)과 같은 말로 자기를 잃고 멍청한 모양.
7 喙(훼) : 주둥이, 입.
8 埳井(함정) : 무너진 우물.
9 䵷(와) : 와(蛙)와 같은 자로, 개구리.
10 鼈(별) : 큰 자라. 별(鱉)로도 씀.
11 井幹(정간) : 우물가.
12 甃(추) : 우물벽.
13 接掖(접액) : 양편 겨드랑이를 수면에 내놓고 몸을 지탱하는 것.
14 頤(이) : 턱.
15 蹶泥(궐니) : 진흙을 차다.
16 沒足滅跗(몰족멸부) : 발이 빠지되 발등까지밖에 빠지지 않는다는 뜻.
17 還(선) : 돌아다보는 것(司馬彪 說).
18 虷(간) : 장구벌레.
19 蟹(해) : 게.

擅²¹一壑之水, 而跨跱²²埳井之樂, 此亦至矣. 夫子奚不時來入觀乎?

東海之鼈左足未入, 而右膝已縶²³矣. 於是逡巡²⁴而卻, 告之海, 曰; 夫千里之遠, 不足以舉其大, 千仞之高, 不足以極其深. 禹之時, 十年九潦,²⁵ 而水弗爲加益. 湯之時, 八年七旱, 而崖不爲加損. 夫不爲頃久²⁶ 推移, 不以多少進退者, 此亦東海之大樂也.

於時埳井之鼃聞之, 適適然²⁷驚, 規規然²⁸自失也.

| 해설 |

여기서는 우물 안의 개구리를 비유로 들어 사람 중에도 제한된 자기 주위의 일밖에 모르는 사람들이 많음을 지적하고 있다. 위모의 말은 뒤로 더 이어진다.

13

위모가 말을 이었다.

"또한 당신의 지혜란 옳고 그름의 한계조차도 알지 못할 정도인데도 장자의 말을 이해하려 하고 있으니, 그것은 마치 모기에게 산을 짊어지게 하고, 노래기[商距]로 하여금 황하를 건너게 하는 것과 같아서, 반드시 감당해 내지 못할 것이오. 그리고 지혜는 극히 오묘한 말

---

20 科斗(과두) : 올챙이.
21 擅(천) : 오로지 하다. 멋대로 지배하다.
22 跨跱(과치) : 지배하다. 차지하다.
23 縶(집) : 매이다, 걸리다.
24 逡巡(준순) : 어정어정 걷는 모양.
25 潦(료) : 장마가 지는 것.
26 頃久(경구) : 시간이 짧고 오래 되는 것. 시간이 흐르는 것.
27 適適然(적적연) : 놀라고 두려워하는 모양.
28 規規然(규규연) : 멍청해지는 모양.

을 논할 만큼 되지 못하면서도 스스로 일시적인 이익이나 추구하는 것은 무너진 우물 안의 개구리와 같지 않소? 또한 장자는 황천黃泉을 내리밟고 하늘로 올라가 남쪽도 없고 북쪽도 없이 질펀히 사방으로 퍼져서 헤아릴 수 없는 경지에 달하여 있고, 동쪽도 없고 서쪽도 없이 아득한 우주의 근본에서 시작하여 위대한 도로 되돌아와 있소. 당신은 그런데도 멍청히 관찰을 통하여 이해하고 변론辯論을 이용하여 추구하려 하고 있소. 이것이야말로 가는 통으로 하늘을 내다보고, 송곳으로 땅을 가리키며 하늘과 땅의 넓이를 살피려는 것과 같소. 얼마나 작은 소견이오? 당신은 돌아가시오.

또한 당신은 수릉壽陵의 젊은이가 한단邯鄲으로 가서 걸음걸이를 배웠던 얘기를 듣지 못하였소? 한단의 걸음걸이 방식을 배우기도 전에 그는 그의 옛날 걸음걸이도 잃어 버렸던 것이오. 그래서 그는 기어서 돌아왔다오. 지금 당신이 돌아가지 않으면 당신의 옛 마음을 잊을 것이며, 당신의 옛 직업도 잃을 것이오.”

공손룡은 이 말을 듣자 입은 열린 채 닫혀지지 않았고, 혀는 말려 올라간 채 내려오지 않았다. 그리하여 몸을 빼어 달아나고 말았다.

| 원문 |

且夫, 知不知是非之竟, 而猶欲觀於莊子之言, 是猶使蚤¹負山, 商蚷² 馳河也, 必不勝任矣. 且夫, 知不知論極妙之言, 而自適一時之利者, 是 非埳井之蠅與? 且彼方蚳³黃泉而登大皇,⁴ 無南無北, 奭然⁵四解,⁶ 淪於

---

1 蚤(문) : 모기.
2 商蚷(상거) : 노래기, 마현(馬蚿)이라고도 부르는 벌레 이름.
3 蚳(자) : 밟다.
4 大皇(대황) : 하늘.
5 奭然(석연) : 풀려 퍼지는 모양.

不測.**7** 無東無西, 始於玄冥,**8** 反於大通.**9** 子乃規規然而求之以察, 索之以辯, 是直用管闚天, 用錐指地也. 不亦小乎? 子往矣.

且子獨不聞夫壽陵**10**餘子**11**之學行於邯鄲**12**與? 未得國能,**13** 又失其故行矣. 直匍匐**14**而歸耳. 今子不去, 將忘子之故, 失子之業.

公孫龍口呿**15**而不合, 舌舉而不下, 乃逸而走.

| 해설 |

사람은 자연스럽게 자기 분수를 따라 살아야만 한다. 자기 분수를 모르고 남의 흉내나 낸다면 결국은 한단邯鄲으로 가서 그 지방 사람들이 걷는 모양의 걸음걸이를 배우려다 자기의 걸음걸이까지도 잃어버린 꼴이 되고 만다는 것이다.

14

장자가 복수濮水에서 낚시질을 하고 있을 적에, 초楚나라의 임금이 대부 두 사람을 그에게 보내 먼저 임금의 뜻을 전하였다.

"번거롭지만 국내의 정치를 부탁드리고자 합니다."

---

6 四解(사해) : 사방으로 퍼지는 것.

7 淪於不測(윤어불측) : 헤아릴 수도 없는 경지에 이르는 것.

8 玄冥(현명) : 우주의 근본 원리를 가리키는 말.

9 大通(대통) : 대도(大道).

10 壽陵(수능) : 연(燕)나라의 고을 이름.

11 餘子(여자) : 아직 장정이 되지 않은 젊은이.

12 邯鄲(한단) : 조나라의 도읍지. 그 도읍의 걸음걸이를 멋지게 여기고 연나라 시골뜨기가 걸음걸이를 배우러 간 것이다.

13 國能(국능) : '국'은 기(其)의 잘못(奚侗 說). 따라서 한단(邯鄲)의 걸음걸이를 할 능력.

14 匍匐(포복) : 엎드려 기는 것.

15 呿(거) : 벌리는 것.

장자는 낚싯대를 든 채 돌아다보지도 않고 말하였다.

"내가 듣건대 초나라에는 신령스런 거북이 있는데, 죽은 지 이미 삼천 년이 되었다 합니다. 임금은 그것을 비단으로 싸서 상자에 넣어 묘당廟堂 위에 보관한다 합니다. 이 거북의 입장이라면, 그가 죽어서 뼈만 남겨 존귀하게 되겠소, 그렇지 않으면 살아서 진흙 속에 꼬리를 끌고 다니겠소?"

두 대부가 대답하였다.

"그야 살아서 진흙 속에 꼬리를 끌고 다니려 할 것입니다."

장자가 말하였다.

"그럼 가시오. 나는 진흙 속에서 꼬리를 끌고 다니며 살려는 것이오."

| 원문 |

莊子釣於濮水,[1] 楚王[2]使大夫二人往先焉. 曰; 願以境內累[3]矣.

莊子持竿[4]不顧, 曰; 吾聞楚有神龜,[5] 死已三千歲矣. 王巾笥[6]而藏之廟堂之上. 此龜者, 寧其死爲留骨而貴乎, 寧其生而曳尾於塗中乎?

二大夫曰; 寧生而曳尾塗中. 莊子曰; 往矣, 吾將曳尾於塗中.

---

1 濮水(복수) : 지금의 산동성에 있던 황하의 지류. 황하의 물줄기가 바뀌는 바람에 없어졌다 한다.
2 楚王(초왕) : 초나라의 위왕을 가리킴.
3 以竟內累(이경내루) : 나라 안의 정치를 맡겨 폐를 끼치고자 한다는 뜻.
4 竿(간) : 낚싯대.
5 神龜(신귀) : 신령스런 거북. 옛날에 중국에서는 거북 창자를 빼고 껍데기만 말려 두었다가 일이 생기면 거북 껍데기를 불로 지져 그 균열을 보고 길흉을 점쳤다. '신귀'란 점치기 위하여 말려 놓은 거북 껍데기를 가리킨다.
6 巾笥(건사) : 보에 싸서 상자에 넣어 두는 것.

'무위'함으로써 자연에 융화되어 타고난 자기 목숨대로 살아가려는 장자의 인생관이 잘 나타난 이야기이다. 높은 벼슬과 사회적인 속박을 벗어나 자연에서의 생명의 자유를 추구하려는 것이다.

15

혜자惠子가 양梁나라의 재상으로 있을 때 장자가 그를 만나러 갔다. 어떤 사람이 혜자에게 말했다.

"장자가 오는 것은 선생님 대신 이 나라 재상이 되려는 것입니다."

혜자는 겁이 나서 나라 안에 사람을 놓아 사흘 낮 사흘 밤을 두고 장자의 행방을 찾게 하였다.

그 뒤에 장자가 찾아와 만나서 얘기하였다.

"남방에 새가 있는데 그 이름을 원추鵷鶵라 부른다네. 자네도 그것을 알겠지? 원추라는 새는 남해에서 출발하면 북해까지 날아가는데, 오동나무가 아니면 앉지 않고, 대나무 열매가 아니면 먹지 않고, 단 샘물이 아니면 마시지 않네. 그런데 솔개가 썩은 쥐를 갖고 있다가 원추가 날아가자, 그를 우러러보면서 끽 소리를 내며 자기 것을 빼앗을까봐 놀랐다 하네. 지금 자네는 양나라 때문에 나를 보고 끽 소리를 내는 것인가?"

| 원문 |

惠子¹相梁, 莊子往見之. 或謂惠子曰; 莊子來, 欲代子相. 於是惠子恐, 搜於國中, 三日三夜.

莊子往見之, 曰; 南方有鳥, 其名鵷鶵² 子知之乎? 夫鵷鶵, 發於南海,

---

1 惠子(혜자) : 혜시(惠施). 장자(莊子)의 친구.

而飛於北海. 非梧桐不止, 非練實³不食, 非醴泉⁴不飮. 於是鵁⁵得腐鼠, 鵷鶵過之, 仰而視之, 曰嚇.⁶ 今子欲以子之梁國而嚇我耶?

| 해설 |

세상의 명예와 이익으로부터 초연한 장자의 태도가 역시 고답적으로 강조된 재미있는 얘기이다.

16

장자가 혜자와 더불어 호수濠水 가 봇둑 위를 거닐고 있었다. 장자가 말하였다.

"피라미가 나와 유유히 헤엄치고 있군. 물고기는 즐거울 거야."

혜자가 말하였다.

"자네는 물고기가 아닌데 어떻게 물고기가 즐거운 것을 아는가?"

장자가 말하였다.

"자네는 내가 아닌데 어떻게 내가 물고기의 즐거움을 알지 못하는 것을 아는가?"

혜자가 말하였다.

"나는 자네가 아니라서 본시 자네를 알지 못하네. 자네도 본시 물고기가 아니니 자네가 물고기의 즐거움을 알지 못한다는 것은 틀림없는 일이야."

---

2 鵷鶵(원추) : 봉황의 일종이라 한다.
3 練實(연실) : 대나무 열매.
4 醴泉(예천) : 물맛이 단 술 같은 샘.
5 鵁(치) : 솔개, 부엉이.
6 嚇(하) : 짐승이 놀라서 끽 소리를 내는 것.

장자가 말하였다.

"얘기를 그 근본으로 되돌려 보세. 자네가 내가 어떻게 물고기의 즐거움을 아는가고 물었던 것은, 이미 내가 물고기의 즐거움을 알고 있음을 알았기 때문이었네. 그래서 나에게 그런 질문을 한 것이지. 나는 호수가에서 물고기의 즐거움을 알고 있었던 것이네."

| 원문 |

莊子與惠子遊於濠**1**梁**2**之上. 莊子曰; 儵魚**3**出遊從容, 是魚之樂也.

惠子曰; 子非魚, 安知魚之樂?

莊子曰; 子非我, 安知我不知魚之樂?

惠子曰; 我非子, 固不知子矣. 子固非魚也, 子之不知魚之樂全矣.

莊子曰; 請循其本. 子曰; 女安知魚樂云者, 旣已知吾知之. 而問我, 我知之濠上**4**也.

| 해설 |

이름과 실물의 일치를 추구하였으나 궤변으로 흘러 버렸던 명가名家의 한 사람인 혜자와 장자의 논쟁이다. 혜자는 내가 물고기가 되어 보지 않고서는 물고기의 즐거움을 모른다고 주장한다. 그러나 장자는 원리란 모든 것에 적용되는 것이므로 자기로부터 미루어 남에 관한 것도 알 수 있다는 것이다. 그러나 곽말약郭沫若은 장자조차도 궤변의 방향으로 흐르고 있다면서 이 대목을 좋지 않게 평가하였다.

---

1 濠(호) : 강물 이름.
2 梁(량) : 발을 가운데 대고 고기를 잡으려고 막아 놓은 봇둑.
3 儵魚(조어) : 피라미.
4 知之濠上(지지호상) : 호수 가에 있으면서도 마음과 이치가 물고기와 통하여 그들의 즐거움을 알았다는 말.

제18편

지극한 즐거움

至樂

　'지락'이란 편명은 역시 첫 구절에서 딴 것이지만 내용도 실제로 인생의 '지극한 즐거움'이란 무엇인가를 논한 것이다. 세상에서는 부귀와 장수와 명예를 추구하기 바쁘지만 실은 그것들은 사람들이 편안하고 즐겁게 사는 근거가 되지 못한다. 사람들은 일반적으로 삶을 좋아하고 죽음을 싫어한다. 그러나 '지극한 즐거움'이란 슬픔이나 즐거움을 초월하여 그런 것으로부터 벗어나는 데 있다는 것이다. 곧 부귀나 장수를 초월하여 아무런 의식적인 행동도 하지 않는 데 있으며, 심지어는 죽음을 큰 즐거움으로 받아들일 만한 여유를 갖는 데 있다는 것이다. 역시 이 편도 장자의 문장이나 사상과는 약간 다른 성격이라는 것이 대다수 학자들의 견해이다.

1

천하에는 지극한 즐거움이 있는 것일까 없는 것일까? 자기 몸을 편히 해 주는 길이 있는 것일까 없는 것일까? 지금 우리는 무엇을 하고 무엇을 버려야 하는가? 무엇을 피하고 무엇에 몸담아야 하는가? 무엇을 따라 나아가야 하고 무엇을 버리고 떠나야 하는가? 무엇을 즐거워하고 무엇을 싫어해야 하는가?

일반적으로 세상에서 존중하는 것은 부귀와 장수와 명예이다. 세상에서 즐거워하는 것은 몸의 안락과 맛있는 음식과 아름다운 옷과 좋은 빛깔과 음악 같은 것들이다. 세상에서 싫어하는 것은 가난하고 천한 것과 일찍 죽는 것과 비난을 받는 것이다. 세상에서 괴롭게 여기는 것은 몸이 편안치 않은 것과 입으로 맛있는 것을 먹지 못하는 것과 몸에 아름다운 옷을 걸치지 못하는 것과 눈으로 좋은 빛깔을 보지 못하는 것과 귀로 음악을 듣지 못하는 것이다. 만약 그런 것들을 얻지 못하면 곧 크게 근심하면서 두려워하게 된다. 이것은 그의 육신만을 위하는 것이니 어리석은 일이다.

부자란 사람들은 자신을 괴롭히면서 애써서 일하여 많은 재물을 쌓아 놓고도 다 쓰지 못한다. 이것은 그의 육신을 위하려는 것이니 목적으로부터 벗어나는 일이다. 신분이 귀한 사람들이란 밤낮을 가리지 않고 계속하여 일의 잘 되고 잘못 된 것을 생각한다. 이것은 그의 육신을 위하려는 것이니 목적으로부터 벗어나는 일이다. 사람이 태어난다는 것은 근심과 더불어 태어나는 것이다. 장수한다고 해야 정신은 희미한 채 오래도록 근심하며 죽지 않는 것이니 얼마나 그것이 괴로울 것인가? 이것은 그의 육신을 위하려는 것이니 원래의 목표로부터 멀리 떨어진 것이다. 열사들은 세상에서 훌륭하다고 일컬어지고 있지만 그의 몸을 편히 하지는 못한다. 나는 그들의 훌륭함이 정말로 훌륭한 것인지 훌륭하지 못한 것인지 알지 못한다. 그것을 훌륭하다고 하자니 그의 몸도 편치 않게 살고 있고, 훌륭하지 않다고 하자니 남은 편히 잘 살도록 해 주고 있다. 그러므로 "충실히 간하여도 듣지 않을 때에는 눈치껏 물러서야지 다투어서는 안 된다"고 하는 것이다. 그래서 오자서伍子胥는 임금과 다투다가 그의 몸을 잃게 되었던 것이다. 그러나 다투지 않았다면 명성이 이룩되지는 않았을 것이다. 그러니 진실로 훌륭한 것이란 있는 것일까, 없는 것일까?

| 원문 |

天下有至樂無有哉? 有可以活身者無有哉? 今奚爲奚據**1**? 奚避奚處? 奚就奚去? 奚樂奚惡?

夫天下之所尊者, 富貴壽善**2**也. 所樂者, 身安厚味美服好色音聲也. 所下者, 貧賤夭惡**3**也. 所苦者, 身不得安逸, 口不得厚味, 形不得美服, 目不得好色, 耳不得音聲. 若不得者, 則大憂以懼, 其爲形**4**也亦愚哉.

夫富者, 苦身疾作,**5** 多積財而不得盡用. 其爲形也亦外矣. 夫貴者, 夜以繼日, 思慮善否. 其爲形也亦疏矣. 人之生也, 與憂俱生, 壽者惛惛,**6** 久憂不死, 何之苦也? 其爲形也亦遠矣. 列士**7**爲天下見善矣, 未足以活身. 吾未知善之誠善邪, 誠不善邪. 若以爲善矣, 不足活身. 以爲不善矣, 足以活人. 故曰; 忠諫不聽, 蹲循**8**勿爭. 故夫子胥**9**爭之以殘其形. 不爭,

---

1 據(거) : 의지하다. 그러나 기(棄)로 된 판본도 있어(『열자』역명(力命)편도 같음) '버린다'는 뜻으로 해석했다.
2 善(선) : 훌륭하다는 칭찬, 명예.
3 夭惡(요악) : 일찍 죽는 것과 나쁘다는 사람들의 비난.
4 爲形(위형) : 마음이나 정신은 생각지 않고 외형인 육신만을 위하는 것.
5 疾作(질작) : 애쓰며 일하는 것.
6 惛惛(혼혼) : 정신이 흐리멍텅한 모양.
7 列士(열사) : '열'은 열(烈)과 통함. 절의를 위하여 자기를 희생하는 사람.
8 蹲循(준순) : 준순(踆巡)과 통하여, 물러서는 것(『廣雅』).
9 子胥(자서) : 오자서(伍子胥), 춘추 시대 오나라 대부. 오나라 임금 부차가 너무 여색에

名亦不成. 誠有善無有哉?

　여기서는 지극한 즐거움이란 무엇인가를 설명하기에 앞서, 세상 사람들이 존중하고 좋아하거나 나쁘게 여기고 싫어하는 것들이 모두 자기 마음과 정신은 생각지 않고 육신만을 생각하는 데서 내려진 엉터리 판단임을 지적하고 있다. 심지어 남을 위해 절의를 지킨 열사들까지도 정말로 훌륭한 것인지 어떤지 알 수 없다는 것이다.

2

　지금 세속에서 하는 일이나 즐기는 것을 보더라도 나는 그 즐거움이 정말 즐거움인지 정말 즐거움이 아닌지를 알지 못한다. 내가 세속에서 즐기는 것을 관찰한 바로는 모두가 무리를 지어 나아가면서 꼭 해야만 할, 안 하고는 못 배길 일처럼 내세우면서 즐거운 일이라고 말하고 있지만, 나는 그것이 즐거운 것인지 알지 못하거니와 그것이 즐겁지 않은 것인지도 알지 못한다. 과연 즐거움이란 있는 것일까, 없는 것일까? 나는 무위야말로 진실한 즐거움이라 여기고 있다. 그러나 세속에서는 그것을 크게 괴로운 것으로 여기고 있다. 그러므로 지극한 즐거움이란 즐거움을 초월하는 데 있고, 지극한 명예란 명예를 초월하는 데 있다고 하는 것이다.

　세상 일의 옳고 그름은 정말로 단정할 수가 없는 것이다. 그렇지만 무위만은 옳고 그름을 단정할 수가 있다. 지극한 즐거움과 몸을 편히

빠지는 것을 억지로 간하였다. 임금은 그를 죽여 자루에 담아 강물에 던졌다 한다(『국어』 오어(吳語), 『사기』 오자서 열전).

하는 길은 오직 무위일 경우에만 거의 존재하는 것이다. 시험삼아 거기에 대하여 논하여 보자. 하늘은 무위한데, 그 때문에 맑다. 땅도 무위한 것인데, 그 때문에 안정되어 있다. 그러므로 이들 두 가지 무위가 서로 합쳐져 만물 모두를 변화시키는 것이다. 아득하고 아련하여 그 근원을 알 수가 없다. 아련하고 아득하여 그 형체를 알 수가 없다. 만물이 번성하고 있지만 모두가 무위함으로써 불어나고 있는 것이다. 그러므로 하늘과 땅은 무위하면서도 모든 일을 하고 있다고 말하는 것이다. 세상 사람으로 그 누가 무위할 수가 있겠는가?

| 원문 |

今俗之所爲, 與其所樂, 吾又未知樂之果樂邪, 果不樂邪. 吾觀夫俗之所樂, 擧[1]群趣者, 誙誙然[2]如將不得已, 而皆曰樂者, 吾未之樂也, 亦未之不樂也. 果有樂無有哉? 吾以無爲誠樂矣. 又俗之所大苦也. 故曰; 至樂無樂, 至譽無譽.

天下是非, 果未可定也. 雖然, 無爲可以定是非. 至樂活身, 唯無爲幾存.[3] 請嘗試言之. 天無爲, 以之淸. 地無爲, 以之寧. 故兩無爲相合, 萬物皆化. 芒乎[4]芴乎[5] 而無從出乎. 芴乎芒乎 而無有象乎. 萬物職職,[6] 皆從無爲殖. 故曰; 天地無爲也, 而無不爲也. 人也, 孰能得無爲哉?

---

1 擧(거) : 모두, 다.
2 誙誙然(경경연) : 경경(硜硜)과 같은 말로 어떤 일을 꼭 하겠다고 달려드는 모양.
3 幾存(기존) : 거의 거기에 존재한다는 뜻.
4 芒乎(망호) : 망연. 아득한 것.
5 芴乎(홀호) : 홀연. 아련한 것.
6 職職(직직) : 번성하는 모양.

결론으로서 '무위'야말로 지극한 즐거움이며, 몸을 살려 주는 길이라 단정하고 있다.

3

장자의 처가 죽자 혜자가 조상弔喪하러 갔다. 장자는 그 때 두 다리를 뻗고 앉아 동이를 두드리면서 노래하고 있었다.

혜자가 말하였다.

"그 분과 함께 살았고, 자식을 길렀으며, 함께 늙었네. 그런 부인이 죽었는데 곡을 안하는 것은 물론, 동이를 두드리며 노래까지 부르고 있으니 너무 심하지 않은가?"

장자가 말하였다.

"그렇지 않네. 그가 처음 죽었을 때에야 나라고 어찌 슬픈 느낌이 없었겠는가? 그러나 그가 태어나기 이전을 살펴보니 본시는 삶이 없었던 것이었고, 삶이 없었을 뿐만 아니라 본시 형체조차도 없었던 것이었으며, 형체가 없었을 뿐만 아니라 본시 기운조차도 없었던 것이었네. 흐리멍텅한 사이에 섞여 있었으나 그것이 변화하여 기운이 있게 되었고, 기운이 변화하여 형체가 있게 되었고, 형체가 변화하여 삶이 있게 되었던 것이네. 지금은 그가 또 변화하여 죽어간 것일세. 이것은 봄·가을과 겨울·여름의 사철이 운행하는 것과 같은 변화였던 것이네. 그 사람은 하늘과 땅이란 거대한 방 속에 편안히 잠들고 있는 것일세. 그런데도 내가 엉엉 하며 그의 죽음을 따라서 곡을 한다면 스스로 운명에 통달하지 못한 일이라 생각되었기 때문에 곡을 그쳤던 것이네."

莊子妻死, 惠子弔之. 莊子則方箕踞¹鼓盆²而歌.

惠子曰; 與人居, 長子³老身. 死不哭, 亦足矣, 又鼓盆而歌, 不亦甚乎?

莊子曰; 不然. 是其始死也, 我獨何能無槩然⁴? 察其始而本無生. 非徒無生也, 而本無形. 非徒無形也, 而本無氣. 雜乎芒芴⁵之間, 變而有氣, 氣變而有形, 形變而有生. 今又變而之死. 是相與爲春秋冬夏四時行也. 人且偃然⁶寢於巨室.⁷ 而我嗷嗷然⁸隨而哭之, 自以爲不通乎命, 故止也.

| 해설 |

사람의 삶과 죽음이란 똑같이 자연의 변화 현상에 불과하다는 것이다. 삶을 길러 주는 주인[養生主]과 위대한 참 스승[大宗師]편 등에도 이미 그러한 뜻이 보였다.

4

지리숙支離叔과 골개숙滑介叔이 황제黃帝가 전에 노닐다 쉬던 명백冥伯의 언덕과 곤륜산崑崙山 봉우리에 구경 갔다. 그런데 갑자기 골개

---

1 箕踞(기거) : 두 다리를 쭉 뻗고 앉아 있는 것. 다리 모양이 기(箕) 같다고 해서 그렇게 부른다.

2 盆(분) : 질그릇, 동이.

3 長子(장자) : 자식들을 기르는 것.

4 槩然(개연) : 슬픔을 느끼는 모양.

5 芒芴(망홀) : 흐리멍텅한 것. 만물이 생기기 전의 혼돈 상태.

6 偃然(언연) : 편안한 모양.

7 巨室(거실) : 거대한 방. 하늘과 땅을 가리킨다.

8 嗷嗷然(교교연) : 엉엉 우는 모양.

숙의 왼쪽 팔꿈치에 혹이 생겨 그는 마음 속으로 놀라면서 그것을 언짢게 생각하는 듯하였다.

지리숙이 말하였다.

"자네는 그것이 언짢은가?"

골개숙이 말하였다.

"아니. 내가 어찌 언짢게 생각하겠는가? 무엇이 생겨나려면 다른 것에 의지해야만 하네. 무엇이건 힘을 빌려야만 생겨나게 되는 것일세. 그러니 생겨난다는 것은 먼지나 때가 묻는 것과 같네. 죽고 사는 것은 밤·낮과 같네. 그런데 나와 자네는 그러한 변화를 보고 있었는데, 마침 그 변화가 나에게 미친 것일세. 내 어찌 무엇을 언짢게 여기겠는가?"

| 원문 |

支離叔**1**與滑介叔,**2** 觀於冥伯**3**之丘, 崑崙之虛, 黃帝之所休. 俄而柳**4**生其左肘,**5** 其意蹶蹶然**6**惡之.

支離叔曰; 子惡之乎?

滑介叔曰; 亡. 予何惡? 生者, 假借也, 假之而生. 生者, 塵垢也. 死生爲晝夜. 且吾與子觀化, 而化及我. 我又何惡焉?

---

1 支離叔(지리숙) : 자기 육체를 잊은 사람을 대표하는 가공 인물.
2 滑介叔(골개숙) : '골개'는 골계(滑稽)와 통하여 우스꽝스런 짓의 뜻이며, 자기 지혜를 잊은 사람을 대표하는 가공 인물.
3 冥伯(명백) : 언덕 이름. 아득한 것에 비유했음.
4 柳(류) : 류(瘤)와 음이 통하여, 혹을 뜻함.
5 肘(주) : 팔꿈치.
6 蹶蹶然(궐궐연) : 놀라는 모양.

여기서는 사람은 혹과 마찬가지로 무엇의 힘을 빌려 생겨나는 것이며, 삶과 죽음은 다 같이 큰 변화의 한 부분일 뿐이라는 입장을 밝히고 있다.

5

장자가 초나라로 가다가 앙상한 해골을 보았는데, 바싹 말라 형체만이 남아 있었다. 장자가 해골을 말채찍으로 두드리면서 물었다.

"그대는 삶을 탐내다가 이치를 잃었기 때문에 이렇게 되었는가? 혹시 그대는 나라를 망치는 일을 하고 처형당해 이렇게 되었는가? 그렇지 않으면 그대는 선하지 못한 행동을 함으로써 부모 처자들에게까지 치욕을 남겨 주어 부끄러워서 이렇게 되었는가? 그렇지 않으면 그대는 헐벗고 굶주리는 환난을 당하여 이렇게 되었는가? 그렇지 않으면 그대는 나이를 많이 먹어 이렇게 되었는가?"

그리고는 말을 마치자 해골을 끌어다 베고 누워 잤다.

밤중에 해골이 꿈에 나타나 말하였다.

"조금 전에 당신이 한 얘기는 변사辯士와 같은 말이었소. 당신이 말한 모든 것은 모두가 살아 있는 사람의 괴로움이 되는 것이오. 죽어버리면 그런 것이 없소. 당신은 죽음에 대한 얘기를 들어 보고 싶소?"

장자가 말하였다.

"그렇소."

해골이 말하였다.

"죽음의 세계에 있어서는 위로는 임금이 없고 아래로는 신하가 없소. 또한 사철의 변화조차 없소. 대범히 하늘과 땅과 나이를 함께하고 있소. 비록 임금 노릇하는 것이 즐겁다 하지만 이보다 더할 수는 없소."

장자는 그것을 믿지 않고 말하였다.

"내가 사람의 목숨을 주관하는 신인 사명司命으로 하여금 당신의 육체를 다시 살려 내게 하여 당신의 뼈와 살과 살갗을 갖추게 하고서, 당신의 부모 처자와 마을 사람들과 아는 사람들에게 돌려보내 주도록 한다면, 당신은 그것을 바라겠소?"

해골은 심히 눈썹을 찌푸리면서 말하였다.

"내 어찌 임금 노릇을 하는 즐거움을 버리고 다시 산 사람의 수고로움으로 되돌아가겠소?"

| 원문 |

莊子之楚, 見空髑髏.[1] 髐然[2]有形. 撽[3]以馬捶[4] 因而問之曰; 夫子貪生失理而爲此乎? 將[5]子有亡國之事, 斧鉞[6]之誅, 而爲此乎? 將子有不善之行, 愧遺父母妻子之醜,[7] 而爲此乎? 將子有凍餒之患, 而爲此乎? 將子之春秋, 故及此乎? 於是語卒, 援髑髏枕而臥.

夜半, 髑髏見夢曰; 子之談者, 似辯士. 諸子所言, 皆生人之累也. 死則無此矣. 子欲聞死之說乎?

莊子曰; 然.

髑髏曰; 死, 無君於上, 無臣於下. 亦無四時之事. 從然[8]以天地爲春秋. 雖南面王樂, 不能過也. 莊子不信, 曰; 吾使司命[9]復生子形, 爲子骨

---

1 髑髏(촉루) : 해골.

2 髐然(효연) : 뼈가 바싹 마른 모양.

3 撽(교) : 치는 것.

4 馬捶(마추) : 말채찍.

5 將(장) : 억(抑) 또는 혹(或)과 같은 뜻. '그렇지 않으면', '또는'.

6 斧鉞(부월) : 무기로 쓰는 도끼.

7 醜(추) : 치욕.

8 從然(종연) : 범연(泛然). 아무 거리낌 없는 모양.

9 司命(사명) : 사람들의 목숨을 주관하는 신 이름.

肉肌膚, 反子父母妻子閭里知識,[10] 子欲之乎?

髑髏深矉蹙[11]頞[12]曰; 吾安能棄南面王樂, 而復爲人間之勞乎?

| 해설 |

삶과 죽음이 같은 것임을 강조하기 위하여, 해골의 우화를 통하여 죽음이 오히려 삶보다 즐겁다고 얘기하고 있다.

6

안연顔淵이 동쪽 제齊나라로 가게 되었는데, 공자가 걱정하는 얼굴빛을 하고 있었다. 자공子貢이 자리에서 내려앉으면서 물었다.

"소생이 감히 여쭙겠습니다. 안연이 동쪽 제나라로 가게 되었는데 선생님께서는 걱정하는 빛이 계시니 어찌된 일입니까?"

공자가 말하였다.

"마침 잘 물었다. 옛날 관자管子가 한 말 중에서 내가 매우 훌륭하게 여기고 있는 것이 있다. 그는 주머니가 작으면 큰 것을 넣어 둘 수가 없고, 줄이 짧으면 깊은 우물 물을 길을 수가 없다 하였다. 이 말은 운명에는 이미 정해진 것이 있고, 형체에는 적절히 맞는 것들이 있어서, 여기에 대해서는 늘이거나 줄일 수가 없다는 것을 뜻한다. 내가 두려워하는 것은 안연은 제나라 임금에게 가서 요순堯舜과 황제黃帝의 도를 이야기하며, 수인燧人과 신농神農의 말을 강조할 것이지만, 제나라 임금은 자기 마음 속으로 그런 것들을 추구해 보아도 그것들

---

10 知識(지식) : 잘 아는 친구들.
11 矉蹙(빈축) : 눈썹과 이마를 찌푸리는 것.
12 頞(알) : 콧마루. 잘못 끼어든 글자임(吳汝綸 說).

을 이해하지 못할 것이라는 것이다. 이해를 못하면 미혹되게 될 것이고 미혹되게 되면 안연을 죽이고 말 것이다.

너는 또 이런 이야기를 듣지 못하였느냐? 옛날에 바다 새가 노魯나라 교외에 와서 내려앉았다. 노나라 임금은 그 새를 맞이하여 종묘로 불러들여 잔치를 베풀고 구소九韶의 음악을 연주하여 즐겁게 해 주고, 쇠고기와 양고기, 돼지고기로 안주를 삼도록 하였다. 새는 눈을 멍하니 뜨고 걱정하고 슬퍼하면서 한 조각의 고기도 먹지 못하고 한 잔의 술도 마시지 못하고서 사흘 만에 죽어 버렸다. 이것은 사람인 자기를 양육하던 방법으로 새를 양육하였기 때문이다. 그는 새를 기르는 방법으로 새를 기르려 들지 않았던 것이다. 새를 기르는 방법으로 새를 기르려면 마땅히 그를 깊은 숲속에서 살게 하고, 호수 가에 노닐게 하며, 강이나 호수에서 헤엄치게 하고, 미꾸라지와 송사리를 잡아 먹게 하며, 같은 새들과 줄지어 날아가다 내려앉고 멋대로 유유히 지내게 하여야만 되는 것이다. 새는 사람의 말조차도 듣기 싫어하거늘 어찌 시끄러운 음악을 견디겠는가?

함지咸池나 구소의 음악을 동정洞庭의 들판에서 연주한다면, 새들은 그것을 듣고 날아가 버리고, 짐승들은 그것을 듣고 달아나 버리고, 물고기들은 그것을 듣고 깊숙이 물 아래로 들어가 버릴 것이다. 사람들만이 그것을 들으면 흥이 나서 서로 모여 둘러싸고 구경을 한다. 물고기는 물 속에서 살지만 사람은 물 속에서는 죽어 버린다. 그들은 반드시 서로 자기가 좋아하고 싫어하는 것이 다르기 때문에 그렇게 다른 것이다. 옛날 성인들은 그들의 능력을 같게 생각하지 않고, 그들의 할 일을 같게 여기지 않았다. 이름은 실물을 근거로 하고, 법도는 모두 본성에 어울리도록 설정하였다. 그렇게 하는 것을 조리條理에 통달하고 행복을 지속케 하는 방법이라고 말하는 것이다."

| 원문 |

顔淵東之齊, 孔子有憂色. 子貢下席而問曰; 小子敢問, 回東之齊 夫子有憂色, 何邪?

孔子曰; 善哉, 女問. 昔者, 管子[1]有言, 丘甚善之. 曰; 褚[2]小者, 不可以懷大, 綆[3]短者, 不可以汲深. 夫若是者, 以爲命有所成, 而形有所適也. 夫不可損益. 吾恐回與齊侯言堯舜黃帝之道 而重以燧人神農之言, 彼將內求於己[4]而不得. 不得則惑, 人惑則死.

且女獨不聞邪? 昔者海鳥止於魯郊. 魯侯御[5]而觴[6]之於廟, 奏九韶[7]以爲樂, 具太牢[8]以爲膳.[9] 鳥乃眩視憂悲, 不敢食一臠,[10] 不敢飮一杯, 三日而死. 此以己養養鳥也, 非以鳥養養鳥也. 夫以鳥養養鳥者, 宜栖之深林, 遊之壇陸,[11] 浮之江湖, 食之鰌[12]鰷.[13] 隨行列而止, 委蛇[14]而處. 彼唯人言之惡聞, 奚以夫譊譊[15]爲乎?

咸池[16]九韶之樂, 張之洞庭之野, 鳥聞之而飛, 獸聞之而走, 魚聞之而

---

1 管子(관자) : 제(齊)나라의 관중(管仲), 환공(桓公)을 보좌하여 패업을 이룩하게 한 명재상. 그가 지었다는 지금 전하는 『관자』에는 이런 말이 보이지 않는다.

2 褚(저) : 주머니.

3 綆(경) : 두레박 줄.

4 內求於己(내구어기) : 제나라 임금이 안으로 자기 마음으로 이해하려 드는 것. 또는 자신이 실행해 보려 드는 것.

5 御(어) : 마중하다, 맞아들이다.

6 觴(상) : 술잔을 권하는 것. 곧 잔치를 벌이는 것.

7 九韶(구소) : 순임금이 지었다는 음악 이름.

8 太牢(태로) : 소·양·돼지를 통째로 차리는 최상급의 요리.

9 膳(선) : 반찬, 안주.

10 臠(련) : 고깃점. 한 점의 고기.

11 壇陸(단륙) : '단'은 전(澶)과 통하여(司馬彪 說), 물가. 따라서 호숫가의 뜻(成玄英 說).

12 鰌(추) : 미꾸라지.

13 鰷(조) : 송사리, 피라미.

14 委蛇(위이) : 자유로이 노니는 모양.

15 譊譊(요요) : 시끄럽게 음악을 연주하는 모양.

16 咸池(함지) : 본시 황제가 지은 음악으로 요임금이 보수하여 사용했다 한다.

下入. 人卒聞之, 相與還**¹⁷**而觀之. 魚處水而生, 人處水而死. 彼必相與
異其好惡, 故異也. 故先聖不一其能, 不同其事. 名止於實, 義**¹⁸**設於
適.**¹⁹** 是之謂條達而福持.

| 해설 |

　사람은 이미 타고난 본성 또는 능력이나 성격이 각기 다르다. 따라서
사람은 자기가 타고난 본성이나 능력, 성격을 그대로 따라야 억지로 타
고난 본성에 벗어나는 일을 하려다가는 위험한 경지에 빠지고 만다는 것
이다. 다시 말하면, 타고난 본성대로 자연에 적응해야만 된다는 것이다.
뒤쪽의 '새를 먹여 기르는 이야기'는 '삶의 진실에 통달함[達生篇]'편 끝머
리에도 보인다.

7

　열자列子가 길을 가다가 길가에서 밥을 먹고 있었다. 마침 백 년은
되었음직한 해골骸骨을 보고서 쑥대를 뽑아 가지고 그것을 가리키면
서 말하였다.

　"오직 나와 그대만이 진정한 죽음도 없고, 진정한 삶도 없다는 것을
알고 있다. 죽어 있는 그대가 과연 슬픈 것인가? 살아 있는 내가 과연
기쁜 것인가?

　여러 가지 물건은 각기 타고난 기틀이 있다. 물을 만나면 물때가 되
고, 물 묻은 흙 사이에 있게 되면 푸른 이끼가 되며, 언덕 위에 나면 질

---

17 還(환) : 환(環)과 통하여 사람들이 빙 둘러싸고 보는 것.
18 義(의) : 뜻, 법도.
19 適(적) : 본성에 적합한 것.

경이가 된다. 질경이가 썩은 흙을 만나면 오족烏足이 된다. 오족의 뿌리는 전갈이 되며, 그 잎새는 나비가 된다. 나비는 조금 있으면 변화하여 벌레가 되는데, 아궁이 밑에 생겨날 때에는 그 모양이 매미 껍질 같고 그 이름을 구철鴝掇이라 한다. 이 구철이 천 날이 지나면 변화하여 새가 되는데, 그 이름을 건여골乾餘骨이라 한다. 건여골이 뱉는 침이 사미斯彌라는 벌레가 되고, 사미는 식혜食醯가 된다. 이로頤輅라는 벌레는 식혜에서 생겨난다. 황황黃軦이라는 벌레는 구유九猷에서 생겨나고, 구유는 무예瞀芮에서 생겨나며, 무예는 부권腐蠸에서 생겨난다고 한다. 양해羊奚라는 풀은 죽순이 나지 않는 오래된 대와 합쳐 청녕靑寧이란 벌레를 낳는데, 청녕이 표범을 낳고, 표범이 말을 낳고, 말이 사람을 낳기도 한다는 것이다. 그리고 사람은 또 변화의 오묘한 기틀로 들어가 변화한다. 만물은 모두 변화의 기틀에서 생겨나서, 모두가 변화의 기틀에 의하여 되돌아가는 것이다."

| 원문 |

列子行食於道從,[1] 見百歲髑髏,[2] 攓[3]蓬而指之, 曰; 唯予與女知, 而未嘗死, 未嘗生也. 若果養[4]乎? 予果歡乎?

種[5]有幾.[6] 得水, 則爲䙲.[7] 得水土之際, 則爲鼃蠙之衣.[8] 生於陵屯,[9]

---

1 道從(도종) : 길가, 길 옆.
2 髑髏(촉루) : 해골.
3 攓(건) : 뽑다.
4 養(양) : 양(恙)과 통하여(兪樾 說), 근심하는 것.
5 種(종) : 여러 종류의 물건.
6 幾(기) : 변화의 기틀.
7 䙲(계) : 계(繼)로도 쓰며, 물 위에 앉은 먼지. 물때.
8 鼃蠙之衣(와빈지의) : 파란 이끼.
9 陵屯(능둔) : 높은 언덕.

則爲陵舃.**10** 陵舃得鬱棲,**11** 則爲烏足. 烏足**12**之根, 爲蠐螬,**13** 其葉爲胡蝶. 胡蝶胥也,**14** 化而爲蟲. 生於竈**15**下, 其狀若脫,**16** 其名爲鴝掇.**17** 鴝掇千日爲鳥, 其名爲乾餘骨.**18** 乾餘骨之沫, 爲斯彌.**19** 斯彌爲食醯. 頤輅**20**生乎食醯.**21** 黃軦生乎九猷, 瞀芮生乎腐蠸. 羊奚**22**比乎不箰久竹, 生靑寧.**23** 靑寧生程,**24** 程生馬, 馬生人. 人又反入於機. 萬物皆出於機, 皆入於機.

| 해설 |

이 글의 내용을 이루고 있는 여러 변화들은 사실과는 거리가 있는 이론 이지만, 만물은 한 가지 기틀에 의하여 변화하고, 그 변화는 헤아릴 수도 없이 복잡하다는 것을 드러내려는 뜻에서 그렇게 썼을 것이다. 따라서 사람이 나고 죽는 변화쯤은 아무런 문제도 되지 않는다는 것이다.

---

10 陵舃(능석) : 차전초(車前草), 질경이.

11 鬱棲(울서) : 썩은 흙(李頤 說).

12 烏足(오족) : 풀 이름.

13 蠐螬(제조) : 전갈, 갈충(司馬彪 說).

14 胥也(서야) : 소언(少焉)과 같은 말로(兪樾 說), '조금 지나서는'.

15 竈(조) : 아궁이.

16 脫(태) : 태(蛻)와 통하여, 매미 껍질.

17 鴝掇(구철) : 귀뚜라미 종류의 벌레 이름.

18 乾餘骨(건여골) : 새 이름.

19 斯彌(사미) : 벌레 이름.

20 頤輅(이로) : 바로 뒤에 나오는 황황(黃軦)·구유(九猷)·무예(瞀芮)·부권(腐蠸)과 함께 모두 벌레 이름.

21 食醯(식혜) : 술 위에 생기는 바퀴벌레.

22 羊奚(양해) : 풀 이름.

23 靑寧(청녕) : 벌레 이름.

24 程(정) : 표범(陳景元 說).

제19편

삶의 진실에 통달함

達生

이 편은 삶을 길러 주는 주인[養生主]편의 뜻을 더 보충하여 설명한
것이라고 보면 좋을 것이다. 달생(達生)이란 편명은 첫머리 두 글자를
딴 것이지만 '삶의 진실에 통달한다'는 이 편의 주지(主旨)를 나타내고
있다고 할 수도 있다. 외편 중에서는 문장이 뛰어나고, 내용도 장자의
본뜻과 어긋나지 않으니 내편과 가장 비슷한 성격의 것이다.

1

삶의 실정에 통달한 사람은 타고난 본성으로 어찌 할 수 없는 일에
는 힘쓰지 않는다. 운명의 진실에 통달한 사람은 지혜로는 어찌 할 수
없는 일에는 힘쓰지 않는다. 육체를 보양하려면 반드시 먼저 물건이
있어야 하지만, 남아돌아가는 물건을 가지고 있으면서도 육체를 보양
하지 못하는 사람도 있는 것이다. 삶을 지탱하자면 반드시 먼저 육체
를 손상시키지 말아야 할 것인데, 육체가 손상되지 않으면서도 삶을
잃는 사람도 있는 것이다. 삶이 태어나는 것은 아무도 물리칠 수가 없
으며, 삶이 떠나 버리는 것도 아무도 멈추게 할 수 없는 것이다. 슬프
다, 세상 사람들은 육체를 보양하는 것으로써 충분히 삶을 보존할 수
있다고 생각하고 있다. 그러나 육체를 보양하는 것으로는 실로 삶을
보존할 수가 없는 것이라면, 세상 일에 무엇이 할 만한 것이 있겠는
가? 비록 할 만한 것이 못 되는데도 하지 않을 수가 없는 것은 육체를
보양하려는 생각을 버리지 못하기 때문이다.

육체를 보양하려는 생각을 버리려 한다면 세상 일을 버리는 것보다
더 좋은 방법은 없다. 세상 일을 버리면 아무런 거리낌도 없게 되는
것이다. 아무런 거리낌이 없으면 마음이 바르고 평안해진다. 마음이
바르고 평안하면 자연과 더불어 삶이 나날이 새로워질 것이다. 삶이
나날이 새로워지면 거의 도에 이르렀다고 할 것이다. 세상 일은 일부
러 버릴 필요가 있는가? 삶은 일부러 잊을 필요가 있는가? 일을 버리
면 곧 육체가 수고롭지 않게 되고, 삶을 잊으면 곧 정신이 손상받지
않는다.

육체가 완전하고 정신이 본래의 상태로 되돌아간다면 자연과 일체
가 될 것이다. 하늘과 땅이라는 것은 만물의 부모이다. 하늘의 양과
땅의 음의 기운이 합쳐지면 형체가 이룩되고, 흩어지면 처음의 아무
것도 없던 상태를 이루게 된다. 육체와 정신이 손상됨이 없는 것, 이

것을 자연의 변화와 함께 옮아 가는 것이라 말한다. 그래서 정신의 순수함이 극점에 이르면 본원으로 되돌아가서 하늘의 활동을 돕게 되는 것이다.

| 원문 |

達生之情[1]者, 不務生[2]之所無以爲. 達命之情者, 不務知之所無奈何. 養形必先之物. 物有餘而形不養者, 有之矣. 有生必先無離形,[3] 形不離而生亡者, 有之矣. 生之來, 不能却.[4] 其去, 不能止. 悲夫, 世之人, 以爲養形足以存生, 而養形果不足以存生. 則世奚足爲哉? 雖不足爲, 而不可不爲者, 其爲不免[5]矣.

夫欲免爲形者, 莫如棄世.[6] 棄世則無累. 無累則正平. 正平則與彼更生.[7] 更生則幾矣. 事奚足棄? 而生奚足遺? 棄事則形不勞, 遺生則精不虧.

夫形全精復, 與天爲一. 天地者, 萬物之父母也. 合則成體, 散則成始. 形精不虧, 是謂能移.[8] 精而又精, 反以相天.[9]

| 해설 |

육체를 보양하는 것은 삶을 기르는 진실한 양생이 되지 못한다. 세상의 모든 일을 버리고 자신을 수고롭히는 일 없이 순수한 정신으로 자연의 변

---

1 情(정) : 실정, 진실.
2 不務生(불무생) : '생'은 성(性)과 통하여, '타고난 본성'을 뜻한다.
3 離形(이형) : 육체를 저버리다. 육체를 손상시키는 것을 뜻한다.
4 却(각) : 물리치다.
5 免(면) : 육체를 보양하는 것이 삶을 기르는 방법이라는 생각을 버리는 것.
6 棄世(기세) : 세상의 일을 버리는 것.
7 更生(갱생) : 자연 변화를 따라 나날이 삶이 변화하고 발전하는 것.
8 移(이) : 자연의 변화를 따라 함께 옮아 가는 것.
9 相天(상천) : 하늘의 작용을 돕는 것.

화를 따라 함께 옮아 가는 것이 진실한 양생의 길이라는 것이다.

2

열자가 관윤關尹에게 물었다.

"지극한 사람[至人]은 물 속에 들어가도 숨이 막히지 않고, 불을 밟아도 뜨겁지 않으며, 만물 중의 가장 높은 곳에 올라가도 두려워하지 않는다 하였습니다. 어찌하여 그렇게 되는 것인지 여쭙고자 합니다."

관윤이 말하였다.

"그것은 순수한 기운을 잘 지키기 때문이니, 지혜와 기교나 과단성과 용기로써 될 수 있는 것이 아닐세.

자, 내 자네에게 설명을 해 주겠네. 모든 모습과 모양과 소리와 색채를 지니고 있는 것은 모두가 물건이네. 물건과 물건이야 어찌 서로 사이가 멀겠는가? 어찌 그 중 어느 것이 우선한다고 할 수가 있겠는가? 그것은 형태와 빛깔에 의하여 차이가 결정될 따름인 것일세. 그런데 물건의 형체가 이루어지기 전의 원초적인 경지에 이르고, 아무런 변화도 없었던 경지에 머무는 경우도 있는 것일세. 이러한 경지를 체득體得하여 추궁해 나가는 사람이라면 다른 물건이 어떻게 그의 행동을 제지할 수가 있겠는가?

그러한 지극한 사람은 자기 분수에 지나치지 않는 경지에 처신하고, 무한히 변화하는 법도에 몸을 맡기고, 만물이 끝나고 시작되는 변화 속에 노니네. 그의 본성을 통일하고, 그의 정기를 기르고, 그의 덕을 자연에 합치시켜, 만물이 이룩되는 조화에 통달하는 것일세. 이러한 사람은 천성을 지키고 있는 것이 완전하며, 그의 정신에는 틈이 없는 것이니, 물건이 어디로부터 그에게 끼어들겠는가?

술에 취한 사람은 수레에서 떨어져도 다치기는 할지언정 죽지는 않는다네. 몸의 뼈마디들은 다른 사람들과 같지만 그를 손상시키는 점에 있어서 다른 사람들과 다른 것은, 술취한 사람의 정신은 완전한 상태에 있기 때문일세. 그는 수레에 타는 것도 의식하지 못하고 떨어지는 것도 의식하지 못하고 있는 것이네. 죽음이나 삶과 놀람과 두려움이 그의 가슴 속에 스며들지 않으므로 어떤 물건에 부딪친다 하더라도 두려워하지 않게 되는 것일세. 그는 술에 의하여 완전한 정신 상태를 얻고 있으므로 이와 같을 수 있는 것이네. 그러니 하물며 자연에 의하여 완전한 정신 상태를 얻은 사람이야 어떻겠는가?

성인은 자연에 몸을 담고 있으므로 아무것도 그를 손상시킬 수는 없는 것일세. 원수를 갚는 사람이라도 원수의 좋은 칼은 꺾어 버리지 않으며, 비록 성을 잘 내는 마음을 지닌 사람이라 하더라도 바람에 날려온 기왓장을 원망하지는 않는 법이네. 그러므로 물건처럼 무심無心한 지경에 이르면 온 천하가 태평케 되는 것일세. 그러므로 남을 공격하고 싸우는 혼란을 없애고, 사람을 죽이는 형벌을 없애자면 이 길을 따라야만 되는 것이네. 인위적인 자연을 계발시키지 말고 자연스러운 자연을 계발시켜야 하는 것일세. 그러한 자연을 계발시킨 사람에게는 덕이 생겨날 것이고, 인위적인 것을 계발시킨 사람에게는 피해가 생겨날 것이네. 자연스러움을 막지 않으면서, 인위적인 것을 삼갈 줄 알아야만 한다네. 그러면 백성들은 거의 그의 천진스러움을 지니게 될 것일세."

| 원문 |

子列子¹問關尹²曰; 至人潛行不窒,³ 蹈火不熱, 行乎萬物之上而不

---

1 子列子(자열자) : 열어구(列禦寇). 보통 '열자'라 부르는데 더욱 존경하는 뜻에서 앞에 자(子)자를 하나 더 붙인 것이다.

慄.**4** 請問何以至於此?

關尹曰; 是純氣**5**之守也, 非知巧果敢之列.

居, 予語女. 凡有貌象聲色者, 皆物也. 物何以相遠**6**? 夫奚足以至乎先? 是色**7**而已. 則物之造乎不形, 而止乎無所化. 夫得是而窮之者, 物焉得而止焉?

彼將處乎不淫之度, 而藏乎無端**8**之紀, 遊乎萬物之所終始.**9** 壹其性, 養其氣, 合其德,**10** 以通乎物之所造.**11** 夫若是者, 其天守全, 其神無郤**12** 物奚自入焉?

夫醉者之墜車, 雖疾不死. 骨節與人同, 而犯害與人異, 其神全也. 乘亦不知也, 墜亦不知也. 死生驚懼, 不入乎其胸中, 是故遻物**13**而不慴.**14** 彼得全於酒, 而猶若是, 而況得全於天乎?

聖人藏於天, 故莫之能傷也. 復讐者不折鏌干.**15** 雖有忮心**16**者, 不怨飄瓦.**17** 是以天下平均. 故無攻戰之亂, 無殺戮之刑者, 由此道也. 不開

---

2 關尹(관윤) : 성은 윤(尹), 이름은 희(喜), 자는 공도(公度). 함곡관의 수령을 지내 관윤이라 불리는 노자의 제자.

3 窒(질) : 막히다, 숨이 막히다.

4 慄(률) : 두려워 떠는 것.

5 純氣(순기) : 정순한 기운, 순일한 기운.

6 相遠(상원) : 서로 멀어지다, 서로 차이가 생기는 것.

7 是色(시색) : 두 글자 사이에 형(形)자가 빠졌다(奚侗 說). 따라서 형체와 색깔.

8 無端(무단) : 자연의 변화가 무궁한 것.

9 終始(종시) : 끝나고 시작하고 하면서 끊임없이 변화하는 것.

10 其德(기덕) : 자연의 덕을 가리킴.

11 物之所造(물지소조) : 물건이 생성 변화하는 자연을 뜻함.

12 郤(극) : 틈.

13 遻物(오물) : 물건에 부딪치다, 물건에 거스르다.

14 慴(접) : 두려워하다.

15 鏌干(막간) : 막야(鏌邪)와 간장(干將), 둘 다 옛날의 유명한 칼 이름.

16 忮心(기심) : 모진 마음, 성 잘 내는 마음.

17 飄瓦(표와) : 바람에 날려와 자기 몸에 떨어진 기왓장.

人之天,[18] 而開天之天.[19] 開天者德生, 開人者賊生. 不厭其天, 不忽[20]於
人. 民幾乎以其眞.

| 해설 |

　지극한 사람은 그의 몸과 정신이 모두 완전한 상태에 있다. 완전한 상
태란 사소한 인위도 없이 완전히 자연스러운 상태에 처신하고 있음을 뜻
한다. 그러한 지극한 사람은 몸과 정신이 정순하여 어떠한 밖의 물건도 그
를 손상시키지 못한다. 그래서 물 속에 들어가도 숨이 막히지 않고, 불을
밟아도 뜨거운 줄 모른다는 것이다. 따라서 이러한 지극한 사람은 양생의
극치에 도달한 사람인 것이다.

3

　공자가 초나라를 가는 길에 숲 속을 지나다가 곱추가 매미를 잡는
것을 보았는데, 마치 매미를 줍듯 하고 있었다.
　공자가 말하였다.
　"당신은 교묘하기도 하오. 무슨 도라도 있는 것이오?"
　"제게도 도가 있지요. 오뉴월 사이에 매미채 대 위에 알을 두 개 포
개어 놓고서도 잘 떨어뜨리지 않았을 적엔 매미 잡는 일에 실패하는
일이 극히 드물었습니다. 알을 세 개 포개어 놓고서도 잘 떨어뜨리지
않았을 적엔 매미 잡는 일에 실패하는 일은 열 번에 한 번 정도였습니
다. 알을 다섯 개 포개어 놓고도 잘 떨어뜨리지 않게 되자 마치 매미

---

18 人之天(인지천) : 인위적인 자연.
19 天之天(천지천) : 자연스러운 순수한 자연.
20 不忽(불홀) : 소홀히 하지 않다. 곧 삼가는 것.

를 줍는 것 같이 잡게 되었습니다. 지금 나의 몸가짐은 마치 베어낸 나무 등걸 같고, 나의 팔놀림은 마치 마른 나무의 가지 같습니다. 비록 하늘과 땅이 크고 만물이 많다고는 하지만 오직 매미 날개만을 알게 됩니다. 나는 몸과 마음이 젖혀지지도 않고 기울어지지도 않으며, 어떤 일에도 매미 날개에 대한 집념을 빼앗기지 않습니다. 그런데 어떻게 잡히지 않겠습니까?"

공자가 그의 제자들을 돌아다보면서 말하였다.

"마음 쓰임이 헛갈리지 않고 순일되면 귀신에 가깝게 되는 법이라 했는데, 그것은 저 곱추 영감을 두고 한 말 같구나."

| 원문 |

仲尼適楚, 出於林中, 見痀僂[1]者承蜩,[2] 猶掇[3]之也.

仲尼曰; 子巧乎, 有道邪?

曰; 我有道也. 五六月, 累丸二而不墜, 則失者錙銖.[4] 累三而不墜, 則失者十一. 累五而不墜, 猶掇之也. 吾處身也, 若厥[5]株枸.[6] 吾執臂也, 若槁木之枝. 雖天地之大, 萬物之多, 而唯蜩翼之知. 吾不反不側, 不以萬物易蜩之翼. 何爲而不得?

孔子顧謂弟子曰; 用志不分, 乃凝[7]於神 其痀僂丈人之謂乎.

---

1 痀僂(구루) : 곱추.
2 承蜩(승조) : 매미를 잡는 것.
3 掇(철) : 땅에 떨어진 물건을 줍는 것.
4 錙銖(치수) : 극히 작은 무게의 단위로서, 여기서는 극히 적은 것을 뜻한다.
5 厥(궐) : 궐(橛)과도 통하여, 말뚝, 나무 토막.
6 株拘(주구) : 나무 등걸.
7 凝(응) : 의(擬)와 같은 뜻으로서(王叔岷 說), 비슷하게 되는 것.

이 이야기는 장자 사상의 변천을 나타내는 중요한 문제점을 제시하고 있다. 내편에서는 인위를 버리고 바로 자연의 경지에 도달하는 '무위'·'자연'을 강조했으나, 여기에서는 자연의 '도'에 통하기 위해서는 연습과 노력, 곧 인위가 필요하다는 점을 보여 주고 있다.

4

안연이 공자에게 물었다.

"제가 일찍이 상심觴深의 못을 건넌 적이 있었는데, 사공이 배 다루는 솜씨가 귀신과 같았습니다. 제가 묻기를 '배 젓는 솜씨를 배울 수 있습니까?' 하니, 그는 '배울 수 있습니다. 헤엄을 잘 치는 사람은 쉽사리 배울 수 있고, 잠수를 잘하는 사람이라면 배를 본 일도 없는 사람이라 하더라도 곧 저을 수가 있을 것입니다'라고 대답했습니다. 제가 그 까닭을 물었으나 제게 얘기해 주지 않았습니다. 감히 어째서 그런가를 여쭙고자 합니다."

공자가 말하였다.

"헤엄을 잘 치는 사람이 쉽사리 배울 수 있다는 것은 물을 잊을 수 있기 때문이다. 잠수를 잘하는 사람이라면 배를 본 일도 없는 사람이라 하더라도 곧 저을 수가 있다는 것은, 그는 심연을 언덕과 같이 보고 배가 뒤집히는 것을 마치 수레가 뒤로 물러나는 것같이 여기기 때문이다. 뒤집히고 뒤로 물러나는 것 같은 온갖 사태가 눈앞에 일어난다 하더라도 그의 마음에는 전혀 개입하게 되지 않는 것이다. 이쯤 되면 어디를 간들 여유가 있지 않겠느냐?

질그릇을 내기로 걸고 활을 쏘면 잘 쏠 수 있지만, 띠 고리를 내기로 걸고 쏘면 마음이 켕기게 되고, 황금을 내기로 걸고 쏘면 눈이 가

물가물하게 된다. 그의 기술은 언제나 같지만 아껴야 할 물건이 있게
되면 밖의 물건이 소중히 여겨지게 된다. 누구나 밖의 물건을 소중히
여기게 되면 자기 속마음은 졸렬해지는 것이다."

| 원문 |

顔淵問仲尼曰; 吾嘗濟乎觴深[1]之淵. 津人[2]操舟若神. 吾問焉曰; 操舟
可學邪? 曰; 可. 善游者數能,[3] 若乃夫沒人,[4] 則未嘗見舟而便操之也.
吾問焉而不吾告. 敢問何謂也?

仲尼曰; 善游者數能, 忘水也. 若乃夫沒人之未嘗見舟而便操之也,
彼視淵若陵, 視舟之覆, 猶其車卻[5]也. 覆卻萬方,[6] 陳乎前, 而不得入其
舍.[7] 惡往而不暇? 以瓦[8]注[9]者巧, 以鉤[10]注者憚, 以黃金注者殙.[11] 其巧
一也, 而有所矜,[12] 則重外也. 凡外重者, 內拙.

| 해설 |

사람은 밖의 물건에 대하여 아무런 거리낌이 없으면 자기 하고 싶은 대
로 무엇이든 할 수 있게 된다. 따라서 사람이란 무엇보다도 밖의 물건에
마음이 사로잡히는 일이 없도록 되어야만 한다는 것이다.

---

1 觴深(상심) : 송나라에 있던 못 이름.
2 津人(진인) : 나룻배로 건네 주는 사공.
3 數能(삭능) : 속히 배울 수 있다.
4 沒人(몰인) : 잠수부, 잠수를 잘하는 사람.
5 卻(각) : 뒤로 물러나는 것.
6 萬方(만방) : 만 가지 사태. 온갖 사태.
7 舍(사) : 마음, 마음 속.
8 瓦(와) : 질그릇.
9 注(주) : 물건을 내기로 걸고 활을 쏘는 것.
10 鉤(구) : 대구(帶鉤), 허리띠 고리.
11 殙(혼) : 흐려지는 것. 아찔해지는 것.
12 矜(긍) : 아끼는 것.

5

전개지田開之가 주周나라 위공威公을 뵈오니 위공이 말하였다.

"내가 듣건대 축신祝腎은 양생養生을 배웠다 합니다. 선생께선 축신에게 배웠다는데 어떤 얘기를 들으셨는지요?"

전개지가 말하였다.

"저는 비를 들고서 뜰앞에서 시중을 들었을 뿐이니 선생님으로부터 무엇을 들었겠습니까?"

위공이 말하였다.

"선생, 너무 겸손하시오. 나는 듣고 싶소이다."

전개지가 말하였다.

"선생님께서 말씀하시기를 양생을 잘하는 사람은 양을 치는 것과 같은 것이어서, 그 중 뒤지는 놈을 발견하여 채찍질을 하는 것이라 하셨습니다."

위공이 말하였다.

"무슨 뜻이지요?"

전개지가 말하였다.

"노魯나라에 선표單豹라는 사람이 있었는데 바위 굴 속에 살면서 골짜기 물을 마시고 지냈습니다. 백성들과 이익을 다투지 않고, 나이가 칠십이 되어도 어린아이 같은 얼굴빛이었습니다. 불행하게도 굶주린 호랑이를 만나 그 굶주린 호랑이가 그를 잡아먹어 버렸습니다. 또 장의張毅라는 사람이 있었는데 부잣집이건 가난한 집이건 어디에나 뛰어다니며 사귀지 않은 사람이 없었습니다. 그러나 나이 사십 세에 열병에 걸려 죽어 버렸습니다. 선표는 그의 속마음을 길렀으나 그의 외형을 호랑이가 잡아먹어 버렸습니다. 장의는 그의 외부의 사귐을 잘하였으나 그의 안에서 병이 그를 공격했습니다. 이 두 사람은 모두가 그 중 뒤지는 놈에 채찍질을 하지 않은 것입니다.

공자도 말씀하시기를 '안으로 들어가 내부만을 기르며 숨지 말 것이며, 밖으로 나와 외부만을 기르며 드러내지 말 것이며, 마른 나무처럼 중앙에 우뚝 서 있어야 한다. 내부와 외부와 중앙의 조화가 잘 되면 그의 명성은 반드시 극치에 달하게 될 것이다'라고 하였습니다.

험난한 길이 있어 열 사람 가운데 한 사람은 지나다 죽는다면 곧 부자 형제들은 서로 경계를 할 것이며, 반드시 많은 하인들을 보호자로 데리고 그 길을 나설 것입니다. 이것은 지혜가 아닙니까? 그런데 사람들이 가장 두려워해야 할 것은 일상 생활 속에서 먹고 마시고 하는 일입니다. 그것을 경계할 줄 모르는 사람은 잘못입니다."

| 원문 |

田開之**1**見周威公, **2** 威公曰; 吾聞祝腎學生. 吾子與祝腎**3**游, 亦何聞焉?

田開之曰; 開之操拔篲**4**以侍門庭, 亦何聞於夫子?

威公曰; 田子無讓, 寡人願聞之.

開之曰; 聞之夫子曰; 善養生者, 若牧羊然, 視其後者而鞭之.

威公曰; 何謂也?

田開之曰; 魯有單豹**5**者, 巖居而水飮, 不與民共利. 行年七十, 而猶有嬰兒之色. 不幸遇餓虎, 餓虎殺而食之. 有張毅**6**者, 高門**7**縣薄, **8** 無不走

---

1 田開之(전개지) : 성이 전(田), 개지(開之)는 이름.
2 周威公(주위공) : 주(周)나라 위공(威公), 환공(桓公)의 아들. 주위공 조(竈)이다.
3 祝腎(축신) : 가공적인 인물인 듯하다.
4 拔篲(발세) : 비.
5 單豹(선표) : 가정된 인물로서 안으로 자기 수양을 쌓은 대표자.
6 張毅(장의) : 가정된 인물로서 밖으로 남과의 관계만을 기른 대표자.
7 高門(고문) : 높다란 집 문. 부잣집을 가리킴.
8 縣薄(현박) : 발을 쳐놓고 문을 대신하는 가난한 집을 가리킴.

也. 行年四十, 而有內熱之病以死. 豹養其內, 而虎食其外. 穀養其外, 而病攻其內. 此二子者, 皆不鞭其後者也.

仲尼曰; 無入而藏.[9] 無出而陽,[10] 柴立[11]其中央. 三者若得, 其名必極.

夫畏塗者, 十殺一人, 則父子兄弟相戒也, 必盛卒徒而後敢出焉. 不亦知乎? 人之所取畏者, 袵席[12]之上, 飮食之閒. 而不知爲之戒者, 過也.

| 해설 |

양생을 하자면 몸안의 정기를 키우는 일과 함께 몸 밖에 대한 경계를 게을리 하지 말아야 한다. 그리고 너무 자기 수양에 치우치거나 밖의 사람들과의 교제 같은 데 치우쳐서는 안 되며, 일상 생활과 같은 일반적인 일에 주의해야 된다는 것이다.

6

제사를 관장하는 관리가 예복을 입고서 돼지 우리로 가서 돼지에게 말하였다.

"너는 어찌하여 죽음을 싫어하는가? 내가 석 달 동안 너를 잘 먹여주고, 열흘 동안 몸을 깨끗이 하고, 사흘 동안 재계를 하고서, 흰 띠풀을 깔고 요리한 다음 너의 어깨와 엉덩이 고기를 장식된 제기祭器 위에 모셔 놓으려 한다. 그러면 너는 그렇게 하려 들겠지?"

그러나 돼지를 위해서 다음과 같이 대답하고 싶다.

"겨나 지게미를 먹이면서 돼지 우리 속에 그대로 놓아 두어 주는 것

---

9 入而藏(입이장) : 선표처럼 자기 안으로만 들어가 수양을 쌓고 숨은 것.
10 出而陽(출이양) : 장의처럼 밖의 교제만을 쌓으며 자기를 드러내어 놓는 것.
11 柴立(시립) : 마른 나무처럼 무심히 우뚝 서 있는 것.
12 袵席(임석) : 방 안에 깔아 놓은 잠자리. 일상 생활하는 곳을 가리킴.

이 더 좋겠습니다."

　사람이 자신을 위하여 생각할 때에는 진실로 살아서는 높은 벼슬자리에 앉고, 죽어서는 상여 위 아름다운 관 속에 놓이게 된다면 곧 그렇게 하려 들 것이다. 돼지를 위하여 생각할 적에는 그러한 것들을 싫다고 하면서도 자신을 위하여 생각할 적에는 그러한 삶을 취하고 있으니, 돼지만을 다르게 취급하는 이유는 무엇일까?

| 원문 |

　祝宗人[1]玄端[2]以臨牢筴.[3] 說彘[4]曰; 汝奚惡死? 吾將三月豢[5]汝, 十日戒, 三日齋, 藉白茅,[6] 加汝肩尻[7]乎雕俎[8]之上, 則汝爲之乎?

　爲彘謀, 曰; 不如食以糠糟, 而錯之牢筴之中.

　自爲謀, 則苟[9]生有軒冕[10]之尊, 死得於腞楯[11]之上. 聚僂[12]之中, 則爲之. 爲彘謀則去之, 自爲謀則取之, 所異彘者何也?

| 해설 |

　사람이나 돼지나 모두 자기 본성대로 편안히 살기를 바란다. 다만 사람과 돼지는 본성이 서로 달라서 어떤 것이 본성에 맞는 일인가를 잘 분별해

1　祝宗人(축종인) : 제사를 주관하는 관리. 종인은 제사의 여러 가지 일을 관장하는 사람임.
2　玄端(현단) : 최상의 예복을 가리킴.
3　牢筴(노책) : 노는 돼지 집, 책은 책(策)과 통하여, 우리.
4　彘(체) : 돼지.
5　豢(환) : 짐승을 기르는 것.
6　白茅(백모) : 흰 띠풀. 옛날부터 정갈한 풀로 알려져 있다.
7　尻(고) : 궁둥이.
8　雕俎(조조) : 아름답게 조각한 제기.
9　苟(구) : 진실로.
10　軒冕(헌면) : 큰 수레와 면류관. 높은 지위의 사람이 쓰는 것으로 높은 신분을 가리킴.
11　腞楯(전순) : 상여, 영구차.
12　聚僂(취루) : 영구차 속 관을 넣는 곳의 아름다운 장식(王念孫 說).

야만 양생을 제대로 할 수 있다.

7

제齊나라 환공桓公이 택지澤地로 사냥을 나갔는데, 관중管仲이 수레
를 몰고 있었다. 환공은 마침 귀신을 보고서 관중의 손을 잡으면서 말
하였다.

"중부仲父께서도 무엇을 보셨소?"

"저는 아무것도 보지 못했습니다."

환공은 돌아와서 헛소리하며 실성한 병이 걸려 여러 날 출입을 못
하였다.

제나라의 선비에 황자고오皇子告敖라는 사람이 있었는데, 환공을
찾아뵙고 말하였다.

"임금님께서는 스스로 앓고 계신 것입니다. 귀신이 어찌 임금님을
앓게 할 수가 있겠습니까? 마음 속에 엉긴 기운이 흩어지기만 하고
되돌아오지 않으면 곧 정신 상태가 불안전하게 됩니다. 기운이 올라
가기만 하고 내려오지 않으면 곧 사람을 쉽사리 성내게 만듭니다. 내
려가기만 하고 올라오지 않으면 사람으로 하여금 잘 잊도록 만듭니
다. 올라가지도 않고 내려오지도 않아서 몸 속에 담겨 심장에 가득 차
면 곧 병이 됩니다."

환공이 말하였다.

"그건 그렇다치고 귀신은 있는 거요?"

"있습니다. 진흙 물에는 이履라는 귀신이 있고, 부엌 아궁이에는 결
髻이라는 귀신이 있습니다. 집 안의 쓰레기 더미에는 뇌정雷霆이란 귀
신이 있고, 집의 동북쪽 모퉁이에는 배아倍阿와 해롱鮭蠪이란 귀신이
뛰어다니고, 서북쪽 모퉁이에는 일양泆陽이란 귀신이 있게 마련입니

다. 물에는 망상罔象이란 귀신이 있고, 언덕에는 신莘이란 귀신이 있으며, 산에는 기夔라는 귀신이 있고, 들에는 방황彷徨이란 귀신이 있으며, 못에는 위사委蛇라는 귀신이 있습니다."

환공이 말하였다.

"위사란 귀신의 모양은 어떻게 생겼소?"

황자고오가 말하였다.

"위사는 그 굵기가 수레바퀴 통만 하고 길이는 수레 멍에만 하며, 자주색 옷에 붉은 관을 쓰고 있습니다. 그 놈의 성질은 수레 달리는 소리를 듣기 싫어하며, 사람을 보면 그의 목을 빼어들고 섭니다. 그 놈을 본 사람은 거의 모두 패자霸者가 된다고 합니다."

환공은 기뻐서 웃으며 말하였다.

"그것이 바로 내가 본 놈이오."

그리고는 옷과 관을 바르게 하고 그와 함께 앉아 이야기하였는데, 하루를 넘기기도 전에 병이 어느덧 나아 버렸다.

| 원문 |

桓公田¹於澤, 管仲御. 見鬼焉, 公撫管仲之手, 曰; 仲父²何見?

對曰; 臣無所見.

公反, 誒詒³爲病, 數日不出.

齊士有皇子告敖⁴者, 曰; 公則自傷, 鬼惡能傷公? 夫忿滀⁵之氣, 散而不反, 則爲不足. 上而不下, 則使人善怒. 下而不上, 則使人善忘. 不上

---

1 田(전) : 사냥하는 것.
2 仲父(중부) : 관중을 높여 환공이 '중부'라 불렀다 한다.
3 誒詒(희태) : 헛소리하며 정신을 잃는 것.
4 皇子告敖(황자고오) : 황자가 성, 고오는 이름.
5 忿滀(분축) : 마음 속에 엉기고 서리는 것.

不下, 中身當心, 則爲病.

桓公曰; 然則有鬼乎?

曰; 有. 沈[6]有履, 竈[7]有髻. 戶乃之煩壤,[8] 雷霆處之. 東北方之下者, 倍
阿鮭蠪躍之. 西北方之下者, 則泆陽處之. 水有罔象, 丘有峷 山有夔. 野
有彷徨, 澤有委蛇.

公曰; 請問委蛇之狀何如?

皇子; 委蛇, 其大如轂,[9] 其長如轅,[10] 紫衣而朱冠. 其爲物也, 惡聞
雷車之聲, 見人則捧其首[11]而立. 見之者, 殆[12]乎霸.

桓公囅然[13]而笑曰; 此寡人之所見者也.

於是正衣冠與之坐, 不終日而不知病之去也.

| 해설 |

사람의 병이란 거의 모두가 스스로 만드는 것이다. 자신이 올바른 양생
의 방법을 터득하지 못하고 있기 때문에 스스로 병을 만든다는 것이다.

8

　기성자紀渻子가 임금을 위하여 싸움닭을 기르고 있었다. 열흘 만에
닭을 싸움시킬 수 있겠는가 하고 물으니 그가 대답하였다.

---

6 沈(침) : 진흙물.

7 竈(조) : 아궁이.

8 煩壤(번양) : 쓰레기와 흙더미.

9 轂(곡) : 수레바퀴 통.

10 轅(원) : 멍에.

11 捧其首(봉기수) : 그의 머리를 빼어드는 것.

12 殆(태) : 거의, 거의 모두.

13 囅然(진연) : 기뻐서 웃는 모양.

"안 됩니다. 아직 헛되이 교만하여 기운을 믿고 있습니다."

열흘이 더 지나 다시 물으니 그가 대답하였다.

"안 됩니다. 아직도 상대방의 울림이나 그림자에 대해서도 반응을 보입니다."

열흘이 더 지나 다시 물으니 그가 대답하였다.

"안 됩니다. 아직도 상대를 노려보며 기운이 성합니다."

열흘이 더 지나 다시 물으니 그가 대답하였다.

"거의 되었습니다. 비록 상대방 닭이 운다 하더라도 이미 아무런 태도의 변화가 없게 되었습니다. 그를 바라보면 마치 나무를 깎아 만든 닭 같습니다. 그의 덕은 완전해졌습니다. 다른 닭들은 감히 덤벼들지 못하고 보기만 해도 되돌아 달아날 것입니다."

| 원문 |

紀渻子[1]爲王[2]養鬪雞, 十日而問, 雞可鬪已乎? 曰; 未也. 方虛憍[3]而恃氣.

十日又問, 曰; 未也, 猶應嚮景.[4] 十日又問, 曰; 未也, 猶疾視[5]而盛氣.

十日又問, 曰; 幾矣. 雞雖有鳴者, 已無變矣. 望之似木雞矣. 其德全矣. 異雞無敢應者, 見者反走矣.

| 해설 |

싸움닭의 훈련 과정을 통하여 사람의 양생을 빗대어 설명하고 있다. 사

---

1 紀渻子(기성자) : '기'는 사람의 성, 성자(渻子)는 이름.
2 王(왕) : 『열자』에는 주선왕(周宣王)으로 되어 있다.
3 憍(교) : 교만한 것.
4 嚮景(향영) : 울림과 그림자.
5 疾視(질시) : 상대를 노려보는 것.

람도 단계적으로 양생을 쌓아 완전한 덕을 지니게 되어야만 비로소 양생을 제대로 하게 된다는 것이다.

9

공자가 여량呂梁에 구경을 갔다. 거기에는 삼십 길 높이의 폭포가 있는데, 물방울을 사십 리나 튀기면서 급류로 흐르고 있어 큰 자라나 악어와 물고기나 자라도 헤엄칠 수 없는 곳이었다. 그런데, 한 남자가 거기에서 헤엄치는 것을 보고서, 고민이 있어 죽으려는 사람인 줄로 생각하고는 제자들을 시켜 흐름을 따라 내려가 그를 구해 주도록 하였다. 그러나, 그는 수백 보를 헤엄치고 나와서는 머리를 흩뜨린 채 노래를 부르며 언덕 아래를 거닐고 있었다.

공자가 그에게로 다가가서 물었다.

"나는 선생을 귀신인 줄로 알았는데, 아무리 살펴보아도 사람이 틀림없군요. 물 속을 헤엄치는 데에도 특별한 도가 있는 것인지요?"

"없습니다. 내게는 도가 없습니다. 나는 버릇대로 헤엄을 시작했는데, 버릇이 성격으로 발전되고, 성격은 운명처럼 되었던 것입니다. 나는 소용돌이와 함께 들어가서는 솟아오르는 물길과 함께 물 위로 나옵니다. 물길을 따를 뿐이지 사사로운 힘을 쓰지 않습니다. 이것이 내가 여기에서 헤엄칠 수 있는 까닭입니다."

공자가 말하였다.

"무엇을 두고 버릇대로 시작하여 성격으로 발전되고 운명처럼 되었다고 하는 것입니까?"

"내가 육지에 나서 육지에서 편히 지내고 있는 것이 버릇입니다. 물 속에서 자라나서 물에서 편안히 지내고 있는 것이 성격입니다. 내가 그렇게 되는 까닭을 알지 못하는데도 그렇게 되는 것이 타고난 운명입니다."

| 원문 |

孔子觀於呂梁,[1] 縣水[2]三十仞, 流沫四十里, 黿[3]鼉[4]魚鱉[5]之所不能游也. 見一丈夫游之, 以爲有苦而欲死也, 使弟子竝流而拯[6]之. 數百步而出, 被髮行歌, 而游於塘[7]下.

孔子從而問焉, 曰; 吾以子爲鬼, 察子則人也. 請問蹈水[8]有道乎?

曰; 亡, 吾無道. 吾始乎故,[9] 長乎性, 成乎命. 與齊[10]俱入, 與汩[11]偕出. 從水之道, 而不爲私焉. 此吾所以蹈之也.

孔子曰; 何謂始乎故, 長乎性, 成乎命?

曰; 吾生於陵而安於陵, 故也. 長於水而安於水, 性也. 不知吾所以然而然, 命也.

| 해설 |

이 이야기는 『열자』 황제黃帝편에도 보인다. 사사로움을 버리고 자연의 움직임에 자기를 맡겨 천명에 도달하게 되면 신인神人의 경지에 이르게 된다. 그렇게 살면서 행동하는 것이 또한 양생을 얻는 길임은 말할 나

---

1 呂梁(여량) : 지명이라고도 하고, 강물 이름이라고도 하는데 확실치 않다.
2 縣水(현수) : 폭포수.
3 黿(원) : 큰 자라.
4 鼉(타) : 악어.
5 鱉(별) : 자라.
6 拯(승) : 건져 주는 것.
7 塘(당) : 강 언덕.
8 蹈水(도수) : 물에 들어가 헤엄치는 것.
9 故(고) : 습성.
10 齊(제) : 제(臍)와 통하여(段玉裁 說), 소용돌이치는 물.
11 汩(골) : 솟아오르는 물.

위도 없다.

10

재경梓慶이란 유명한 목수가 나무를 깎아서 북틀을 만들었다. 북틀이 만들어지자 그것을 본 사람들은 귀신의 솜씨 같다고 모두 놀랐다. 노나라 제후가 그것을 보고서 재경에게 물었다.

"그대는 무슨 도술로써 이것을 만들었는가?"

"저는 목수인데 무슨 도술이 있겠습니까? 그렇지만 한 가지 원리는 있습니다. 저는 북틀을 만들려 할 때는 감히 기운을 소모하는 일이 없이 반드시 재계齋戒를 함으로써 마음을 고요하게 만듭니다. 사흘 동안 재계를 하면 감히 이익과 상이나 벼슬과 녹祿을 생각하지 않게 됩니다. 닷새 동안 재계를 하면 감히 비난과 칭찬이나 교묘함과 졸렬함을 생각하지 않게 됩니다. 이레 동안 재계를 하면 문득 제가 지닌 손발과 육체까지도 잊게 됩니다. 이렇게 되었을 적에는 나라의 조정도 안중에 없고, 오로지 안으로 기교를 다하기만 하며, 밖의 혼란 같은 것은 없어져 버립니다. 그렇게 된 뒤에야 산림으로 들어가 재목의 성질을 살피고 모양도 완전한 것을 찾아냅니다. 그리고는 완전한 북틀이 마음 속에 떠오르게 된 뒤에야 손을 대는 것입니다. 그렇게 되지 않을 적에는 그만둡니다. 곧 저의 천성을 나무의 천성과 합치시키는 것입니다. 제가 만든 기구가 신기에 가까운 이유는 여기에 있을 것입니다."

| 원문 |

梓慶[1]削木爲鐻.[2] 鐻成, 見者驚猶鬼神. 魯侯見而問焉, 曰; 子何術以爲焉?

對曰; 臣工人, 何術之有? 雖然, 有一焉. 臣將爲鐻 未嘗敢以耗氣也. 必齊³以靜心. 齊三日, 而不敢懷慶賞爵祿. 齊五日, 不敢懷非譽巧拙. 齊七日, 輒然忘吾有四肢形體也. 當是時也, 無公朝.⁴ 其內巧專而外骨⁵消. 然後入山林, 觀天性, 形軀至矣. 然後成見⁶鐻, 然後加手焉. 不然, 則已. 則以天合天. 器之所以疑神⁷者, 其由是與.

| 해설 |

여기서도 자연의 이치를 따라 천연에 합치되면 신기神技에 이를 수 있음을 얘기하고 있다.

11

동야직東野稷이란 사람이 수레 모는 기술을 가지고 장공莊公을 찾아뵈었다. 그의 수레 모는 솜씨는 나아가고 물러나는 것이 먹줄에 들어맞을 정도로 곧았고, 좌우로 도는 것은 그림쇠에 들어맞을 정도로 정원형正圓形을 그렸다. 장공은 옛날 조보造父도 이보다 더 낫지 못할 것이라 생각하고서, 그로 하여금 밭둑 길을 돌아오도록 하였다.

안합顔闔이 그를 만나고 들어와 장공을 뵙고서 말하였다.

"동야직의 말은 넘어지고 말 것입니다."

---

1 梓慶(재경) : 노나라의 유명한 목수 이름. 재를 성이라 보지 않고 관명이라 보는 이도 있다(李頤 說).
2 鐻(거) : 거(虡)와 통하여, 북을 달아 놓는 틀(嚴復 說).
3 齊(재) : 재(齋)와 통하여, 재계의 뜻.
4 公朝(공조) : 임금의 조정. 나라의 조정. 나라의 권세.
5 骨(골) : 골(滑)과 통하여, 혼란의 뜻.
6 成見(성현) : 완성된 북틀이 마음 속에 뚜렷이 떠오르는 것.
7 疑神(의신) : '의'는 의(擬)와 통하여, 신기에 가까운 것.

장공은 묵묵히 대답을 않고 있었는데, 조금 뒤에 과연 말이 넘어져 되돌아왔다. 장공이 물었다.

"당신은 어떻게 이렇게 될 것을 알았소?"

"그의 말은 힘이 다했는데도 여전히 달리게 하고 있으므로 넘어질 것이 분명했습니다."

| 원문 |

東野稷[1]以御見莊公. 進退中繩, 左右旋中規. 莊公以爲父[2]弗過也, 使之鉤百[3]而反.

顔闔[4]遇之, 入見曰; 稷之馬將敗.

公密[5]而不應. 少焉, 果敗而反.

公曰; 子何以知之?

曰; 其馬力竭矣, 而猶求焉, 故曰敗.

| 해설 |

본성을 무시한 인위적인 기교는 결국 실패하고 만다는 얘기를 빗대어 표현한 것이다. 『순자荀子』애공哀公편에도 이와 비슷한 얘기가 나온다.

---

1 東野稷(동야직) : '동야'는 사람의 성, 직(稷)이 이름임.

2 父(보) : 조보(造父). 옛날의 유명한 수레몰이 이름. 보통은 문(文)으로 되어 있으나 잘못임(錢大昕 說).

3 鉤百(구백) : '구'는 도는 것, '백'은 맥(陌)과 통하여(王敔 說), 밭둑 길. 따라서 밭둑 길을 돌아오는 것.

4 顔闔(안합) : 장공의 신하 이름.

5 密(밀) : 입을 다물고 있는 것. 불찬성을 뜻한다.

12

공수工倕가 손으로 도안을 그리면 그림쇠나 굽은 자를 쓴 것같이 정확하였다. 그의 손가락이 물건에 동화되어 있어서 마음으로 생각하지 않아도 된다. 그러므로 그의 정신은 하나로 되어 아무런 거리낌도 받지 않는 것이다.

발을 잊는 것은 신이 알맞기 때문이다. 허리를 잊는 것은 띠가 알맞기 때문이다. 옳고 그름을 잊을 줄 아는 것은 마음이 알맞기 때문이다. 안으로 마음이 변하지 않고 밖으로 물건에 이끌리지 않는 것은 사리와 경우에 알맞기 때문이다. 알맞음에서 시작해서 알맞지 않은 일이 없게 되면, 알맞음이 알맞은 것조차도 잊게 되는 것이다.

| 원문 |

工倕[1]旋[2]而蓋[3]規矩. 指與物化, 而不以心稽,[4] 故其靈臺[5]一而不桎.[6]

忘足, 履之適也. 忘要,[7] 帶之適也. 知忘是非, 心之適也. 不內變, 不外從, 事會[8]之適也. 始乎適, 而未嘗不適者, 忘適之適也.

| 해설 |

자기 마음과 밖의 물건이 완전히 동화되면 마음과 물건이 모두 가장 알맞게 되는데, 완전히 알맞게 되면 알맞은 것조차도 잊게 된다는 것이다.

---

1 工倕(공수) : 요(堯)임금 시대의 유명한 공인.
2 旋(선) : 맨손으로 둥글고 모난 도안을 그리는 것.
3 蓋(개) : 더 훌륭하다(宣穎 說). 또는 합(盍)과 통하여(奚侗 說), 잘 들어맞는다.
4 稽(계) : 생각하다.
5 靈臺(영대) : 영혼의 집. 마음 또는 정신을 가리킨다.
6 桎(질) : 막히다, 거리끼다.
7 要(요) : 허리[腰].
8 事會(사회) : 사리(事理)와 경우.

알맞은 것조차도 잊게 되는 알맞음에 처신하는 게 양생의 길임은 말할 것
도 없다.

13

손휴孫休라는 사람이 있었는데 편경자扁慶子의 집을 찾아가서 말하
였다.

"저는 고을에 살면서 수양이 되지 않았다는 말도 듣지 않았고 어려
움을 당해서도 용기가 없다는 말을 듣지도 않았습니다. 그러나 밭과
들판에서 농사를 지어도 풍년을 만나지 못하고, 임금을 섬김에 있어
서는 좋은 때를 만나지 못하였습니다. 고향 마을에서는 배척을 받고
고을로부터 쫓겨나게 된 처지인데 무슨 죄 때문입니까? 운명일까요?
저는 어째서 이러한 운명을 지녀야 합니까?"

편경자가 말하였다.

"당신은 지극한 사람이 자연스럽게 행동하는 일에 대해 들어 보지
못했소? 자기의 간과 쓸개조차도 잊고 자기의 귀와 눈조차도 잃어 버
린 채 망연히 티끌과 먼지 세상 밖에 노닐며, 일할 것이 없는 직업을
가지고 자연스럽게 어슬렁거리는 것이오. 이것을 두고서 일을 하고서
도 공로를 내세우지 않고, 우두머리가 되면서도 남을 지배하지 않는
다고 하는 것이오. 지금 당신은 지식을 꾸며 가지고 어리석은 사람들
을 놀라게 하며, 몸을 닦은 뒤 남의 더러움을 밝히면서, 해와 달처럼
밝게 자기를 드러내려는 행동을 하고 있소. 그런 당신이 당신의 육체
를 온전히 지니고 이목구비를 다 갖추고서, 중도에 일찍이 귀머거리
나 장님이나 절름발이가 되지 않고, 보통 사람들 속에 끼어 살고 있는
것만도 다행이라 해야 할 것이오. 그런데 또 어찌 하늘을 원망할 겨를
이 있겠소. 당신은 어서 가 보시오."

손휴가 나가자 편경자는 방으로 들어와 한참 동안 앉아 있다가는 하늘을 우러러보면서 탄식하였다. 그것을 보고 제자가 물었다.

"선생님께서는 무엇 때문에 탄식을 하십니까?"

편경자가 말하였다.

"조금 전에 손휴가 왔을 적에 나는 그에게 지극한 사람의 덕을 얘기해 주었다. 나는 그가 놀라서 마침내는 어리둥절하게 될까 봐서 겁이 난다."

제자가 말하였다.

"그렇지 않습니다. 손휴의 주장이 옳고 선생님이 말씀하신 것이 그릇되었다면, 그릇된 것은 본시 옳을 것을 어리둥절하게 할 수가 없을 것입니다. 손휴의 주장이 그릇되었고 선생님의 말씀하신 것이 옳다면, 그는 본시 어리둥절한 상태로 왔던 것이니 또 어찌 선생님 잘못이 되겠습니까?"

편경자가 말하였다.

"그렇지 않다. 옛날에 한 마리의 새가 날아와 노나라 교외에 앉았다. 노나라 임금은 그 새를 좋아해서 소와 양과 돼지를 잡아 그를 먹이고, 구소九韶의 음악을 연주하여 그 새를 즐겁게 해 주었다. 그러나 새는 처음부터 근심하고 슬퍼하면서 눈이 어지러워져서 아무것도 먹고 마시지 못하였다. 이것은 자기 자신을 기르던 방법으로 새를 길렀기 때문인 것이다. 만약 새를 기르던 방법으로 새를 기르려 한다면 마땅히 깊은 숲 속에 살게 하고 강물과 호수 위에 떠다니게 하며, 그로 하여금 진흙 속의 미꾸라지를 잡아먹게 해야 하는 것이다. 그래서 넓은 땅에 편안히 지내게 해 주기만 하면 되는 것이다. 지금 손휴는 멍청하고 견문이 적은 사람인데도 내가 그에게 지극한 사람의 덕을 얘기해 준 것은, 비유를 들면 마치 생쥐를 수레나 말에 태워 주고 작은 안鴳새를 아악雅樂으로 즐겁게 해 주려는 것과 같은 일일 것이다. 그가 어찌 놀라지 않을 수가 있겠느냐?"

| 원문 |

有孫休[1]者, 踵門[2]而詫[3]子扁慶子[4]曰; 休居鄕不見謂不修, 臨難不見謂不勇. 然而田原不遇歲, 事君不遇世. 賓[5]於鄕里, 逐於州部. 則胡罪乎? 天哉? 休惡遇此命也?

扁子曰; 子獨不聞夫至人之自行邪? 忘其肝膽, 遺其耳目, 芒然彷徨乎塵垢之外, 逍遙乎無事之業. 是謂[6]爲而不恃, 長而不宰. 今汝飾知[7]以驚愚, 修身以明汚, 昭昭乎若揭日月而行也. 汝得全而形軀, 具而九竅,[8] 無中道夭於聾盲跛蹇,[9] 而比於人數, 亦幸矣. 又何暇乎天之怨哉? 子往矣!

孫子出, 扁子入坐有閒, 仰天而歎. 弟子問曰; 先生何爲歎乎?

扁子曰; 向者休來, 吾告之以至人之德. 吾恐其驚而遂至於惑也.

弟子曰; 不然. 孫子之所言是邪, 先生之所言非邪, 非固不能惑是. 孫子所言非邪, 先生所言是邪, 彼固惑而來矣, 又奚罪焉?

扁子曰; 不然. 昔者有鳥[10]止於魯郊, 魯君說之, 爲具太牢[11]而饗之, 奏九韶[12]以樂之. 鳥乃始憂悲眩視, 不敢飮食. 此之謂以己養養鳥也. 若

---

1 孫休(손휴) : 노나라 사람 이름.
2 踵門(종문) : 방문(訪問). 종(踵)은 이른다[至]는 뜻이 있음.
3 詫(타) : 얘기하는 것.
4 扁慶子(편경자) : 성은 편(扁), 경자(慶子)는 자이며, 노나라의 현인.
5 賓(빈) : 빈(擯)과 통하여, 배척당하는 것.
6 是謂(시위) : 이하의 두 구절은 『노자』에 보이는 말임.
7 今汝飾知(금여식지) : 이하 세 구절은 산 속의 나무[山木]편에도 보임.
8 九竅(구규) : 귀·눈·코·입의 아홉 개의 구멍.
9 跛蹇(파건) : 절름발이, 다리 병신.
10 昔者有鳥(석자유조) : 이하와 같은 얘기는 지극한 즐거움[至樂]편에도 보였음.
11 太牢(태로) : 소·양·돼지를 잡아 요리한 것.
12 九韶(구소) : 순임금의 음악.

夫以鳥養養鳥者, 宜棲之深林, 浮之江湖, 食之以委蛇,[13] 則平陸而已矣. 今休, 款啓[14]寡聞之民也. 吾告以至人之德, 譬之若載鼷[15]以車馬, 樂鴳[16]以鐘鼓也. 彼又惡能無驚乎哉?

| 해설 |

　사람은 자기 수양을 하여 남에게 뽐내거나 자기 용기를 남에게 보이려 들지 말고 '무위無爲'해야 한다. 그리고 양생養生은 모든 사람의 본성에 알맞게 처신해야 한다는 것을 빗대어 꾸며낸 얘기로 설명하고 있다.

---

13 委蛇(위사) : 진흙 속의 미꾸라지(司馬彪 說).
14 款啓(관계) : '관'은 텅 빈 것, '계'는 훤히 열린 것. 무지한 모양.
15 鼷(혜) : 새앙쥐, 작은 쥐.
16 鴳(안) : 작은 새 이름.

제20편

산 속의 나무
山木

　이 편은 앞 사람들 세상[人間世]편의 뜻을 빗대어 지어낸 얘기인 '우화'로 이어받아 양생(養生)과 처세의 방법에 대하여 여러 가지로 설명하고 있다. 내용도 내편의 사상과 합치되며, 문장도 훌륭하여 장자가 직접 썼거나 그의 제자가 정리한 글이라 보아도 틀림없을 것이다. 편명은 역시 첫머리 구절 중에서 두 글자를 딴 것이다.

1

장자가 산 속을 가다가 가지와 잎새가 무성한 큰 나무를 보았다. 나무 베는 사람이 그 곁에 머물러 있으면서도 베지 않았다. 그 까닭을 물으니 "쓸 만한 곳이 없다"고 대답했다.

장자가 말하였다.

"이 나무는 재목이 못됨으로써 그가 타고난 수명을 다 누리는 것이다."

장자는 산으로부터 나와 친구의 집에 머물게 되었다. 친구는 기뻐하면서 하인에게 명하여 거위를 잡아서 요리를 만들도록 하였다. 하인이 물었다.

"한 놈은 울 줄 알고 한 놈은 울 줄을 모르는데 어느 것을 잡는 것이 좋겠습니까?"

주인이 말하였다.

"울지 못하는 놈을 잡아라."

그 다음 날 제자가 장자에게 물었다.

"어제 산속의 나무는 재목이 되지 못함으로써 타고난 수명을 다 누릴 수가 있었는데, 오늘 주인의 거위는 재질이 없음으로써 죽었습니다. 선생님께서는 어떤 경지에 처신하시겠습니까?"

장자가 웃으면서 말하였다.

"나는 재목이 되는 것과 재목이 되지 않는 것의 중간에 처신하겠다. 그러나 재목이 되는 것과 재목이 되지 않는 것의 중간이란 옳은 경지인 듯하면서도 그릇된 것이어서 재난을 면할 수가 없을 것이다. 만약 자연의 도와 덕을 타고서 떠다니며 노닐게 된다면 그렇지 않을 것이다. 칭찬도 없고 비난도 없을 것이며, 한 번은 용이 되었다 한 번은 뱀이 되었다 하고 자유로이 시간과 더불어 함께 변화하면서, 오로지 한 가지 일만을 하려 들지 않을 것이다. 한 번 내려갔다 한 번 올라갔다

하면서 조화로써 표준을 삼을 것이다. 만물이 시작되기 전의 상태에 떠다니며 노닐고, 물건을 물건으로서 부리되 밖의 물건으로부터 물건으로서 부림을 받지 않는다. 그러니 어찌 재난 같은 것이 있을 수가 있겠는가? 이것은 신농과 황제의 법칙인 것이다.

그러나 만물의 실정이나 인간 윤리의 변화는 그렇지 않다. 합해지면 떨어지게 되고, 이룩되면 무너지게 되고, 모가 나면 꺾이게 되고, 높으면 비판을 받게 되고, 뜻있는 일을 하면 공격을 받게 되고, 현명하면 모함을 받게 되고, 못나면 속임을 당하게 된다. 그러니 어떻게 꼭 재난을 면할 수가 있겠는가? 슬프다. 너희들은 이것을 잘 기억해 두어라. 자연의 도와 덕이 행해지는 고장에서만 제대로 지낼 수가 있을 것이다."

| 원문 |

莊子行於山中, 見大木, 枝葉盛茂, 伐木者止其旁而不取也. 問其故, 曰; 無所可用.

莊子曰; 此木以不材得終其天年矣.

子出於山, 舍於故人之家. 故人喜, 命豎子[1]殺雁[2]而烹[3]之. 豎子請曰; 其一能鳴, 其一不能鳴, 請奚殺?

主人曰; 殺不能鳴者.

明日, 弟子問於莊子曰; 昨日山中之木, 以不材得終其天年. 今主人之雁, 以不材死. 先生將何處?

莊子笑曰; 周將處夫材與不材之間. 材與不材之間, 似之而非也. 故

---

1 豎子(수자) : 하인.
2 雁(안) : 여기서는 거위(王引之 說).
3 烹(팽) : 삶다. 삶아서 요리하다.

未免乎累. 若夫乘道德而浮遊則不然. 無譽無訾,[4] 一龍一蛇, 與時俱化, 而無肯專爲.[5] 一上一下, 以和爲量. 浮遊乎萬物之祖, 物物而不物於物. 則胡可得而累邪? 此神農黃帝之法則也.

若夫萬物之情, 人倫之傳,[6] 則不然. 合則離, 成則毁, 廉[7]則挫, 尊則議, 有爲則虧,[8] 賢則謀, 不肖則欺. 胡可得而必乎哉? 悲夫, 弟子志[9]之, 其唯道德之鄕乎!

| 해설 |

쓰일 곳이 있는 것과 쓰일 곳이 없는 것의 한계를 초월하여 완전히 자연스러울 수 있어야만 아무런 재난도 없이 제대로 살 수 있게 될 것이라는 얘기이다.

2

저자 남쪽의 의료宜僚가 노魯나라 제후를 뵈니, 노나라 제후는 근심하는 빛을 띠고 있었다. 의료가 말하였다.

"임금께선 근심스런 빛을 띠고 계시니 어찌 된 일입니까?"

노나라 제후가 말하였다.

"나는 옛 훌륭한 임금들의 도를 배웠고 옛 임금들이 하신 일을 닦았소. 나는 귀신을 공경하고 현명한 사람을 존중하며 그들과 친근히 지

---

4 訾(자) : 비난, 비판.
5 專爲(전위) : 오로지 한 가지 일만 하는 것.
6 傳(전) : 전(轉)과 통하여 전변(轉變), 변화.
7 廉(염) : 모가 나는 것.
8 虧(휴) : 일그러뜨리다, 비난하다.
9 志(지) : 기억하는 것. 마음에 새겨 두는 것.

내면서 일을 하고 잠시도 멈추는 일이 없소. 그런데도 환난을 면치 못하고 있으니 나는 그 때문에 근심하는 것이오."

의료가 말하였다.

"걱정을 없애는 방법이 시원찮아서 그렇습니다. 살찐 여우와 아름다운 무늬의 표범이 산림 속에 살면서 바위 굴에 숨어 있는 것은 고요함을 유지하기 위해서입니다. 밤에 활동하고 낮에는 들어앉아 있는 것은 경계하기 위한 것입니다. 비록 배고프고 목마르며 곤궁한 처지에 있다 하더라도 역시 먼 강과 호숫가로 가서 먹이를 구하는 것은 안정을 위해서입니다. 그런데도 그물과 덫의 걱정을 면하지 못하고 있는 것은 그들에게 무슨 잘못이 있어서이겠습니까? 그들의 가죽이 재난의 원인인 것입니다. 지금 노나라는 임금님께 그들의 가죽과 같은 것이 아니겠습니까? 바라건대 임금께서는 육체를 잘라내고 가죽을 벗어 버리며 마음을 씻어내고 욕망을 없애 버리고서 아무도 없는 들판에 노닐도록 하십시오.

남월南越 땅에 한 고을이 있는데 이름을 건덕建德의 나라라 부릅니다. 그곳의 백성들은 어리석고도 소박하며 사사로움이 적고 욕심도 적으며 일할 줄만 알았지 물건을 저장해 둘 줄은 모릅니다. 남에게 무엇을 주고도 그 대가를 바라지 않으며 어떤 것이 정의에 들어맞는 것인가를 알지 못하고 예의란 어떻게 해야 지켜지는 것인지 알지 못합니다. 멋대로 무심히 행동하면서도 위대한 자연의 도를 실천하고 있습니다. 그들의 삶은 즐겁기만 하고 그들은 죽으면 편히 묻힙니다. 제가 바라건대 임금님께서도 나라를 떠나 속된 일을 버리신 뒤 자연의 도의 도움을 받으며 그곳으로 가십시오."

임금이 말하였다.

"그곳으로 가는 길은 멀고도 험하거니와 또 강과 산이 막혀 있소. 내게는 수레도 배도 없는데 어떻게 하면 좋겠소?"

의료가 말하였다.

"임금님께서는 육체적인 오만함을 없애고 높은 지위를 마음에서 없애어 그것으로 배와 수레를 삼으십시오."

임금이 말하였다.

"그곳으로 가는 길은 아득히 멀고 아무도 없는데 나는 누구와 이웃 삼고 지낸단 말이오? 나는 양식도 없고 먹을 것도 없는데 어떻게 거기에 갈 수가 있겠소?"

의료가 말하였다.

"임금님의 비용을 줄이고 욕망을 줄이면 비록 식량이 없다 하더라도 풍족하게 됩니다. 임금님께서 강을 건너고 바다 위에 배를 띄우게 되면 바라보아도 그 끝이 보이지 않고 갈수록 끝나는 곳을 알지 못하게 될 것입니다. 임금님을 전송하는 사람들이 모두 강언덕에서 돌아가 버리면 임금님께서는 그 때부터 멀리 자유로운 경지로 떠나게 될 것입니다. 그래서 사람들을 다스리는 사람은 재난이 있고, 사람들에게 보호받는 지위의 사람은 근심이 있게 된다는 것입니다. 그러므로 요임금은 사람들을 다스리지 않았고, 사람들의 보호를 받지도 않았습니다. 제가 바라건대 임금님께서는 임금의 재난을 버리시고 임금의 근심을 없애고서 홀로 도를 따라 크게 광막한 나라에 노니십시오.

배를 나란히 하고 황하를 건널 적에 만약 빈 배가 와서 자기 배에 부딪쳤다면 비록 마음이 좁은 사람이라 하더라도 성을 내지 않을 것입니다. 만약 한 사람이라도 그 배 위에 있다면 곧 소리쳐 배를 저리로 저어 가라고 할 것입니다. 한 번 소리쳐 듣지 못하면 두 번 소리치고, 그래도 듣지 못하면 세 번 소리치면서 반드시 나쁜 소리가 거기에 뒤따르게 될 것입니다. 앞에서는 성내지 않다가 지금은 성을 내는 것은 앞의 것은 빈 배였는데 지금 것은 사람이 타고 있기 때문입니다. 사람이 자기를 텅 비게 하고서 세상에 노닌다면 그 누가 그를 해칠 수가 있겠습니까?"

| 원문 |

市南宜僚[1]見魯侯, 魯侯有憂色. 市南子曰; 君有憂色, 何也?

魯侯曰; 吾學先王之道, 修先君之業, 吾敬鬼尊賢, 親而行之, 無須臾離居.[2] 然不免於患, 吾是以憂.

市南子曰; 君之除患之術淺矣. 夫豐狐[3]文豹, 棲於山林, 伏於巖穴, 靜也. 夜行畫居, 戒也. 雖飢渴隱約,[4] 猶且胥疏[5]於江湖之上而求食焉, 定也. 然且不免於罔羅[6]機辟[7]之患, 是何罪之有哉? 其皮爲之災也. 今魯國, 獨非君之皮邪? 吾願君剖[8]形去皮, 洒[9]心去欲, 而遊於無人之野.

南越有邑焉, 名爲建德之國. 其民愚而朴, 少私而寡欲, 知作[10]而不知藏. 與而不求其報, 不知義之所適, 不知禮之所將.[11] 猖狂[12]妄行,[13] 乃蹈乎大方.[14] 其生可樂, 其死可葬. 吾願君去國捐俗, 與道相輔而行.

君曰; 彼其道遠而險. 又有江山, 我無舟車. 奈何?

市南子曰; 君無形倨,[15] 無留居,[16] 以爲君舟車.

---

1 宜僚(의료) : 성은 태(態), 이름이 의료이며, 초나라 사람으로서 저자 남쪽에 숨어 살아 시남자(市南子)라고도 불렸다.

2 居(거) : 지(止), 곧 멈춘다는 뜻.

3 豐狐(풍호) : 살찐 아름다운 여우.

4 隱約(은약) : 곤궁한 것.

5 胥疏(서소) : 두 글자 다 '멀리'의 뜻이 있음.

6 罔羅(망라) : 짐승을 잡는 그물.

7 機辟(기벽) : 덫.

8 剖(고) : 쪼개내는 것.

9 洒(세) : 씻어내다.

10 作(작) : 일하는 것. 농사짓는 것.

11 將(장) : 지키는 것.

12 猖狂(창광) : 자유로운 것. 멋대로 행동하는 것.

13 妄行(망행) : 무심히 행동하는 것.

14 大方(대방) : 대도(大道). 위대한 자연의 도.

君曰; 彼其道, 幽遠而無人, 吾誰與爲鄰? 吾無糧, 我無食, 安得而至焉?

市南子曰; 少君之費, 寡君之欲, 雖無糧而乃足. 君其涉於江而浮於海, 望之而不見其崖,[17] 愈往而不知其所窮. 送君者皆自崖而反, 君自此遠矣. 故有人[18]者累, 見有於人[19]者憂. 故堯非有人, 非見有於人也. 吾願去君之累, 除君之憂, 而獨與道遊於大莫[20]之國.

方[21]舟而濟於河, 有虛船來觸舟, 雖有惼心[22]之人不怒. 有一人在其上, 則呼張歙[23]之. 一呼而不聞, 再呼而不聞, 於是三呼邪, 則必以惡聲隨之. 向也不怒而今也怒, 向也虛而今也實. 人能虛己以遊世, 其孰能害之?

| 해설 |

높은 지위나 많은 부는 모두 사람에게는 재난의 원인이 될 뿐이다. 자기를 텅 비게 하고서 욕심도 감정도 없이 무심히 세상을 노닐면 아무런 근심도 해도 없게 된다는 것이다.

3

북궁사北宮奢가 위衛나라 영공靈公을 위하여 백성들로부터 세금을

---

15 倨(거) : 오만한 것.
16 居(거) : 지위.
17 崖(애) : 언덕. 물가.
18 有人(유인) : 사람들을 다스리는 것.
19 有於人(유어인) : 사람들에게 소유되는 것. 사람들에게 보호받고 떠받들어지는 것.
20 大莫(대막) : 크게 광막한 것.
21 方(방) : 나란히 하는 것.
22 惼心(편심) : 급한 마음. 좁은 마음.
23 張歙(장흡) : 떨어져 물러나는 것.

거둬들여 가지고 편종編鐘을 만들게 되었다. 그는 성곽城郭 문밖에 제단을 만들고서는 석 달 만에 위 아래로 종이 달린 종틀을 완성시켰다. 왕자인 경기慶忌가 보고서 그에게 물었다.

"당신은 무슨 방법을 써서 이렇게 만들었소?"

북궁사가 말하였다.

"한결같음을 지니고 있었을 뿐이지 아무런 방법도 쓴 것이 없습니다. 제가 듣건대 옥은 깎고 쪼고 함으로써 본연의 소박함으로 복귀하게 된다 하였습니다. 저는 멍청히 아무런 의식도 없고 멍멍히 바보인 것처럼 행동했습니다. 멍하고 망연히 가는 것은 보내고 오는 것은 마중하였습니다. 오는 것은 금하지 않고 가는 것은 붙잡지 않았습니다. 뻣뻣하고 억센 사람들에게도 그대로 따르고 유순한 사람들에게도 내가 따랐습니다. 스스로 힘 다하는 대로 되도록 버려 둔 것입니다. 그러므로 아침 저녁으로 세금을 거둬들여도 터럭 끝만큼도 백성들을 손상시키지 않는 것입니다. 제가 이 정도이니 하물며 위대한 도를 터득한 분이야 어떠하겠습니까?"

| 원문 |

北宮奢[1]爲衛靈公賦斂[2]以爲鐘. 爲壇乎郭門之外, 三月而成上下之縣.[3] 王子慶忌[4]見而問焉, 曰; 子何術之設?

奢曰; 一之間,[5] 無敢設也. 奢聞之, 旣彫旣琢, 復歸於朴. 侗乎[6]其無

---

1 北宮奢(북궁사) : '북궁'이 성이고 '사'는 이름이며, 위나라의 대부.
2 賦斂(부렴) : 백성들로부터 세금을 거둬들이는 것.
3 縣(현) : 종을 거는 종틀.
4 慶忌(경기) : 주나라의 왕자로서 위나라에서 벼슬한 사람인 듯하다(兪樾 說).
5 一之間(일지간) : 한결같음을 그 사이에 두었다는 뜻이다.
6 侗乎(동호) : 지각이 없는 모양.

識, 儻乎[7]其怠疑.[8] 萃乎芒乎,[9] 其送往而迎來. 來者勿禁, 往者勿止. 從
其彊梁,[10] 隨其曲傅,[11] 因其自窮. 故朝夕賦斂, 而毫毛不挫. 而況有大
塗者乎?

| 해설 |

　무슨 일이나 자연에 따라 무심히 처리하면 아무런 장애도 받지 않고 잘
이루어진다는 것이다.

4

　공자가 진나라와 채나라 사이에서 사람들에게 포위당하여 칠 일 동
안이나 더운 음식을 먹지 못하였다. 그 때 태공 임大公任이 찾아와 공
자를 위문하여 말하였다.

　"선생님은 죽게 될 것 같습니다."

　"그렇소."

　"선생님은 죽는 것을 싫어하십니까?"

　"그렇소."

　태공임이 말하였다.

　"제가 시험 삼아 죽지 않는 도를 얘기해 보겠습니다. 동해에 새가
있는데 이름을 의태意怠라 부릅니다. 그 새의 성질은 푸덕푸덕 더디게

7　儻乎(당호) : 생각이 없는 모양.

8　怠疑(태의) : '태'는 이(怡)와 통하여 '바보스러운 것'(說文), '의'는 치(癡)와 통하여 역
　시 '바보스러운 것'(王叔岷 說).

9　萃乎芒乎(취호망호) : 멍하고 망연한 것. 아무런 의식 없이 자연이 변화하는 대로 맡기고
　있는 모양.

10　彊梁(강량) : 자기 주장을 내세우며 따르지 않는 사람. 뻣뻣하고 억센 사람.

11　曲傅(곡부) : 유순히 잘 따르는 사람.

날아다녀 아무 능력도 없는 것 같습니다. 다른 새들이 이끌어 주어야 날며, 다른 새들에게 밀려 내려 앉게 됩니다. 나아갈 적에는 감히 다른 새보다 앞서지 않고, 물러설 적에는 감히 다른 새보다 뒤지지를 않습니다. 음식은 감히 다른 새보다 먼저 먹지 않으며 반드시 다른 새가 먹고 남긴 것을 먹습니다. 그러므로 그 새는 다른 새들 무리에서 배척당하지 않고 밖의 사람들도 끝내 해치지를 못합니다. 그래서 환난을 면하고 있습니다. 곧은 나무는 먼저 잘리고 단 샘물은 먼저 말라붙습니다. 선생님께서는 그렇지 못하고 지식을 꾸며 어리석은 사람들을 놀라게 하고, 몸을 닦음으로써 남의 더러움을 밝혀 내며, 밝게 해나 달이 내걸려 있듯이 자기를 드러내는 행동을 하고 있습니다. 그래서 환난을 면치 못하는 것입니다.

옛날에 제가 위대한 덕을 이룩한 사람에게서 들은 바에 의하면, 스스로 뽐내는 사람은 공이 없게 되고, 공을 이룩한 것을 드러내는 사람은 실패를 하게 되고, 명성을 이룩한 사람은 화를 당하게 된다고 하였습니다. 어느 누가 자기의 공로와 명성을 버리고서 보통 사람들에게로 돌아올 수가 있겠습니까? 자기가 터득한 도가 행해져도 자기 지위를 밝히지 않고, 자기의 덕이 행해져도 명성을 자기 것으로 받아들이지 않으며, 순일한 마음으로 언제나 한결같이 행동하여 무심하고 자유로운 경지에 합치되는 사람이어야 합니다. 자기 업적을 없애 버리고 자기의 권세를 버리며 공명을 추구하지 않는 사람이어야 합니다. 그러면 남을 책하는 일이 없고 남도 그를 책하는 일이 없게 됩니다. 지인은 세상에 알려지지 않는 법인데 선생님께서는 어찌하여 공명을 기뻐하십니까?"

공자가 말하였다.

"훌륭한 말씀이오."

그리고는 자기의 교유를 물리치고 그의 제자들을 버린 다음 큰 소

택지沼澤地로 도망하였다. 짐승털 가죽옷과 칡베옷을 입고 도토리와
밤을 주워 먹으며 살았다. 그리하여 짐승들 사이로 들어가도 짐승들
은 자기 무리를 어지럽히지 않고, 새들 틈에 들어가도 새들은 그들의
날던 행렬을 어지럽히지 않게 되었다. 새와 짐승도 그를 싫어하지 않
거늘 하물며 사람들이야 어떠하겠는가?

| 원문 |

孔子圍於陳蔡之間,**1** 七日不火食. 大公任**2**往弔之, 曰; 子幾死乎?

曰; 然.

子惡死乎?

曰; 然.

任曰; 予嘗言不死之道. 東海有鳥焉, 其名曰意怠.**3** 其爲鳥也. 翂翂翐
翐,**4** 而似無能. 引援**5**而飛, 迫脅**6**而棲. 進不敢爲前, 退不敢爲後. 食不
敢先嘗, 必取其緒.**7** 是故其行列不斥, 而外人卒不得害, 是以免於患. 直
木先伐,**8** 甘井先竭. 子其意者, 飾知以驚愚, 修身以明汙, 昭昭乎如揭日
月而行, 故不免也.

昔吾聞之, 大成之人曰; 自伐者無功, 功成者墮,**9** 名成者虧.**10** 孰能去

---

1 圍於陳蔡之間(위어진채지간) : 노나라 애공 6년에 공자는 초나라 소왕의 초청을 받고 초
　나라를 가게 되었다. 도중에 진나라와 채나라 사이를 지나다가 일찍이 그 지방 사람들을
　해친 일이 있는 양호(陽虎)로 착각되어 사람들에게 포위당하여 곤경을 겪었다. '하늘의
　운행'편과 '임금 자리를 물려줌'편에도 이 얘기가 인용되어 있다.
2 大公任(태공임) : 태공은 대부(大夫)를 일컫는 말, 임이 이름임.
3 意怠(의태) : 바다제비의 일종.
4 翂翂翐翐(분분질질) : 푸덕푸덕 천천히 나는 모양.
5 引援(인원) : 서로 끌어 주며 돕는 것.
6 迫脅(박협) : 몸을 바싹 붙이는 것. 몸을 대고 미는 것.
7 緒(서) : 나머지, 찌꺼기.
8 伐(벌) : 뽐내는 것.
9 墮(타) : 떨어지다, 실패하다.

功與名, 而還與衆人? 道流[11]而不明居, 得行[12]而不名處. 純純[13]常常,[14]
乃比於狂.[15] 削迹捐勢, 不爲功名. 是故無責於人, 人亦無責焉. 至人不
聞, 子何喜哉?

孔子曰; 善哉. 辭其交遊, 去其弟子, 逃於大澤. 衣裘褐,[16] 食杼栗.[17]
入獸不亂羣, 入鳥不亂行. 鳥獸不惡, 而況人乎?

| 해설 |

사람은 자기를 드러내려고 하는 데서 위해를 받게 된다. 순박한 자연을
따라 스스로의 본성만을 지키고 있으면 절대로 남이 해치지 않게 된다는
것이다. 이것이 도가적인 처세 방법인 것이다.

5

공자가 상호桑扈 선생에게 물었다.

"나는 노魯나라에서는 두 번이나 쫓겨났고, 송宋나라에서는 내가
앉은 옆 나무가 베어져 넘어갔고, 위衛나라에서는 나를 쫓아내었고,
상商나라와 주周나라에서도 궁지에 몰렸고, 진陳나라와 채蔡나라 사
이에서는 사람들에게 포위를 당했었습니다. 내가 이러한 여러 가지
환난을 당하는 사이에 친히 교제하던 사람들은 더욱 멀어졌고, 제자

---

10 虧(휴) : 일그러지다, 화를 당하다.
11 道流(도류) : 자기가 닦은 도가 세상에 행하여지는 것.
12 得行(득행) : 자기의 덕이 널리 세상에 행하여지는 것.
13 純純(순순) : 마음이 순일한 모양.
14 常常(상상) : 행동이 한결같은 모양.
15 狂(광) : 무심하여 자유롭게 행동하는 것. 이런 뜻으로『장자』에 여러 번 보인다.
16 裘褐(구갈) : 짐승털 가죽옷과 칡베 옷. 소박한 옷.
17 杼栗(저율) : 도토리와 밤.

478

들과 친구들은 더욱 흩어져 가버리게 되었는데 어째서일까요?"

상호 선생이 말하였다.

"선생은 가假나라 사람이 도망친 얘기를 듣지 못하셨습니까? 그 나라의 임회林回는 천금의 구슬을 버리고 어린아이를 업고서 달아났습니다. 어떤 사람이 그를 보고서 '그 값으로 말할 것 같으면 갓난아이의 값은 얼마되지 않고, 거추장스러운 것으로 말하면 갓난아이가 훨씬 더 거추장스럽습니다. 천금의 구슬을 버리고 갓난아이를 업고 도망치는 것은 어째서입니까?'라고 물었습니다. 이 때 임회는 '그 구슬이란 이익 때문에 나와 맺어진 것이고, 이 아이는 하늘에 의하여 나와 맺어진 것이오. 이익으로 맺어진 것이란 궁지에 몰리거나 환난을 당하거나 해를 보게 되면 서로 버려지게 마련이오. 하늘에 의하여 맺어진 것은 궁지에 몰리거나 환난을 당하거나 해를 보게 되면 서로 거두어 주어야만 하는 것이오'라고 대답했습니다. 서로 거두어 주는 사이와 서로 버리는 사이란 먼 것입니다. 또한 군자의 사귐이란 담담하기 맹물과 같고, 소인들의 사귐이란 달콤하기 단술과 같습니다. 군자들의 사이는 담담하지만 더욱 친해지고, 소인들의 사이는 달콤하지만 결국 끊어지게 됩니다. 이유 없이 맺어진 것들이란 이유 없이 떨어지게 마련인 것입니다."

공자가 말하였다.

"삼가 가르침을 잘 받들겠습니다."

그리고 공자는 건들건들 천천히 걸으면서 돌아와 학문을 끊고 책을 버렸다. 제자들은 그의 앞에서 허리를 굽히지 않게 되었으나 그들 사이의 사랑은 더욱 두텁게 되었다.

뒷날 상호가 다시 말하였다.

"순임금이 임종 때에 우에게 명하였습니다. '그대는 다음 것을 경계하라. 육체는 자연을 따르는 것보다 더 좋은 것이 없으며, 감정은 본성을 따르는 것보다 더 좋은 것이 없다.' 자연을 따르면 서로 떨어지지 않게 되고, 본성을 따르면 수고롭지 않게 되는 것입니다. 자연으로부터 떨어지지 않고 수고롭지 않게 된다면 학문을 추구하여 자신을 꾸미려 하지 않게 됩니다. 학문을 추구하여 자신을 꾸미지 않게 되면 밖의 물건에 의지할 일이 없게 됩니다."

| 원문 |

孔子問子桑雽[1]曰; 吾再逐於魯, 伐樹於宋,[2] 削迹[3]於衛, 窮於商[4]周, 圍於陳蔡之間. 吾犯[5]此數患, 親交益疏, 徒友益散, 何與?

子桑雽曰; 子獨不聞假[6]人之亡與? 林回棄千金之璧, 負赤子而趨. 或曰; 爲其布[7]與, 赤子之布寡矣. 爲其累與, 赤子之累多矣. 棄千金之璧, 負赤子而趨, 何也? 林回曰; 彼以利合, 此以天屬[8]也. 夫以利合者, 迫窮禍患害相棄也. 以天屬者, 迫窮禍患害相收也. 夫相收之與相棄, 亦遠矣. 且君子之交淡若水, 小人之交甘若醴.[9] 君子淡以親, 小人甘以絶. 彼無故以合者, 則無故以離.

孔子曰; 敬聞命矣.

---

1 子桑雽(자상호) : 자는 높이기 위하여 '선생님'의 뜻으로 붙인 것. 성이 상(桑)이고, 이름이 호(雽)이다. 유월(兪樾)은 위대한 참 스승[大宗師]편의 자상호(子桑戶)와 같은 사람인 듯하다고 하였다.

2 伐樹於宋(벌수어송) : 노나라 애공 2년, 공자가 위(衛)나라를 떠나 송(宋)나라로 가서 큰 나무 아래서 제자들을 가르치고 있었다. 그 때 송나라의 사마(司馬)인 환퇴(桓魋)가 공자를 죽이려고 그 나무를 뽑아 쓰러뜨렸다 한다(『논어』 술이(述而)편).

3 削迹(삭적) : 발자취조차도 깎아 버리는 것. 추방당한 것을 뜻한다.

4 商(상) : 옛 상나라 땅 어느 곳인지는 확실치 않다.

5 犯(범) : 당하다, 만나다.

6 假(가) : 나라 이름. 뒤의 임회(林回)를 사마표(司馬彪)가 은(殷)나라에서 도망친 사람 이름이라 설명하고 있으니, 가(假)는 은(殷)의 잘못인 듯하다(吳汝綸 說).

7 布(포) : 옛날 화폐, 돈, 값.

8 天屬(천속) : 하늘에 의하여 연결된 것.

9 醴(예) : 단술.

徐行翔佯[10]而歸, 絶學捐書. 弟子無挹於前, 其愛益加進.

異日, 桑雽又曰; 舜之將死, 眞泠[11]禹曰; 汝戒之哉. 形莫若緣,[12] 情莫若率.[13] 緣則不離, 率則不勞. 不離不勞, 則不求文[14]以待形. 不求文以待形, 固[15]不待物.

| 해설 |

공자는 너무 형식적인 것에 치중하였기 때문에 수없는 환난을 겪었다. 사람은 자연을 따르고 자기 본성만 좇음으로써 자기 밖의 사물에는 전혀 기대하는 것이 없어야만 한다. 그래야 아무런 위해도 없이 편안하게 살 수 있게 된다는 것이다.

6

장자가 누더기로 기운 거친 무명옷에다가 삼줄로 얽어맨 신을 신고서 위魏나라 임금을 찾아갔다.

위나라 임금이 말하였다.

"어째서 선생은 그토록 곤경에 빠졌습니까?"

장자가 말하였다.

"가난한 것이지 곤경에 빠진 것은 아닙니다. 선비에게는 자연의 도와 덕이 있는데 그것을 실행하지 못하는 것이 곤경에 빠지는 것입니

---

10 翔佯(상양) : 어슬렁어슬렁 걷는 모양.
11 眞泠(진냉) : 내명(乃命)을 잘못 쓴 것(王引之 說). 곧 명하였다는 뜻.
12 緣(연) : 자연의 변화나 형세를 그대로 따르는 것.
13 率(솔) : 자기 본성을 따르는 것.
14 文(문) : 학문이나 예의 또는 어짊과 의로움 같은 꾸미는 행동.
15 固(고) : 고(故)와 통하여, 그러므로.

다. 옷이 해지고 신에 구멍이 난 것은 가난한 것이지 곤경에 빠진 것이 아닙니다. 이것이 이른바 때를 만나지 못했다는 것입니다.

　임금님께서는 나무에 기어오르는 원숭이를 보지 못하셨습니까? 원숭이는 남枏나무나 가래나무나 예장豫章나무 같은 큰 나무에 올라가 나뭇가지에 매달리면서 그 사이에서 득의할 적에는 비록 예羿나 봉몽逢蒙과 같은 활 잘 쏘는 사람이라 하더라도 겨냥조차 할 수가 없습니다. 그러나 원숭이가 산뽕나무나 가시나무나 탱자나무나 구기자나무 같은 작은 나무 사이에 있을 적에는 위태로운 듯이 곁눈질을 하며 다니고 덜덜 두려움에 떨게 됩니다. 이것은 원숭이의 골육이나 뼈가 더욱 굳어져 유연하지 않게 되었기 때문이 아닙니다. 그가 처해 있는 형세가 불편하여 그의 능력을 발휘할 수 없기 때문인 것입니다. 지금 같은 혼미한 임금과 어지러운 신하들 사이에 처신하면서 곤경에 빠지지 않으려 한다 하더라도 어찌 될 수가 있겠습니까? 이것은 충신인 비간比干이 심장을 도려내게 되었던 일로도 증명되는 일입니다.”

| 원문 |

　莊子衣大布¹而補之, 正緳²係履³而過魏王.⁴ 魏王曰; 何先生之憊⁵邪?

　莊子曰; 貧也, 非憊也. 士有道德不能行, 憊也. 衣弊履穿, 貧也, 非憊也. 此所謂非遭時也.

　王獨不見夫騰猿⁶乎? 其得枏⁷梓⁸豫章也, 攬蔓⁹其枝, 而王長¹⁰其間,

---

1 大布(대포) : 거친 천으로 만든 옷.
2 正緳(정혈) : 삼베 줄을 손질하는 것.
3 係履(계리) : 신을 얽어매는 것.
4 魏王(위왕) : 위나라 혜왕(惠王)을 가리킨다(司馬彪 說).
5 憊(비) : 고달프다, 곤경에 빠지다.

雖羿11蓬蒙12不能睥睨13也. 及其得柘14棘枳枸之閒也, 危行側視, 振動
悼慄.15 此筋骨非有加急16而不柔也, 處勢不便, 未足以逞其能也. 今處
昏上亂相之間, 而欲無憊, 奚可得邪? 此比干17之見剖心, 徵18也夫.

| 해설 |

  때를 못 만나면 가난하게 사는 것이 당연하다. 그럴 때는 가난함을 탓
하지 말고 자연의 '도'를 따라 편안히 살아가도록 해야만 한다는 것이다.

7

  공자가 진陳나라와 채蔡나라 사이에서 곤경에 빠져 7일 동안이나
불로 익힌 음식을 먹지 못하고 있었다. 공자는 왼손은 마른 나무에 걸
쳐 놓고, 오른손으로는 마른 나뭇가지를 두드리면서 유염씨有焱氏의
노래를 불렀다. 그런데 그에게 악기는 있는 셈이었지만 절박節拍은 이
루어지지 않았고, 그의 목소리는 있었지만 음률은 이루어지지 않는

---

6 騰猨(등원) : 나무에 기어오르는 원숭이.
7 枏(남) : 남(楠)으로도 쓰이며 나무 이름.
8 梓(자) : 예장(豫章)과 함께 모두 큰 나무들임.
9 攬蔓(남만) : 잡아당기다, 매달리다.
10 王長(왕장) : 의기가 왕성한 모양. 득의한 모양.
11 羿(예) : 옛날의 활 잘 쏘기로 유명했던 사람의 이름.
12 蓬蒙(봉몽) : 예의 제자임.
13 睥睨(비예) : 흘겨보다, 겨냥하다.
14 柘(자) : 산뽕나무. 극(棘)·지(枳)·구(枸)와 함께 모두 작은 관목임.
15 悼慄(도율) : 두려움에 떠는 것.
16 加急(가급) : 더욱 굳어지는 것.
17 比干(비간) : 은나라 주왕의 충신. 주왕의 폭정을 간하자, 주왕은 성인의 심장에는 구멍
   이 일곱 개 있다던데 정말인가 보자고 하면서 그의 심장을 꺼내었다 한다.
18 徵(징) : 징험, 증명.

상태였는데, 두드리는 나무 소리와 그의 목소리는 잘 어울려 사람의 마음을 감동시키고 있었다. 안회가 두 손을 모아 쥐고 눈길을 떨어뜨리며 공자를 바라다보고 있었다.

공자는 안회가 자기 멋대로 뜻을 넓혀 재난을 크게 생각하거나 자기를 아끼는 나머지 슬퍼할까 두려워서 말하였다.

"안회여, 자연의 재해를 받아들이지 않고 편히 지내기는 쉽지만 인위적 부귀를 받아들이지 않고 마음을 바르게 갖기는 어려운 것이다. 모든 일은 시작되면 끝나지 않는 것 없이 변화한다. 사람이란 자연과 한가지인 것이다. 지금 노래를 부른 것은 그 누구였던가?"

안회가 말하였다.

"감히 자연의 재해를 받아들이지 않고 편히 지내기는 쉽다는 말씀에 대하여 여쭙고자 합니다."

공자가 말하였다.

"굶주림과 목마름과 추위와 더위와 궁색해져 뜻대로 되지 않는 것은 천지의 운행이며 만물 변화의 결과인 것이다. 그 말은 이러한 운행 변화와 함께 어울려 가기만 하면 된다는 것을 뜻한다. 신하된 사람은 임금의 명으로부터 감히 벗어나지를 못한다. 신하 노릇을 하는 도리도 이와 같거늘 하물며 하늘을 대하는 도리야 어떠하겠느냐?"

"무엇을 두고 인위적인 부귀를 받아들이지 않고 마음을 바르게 갖기는 어렵다고 하셨습니까?"

공자가 말하였다.

"처음 출세를 하고 보면 모든 것이 뜻대로 되고, 벼슬과 녹祿이 아울러 보태져서 궁하지 않게 된다. 이것은 밖의 물건이 이롭게 해 주는 것이지 자기가 지니고 있던 것은 아니다. 결국 나의 운명이 밖에서부터 지배당하게 되는 것이다. 군자는 도둑질을 하지 않고, 현명한 사람은 물건을 훔치지 않는 법인데, 우리가 벼슬이나 녹 같은 것을 취하는 것은 어째서일까? 그것은 다음과 같은 이유에서이다. 새 중에서는 제비보다 지혜로운 것이 없다. 눈으로 보아서 처신하기 부적합한 곳이라면 되돌아볼 새도 없이 달아난다. 비록 그의 먹이를 떨어뜨렸다 하더라도 그것을 버리고 달아나는 것이다. 제비는 그처럼 사람을 두려워하지만 사람들이 사는 집으로 들어와 집을 짓고 사는데, 그것은 살 곳과 먹을 것이 있기 때문이다."

"무엇을 두고 모든 일이 시작되면 끝나지 않는 것이 없이 변화한다고 하는 것입니까?"

공자가 말하였다.

"만물은 변화하고 있지만 그렇게 바꾸어 놓는 것이 누구인지 알지 못한다. 그러니 어찌 변화가 끝나는 곳을 알겠으며, 어찌 변화가 시작되는 곳을 알겠는가? 자기를 올바르게 하고서 그 변화에 호응할 따름인 것이다."

"무엇을 두고서 사람과 자연이 한가지 것이라 하셨습니까?"

공자가 말하였다.

"자연이 존재하는 것도 자연이고, 사람이 존재하는 것도 역시 자연이다. 사람이 자연의 도를 터득하지 못하는 것은 자기 본성 때문이다. 성인이란 편안히 자연 변화에 몸을 맡겨 끝까지 가는 것이다."

| 원문 |

孔子窮於陳蔡之間, 七日不火食. 左據槁木, 右擊槁枝, 而歌焱氏之風.[1] 有其具[2]而無其數,[3] 有其聲而無宮角,[4] 木聲與人聲, 犁然[5]有當於人

---

1 焱氏之風(염씨지풍) : 염씨(焱氏)는 유염씨(有焱氏)로 옛날 무위(無爲)의 제왕 이름, 풍은 노래의 뜻.
2 具(구) : 악기.
3 數(수) : 절주, 리듬.

之心. 顏回端拱[6]還目[7]而窺之. 仲尼恐其廣己而造大[8]也, 愛己而造哀也, 曰; 回! 無受天損[9]易, 無受人益[10]難. 無始而非卒也, 人與天, 一也. 夫今之歌者其誰乎?

回曰; 敢問無受天損易.

仲尼曰; 飢渴寒暑, 窮桎[11]不行,[12] 天地之行也, 運物[13]之泄[14]也. 言與之偕逝[15]之謂也. 爲人臣者, 不敢去之. 執臣之道猶若是, 而況乎所以待天乎?

何謂無受人益難?

仲尼曰; 始用四達,[16] 爵祿並至而不窮, 物之所利, 乃非己也. 吾命有在外者也. 君子不爲盜, 賢人不爲竊, 吾若取之何哉? 故曰; 鳥莫知於鷾鴯,[17] 目之所不宜處, 不給視. 雖落其實, 棄之而走. 其畏人也, 而襲[18]諸人間, 社稷[19]存焉爾.

何謂無始而非卒?

---

4 宮角(궁각) : 음율.

5 犁然(리연) : 잘 어울리는 모양.

6 端拱(단공) : 공손히 두 손을 맞잡고 있는 것.

7 還目(환목) : 눈을 내리까는 것.

8 廣己而造大(광기이조대) : 자기의 뜻을 널리 밀고 나가 재난을 크게 생각하게 되는 것.

9 天損(천손) : 자연의 재해.

10 人益(인익) : 인위적으로 가해지는 부귀 영화 같은 것.

11 窮桎(궁질) : 궁색하게 되는 것.

12 不行(불행) : 뜻대로 되지 않는 것.

13 運物(운물) : 만물의 변화.

14 泄(설) : 발동, 결과.

15 偕逝(해서) : 함께 어울려 변화해 가는 것.

16 四達(사달) : 사방의 모든 일이 뜻대로 잘 되는 것.

17 鷾鴯(의이) : 제비.

18 襲(습) : 끼어드는 것.

19 社稷(사직) : '사'는 땅, '직'은 곡식을 나타내며, 다시 땅은 사는 곳을, 곡식은 먹을 것을 뜻한다.

仲尼曰; 化其萬物, 而不知其禪²⁰之者. 焉知其所終, 焉知其所始? 正
而待之而已耳.

何謂人與天一邪?

仲尼曰; 有天, 天也, 有人, 亦天也. 人之不能有天, 性也. 聖人晏然²¹
體逝²²而終矣.

| 해설 |

어떠한 곤경에 처하더라도 편안한 마음으로 자연 변화에 순응해야 한
다는 것이다.

8

장주가 조릉雕陵의 숲속을 노닐다가 이상한 한 마리의 까치를 보았
다. 남쪽으로부터 날아온 것인데 날개의 넓이가 일곱 자이고 눈의 직
경이 한 치나 되는데, 장자의 이마를 스치고서 밤나무 숲속으로 날아
가 앉았다.

장주가 말하였다.

"이것은 무슨 새일까? 날개는 큰데 멀리 날지 못하고 눈이 크면서
도 잘 보지 못한다."

바지를 걷어올리고 잽싼 걸음으로 다가가 탄궁彈弓을 손에 들고서
그 놈을 노려보고 있었다. 이 때 보니 한 마리의 매미가 시원한 나무
그늘에 앉아서 자기 몸조차도 잊고 있었다. 그리고 한 마리의 사마귀

---

20 禪(선) : 대사(代謝)하는 것. 바뀌는 것.
21 晏然(안연) : 편안한 모양.
22 體逝(체서) : 자연 변화에 일체가 되어 함께 가는 것.

가 나뭇잎에 자신을 숨기고서 그 매미를 잡으려 하고 있는데, 잡으려는 생각에 자기 몸을 잊고 있었다. 그리고 이상한 까치는 이 놈을 보고서 잡으려 하여 이익 때문에 그 자신을 잊고 있었다.

장자가 두려워하면서 말하였다.

"아아, 물건이란 본시 서로 해를 끼치며 이해를 서로에게 미치도록 하는 것이구나!"

그리고는 탄궁을 버리고 되돌아 도망을 치자 산림을 관리하는 우인虞人이 뒤쫓아와 이유를 캐물었다.

장자는 돌아와서 사흘 동안 유쾌하지 않았다. 그의 제자인 인저藺且가 그것을 보고서 물었다.

"선생님께서는 어찌하여 요새 매우 불쾌하십니까?"

장자가 말하였다.

"나는 외형을 지키느라 내 몸을 잊고 있었다. 흐린 물을 보느라고 맑은 연못을 이해하지 못하였던 것이다. 또한 내가 선생님께 들은 바에 의하면 '그 습속으로 들어가서는 그곳의 습속을 따라야 한다'고 하셨다. 지금 나는 조릉에 놀러 나갔다가 나의 몸을 잊었던 것이다. 이상한 까치는 나의 이마를 스치고 밤나무 숲으로 날아가서는 그의 몸을 잊었었다. 그리고 밤나무 숲의 우인은 나를 도적으로 알고 욕보였으니 나는 그래서 불쾌한 것이다."

| 원문 |

莊周遊於雕陵[1]之樊, 覩一異鵲, 自南方來者, 翼廣七尺, 目大運寸.[2] 感[3]周之顙而集於栗林.

---

1 雕陵(조릉) : 능의 이름.
2 運寸(운촌) : 직경 일 촌.

莊周曰; 此何鳥哉? 翼殷⁴不逝,⁵ 目大不覩.

蹇裳⁶躩步⁷執彈⁸而留⁹之. 覩一蟬, 方得美蔭, 而忘其身. 螳蜋執翳¹⁰而搏之, 見得而忘其形. 異鵲從而利之, 見利而忘其眞.¹¹

莊周怵然曰; 噫! 物固相累, 二類¹²相召也.

捐彈而反走, 虞人¹³逐而誶¹⁴之.

莊周反入, 三日不庭.¹⁵ 藺且¹⁶從而問之, 夫子何爲頃間甚不庭乎?

莊周曰; 吾守形而忘身. 觀於濁水,¹⁷ 而迷於淸淵.¹⁸ 且吾聞諸夫子曰; 入其俗, 從其俗. 今吾遊於雕陵, 而忘吾身. 異鵲感吾顙, 遊於栗林而忘眞. 栗林虞人以吾爲戮,¹⁹ 吾所以不庭也.

| 해설 |

자신도 잊고 자기 밖의 일이나 물건을 추구하는 것은 재난의 원인이 된다는 비유이다.

---

3 感(감) : 건드리다, 스치다.
4 殷(은) : 큰 것.
5 逝(서) : 멀리 나는 것(王敔 說).
6 蹇裳(건상) : 바지를 걷어올리는 것.
7 躩步(각보) : 빠른 걸음으로 가는 것.
8 彈(탄) : 탄궁(彈弓). 새를 쏘아 잡는 데 쓰도록 만든 활.
9 留(류) : 틈을 엿보는 것.
10 執翳(집예) : 나뭇잎으로 자신을 가리는 것.
11 眞(진) : 신(身)과 통하여, 몸(司馬彪 說).
12 二類(이류) : 이로움과 해로움의 두 가지.
13 虞人(우인) : 산림을 관장하는 관리.
14 誶(수) : 무엇을 하고 있는가 심문하는 것. 우인은 장자를 밤을 훔치는 자로 알았다(司馬彪 說).
15 庭(정) : 즐거운 것. 유쾌한 것.
16 藺且(인저) : 장자의 제자 이름.
17 濁水(탁수) : 흐린 물. 자기 욕망에 비유했음.
18 淸淵(청연) : 맑은 연못, 맑은 물. 자기 몸에 비유했다고 볼 수 있다.
19 戮(륙) : 욕되게 하는 것.

9

양자陽子가 송宋나라로 가서 여관에 묵게 되었다. 여관 주인에게 첩이 두 사람 있었는데 그 중 한 사람은 예쁘고 나머지 한 사람은 추하게 생겼다. 그런데 추하게 생긴 여자가 귀여움을 받고 예쁜 여자가 천대를 받고 있었다.

양자가 그 까닭을 물으니 여관 주인이 말하였다.

"그 중 예쁜 여자는 스스로가 예쁘다고 생각하고 있어서 나는 그가 예쁜 줄을 모르게 되었고, 추하게 생긴 여자는 스스로 추하다고 생각하고 있어서 나는 그가 추한 줄을 모르게 되었습니다."

양자가 말하였다.

"너희들은 잘 기억해 두어라. 현명한 행동을 하되 스스로 현명하다고 생각하는 마음을 버리기만 한다면 어디를 가나 사랑을 받게 되지 않겠느냐?"

| 원문 |

陽子**1**之宋, 宿於逆旅. 逆旅**2**人有妾二人, 其一人美, 其一人惡. 惡者貴, 而美者賤.

陽子問其故, 逆旅小子**3**對曰; 其美者自美, 吾不知其美也. 其惡者自惡, 吾不知其惡也.

陽子曰; 弟子記之, 行賢而去自賢之心, 安往而不愛哉?

---

1 陽子(양자) : 양주(陽朱). 극단적으로 자기만 생각하고 돌보면 된다는 위기주의(爲己主義)를 주장한 사람.
2 逆旅(역려) : 여관.
3 小子(소자) : 일하는 아이의 뜻이지만 여관의 '주인'으로 해석함이 옳겠다.

　세상을 살아가는 데 있어서는 자기를 텅 비우고 스스로를 뽐내지 말아야 한다는 것이다. 그래야 남으로부터 사랑을 받는다. 훌륭한 사람이라도 스스로 훌륭하다는 것을 내세우면 결국은 남의 미움을 받게 되는 것이다.

제21편

문후의 스승 전자방
田子方

이 편은 완전한 덕이란 어떤 것인가를 해설하고 있다는 점에서 앞의 덕이 속에 차 있는 증험[德充符]편을 보충한 성격을 띠고 있다. 육장경(陸長庚)은 위대한 참 스승[大宗師]편을 참조하며 읽으라고 하였는데, 성인이 되기 위한 바탕이 자연의 덕이라고 한다면 그렇게 볼 수도 있는 것이다. 편명은 역시 첫머리 세 글자를 딴 것이다.

1

전자방田子方이 위魏나라 문후文侯를 모시고 앉아 있었는데 여러 번 계공谿工의 훌륭함을 얘기하였다. 문후가 말하였다.

"계공은 선생의 스승이오?"

전자방이 말하였다.

"아닙니다. 저의 마을 사람입니다. 그의 도에 대한 얘기는 매우 합당하므로 제가 훌륭하다고 말씀드리는 것입니다."

문후가 말하였다.

"그렇다면 선생께선 스승이 없소?"

전자방이 말하였다.

"있습니다."

"선생의 스승은 누구요?"

"동곽東郭의 순자順子입니다."

문후가 말하였다.

"그렇다면 선생께서는 어찌하여 한 번도 그 분의 훌륭함을 얘기하지 않았소?"

전자방이 말하였다.

"그 분의 사람됨은 참되어 사람의 모습을 하고는 있지만 하늘처럼 텅 비어 있으며, 자연을 따름으로써 참됨을 기르고, 맑은 마음으로 만물을 포용합니다. 남이 무도한 짓을 하더라도 자기 모습을 올바로 지님으로써 그로 하여금 깨닫게 하며, 상대방의 뜻은 자연히 사라지게 만듭니다. 제가 어떻게 그 분의 훌륭함을 형용할 수가 있겠습니까?"

전자방이 나간 뒤에도 문후는 멍하니 하루 종일 말도 하지 않았다. 그러다가 앞에 서 있는 신하를 불러 말하였다.

"완전한 덕을 지닌 군자는 나와 멀리 떨어져 있구나! 처음에는 나는 성인과 지혜 있는 이의 말과 인의의 행동을 지극한 것이라고 생각했었다. 나는 전자방의 스승의 얘기를 듣고 나서 나의 형체가 풀려 움직이기도 싫어지고 입이 달혀 말하기도 싫어졌다. 내가 배워 온 것들이란 바로 흙이나 먼지 같은 것이었다. 위나라는 바로 나에게 골칫거리가 되고 있을 뿐이다."

| 원문 |

田子方¹侍坐於魏文侯, 數稱谿工.² 文侯曰; 谿工, 子之師邪?

子方曰; 非也. 無擇之里人也. 稱道數當,³ 故無擇稱之.

文侯曰; 然則子無師邪?

子方曰; 有.

曰; 子之師誰邪?

子方曰; 東郭順子.⁴

文侯曰; 然則夫子何故未嘗稱之?

子方曰; 其爲人也, 眞. 人貌而天虛, 緣⁵而葆眞,⁶ 淸而容物. 物無道, 正容以悟之, 使人之意也消. 無擇何足以稱之?

子方出, 文侯儻然,⁷ 終日不言. 召前立臣而語之曰; 遠矣, 全德之君子. 始吾以聖知之言, 仁義之行, 爲至矣. 吾聞子方之師, 吾形解而不欲動, 口鉗⁸而不欲言. 吾所學者, 直土梗⁹耳. 夫魏, 眞爲我累耳.

---

1 田子方(전자방) : 성이 전(田), 자가 자방(子方)이며, 이름은 무택(無擇). 공자의 제자인 자하를 이어 위나라 문후의 스승이 되었고, 유학자였으나 뒤에 도가 쪽으로 많이 기울어진 사람.
2 谿工(계공) : 위나라의 현명한 사람 이름.
3 數當(삭당) : 자주 들어맞았다, 매우 합당하였다.
4 東郭順子(동곽순자) : 동곽에 사는 순자. 뒤에는 동곽이 성이 되었다.
5 緣(연) : 자연을 따르는 것.
6 葆眞(보진) : 참됨을 기르다. 진실을 보전하다.
7 儻然(당연) : 뜻을 잃어버린 모양.
8 鉗(겸) : 다물다, 닫다.

사람이란 자연을 따르는 완전한 덕을 지녀야만 한다. 그러지 못하면 모든 밖의 일이나 물건이 재해의 원인이 된다는 것이다.

2

온백설자溫伯雪子가 제齊나라로 가다가 노魯나라에 머물렀다. 노나라 사람 가운데 어떤 이가 그를 만나기를 요청하자 온백설자가 말하였다.

"안 됩니다. 내가 듣건대 중국의 군자들은 예의에는 밝지만 사람들의 마음을 아는 데는 졸렬하다 했습니다. 나는 만나고 싶지 않습니다."

제나라로부터 돌아오는 길에 노나라에 머물렀는데, 전의 그 사람이 다시 만나 주기를 요청하였다. 온백설자가 말하였다.

"전에도 나를 만나려 하였고 이번에도 또 나를 만나려 하고 있으니 반드시 나를 깨우쳐 줄 무엇이 있을 것이다."

그러고는 나가서 손님을 만났는데 들어와서는 탄식을 하였다. 다음날도 그 손님을 만났는데 들어와서는 또 탄식을 하였다.

그의 하인이 물었다.

"저 손님을 만날 때마다 들어와서는 반드시 탄식을 하시니 어찌된 일입니까?"

"내가 전에도 너에게 말한 일이 있었지. 중국 사람들은 예의에는 밝지만 사람의 마음을 아는 데는 졸렬하다. 어제 나를 만났던 사람은 나아가고 물러서는 것이 가늠쇠나 자를 댄 것처럼 일정한 규칙이 있고,

---

9 土梗(토경) : 토자(土苴)와 통하여(林雲銘 說), 흙과 먼지.

점잖은 모습은 용과도 같았고 호랑이와도 같다. 그가 나를 간하는 태도는 자식을 대하는 것과 같고, 나를 인도해 주는 태도는 아버지와 같았다. 그래서 탄식했던 것이다."

공자도 그를 만났던 일이 있었는데 공자는 말을 하지 않았다. 자로가 말하였다.

"선생님께서는 온백설자를 만나뵙고자 하신 지 오래되었습니다. 그런 사람을 만나고 아무런 말씀도 하지 않으시니 어째서입니까?"

공자가 말하였다.

"그 사람은 눈으로 보기만 하여도 도를 지니고 있는 것을 알 수 있으니 말을 할 필요가 없는 것이다."

| 원문 |

溫伯雪子**¹**適齊, 舍於魯. 魯人有請見之者, 溫伯雪子曰; 不可. 吾聞中國之君子, 明乎禮義, 而陋**²**於知人心. 吾不欲見也.

至於齊, 反舍於魯. 是人也, 又請見. 溫伯雪子曰; 往也蘄**³**見我, 今也又蘄見我, 是必有以振**⁴**我也. 出而見客, 入而歎. 明日見客, 又入而歎.

其僕曰; 每見之客也, 必入而歎, 何邪?

曰; 吾固告子矣. 中國之民, 明乎禮義, 而陋乎知人心. 昔之見我者, 進退一成規, 一成矩. 從容一若龍, 一若虎. 其諫我也似子, 其道我也似父. 是以歎也.

仲尼見之而不言, 子路曰; 吾子欲見溫伯雪子, 久矣. 見之而不言, 何

---

1 溫伯雪子(온백설자) : 온백(溫伯)이 성이고 설자(雪子)는 자. 남쪽의 어진 사람. 온(溫)이 성(姓), 백(伯)은 이름, 설자(雪子)는 자이며 초(楚)나라 사람이라 보는 이도 있다.
2 陋(루) : 졸렬한 것.
3 蘄(기) : 바라다, 구하다.
4 振(진) : 진작(振作)시키다, 깨우쳐 주다.

邪?

仲尼曰; 若夫人者, 目擊而道存矣. 亦不可以容聲⁵矣.

| 해설 |

　본심을 떠나 형식을 꾸미는 예의에 대한 공격이다. 사람의 행동은 일정한 법칙에 맞기보다는 자연스러워야 한다. 끝머리의 공자 얘기를 보면, 유가를 공격하면서도 공자 개인은 존경하는 필자의 뜻이 잘 나타나 있다.

3

　안회가 공자에게 물었다.

　"선생님께서 걸으시면 저도 걷고, 선생님께서 빨리 걸으시면 저도 빨리 걷고, 선생님께서 뛰시면 저도 뜁니다. 그러나 선생님께서 먼지도 남기지 않고 달려 버리시면 저는 뒤에서 눈만 빤히 뜨고 있습니다."

　공자가 말하였다.

　"안회야, 무슨 말이냐?"

　"선생님께서 걸으시면 저도 걷는다는 것은 선생님께서 말씀하시면 저도 말을 한다는 것입니다. 선생님께서 빨리 걸으시면 저도 빨리 걷는다는 것은 선생님께서 이론을 펴시면 저도 이론을 편다는 것입니다. 선생님께서 뛰시면 저도 뛰겠다는 것은 선생님께서 도를 말씀하시면 저도 역시 도를 말하겠다는 것입니다. 그러나 먼지도 남기지 않고 달려 버리시면 저는 뒤에서 눈만 빤히 뜨고 있을 거라는 것은, 선생님께서는 말씀하시지 않으셔도 남에게 믿음을 받고, 남과 친하려

---

5 容聲(용성) : 소리로 형용하는 것, 말하는 것.

하지 않으셔도 남들이 친히 따르고, 벼슬이나 권력이 없어도 백성들이 앞에 굴복해 오는데 그렇게 되는 까닭을 알지 못하겠다는 것입니다."

공자가 말하였다.

"어찌 잘 살피지 않을 수가 있겠느냐? 슬픔 중에서 마음이 죽는 것보다도 더 큰 것이 없으며, 사람의 죽음은 그 다음 가는 슬픔이다. 해는 동쪽에서 나와 서쪽 끝으로 들어가는데 만물은 모두가 이를 따라 방향을 정한다. 눈이 있고 발이 있는 사람들은 이 해를 기다려 일을 하기 시작한다. 해가 뜨면 세상 일이 행하여지고, 해가 지면 세상 일도 없어지는 것이다. 만물도 역시 그러하니, 그것에 의하여 죽기도 하고 그것에 의하여 생겨나기도 하는 것이다. 우리는 한 번 형체를 타고난 이상 스스로를 멸망시키지 않고 끝장나는 대로 맡겨 두어야 하며, 밖의 물건을 따라서 움직여야 한다. 변화는 낮이나 밤이나 쉬는 틈이 없으므로 그것이 끝나는 때란 알 수가 없는 것이다. 만물이 다 같이 형체를 타고났지만, 운명을 미리 알아 가지고 그 앞날을 규정할 수는 없는 일이다. 그래서 나날이 자연의 변화를 따라갈 뿐이다. 내가 평생토록 너와 한 팔을 끼고 지낸다 하더라도 결국은 서로를 잃게 될 것이니 슬프지 않을 수가 있겠느냐?

너는 거의 나의 드러난 겉의 것을 그대로 행하려 하고 있다. 그러나 그것은 이미 지나간 것이다. 그런데도 너는 그것을 현재 존재하고 있는 것이라 생각하고 추구하고 있다. 그것은 마치 텅 빈 시장에 가서 말을 사려고 하는 것과 같다.

내가 너를 생각하는 것도 매우 빨리 잊게 될 순간적인 것이고, 네가 나를 생각하는 것도 매우 빨리 잊게 될 순간적인 것이다. 그렇지만 너는 무엇을 걱정하는가? 비록 옛날의 나를 잊어버린다 하더라도 나에게는 언제나 잊혀질 수 없는 참된 나도 그 중에 존재하는 것이다."

顔淵問於仲尼曰; 夫子步亦步, 夫子趨亦趨, 夫子馳亦馳. 夫子奔逸[1]
絶塵, 而回瞠若[2]乎後矣.

夫子曰; 回, 何謂邪?

曰; 夫子步亦步也, 夫子言亦言也. 夫子趨亦趨也, 夫子辯亦辯也. 夫
子馳亦馳也, 夫子言道, 回亦言道也. 及奔逸絶塵, 而回瞠若乎後者, 夫
子不言而信, 不比而周,[3] 無器[4]而民滔[5]乎前, 而不知所以然而已矣.

仲尼曰; 惡可不察與? 夫哀莫大於心死, 而人死亦次之. 日出東方, 而
入於西極, 萬物莫不比方.[6] 有目有趾者, 待是而後成功. 是出則存, 是入
則亡. 萬物亦然, 有待也而死, 有待也而生. 吾一受其成形, 而不化[7]以待
盡, 效物[8]而動. 日夜無隙, 而不知其所終. 薰然[9]其成形, 知命不能規乎
其前. 丘以是日徂.[10] 吾終身與女交一臂而失之, 可不哀與? 女殆著[11]乎
吾所以著也. 彼已盡矣, 而女求之以爲有, 是求馬於唐肆[12]也.

吾服[13]女也甚忘, 女服吾也亦甚忘. 雖然, 女奚患焉? 雖忘乎故吾, 吾
有不忘者存.

---

1 奔逸(분일) : 급히 달리는 것.
2 瞠若(쟁약) : 멍하니 바라보는 모양.
3 不比而周(불비이주) : 친하게 굴지 않아도 두루 친하여진다. 『논어』 위정(爲政)편에 "군
  자는 두루 친하되 자기들끼리만 친하지 않으며[周而不比], 소인은 자기들끼리만 친하지
  두루 친하지 않는다[比而不周]"라고 한 말을 빌려 쓰고 있음.
4 無器(무기) : '기'는 정치하는 기구인 벼슬이나 권력. 따라서 벼슬이나 권력이 없는 것.
5 滔(도) : 읍(挹)하는 것. 굴복하는 것.
6 比方(비방) : 방향의 기준을 삼다.
7 不化(불화) : '화'는 망(亡)의 뜻으로, 스스로를 멸망시키지 않는 것.
8 效物(효물) : 외물(外物)을 본받는 것.
9 薰然(훈연) : 여럿이 한꺼번에 생겨나는 모양(王敔 說).
10 徂(조) : 자연 변화를 따라가는 것.
11 著(저) : 드러내다. 겉으로 드러나다.
12 唐肆(당사) : 텅 빈 시장. '당'은 공(空)의 뜻.
13 服(복) : 생각하다.

자연은 잠시도 쉬지 않고 변화한다. 그러나 자연 변화의 현상이 중요한 것이 아니라 그 현상 뒤에 숨겨져 있는 근본 원리가 더 중요하다는 것이다.

4

공자가 노자를 만나러 가니 노자는 머리를 감고 나서 막 머리를 풀어 흩뜨린 채 말리고 있었는데, 꿈쩍도 않고 있는 것이 사람같지 않았다.

공자는 비켜서서 기다리다가 조금 뒤에 만나 얘기하였다.

"제가 눈이 어두워진 것일까요? 아니면 정말 그러한 것일까요? 조금 전에 선생님의 형체는 뻣뻣한 것이 마른 나무 같았으며, 밖의 물건은 잊고 사람들을 떠나 홀로 우뚝 서 있는 것 같았습니다."

노자가 말하였다.

"나는 만물이 생겨나던 처음 경지에 노닐고 있었습니다."

공자는 말하였다.

"무슨 뜻인지요?"

"마음은 무엇을 하려 하지만 곤해지기만 하고, 입은 무엇을 표현하려 하지만 열리기만 하고 말을 하지는 못하고 있습니다. 그러나 시험삼아 당신을 위하여 그 대략을 논하여 보겠습니다.

지극한 음기陰氣는 고요하고 지극한 양기陽氣는 움직임이 있는 것입니다. 고요함은 하늘로부터 나오고, 움직임은 땅으로부터 나오며, 이 두 가지 기운이 서로 통하여 조화를 이룸으로써 물건이 생겨나는 것입니다. 어느 누군가가 그 법도를 다스리고 있는지 모르지만 그 형체는 본 일이 없습니다. 만물은 없어지고 생겨나고 하며 가득 찼다 비기도 하며, 한 번 어두웠다가는 한 번 밝아집니다. 날로 바뀌고 달로 변화하여, 하루도 쉬지 않고 이 현상이 지속되지만 그 조화의 공은 드러나지 않습니다. 만물의 발생은 싹을 트게 하는 곳이 있으며, 죽음은 귀결되는 곳이 있습니다. 사물의 시작과 끝은 서로 끝없이 반복되어 그 끝장이 나는 곳을 알 수가 없습니다. 그러나 이것이 아니라면 또 그 누가 만물의 근원이 될 수가 있겠습니까?"

공자가 말하였다.

"그러한 경지에 노닌다는 말씀의 뜻을 여쭙고자 합니다."

노자가 말하였다.

"그런 경지로 들어가면 지극히 아름답고 지극히 즐겁습니다. 지극한 아름다움을 지니고서 지극한 즐거움에 노니는 이를 지극한 사람이라 부릅니다."

공자가 말하였다.

"그 방법에 대하여 여쭙고자 합니다."

"풀을 먹는 짐승들은 그의 풀밭이 바뀌는 것을 싫어하지 않으며, 물에 사는 벌레들은 물이 바뀌는 것을 싫어하지 않습니다. 생활상의 조그만 변화가 일어났을 뿐이지 그의 큰 법도를 잃는 것은 아니기 때문입니다. 그래서 기쁨이나 노여움, 슬픔이나 즐거움 같은 감정이 가슴속에 스며들지 않는 것입니다.

천하라는 곳은 만물이 일체되는 장소입니다. 거기에 일체가 되어 동화될 수만 있다면 자기의 사지나 육체는 먼지나 때와 같은 것이 될 것이며, 죽음과 삶이나 시작과 끝을 밤이나 낮과 같은 것으로 여기게 될 것입니다. 그렇게 되면 아무것도 그를 어지럽게 할 수가 없습니다. 그런데 하물며 세상의 득실이나 화복 같은 잔 일들이야 끼어들 수가 있겠습니까?

하인을 버리는 자가 하인을 진흙처럼 버릴 수 있는 것은 자신의 몸이 하인보다 귀하다는 것을 알고 있기 때문입니다. 그런데 가장 귀한 도는 나에게 있으며, 변화에 의하여 잃을 수 있는 것도 아니며, 또한 만물을 변화하게 하여 영원 무궁하게 하는 것입니다. 무엇이 내 마음에 걱정을 끼칠 수가 있겠습니까? 이미 도를 터득한 사람이라면 이것을 이해할 수가 있을 것입니다."

공자가 말하였다.

"선생께서는 덕이 하늘과 땅의 짝이 될 만한데도 지극한 말씀을 빌려서 마음을 닦고 계십니다. 옛날의 군자라 하더라도 누가 이보다 뛰어날 수가 있겠습니까?"

노자가 말하였다.

"그렇지 않습니다. 물이 맑은 것은 무위하고도 그 성질이 자연스럽기 때문입니다. 지극한 사람이 덕을 지니고 있는 것도 의식적으로 덕을 닦지 않아도 만물들이 떨어질 수 없이 화합되기 때문입니다. 하늘은 스스로 높고 땅은 스스로 두꺼우며 해와 달은 스스로 밝은데 그것들이 무슨 덕을 닦았겠습니까?"

공자가 물러나와 안회에게 말하였다.

"내가 지닌 도라는 것은 독 안의 바구미와 같은 것이었다. 선생께서 나의 몽매함을 열어 주지 않았다면 나는 하늘과 땅의 위대하고 완전함을 알지 못하였을 것이다."

| 원문 |

孔子見老聃, 老聃新沐, 方將被髮而乾, 慹然¹似非人.

孔子便²而待之, 少焉見曰; 丘也眩與, 其信然與? 向者先生形體掘若³

---

1 慹然(집연) : 꿈쩍도 않고 있는 모양.
2 便(변) : 병(屏)과 통하여(章炳麟 說), 비켜서는 것.

槁木, 似遺物離人而立於獨也.

老聃曰; 吾遊於物之初.

孔子曰; 何謂邪?

曰; 心困焉而不能知, 口辟焉[4]而不能言, 嘗爲女議乎其將.[5] 至陰肅
肅, 至陽赫赫. 肅肅[6]出乎天, 赫赫[7]發乎地. 兩者交通成和而物生焉. 或
爲之紀,[8] 而莫見其形. 消息滿虛, 一晦一明, 日改月化, 日有所爲, 而莫
見其功. 生有所乎萌, 死有所乎歸. 始終相反乎無端, 而莫知乎其所窮.
非是也, 且孰爲之宗[9]?

孔子曰; 請問遊是?

老聃曰; 夫得是, 至美至樂也. 得至美而遊乎至樂, 謂之至人.

孔子曰; 願聞其方?

曰; 草食之獸, 不疾[10]易藪.[11] 水生之蟲, 不疾易水. 行小變而不失其
大常也. 喜怒哀樂不入於胸次.[12]

夫天下也者, 萬物之所一也. 得其所一而同焉, 則四支百體, 將爲塵
垢. 而死生終始, 將爲晝夜, 而莫之能滑. 而況得喪禍福之所介乎? 棄隷
者若棄泥塗, 知身貴於隷也. 貴在於我, 而不失於變, 且萬化而未始有極
也. 夫孰足以患心? 已爲道者解乎此.

孔子曰; 夫子德配天地, 而猶假至言以修心. 古之君子, 孰能脫[13]焉?

---

3 掘若(굴약) : 나무가 뻣뻣하게 말라 있는 모양.

4 辟焉(벽언) : 입이 열리지 않고 닫혀 있는 것.

5 將(장) : 대략, 대강(章炳麟 說).

6 肅肅(숙숙) : 고요한 모양, 또는 쌀쌀한 모양.

7 赫赫(혁혁) : 활발히 움직이는 모양. 뜨거운 모양.

8 紀(기) : 기강(紀綱)을 다스리다.

9 宗(종) : 대종(大宗), 근원.

10 疾(질) : 근심하다, 싫어하다.

11 藪(수) : 초목이 무성한 곳.

12 胸次(흉차) : 가슴 속.

老聃曰; 不然. 夫水之於汋[14]也, 無爲而才自然矣. 至人之於德也, 不修而物不能離焉. 若天之自高, 地之自厚, 日月之自明, 夫何修焉?

孔子出, 以告顔回曰; 丘之於道也, 其猶醯雞[15]與. 微夫子之發吾覆也, 吾不知天地之大全也.

| 해설 |

공자와 노자의 문답을 빌려 지극히 아름답고 지극히 즐거운 인생의 경지란 어떤 것인가를 얘기하고 있다. 사람은 의식적인 수양보다도 무궁한 자연의 변화에 스스로를 화합시킬 수 있어야 한다는 것이다. 물론 변화란 형식적인 변화보다도 그 근본적인 원리에 통하는 것이 더 중요하다. 공자는 노자의 말을 통하여 자기의 어짊과 의로움이나 예의와 음악이 얼마나 하잘것없는 것이었던가를 스스로 깨닫는다.

5

장자가 노나라 애공哀公을 만났을 때, 애공이 말하였다.

"노나라에는 선비들은 많지만 선생의 학술을 닦는 사람은 적습니다."

장자가 말하였다.

"노나라에는 선비가 적습니다."

애공이 말하였다.

"노나라 사람들이 대부분 선비의 옷을 입고 있는데 어째서 적다는

---

13 脫(탈) : 벗어나다, 뛰어나다.
14 汋(작) : 맑은 것(成玄英 說), 윤택(馬其昶 說).
15 醯雞(혜계) : 지게미나 곡식 독 안에 생기는 작은 벌레. 바구미.

것입니까?"

장자가 말하였다.

"제가 듣건대 선비가 둥근 관을 쓰고 있는 것은 하늘의 때를 안다는 표시이고, 모난 신을 신고 있는 것은 땅의 형상을 안다는 표시이고, 오색 실로 구슬을 꿰어 차고 있는 것은 일을 하게 되면 결단을 내린다는 표시라 하였습니다. 군자가 그러한 도를 지니고 있다면 반드시 그러한 복장을 하지는 않을 것이며, 그러한 복장을 하고 있는 사람이라고 해서 반드시 그러한 도를 알고 있는 것은 아닐 것입니다. 임금님께서 굳이 그렇지 않다고 생각하신다면 어찌하여 나라 안에 명령을 내려 '그러한 도를 지니지 않으면서도 그러한 옷을 입고 있는 자는 그 죄가 사형에 해당한다'고 공포하시지 않습니까?"

이에 애공은 그러한 명령을 내렸다. 그러자 닷새가 지나니 노나라에는 감히 선비의 옷을 입고 있는 사람이 없게 되었다. 다만 한 사나이가 선비의 옷을 입고서 궁궐 문 앞에 서 있었다. 애공이 곧 그를 불러 나라 일에 대하여 물어 보았는데, 천 가지로 바뀌고 만 가지로 변화하는 문제들에 대하여 막히는 것이 없었다.

장자가 말하였다.

"노나라에 선비는 한 사람뿐입니다. 많다고 할 수가 있겠습니까?"

| 원문 |

莊子見魯哀公,[1] 哀公曰; 魯多儒士, 少爲先生方者.

莊子曰; 魯少儒.

哀公曰; 擧魯國而儒服, 何謂少乎?

---

1 魯哀公(노애공) : 장자는 위나라 혜왕, 제나라 위왕과 같은 시대 사람으로 노나라 애공보다는 120년이나 뒤진다. 따라서 이것도 우화임에 틀림없다(司馬彪 說).

莊子曰; 周聞之, 儒者冠圜冠者, 知天時. 履句屨[2]者, 知地形. 緩佩玦[3]者, 事至而斷. 君子有其道者, 未必爲其服也. 爲其服者, 未必知其道也. 公固以爲不然, 何不號[4]於國中; 無此道而爲此服者, 其罪死?

於是哀公號之, 五日, 而魯國無敢儒服者. 獨有一丈夫, 儒服而立乎公門. 公卽召而問以國事, 千轉萬變而不窮.

莊子曰; 以魯國而儒者一人耳. 可謂多乎?

| 해설 |

세상에는 진실로 '도'를 체득한 사람은 드물다. 유가에서는 형식을 존중하여 겉으로 보기엔 선비인 듯한 사람들이 많지만 진실한 선비는 역시 드물다는 것이다.

6

백리해百里奚는 벼슬과 녹이 그의 마음에 끼어들지 않았다. 그래서 그가 소를 먹이면 소가 살이 졌다. 그리고 진秦나라 목공穆公으로 하여금 그의 천한 신분을 잊고 그와 더불어 정치를 하도록 만들었다. 순임금은 죽고 사는 것이 그의 마음에 끼어들지 않았다. 그래서 사람들을 감화시키기에 족하였던 것이다.

송나라 원군元君이 사람을 시켜 그림을 그리려 하였다. 여러 화공들이 모두 달려와 명령을 받자 읍하고 서서 붓을 빨며 먹을 가는데, 방에도 못 들어오고 밖에 밀려나 있는 사람들이 반수가 넘었다. 한 화공

---

2 句屨(구구) : 모난 신.
3 緩佩玦(완패결) : 오색실[緩]로 둥근 구슬을 꿰어 허리에 차는 것.
4 號(호) : 명령을 내리다.

이 뒤늦게 왔는데 유유히 빨리 걷지 않고, 명령을 받고도 읍하고 서는 일 없이 그대로 집으로 돌아갔다. 원군이 사람을 시켜 그를 살펴보게 하니 그는 옷을 벗고 벌거숭이가 되어 두 발을 쭉 뻗고 앉아 있었다. 원군이 말하였다.

"되었다. 그가 정말로 잘 그릴 사람이다."

| 원문 |

百里奚[1]爵祿不入於心. 故飯牛而牛肥, 使秦穆公忘其賤, 與之政也. 有虞氏死生不入於心. 故足以動人.

宋元君將畫圖,[2] 衆史皆至. 受揖而立, 舐[3]筆和墨, 在外者半. 有一史後至者, 儃儃然[4]不趨, 受揖不立, 因之舍. 公使人視之, 則解衣般礡[5]臝.[6] 君曰; 可矣. 是眞畫者也.

| 해설 |

이해 관계를 초월해야 위대한 일을 할 수 있고, 모든 형식을 초월해야 사물의 핵심에 도달하여 충분한 기교가 발휘될 수 있다는 이야기이다.

7

주周나라 문왕文王이 장臧 땅에 구경을 갔다가 한 남자가 낚시질을 하고 있는 것을 보았는데, 그는 낚싯바늘이 없는 낚싯대로 낚고 있었

---

1 百里奚(백리해) : 성은 맹(孟), 자가 백리해, 진나라의 어진 사람.
2 畫圖(화도) : 그림을 그리는 것. 또는 지도를 그리는 것(成玄英 說).
3 舐(지) : 핥다, 빨다.
4 儃儃然(탄탄연) : 유유한 모양.
5 般礡(반박) : 두 다리를 쭉 펼치고 앉는 것(司馬彪 說).
6 臝(라) : 라(裸)와 통하여, 나체, 벌거숭이.

다. 그는 낚싯대를 들고만 있으면서 고기를 낚으려 하지 않았으나 언제나 낚시질이 되고 있었다.

문왕은 그를 등용하여 그에게 정치를 맡기려 하였으나 대신들과 부형들이 불안을 느낄까 두려웠다. 그대로 버려 두자니 백성들이 하늘과 같은 정치가를 잃게 되는 것을 차마 그대로 덮어 둘 수가 없었다.

이에 다음날 아침에 대부들을 모아 놓고서 부탁하였다.

"어젯밤에 나는 꿈에 훌륭한 사람을 보았소. 검은 얼굴빛에 구레나룻이 났고, 한쪽 발굽만이 붉은 얼룩말을 타고 있었소. 그가 말하기를 '장 땅의 영감에게 그대의 정치를 맡기면 백성들의 고통도 나을 것입니다'라고 하였소."

여러 대부들은 얼굴빛을 바꾸면서 말하였다.

"돌아가신 임금님이신 것 같습니다."

문왕이 말하였다.

"그렇다면 점을 쳐 보도록 하오."

여러 대부들이 말하였다.

"돌아가신 임금님께서 임금님께 명하신 것이니 의심할 것이 없는데 또 어찌 점을 치겠습니까?"

마침내 장 땅의 영감을 맞이하여 그에게 정치를 맡겼다. 그는 법령을 바꾸지도 않았고 특수한 명령을 내리지도 않았다.

삼 년 만에 문왕이 나라를 시찰하니 조정의 신하들은 당파의 우두머리를 없애고 파벌을 해산해 버렸고, 관청의 우두머리들은 자기의 공로를 내세우지 않았고, 단위가 다른 도량형기들이 감히 사방으로부터 들어오지 않고 있었다. 조정의 신하들이 당파의 우두머리를 없애고 파벌을 해산시킨 것은 대중과 함께 화합하기 위한 것이었다. 관청의 우두머리들이 자기 공로를 내세우지 않는 것은 여러 사람들과 함께 일하기 위해서였다. 단위가 다른 도량형기들이 감히 사방으로부터 들어오지 않는 것은 제후들이 각기 다른 마음을 갖고 있지 않기 때문이었다.

문왕은 이에 그를 태사太師로 모시고 제자의 예로써 북쪽을 향해 앉아서 물었다.

"이 정치를 온 천하에 미치게 할 수가 있겠습니까?"

장 땅의 영감은 아무것도 모르는 듯이 대답을 하지 않고 있다가, 홀연히 사직을 하고는 아침까지도 명령을 내리고 있던 사람이 밤에 도망하여 평생토록 소식이 알려지지 않게 되었다.

안회가 공자에게 물었다.

"문왕은 아직 도에 통하지는 못했습니까? 어찌하여 꿈을 빌려야만 했습니까?"

공자가 말하였다.

"말을 삼가라. 너는 함부로 말하지 말아라. 문왕께서는 능력껏 다한 것인데 또 어찌 그것을 논하고 비판하는가? 그 분은 다만 임시로 대세를 따랐을 뿐인 것이다."

| 원문 |

文王觀於臧,[1] 見一丈人釣, 而其釣莫釣.[2] 非持其釣有釣者也, 常釣[3]也.

文王欲舉而授之政, 而恐大臣父兄之弗安也. 欲終而釋之, 而不忍百姓之無天[4]也.

於是旦而屬之大夫曰; 昔者, 寡人夢見良人, 黑色而頰,[5] 乘駁馬[6]而偏

---

1 臧(장) : 땅 이름.
2 莫釣(막조) : 여기의 '조'는 구(鉤)와 통하여 낚싯바늘이 없는 것.
3 常釣(상조) : 계속 고기가 물려 낚시질이 잘 되는 것.
4 無天(무천) : 하늘에 비길 만한 정치가를 잃는 것.

朱蹄.**7** 號曰; 寓而政於臧丈人, 庶幾乎民有瘳**8**乎.

諸大夫蹵然**9**曰; 先君王也.

文王曰; 然則卜之.

諸大夫曰; 先君之命王, 其無它. 又何卜焉?

遂迎臧丈人, 而授之政. 典法無更, 偏令無出.

三年, 文王觀於國, 則列士壞植**10**散羣, 長官者不成德,**11** 鈇斛**12**不敢入於四竟. 列士壞植散羣, 則尙同也. 長官者不成德, 則同務也. 鈇斛不敢入於四竟, 則諸侯無二心也.

文王於是焉以爲太師, 北面而問曰; 政可以及天下乎?

臧丈人昧然**13**而不應, 泛然**14**而辭, 朝令而夜遁, 終身無聞.

顏淵問於仲尼曰; 文王其猶未邪? 又何以夢爲乎?

仲尼曰; 默, 女無言. 夫文王盡之也, 而又何論刺焉? 彼直以循斯須**15**也.

| 해설 |

여기의 장 땅의 영감은 태공망太公望인 듯하다. 태공망은 강태공姜太公 또는 여상망呂尙望이라고도 부른다. 그는 '무위'의 다스림을 이룩하였으

---

5 髯(염) : 구레나룻이 난 것.

6 駁馬(박마) : 얼룩말.

7 偏朱蹄(편주제) : 한쪽 발굽만이 붉은 것.

8 瘳(추) : 병이 낫다. 고통이 없어지다.

9 蹵然(축연) : 감동하여 얼굴빛이 변하는 모양.

10 壞植(괴식) : 당파의 우두머리[植]를 없애 버리는 것.

11 不成德(불성덕) : 자기 공로를 내세우지 않는 것.

12 鈇斛(유곡) : '유'는 곡식 네 말[四斗], '곡'은 열 말[十斗]. 여기서는 단위가 다른 도량형 기를 전부 대표한다.

13 昧然(매연) : 아무것도 모르는 모양.

14 泛然(범연) : 아무런 의식이나 목적도 없는 모양.

15 斯須(사수) : 수유(須臾), 잠시, 임시.

나, 천하의 정치를 맡기려는 의식적인 노력을 피하여 달아난 것이다. 정치를 맡기는 사람이나 맡는 사람이 이미 정치에 대한 특수한 의식을 지니고 있을 때 '무위'의 다스림은 이루어지기 어려운 것이다.

끝으로 안회가 태공망을 놓쳐 버린 문왕을 비평하려 하니, 공자는 범인으로서는 그러한 미묘한 경지를 얘기할 자격이 없다 생각하고 막아 버리는 것이다.

8

열자列子가 백혼무인伯昏無人을 위하여 활쏘기를 하였다. 활시위를 가득히 잡아당기고는 그의 팔꿈치 위에 물이 담긴 잔을 놓고 쏘는데, 활을 쏘아 화살이 나가자마자 화살이 다시 깍지에 끼이고, 둘째 화살이 나가자마자 다시 셋째 화살이 시위에 메겨졌다. 이 때에 그는 마치 나무 인형과 같았다.

백혼무인이 말하였다.

"이것은 기술적으로 쏘기 위한 활쏘기이지 기술을 쓰지 않는 활쏘기는 아니다. 시험삼아 그대와 더불어 높은 산에 올라가 치솟은 바위를 밟고 백 길 깊이의 심연을 앞에 두고도 그대가 쏠 수 있는가를 보기로 하자."

이에 백혼무인은 높은 산으로 올라가서 높이 치솟은 바위를 밟으며 백 길의 심연을 앞에 두고, 등을 대고 더듬거리며 나아가는데 발의 삼분의 이는 허공 밖으로 놓여 있었다. 손짓하며 열자를 그곳으로 나오게 하니, 열자는 땅에 엎드린 채 발뒤꿈치까지 땀을 흘리고 있었다.

백혼무인이 말하였다.

"지극한 사람은 위로는 푸른 하늘 끝까지 가보고 아래로는 황천 바닥까지 들어가며, 팔방을 멋대로 휘젓고 다니되 정신이나 기운이 변

치 않는 것이다. 지금 그대는 두려움에 눈까지 가물거리는 모양이니,
활을 쏘아도 맞추기 어려울 것이다."

| 원문 |

列御寇[1]爲伯昏無人[2]射, 引之盈貫,[3] 措杯水其肘上. 發之, 適矢[4]復
沓,[5] 方矢復寓.[6] 當是時, 猶象人[7]也.

伯昏無人曰; 是射之射, 非不射之射也. 嘗與女登高山, 履危石,[8] 臨百
仞之淵, 若能射乎?

於是無人遂登高山, 履危石, 臨百仞之淵, 背逡巡,[9] 足二分[10]垂在外,
揖御寇而進之. 御寇伏地, 汗流至踵.

伯昏無人曰; 夫至人者, 上闚靑天, 下潛黃泉, 揮斥[11]八極, 神氣不變.
今女怵然[12]有恂[13]目之志, 爾於中也殆矣夫.

| 해설 |

모든 자기 밖의 일이나 물건을 초월하여 이로운 것과 해로운 것에 관계
없이 자연스러울 수 있어야 참된 기교도 발휘할 수 있게 된다는 것이다.

---

1 列御寇(열어구) : 열자.
2 伯昏無人(백혼무인) : 열자의 스승.
3 盈貫(영관) : 활을 가득 잡아당기는 것.
4 適矢(적시) : 화살이 나가자마자.
5 復沓(부답) : 다시 화살이 깍지에 끼이는 것.
6 復寓(부우) : 화살이 다시 시위에 메겨져 있는 것.
7 象人(상인) : 나무로 만든 인형.
8 危石(위석) : 높이 솟은 바윗돌.
9 逡巡(준순) : 발로 더듬거리며 나아가는 것.
10 二分(이분) : 3분의 2.
11 揮斥(휘척) : 멋대로 휘젓고 다니는 것.
12 怵然(출연) : 두려워하는 모양.
13 恂(순) : 현(眩)과 통하여(陸德明 說), 눈이 어두워지는 것.

9

견오肩吾가 손숙오孫叔敖에게 물었다.

"선생님께서는 세 번이나 초나라 영윤令尹이 되었으나 그것을 영화로 생각하지 않았고, 세 번 그 자리를 떠날 때마다 근심하는 빛이 없었습니다. 저는 처음에는 선생님을 이상하다 의심하였지만 지금 선생님의 코를 중심으로 한 얼굴을 보니 기쁘고 즐거운 듯합니다. 선생님의 그러한 마음 쓰임은 어찌 된 일입니까?"

손숙오가 말하였다.

"내가 무엇이건 남보다 나은 것이 있겠소? 나는 닥쳐오게 되어 있는 것은 물리칠 수가 없고, 떠나 버리는 것은 멎게 할 수가 없다고 생각하오. 나는 얻고 잃게 되는 것이 내 탓이 아니라고 생각하기 때문에 근심하는 빛이 없을 따름이오. 내가 남보다 나은 것이 무엇이 있겠소? 또한 그것이 남 때문인지 나 자신 때문인지도 알지 못하오. 남 때문이라면 나 자신 때문이 아닐 것이고, 나 자신 때문이라면 남 때문이 아닐 것이오. 그러니 나는 바로 만족한 마음으로 사방을 둘러보는 여유가 있는데 어찌 사람들이 귀히 여기고 천하게 여기는 데 마음을 쓸 틈이 있겠소?"

공자가 그 얘기를 듣고서 말하였다.

"옛날의 참된 사람은 지혜 있는 사람도 그를 설복시킬 수가 없었고 미인이라도 그를 홀리게 할 수가 없었으며, 도적도 그의 것을 겁탈할 수가 없었고, 복희伏羲나 황제黃帝도 그와 벗할 수가 없었다. 죽고 사는 것은 큰 문제이지만 그의 마음을 변하게 할 수 없었는데, 하물며 벼슬과 녹이 문제가 되겠느냐? 그러한 사람의 정신은 큰 산을 지나는 일도 방해가 되지 않고, 깊은 못에 들어가도 물에 젖지 않으며, 낮고 천한 지위에 놓여도 고달프지 않다. 언제나 하늘과 땅에 충만하여 남에게 모든 것을 주기만 하는데도 자기는 더욱 많아지는 것이다."

肩吾問於孫叔敖曰; 子三爲令尹,[14] 而不榮華, 三去之, 而無憂色. 吾始也疑子, 今視子之鼻間, 栩栩然.[15] 子之用心獨奈何?

孫叔敖曰; 吾何以過人哉? 吾以其來不可卻也, 其去不可止也. 吾以爲得失之非我也, 而無憂色而已矣. 我何以過人哉? 且不知其在彼乎, 其在我乎. 其在彼邪, 亡乎我. 在我邪, 亡乎彼. 方將躊躇,[16] 方將四顧, 何暇至乎人貴人賤哉?

仲尼聞之, 曰; 古之眞人, 知者不得說, 美人不得濫,[17] 盜人不得劫, 伏戲黃帝不得友. 死生亦大矣, 而無變乎己, 況爵祿乎? 若然者, 其神經乎大山而無介,[18] 入乎淵泉而不濡,[19] 處卑細而不憊. 充滿天地, 旣以與人, 己愈有.

| 해설 |

밖의 사물의 변화에도 마음이 움직이지 않고 그대로 자연스럽게 적응하는 손숙오의 얘기가 소개되고 있다. 사람들은 영윤이란 벼슬을 존경하지만, 자기 자신 때문에 존경을 받는 것인지 영윤이기 때문에 자기가 존경받는 것인지 알 수 없다. 그러니 영윤이란 벼슬은 해도 그만이고 버려도 그만이라는 것이다. 끝으로 공자는 참된 사람이란 벼슬뿐만 아니라 죽음과 삶까지도 초월한다고 말하고 있다.

---

14 令尹(영윤) : 초나라의 벼슬로서 재상에 해당한다.
15 栩栩然(허허연) : 기쁘고 즐거운 모양(成玄英 說).
16 躊躇(주저) : 만족한 뜻을 지닌 것.
17 濫(람) : 홀리는 것. 매혹시키는 것.
18 介(개) : 장애, 방해.
19 濡(유) : 젖다.

10

초나라 임금이 범凡나라 임금과 마주앉아 있었다. 조금 있다가 초
나라 임금의 신하가 범나라가 망했다고 세 번이나 보고를 하였다. 그
러나 범나라 임금은 말하였다.

"범나라의 멸망은 나의 존재를 없앨 수는 없는 것이다."

범나라의 멸망이 나의 존재를 없앨 수가 없는 것이라면, 곧 초나라
의 존재도 나의 존재를 존재케 할 수 있는 것은 아니다. 이로써 본다
면 곧 범나라는 처음부터 망한 일이 없고, 초나라는 처음부터 존재한
일이 없는 것과 같다.

| 원문 |

楚王與凡[20]君坐. 少焉, 楚王左右曰凡亡者三. 凡君曰; 凡之亡也, 不
足以喪[21]吾存.

夫凡之亡, 不足以喪吾存, 則楚之存, 不足以存存. 由是觀之, 則凡未
始亡, 而楚未始存也.

| 해설 |

나라의 멸망 같은 큰 사건은 물론, 모든 나의 밖의 물건이나 일의 변화
는 진실한 나의 존재와는 모두가 상관 없는 것이라는 얘기이다. 그러한 생
각을 바탕으로 자연스럽게 살아야만 올바른 '도'를 터득할 수 있을 것이
다.

---

20 凡(범) : 지금의 하남성(河南省)에 있던 나라 이름, 주공(周公)의 후손이라 한다.
21 喪(상) : 없어지다, 잃다.

제22편

지가 북쪽 땅에 노닒
知北遊

이 편은 앞 '위대한 참 스승'편에서 얘기한 진실한 성인의 뜻을 부연
설명한 것이다. 따라서 자연의 도에 대한 설명이 중심을 이룬다. '지북
유'란 편명은 뜻에 상관없이 첫머리의 세 글자를 딴 것이다.

1

지知가 북쪽으로 현수玄水 가를 노닐고 은분산隱弅山 언덕에 올라가다 마침 무위위無爲謂를 만났다. 지知가 무위위에게 말하였다.

"나는 선생에게 물어 볼 것이 있습니다. 어떤 것을 사색하고 어떤 것을 생각하면 도를 알게 됩니까? 어떻게 처신하고 어떻게 행동하면 도에 편안히 지낼 수 있게 됩니까? 어떤 것을 따르고 어떤 길로 가면 도를 얻을 수가 있습니까?"

세 번이나 물었으나 무위위는 대답하지 않았다. 대답하지 않은 것이 아니라 대답을 알지 못하였던 것이다. 지는 물음에 대답을 얻지 못하고서 백수白水의 남쪽으로 되돌아와 호결산狐闋山 위에 올라갔다가 광굴狂屈을 만났다. 지는 앞에서와 같은 말로 광굴에게 질문하였다.

광굴이 말하였다.

"아아, 나는 그것을 알고는 있다. 그러나 그대에게 얘기하려 하니, 마음 속으로는 말을 하려 하다가도 하려고 하던 말을 잊게 되는구나."

지는 물음의 대답을 얻지 못하고서 황제의 궁전으로 돌아와 황제를 뵙고 여쭈었다. 황제가 말하였다.

"생각도 없고 걱정도 없어야만 비로소 도를 알게 된다. 처신하는 곳도 없고 행하는 것도 없어야만 비로소 도에 편안히 지내게 된다. 따르는 것도 없고 가는 길도 없어야만 비로소 도를 얻게 된다."

지가 황제에게 말하였다.

"저와 임금님은 도에 관해서 알았습니다만 무위위와 광굴은 알지 못하고 있습니다. 그 중 누가 옳은 것입니까?"

황제가 말하였다.

"저 무위위야말로 진실로 옳다. 광굴은 그와 비슷하다. 나와 너는 끝내 가까이 가지 못하고 있는 것이다. 도를 알고 있는 사람은 말하지 않고, 말하는 사람은 알지 못하는 것이다. 그러므로 성인께서는 말로 표현하지 않는 가르침을 행하셨던 것이다."

| 원문 |

知¹北遊於玄水之上, 登隱弅²之丘,而適遭無爲謂³焉. 知謂無爲謂曰; 予欲有問乎若. 何思何慮則知道? 何處何服則安道? 何從何道則得道?

三問而無爲謂不答也. 非不答, 不知答也. 知不得問, 反於白水之南, 登狐闋⁴之上, 而睹狂屈⁵焉. 知以之言也, 問乎狂屈.

狂屈曰; 唉.⁶ 予知之. 將語若, 中欲言而忘其所欲言.

知不得問, 反於帝宮, 見黃帝而問焉. 黃帝曰; 無思無慮, 始知道. 無處無服, 始安道. 無從無道, 始得道.

知問黃帝曰; 我與若知之, 彼與彼不知也. 其孰是邪?

黃帝曰; 彼無爲謂, 眞是也. 狂屈似之. 我與女, 終不近也. 夫知者不言, 言者不知. 故聖人行不言之敎.

| 해설 |

여기서는 꾸며낸 얘기를 통하여 진실한 '도'란 어떤 것인가를 설명하려고 그 서론을 편 셈이다. 지가 대표하는 지혜나 지식으로써는 '도'에 가까이 갈 수 없다는 것이다.

---

1 知(지) : 지혜나 지식을 대표하는 사람.

2 隱弅(은분) : 산 이름. 현수(玄水)와 함께 도가 현묘하고 은밀히 높은 것을 암시하고 있다.

3 無爲謂(무위위) : 정말로 알아서 말할 게 없는 도에 통한 사람을 대표하는 인물.

4 狐闋(호결) : 산 또는 언덕 이름.

5 狂屈(광굴) : 자유롭고[狂] 무심하여 뻣뻣[屈]하게 마른 나무 같은 도를 거의 터득한 사람을 대표한다.

6 唉(애) : 감탄사, 아아.

2

"도는 취득할 수 없고, 덕은 이르게 할 수 없는 것이다. 어짊은 행할 수 있지만, 의로움은 사람들을 해치게 되고, 예의는 사람들이 서로 속이는 것이다. 그러므로 '도를 잃은 뒤에야 덕이 중시되고, 덕을 잃은 뒤에야 어짊이 중시되고, 어짊을 잃은 뒤에야 의로움이 중시되고, 의로움을 잃은 뒤에야 예의가 중시된다. 예의라는 것은 도의 꽃과 같은 것이며, 혼란의 시발점이다'라고 하는 것이다.

그러므로 '도를 닦는 사람은 쓸데없는 일은 매일같이 버려야 한다. 그것을 버리고 또 버림으로써 무위에 이르러야 한다. 무위하게 됨으로써 하지 않는 일이 없게 되는 것이다'라고 말하는 것이다. 지금 이미 물건으로서 존재하고 있으면서 근본으로 되돌아가려고 한다는 것이 어려운 일이 아니겠는가? 그것을 쉽사리 할 수 있는 분이란 오직 위대한 사람뿐일 것이다."

| 원문 |

道不可致, 德不可至. 仁可爲也, 義可虧也, 禮相僞也. 故曰; 失道**1**而後德, 失德而後仁, 失仁而後義, 失義而後禮. 禮者, 道之華**2**而亂之首也.

故曰; 爲道者日損.**3** 損之又損之, 以至於無爲, 無爲而無不爲也. 今已爲物也, 欲復歸根, 不亦難乎? 其易也, 其唯大人乎.

---

1 故曰失道(고왈실도) : 이하 다섯 구절은 『노자』에 보이는 말.
2 華(화) : 꽃. 외형적인 수식을 가리킨다.
3 日損(일손) : 매일 꽃[華]이나 속임[僞] 같은 자연에 반하는 모든 것을 버리는 것. 이 아래 세 구절도 『노자』에 보인다.

'도'란, 말이나 의식적인 추구를 통하여 이루어질 수 없는 것임을 설명하고 있다. 아무런 의식적인 행동도 하지 않는 몸가짐이야말로 모든 일을 이룩하는 것이 된다는 것이다. 황제의 말의 계속이다.

3

"삶이란 죽음의 무리이며, 죽음이란 삶의 시작인 것이다. 누가 그 법도를 다스리고 있는지 아는가? 사람의 삶이란 기운이 모인 것이다. 기운이 모여 태어나게 되고 기운이 흩어지면 죽는 것이다. 만약 죽음과 삶을 같은 무리로 본다면 우리에게 또 무슨 걱정이 있겠는가?

그러므로 만물은 하나인 것이다. 사람들은 그들에게 아름답게 보이는 것을 신기하다 하고, 그들에게 추하게 보이는 것을 고약하고 추하다고 한다. 그러나 고약하고 추한 것은 다시 변화하여 신기한 것이 되고, 신기한 것은 다시 변화하여 고약하고 추한 것이 되는 것이다. 그러므로 천하는 한 가지 기운으로 통하게 되는 것이라고 말하는 것이다. 성인은 그러므로 이 하나를 귀히 여긴다."

| 원문 |

生也死之徒, 死也生之始. 孰知其紀? 人之生, 氣之聚也. 聚則爲生, 散則爲死. 若死生爲徒, 吾又何患?

故萬物一也. 是其所美者爲神奇, 其所惡者爲臭腐.[1] 臭腐復化爲神奇, 神奇復化爲臭腐. 故曰; 通天下一氣耳. 聖人故貴一.

---

1 臭腐(취부) : 악한 냄새가 나고 썩은 것.

| 해설 |

'기운'이 모이면 물건이 이루어지고 '기운'이 흩어지면 물건이 죽거나 없어진다는 것이다. 이러한 일기론—氣論은 후세 송대 성리학性理學의 선구자인 장재張載 같은 사람의 기론氣論과 흡사하다. 송대 학자들의 만물 일체萬物—體의 사상도 장자에게서 큰 영향을 받았을 것 같다. 황제의 말은 일단 여기에서 끝난다.

4

지知가 황제에게 말하였다.

"제가 무위위에게 물었을 때 무위위는 제게 대답을 하지 않았는데, 제게 대답을 하지 않은 것이 아니라 어떻게 대답을 해야 할는지 알지 못하였던 것입니다. 제가 광굴에게 물었을 적에 광굴은 마음 속으로는 제게 얘기해 주려 하면서도 제게 얘기해 주지 못했는데, 제게 얘기해 주지 못한 것이 아니라 마음 속으로는 얘기하려 하면서도 얘기할 말을 잊었던 것입니다. 지금 제가 임금님에게 여쭈니 임금님께서는 그것을 알고 계셨습니다. 그런데 어째서 도에 가깝지 않다고 말씀하시는 것입니까?"

황제가 말하였다.

"무위위가 진실로 도를 알고 있다는 것은 거기에 대하여 알지 못하고 있기 때문이다. 광굴이 도에 거의 가깝다고 한 것은 그는 도에 대하여 잊고 있기 때문이다. 나와 너는 끝내 도에 가까이 가지 못하고 있다는 것은 거기에 대하여 알고 있기 때문인 것이다."

광굴이 그 얘기를 듣고서 황제가 사리를 아는 말을 하고 있다고 하였다.

知謂黃帝曰; 吾問無爲謂, 無爲謂不應我. 非不我應, 不知應我也. 吾
問狂屈, 狂屈中欲告我, 而不我告. 非不我告, 中[1]欲告而忘之也. 今予問
乎若,[2] 若知之. 奚故不近?

黃帝曰; 彼其眞是也, 以其不知也. 此其似之也, 以其忘之也. 予與若
終不近也, 以其知之也. 狂屈聞之, 以黃帝爲知言.

| 해설 |

'도'란 아무것도 모르거나 잊고 있는 데서 자연스럽게 얻어지는 것이
다. 지혜라든가 의식적인 행위가 가해질 때 그것이 아무리 교묘하다 하더
라도 그것이 가해질수록 '도'와는 거리가 멀어지는 것이다. 도란 극히 소
박하고 자연스러운 것이라는 뜻이다.

5

하늘과 땅은 위대한 아름다움을 지니고 있으면서도 말로 할 수 없
고, 사철은 밝은 법도를 지니고 있으면서도 논의할 수 없고, 만물은
생성의 원리를 지니고 있으면서도 설명할 수 없다. 성인이란 하늘과
땅의 아름다움을 근원으로 삼고 있고, 만물의 원리에 통달한 사람이
다. 그러므로 지극한 사람은 무위하며, 위대한 성인은 작위가 없는데,
하늘과 땅의 원리에 통달하고 있기 때문이다.

자연의 신령스럽고 밝음은 지극히 정묘精妙하여 자연 만물을 변화
케 하고, 물건과 우리들을 죽고 살게 하고 모나고 둥근 형체를 갖게

---

1 中(중) : 마음 속.
2 若(약) : 너, 당신

하고 있지만, 그 근원에 대해서는 알 수가 없다. 그러나 모든 만물은 옛날부터 그대로 존재하고 있는 것이다. 우주가 크다고 하지만 그런 속으로부터 벗어나지 못한다. 가을의 짐승 터럭이 작다고 하지만 그것에 의하여 형체가 이루어진 것이다.

천하의 모든 것은 가라앉았다 떠올랐다 변화하며 처음부터 끝까지 그대로 있지 않는다. 음양과 사철은 올바로 운행되어 모두가 질서를 잃지 않는다. 어두컴컴하여 없는 것 같으면서도 존재하며, 자욱이 형체는 없으면서도 신령스러운 것이 도이다. 만물은 그것에 의하여 자라고 있지만 알지 못하고 있다. 이것을 근본이라고 말하는 것이며, 이것에 의하여 자연에 통달할 수가 있는 것이다.

| 원문 |

天地有大美而不言, 四時有明法而不議, 萬物有成理而不說. 聖人者, 原天地之美, 而達萬物之理. 是故, 至人無爲, 大聖不作, 觀¹於天地之謂也.

今彼神明²至精, 與彼百化, 物已死生方圓,³ 莫知其根也. 扁然⁴而萬物自古以固存. 六合⁵爲巨, 未離其內. 秋毫爲小, 待之成體.

天下莫不沈浮, 終身不故.⁶ 陰陽四時運行, 各得其序. 惛然⁷若亡而存, 油然⁸不形而神. 萬物畜⁹而不知. 此之謂本根, 可以觀於天矣.

---

1 觀(관) : 달관, 통달의 뜻.
2 今彼神明(금피신명) : 피(彼)는 자연의 도를 가리킨다.
3 方圓(방원) : 모나고 둥근 여러 가지 만물의 형체를 가리킴.
4 扁然(편연) : 두루 모든 것이 움직이는 모양.
5 六合(육합) : 천지 사방. 우주.
6 不故(불고) : 그대로 있지 않는 것.
7 惛然(혼연) : 어둡고 분명치 않은 모양.
8 油然(유연) : 무심한 모양. 또는 물건이 자라나는 모양.
9 畜(훅) : 양육되는 것.

우주 만물의 존재나 변화는 모든 것이 '도'에 의하여 이루어짐을 설명한 것이다. '도'는 그처럼 위대하지만 극히 자연스러워서 아무도 그 존재를 의식하지 못한다.

6

설결齧缺이 피의被衣에게 도에 대하여 물으니, 피의가 말하였다.

"당신이 당신의 형체를 바르게 갖고 당신의 시선을 통일한다면 자연의 조화가 이르게 될 것이오. 당신의 지혜를 버리고 당신의 태도를 통일하기만 한다면 신명神明이 당신 몸에 와 머무르게 될 것이오. 그러면 덕이 당신을 아름답게 해 줄 것이며 도가 당신의 생활을 이룩해 줄 것이오. 당신은 어리석은 갓 낳은 송아지처럼 되어 모든 일의 까닭을 추구하지 않을 것이오."

말이 채 끝나기도 전에 설결은 잠이 들었다. 피의는 크게 기뻐하면서 노래를 부르면서 그 자리를 떠나갔다.

"형체는 마른 해골 같고, 마음은 죽은 재 같네. 진실로 모든 사실을 알면서도 그렇다고 스스로 뽐내지도 않네. 흐릿하고 컴컴하게 무심하여 함께 얘기할 수도 없네. 이는 어찌된 사람인가?"

| 원문 |

齧缺[1]問道乎被衣, 被衣曰; 若正汝形, 一汝視, 天和[2]將至. 攝汝知, 一汝度,[3] 神將來舍. 德將爲汝美, 道將爲汝居. 汝瞳焉[4]如新生之犢, 而無

---

1 齧缺(설결) : 왕예(王倪)의 제자, 피의(被衣)와 함께 앞에 보였음.
2 天和(천화) : 자연의 조화.

求其故.

言未卒, 齧缺睡寐. 被衣大說, 行歌而去之, 曰; 形若槁骸, 心若死灰.
眞其實知, 不以故自持. 媒媒[5]晦晦, 無心而不可與謀. 彼何人哉?

| 해설 |

『노자』에서도 "기운을 오로지 하고 부드러움을 이르게 하면 어린아이
처럼 될 것이다"라고 말하고 있다. 다같이 '도'를 터득한 인간의 모습을
설명한 말이다. 도를 터득한 사람은 마른 해골 같은 모습에 마음도 없는
사람 같다는 것이다.

7

순임금이 승丞에게 물었다.

"도란 터득하여 지니고 있을 수가 있는 것이오?"

"임금님의 몸도 임금님이 지니고 있는 것이 아닌데, 임금님께서 어
떻게 도를 거기다 지닐 수가 있겠습니까?"

순임금이 말하였다.

"내 몸이 내 소유가 아니라면 누가 지니고 있는 것이오?"

"그것은 하늘과 땅에 부속되어 있는 형체입니다. 삶도 임금님께서
지니고 계신 것이 아니라 하늘과 땅에 부속되어 있는 조화입니다. 생
명도 임금님께서 소유하고 계신 게 아니라 하늘과 땅에 부속되어 있
는 순리인 것입니다. 자손들도 임금님께서 소유하고 계신 것이 아니

---

3 度(도) : 태도.
4 瞳焉(동언) : 어리석은 모양(王叔岷 說).
5 媒媒(매매) : '매'는 매(昧)와 통하여, 흐리멍텅한 모양.

라 하늘과 땅에 부속된 변화입니다. 그러므로 걸어가면서도 갈 곳을 알지 못하고, 살고 있으면서도 그 이유를 알지 못하며, 먹으면서도 맛보고 있는 것을 알지 못하고 있습니다. 하늘과 땅에 운행하는 기운에 의하여 되는 것인데 어찌 소유할 수가 있겠습니까?"

| 원문 |

舜問乎丞[1]曰; 道可得而有乎?

曰; 汝身非汝有也, 汝何得有夫道?

舜曰; 吾身非吾有也, 孰有之哉?

曰; 是天地之委[2]形也. 生非汝有, 是天地之委和也. 性名非汝有, 是天地之委順也. 孫子非汝有, 是天地之委蛻[3]也. 故行不知所往, 處不知所持, 食不知所味. 天地之彊陽[4]氣也. 又胡可得而有邪?

| 해설 |

'도'는 사람이 인식하며 지닐 수가 없는 것이다. 그뿐 아니라 사람은 자기 자신조차도 그 개인이 소유하고 있는 것이 아니라 모두가 하늘과 땅에 부속된 한 물건에 불과하다는 것이다.

8

공자가 노자에게 물었다.

"오늘은 한가하니 감히 지극한 도에 관하여 여쭙고자 합니다."

---

1 丞(승) : 옛 사람 이름. 관명으로 보는 이도 있다.
2 委(위) : 부(付) 또는 촉(囑)의 뜻으로(兪樾 說), 부속되어 있는 것.
3 蛻(세) : 매미가 허물을 벗은 것. 대사(代謝)하여 변하는 것.
4 彊陽(강양) : 운동 또는 운행과 같은 말(郭象 說).

노자가 말하였다.

"당신은 재계를 하여 당신의 마음을 깨끗이 씻고, 당신의 정신을 맑게 씻어내고, 당신의 지혜를 쳐 없애야 할 것이오.

도라는 것은 아득하여 말로 표현하기 어려운 것이오. 그러나 당신을 위하여 그 대강을 얘기해 보겠소. 분명한 물건들은 어둑어둑한 보이지 않는 것에서 생겨나며, 형체를 지니고 있는 것들은 형체가 없는 것에서 생겨나오. 사람의 정신은 도에서 생겨나며, 육체는 정기의 화합으로 생겨나오. 그리고 만물은 형체가 다시 형체를 서로 생성하오. 그러므로 몸에 아홉 개의 구멍을 갖고 있는 사람과 짐승들은 어머니의 태胎에서 태어나고, 여덟 개의 구멍을 갖고 있는 새나 물고기들은 알에서 태어나지만, 그것이 어디로부터 오는 것인지 자취조차 없고 그것이 어디로 가는지는 한계도 없소. 드나드는 문도 없고 들어가 머물 방도 없으나, 사방으로 통달하여 한없이 넓은 것이오. 그러나 이러한 도를 따르는 사람은 신체가 건강하고 생각이 두루 통달되며, 귀와 눈이 총명하오. 그의 마음 쓰임은 수고롭지 않고, 밖의 물건의 변화에 대한 대응은 자유롭기만 하오. 하늘도 이것을 터득치 못하면 높을 수가 없고, 땅도 이것을 터득치 못하면 넓을 수가 없으며, 해와 달도 이것을 터득치 못하면 운행될 수가 없고, 만물도 이것을 터득하지 못하면 번창하지 못하는 것이오. 이것이 바로 도라는 것이오."

| 원문 |

孔子問於老聃曰; 今日晏閒,[1] 敢問至道?

老聃曰; 汝齊戒疏瀹[2]而心, 澡雪而精神, 掊擊而知.

---

1 晏閒(안한) : 편안하고 한가한 것.
2 疏瀹(소약) : 깨끗이 물로 씻는 것.

夫道, 窅然³難言哉. 將爲汝言其崖略. 夫昭昭生於冥冥, 有倫⁴生於無形. 精神生於道, 形本⁵生於精.⁶ 而萬物以形相生. 故九竅者胎生, 八竅者卵生. 其來無迹, 其往無崖. 無門無房, 四達之皇皇⁷也. 邀⁸於此者, 四枝⁹彊, 思慮恂達,¹⁰ 耳目聰明. 其用心不勞, 其應物無方. 天不得不高, 地不得不廣, 日月不得不行, 萬物不得不昌. 此其道與.

| 해설 |

지극한 '도'란 만물과 자연 변화의 근원이어서, 이 '도'를 따르는 사람이야말로 모든 일에 통달케 된다는 것이다. 노자의 설명은 뒤에 다시 계속된다.

9

"또한 도에 대하여 널리 안다는 것은 반드시 옳은 지식은 아니며, 거기에 대하여 잘 논한다는 것은 반드시 밝은 지혜는 아니오. 도를 터득한 성인聖人들은 그런 지식과 이론을 끊어 버리오. 그리고 거기에 보태 주어도 더욱 증가하지 않고, 거기에서 덜어내도 더욱 줄어들지 않는 것이 성인이 보유하고 있는 상태요. 깊숙하기는 바다와 같고 지극히 높으며 끝나는가 하면 다시 처음으로 되돌아가오. 만물을 운행

---

3 窅然(요연) : 어두워서 형체를 분간할 수 없는 상태.
4 有倫(유륜) : 륜(倫)은 류(類)와 통하여, 형체를 지니고 있는 물건들.
5 形本(형본) : 형체, 육체.
6 精(정) : 정기. 남녀의 정.
7 皇皇(황황) : 거침없이 광대한 모양.
8 邀(요) : 따르는 것(兪樾 説).
9 四枝(사지) : 신체를 가리킴.
10 恂達(순달) : 통달되는 것.

케 하고 생성함에 빠뜨리는 것이 없으니, 군자의 도는 그 밖에 달리 있을 수가 있겠소? 만물은 모두 이에 의하여 성장 변화하면서도 다함이 없으니, 이것이 바로 도라는 것이오."

| 원문 |

且夫博¹之不必知, 辯之不必慧, 聖人以斷之矣. 若夫益之而不加益, 損之而不加損者, 聖人之所保也. 淵淵乎其若海, 魏魏²乎其終則復始也. 運量³萬物而不匱,⁴ 則君子之道, 彼其外與? 萬物皆往資⁵焉而不匱. 此其道與.

| 해설 |

노자가 계속해서 공자에게 지극한 '도'를 설명하고 있다. '도'란 지식과 이론을 초월하며 만물의 근원이 되고 있다는 것이다.

10

"이 중국에도 사람들이 존재하고 있는데, 사람은 음도 아니고 양도 아니어서 하늘과 땅 사이에 살고 있는 것이오. 그들은 잠시 동안 사람으로서 존재하지만, 결국은 그 근본으로 되돌아가게 될 것이오. 그 근본으로부터 본다면 삶이란 것은 기운이 모여 있는 물건에 불과하오. 비록 오래 살고 일찍 죽는 차이가 있다지만 그 차이야 얼마나 되겠

---

1 博(박) : 도에 대하여 널리 아는 것.
2 魏魏(위위) : 위(魏)는 외(巍)와 통하여, 산이 높은 모양.
3 運量(운량) : 운행 성장케 하는 것.
4 不匱(불궤) : 빠뜨리는 것이 없는 것. 다함이 없는 것.
5 往資(왕자) : 변화하고 의지하는 것.

소? 짧은 시간에 불과한 문제요. 그러니 어찌 요임금은 성인이고 걸왕은 폭군이란 시비가 문제가 될 수 있겠소?

나무 열매나 풀 열매도 원리에 의하여 이루어지고 있소. 사람들의 윤리는 다 추구하기는 어렵지만 역시 그 원리에 의하여 서로 어울리고 있는 것이오. 따라서 성인은 그 원리에 의한 변화를 만나게 되면 어기지 않고, 변화가 눈 앞에 지나가도 이에 집착하지 않는 것이오. 거기에 조화함으로써 순응하는 것이 덕이며, 거기에 짝이 되어 순응하는 것이 도인 것이오. 이 덕과 도를 바탕으로 제왕이 생겨나고 왕도 王道가 이루어지는 것이오.

사람이 하늘과 땅 사이에 살고 있는 것은 마치 날랜 말이 좁은 틈새 앞을 지나가는 것처럼 순간적인 것에 불과하오. 만물은 자연의 변화를 따라서 모두가 생겨나고, 자연의 변화에 의하여 모두가 없어지는 것이오. 자연의 변화에 의하여 생겨나기도 하고 또 그 변화에 의하여 죽기도 하는 것이오. 그것을 생물들은 서러워하고 사람들은 슬퍼하고 있소. 그러나 죽음이란 활집에서 활을 풀어 놓는 것과 같은 자연의 변화이며, 책 껍질을 벗겨 버리는 것과 같은 자연의 변화인 것이오. 육체에서 혼백이 떨어져 나갈 때, 혼백이 어디로인가 가 버리면 육체도 이를 따라 위대한 귀착점인 도로 되돌아가는 것이오.

형체도 없는 상태에서 형체가 이룩되고 형체를 지닌 물건은 형체가 없는 상태로 되돌아가는 것이오. 이것은 사람들이 다 같이 알고 있는 일이지만, 지극한 도에 이르러는 그 구별에 대하여 힘쓸 것은 못 되오. 이것에 대해서는 모든 사람들이 다 같이 논하는 것이지만, 지극한 도에 이르는 사람은 논하지 말아야 되오. 거기에 대하여 논하면 지극한 도에 이르지 못할 것이기 때문이오. 도란 분명히 보려고 하면 만나지 못하는 것이니, 이론을 펴는 것은 침묵을 지키는 것만 못한 것이오. 도란 들어서 알 수 있는 것이 못 되며, 거기에 대하여 듣는 것은 귀를 막고 듣지 않는 것만 못한 것이오. 이렇게 하여 도에 합치되는 것을 위대한 터득을 했다고 말하는 것이오."

| 원문 |

中國有人焉, 非陰非陽, 處於天地之間. 直且**1**爲人, 將反於宗. 自本觀之, 生者, 喑醷**2**物也, 雖有壽夭, 相去幾何? 須臾之說也. 奚足以爲堯桀之是非?

果蓏**3**有理, 人倫雖難, 所以相齒.**4** 聖人遭之而不違, 過之而不守. 調而應之, 德也. 偶而應之, 道也. 帝之所興, 王之所起也.

人生天地之閒, 若白駒**5**之過郤**6** 忽然而已. 注然勃然,**7** 莫不出焉. 油然漻然,**8** 莫不入焉. 已化而生, 又化而死. 生物哀之, 人類悲之. 解其天弢**9** 墮其天袠.**10** 紛乎宛乎,**11** 魂魄將往, 乃身從之, 乃大歸乎.

不形之形, 形之不形. 是人之所同知也, 非將至**12**之所務也. 此衆人之所同論也, 彼至則不論. 論則不至. 明見無值,**13** 辯不若默. 道不可聞, 聞不若塞. 此之謂大得.

---

1 直且(직차) : 다만 잠시 동안.
2 喑醷(음의) : 기가 모여 있는 모양(李頤 說).
3 果蓏(과라) : 나무 열매와 풀 열매.
4 相齒(상치) : 서로 어울리는 것.
5 白駒(백구) : 흰 망아지. 날랜 말이라고도 하고, 해를 비유한 말이라고도 한다.
6 郤(극) : 극(隙)과 통하여, 틈.
7 注然勃然(주연발연) : 변화에 따라 만물이 생겨나는 모양.
8 油然漻然(유연류연) : 변화에 따라 물건이 없어지는 모양.
9 解其天弢(해기천도) : 도는 활집. 자연의 활집을 풀어 놓는 것. 죽음이란 활집을 풀어 놓는 것 같은 간단한 자연의 한 가지 변화라는 뜻.
10 袠(질) : 책 껍질.
11 紛乎宛乎(분호완호) : 육체와 혼백이 떨어지며 사람이 죽는 모양.
12 將至(장지) : 지극한 도에 도달하려는 사람.
13 值(치) : 만나다.

　사람의 죽음조차도 '도'에 따른 자연 변화의 한 가지 현상에 불과하다. 따라서 짧은 인생에 지혜와 이론을 따라 시비를 따지려는 것은 어리석은 일이다. 죽음과 삶을 초월하여 이론과 지혜나 모든 사람의 감각을 버리고 자연의 변화에 순응해야만 '도'를 터득하게 된다는 것이다.

　이론을 부정하면서도 이론을 전개시키고 있는 도가의 모순이 재미있다. 공자에 대한 노자의 '도'에 관한 설명은 여기에서 끝난다.

11

　동곽자東郭子가 장자에게 물었다.

　"이른바 도라는 것은 어디에 존재하는 것입니까?"

　장자가 말하였다.

　"어디고 존재하지 않는 곳이란 없다."

　동곽자가 말하였다.

　"있는 곳을 지적해 주십시오."

　장자가 말하였다.

　"개미에게 있다."

　"어째서 그처럼 하급下級입니까?"

　"가라지풀이나 피에도 있다."

　"어째서 더욱 하급의 것이 됩니까?"

　"기와나 벽돌에도 있다."

　"어째서 더욱 심해지십니까?"

　"오줌과 똥에도 있다."

　동곽자는 아무 말도 못하게 되었다.

　장자가 다시 말하였다.

"그대의 질문은 본시가 본질적인 것이 아니었다. 시장의 관리인이 시장 감독자에게 돼지를 밟아 보고 그 살찐 정도를 조사하게 할 때에도, 살찌기 어려운 곳으로 밟아 내려 갈수록 그 정도를 더욱 잘 미루어 알게 되는 것이다. 그대는 꼭 어디에 있는가고 한정시키려 하지 말아야 한다. 물건은 무엇이나 도로부터 벗어나는 것이 없기 때문이다. 지극한 도는 이와 같은 것이며, 위대한 이론도 역시 그러한 것이다. 두루·언제나·모두, 이 세 가지 표현은 도에 대하여 말은 다르지만 같은 내용이며, 표현하는 것은 한 가지 것이다.

시험삼아 그대와 더불어 아무것도 없는 무하유無何有의 궁전에 노닐어 보자. 그리고 함께 자연의 도에 합치되어 도를 논해 보면 그 무궁함을 알게 될 것이다. 시험삼아 그대와 더불어 무위의 경지로 들어가 보자. 그러면 담담히 고요해지고 깨끗이 맑아져서 만물과 조화되어 한가하게 될 것이다. 나의 뜻은 텅 비게 되어, 마음은 가려는 데 없이 자연에 맡겨 두어 그 이르는 데도 알지 못하게 될 것이다. 되는 대로 갔다왔다 하여 그 멈춰지는 곳을 알지 못하게 될 것이다. 나는 이미 왔다갔다 하고 있지만 그 끝나는 곳을 알지 못하게 될 것이다. 텅 빈 광대한 곳에서 거닐고 있어서 위대한 지혜로도 다 이루어지는 곳을 알 수 없는 것이다.

물건을 물건의 존재대로 인정하는 사람은 물건과 한계가 없게 된다. 그러나 물건에 대하여 한계를 긋고 구별하는 사람은 이른바 물건으로 말미암아 자기 한계를 지니게 되는 사람인 것이다. 물건과의 한계가 없다는 것은 상대적인 한계대로 순응하는 것이며, 물건에 대하여 한계를 긋는다는 것은 상대적인 한계대로 순응하지 않는 것이다. 찼다가는 비고 모였다가는 없어지는 것으로 말한다면, 어떤 물건이 차고 비고 하는 것은 절대적으로 차고 비는 것이 아니며, 어떤 물건이 모이고 없어지고 하는 것은 절대적으로 모이고 없어지는 것이 아니

다. 어떤 물건의 근본과 말단도 절대적인 근본과 말단이 되는 것은 아
니며, 어떤 물건이 쌓이고 흩어지고 하는 것도 절대적으로 쌓이고 흩
어지는 것은 아닌 것이다."

| 원문 |

東郭子¹問於莊子曰; 所謂道, 惡乎在?

莊子曰; 無所不在.

東郭子曰; 期²而後可.

莊子曰; 在螻蟻.

曰; 何其下邪?

曰; 在稊稗.³

曰; 何其愈下邪?

曰; 在瓦甓.⁴

曰; 何其愈甚邪?

曰; 在屎溺.⁵

東郭子不應. 莊子曰; 夫子之問也, 固不及質.⁶ 正獲⁷之問於監市⁸履
狶⁹也. 每下愈況.¹⁰ 汝唯莫必, 無乎逃物. 至道若是, 大言亦然. 周徧

---

1 東郭子(동곽자) : 앞 '문후의 스승 전자방'편에 보인 동곽순자(東郭順子).

2 期(기) : 지적하는 것.

3 稊稗(제패) : 가라지 또는 돌피[稊]와 피. 논밭에 흔한 잡초.

4 甓(벽) : 벽돌.

5 屎溺(시뇨) : 똥과 오줌.

6 質(질) : 바탕, 본질.

7 正獲(정확) : 시장을 관리하는 우두머리.

8 監市(감시) : 시장의 매매를 감독하는 사람.

9 履狶(이희) : 돼지를 발로 밟아 보며 그 살찐 정도를 감정하는 것.

10 每下愈況(매하유황) : 돼지의 살이 안 붙은 부분으로 밟아 내려갈수록 더욱 다른 부분
의 살찐 정도까지도 미루어 잘 알 수 있게 된다는 뜻.

咸¹¹三者, 異名同實, 其指一也.

嘗相與游乎無何有之宮. 同合¹²而論, 無所終窮乎. 嘗相與無爲乎. 澹而靜乎, 漠而¹³淸乎, 調而閒乎, 寥已¹⁴吾志, 無往焉而不知其所至. 去而來, 不知其所止. 吾已往來焉, 而不知其所終. 彷徨乎馮閎,¹⁵ 大知入焉, 而不知其所窮.

物物者, 與物無際.¹⁶ 而物有際者, 所謂物際者也. 不際之際, 際之不際者也. 謂盈虛衰殺,¹⁷ 彼爲盈虛非盈虛, 彼爲衰殺非衰殺. 彼爲本末非本末, 彼謂積散非積散也.

| 해설 |

도는 우주의 어디에나 있고 우주 안의 모든 현상이 도에 의하여 이루어지고 있는 것이다. 따라서 사람은 자아를 잊고 '무위'할 수 있어야만 도에따라 살 수 있다는 것이다. 『중용中庸』에서도 "도란 잠시도 떨어질 수가없는 것이다. 떨어질 수 있다면 그것은 도가 아니다"라고 말하고 있다.

12

아하감婀荷甘이 신농神農과 함께 노룡길老龍吉에게 배웠다. 신농이안석案席에 기대어 문을 닫고 낮잠을 자고 있었는데, 아하감이 한낮에

---

11 周徧咸(주편함) : 두루, 언제나, 모두.
12 同合(동합) : 자연의 도에 합치되는 것.
13 漠而(막이) : 맑은 모양.
14 寥已(요이) : 텅 빈 모양.
15 馮閎(빙굉) : 횡하게 광대한 고장.
16 際(제) : 한계, 제한.
17 衰殺(쇠쇄) : '쇠'는 부(裒)의 잘못으로(胡遠濬 說), 모이는 것, 따라서 모였다 없어졌다하는 것으로 해석하는 것이 좋을 것 같다.

문을 열고 들어와서 말하였다.

"노룡 선생이 돌아가셨네."

신농은 안석에 기대어 있다가 지팡이를 짚고 일어선 뒤 후당탕 지팡이를 내던지고 웃으면서 말하였다.

"하늘은 내가 편벽되고 고루하면서도 허망한 자라고 하여 나를 버리고 돌아가시게 한 것일 것이다. 선생님께서는 나를 계발시켜 줄 지극한 말씀도 하시지 않은 채 돌아가셨구나."

엄강조弇罡弔가 그 얘기를 듣고서 말하였다.

"도를 체득한 사람에게는 천하의 군자들이 따르게 되는 것이다. 지금 신농은 도에 대하여 가을 터럭 끝의 만 분의 일도 터득하지 못하고 있으면서도, 그 분이 지극한 말을 품은 채 죽어 갔음을 알고 있다. 하물며 도를 체득한 사람은 도를 말로 표현할 수 없다는 것까지야 알 수가 있었겠는가? 도란 보아도 형체가 없고 들어도 소리가 없다. 사람들 중에 그것을 논하는 사람들이 도를 캄캄하다는 뜻에서 명명冥冥이라 부르고 있으나, 도는 이론으로 진실한 뜻을 논할 수가 없는 것이다."

이 때 태청泰淸이 무궁無窮에게 물었다.

"당신은 도를 압니까?"

무궁이 말하였다.

"저는 알지 못합니다."

다시 무위無爲에게 물으니 무위가 말하였다.

"나는 도에 대하여 알고 있습니다."

"당신이 아는 도에는 또한 법도라는 것이 있습니까?"

"있습니다."

"그 법도는 어떠한 것입니까?"

"내가 아는 도는 귀해질 수도 있고 천해질 수도 있으며 모여들 수도 있고 흩어질 수도 있습니다. 이것이 내가 알고 있는 도의 법도입니다."

태청은 이 얘기를 듣고 무시無始에게 물었다.

"이와 같이 무궁은 알지 못하고 무위는 알고 있는데, 누가 옳고 누가 그른 것입니까?"

무시가 말하였다.

"알지 못한다는 쪽은 심오하고 그것을 안다는 쪽은 천박한 것입니다. 알지 못한다는 것은 내면적인 것이고, 그것을 안다는 것은 외면적인 것입니다."

이에 태청은 우러러보면서 탄식하고 말하였다.

"알지 못한다는 것이 바로 아는 것입니까? 안다는 것이 바로 알지 못하는 것입니까? 누가 알지 못한다는 것이 아는 것임을 알겠습니까?"

무시가 말하였다.

"도란 들을 수가 없는 것이니 들리는 것은 도가 아닙니다. 도는 볼 수가 없는 것이니 보이는 것은 도가 아닙니다. 도는 말로 표현할 수가 없는 것이니 말로 표현되었다면 도가 아닙니다. 형체를 지닌 물건들의 형체를 지니게 하는 것이 형체가 없는 도임을 알겠지요? 그러니 도란 이름을 붙여 표현되어서는 안 되는 것입니다."

무시가 다시 말하였다.

"누가 도에 대하여 물었을 때 여기에 대답하는 사람은 도를 알지 못하는 것입니다. 도에 대하여 질문한 사람도 역시 도에 대하여 듣지 못하는 것입니다. 도란 물어서도 안 되는 것이며, 묻는다 하더라도 대답할 수가 없는 것입니다. 물어서는 안 되는 것을 묻는 것은 헛된 질문이 되고 맙니다. 대답할 수가 없는 것을 대답하는 것은 진실한 마음이 없는 것입니다. 진실한 마음이 없이 헛된 질문에 대답하는 이가 있는

데, 이러한 사람은 밖으로는 우주의 현상을 올바로 관찰하지 못하고, 안으로는 태초의 미묘한 이치를 알지 못하고 있기 때문입니다. 그래서 곤륜산崑崙山 같은 고상한 경지에 가 보지도 못하고 텅 빈 우주의 거침없는 세계에 노닐어 보지도 못하는 것입니다."

| 원문 |

妸荷甘[1]與神農同學於老龍吉.[2] 神農隱几[3]闔[4]戶晝瞑, 妸荷甘日中奓[5]戶而入, 曰; 老龍死矣.

神農隱几擁杖而起, 曝然[6]放杖而笑, 曰; 天知予僻陋慢訑,[7] 故棄予而死已矣夫, 子無所發予之狂言[8]而死矣夫.

弇堈弔[9]聞之, 曰; 夫體道者, 天下之君子所繫焉. 今於道, 秋毫之端, 萬分未得處一焉, 而猶知藏其狂言而死. 又況夫體道者乎? 視之無形, 聽之無聲. 於人之論者, 謂之冥冥. 所以論道, 而非道也.

於是泰淸[10]問乎無窮曰; 子知道乎? 無窮曰; 吾不知.

又問乎無爲, 無爲曰; 吾知道.

曰; 子之知道, 亦有數乎?

---

1 妸荷甘(아하감) : '아'가 사람의 성이고, 하감(荷甘)이 이름.

2 老龍吉(노룡길) : 도를 체득한 어진 사람 이름.

3 隱几(은궤) : 안석에 기대는 것.

4 闔(합) : 닫다.

5 奓(차) : 열다, 벌리다.

6 曝然(박연) : 지팡이를 소리나게 내던지는 모양.

7 慢訑(만탄) : '탄'은 탄(誕)과 통하며(王叔岷 說), 허망한 것, 아무렇게나 멋대로 행동하는 것.

8 狂言(광언) : 지극한 말. 보통 사람들은 이해하지 못할 말이라 '광언(미친 말)'이라 한 것이다.

9 弇堈弔(엄강조) : 엄강은 도를 터득한 사람의 성, 조는 그 사람 이름(李頤 說). 사람의 성이 엄이고 이름은 강이며, '조'는 조상하러 왔다는 뜻으로 해석하는 이(宣穎 說)도 있다.

10 泰淸(태청) : 지극한 도를 형용하는 가설적인 인물, 이하 '무궁', '무위', '무시'도 마찬가지이다.

曰; 有.

曰; 其數若何?

無爲曰; 吾知道之可以貴, 可以賤, 可以約, 可以散. 此吾所以知道之數也.

泰淸以之言也問乎無始, 曰; 若是則無窮之弗知, 與無爲之知. 孰是而孰非乎?

無始曰; 不知, 深矣. 知之, 淺矣. 弗知, 內矣. 知之, 外矣.

於是泰淸中而歎[11]曰; 弗知乃知乎? 知乃不知乎? 孰知不知之知?

無始曰; 道不可聞, 聞而非也. 道不可見, 見而非也. 道不可言, 言而非也. 知形形之不形乎? 道不當名.

無始曰; 有問道而應之者, 不知道也. 雖問道者, 亦未聞道. 道無問, 問無應. 無問問之, 是問窮[12]也. 無應應之, 是無內也. 以無內待問窮, 若是者, 外不觀乎宇宙, 內不知乎大初. 是以不過乎崑崙,[13] 不遊乎太虛.[14]

| 해설 |

여기서도 '도'란 말로 형용하거나 감각으로 인지할 수 없는 것임을 강조하고 있다. 바꿔 말하면 사람들의 논리나 감각 같은 것을 모두 초월해야만 '도'를 터득할 수 있다는 뜻이 된다.

---

11 中而歎(중이탄) : '중'은 앙(仰)의 잘못으로(武延緖 說), 하늘을 우러러보며 탄식하는 것.
12 問窮(문궁) : '궁'은 공(空)과 통하며(章炳麟 說), 헛된 질문을 하는 것.
13 崑崙(곤륜) : 산 이름, 세상에서 제일 높은 곳으로 도의 고대함을 비유한 것임.
14 太虛(태허) : 우주의 넓은 공간, 아무것도 없는 텅 빈 한없이 넓은 우주.

13

광요光曜가 무유無有에게 물었다.

"당신은 존재하는 것이오, 존재하지 않는 것이오?"

광요는 질문에 대한 대답을 얻지 못하자 무유의 모습을 자세히 들여다보았다. 아득하고 텅 비어 있어 하루 종일 그의 모습을 보았으되 보이지 않았고, 그의 소리를 들으려 하였으되 듣지 못했으며, 그의 형체를 잡아 보려 하였으되 잡을 수가 없었다.

광요가 말하였다.

"지극하도다. 그 누가 이러한 경지에 이를 수가 있겠는가? 나는 무無의 존재는 인식할 수 있었지만 무도 없는 경지는 인식할 수가 없었다. 무와 유有에 사로잡혀 있는 사람들이야 어떻게 이런 경지에 이를 수가 있겠는가?"

| 원문 |

光曜¹問乎無有曰; 夫子有乎? 其無有乎?

光曜不得問, 而孰視²其狀貌. 窅然³空然, 終日視之而不見, 聽之而不聞, 搏之而不得也.

光曜曰; 至矣, 其孰能至此乎? 予能有無矣, 而未能無無也. 及爲無有⁴矣, 何從至此哉?

| 해설 |

여기에서는 광요光曜와 무유無有란 가공적인 인물의 대화를 통하여 무

---

1 光曜(광요) : 빛에 비유한 사람. 따라서 무유(無有)는 공간에 비유한 인물.
2 孰視(숙시) : '숙'은 숙(熟)과 통하며, 자세히 보는 것.
3 窅然(요연) : 까마득한 모양.
4 爲無有(위무유) : 있고 없다는 생각에 사로잡혀 있는 것.

無도 없는 절대적인 무의 경지를 해설하고 있다.

14

대사마大司馬의 무기를 만드는 사람이 있었는데 나이 팔십이 되도록 조그만 실수도 없었다.

대사마가 말하였다.

"당신은 기교로써 그렇게 하는 것이오, 도가 있는 것이오?"

"제게는 지키는 것이 있습니다. 저는 나이 스물에 무기를 만드는 일을 좋아했는데, 다른 물건은 보지도 않았고 무기가 아니면 보이지도 않았습니다."

그는 기술의 사용에 있어서 정신을 다른 데는 쓰지 않는 방법을 씀으로써 늙도록 그 기술을 발휘할 수가 있었던 것이다. 그러니 하물며 쓰지 않는 것조차도 없는 경지의 사람이야 어떠하겠는가? 만물은 무엇이건 그렇게 하여 되지 않는 것이 있는가?

| 원문 |

大馬**1**之捶鉤**2**者, 年八十矣, 而不失豪芒.**3**

大馬曰; 子巧與, 有道與?

曰; 臣有守也. 臣之年二十, 而好捶鉤. 於物無視也, 非鉤無察也.

是用之者, 假不用者也, 以長得其用. 而況乎無不用**4**者乎? 物孰不

---

1 大馬(대마) : 대사마(大司馬)로 씀이 옳으며, 국방 장관과 비슷한 옛 벼슬 이름.

2 捶鉤(추구) : 쇠를 달구고 두드려[捶] 무기[鉤]를 만드는 것. 구(鉤)를 낚싯바늘, 또는 허리띠 고리로 보는 이도 있다.

3 豪芒(호망) : 가는 터럭 끝. 극히 작은 것을 형용한 것임.

4 無不用(무불용) : 쓰지 않음도 없는 것. 무(無)도 없는 것과 같은 절대적인 도의 경지.

資焉?

| 해설 |

　신경을 다른 일에는 쓰지 않고 한 곳에만 집중시키면 귀신 같은 재주를
지니게 된다. 그러니 다른 일에 쓰지 않는다는 것조차도 없는 절대적인 도
의 무無의 경지에 이른 사람이야 얼마나 완전하겠느냐는 것이다.

15

　염구冉求가 공자에게 물었다.

　"하늘과 땅이 있지 않았을 때의 일을 알 수 있습니까?"

　공자가 말하였다.

　"알 수 있다. 옛날도 지금과 같았다."

　염구는 질문에 대한 올바른 대답을 얻지 못하고 물러났다가 다음날
다시 뵙고서 말하였다.

　"어제 제가 하늘과 땅이 있기 전의 일을 알 수 있겠습니까 하고 여
쭈었습니다. 선생님은 알 수 있다. 옛날도 지금이나 같았다고 말씀하
셨습니다. 어제는 이해할 수 있었던 것 같은데 오늘은 이해하지 못하
겠습니다. 감히 무슨 말씀이신지 여쭙고자 합니다."

　공자가 말하였다.

　"어제 이해할 수 있었던 것은 마음이 텅 비어 신명神明으로 먼저 받
아들였기 때문이며, 오늘 이해하지 못하는 것은 또한 신명치 못한 마
음으로 뜻을 추구하였기 때문이다. 옛날도 없고 지금도 없으며 시작
도 없고 끝도 없는 것이다. 자손이 있지도 않은데 자손이 있다고 따진
다면 되겠느냐?"

　염구가 대답도 하기 전에 공자가 다시 말하였다.

"그만두어라. 대답은 말아라. 삶의 원리로써 살고 죽게 하는 것도 아니며, 죽음의 원리로써 죽고 살게 하는 것도 아니다. 죽음과 삶은 의지하는 원리가 있는가? 모두가 스스로 변화하는 일체의 현상인 것이다. 하늘과 땅에 앞서 생겨난 물건이 있는 것일까? 물건을 물건으로 존재케 한 것은 물건이 아닌 도이니, 물건이 생겨난 것이 다른 물건에 앞설 수가 없는 것이다. 그러나 물건은 존재하고 있다. 그리고 물건의 존재는 끝이 없는 것이다. 성인은 사람들을 사랑함에 있어 끝내 끝이 없는데 역시 여기에서 법도를 취한 것이다."

| 원문 |

冉求¹問於仲尼曰; 未有天地可知邪?

仲尼曰; 可, 古猶今也.

冉求失問而退, 明日復見, 曰; 昔者吾問未有天地可知乎, 夫子曰可, 古猶今也. 昔日吾昭然,² 今日吾昧然. 敢問何謂也?

仲尼曰; 昔之昭然也, 神者³先受之. 今之昧然也, 且又爲不神者求邪. 無古無今, 無始無終. 未有子孫而有子孫, 可乎?

冉求未對, 仲尼曰; 已矣, 未應⁴矣. 不以生生死, 不以死死生. 死生有待邪? 皆有所一體. 有先天地生者物邪? 物物者非物, 物出不得先物也. 猶其有物也, 猶其有物也無已. 聖人之愛人也, 終無已者, 亦乃取於是者也.

---

1 冉求(염구) : 공자의 제자. 자는 자유(子有), 염유(冉有) 또는 유자(有子)라고도 불렀다. 뒤에 계씨(季氏)의 재(宰)를 지낸 재주가 많은 사람이다.
2 昭然(소연) : 밝게 이해가 잘 되는 모양. 뒤의 매연(昧然)의 반대.
3 神者(신자) : 마음을 비움으로써 생기는 신명(神明).
4 未應(미응) : 물응(勿應)과 같이 '대답하지 말라'는 뜻.

'도'에는 옛날도 없고 현재도 없으며, 시작도 없고 끝도 없는 것임을 공자의 말을 빌려 설명하고 있다. 따라서 하늘과 땅에 앞서는 것은 위대한 '도'뿐이며, 성인은 이 '도'의 무궁함을 본받아 그 원리에 입각해서 백성들을 다스린다는 것이다.

16

안회가 공자에게 물었다.

"저는 전에 선생님께서 가는 것을 전송하지도 말고 오는 것을 마중하지도 말라고 하신 말씀을 기억하고 있습니다. 감히 그 까닭을 여쭙고자 합니다."

공자가 말하였다.

"옛날 사람들은 밖의 물건이 변화하더라도 거기에 순응하기만 했지 자기 마음은 변하지 않았다. 지금 사람들은 자기 마음은 밖의 물건에 의하여 변화하면서도 밖의 물건에 동화하지는 못한다. 물건과 더불어 함께 변화하는 사람은 한결같이 자신의 마음은 변화하지 않는 것이다. 변화해도 편안하고 변화하지 않아도 편안하며, 편안히 그것들에 따르지 절대로 그것들과 떨어져 나가지 않는다.

희위씨豨韋氏는 동산을 만들고 살았고, 황제黃帝는 채소밭을 만들고 살았고, 유우씨有虞氏 순舜임금은 궁전을 만들고 살았고, 은殷나라 탕湯임금과 주周나라 무왕武王은 궁실을 짓고 살았다. 군자들은 유가儒家와 묵가墨家를 스승으로 모시게 되었으므로 옳고 그름을 따지며 서로를 공격하게 되었다. 그러니 하물며 지금 사람들이야 어떻겠느냐?

성인은 물건을 따르되 물건을 손상시키지 않는다. 물건을 손상치 않는 사람에 대해서는 물건은 그를 손상시킬 수가 없게 된다. 오직 물건을 손상시키는 일이 없는 사람만이 자연을 따라 그것들을 보내고 마중할 수가 있게 된다.

산림에서나 평원에서 노니는 것은 우리들로 하여금 흥겨이 즐기게 해 준다. 그러나 즐김이 끝나기도 전에 슬픔이 또 이어지게 된다. 슬픔과 즐거움이 닥치는 것을 우리로서는 막을 수가 없다. 그것들이 떠나는 것도 우리는 막을 수가 없다. 슬프다, 세상 사람이란 바로 밖의 물건들이 머물러 슬프고 즐겁게 해 주는 여관이라 할 수도 있다.

경험한 것들은 알지만 경험하지 못한 것은 알지 못한다. 능력 안의 것은 할 수 있지만 능력으로 불가능한 것은 할 수 없다. 그래서 알지 못하는 것이 있고 하지 못하는 것이 있다는 것은 본시 사람으로서는 면할 수가 없는 일이다. 그런데 사람으로 면할 수가 없는 일을 면하려고 힘쓰고 있다는 것은 어찌 슬픈 일이 아니겠는가?

지극한 이론이란 이론을 초월한 것이며, 지극한 행위란 행위를 초월한 것이다. 지혜로 알 수 있는 모든 것을 알려 한다는 것은 천박한 일이다."

| 원문 |

顔淵問乎仲尼曰; 回嘗聞諸夫子曰; 無有所將,[1] 無有所迎.[2] 回敢問其遊.[3]

仲尼曰; 古之人, 外化而內不化. 今之人, 內化而外不化. 與物化者, 一不化者也. 安化安不化, 安與之相靡,[4] 必與之莫多.[5]

---

1 將(장) : 전송하는 것. 떠나 버리는 물건에 대하여 집착을 지님을 뜻한다.
2 迎(영) : 마중하다. 오는 물건에 대하여 기대를 지님을 뜻한다.
3 遊(유) : 유(由)와 통하여(奚侗 說), 까닭, 이유.
4 靡(미) : 따르는 것.
5 莫多(막다) : '다'는 이(迻)와 뜻이 통하여, 홀로 떨어지지 않는다는 뜻.

豨韋氏之囿,[6] 黃帝之圃, 有虞氏之宮, 湯武之室. 君子之人, 若儒墨者師, 故以是非相䮚[7]也. 而況今之人乎?

聖人虛物不傷物. 不傷物者, 物亦不能傷也. 唯無所傷者, 爲能與人相將迎.

山林與, 皐壤[8]與, 使我欣欣然而樂與. 樂未畢也, 哀又繼之. 哀樂之來, 吾不能禦. 其去, 弗能止. 悲夫, 世人直爲物逆旅[9]耳.

夫知遇[10]而不知所不遇, 能能而不能所不能. 無知無能者, 固人之所不免也. 夫務免乎人之所不免者, 豈不亦悲哉?

至言去言, 至爲去爲. 齊知之所知, 則淺矣.

| 해설 |

자기 밖의 모든 물건과 융화하여 자연의 변화에 몸을 맡겨야 한다. 한계가 있는 사람의 지혜나 능력으로 밖의 것들과 대항하려 든다는 것은 어리석기 짝이 없는 일이다. 앞에서도 얘기하였듯이 지극한 '도'란 사람들의 지혜나 능력의 한계를 훨씬 초월하여 존재하는 것이기 때문이다.

---

6 囿(유) : 동산. 이하 보(圃), 궁(宮), 실(室)로 시대의 흐름에 따라 노니는 범위가 좁아지고 있는 것이다.

7 䮚(제) : 서로 공격하며 혼란을 일으키는 것(錢穆 說).

8 皐壤(고양) : 평원.

9 逆旅(역려) : 여관, 여인숙.

10 遇(우) : 지능의 한계 안에서 경험하는 것.

잡편
雜篇

제23편

노자의 제자 경상초
庚桑楚

앞쪽에서는 노자의 '무위 자연'의 이론을 부연하고 있고, 뒤쪽에서는 양생(養生)을 비롯하여 모든 물건은 같다[齊物]는 얘기와 세상을 살아가는 방법 등 여러 가지 얘기를 하고 있다. 남송의 주희(朱熹)는, 이 편은 모두가 불교의 선(禪) 사상과 비슷한 내용이라 하였다(王應麟『困學紀聞』10). 편명은 첫 구절에 나오는 사람 이름을 딴 것이다.

1

노자의 제자에 경상초庚桑楚라는 사람이 있었다. 노자의 도를 조금 터득하고는 북쪽 외뢰산畏壘山에 살고 있었다. 그의 하인 중에서 똑똑하고 지혜가 있는 사람들은 그를 떠나고, 그의 첩들 중에서 온후하고 어짊이 있는 자들은 그를 멀리하였다. 못난 자들만 그와 함께 살고 멍청한 자들만 그의 부림을 받았다.

삼 년 지나는 동안에 외뢰산 지방에 크게 풍년이 들었다. 외뢰산 지방의 백성들이 서로 얘기하였다.

"경상초가 처음 왔을 때 우리는 놀라며 그를 이상히 여겼었다. 우리가 나날이 그가 한 일들을 헤아려 보면 별것 아닌데, 일 년을 두고 계산해 보니 풍성한 일을 해 놓았다. 아마도 그는 성인일 것이다. 우리가 어찌 그 분을 윗자리에 앉혀 놓고 임금으로 모시지 않을 수가 있겠는가?"

경상초는 그 얘기를 듣고서 남쪽을 향해 앉은 채 기쁘지 않은 모습이었다. 제자들이 이상하게 생각하고 그 이유를 물으니, 경상초가 말하였다.

"너희들은 내가 무엇이 이상하다는 것이냐? 봄 기운이 피어나면 온갖 풀들이 자라나고, 한가을이 되면 만 가지 열매가 열린다. 봄이나 가을이 어찌 그렇지 않을 수가 있겠느냐? 그것은 자연의 도에 의하여 그렇게 운행되고 있는 것이다. 내가 듣건대 지극한 사람은 조그만 방안에 조용히 숨어 살고, 백성들은 멋대로 날뛰면서 아무것도 알지 못한다 하였다. 지금 외뢰산 지방의 낮은 백성들이 마음 속으로 나를 어진 사람들 사이에 떠받들어 놓으려 하고 있다. 그러니 나는 자신을 내세우는 인간이었는가? 나는 그래서 노자의 말씀에 어긋나게 되는 것이므로 석연치 않게 생각하고 있는 것이다."

老聃之役¹有庚桑楚²者, 偏³得老聃之道, 以北居畏壘⁴之山. 其臣之畫然⁵知者去之, 其妾之挈然⁶仁者遠之. 擁腫⁷之與居, 鞅掌⁸之爲使.

居三年, 畏壘大壤.⁹ 畏壘之民相與言曰; 庚桑子之始來, 吾洒然¹⁰異之. 今吾日計之而不足, 歲計之而有餘. 庶幾其聖人乎? 子胡不相與尸而祝之,¹¹ 社而稷之¹²乎?

庚桑子聞之, 南面而不釋然. 弟子異之, 庚桑子曰; 弟子何異乎予? 夫春氣發而百草生, 正得秋而萬寶¹³成. 夫春與秋, 豈無得而然哉? 天道已行矣. 吾聞之人尸居¹⁴環堵¹⁵之室, 而百姓倡狂¹⁶不知所如往.¹⁷ 今以畏壘之細民, 而竊竊焉¹⁸欲俎豆¹⁹予於賢人之間. 我其杓²⁰人之邪? 吾是以不釋於老聃之言.

---

1 役(역) : 제자.
2 庚桑楚(경상초) : 성이 경상, 이름은 초. 『열자』 중니(仲尼)편에는 항창자(亢倉子)가 보이는데 같은 사람으로 본다.
3 偏(편) : 약간, 얼마간.
4 畏壘(외뢰) : 산 이름.
5 畫然(획연) : 분명한 것, 똑똑한 것.
6 挈然(설연) : 정이 얽히는 모양.
7 擁腫(옹종) : 추한 것, 또는 무식한 것.
8 鞅掌(앙장) : 멍청한 것, 또는 겉모습을 제대로 갖추지 못한 것.
9 大壤(대양) : '양'은 양(穰)과 통하여(盧文弨 說), 크게 풍년이 드는 것.
10 洒然(선연) : 놀라는 모양.
11 尸而祝之(시이축지) : 제사지낼 때 신주 모시듯 윗자리에 모시는 것.
12 社而稷之(사이직지) : 나라의 사직처럼 모시는 것, 임금으로 모시는 것.
13 寶(보) : 실(實)로 씀이 옳으며(王叔岷 說), 열매.
14 尸居(시거) : 조용히 숨어사는 것.
15 環堵(환도) : '도'는 한 장(丈), 따라서 한 장 사방의 넓이. 방이 작은 것을 가리킨다.
16 倡狂(창광) : 멋대로 날뛰는 것. '창'은 창(猖)으로 씀이 보통임.
17 所如往(소여왕) : 자기들의 갈 곳, 또는 성인이 자기들의 도움이 된다는 사실 등을 가리킨다.
18 竊竊焉(절절언) : 마음속으로 바라는 모양.
19 俎豆(조두) : 제사지낼 때 쓰는 그릇. 여기서는 높이 받들어 모심을 뜻한다.
20 杓(표) : 표(標)와 통하여, 표적. 자기를 드러내는 것.

여기서는 경상초의 얘기를 빌려 '지극한 사람'은 자기를 드러내지 않는 것임을 설명하고 있다. 대화는 뒤로 더 계속된다.

2

그의 제자가 말하였다.

"그렇지 않을 것입니다. 보통의 작은 도랑에서는 큰 고기는 그의 몸도 돌릴 수가 없지만, 송사리나 미꾸라지는 거기에서도 멋대로 움직입니다. 한 길 높이의 언덕에서는 큰 짐승들은 그의 몸을 감출 곳이 없지만 들여우는 거기에서도 둔갑을 합니다. 또한 현명한 사람을 존경하고, 능력 있는 사람에게 벼슬을 주며, 착한 것과 이로운 것을 앞세우는 것은 옛날 요순 때에도 그러했습니다. 그러니 하물며 외뢰산 지방의 백성들이야 그렇지 않을 수가 있겠습니까? 선생님께서는 그들의 요구를 들어 주십시오."

경상초가 말하였다.

"너희들 와서 들어 보아라. 수레를 한 입에 삼킬 만한 큰 짐승이라 하더라도 홀로 떨어져 산을 이탈하고 보면 그물과 올가미의 재난을 면치 못할 것이다. 배를 삼킬 만한 큰 물고기라 하더라도 펄떡 뛰어 물 밖으로 나오면 개미들이라도 그를 괴롭힐 수가 있는 것이다. 그러므로 새와 짐승들은 높은 것을 싫어하지 않고, 고기와 자라들은 깊은 것을 싫어하지 않는 것이다. 그처럼 그의 육체와 생명을 완전히 하는 사람들은 그의 몸을 숨김에 있어서 깊고 먼 것을 싫어하지 않는 법이다.

또한 요순 같은 두 사람이야 어디에 칭찬할 만한 점이 있느냐? 그들은 자기네 이론으로 함부로 남의 집의 담을 뚫게 하고 그 안에 쑥대를 무성하게 만든 것과 같다. 그들은 머리카락을 골라가면서 빗질을 하고, 쌀알을 세어 가지고 밥을 짓는 것 같은 일을 하였다. 그런 작은 일에 얽매여 가지고서야 어찌 세상을 구제할 수가 있었겠는가?

현명한 사람을 등용하면 백성들은 서로 다투게 되고, 지혜 있는 사람에게 벼슬을 맡기면, 백성들은 서로 도둑질을 하게 된다. 이러한 몇 가지 일로써는 백성들을 돈후하게 해 줄 수가 없는 법이다. 그러한 방법은 백성들로 하여금 이익을 열심히 추구하게 하여, 자식 중에는 아버지를 죽이는 자가 생겨나고, 신하 중에는 임금을 죽이는 자가 생겨나게 만들 것이다. 대낮에 도둑질을 하고, 한낮에 남의 집 담을 뚫고 들어가는 일이 생기게 만들 것이다.

내 너희들에게 이르노니, 큰 혼란의 근본은 틀림없이 요순의 시대에 생겨났던 것이다. 그러한 것은 결국 천세 뒤까지 존속하게 될 것이다. 그러면 천세 뒤에는 반드시 사람과 사람이 서로 잡아먹는 현상이 벌어지게 될 것이다."

| 원문 |

弟子曰; 不然. 夫尋常¹之溝, 巨魚無所還其體, 而鯢鰌爲之制.² 步仞³ 之丘陵, 巨獸無所隱其軀, 而孼狐⁴爲之祥.⁵ 且夫尊賢授能, 先善與利, 自古堯舜以然. 而況畏壘之民乎? 夫子亦聽矣.

庚桑子曰; 小子來. 夫函車⁶之獸, 介⁷而離山, 則不免於網罟之患. 吞

---

1 尋常(심상) : 길이의 단위로 '심'은 여덟 자, '상'은 그 두 배의 길이. 뒤에는 '보통'의 뜻으로도 쓰였다.
2 制(제) : 멋대로 활동하는 것(王叔岷 說).
3 步仞(보인) : 길이의 단위로 '보'는 6척, '인'은 7척. 모두 한 길 정도임.
4 孼狐(얼호) : 들여우. 요망한 여우.
5 祥(상) : 요괴스런 짓을 하다. 둔갑을 하다.
6 函車(함거) : 수레를 입으로 삼키는 것.

舟之魚, 碭⁸而失水, 則蟻能苦之. 故鳥獸不厭高, 魚鼈不厭深. 夫全其形生之人, 藏其身也, 不厭深眇⁹而已矣.

且夫二子者,¹⁰ 又何足以稱揚哉? 是其於辯也, 將妄鑿垣牆¹¹而殖蓬蒿¹²也. 簡髮而櫛, 數米而炊. 竊竊乎¹³又何足以濟世哉?

舉賢則民相軋,¹⁴ 任知則民相盜. 之數物者, 不足以厚民. 民之於利甚勤, 子有殺父, 臣有殺君, 正晝爲盜, 日中穴阫.¹⁵

吾語汝, 大亂之本, 必生於堯舜之間. 其末存乎千世之後. 千世之後, 其必有人與人相食者也.

| 해설 |

인위적인 일을 하지 말고 작은 이익에 눈을 돌리지 말아야 한다. 그리고 '무위'를 정치의 근본으로 삼아야 한다는 것이 이 대목의 요지이다. 경상초의 대화는 뒤로 더 계속된다.

3

남영추南榮趎가 크게 감동하여 바로 고쳐 앉으며 말하였다.

"저와 같이 이미 나이가 든 사람은 어떻게 수양을 하면 말씀하신 것처럼 될 수가 있겠습니까?"

---

7 介(개) : 짐승이 짝 없이 홀로 되는 것.
8 碭(탕) : 탕(蕩)과 통하여(王敔 說), 물고기가 펄떡 뛰는 것.
9 眇(묘) : 먼 것.
10 二子者(이자자) : 앞에 든 요임금과 순임금을 가리킴.
11 鑿垣牆(착원장) : 남의 집 담을 뚫는 것. 비뚤어진 주장을 내세우는 것에 비유했음.
12 殖蓬蒿(식봉호) : 쑥대를 무성하게 하는 것. 혼란을 일으키는 데 비유한 말임.
13 竊竊乎(절절호) : 조그만 일에 얽매여 있는 모양.
14 軋(알) : 다투다, 충돌을 일으키다.
15 阫(배) : 담.

경상초가 말하였다.

"당신의 육체를 완전히 하고 당신의 삶을 보전하며, 당신의 생각을 이리저리 쓰지 마시오. 그렇게 삼 년만 지나면 내가 말한 것처럼 될 수가 있을 것이오."

남영추가 말하였다.

"눈의 형체를 두고 말하면 제가 보기에는 장님도 우리와 다를 바가 없지만 스스로 보지 못합니다. 귀의 형체를 두고 말하면 제가 보기에는 귀머거리도 우리와 다를 바가 없지만 스스로 듣지 못합니다. 마음의 형체를 두고 말하면, 제가 보기에는 미친 자도 우리와 다를 바가 없지만 스스로 바른 생각을 할 수가 없습니다. 형체와 형체들은 서로 비슷합니다. 그런데도 기능에 차이가 나는 것은 어떤 물건이 그들 사이에 간격을 만들기 때문일까요? 도를 추구해 보려 해도 도를 터득할 수가 없습니다. 지금 제게 말씀하시기를 '너의 형체를 완전히 하고 너의 삶을 보전하며, 너의 생각을 이리저리 쓰지 말라'고 하셨습니다. 저는 억지로 도에 관하여 듣기는 하였으나 겨우 귀에만 들렸을 뿐이지 깨우치지는 못하고 있습니다."

경상초가 말하였다.

"말로는 다 설명되었소. 작은 나나니벌은 큰 콩벌레를 자기 새끼로 길러내지 못하오. 작은 월계越雞라는 닭은 큰 고니의 알을 부화시키지 못하지만, 큰 노계魯雞라는 닭은 그것이 가능하다 하였소. 닭과 닭을 놓고 볼 때 그 덕은 모두가 같소. 그런데 한 편은 가능하고 한 편은 불가능한 것은 그들의 재능에 본시부터 크고 작은 차이가 있기 때문이오. 지금 나의 재능은 작아서 당신을 교화시킬 수가 없는 것 같소. 당신은 어찌하여 남쪽으로 가서 노자를 뵙지 않소?"

| 원문 |

南榮趎[1]蹵然[2]正坐曰; 若趎之年者已長矣, 將惡乎託業以及此言耶?

庚桑子曰; 全汝形, 抱[3]汝生, 無使汝思慮營營. 若此三年, 則可以及此言也.

南榮趎曰; 目之與形, 吾不知其異也, 而盲者不能自見. 耳之與形, 吾不知其異也, 而聾者不能自聞. 心之與形, 吾不知其異也, 而狂者不能自得. 形之與形, 亦辟[4]矣, 而物或間之邪? 欲相求而不能相得. 今謂趎曰; 全汝形, 抱汝生, 勿使汝思慮營營. 趎勉聞道達耳[5]矣.

庚桑子曰; 辭盡矣. 曰; 奔蜂[6]不能化藿蠋.[7] 越雞[8]不能伏鵠[9]卵, 魯雞[10]固能矣. 雞之與雞, 其德非不同也. 有能與不能者, 其才固有巨小也. 今吾才小, 不足以化子. 子胡不南見老子?

| 해설 |

경상초는 자기 제자에게 형체를 완전히 하고 삶을 보전하며 마음을 번거롭게 쓰지 않으면 '도'를 터득할 수 있다고 설명한다. 그러나 제자가 이를 이해하지 못하자, 자기로서는 더 자세한 설명을 할 길이 없어 자기 스승 노자를 찾아가 뵈라고 권한다.

---

1 南榮趎(남영추) : 성이 남영, 이름은 추, 경상초의 제자.
2 蹵然(축연) : 감동하여 얼굴빛이 바로잡히는 모양.
3 抱(포) : 보전하다.
4 辟(벽) : 폐(嬖)와 통하여(金其源 說), 친한 것, 가까운 것.
5 達耳(달이) : 말이 귀에만 들어오고 마음으로는 이해하지 못하는 것.
6 奔蜂(분봉) : 작은 벌, 나나니벌.
7 藿蠋(곽촉) : 콩에 붙는 큰 벌레. 나나니벌은 뽕나무벌레를 물어다 자기 새끼로 길러 내지만 콩벌레를 그처럼 자기 새끼로 길러 내지는 못한다는 것이다.
8 越雞(월계) : 작은 닭의 한 종류.
9 鵠(혹) : 고니.
10 魯雞(노계) : 큰 닭의 한 종류.

4

남영추는 양식을 싸 짊어지고, 이레 낮 이레 밤을 걸어 노자가 있는 곳에 도착하였다. 노자가 그에게 말하였다.

"당신은 경상초에게서 왔소?"

남영추가 말하였다.

"그렇습니다."

노자가 말하였다.

"당신은 어째서 함께 온 사람들이 그렇게 많소?"

남영추는 놀라면서 그의 뒤를 돌아다보았다.

노자가 말하였다.

"당신은 내가 말하는 뜻을 알지 못하오?"

남영추는 고개를 숙이고 부끄러워하다가 하늘을 우러러 탄식하면서 말하였다.

"지금 저는 대답할 말을 잊었습니다. 그래서 질문하면서 말도 잊었습니다."

노자가 말하였다.

"무슨 뜻이오?"

남영추가 말하였다.

"제게 지혜가 없으면 사람들은 저를 어리석다고 말할 것이고, 지혜가 많으면 도리어 저 자신을 걱정하게 될 것입니다. 어질지 않으면 곧 남을 해치게 될 것이고, 어질고 보면 도리어 제 몸을 걱정하는 결과가 될 것입니다. 의롭지 않으면 남에게 해를 가할 것이고, 의롭고 보면 도리어 저 자신을 걱정하는 결과가 될 것입니다. 저는 어떻게 하면 이런 처지를 면할 수 있게 되겠습니까? 이상의 세 가지 문제가 제가 걱정하는 점입니다. 경상초의 소개로 선생님에게 이것을 여쭙고자 하는 것입니다."

노자가 말하였다.

"조금 전에 나는 당신의 두 눈썹 사이를 보고서 당신의 문제를 알아
맞히고 있었소. 지금 또 당신의 말을 듣고 내 추측이 확실함을 알게
되었소. 당신은 골똘히 생각하며 근심하기를 자기 부모를 여읜 듯하
고, 장대를 들고서 바다 깊이를 재려는 사람같이 하고 있소. 당신은
자기 본성을 잃은 사람이오. 멍청하니 당신은 당신의 참된 본성으로
되돌아가려 하지만 어떻게 할는지를 모르고 있소. 가련하오."

| 원문 |

南榮趎贏糧¹七日七夜, 至老子之所. 老子曰; 子自楚之所來乎?

南榮趎曰; 唯.

老子曰; 子何與人偕來之衆²也? 南榮趎懼然³顧其後.

老子曰; 子不知吾所謂乎?

南榮趎俯而慙, 仰而歎曰; 今者吾忘吾答, 因失吾問.

老子曰; 何謂也?

南榮趎曰; 不知乎, 人謂我朱愚.⁴ 知乎, 反愁我軀. 不仁則害人, 仁則
反愁我身. 不義則傷彼, 義則反愁我已. 我安逃此而可? 此三言者, 趎之
所患也. 顧因楚而問之.

老子曰; 向吾見若眉睫之間, 吾因以得汝⁵矣, 今汝又言而信之. 若規
規然⁶若喪父母, 揭竿而求諸海⁷也. 汝亡人⁸哉, 惘惘乎,⁹ 汝欲反汝情性

---

1 贏糧(영량) : 양식을 준비하여 싸는 것.
2 偕來之衆(해래지중) : 함께 온 사람들이 많다. 이것은 마음 속에 생각이 복잡함에 비유한
   말이다.
3 懼然(구연) : '구'는 구(瞿)와 통하여(郭慶藩 說), 놀라는 모양.
4 朱愚(주우) : '주'는 주(銖)와 통하여(王念孫 說), 둔하고 어리석은 것.
5 得汝(득여) : 네 문제를 알았다. 네 마음 속을 알았다는 뜻.
6 規規然(규규연) : 잔 일들에 골똘히 마음을 쓰는 모양.

而無由入. 可憐哉!

| 해설 |

   인위적인 지혜나 어짊과 의로움 같은 것을 버리지 않고는 자기의 본연으로 돌아갈 수 없다. 그런 것들은 언제나 자기 자신을 괴롭히는 것들이라는 것이다. 노자와 남영추의 얘기는 뒤로 더 이어진다.

5

   남영추는 자청하여 학사로 들어가서, 그가 좋다고 생각하는 도덕을 추구하고, 자기가 나쁘다고 생각되는 모든 것을 버리자 열흘 만에 근심이 없어졌다.

   그러고 다시 노자를 뵈니 노자가 말하였다.

   "당신은 스스로의 마음을 깨끗이 씻어서 푹 익은 기운이 서려 있는 듯하오. 그러나 그 마음 속에는 얼마간 아직도 악한 것이 남아 있는 듯하오. 밖의 일에 마음이 얽매여 있는 자는 마음이 번거로워 자제를 할 수가 없을 것이니, 안으로 마음의 작용을 닫아 놓아야 하오. 자기 안 마음에 얽매여 있는 사람은 생각이 뒤엉켜 자제할 수가 없을 것이니, 밖으로 보고 듣는 것을 닫아 버려야 하오. 밖이나 안으로 얽매여 있는 자는 도덕을 지닐 수가 없을 것이오. 그러니 하물며 위대한 도를 따라 행동할 수가 있겠소?"

   남영추가 말하였다.

---

7 揭竿而求諸海(게간이구저해) : 장대를 들고서 깊은 바다의 깊이를 재려고 하는 것.
8 亡人(망인) : 자기 본성을 잃은 사람.
9 惘惘乎(망망호) : 생각이 멍청한 모양.

"마을 사람이 병들어 다른 마을 사람이 위문을 갔을 때, 앓는다는 사람이 그의 병에 대하여 얘기할 수가 있다면, 그의 병은 아직도 대단한 병은 못 된다고 할 수 있습니다. 그런데 제가 선생님께 위대한 도에 관하여 듣는다는 것은, 비유를 들면 마치 약을 먹음으로써 병을 도지게 하고 있는 것과 같습니다. 저로서는 삶을 보양하는 방법에 대하여 듣고 싶을 따름입니다."

노자가 말하였다.

"삶을 보양하는 방법이란 위대한 도 하나를 지니는 것이며, 자기 본성을 잃지 않는 것이오. 점치는 것에 의하여 자기의 길흉吉凶을 판단하려 들지 않아야 하고, 자기 분수를 지킬 줄 알아야 하고, 인위적인 행위를 그만둘 수 있어야 하오. 남에 대한 관심을 버리고 자기를 충실히 지닐 수 있어야 하오. 행동이 자연스러워야 하고, 마음은 거리낌이 없어야 하며, 아이처럼 순진할 수 있어야 하오. 아이는 하루 종일 울어도 목이 쉬지 않는데, 그것은 지극히 자연과 조화가 되어 있기 때문이오. 또 하루 종일 주먹을 쥐고 있어도 손이 저려지지 않는데 그것은 자연의 덕과 일치되어 있기 때문이오. 하루 종일 보면서도 눈을 깜빡거리지 않는데, 밖의 물건에 대하여 치우쳐져 있지 않기 때문이오. 길을 가도 가는 곳을 알지 못하고, 앉아 있어도 할 일을 알지 못하오. 밖의 물건에 순응하고, 자연의 물결에 자기를 맡기오. 이것이 삶을 보양하는 방법이오."

남영추가 말하였다.

"그렇다면 바로 이것이 지극한 사람의 덕이라는 것입니까?"

"그렇지는 않소. 이것은 바로 이른바 얼음이 풀려 물로 되돌아가는 것 같은 상태를 얘기한 것이오. 지극한 사람이란 사람들과 더불어 땅 위에 함께 어울려 살고 자연을 함께 즐기는 사람이오. 사람과 물건이나 이익과 피해 때문에 남과 다투지 않으며, 남들에 비하여 괴상한 짓을 하지 않고, 어떤 모의도 하지 않고, 어떤 일도 이룩하려 들지 않소. 자연스럽게 갔다가는 아무 거리낌도 없이 돌아오오. 이것을 삶을 보양하는 방법이라고도 말하오."

"그러면 그것으로써 지극함에 이른 것이라 하겠습니까?"

"아직 불충분하오. 내가 이미 당신에게 얘기하기를 아이와 같을 수 있어야 한다고 하였소. 아이란 움직이지만 자기가 하는 일을 알지 못하고 걷지만 자기가 가는 곳을 알지 못하오. 몸은 마른 나무의 가지와 같고, 마음은 죽은 재와 같소. 이러한 사람에게는 재난도 닥칠 수가 없고, 행복도 찾아올 수가 없소. 재난도 행복도 있지 않은데 어찌 사람의 재해가 있을 수 있겠소?"

| 원문 |

南榮趎請入就舍, 召其所好, 去其我惡, 十日自愁.**1**

復見老子, 老子曰; 汝自洒濯, 孰**2**哉鬱鬱乎.**3** 然而其中津津**4**乎猶有惡也. 夫外韄**5**者不可繁而捉,**6** 將內揵.**7** 乃韄者不可繆**8**而捉, 將外揵. 外內韄者, 道德不能持, 而況放道**9**而行者乎?

南榮趎曰; 里人有病, 里人問之. 病者能言其病, 然其病, 病者猶未病也. 若趎之聞大道, 譬猶飮藥以加病也. 趎願聞衛生之經而已矣.

老子曰; 衛生之經, 能抱一**10**乎, 能勿失乎. 能無卜筮而知吉凶乎. 能

1 自愁(자수) : '자'는 식(息)의 잘못으로, 근심이 없어진다는 것.
2 孰(숙) : 물건이 익는 것. 숙(熟)과 통함.
3 鬱鬱乎(울울호) : 물건이 익은 기운이 서리는 모양.
4 津津(진진) : 물이 스며나오는 모양.
5 韄(획) : 얽매이는 것.
6 捉(착) : 지탱하는 것. 자제하는 것.
7 揵(건) : 문을 닫는 것.
8 繆(무) : 얽히는 것.
9 放道(방도) : 도에 의지하는 것. 도를 따르는 것.

止乎, 能已乎. 能舍諸人而求諸己乎. 能翛然[11]乎, 能侗然[12]乎. 能兒子乎. 兒子終日嗥[13]而嗌[14]不嗄[15] 和之至也. 終日握而手不掜,[16] 共其德也. 終日視而目不瞚,[17] 偏不在外也. 行不知所之, 居不知所爲. 與物委蛇,[18] 而同其波. 是衛生之經已.

南榮趎曰; 然則是至人之德已乎?

曰; 非也. 是乃所謂冰解凍釋者. 夫至人者, 相與交食乎地, 而交樂乎天. 不以人物利害相攖.[19] 不相與爲怪, 不相與爲謀, 不相與爲事. 翛然而往, 侗然而來. 是謂衛生之經已.

曰; 然則是至乎?

曰; 未也. 吾固告汝曰; 能兒子乎. 兒子動不知所爲, 行不知所之. 身若槁木之枝, 而心若死灰. 若是者, 禍亦不至, 福亦不來. 禍福無有, 惡有人災也?

| 해설 |

한마디로 말해서, 노자는 '도'를 터득한 '지극한 사람'이 되자면 자기 자신을 버리고 자연과 화합되어 어린아이처럼 되어야 한다고 말하고 있다.

『성경』을 보면 예수도 "나를 따르고자 하는 이는 자기를 버리라"고 하였고 "누구나 이 어린아이와 같이 하나님의 나라를 받아들이는 이가 아니

---

10 抱一(포일) : 도를 지니는 것.
11 翛然(소연) : 아무런 흔적도 나지 않는 모양. 자연스러운 것.
12 侗然(동연) : 거리낌없는 모양. 무심한 모양.
13 嗥(호) : 우는 것.
14 嗌(액) 목구멍.
15 嗄(애) 목쉬는 것.
16 掜(예) : 손이 저려 오는 것.
17 瞚(순) : 눈이 깜빡이는 것.
18 委蛇(위이) : 자연스럽게 순응하는 모양.
19 相攖(상영) : 서로 나투는 것. 서로 충돌하는 것.

라면 거기에 들어갈 수 없다"고 하였다. 진리는 하나로 통하는지도 모른다. 남영추와 노자의 대화는 여기에서 끝난다.

6

마음이 태연하고 안정되어 있는 사람은 하늘의 빛을 발한다. 하늘의 빛을 발하는 사람은 그의 진실한 사람으로서의 모습을 드러낸다. 마음이 닦인 사람은 언제나 일정한 덕을 지니고 있다. 일정한 덕을 지닌 사람에게는 사람들이 의존하게 되고, 하늘이 그를 돕게 된다. 사람들이 의존하는 사람을 두고서 하늘의 사람이라 말한다. 하늘이 도와주는 사람을 두고서 하늘의 아들이라 말한다.

학자란 그가 배울 수 없는 것을 배우려 한다. 일을 실행하는 자는 그가 실행할 수 없는 것을 실행하려 한다. 이론가는 그가 이론으로 밝힐 수 없는 것들을 논하려 한다. 그가 알 수 없는 경지에 처신할 줄 안다면 그것이 지극한 앎인 것이다. 만약 이러한 경지에 처신하지 못한다면 하늘의 균형[天鈞]을 무너뜨리는 결과가 될 것이다.

| 원문 |

宇[1]泰定者, 發乎天光. 發乎天光者, 人見其人.[2] 人有修者, 乃今有恆. 有恆[3]者, 人舍之,[4] 天助之. 人之所舍, 謂之天民. 天之所助, 謂之天子.

學者, 學其所不能學也. 行者, 行其所不能行也. 辯者, 辯其所不能辯也. 知止乎其所不能知, 至矣. 若有不卽是者, 天鈞[5]敗之.

---

1 宇(우) : 심우(心宇), 마음.
2 其人(기인) : 참된 본연의 인간의 모습.
3 有恆(유항) : 일정한 덕을 지니는 것.
4 舍之(사지) : 그에게로 의존하는 것.

여기서부터는 여러 가지 잡다한 이론들이 기록되어 있다. 이 대목의 앞에서는 사람이란 태연하고 안정된 마음을 가져야 한다는 것, 뒤에서는 사람이란 알 수 없는 경지에 처신해야 한다는 것을 논하고 있다.

7

물건의 변화에 대비함으로써 자기 육체를 기르고, 물러나 잡된 생각을 하지 않음으로써 자기 마음을 살리며, 자기가 속에 지닌 성정을 공경히 함으로써 밖의 변화에 통달해야 한다. 그렇게 하는데도 갖가지 악한 일이 닥치는 것은 모두가 운명이지 사람 탓이 아닌 것이다. 그러므로 그런 것으로써 안정된 마음을 어지럽힐 것은 못 되며, 자기 마음 속에 그 불행이 끼어들게 해서는 안 되는 것이다.

마음은 지탱해 주는 것이 있는데, 그 지탱해 주는 것이 무엇인지 알지 못하므로 자기 자신이 지탱할 수는 없는 것이다. 그 자신의 마음을 정성되이 하기도 전에 행동을 한다면, 행동을 할 때마다 도리에 맞지 않게 될 것이다. 밖으로부터의 작용이 그의 마음에 끼어들어와도 그것을 버리지 않는다면 언제나 자기의 본연을 잃게 될 것이다.

선하지 않은 일을 여러 사람들이 잘 보는 가운데서 행한다면 사람들이 그를 잡아 처벌할 것이다. 선하지 않은 일을 아무도 보지 않는 어두운 가운데서 행한다면 귀신이 그를 잡아 처벌할 것이다. 사람들에 대해서도 분명하고 귀신에 대해서도 분명하게 된 연후에야 독자적으로 도에 알맞은 행동을 할 수 있게 될 것이다.

자기 내부에 대하여 충실한 사람은 명분이 없는[無名] 행동을 실천

---

5 天鈞(천균) : 자연의 성격. 하늘의 균형.

할 것이고, 외부에 대하여 충실한 사람은 재물을 추구하려는 뜻을 버리지 않을 것이다. 명분이 없는 행동을 실천하는 사람은 언제나 변함이 없는 빛이 있을 것이다. 재물을 추구하는 데 뜻을 둔 사람은 장사꾼과 같이 될 것이다. 사람들은 그가 자신을 발돋움하여 크게 보이려 하고 있음을 알고 있는데도 자신은 위대하다고 생각하는 것이다.

물건을 처음부터 끝까지 추구하는 사람은 물건이 그의 마음에 끼어들게 된다. 물건에 대하여 구차한 자는 그 자신도 용납할 수가 없을 것인데 어떻게 남을 용납할 수가 있겠는가? 남을 용납할 수 없다면 친한 사람이 없을 것이다.

친한 사람이 없는 자는 남과는 아무런 관계도 없게 될 것이다. 뜻을 상하게 하는 것은 무기보다도 더 예리하다. 따라서 막야鏌鋣 같은 유명한 칼도 거기에 비하면 무디다고 할 수 있다. 사람의 피해는 음양의 기운에 의한 것보다 더 큰 것이 없으니, 하늘과 땅 사이에서는 그 해로부터 놓여날 수가 없는 것이다. 그 음양의 기운 자체가 사람을 해치는 것이 아니라, 바로 그 사람의 마음이 그렇게 만드는 것이다.

| 원문 |

備物以將形,[1] 藏不虞[2]以生心, 敬中以達彼. 若是而萬惡至者, 皆天也, 而非人也. 不足以滑成,[3]不可內於靈臺.[4]

靈臺者, 有持, 而不知其所持, 而不可持者也. 不見其誠己[5]而發, 每發

---

1 將形(장형) : '장'은 양(養)과 통하여(奚侗 說), 자기 육체를 보양하는 것.
2 虞(우) : 여러 가지 생각을 하는 것.
3 滑成(활성) : 마음의 안정이 이룩되어 있는 것을 어지럽히는 것.
4 靈臺(영대) : 심령의 집, 곧 마음.
5 誠己(성기) : 자기 마음을 정성되이 하는 것. 『중용』의 "정성된 사람은 힘쓰지 않아도 들어맞고 생각하지 않아도 올바르게 된다"라는 말과 통한다.

而不當. 業6入而不舍, 每更爲失.

爲不善乎顯明之中者, 人得而誅之. 爲不善乎幽閒之中者, 鬼得而誅之. 明乎人, 明乎鬼者, 然後能獨行.

券內7者行乎無名, 券外8者志乎期費.9 行乎無名者, 唯庸有光. 志乎期費者, 唯賈人也. 人見其跂,10 猶之魁然.11

與物窮者物入焉. 與物且12者, 其身之不能容, 焉能容人? 不能容人者無親.

無親者盡人.13 兵莫憯14於志, 鏌鋣15爲下. 寇16莫大於陰陽, 無所逃於天地之間. 非陰陽賊之, 心則使之也.

| 해설 |

자기 마음을 태연하고 안정되게 지님으로써 밖의 사물에 의하여 어지럽혀지지 않도록 하는 것이 중요함을 해설한 대목이다.

8

도는 만물에 통하여 그 분별을 이룩한다. 그리고 만물을 이룩하기

---

6 業(업) : 외부의 작용.
7 券內(권내) : '권'은 계(契)와 통하여(陸長庚 說), 자기 안의 마음을 충실히 하여 자연의 도에 합치시키는 것.
8 券外(권외) : 자기 자신을 외부에 합치시키려고 충실히 하여 외부의 것을 추구하는 것.
9 期費(기비) : 비는 재(財)의 뜻으로 재물을 추구하는 것.
10 跂(기) : 발돋움하는 것.
11 魁然(괴연) : 덩치가 큰 모양.
12 且(차) : 구차하게 행동하는 것.
13 盡人(진인) : 남과의 관계가 모두 끊어지는 것.
14 憯(참) : 예리한 것.
15 鏌鋣(막야) : 옛날의 명검 이름.
16 寇(구) : 해.

566

도 무너뜨리기도 한다. 다만 분별하는 것이 나쁘다는 것은 분별함으로써 모든 것이 갖추어지기를 바라기 때문이다. 갖추어지기를 바라는 것이 나쁘다는 것은 밖에 존재하는 것이 자기에게 모두 갖추어지기를 바라기 때문이다.

그러므로, 밖으로만 나가고 자기 본성으로 되돌아오지 않으면, 그는 죽어 귀신이 될 것이다. 밖으로 나가서 얻는 것이 있다면 바로 죽음이라고 할 수 있다. 이미 그의 본성이 멸망되었다면 비록 실제로 살고 있다 하더라도 죽어서 귀신이 되어 있는 것과 같다. 형체가 있는 몸으로서 형체가 없는 도를 본받아야만 안정되게 되는 것이다.

만물이 태어나지만 그 근본은 없는 것이며, 이승을 떠나는 것도 들어가는 구멍이 있는 것이 아니다. 존재는 하고 있지만 차지하는 곳은 없고, 영원히 존재하기는 하지만 시작과 끝이 없는 것이다. 태어나기는 하지만 들어갈 구멍은 없기 때문에 존재가 있는 것이다. 존재는 하고 있지만 차지하는 곳은 없다는 것은 상하 사방의 공간이 한없이 넓음을 뜻한다. 영원히 존재하되 시작과 끝이 없다는 것은 옛부터 지금까지 계속되는 시간을 뜻한다.

도는 삶에도 작용하고 죽음에도 작용하며, 생겨나는 데도 작용하고, 없어져 버리는 데도 작용한다. 없어지고 생겨나게 하면서도 그 형체는 보이지 않는데, 이것을 하늘의 문이라 부른다. 하늘의 문이란 존재하지는 않는 것이다. 만물은 존재하지 않는 데서 생겨난다. 존재는 존재로부터 존재하게 되었다고 할 수는 없다. 반드시 존재하지 않는 것에서 생겨났다고 보아야 한다. 그러나 존재하지 않는 것은 한결같이 존재하지 않는다. 성인은 이 경지에 몸을 두고 있는 것이다.

| 원문 |

道通, 其分也. 其成也, 毀也. 所惡乎分者, 其分也以備. 所以惡乎備者, 其有以備.

故出[1]而不反, 見其鬼. 出而得, 是謂得死. 滅[2]而有實, 鬼之一也. 以有形者象無形者而定矣.

出無本, 入無竅. 有實而無乎處, 有長而無乎本剽.[3] 有所出而無竅者有實. 有實而無乎處者, 宇[4]也. 有長而無本剽者, 宙[5]也.

有乎生, 有乎死. 有乎出, 有乎入. 入出而無見其形, 是謂天門. 天門者, 無有也. 萬物出乎無有. 有不能以有爲有, 必出乎無有. 而無有一無有. 聖人藏乎是.

| 해설 |

여기서는 '도'에 대한 설명을 하고 있다. '도'란 시간과 공간을 초월한 절대적인 것이며 만물은 모두 이 무형의 '도'를 바탕으로 하여 생겨나기도 하고 없어지기도 한다. 따라서 사람이 자기 본성을 잃음으로써 '도'에 위배되면 비록 살아 있다 해도 죽은 것이나 마찬가지라는 것이다.

9

옛날 사람 중에는 그의 슬기가 지극한 경지에 도달했던 이가 있었다. 어떤 경지에까지 도달했었는가? 첫째로는 처음부터 물건이란 존재하지 않는 것이라고 생각하는 것이다. 이는 지극하고 완전한 경지여서 여기에 더 보탤 것은 아무것도 없다.

---

1 出(출) : 밖에 대한 관심만 가지고 자기 몸과 마음을 밖의 사물을 추구하는 데 쓰는 것.
2 滅(멸) : 본성이 멸실되는 것.
3 本剽(본표) : 근본과 말단. 시작과 끝.
4 宇(우) : 상하와 사방의 공간.
5 宙(주) : 옛부터 지금에 이르도록 영원히 지속되는 시간.

그 다음으로는 물건의 존재는 인정하지만 삶을 죽음과 같은 것으로 보고, 죽음이란 되돌아가는 것이라 생각하는 것이다. 그러나 이것은 이것과 저것의 분별이 이미 생긴 것이다.

그 다음으로는 처음에는 아무것도 없었는데 뒤에 삶이 있게 되었고, 삶도 곧 죽게 된다는 것이다. 존재가 없는 것을 머리로 삼고, 삶을 몸둥이로 삼고, 죽음을 궁둥이로 삼는 것이다. 있고 없는 것과 죽음과 삶이 한결같은 도라는 것을 잘 아는 사람이라면 자기는 그 사람과 벗이 되겠다는 것이다.

이 세 종류의 사람들은 비록 차이가 있지만 같은 왕족이라 할 수 있다. 초나라 왕족인 소씨昭氏와 경씨景氏는 성이 다르고 사는 곳과 집안과 봉해진 지명이 다르기는 하지만, 다 같은 왕족이 아닌가?

살고 있다는 것은 먼지가 묻어 있는 것과 같다. 사람들 모두가 이리저리 흩어지듯 없어지는데 그것은 옮겨가는 것이다. 시험삼아 '옮겨가는 것'에 대하여 논하려 해 보아도 말로 표현될 수 있는 것이 아니다. 비록 이렇게 말은 하지만 알 수가 없는 일인 것이다.

연말에 지내는 납제臘祭에는 내장과 발톱까지 붙어 있는 소를 통째로 제물로 쓰는데, 먹지 못할 이것들은 떼어 버려도 괜찮겠지만 완전한 소가 못 되기 때문에 떼어 버리면 안 되는 것이다. 집을 보는 사람은 정전正殿과 묘당廟堂을 두루 보았다 하더라도 또 그 집 변소까지 가 보아야만 완전히 본 것이 된다. 이 때문에 '옮겨가는 것'에 대해서도 논하게 되는 것이다.

시험삼아 '옮겨가는 것'에 대하여 논하여 보기로 한다. 그것은 자기 삶을 근본으로 삼고, 자기 지혜를 스승으로 모시기 때문에 시비를 따지게 되고 결과적으로 명분과 내용이 있게 되는 것이다. 그래서 자기를 위주로 하여 남들로 하여금 자기의 명분을 따르게 하려 들게 되는 것이다. 그 때문에 죽음으로써 명분을 보상하게 되는 것이다.

이러한 사람은 쓸 데 있는 일을 하는 것은 슬기롭다 하고 쓸데없는 일을 하는 것은 어리석다고 한다. 뜻이 통하는 것을 명예롭다고 하고, 궁지에 몰리는 것을 욕되다고 한다. '옮겨가는 것'이란 지금 사람들의 모습을 말하는 것이다.

이것은 매미와 작은 학구鷽鳩가 큰 붕鵬새를 비웃었던 것과 같은 일이다.

| 원문 |

古之人, 其知有所至矣. 惡乎至? 有以爲未始有物者. 至矣, 盡矣, 弗可以加矣.

其次以爲有物矣, 將以生爲喪也, 以死爲反也. 是以分已.**1**

其次曰始無有, 旣而有生, 生俄而死. 以無有爲首, 以生爲體, 以死爲尻.**2** 孰知有無死生之一守**3**者, 吾與之爲友.

是三者, 雖異, 公族也. 昭景**4**也, 著戴**5**也, 甲氏**6**也, 著封也, 非一也?

有生, 黵**7**也. 披然**8**曰移是. 嘗言移是, 非所言也. 雖然, 不可知者也. 臘**9**者之有膍**10**胲,**11** 可散而不可散也. 觀室者周於寢廟, 又適其偃**12**焉.

---

1 分已(분이) : 자기와 남, 이것과 저것의 분별이 생겨났다는 뜻.

2 尻(고) : 꽁무니, 궁둥이.

3 一守(일수) : 수는 도(道)의 뜻(王念孫 說)으로, 한 가지 도.

4 昭景(소경) : 초나라 왕족의 성. 초나라 왕족으로는 소(昭)·굴(屈)·경(景)의 삼씨(三氏)가 있었다.

5 著戴(저대) : 종족의 성(姓)을 드러내어 구별하는 것. 다만 대자의 해석은 학자들에 따라 구구하다.

6 甲氏(갑씨) : 갑은 사는 곳, 씨는 집안.

7 黵(암) : 솥 밑에 붙은 검댕.

8 披然(피연) : 사람들 모두가 이리저리 흩어지는 것.

9 臘(납) : 동지 뒤 세번째 술(戌) 날(대략 연말)에 여러 신들에게 지내던 제사 이름.

10 膍(비) : 소의 천엽. 여기서는 내장을 가리킨다.

11 胲(해) : 소의 발톱.

12 偃(언) : 변소.

爲是擧移是.

請嘗言移是. 是以生爲本, 以知爲師, 因以乘是非, 果有名實. 因以己爲質, 使人以爲己節.¹³ 因以死償節.

若然者, 以用爲知, 以不用爲愚. 以徹爲名, 以窮爲辱. 移是, 今之人也. 是蜩與鸒鳩¹⁴同於同也.

| 해설 |

여기서는 '도'를 터득했던 옛날 사람과, 마음을 이리저리 흩뜨리며 '옮아다니게' 하는 현대인을 비교시키고 있다. 이 편의 문장은 지나치게 형식적인 논리에 주력하고 있는 듯 느껴져, 장자 본래의 문장과는 성격상의 차이가 있는 듯하다.

10

시장에서 남의 발을 밟으면 잘못을 사과하지만 자기 형의 발을 밟았다면 '아아' 소리 정도만 내고, 크게 친한 사이면 아무런 표시도 않는다. 그러므로 "지극한 예는 자기와 남의 구별을 두지 않고, 지극한 의로움은 자기와 물건을 구분하지 않고, 지극한 슬기는 꾀하는 일이 없고, 지극한 어짊은 각별히 친한 이가 없고, 지극한 신의는 금전이 개입되지 않는다"고 하는 것이다.

---

13 己節(기절) : 자기의 원칙. 자기의 절도.
14 蜩與鸒鳩(조여학구) : 매미와 작은 비둘기. 이들이 붕새가 나는 것을 보고 비웃는 얘기가 내편 '어슬렁어슬렁 노닒'편에 보였다.

蹍¹市人之足, 則辭以放鰲,² 兄則以嫗³ 大親則已矣. 故曰; 至禮有不人, 至義不物, 至知不謀, 至仁無親, 至信辟金.⁴

| 해설 |

지극한 도리란 모두가 자기와 남 또는 자기와 물건의 구별을 초월한다는 것이다.

11

뜻의 움직임을 버리고, 마음의 속박을 풀고, 덕을 해치는 행위를 중지하고, 도를 막는 것들을 치워 버려야만 한다.

귀해지고 부해지고 저명해지고 존경받고 명예를 얻고 이익을 얻는 여섯 가지는, 뜻을 움직이게 하는 것이다. 용모와 동작과 얼굴빛과 논리와 기분과 뜻의 여섯 가지는 마음을 속박하는 것이다. 악과 욕망과 기쁨과 노여움과 슬픔과 즐거움의 여섯 가지는 덕을 해치는 것이다. 떠나는 것과 나아가는 것과 취하는 것과 주는 것과 지혜와 능력의 여섯 가지는 도를 막는 것이다.

이 네 종류의 여섯 가지 것들이 가슴 속을 어지럽히지 않으면 그 사람은 올바르게 될 것이다. 올바르게 되면 고요해지고, 고요해지면 분명해지고, 분명해지면 텅 비게 되고, 텅 비게 되면 무위하면서도 자연의 생성 변화에 참여하지 않는 것이 없게 될 것이다.

---

1 蹍(전) : 밟다.
2 放鰲(방오) : 함부로 잘못한 것.
3 嫗(구) : 아픈 체하고 아아 소리 정도 내며 얼버무리는 것.
4 辟金(벽금) : 금을 배제하다. 금전이 개입되지 않다.

徹¹志之勃,² 解心之謬,³ 去德之累, 達道之塞.

貴富顯嚴⁴名利六者, 勃志也. 容動色理氣意六者, 謬心也. 惡欲喜怒
哀樂六者, 累德也. 去就取與知能六者, 塞道也.

此四六者, 不盪胸中則正. 正則靜, 靜則明, 明則虛, 虛則無爲而無不
爲也.

| 해설 |

마음의 혼란을 버리고 '도'를 터득하는 방법을 간단히 설명한 대목이다.

12

도라는 것은 덕을 공경하는 것이다. 삶이란 것은 덕의 빛인 것이다.
본성이라는 것은 삶의 바탕인 것이다. 본성이 움직이는 것을 행위라
고 말하는데, 행위가 인위적이면 그것을 본성을 잃는 것이라고 하는
것이다. 앎이란 물건과의 접촉에서 생겨난다. 앎이란 생각함으로써
이루어진다. 그러나 슬기로운 사람이 알지 못하는 것이 있는 것은, 곁
눈질로써 물건 전체를 보지 못하는 것과 같은 이유에서이다. 행동을
하되 자연을 따라 부득이하게 움직이는 것을 덕이라 말한다. 행동을
하되 자기 본성을 잃는 일이 없는 것을 다스림이라 말한다. 명성을 추
구하는 것은 사람의 본성과 반대가 되지만 실제적인 것을 추구하는
것은 자연에 순응하는 것이 된다.

---

1 徹(철) : 철(撤)과 통하여(王敔 說), 버리는 것.
2 勃(발) : 움직임, 어지러움.
3 謬(무) : 무(繆)와 통하여, 얽혀 있는 것, 속박된 것.
4 嚴(엄) : 존경을 받는 것.

道者, 德之欽[1]也. 生者, 德之光也. 性者, 生之質也. 性之動, 謂之爲.
爲之僞,[2] 謂之失. 知者, 接也. 知者, 謨[3]也. 知者之所不知, 猶睨[4]也. 動
以不得已之謂德. 動無非我之謂治. 名相反而實相順也.

| 해설 |

'도'와 덕과 본성의 관계를 설명하고, '무위'와 인위 및 슬기로움을 간단
히 해설한 것이다. 그래서 육장경陸長庚은『장자』는 분명히『노자』에 대한
주석 같은 성격을 띠고 있다고 말하고 있다.

13

활을 잘 쏘는 예羿는 작은 것을 화살로 적중시키기는 잘하지만, 사
람들로 하여금 자기를 칭찬하지 않도록 만드는 일에는 졸렬하였다.
성인은 자연스런 일은 잘하지만 인위적인 일에는 졸렬하다. 자연스런
일에도 뛰어나고 인위적인 일도 잘하는 것은 오직 완전한 사람만이
가능한 것이다. 오직 벌레들은 벌레 노릇만 하기 때문에 벌레들은 자
연스러울 수가 있는 것이다. 완전한 사람이 자연을 싫어하는 경우가
있는데, 그것은 인위적인 자연을 싫어하는 것이다. 그러니 하물며 우
리처럼 자연과 인위적인 것을 엄연히 구별하는 자들이야 말할 것이
있겠는가?
한 마리의 새가 예에게로 날아가면 예는 반드시 그 놈을 쏘아 잡지

---

1 欽(흠) : 공경하는 것, 잘 조절하는 것.
2 僞(위) : 인위.
3 謨(모) : 생각.
4 睨(예) : 흘겨보는 것, 곁눈질.

만 간혹 실패하는 수도 있다. 그러나 천하로써 새장을 삼는다면 새들은 더 이상 도망칠 곳이 없게 될 것이다.

그러므로 상商나라 탕湯임금은 요리사라는 직분으로서 이윤伊尹을 새장에 가두었고, 진秦나라 목공穆公은 다섯 장의 양가죽으로써 백리해百里奚를 새장에 가두었던 것이다. 이와 같이 그가 좋아하는 것을 미끼로 삼지 않고서는 새장에 가두어 넣을 수가 없었던 것이다.

다리를 잘리는 형벌을 받은 자가 법도에 구애받지 않는 것은 밖으로 명예 같은 것을 도외시하기 때문이다. 중노동을 하는 죄수들이 높은 곳에 올라가도 두려워하지 않는 것은 죽음과 삶을 초월했기 때문이다. 외부의 협박에 굴복하여 마음 속으로 부끄러울 것이 없게 된 사람은 남에 대하여 잊게 된다. 남에 대하여 잊게 되면 자연과 합치되는 천인天人이 되는 것이다. 그러므로 그를 공경하여도 기뻐하지 않고, 그를 모욕하여도 성내지 않는 것은, 오직 하늘의 조화와 합치된 사람만이 그렇게 할 수 있는 것이다.

성낼 경우를 당하여도 성내지 않으면 성냄도 성내지 않음으로 귀결되고 만다. 행동함에 무위하면 행동은 무위로 귀결되고 만다. 고요하고 싶으면 기분을 평온히 지녀야 한다. 신명神明스러워지고 싶으면 마음이 자연에 순응하여야 한다. 그의 행동이 합당하게 되고 싶으면 자연에 따라 부득이하게 행동하여야 한다. 자연에 따라 부득이하게 행동하는 것이 성인의 도인 것이다.

| 원문 |

羿¹工乎中微, 而拙乎使人無己譽. 聖人工乎天, 而拙乎人. 夫工乎天而俍²乎人者, 唯全人能之. 唯蟲能蟲, 唯蟲能天. 全人惡天, 惡人之天.

---

1 羿(예) : 옛날의 활을 잘 쏘는 사람 이름.

而況吾天乎人乎?

一雀適羿, 羿必得之, 威[3]也. 以天下爲之籠, 則雀無所逃.

是故湯以庖人[4]籠伊尹, 秦穆公以五羊之皮[5]籠百里奚. 是故, 非以其所好籠之而可得者, 無有也.

介者[6]扡畫[7], 外非譽也. 胥靡[8]登高而不懼, 遺死生也. 夫復謵[9]不餽[10]而忘人. 忘人, 因以爲天人矣. 故敬之而不喜, 侮之而不怒者, 唯同乎天和者爲然.

出怒不怒, 則怒出於不怒矣. 出爲無爲, 則爲出於無爲矣. 欲靜則平氣, 欲神則順心. 有爲也欲當, 則緣於不得已. 不得已之類, 聖人之道.

| 해설 |

인위적인 것은 아무리 극도로 기술이 발달한다 하더라도 결국은 한계가 있다. 따라서 인위란 자연처럼 위대할 수가 없는 것이다. 그러므로 사람은 자연에 순응하여 자기 자신을 잊고 자연스럽게 행동하여야 한다. 그래야만 성인의 경지에 이를 수가 있다는 것이다.

---

2 俍(량) : 기술이 뛰어난 것.

3 威(위) : 혹(或)으로 씀이 옳으며(孫詒讓 說), 간혹 새를 잡는 일을 실패하기도 한다는 뜻.

4 庖人(포인) : 요리사. 이윤은 먼저 요리사로서 일하다가 탕임금에게 등용되어 재상이 되었다 한다.

5 五羊之皮(오양지피) : 양 다섯 마리의 가죽. 춘추 시대 백리해는 젊어서 초나라의 포로가 되어 있었다. 진나라 목공은 그의 현명함을 알고 양 다섯 마리의 가죽을 초나라에 주고 백리해를 데려다가 나라의 정치를 맡겼다. 백리해는 재상이 된 지 칠 년 만에 진나라를 패자로 만들었다.

6 介者(개자) : 다리를 잘리는 월형(刖刑)을 받은 자.

7 扡畫(치화) : 법도에 구애받지 않는 것.

8 胥靡(서미) : 죄수.

9 復謵(복습) : '복'은 복(伏)과 통하고, '습'은 접(慴)과 통하여, 외부 사람들의 협박에 굴복하는 것.

10 餽(괴) : 괴(愧)와 통하여, 부끄러워하는 것.

제24편

세상으로부터 숨어 사는 서무귀
徐無鬼

이 편도 앞의 '노자의 제자 경상초'편처럼 잡다한 내용을 설명하고
있다. 그래도 가장 중심이 되는 이론을 찾는다면 노자에서 말한 "상급
의 덕은 인위적인 덕이 아니다"라는 뜻을 부연한 것이라 하겠다. '서무
귀'란 편명 역시 첫머리에 보이는 사람 이름 세 글자를 딴 것이다.

1

서무귀徐無鬼가 여상女商의 소개로 위魏나라 무후武侯를 만난 일이
있었다. 무후가 그를 위로하며 말하였다.

"선생은 병이 나셨지요. 산과 숲 속의 어려운 생활에 고생이 되어
그 때문에 나를 만나려 하는 것이겠지요."

서무귀가 말하였다.

"저야말로 임금님을 위로해 드리려 합니다. 임금님께서 저를 위로
하실 것이 무엇이 있겠습니까? 임금님께서는 욕망을 만족시키고, 좋
아하고 싫어하는 데 따라 일을 처리하려 하시니, 성명性命의 진실함에
병이 나셨습니다. 임금님께서 욕망을 버리고 좋아하고 싫어하는 감정
을 없애 버린다면 귀와 눈이 괴로워할 것입니다. 저야말로 임금님을
위로해 드리려 합니다. 임금님께서 위로하실 것이 무엇이 있겠습니
까?"

무후는 심사가 좋지 않은 듯 대답을 하지 않았다. 조금 있다가 서무
귀가 말하였다.

"시험삼아 임금님께 제가 개를 감정한 말씀을 드리겠습니다. 성질
이 하급인 개는 아무거나 배부르게 찾아 먹어야 가만히 있습니다. 마
치 고양이의 성질과 같습니다. 중급인 개는 마치 해를 바라보듯 뜻이
높고 먼 데 있습니다. 상급인 개는 자기 자신을 잃은 것처럼 언제나
한결같습니다.

제가 개를 감정하는 실력은 또 말을 감정하는 실력만은 못합니다.
제가 말을 감정하건대, 말이 수레를 끌 때 똑바로 가는 것은 먹줄처럼
곧고 돌 때에는 갈고리 모양으로 돌고, 구부러질 때에는 굽은 자를 댄
것처럼 모가나게 구부러지고, 둥글게 돌 때에는 그림쇠를 댄 것처럼
둥그렇게 돈다면, 이 말은 국마國馬라 할 만한 말입니다. 그러나 천하
마天下馬만은 못한 것입니다. 천하마는 천성의 재질을 지니고 있어서

고요하고 모든 것을 잃은 듯하며, 자기 자신도 잃은 것처럼 언제나 한결같습니다. 이러한 말은 수레를 끌고 먼지를 날리며 달리되 그가 가는 곳을 의식하지 않습니다."

무후는 크게 기뻐하면서 웃었다.

| 원문 |

徐無鬼,[1] 因女商[2]見魏武侯. 武侯勞之曰; 先生病矣. 苦於山林之勞, 故乃肯見於寡人.

徐無鬼曰; 我則勞於君, 君有何勞於我? 君將盈耆欲, 長好惡, 則性命之情病矣. 君將黜嗜欲, 挈好惡[3] 則耳目病矣. 我將勞君, 君有何勞於我?

武侯超然[4]不對. 少焉, 徐無鬼曰; 嘗語君, 吾相狗[5]也. 下之質, 執飽[6]而止. 是狸德[7]也. 中之質, 若視日. 上之質, 若亡其一.

吾相狗, 又不若吾相馬也. 吾相馬, 直者[8]中繩, 曲者中鉤, 方者中矩, 圓者中規, 是國馬也. 而未若天下馬也. 天下馬有成材. 若卹[9]若失, 若喪其一. 若是者, 超軼[10]絶塵, 不知其所. 武侯大說而笑.

---

1 徐無鬼(서무귀) : 무는 무(无)로도 쓰며, 숨어 산 덕 있는 위나라 사람.
2 女商(여상) : 성은 여, 이름이 상. 위나라의 대신 이름.
3 挈好惡(견호오) : 좋아하고 싫어하는 자기 감정이나 판단을 버리는 것.
4 超然(초연) : 심사가 좋지 않은 모양.
5 相狗(상구) : 개의 관상을 보다. 개를 감정하다.
6 執飽(집포) : 배부르도록 아무거나 주워먹는 것.
7 狸德(이덕) : 고양이의 덕. 고양이 같은 성질. 이는 묘(猫)의 뜻(兪樾 說).
8 直者(직자) : 말이 수레를 끌고 똑바로 가는 것. 이하 곡자(曲者), 방자(方者), 원자(圓者) 모두 수레를 끄는 것임.
9 若卹(약휼) : 고요한 듯 보이는 것(劉師培 說).
10 超軼(초질) : 수레를 끌고 앞서 달려가는 것.

　사람의 육체적인 또는 정신적인 괴로움은 그 사람이 얼마나 밖의 물건을 초월할 수 있는가에 의하여 결정되는 것이지 부귀에 의하여 결정되는 것은 아니다. 부귀는 오히려 밖의 물건에 사람을 얽매이게 함으로써 괴로움을 더해 주는 요건이 된다는 것이다.

2

　서무귀가 나오자, 여상이 그에게 말하였다.

　"선생께서는 특히 무슨 말로써 우리 임금님을 설득하셨습니까? 제가 저의 임금님을 설복시키는 방법은 횡적橫的으로는 『시경詩經』·『서경書經』·『예경禮經』·『악경樂經』을 사용하고, 종적從的으로는 『주서周書』의 금판金板편과 육도六弢편을 사용하고 있습니다. 정사에 대하여 상주하여 크게 공로를 세웠던 일은 이루 다 헤아릴 수가 없는 정도이지만, 저의 임금님은 제 말에 대하여 이를 드러내 놓고 웃으신 적이 없었습니다. 지금 선생님께서는 무슨 말씀으로 저의 임금님을 설복하셨기에 그처럼 기뻐하시도록 만드셨습니까?"

　서무귀가 말하였다.

　"나는 다만 임금님께 내가 개와 말을 감정했던 경험을 말씀드렸을 뿐입니다."

　여상이 말하였다.

　"그런 말씀이셨습니까?"

　"당신은 월나라의 유배당한 사람 얘기를 듣지 못했읍니까? 나라를 떠나가다 며칠 지나서는 그가 전에 알았던 사람을 보기만 하여도 기뻤습니다. 나라를 떠난 지 수십 일이 되자, 전에 자기 나라에서 만난 일이 있는 사람을 보기만 하여도 기뻤습니다. 일 년이 넘자 자기가 아는 사람과 비슷하게 생긴 사람을 보기만 하여도 기뻤다는 것입니다. 사람들을 떠난 지가 오래될수록 사람을 더욱 깊이 생각하게 되기 때문이 아니겠습니까? 텅 빈 인적 드문 고장으로 도망하여 잡초가 족제비나 다닐 듯한 좁은 길을 막고 있는 고장에서 오랜 동안 외로이 있게되면 사람의 발자국 소리가 터벅터벅 들리기만 하여도 기뻐하는 것입니다. 그런데 하물며 형제나 친척들이 웃고 얘기하는 소리가 그의 곁에서 들릴 적에야 어떻겠습니까? 오랜 동안 참된 사람의 말로써 웃고 얘기하는 소리가 우리 임금님 곁에는 나지 않았던 것입니다."

| 원문 |

徐無鬼出, 女商曰; 先生獨何以說吾君乎? 吾所以說吾君者, 橫說之, 則以詩書禮樂, 從說之, 則以金板六弢.[1] 奉事而大有功者, 不可爲數. 而吾君未嘗啓齒. 今先生何以說吾君, 使吾君說若此乎?

徐無鬼曰; 吾直告之吾相狗馬耳.

女商曰; 若是乎?

曰; 子不聞夫越之流人乎? 去國數日, 見其所知而喜. 去國旬月, 見所嘗見於國中者喜. 及期年也, 見似人者而喜矣. 不亦去人滋久, 思人滋深乎? 夫逃虛空[2]者, 藜藋[3]柱[4]乎鼪鼬[5]之逕. 良位[6]其空,[7] 聞人足音跫然,[8] 而

---

1 金板六弢(금판육도) : 둘 다 『주서(周書)』의 편명(司馬彪 說). '도'를 도(韜)와 통하는 글자로 보고 병서(兵書)라 풀이하는 이도 있다.
2 虛空(허공) : 텅 빈 듯한 적막한 고장.
3 藜藋(여조) : 명아주풀 종류의 잡초를 가리킴.
4 柱(주) : 가로막는 것.
5 鼪鼬(생유) : 족제비 종류의 작은 동물.
6 良位(양위) : 오랫동안 처해 있는 것(奚侗 說).
7 其空(기공) : 텅 빈 외로운 상태.
8 跫然(공연) : 발자국 소리가 나는 모양.

喜矣. 而況乎昆弟親戚之謦欬其側者乎? 久矣夫, 莫以眞人之言, 謦欬[9]
吾君之側乎!

| 해설 |

여상이 무후가 서무귀의 말에 감동된 이유를 묻자, 무후는 오랜만에 참
된 말을 들었기 때문에 더욱 깊은 감동을 받은 것이라고 대답하고 있다.

3

서무귀가 무후를 뵈니 무후가 말하였다.

"선생은 산림 속에 살면서 도토리와 밤을 먹고, 파와 부추에 만족하
면서 나를 버린 지 오래되었소. 지금 나를 찾아오셨으니 늙은 때문인
가요, 이제 술과 고기맛을 보고자 하시는 건가요, 그렇지 않으면 내가
또 나라를 잘 다스릴 복이 있기 때문인가요?"

서무귀가 말하였다.

"저는 빈천하게 자라나서 일찍이 임금님의 술과 고기를 감히 먹고
마셔 보려 생각한 일이 없습니다. 저는 임금님을 위로해 드리려고 찾
아온 것입니다."

무후가 말하였다.

"무엇을? 나의 무엇을 위로하겠다는 것이오?"

"임금님의 정신과 육체를 위로해 드리려는 것입니다."

무후가 말하였다.

"무슨 뜻이오?"

서무귀가 말하였다.

---

9 謦欬(경해) : 본시는 기침 소리이나 웃고 얘기하는 것에 비유한 말(李頤 說).

"하늘과 땅이 만물을 양육하는 것은 누구에게나 한결같습니다. 높은 데 올라간다고 해서 더 길게 자랄 수 없고, 낮은 데 있다고 해서 키가 짧아질 수 없습니다. 임금님께서는 홀로 임금 자리에 계시면서 한 나라의 백성들을 괴롭혀 가지고 자기의 귀와 눈과 코와 입의 욕망을 충족시키고 있습니다. 임금님의 신명神明이 스스로 허락하지 않을 일입니다. 신명이란 조화를 좋아하고 사사로운 것을 싫어합니다. 사사로운 것은 병입니다. 그래서 그 점을 위로해 드리려는 것입니다. 임금님께서 이러한 괴로움을 지니게 된 것은 어째서이겠습니까?"

무후가 말하였다.

"선생을 만나 뵈려 한 지 오래 되었소. 나는 백성들을 사랑하고, 의로움을 위하여 전쟁을 하지 않으려 하는데 괜찮겠습니까?"

서무귀가 말하였다.

"안 됩니다. 백성들을 사랑한다는 것은 백성들을 해치는 시작입니다. 의로움을 위하여 전쟁을 그만둔다는 것은 전쟁을 조성하는 근본이 됩니다. 임금님께서 그러한 방법으로 정치를 하신다면 아마도 성공하실 수 없을 것입니다. 모든 아름다움을 이루는 것은 악한 것을 행세케 하는 기구입니다. 임금님께서 비록 인의를 행하신다 하더라도 아마 위선이 되고 말 것입니다. 인의라는 형식을 갖추게 되면 거짓된 형식이 조성됩니다. 형식적인 성공은 본시부터 공로를 뽐내도록 만드는 것입니다. 따라서 형세의 변화는 본시 밖으로 전쟁을 일으키는 것입니다.

임금님께서는 성대히 높은 누각 사이에 군대를 진열하려는 생각을 말아야 할 것이며, 높은 치단錙壇의 궁宮 곁에서 보병과 기병을 달리게 하지 말아야만 할 것입니다. 그리고 덕을 빌려 이치에 어긋나는 일을 감추는 일이 없어야 합니다. 기교로써 남을 이기려 해서는 안 됩니다. 계략으로 남을 이기려 해서도 안 됩니다. 전쟁으로 남을 이기려 해서도 안 됩니다. 남의 나라 백성들을 죽이고 남의 나라 땅을 빼앗아 차지함으로써 자기의 사사로운 육체와 정신을 만족시키려 하는 자는, 그 전쟁이 아무리 훌륭한 명분이 있다 하더라도 승리의 목적이 어디에 있는지 알 수 없게 됩니다. 임금님께서는 그러한 일은 말아 주시기 바랍니다. 가슴 속의 정성을 닦음으로써 하늘과 땅의 진실한 변화에 순응하여 어지러워지지 말아야 합니다. 그래야 백성들은 죽음으로부터 벗어날 수가 있습니다. 임금님께서 그렇게 되면 어찌 전쟁을 그만두실 생각을 할 필요가 있겠습니까?"

| 원문 |

徐無鬼見武侯, 武侯曰; 先生居山林, 食芋栗,[1] 厭[2]葱韮,[3] 以賓[4]寡人, 久矣夫. 今老邪? 其欲干酒肉之味邪? 其寡人亦有社稷之福邪?

徐無鬼曰; 無鬼生於貧賤, 未嘗敢飮食君之酒肉. 將來勞君也.

君曰; 何哉? 奚勞寡人?

曰; 勞君之神與形.

武侯曰; 何謂邪?

徐無鬼曰; 天地之養也一. 登高不可以爲長, 居下不可以爲短. 君獨爲萬乘之主, 以苦一國之民, 以養耳目鼻口. 夫神者不自許也. 夫神者, 好和而惡姦.[5] 夫姦, 病也. 故勞之. 唯君所病之何也?

武侯曰; 欲見先生久矣. 吾欲愛民而爲義偃兵,[6] 其可乎?

---

1 芋栗(저율) : 도토리와 밤. '저'는 '저(杼)'로도 씀.
2 厭(염) : 만족하다.
3 葱韮(총구) : 파와 부추.
4 賓(빈) : 빈(擯)으로 쓰인 판본도 있으며, 버리는 것.
5 姦(간) : 자기의 사사로운 것(林希逸 說).
6 偃兵(언병) : 전쟁을 멈추는 것, 전쟁을 없애는 것.

徐無鬼曰; 不可. 愛民, 害民之始也. 爲義偃兵, 造兵之本也. 君自此
爲之, 則殆不成. 凡成美, 惡器也. 君雖爲仁義, 幾且僞哉. 形固造形, 成
固有伐,**7** 變固外戰.

君亦必無盛鶴列**8**於麗譙**9**之間, 無徒驥**10**於錙壇**11**之宮. 無藏逆於
得.**12** 無以巧勝人, 無以謀勝人, 無以戰勝人. 夫殺人之士民, 兼人之士
地, 以養吾私與吾神者, 其戰不知孰善, 勝之惡乎在. 君若勿已矣. 修胸
中之誠, 以應天之情而勿攖**13** 夫民死已脫矣. 吾將惡乎用夫偃兵哉?

| 해설 |

임금은 백성을 사랑하여 전쟁을 없애려는 인위적인 정치를 하지 말고,
자연스럽게 자연 변화를 따름으로써 '무위'의 정치를 하여야 한다는 것이
다. 인위적인 정치는 백성들을 괴롭힐 뿐만 아니라 임금 자신의 육체와 정
신까지도 괴롭히는 일이라는 것이다.

4

황제黃帝가 대외大隗를 만나려고 구자산具茨山을 찾아갔다. 방명方
明이 수레를 몰고 창우昌寓가 수레몰이의 조수가 되고 장약張若과 습
붕謵朋이 앞에서 길을 인도하고 곤혼昆閽과 골계滑稽가 수레 뒤를 따

---

7 伐(벌) : 뽐내는 것.
8 鶴列(학열) : 군사들을 벌여 놓는 것.
9 麗譙(여초) : 높은 누각(郭象 說).
10 徒驥(도기) : 보병과 기병.
11 錙壇(치단) : 단 이름. 높은 누각 사이나 치단의 궁 앞은 군사들을 벌여 놓을 장소가 아
니라고 생각하는 것으로 해석하였다(王先謙 說).
12 得(득) : 덕과 통함.
13 攖(영) : 충돌하다, 어지럽히다.

랐다. 양성襄城의 들에 이르러서 함께 가던 일곱 명의 성인들도 모두 길을 잃었는데, 길을 물을 곳이 없었다. 마침 말을 먹이는 아이를 만나 길을 물었다.

"너는 구자산을 아느냐?"

"예."

"너는 대외가 계신 곳을 알고 있느냐?"

"예."

황제가 말하였다.

"기이하다. 어린아이가 구자산을 알 뿐만 아니라 또 대외가 있는 곳도 알고 있구나. 그럼 천하를 다스리는 방법도 물어 보자꾸나."

아이가 말하였다.

"천하를 다스리는 사람도 이런 대로 지내기만 하면 될 겁니다. 무슨 일을 하려고 애씁니까? 저는 어려서부터 스스로 천지 사방 안에서 노닐었습니다만 마침 눈이 어두워지는 병에 걸렸습니다. 어떤 어른이 제게 가르쳐 주시기를 너는 해를 수레삼아 타고서 양성의 들판에 노닐라고 하셨습니다. 지금은 제 병이 약간 나은 듯하니, 저는 다시 천지 사방의 밖을 노닐어 볼까 합니다. 천하를 다스리는 사람도 역시 이렇게 하시기만 하면 될 것입니다. 제가 무슨 하는 일이 따로 있겠습니까?"

황제가 말하였다.

"천하를 다스리는 일은 진실로 네가 할 일은 아니다. 그렇지만 천하를 다스리는 방법을 묻고자 한다."

아이는 거절하였으나, 황제가 거듭 묻자 말하였다.

"천하를 다스리는 일이 말을 먹이는 것과 무엇이 다르겠습니까? 역시 말의 본성을 해치는 것들을 제거해 주기만 하면 그뿐일 것입니다."

황제는 두 번 절하고 머리를 조아린 뒤 '하늘의 스승'이라 칭찬하고 물러갔다.

黃帝將見大隗[1]乎具茨之山.[2] 方明爲御, 昌寓驂乘, 張若謵朋前馬, 昆
閽滑稽後車. 至於襄城[3]之野, 七聖皆迷, 無所問塗. 適遇牧馬童子, 問塗
焉.

曰; 若知具茨之山乎?

曰; 然.

若知大隗之所存乎?

曰; 然.

黃帝曰; 異哉. 小童, 非徒知具茨之山, 又知大隗之所存. 請問爲天
下?

小童曰; 夫爲天下者, 亦若此而已矣. 又奚事焉? 予少而自遊於六合
之內, 予適有瞀病,[4] 有長者敎予曰; 若乘日之車,[5] 而遊於襄城之野. 今
予病少痊, 予又且復遊於六合之外. 夫爲天下, 亦若此而已. 予又奚事
焉?

黃帝曰; 夫爲天下者, 則誠非吾子之事. 雖然, 請問爲天下.

小童辭, 黃帝又問. 小童曰; 夫爲天下者, 亦奚以異乎牧馬者哉. 亦去
其害馬者而已矣.

黃帝再拜稽首, 稱天師而退.

---

1 大隗(대외) : 대도를 의인화한 것. 그 아래 여섯 명도 모두 의인화한 인물들임.

2 具茨山(구자산) : 후세엔 태외산(泰隗山)이라 불렀으며, 형양(滎陽) 밀현(密縣) 동쪽에
  있다(司馬彪 說).

3 襄城(양성) : 하남(河南)에 있는 고을 이름.

4 瞀病(무병) : 눈이 어두워지는 병.

5 乘日之車(승일지거) : 해를 수레삼아 타다. 곧 해가 뜨면 나와 놀고 해가 지면 들어가는
  것을 뜻함.

　황제를 포함한 일곱 명의 성인들이 '도'를 찾아 나섰으나, 결국은 아무 것도 모르는 아이만도 못하다. 그들은 천하는 '무위'로 다스려야 한다는 가르침을 아이에게서 듣고 돌아간다. 양성의 들판이란 사실상 앞에 몇 번 보인 무하유지향無何有之鄕과 같은 곳이며, 진실한 '도'는 크게 순박한 아이에게 있었던 것이다.

5

　지혜를 가진 선비는 생각과 꾀가 쓰이는 변란이 없으면 즐거울 수 없다. 말재주에 뛰어난 선비는 얘기할 꼬투리가 없으면 즐거울 수 없다. 일을 잘 살피는 선비는 상대방과 논쟁하며 공격할 일이 없으면 즐거울 수 없다. 이들은 모두가 밖의 사물에 사로잡혀 있는 자들이다.

　세상에서 높이 뛰어난 사람은 조정에서 출세하고, 백성을 잘 다스리는 사람은 버슬로 영화로운 생활을 하게 되고, 힘이 센 사람은 어려운 일을 당하여 실력을 발휘하고, 용감한 사람은 환난을 당하여 기운을 떨치고, 무술에 뛰어난 사람은 전쟁을 즐기며, 애써 노력하는 사람은 명성을 추구하고, 법률에 밝은 사람은 다스림을 널리 펴고, 예의와 음악에 밝은 사람은 용모를 공경히 하고, 인의를 숭상하는 사람은 사람 관계를 귀중히 여긴다.

　농부는 밭 일을 할 것이 없으면 즐거울 수가 없고, 상인들은 장사할 일이 없으면 즐거울 수가 없다. 서민들은 아침 저녁으로 할 일이 있으면 부지런해지고, 공인들은 좋은 기계에 관한 기술이 있으면 잽싸게 일한다.

　돈과 재물이 쌓이지 않으면 탐욕이 많은 자들은 근심하고, 권세가 세어지지 않으면 뽐내기 좋아하는 자들은 슬퍼하며, 형세를 잘 좇는 무리들은 변란을 즐긴다. 이들은 때를 만나야 쓰일 곳이 있게 되며, 어떤 일을 하지 않을 수가 없는 것이다. 이들은 모두가 시간의 변화를 따라 이끌리는 자들이며, 사물의 변화에 얽매이는 자들이다. 자기의 육체와 본성을 고달프게 하고, 밖의 만물에 대하여 몰두하며, 평생토록 본성으로 되돌아가지 않는 자들이니, 슬픈지고!

| 원문 |

知士無思慮之變則不樂. 辯士無談說之序**1**則不樂. 察士無凌諄**2**之事則不樂. 皆囿於物者也.

招世**3**之士興朝, 中民**4**之士榮官, 筋力之士矜難,**5** 勇敢之士奮患, 兵革之士樂戰, 枯槁**6**之士宿名,**7** 法律之士廣治, 禮樂之士敬容, 仁義之士貴際.**8**

農夫無草萊之事**9**則不比,**10** 商賈無市井之事則不比. 庶人有旦暮之業則勸. 百工有器械之巧則壯.**11**

錢財不積, 則貪者憂. 權勢不尤, 則夸者**12**悲. 勢物之徒樂變. 遭時有所用, 不能無爲也. 此皆順比於歲,**13** 不物**14**於易者也. 馳其形性, 潛**15**之

---

1 序(서) : 서(緖)와 통하여, 실마리, 꼬투리.

2 凌諄(능신) : 논쟁하고 공격하는 것.

3 招世(초세) : 세상에서 높이 뛰어난 인물.

4 中民(중민) : 백성을 잘 다스리는 것.

5 矜難(긍난) : 어려운 일에 실력을 발휘하는 것.

6 枯槁(고고) : 애써 공부하느라 몸이 여윈 사람.

7 宿名(숙명) : '숙'은 취(取)의 뜻으로(兪樾 說), 명예 또는 명분을 추구하는 것.

8 際(제) : 교제. 사람들 사이의 관계.

9 草萊之事(초래지사) : 곡식을 키우고 김매고 하는 일.

10 比(비) : 즐기는 것(『廣雅』).

11 壯(장) : 잽싸게 일하는 것(李頤 說).

12 夸者(과자) : 자기를 뽐내는 자.

13 歲(세) : 세월. 시간.

14 不物(부물) : '불'은 자(字)의 잘못(錢穆 說)으로, 외물에 얽매이는 것.

萬物, 終身不反, 悲夫!

| 해설 |

이 사회의 여러 계층 사람들을 비평한 말이다. 모두 자기 밖의 사물에
사로잡혀 자기 본성을 잃고 있으니 한심한 일이라는 것이다.

6

장자가 말하였다.

"활을 쏘는 사람이 일부러 표적을 맞히려 들지도 않았는데 맞혔을
경우, 그를 활 잘 쏘는 사람이라 말한다면 천하 사람들이 모두 예羿 같
은 활 잘 쏘는 사람이 될 수 있을 것인데, 그래도 괜찮을까?"

혜자惠子가 말하였다.

"괜찮네."

장자가 말하였다.

"천하에 모두가 인정하는 옳은 방향이란 없으니, 각자가 옳다고 생
각하는 것을 옳다고 한다면 천하 사람들이 모두가 요임금 같은 성인
이 될 수 있을 것인데, 그래도 괜찮을까?"

혜자가 말하였다.

"괜찮네."

장자가 말하였다.

"그렇다면 유가儒家 · 묵가墨家 · 양주楊朱 학파 · 공손룡公孫龍 학파
의 넷이 있고, 선생까지 합치면 다섯이 되는데 과연 어느 것이 옳은
것일까? 혹은 노거魯遽와 같은 입장일까? 한 번은 그의 제자가 노거

---

15 潛(잠) : 몰두하는 것.

에게 말하기를 '저는 선생님의 도를 터득했습니다. 저는 겨울에도 나무 없이 솥의 물을 끓일 수 있고 여름에는 얼음을 만들 수 있습니다'라고 하였다네. 노거가 말하기를 '그것은 다만 양의 기운으로써 양의 기운인 불을 불러오고, 음의 기운으로써 음의 기운인 얼음을 불러온 것일 뿐이지 내가 말하는 도는 아니다. 내 너에게 나의 도를 보여 주겠다'고 대답하고는, 그를 위하여 슬瑟을 뜯었네. 슬 하나는 대청에다 놓고 다른 하나는 방에다 놓았다네. 그리고 한쪽 슬의 궁宮 음의 줄을 뜯으면 다른 슬의 궁음 줄도 움직이고, 슬의 각角 음 줄은 뜯으면 다른 슬의 각角 음 줄도 움직이는데, 음률이 완전히 같았다네. 시험삼아 한 줄의 음조音調를 고쳐 다섯 가지 음 어느 것에도 해당하지 않게 하고서 그 줄을 뜯으니, 다른 슬의 스물다섯 줄이 모두 움직였네. 처음부터 그 음은 소리로서 특이한 것은 아니었는데, 모든 음을 지배하는 위치에 놓이게 된 것일세. 선생의 입장도 이와 같은 것일까?"

혜자가 말하였다.

"지금 유가와 묵가와 양주 학파와 공손룡 학파들은 나와 토론을 전개하며 말로써 서로 배척하고 소리를 질러 상대방을 위압하려 하고 있지만, 처음부터 자기가 그르다는 이는 없는데 어찌 그와 같겠는가?"

장자가 말하였다.

"제齊나라 사람이 자기 자식을 송宋나라로 내쫓고는 몸을 다치지 않도록 문지기를 보내어 지켜 주었다네. 또 목이 긴 술잔을 구하여 가지고는 이것을 깨지 않도록 위아래로 묶어 두었다네. 그리고 잃어 버린 자식을 찾으려 하면서도 밖으로 나가 본 일도 없다네. 이와 비슷한 잘못을 저지른 것일세.

초楚나라 사람으로 남의 집에 묵으면서 그 집 문지기와 싸운 자가 있었다네. 아무도 없는 한밤중에 배를 타고 가다가 뱃사람과 싸우기도 했다네. 배가 물가에 닿지도 않았을 때이니 적대감으로 위험에 놓였을 것일세."

| 원문 |

莊子曰; 射者非前期[1]而中, 謂之善射, 天下皆羿也, 可乎?

惠子曰; 可.

莊子曰; 天下非有公是也, 而各是其所是, 天下皆堯也, 可乎?

惠子曰; 可.

莊子曰; 然則儒墨楊[2]秉[3]四, 與夫子爲五, 果孰是邪? 或者若魯遽[4]者邪? 其弟子曰; 我得夫子之道矣. 吾能冬爨鼎[5]而夏造冰矣. 魯遽曰; 是直以陽召陽, 以陰召陰, 非吾所謂道也. 吾示子乎吾道. 於是爲之調瑟. 廢[6]一於堂, 廢一於室. 鼓宮宮動, 鼓角角動, 音律同矣. 夫或改調一弦, 於五音無當也. 鼓之, 二十五弦皆動, 未始異於聲, 而音之君[7]已. 且若是者邪?

惠子曰; 今夫儒墨楊秉, 且方與我以辯, 相拂以辭, 相鎭以聲, 而未始吾非也, 則奚若矣?

莊子曰; 齊人蹢[8]子於宋者, 其命閽[9]也不以完.[10] 其求鈃鍾[11]也, 以束

---

1 前期(전기) : 활쏘기 전에 표적을 겨누는 것.

2 楊(양) : 양주(楊朱). 극단적인 자기만을 위하려는 위아주의자(爲我主義者).

3 秉(병) : 공손룡의 자, 궤변론자.

4 魯遽(노거) : 주(周)나라 초기 사람.

5 爨鼎(찬정) : 나무 없이 솥에 불을 때어 물을 끓이는 것.

6 廢(폐) : 놓는 것.

7 音之君(음지군) : 다섯 가지 음의 지배자.

8 蹢(적) : 적(擿)과 통하여(朱駿聲 說), 쫓아 보내는 것.

9 閽(혼) : 문지기.

10 不以完(불이완) : 몸이 완전하지 않게 되는 것, 몸을 다치는 것.

11 鈃鍾(견종) : 목이 긴 술잔의 일종. 좋은 술잔을 구한 뒤 이를 깨지 않고 오래 보존하려고 위아래로 묶어두기만 한 것이다.

縛. 其求唐子^{12}也, 而未始出域.^{13} 有遺類矣.

夫楚人寄^{14}而謫閽^{15}者. 夜半於無人之時, 而與舟人鬪. 未始離^{16}於岑,^{17} 而足以造於怨也.

| 해설 |

혜자는 물론 도가를 제외한 모든 제자 백가들은 진실한 '도'는 제쳐 놓고 쓸데없는 일을 가지고 왈가왈부하면서 자가 당착에 빠져서 자신에게 위험을 초래하고 있다는 것이다. 이 대목의 장자의 논리는 매우 수준 높은 것이다.

7

장자가 한 사람의 장례를 지내고 혜시惠施의 무덤 옆을 지나다가 종자從者들을 돌아다보면서 말하였다.

"영郢 땅에 한 사람이 있었는데, 그는 코 끝에 흰 흙을 파리의 날개만큼 바르고서, 석수로 하여금 그것을 깎아내게 하였다. 석수는 바람을 날리면서 도끼를 휘둘러 마구 그것을 깎아냈다. 흰 흙이 다 없어졌는데도 그의 코는 상처 하나 나지 않았다. 그리고 영 땅의 사람은 선채로 얼굴빛 하나 변하지 않았다.

송나라 원군元君이 그 얘기를 듣고는 석수를 불러 말하였다. '시험

---

12 唐子(당자) : 잃어 버린 자식.
13 域(역) : 역(閾)과 통하여(錢穆 說), 문지방.
14 寄(기) : 남의 집에 기숙하는 것.
15 謫閽(적혼) : 문지기에게 성을 내는 것.
16 離(리) : 붙다. 배가 닿다.
17 岑(잠) : 물가 언덕.

삼아 내게 흰 흙을 바르고 깎아내 보아라.' 석수가 말하였다. '제가 전에는 그렇게 깎아낼 수 있었습니다. 그렇지만 제가 기술을 발휘할 바탕이 죽어 버린 지 오래되었습니다.' 나는 혜시가 죽은 뒤로 나의 이론을 전개할 바탕이 없어졌다. 나는 내 이론을 얘기할 상대가 없게 된 것이다."

| 원문 |

莊子送葬, 過惠子之墓, 顧謂從者曰; 郢¹人堊²漫³其鼻端若蠅翼, 使匠石斵⁴之. 匠石運斤成風, 聽而⁵斵之. 盡堊而鼻不傷, 郢人立不失容.

宋元君聞之, 召匠石曰; 嘗試爲寡人爲之. 匠石曰; 臣則嘗能斵之. 雖然, 臣之質死久矣. 自夫子之死也, 吾無以爲質⁶矣. 吾無與言之矣.

| 해설 |

자기를 이해해 주던 친구 혜시에 대한 알뜰한 사랑이 담긴 글이다.

8

관중管仲이 병이 나자 제齊나라 환공桓公이 그를 위문하며 말하였다.

"중부仲父의 병환이 위독합니다. 큰 병이 되었다고 말하지 않을 수 없습니다. 그러니 나는 누구에게 나랏일을 맡기는 것이 좋겠습니까?"

---

1 郢(영) : 초(楚)나라 수도.
2 堊(악) : 흰 찰흙. 백토(白土).
3 漫(만) : 바르다. 묻히다.
4 斵(착) : 깎다.
5 聽而(청이) : 되는 대로.
6 質(질) : 바탕. 기술을 발휘할 소지.

관중이 말하였다.

"임금님께서는 누구에게 맡기려 하십니까?"

"포숙아鮑叔牙입니다."

"안 됩니다. 그의 사람됨은 결렴하면서도 선하기만 한 선비입니다. 그는 자기만 못한 사람과는 친하게 지내지 않습니다. 또 한 번 남의 잘못을 알기만 하면 평생토록 잊지 않습니다. 그로 하여금 나라를 다스리게 하시면 위로는 임금님에게 반기를 들 것이고 아래로는 백성들의 뜻을 거스를 것입니다. 그가 임금님께 죄를 짓게 될 날이 멀지 않을 것입니다."

환공이 말하였다.

"그렇다면 누가 좋겠습니까?"

"부득이하다면 습붕隰朋이 괜찮을 것입니다. 그의 사람됨은 위로 임금님에 대하여는 그 존재를 잊고 아래로 백성들에 대하여는 관대합니다. 그는 황제黃帝와 같지 못함을 부끄러워하고 자기만 못한 사람들을 불쌍히 여깁니다. 자기의 덕을 남에게 나누어 주는 사람을 성인이라 하고, 자기의 재물을 남에게 나누어 주는 사람을 현인賢人이라 합니다. 현명함으로써 남에게 군림하여 사람들의 마음을 산 사람은 없습니다. 현명함으로써 남의 아래에 처신하여 사람들의 마음을 사지 못한 사람은 없습니다. 그는 나라에 있어서는 모든 것을 들으려 하지 않고, 집안에 있어서는 모든 것을 보려고 하지 않습니다. 부득이하다면 습붕이 좋을 것입니다."

| 원문 |

管仲有病, 桓公問之, 曰; 仲父[1]之病, 病矣. 可不謂云至於大病? 則寡

---

1 仲父(중부) : 환공이 재상인 관중을 높여 그렇게 불렀다.

人惡乎屬國²而可?

管仲曰; 公誰欲與?

公曰; 鮑叔牙.³

曰; 不可. 其爲人潔廉善士也. 其於不己若者, 不比之. 又一聞人之過, 終身不忘. 使之治國, 上且鉤⁴乎君, 下且逆乎民. 其得罪於君也, 將弗久矣.

公曰; 然則孰可?

對曰; 勿已⁵則隰朋可. 其爲人也, 上忘而下畔.⁶ 愧不若黃帝, 而哀不己若者. 以德分人謂之聖, 以財分人謂之賢. 以賢臨人, 未有得人者也. 以賢下人, 未有不得人者也. 其於國, 有不聞也. 其於家, 有不見也. 勿已則隰朋可.

| 해설 |

이와 비슷한 애기는 『열자列子』역명力命편에도 보인다. 여기에서도 관중의 말을 빌려 되도록이면 자기를 내세우지 않는 사람이 나라를 다스리는 데 적격자임을 애기하고 있다.

9

오吳나라 임금이 강물에 배를 띄우고 가서 원숭이들이 많이 사는

---

2 屬國(속국) : 나랏일을 맡기는 것.
3 鮑叔牙(포숙아) : 관중과 친한 친구. 포숙아의 주선으로 관중은 어려움을 면하고 제나라 재상으로서 뜻을 펼 수 있었다.
4 鉤(구) : 배반하는 것(陸德明 說).
5 勿已(물이) : 다른 도리가 없다면. 부득이하다면.
6 畔(반) : 반(胖)과 뜻이 통하여 살찐 것, 관대한 것.

산으로 올라갔다. 여러 원숭이들이 그를 보자 놀라서 모든 것을 버리고 깊은 숲 속으로 달아났다. 한 마리의 원숭이만이 유유히 왔다갔다하며 물건을 잡아 던지기도 하면서 임금에게 자기 재주를 보였다. 임금이 그 놈을 활로 쏘니 재빨리 날아오는 빠른 화살을 잡아 버렸다. 임금이 종자들에게 명하여 계속 쫓아가 그를 쏘게 하니 원숭이는 결국 죽어 버렸다.

임금이 그의 친구 안불의顔不疑를 돌아다보면서 말하였다.

"이 원숭이는 자기 재주를 자랑하며 그의 날램을 믿고 내게 오만하게 굴다가 이처럼 죽음을 당하는 지경에 이르렀다. 이것을 경계해야 할 것이다. 아아, 그대들도 잘난 얼굴을 하고 남에게 교만하게 굴어서는 안 될 것이다."

안불의는 돌아와서 동오董梧를 스승으로 모시고 잘난 체하는 그의 얼굴빛을 고쳤다. 그리고 자기의 오락을 버리고 높은 지위를 사퇴하였다. 그렇게 삼 년이 지나자 나라 사람들이 그를 칭송하게 되었다.

| 원문 |

吳王浮於江, 登乎狙¹之山. 衆狙見之, 恂然²棄而走, 逃於深蓁³ 有一狙焉, 委蛇⁴攫搔,⁵ 見巧乎王. 王射之, 敏給⁶搏⁷捷矢.⁸ 王命相者⁹趨¹⁰射

---

1 狙(저) : 원숭이.

2 恂然(준연) : 놀라는 모양.

3 蓁(진) : 총림(叢林), 풀과 관목이 무성한 것.

4 委蛇(위이) : 유유히 이 가지에서 저 가지로 왔다갔다 하는 것.

5 攫搔(확소) : 물건을 집어서 내던지는 것.

6 敏給(민급) : 민첩하게, 재빨리.

7 搏(박) : 잡다.

8 捷矢(첩시) : 날아오는 빠른 화살.

9 相者(상자) : 임금의 사냥을 돕는 사람들.

10 趨(추) : 계속 쫓는 것.

之, 狙執[11]死.

王顧謂其友顔不疑[12]曰; 之狙也, 伐其巧, 恃其便, 以敖予, 以至此殛
也. 戒之哉. 嗟乎! 無以汝色[13]驕人哉.

顔不疑歸而師董梧, 以助[14]其色, 去樂辭顯. 三年, 而國人稱之.

| 해설 |

남에게 잘난 체하며 자기 재주만 믿고 살다가는 결국 해를 당하고 만다
는 얘기이다.

10

남백자기南伯子綦가 안석에 기대 앉아서 하늘을 우러러 숨을 내쉬
고 있었다. 안성자顔成子가 들어와 보고서 말하였다.

"선생은 매우 뛰어난 인물이십니다. 육체를 본시 마른 나뭇가지처
럼 만들 수 있고, 마음을 본시 죽은 재처럼 만들 수가 있는 것입니까?"

"나는 일찍이 산 속 굴 가운데서 살아 보았다. 그 때에 제나라 임금
전화田禾가 한 번 나를 만나러 오자, 제나라 백성들은 그 일을 세 번이
나 축하했다고 한다. 이것은 내가 반드시 먼저 명성을 얻으려 하였기
때문에 그가 나를 알아보았던 것이었다. 그것은 내가 반드시 그렇게
나를 팔려고 하였기 때문에 그가 그렇게 나를 샀던 것이다. 만약 내가
그러한 생각을 전혀 갖지 않았다면, 그가 어떻게 내가 그러함을 알 수
가 있었겠느냐? 만약 내가 그렇게 나를 팔려 들지 않았다면, 그가 어

---

11 執(집) : 기(旣)의 잘못(王叔岷 說).
12 顔不疑(안불의) : 잘난 체하는 얼굴을 하고 있는 의인화된 인물.
13 色(색) : 잘난 체하는 얼굴빛.
14 助(조) : 서(鋤)와 통하여, 제거해 버리는 것.

떻게 그렇게 나를 살 수가 있었겠느냐? 아아, 나는 스스로의 본성을 잃고 있는 사람을 슬퍼한다. 나는 또 남을 슬퍼하는 사람도 슬퍼한다. 나는 또 남을 슬퍼하는 것을 슬퍼하는 사람도 슬퍼한다. 그래서 뒤에 모든 마음을 버리니 날로 모든 생각과 멀어져 이처럼 된 것이다."

| 원문 |

南伯子綦¹隱几而坐, 仰天而噓. 顏成子²入見, 曰; 夫子, 物之尤³也. 形固可使若槁骸,⁴ 心固可使若死灰乎?

曰; 吾嘗居山穴之中矣. 當是時也, 田禾⁵一覩我, 而齊國之衆三賀之. 我必先之, 彼故知之. 我必賣之, 彼故鬻⁶之. 若我而不有之, 彼惡得而知之? 若我而不賣之, 彼惡得而鬻之. 嗟乎, 我悲人之自喪者. 吾又悲夫悲人者. 吾又悲夫悲人之悲者. 其後而日遠⁷矣.

| 해설 |

제물론에 이미 자기를 잃은 남백자기의 얘기가 나왔고, 몸은 마른 나뭇가지처럼 보이고 마음은 죽은 재처럼 보이는 것이 참된 사람의 모습임은 앞에서 여러 번 설명하였다.

---

1 南伯子綦(남백자기) : 내편 '모든 사물은 한결같음'편에 보이는 남곽자기(南郭子綦).
2 顏成子(안성자) : 남백자기의 제자. '모든 사물은 한결같음'편엔 안성자유(顏成子遊)로 되어 있다.
3 物之尤(물지우) : 만물 중에서도 뛰어난 인물.
4 槁骸(고해) : '모든 사물은 한결같음'편엔 고목(槁木), '노자의 제자 경상초'편엔 교목지 지(槁木之枝)로 되어 있고, '지가 북쪽 땅에 노님'편과 이곳은 고해(槁骸)로 되어 있는데, 다 같이 '마른 나뭇가지'의 뜻으로 봄이 좋겠다.
5 田禾(전화) : 제나라 임금 이름.
6 鬻(육) : 사는 것.
7 日遠(일원) : 날로 모든 욕망이나 생각이 멀어져, 몸은 죽은 나뭇가지처럼 되고 마음은 죽은 재처럼 된다는 말.

11

공자가 초나라에 갔을 때 초나라 임금이 공자를 위하여 잔치를 벌였다. 손숙오孫叔敖가 술잔을 들고 서 있었고 시남의료市南宜僚는 술잔을 받아 땅에 부으며 제사를 지냈다. 그리고 말하였다.

"옛날 사람이라면 이런 경우에 무엇이라 말을 하였을 것입니다."

공자가 말하였다.

"저는 말로 표현하지 않는 말을 들은 일이 있습니다. 여태껏 이것에 대하여 말해 본 일이 없으나, 여기에서 그에 대해 말씀드리겠습니다. 시남의료께서는 구슬놀이를 하여 초나라와 송나라의 전쟁을 해결하였다 합니다. 손숙오께서는 깃부채를 들고 달게 잠을 자면서도 영 땅의 사람들이 반란을 일으키려다가 무기를 버리도록 만들었다 합니다. 제가 한 번 장광설을 늘어놓아 보겠습니다.

이 두 사람의 행동은 도라고 드러나지 않는 도이며, 제가 하려는 말은 말로 표현되지 않는 이론인 것입니다. 본시 덕이란 도로써 하나가 되어 있는 곳에 모두 모이게 되고, 이론이란 지혜로써는 알 수 없는 경지에 머물러야만 지극한 것입니다. 도가 통일되어 있다면 덕은 함께 합쳐지지 않을 수가 없는 것입니다. 지혜로써 알 수 없는 것이라면 이론으로서는 밝혀낼 수가 없는 것입니다. 그럼에도 도 없이 덕을 내세우고, 알지 못하면서 이론을 내세워 명분을 찾는 유가나 묵가는 흉한 존재일 수밖에 없는 것입니다.

그러므로 바다가 동쪽으로 흘러드는 모든 강물을 받아들이고도 변함이 없는 것은 광대함의 극치인 것입니다. 성인은 하늘과 땅을 아울러 포괄하고, 은택을 온 천하에 미치고 있지만, 사람들은 그가 누구인지도 알지 못하는 것입니다. 그러므로 살아서는 아무런 벼슬도 없고, 죽어도 아무런 시호諡號도 주어지지 않는 것입니다. 재물을 모으지도 않고 명성을 추구하지도 않습니다. 이런 사람을 위대한 사람이라 부르는 것입니다.

개는 잘 짖는다고 좋은 개가 되는 것이 아닙니다. 사람은 말을 잘한다고 현명한 사람이 되는 것이 아닙니다. 하물며 위대함이야 말과 상관이 있겠습니까? 스스로 위대하다고 하는 것은 정말로 위대할 수가 없는 것입니다. 하물며 스스로 내세우는 것이야 덕이 되겠습니까? 위대함이 갖추어져 있기로는, 하늘과 땅보다 더한 것이 없습니다. 그러나 무엇을 추구하여 위대함이 갖추어진 것이겠습니까? 위대함이 갖추어진 것에 대하여 아는 사람은 추구하는 것이 없고, 잃는 것도 없고 버리는 것도 없어야 하며, 밖의 일이나 물건으로 말미암아 자기의 본성을 바꾸는 일이 없어야 합니다. 자기 본성으로 되돌아옴으로써 자연스럽게 막히는 일이 없고, 옛 방법을 따르되 옛 방법에 합치시키려 들지 않는 것이 위대한 사람의 진실한 모습입니다."

| 원문 |

仲尼之楚, 楚王觴**1**之. 孫叔敖執爵而立, 市南宜僚受酒而祭.**2**

曰; 古之人乎, 於此言已.

曰; 丘也, 聞不言之言矣. 未之嘗言, 於此乎言之. 市南宜僚弄丸,**3** 而兩家之難解. 孫叔敖甘寢秉羽, 而郢人投兵. 丘願有喙三尺.**4**

彼之謂不道之道, 此之謂不言之辯. 故德總乎道之所一, 而言休乎知之所不知, 至矣. 道之所一者, 德不能同也. 知之所不能知者, 辯不能擧

---

1 觴(상) : 술잔. 잔치를 여는 것.

2 祭(제) : 땅에 술을 부으며 지신에게 제사 지내는 것.

3 弄丸(농환) : 구슬놀이. 의료는 아홉 개의 구슬로 재주를 피웠는데, 언제나 여덟 개는 공중에 띄우고 한 개만 손에 들었다. 초나라와 송나라가 싸울 때 의료는 농환을 하여 두 나라 군사들의 관심을 빼앗음으로써 전쟁을 못하도록 만들었다 한다.

4 喙三尺(훼삼척) : 석 자나 되는 긴 주둥이. 긴 장광설을 늘어놓겠다는 뜻을 비유로 표시한 것임.

也. 名若儒墨而凶矣.

故海不辭東流, 大之至也. 聖人幷包天地, 澤及天下, 而不知其誰氏.
是故生無爵, 死無諡, 實⁵不聚, 名不立. 此之謂大人.

狗不以善吠爲良, 人不以善言爲賢. 而況爲大乎? 夫爲大不足以爲大,
而況爲德乎? 夫大備矣, 莫若天地. 然奚求焉, 而大備矣? 知大備者, 無
求, 無失, 無棄, 不以物易己也. 反己而不窮, 循古而不摩,⁶ 大人之誠.

| 해설 |

진실한 도는 말로 표현할 수 없는 것이라는 것이 이 글의 중심 이론이
다. 그러나 초나라의 손숙오는 초나라 장왕莊王 때의 재상으로 공자가 태
어나기 전의 인물이며, 공자가 죽은 뒤 애공哀公 16년에 백공白公의 난이
일어났는데, 의료는 아직 초나라에서 벼슬하고 있지 않았다. 따라서 이것
은 실화는 아니다(陸德明 說).

12

자기子綦에게 여덟 명의 아들이 있었는데, 앞에다 불러 앉혀 놓고
구방인九方歅을 불러 말하였다.

"나를 위하여 내 자식들의 관상을 봐 주십시오. 누가 행운을 타고났
습니까?"

구방인이 말하였다.

"곤梱이 행운을 타고났습니다."

자기는 놀라운 듯 기뻐하면서 구방인에게 말하였다.

---

5 實(실) : 재물을 가리킨다.
6 不摩(불마) : 군이 옛날 방법에 합치시키려 들지 않는다는 뜻.

"어떠한 행운입니까?"

"곤은 장차 나라의 임금과 같은 식사를 하면서 그의 일생을 마칠 것입니다."

자기는 갑자기 눈물을 흘리면서 말하였다.

"내 자식이 어찌 그러한 불행에 이르게 된다는 말입니까?"

구방인이 말하였다.

"나라의 임금과 같은 식사를 하면 그의 은택이 온 집안에 미칠 것이니, 하물며 부모님이야 얼마나 덕을 보겠습니까? 지금 선생께서 제 얘기를 듣고서 우는 것은 복을 차는 일입니다. 자식은 행운을 타고났으나 아버지가 불행합니다."

자기가 말하였다.

"구방 선생, 당신이 무얼 안다고 곤이 행운을 타고났다고 하는 것입니까? 그저 술과 고기가 코와 입으로 들어간다는 것인데 그것들이 어디로부터 오는 것인지 압니까? 내가 가축을 기른 일도 없는데 암양이 집 서남쪽 모퉁이에 생겨난다든지, 사냥을 즐긴 일도 없는데 메추라기가 집의 동남쪽 모퉁이에 생겨난 것 같은 얘기인데, 당신은 이상하게 생각하지 않으니 어찌된 일입니까?

내가 내 자식들과 더불어 노닐고자 하는 것은 하늘과 땅에 노니는 것입니다. 나는 그들과 더불어 하늘을 따라 즐기고, 그들과 더불어 땅에 순응하여 먹고 살려는 것입니다. 나는 그들과 더불어 인위적인 일을 하지 않고, 그들과 더불어 일을 꾀하지 않으며, 그들과 더불어 괴상한 짓을 하지 않으렵니다. 나는 그들과 더불어 하늘과 땅의 진실함을 타고서 사물이 그들과 서로 어긋나지 않게 하려는 것입니다. 나는 그들과 더불어 한결같이 유유자적하고, 그들과 더불어 일의 합당 여부를 따지며 마음 쓰지 않으려는 것입니다. 지금 그런데 내 자식에게 세속적인 보상이 돌아오게 된 것입니다. 모든 괴상한 징후가 있는 사람들에게는 반드시 괴상한 행동이 있게 됩니다. 아마도 나와 내 자식의 죄는 아닐 것이니 하늘이 그렇게 만드는 것일 것입니다. 나는 그래서 울었던 것입니다."

얼마 안 되어 곤을 연나라로 보냈는데, 도적들이 도중에 그를 잡았다. 완전한 몸으로 팔면 도망칠 우려가 있으므로 다리를 잘라낸 다음 파는 것이 좋을 거라는 결론이 났다. 그래서 그는 다리를 잘린 다음 제나라에 팔렸는데, 마침 대갓집의 문지기가 되어 그런 대로 그 자신은 평생 고기를 먹고 살다 죽었다 한다.

| 원문 |

子綦有八子, 陳諸前, 召九方歅 爲我相吾子, 孰爲祥?

九方歅[1]曰; 梱[2]也爲祥.

子綦瞿然[3]喜曰; 奚若?

曰; 梱也, 將與國君同食, 以終其身.

子綦索然[4]出涕曰; 吾子何爲以至於是極[5]也?

九方歅曰; 夫與國君同食, 澤及三族, 而況父母乎? 今夫子聞之而泣, 是禦福[6]也. 子則祥矣, 父則不祥.

子綦曰; 歅, 汝何足以識之, 而梱祥邪? 盡於酒肉, 入於鼻口矣. 而何足以知其所自來? 吾未嘗爲牧, 而牂[7]生於奧,[8] 未嘗好田, 而鶉[9]生於

---

1 九方歅(구방인) : 사람의 관상을 잘 보는 사람. 말의 관상을 잘 본 사람이라고도 한다(陸德明 說).
2 梱(곤) : 자기의 아들 이름.
3 瞿然(구연) : 놀라는 모양.
4 索然(색연) : 놀라서 얼굴빛이 변하는 모양.
5 極(극) : 극(殛)과 통하여, 불행.
6 禦福(어복) : 행복을 거절하는 것.
7 牂(장) : 암양.
8 奧(오) : 집의 서남 모퉁이.

実.**10** 若勿怪, 何邪?

吾所與吾子遊者, 遊於天地. 吾與之邀樂於天, 吾與之邀食於地. 吾不與之爲事, 不與之爲謀, 不與之爲怪. 吾與之乘天地之誠, 而不以物與之相攖. 吾與之一委蛇, 而不與之爲事所宜. 今也然, 有世俗之償焉. 凡有怪徵者, 必有怪行. 殆乎非我與吾子之罪, 幾天與之也. 吾是以泣也.

無幾何而使梱之於燕. 盜得之於道, 全而鬻之則難, 不若刖之則易. 於是刖而鬻之於齊. 適當**11**渠公**12**之街,**13** 然身食肉而終.

| 해설 |

육체의 욕망을 충족시키는 일, 곧 잘 먹고 호화스럽게 사는 것은 잘 사는 것이 아니라는 이야기이다.

13

설결齧缺이 길에서 허유許由를 만나 말을 걸었다.

"선생은 어디를 가시는 것입니까?"

"요임금으로부터 도망치려는 것입니다."

"무슨 말씀입니까?"

"요임금은 부지런히 어짊에 힘쓰고 있으니, 나는 그가 하는 일이 천하의 비웃음이 될까 두렵습니다. 후세에는 아마 사람과 사람이 서로 잡아먹게 될 것입니다. 백성들이란 모여들게 하기 어렵지 않습니다.

---

9 鶉(순) : 메추라기.

10 実(요) : 집의 동북 모퉁이.

11 當(당) : 장(掌)으로 씀이 옳으며, 일을 맡는 것.

12 渠公(거공) : 대갓집. 부잣집.

13 街(가) : 규(閨)와 통하여(孫詒讓 說), 문지기를 뜻한다.

그들을 사랑해 주면 친해지고, 그들을 이롭게 해주면 모여들고, 그들을 칭찬해 주면 일에 힘씁니다. 그들이 싫어하는 일을 시행하면 흩어집니다. 백성을 사랑하고 이롭게 하는 것은 어짊과 의로움으로부터 나옵니다. 어짊과 의로움이란 명분을 버리고 정말로 사랑하고 이롭게 하는 이는 적고, 어짊과 의로움이란 명분을 이용하는 사람들이 많습니다. 어짊과 의로움의 행동은 특히 진실성이 없습니다. 그리고 탐욕한 자들이 이용하는 연모입니다. 그러므로 한 사람이 멋대로 하는 일이 천하를 이롭게 한다는 것은 비유를 들면 마치 물건의 한 면만을 얼핏 본 것과 같습니다. 요임금은 현명한 사람이 천하에 이롭다는 것만을 알았지, 그들이 천하에 해가 된다는 사실은 알지 못하고 있습니다. 오직 현명함을 초월한 사람만이 그런 사실을 압니다."

| 원문 |

齧缺遇許由, 曰; 子將奚之?

曰; 將逃堯.

曰; 奚謂邪?

曰; 夫堯, 畜畜然[1]仁, 吾恐其爲天下笑. 後世其人與人相食與. 夫民, 不難聚也. 愛之則親, 利之則至, 譽之則勸, 致其所惡則散. 愛利出乎仁義. 捐仁義者寡, 利仁義者衆. 夫仁義之行, 唯且無誠. 且假夫禽貪[2]者器. 是以一人之斷制利天下, 譬之猶一覕[3]也. 夫堯, 知賢人之利天下也, 而不知其賊天下也. 夫唯外乎賢者, 知之矣.

---

1 畜畜然(축축연) : 애쓰며 일하는 모양.
2 禽貪(금탐) : '금'은 음(淫)과 통하여(章炳麟 說), 탐욕한 것.
3 覕(별) : 잠깐 보는 것. 별(瞥)과 통한다(朱駿聲 說).

| 해설 |

어짊과 의로움 같은 인위적인 덕을 초월하여 자연스럽게 백성들을 사랑하고, 이롭게 해 주어야만 천하가 잘 다스려진다는 뜻이다.

14

이 세상에는 남의 말을 잘 따르는 사람들이 있고, 일시적인 안락을 꾀하는 사람들이 있고, 세상 일에 애쓰는 사람들이 있다.

이른바 남의 말을 잘 따르는 사람들이란 한 선생의 이론을 배우기만 하면 얌전히 그것을 따라 자기의 학설로 받아들여 만족하는 자들이다. 그들은 스스로 만족하고서는 처음의 물건이 있지 않았던 상태가 있었음은 알지 못한다. 그래서 이들을 줏대가 없이 유연하다는 뜻에서 훤주暖姝라고 부르는 것이다.

일시적인 안락을 꾀하는 사람들이란 돼지 몸에 붙은 이와 같은 자들이다. 길게 털이 자라 있는 장소를 골라서 스스로 넓은 궁전의 광대한 정원이라 생각한다. 말굽 모퉁이나 사타구니 사이 또는 유방 사이나 넓적다리 사이를 스스로 안락한 방이나 편리한 장소처럼 생각한다. 그러나 어느 때건 도살자가 팔을 휘둘러 돼지를 잡은 뒤 마른 풀을 간 다음 불을 붙이고 그 위에 돼지를 놓으면 자기도 돼지와 함께 타 버릴 것이라는 사실을 알지 못한다. 이들은 자기가 사는 구역 안에서 살기도 하고 또 죽기도 한다. 그래서 그들을 일시적인 안락을 꾀한다는 뜻의 유수濡需라 부르는 것이다.

세상 일에 애쓰는 사람들이란 순임금과 같은 자들이다. 양고기는 개미를 좋아하지 않지만 개미들은 양고기를 좋아하여 모여드는데, 양고기가 노리기 때문이다. 순은 어짊과 의로움이라는 노린내 나는 행동을 하여 백성들은 그를 좋아한다. 그러므로 순은 사는 곳을 세 번이나 옮겼으나, 그때마다 도시를 형성하였다. 등鄧이란 고장으로 옮겼을 때에는 십여만 가호家戶나 모여들었다. 요임금은 순이 현명하다는 얘기를 듣고서 그를 등용하여 불모의 땅을 맡기면서 말하였다.

"바라건대 이 땅에 가서 은택을 베풀어 주오."

순은 불모의 땅을 맡은 다음 늙고 귀와 눈도 어두워졌으나 돌아가 쉬지를 못하였다. 그래서 이들을 자기 몸이 망가지도록 애쓰기만 한다는 뜻에서 권루卷婁라 부르는 것이다.

그러므로 신 같은 사람〔神人〕은 많은 사람들이 자기에게로 모여드는 것을 싫어한다. 많은 사람들이 모여들어도 이들과 친근히 지내지 않는다. 친근히 지내지 않으면 이익을 기대하지 않게 된다. 그러므로 매우 친한 사람도 없고, 매우 관계가 먼 사람도 없다. 덕을 지니고 조화된 마음을 기르면서 천하에 순응하는 것이다. 이런 분들을 참된 사람이라 부르는 것이다.

개미라면 양고기를 추구하는 지혜를 버리고, 물고기라면 넓은 강물에서처럼 피차의 관계를 잊으며, 양이라면 개미를 모여들게 하는 노린내를 버린다. 눈에 보이는 대로 물건을 보고 귀에 들리는 대로 소리를 들으며, 마음은 본성으로 되돌아가 자연스럽게 움직인다. 이러한 사람은 그의 마음은 먹줄 친 듯 평평하며, 그의 변화는 자연을 따르기만 한다. 이것이 옛날의 참된 사람이다. 자연스러움으로써 인간을 대하지, 인위적인 행위로 자연의 변화에 참견하지 않는다. 이것이 옛날의 참된 사람이다.

| 원문 |

有暖姝[1]者, 有濡需[2]者, 有卷婁[3]者.

---

1 暖姝(훤주) : 유약하게 남의 의견을 따라 자기 주장으로 삼는 것.

所謂暖姝者, 學一先生之言, 則暖暖姝姝而私自說也. 自以爲足矣, 而未知未始有物也. 是以謂暖姝者也.

濡需者, 豕蝨⁴是也. 擇疏鬣,⁵ 自以謂廣宮大囿 奎蹄⁶曲隈,⁷ 乳閒股脚, 自以爲安室利處. 不知屠者之一旦鼓臂⁸布草, 操煙火, 而己與豕俱焦也. 此以域進, 此以域退. 此其所謂濡需者也.

卷婁者, 舜也. 羊肉不慕蟻, 蟻慕羊肉, 羊肉羶⁹也. 舜有羶行, 百姓悅之, 故三徙成都.¹⁰ 至鄧之虛,¹¹ 而十有萬家. 堯聞舜之賢, 擧之童土之地, 曰; 冀得其來之澤. 舜擧乎童土¹²之地, 年齒長矣, 聰明衰矣, 而不得休歸. 所謂卷婁者也.

是以神人惡衆至. 衆至則不比, 不比則不利也. 故無所甚親, 無所甚疎. 抱德煬和,¹³ 以順天下, 此謂眞人.

於蟻棄知, 於魚得計, 於羊棄意. 以目視目, 以耳聽耳, 以心復心. 若然者, 其平也繩, 其變也循. 古之眞人. 以天待人, 不以人入天. 古之眞人.

| 해설 |

여기에서는 휜주·유수·권루라는 보통 사람들의 세 종류가 소개된 다

---

2 濡需(유수) : 일시적인 안락을 추구하는 것.
3 卷婁(권루) : 세상 일에 마음을 빼앗겨 애쓰고 고생함으로써 곱추같이 되는 것.
4 豕蝨(시슬) : 돼지 몸에 있는 이.
5 疏鬣(소렵) : 돼지털이 길게 난 곳.
6 奎蹄(규제) : 발굽 모퉁이.
7 曲隈(곡외) : 사타구니(向秀 說).
8 鼓臂(고비) : 팔을 휘두르는 것.
9 羶(전) : 노린내.
10 成都(성도) : 도시를 이루는 것.
11 虛(허) : 허(墟)와 통하여, 마을, 고장.
12 童土(동토) : 풀과 나무가 자라지 않는 곳. 불모지.
13 煬和(양화) : 조화를 기르는 것.

음, '참된 사람'이란 어떤 사람인가를 설명하고 있다. 앞에서도 이미 여러 번 들어온 얘기이지만, 유가를 상징하는 권루에 속하는 사람들에 대한 비판이 예리하다.

15

얻는 것이 삶이고 잃는 것이 죽음일 수도 있지만, 얻는 것이 죽음이고 잃는 것이 삶일 수도 있다. 약이라는 것은 그 내용을 보면, 오두烏頭나 도라지나 계두雞頭나 시령豕零 같은 것으로 지어지고, 이것들이 때에 따라 번갈아가며 주제主劑의 구실을 하는 것이다. 어찌 어느 것이 더 중요하다고 말할 수가 있겠는가?

월나라 임금 구천句踐은 싸움에 패하여 삼천 명의 병사들을 이끌고 회계산會稽山으로 도망했다. 그 때 월나라 대부大夫 종種만이 지금은 망했지만 다시 부흥할 수 있음을 알았다. 그러나 종도 그것이 자신에게 불운이 닥칠 근거가 될 것임은 알지 못하였다. 그러므로 "올빼미의 눈은 낮에는 보이지 않지만 밤에는 보이고, 학의 다리에는 긴 마디가 있는데 그것을 없애 주면 슬퍼할 것이다"고 말하는 것이다.

그러므로 또 말하기를 "바람이 불어 강물을 말리고, 햇빛도 비춰 강물을 말리고 있다. 그러나 바람과 햇빛이 언제나 강물과 함께 있는데도 강물은 전혀 그들과 충돌하지 않고 있다. 그것은 강물은 근원이 있고 흘러가는 것이기 때문이다"고 하였다. 본시 물이 흙을 적셔 줌에는 빈틈이 없고, 그림자가 사람을 따르는 것에도 빈틈이 없고, 물건과 물건의 관계에도 빈틈이 없는 것이다.

그러나 눈의 시력은 위태롭고, 귀의 청력도 위태롭고, 마음의 작용도 위태롭기만 한 것이다. 모든 능력은 그것을 지니고 있다 해도 위태로운 것이다. 본성으로부터 떠나서 위태로움이 이루어지면 고칠 겨를

도 없는 것이다. 그리고 그 재화는 자라서 더욱 불어나기만 하는 것이다. 그래서 본성으로 되돌려 보내려고 하면 많은 공功이 들며 그 결과는 오래 가야 나타나는 것이다. 그런데도 사람들은 그러한 능력을 자기의 보물로 생각하고 있으니 또한 슬프지 아니한가? 그러므로 나라를 망치고, 백성들을 죽이는 일이 그치지 않고 있는데도 그 원인을 추구할 줄 모르고 있는 것이다.

| 원문 |

得之也生, 失之也死. 得之也死, 失之也生. 藥也, 其實堇**1**也, 桔梗**2**也, 鷄癰**3**也, 豕零**4**也, 是時爲帝**5**者也. 何可勝言?

句踐也, 以甲楯**6**三千棲於會稽. 唯種**7**也能知亡之所以存, 唯種也不知其身之所以愁.**8** 故曰; 鴟**9**目有所適,**10** 鶴脛有所節, 解之也悲.

故曰; 風之過, 河也有損焉, 日之過, 河也有損焉. 請只風與日相與守河, 而河以爲未始其攖攖也. 恃源而往者也. 故水之守土也審,**11** 影之守人也審, 物之守物也審.

故目之於明也殆, 耳之於聰也殆, 心之於殉**12**也殆. 凡能, 其於府也

---

1 堇(근) : 오두(烏頭)라는 한약재 이름.

2 桔梗(길경) : 도라지.

3 鷄癰(계옹) : 계두(鷄頭)라고도 부르는 한약재의 일종.

4 豕零(시령) : 역시 한약재 이름임.

5 爲帝(위제) : 주제(主劑)가 된다.

6 甲楯(갑순) : 갑옷과 방패. 여기서는 병사들을 가리킴.

7 種(종) : 월나라 대부 이름. 성은 문(文), 자는 소금(少禽). 월나라 임금 구천이 오나라에게 패한 뒤, 그는 오나라와 강화를 맺은 뒤 구천을 도와 22년 만에 다시 오나라를 처부수어 복수를 하였다. 그러나 구천은 오나라를 쳐부순 뒤 그를 처형하고 말았다.

8 愁(수) : 재난, 재화.

9 鴟(치) : 올빼미.

10 有所適(유소적) : 잘 보이는 때가 따로 있다.

11 審(심) : 빈틈이 없는 것.

12 殉(순) : 순(徇)과 통하여, 여러 가지 작용을 발휘하는 것.

殆. 殆之成也不給改, 禍之長也玆萃.**13** 其反也緣功,**14** 其果也待久. 而
人以爲己寶, 不亦悲乎? 故有亡國戮民無已, 不知問是也.

| 해설 |

　여기에서는 사람의 감각이나 능력 또는 지능은 믿을 것이 못 되며, 오
히려 사람들을 불행하게 만드는 원인이 됨을 얘기하고 있다.

16

　그러므로 발이 땅을 밟는 지면은 좁기 짝이 없다. 비록 밟는 지면은
좁지만, 그 발이 밟지 않는 지면이 넓은 것을 믿은 후에야 안심하고
잘 걸어갈 수가 있는 것이다. 이처럼 사람이 아는 것도 적다. 비록 아
는 것이 적지만 그가 알지 못하는 것을 의지하고서야 자연이란 것을
알 수 있게 되는 것이다. 만물의 근원이 하나라는 대일大一을 알고, 만
물의 근원이 지극히 고요하고 움직임이 없다는 대음大陰을 알고, 만물
을 분별없이 하나로 보는 대목大目을 알고, 자연의 조화가 균등히 작
용한다는 대균大均을 알고, 자연에는 일정한 법도가 있다는 대방大方
을 알고, 자연이란 진실하다는 대신大信을 알고, 자연이란 안정된 것
이라는 대정大定을 알면, 지극한 경지에 도달한 것이다. 대일은 도로
통하게 해 주며, 대음은 모든 분규를 해결케 해 주며, 대목은 자연을
달관케 하며, 대균은 그의 본성을 따라 스스로 터득하게 하며, 대방은
모든 법도를 터득하게 하며, 대신은 모든 의혹을 없애 주며, 대정은
자신을 안정되게 유지해 준다.

---

13 玆萃(자취) : '자'는 자(滋)와 통하여, 더욱 많아지는 것.
14 緣功(연공) : 공을 쌓는 데 의하여야 한다.

사람의 지능이 다한 곳에 자연의 변화가 있고, 무無의 원리가 어둠 속에도 작용하고 있고, 만물을 생성케 하는 원리가 있고, 그러한 것들을 존재케 하는 법칙이 있는 것이다. 그것에 대하여는 이해한다 하더라도 그것을 이해하지 못하고 있는 사람과 같고, 그것에 대하여 알고 있다고 하더라도 그것을 알지 못하고 있는 사람과 같은 것이다. 오히려 아무것도 모르는 경지에 이른 뒤에야 그것을 알게 되기 때문이다. 그것을 추구해 보면 한계가 있을 수도 없고 한계가 없을 수도 없는 것이며, 복잡하면서도 그곳에 사실이 있는 것이다. 그것은 옛날부터 지금까지 바뀌지 않고 손상된 일도 없는 것이다. 그러니 자연에는 위대한 원칙이 존재하고 있다고 하지 않을 수가 없지 않는가? 어찌하여 그처럼 미혹되어 있는가? 미혹되지 않은 마음으로 미혹을 풀어 줌으로써 미혹되지 않는 경지로 되돌아가게 하면 바로 본성의 위대한 미혹되지 않는 경지에 이르게 되는 것이다.

| 원문 |

故足之於地也踐.[1] 雖踐, 恃其所不蹍[2]而後善博[3]也. 人之知也少, 雖少, 恃其所不知而後知天之所謂也. 知大一, 知大陰, 知大目, 知大均, 知大方, 知大信, 知大定, 至矣. 大一通之, 大陰解之, 大目視之, 大均緣之, 大方體之. 大信稽之, 大定持之.

盡有天循,[4] 有照冥,[5] 有樞始,[6] 有彼則.[7] 其解之也, 似不解之者. 其知

---

1 踐(천) : 천(淺)으로 씀이 옳으며(兪樾 說), 밟은 땅의 범위가 좁은 것.
2 蹍(전) : 밟는 것.
3 善博(선박) : 잘 걷다. 잘 달리다.
4 天循(천순) : 하늘의 순환. 자연의 변화.
5 照冥(조명) : 어둡고 흐리멍덩한 속에도 진리가 비치고 있다는 뜻.
6 樞始(추시) : 만물 생성의 원리.
7 彼則(피칙) : 만물을 존재케 하는 규칙.

之也, 似不知之也. 不知而後知之. 其問之也, 不可以有崖, 而不可以無崖.[8] 頡滑[9]有實. 古今不代, 而不可以虧. 則可不謂有大揚搉[10]乎? 闔[11]不亦問是已? 奚惑然爲? 以不惑解惑, 復於不惑, 是尙大不惑.

| 해설 |

자연에 존재하는 여러 가지 원리를 설명한 대목이다. 이것은 도를 좀 더 구체적으로 설명하기 위한 것이다. 모든 원리는 사람의 지능을 넘어선 자연스러운 것임은 이미 앞에서도 여러 번 거듭 설명된 바 있다. 사람이 알 수 있는 것, 또는 할 수 있는 것보다는 알 수 없는 것, 또는 할 수 없는 것이 훨씬 더 많고 확실한 것이라는 것으로도 사람의 지능은 진리나 원리 와는 거리가 먼 것임을 알 수 있다는 것이다. 앞의 '대일'·'대응'·'대 목'·'대균'·'대방'·'대신'·'대정'의 개념이 재미있다.

---

8 崖(애) : 언덕, 가, 한계.
9 頡滑(힐활) : 복잡한 것, 혼란한 것.
10 揚搉(양각) : 원칙, 대략.
11 闔(합) : 합(盍)과 통하여, 하불(何不), 곧 어찌하여……하지 않는가?

제25편

임금을 만나고자 하는 칙양

則陽

이 편도 잡편의 '노자의 제자 경상초'·'세상으로부터 숨어 사는 서
무귀' 두 편과 같은 성격의 여러 가지 도가의 이론을 잡다하게 논한 내
용이다. 따라서 처음부터 끝까지 논리가 일관하지는 않는다는 약점이
있다. 편명은 역시 첫머리에 보이는 사람의 이름을 딴 것이다.

1

칙양則陽이 초나라에 놀러 갔었는데, 이절夷節이 그에 관하여 임금에게 얘기하였다. 그러나 임금은 그를 만나 보지 않았다. 이절이 그대로 돌아가자 칙양이 왕과王果를 보고 말하였다.

"선생께서는 어찌하여 저를 임금님께 소개해 주지 않으십니까?"

왕과가 말하였다.

"나는 공열휴公閱休만 못합니다."

칙양이 말하였다.

"공열휴란 무엇을 하는 분입니까?"

"그는 겨울이면 강에서 자라를 작살로 찔러 잡고 여름이면 산기슭에서 쉬고 있습니다. 누가 지나다가 물으면 여기가 우리 집이라고 대답한답니다.

이절이 임금님께 말씀드려도 되지 않았거늘 하물며 나 같은 사람이야 되겠습니까? 저는 또 이절만 못합니다. 이절의 사람됨은 덕은 없지만 지혜는 있습니다. 스스로를 내세우지 않고 정신으로 사람들을 대하며, 또 부귀를 누리는 일에는 어둡습니다. 그는 덕으로 남을 돕지 않기 때문에, 도왔던 일이 없었던 것처럼 됩니다.

헐벗은 사람이 봄에 가서야 옷을 빌리고, 더위를 먹은 사람이 겨울이 되어 찬 바람을 쐬는 것과 같은 일입니다. 초나라 임금의 사람됨은 형식적으로 존엄합니다. 그는 죄에 대하여 용서를 하지 않기로는 호랑이 같습니다. 말재주가 있고 올바른 덕을 지닌 사람이 아니라면 그 누가 그를 설복시킬 수가 있겠습니까?

그러므로 성인은 그가 곤궁할 때에는 집 식구들로 하여금 그들의 가난함을 잊게 만들고, 그가 출세했을 때에는 임금이나 대신들로 하여금 벼슬과 녹을 잊고서 겸손하게 행동하도록 만듭니다. 그는 외물에 대해서는 외물과 동화하여 즐기고, 사람들에 대해서는 외물과 서로 통함을 즐김으로써 자기의 본성을 보전합니다. 그러므로 어떤 경우에는 말을 하지 않아도 사람들로 하여금 화합하는 마음을 지니게 만들고, 사람들과 나란히 서 있으면서도 사람들을 동화하게 만듭니다. 그들을 모두 아버지와 아들 같은 정의情誼로 귀착하도록 만들어 줍니다. 가만히 들어앉아 있어도 그가 세상에 베푸는 바를 한 번 살펴보면, 그가 사람들의 마음에 미치는 영향이 이와 같이 원대합니다. 그래서 공열휴에게 부탁드려야 한다고 말씀드린 것입니다."

| 원문 |

則陽¹遊於楚, 夷節²言之於王. 王未之見, 夷節歸.

彭陽見王果³曰; 夫子何不譚我於王?

王果曰; 我不若公閱休.

彭陽曰; 公閱休,⁴ 奚爲者邪?

曰; 冬則擉鱉⁵於江, 夏則休乎山樊.⁶ 有過而問者, 曰; 此予宅也.

夫夷節已不能, 而況我乎? 吾又不若夷節. 夫夷節之爲人也, 無德而有知, 不自許⁷以之神其交,⁸ 固顚冥⁹乎富貴之地. 非相助以德, 相助消也.

夫凍者, 假衣於春, 喝¹⁰者, 反冬乎冷風. 夫楚王之爲人也, 形尊而嚴.

---

1 則陽(칙양) : 성은 팽(彭), 이름이 칙양.

2 夷節(이절) : 초나라 대신 이름.

3 王果(왕과) : 초나라의 현인 이름.

4 公閱休(공열휴) : 초나라의 은자 이름.

5 擉鱉(착별) : 자라를 작살로 찔러 잡는 것.

6 山樊(산번) : 산기슭.

7 不自許(부자허) : 스스로를 내세우지 않다, 스스로를 믿지 않다.

8 以之神交(이지신교) : 정신으로 사람들을 대하다. 신명(神明)으로 세상 일을 접촉하다.

9 顚冥(전명) : 미혹된 것, 어두운 것.

10 喝(알) : 더위를 먹은 것.

其於罪也, 無赦如虎. 非夫佞人[11]正德, 其孰能撓[12]焉?

故聖人, 其窮也, 使家人忘其貧. 其達也, 使王公忘爵祿而化卑. 其於物也, 與之爲娛矣. 其於人也, 樂物之通而保己焉. 故或不言而飮人以和, 與人竝立而使人化. 父子之宜, 彼其乎歸. 居而一間[13]其所施, 其於人心者, 若是其遠也. 故曰; 待公閱休.

| 해설 |

사람을 설복시키자면 그의 마음을 움직여야 한다. 따라서 뛰어난 지혜가 있는 사람보다도 '무위'의 덕이 있는 사람이 남의 마음을 더 잘 감화시킬 수 있다는 것이다.

2

성인은 만물의 복잡한 변화에 대하여 달관하고 있으며, 모든 것을 일체라 보고 있다. 그러면서도 자기가 그러함을 알지 못하고 있는 것은 그의 본성이다. 타고난 운명으로 되돌아가 행동하며 자연을 스승으로 삼고 있는데, 사람들이 그것을 보고서 성인이라고 이름을 붙여 준 것이다. 지혜에 의지하면 근심만 생기며, 행하는 일도 오래 가지 못하고 멈추어지게 될 것이니, 그것을 어찌 할 것인가?

나면서 아름다운 사람도 남이 그에게 거울을 주어야 그것을 보고 자기가 아름다운 것을 알지만 남이 얘기해 주지 않으면 자기가 남보다 아름답다는 것을 알지 못한다. 그러나 그것을 알든 모르든, 그것을

---

11 佞人(영인) : 말을 교묘히 잘하는 사람.
12 撓(뇨) : 굽히다, 굴복시키다, 설복시키다.
13 一間(일간) : 한 번 살피는 것.

듣든 듣지 못하든, 그가 아름답다는 것은 끝내 부정될 수 없는 일이며, 사람들이 그의 아름다움을 좋아하는 것도 부정할 수 없는 일이다. 그것은 본성이기 때문이다. 성인은 사람들을 사랑하기 때문에 사람들이 그에게 성인이라는 이름을 붙여 준 것이다. 그러나 남이 이야기해 주지 않으면 그 자신이 사람들을 사랑하고 있다는 것을 알지 못하는 것이다. 그러나 그것을 알든 모르든, 그것을 듣든 듣지 못하든, 그가 사람들을 사랑한다는 사실은 끝내 부정할 수 없는 사실이며, 사람들이 그를 통하여 편안히 지내게 된다는 것도 부정할 수 없는 사실이다. 그것은 본성이기 때문이다.

조국이나 고향은 그곳을 떠난 사람이 바라보기만 하여도 기쁨을 느끼게 된다. 비록 언덕과 초목에 가려져 십분의 일밖에 보이지 않는다 하더라도 여전히 마음은 기쁜 것이다. 하물며 옛날 보던 것을 보고, 옛날 듣던 것을 들을 적에야 얼마나 기쁨을 느끼겠는가? 옛날에 보던 높다란 누각이 사람들 사이에 보일 적에야 기쁘지 않겠는가?

| 원문 |

聖人達綢繆,[1] 周盡一體矣, 而不知其然, 性也. 復命[2]搖作,[3] 而以天爲師, 人則從而命之也. 憂乎知,[4] 而所行恆無幾時, 其有止也, 若之何?

生而美者, 人與之鑑, 不告則不知其美於人也. 若知之, 若不知之, 若聞之, 若不聞之, 其可喜也終無已. 人之好之亦無已. 性也. 聖人之愛人也, 人與之名, 不告, 則不知其愛人也. 若知之, 若不知之, 若聞之, 若不聞之, 其愛人也終無已. 人之安之亦無已. 性也.

---

1 綢繆(주무) : 얽혀 있는 것. 복잡한 변화.
2 復命(복명) : 천명으로 되돌아가는 것.
3 搖作(요작) : 동작. 행동하는 것.
4 憂乎知(우호지) : 지혜에 의지함으로써 근심이 생기는 것.

舊國舊都,⁵ 望之暢然. 雖使丘陵草木之緡,⁶ 入之者十九, 猶之暢然. 況見見聞聞者也? 以十仞之臺縣衆閒⁷者也?

| 해설 |

이 대목에서는 본성의 중요성을 얘기하고 있다. 사람은 자기 본성으로 되돌아가 있을 때, 올바른 삶을 누릴 수 있게 된다는 것이다.

3

옛날에 염상씨冉相氏는 자연 변화의 원리를 터득하여 되어가는 대로 자신을 맡겼다. 만물과 함께 시작도 없고 끝도 없이 지냈으며, 시간도 없고 시간의 흐름도 없이 지냈다. 매일 만물과 더불어 변화하여 가는 사람이란 전혀 변화하지 않는 것과 같은 것이다. 어찌하여 그러한 경지에 처신해 보려 들지 않는가? 자연을 스승으로 삼으려 하면서도 자연을 스승으로 삼지 못하는 것은, 언제나 마음이 밖의 물건을 따라서 행동하게 되기 때문이니, 그것을 어찌하겠는가?

성인에게는 처음부터 자연에 대한 의식도 없었다. 처음부터 사람에 대한 의식도 없었다. 처음부터 시작도 없었고, 처음부터 물건도 없었다. 세상과 더불어 함께 행동하여 거리낌이 없었고, 그의 행동은 완비되어 있어 자기를 손상케 하는 일이 없었다. 그가 자연에 합치됨이 이와 같았으니, 어찌 그렇게 되지 않겠는가?

상商나라 탕湯임금은 사어司御 · 문윤門尹 · 등항登恒을 스승으로 모

---

5 舊國舊都(구국구도) : 자기가 떠나온 고국과 고향. 사람의 본성에 비유한 것임.
6 緡(민) : 가려져 잘 보이지 않는 것.
7 縣衆閒(현중간) : 여러 사람들이 보는 앞에 드리워져 있는 것.

셨는데, 스승을 따르기는 하되 얽매이지는 않고 되는 대로 내맡겼다. 그 때문에 뛰어난 명성을 얻었고, 명성에 따른 법도가 마련되어 명성과 법도 두 가지가 함께 세상에 드러났던 것이다. 공자도 사려를 다해 보았지만 결국 자연을 스승으로 삼았던 것이다. 용성씨容成氏는 "날이 없으면 해도 없고, 안이 없으면 겉도 없다"고 말하였다.

| 원문 |

冉相氏**1**得其環中**2**以隨成,**3** 與物無終無始, 無幾無時. 日與物化者, 一不化者也. 闔**4**嘗舍之**5**? 夫師天而不得師天, 與物皆殉, 其以爲事也, 若之何?

夫聖人, 未始有天, 未始有人. 未始有始, 未始有物. 與世偕行而不替.**6** 所行之備而不洫**7** 其合之也, 若之何?

湯得其司御**8**門尹**9**登恆,**10** 爲之傅**11**之, 從師而不 得其隨成. 爲之司其名. 之名嬴法,**12** 得其兩見. 仲尼之盡慮, 爲之傅之. 容成氏**13**曰; 除日無歲, 無內無外.

---

1 冉相氏(염상씨) : 삼황(三皇) 이전 태고적 중국의 임금.
2 環中(환중) : 자연 변화의 중심이 되는 원리.
3 隨成(수성) : 되어가는 대로 자신을 맡겨 따르는 것.
4 闔(합) : 하불(何不)이 합친 말.
5 舍之(사지) : 그러한 경지에 몸을 두는 것.
6 不替(불체) : 거리낌이 없는 것.
7 洫(혁) : 무너지는 것(王叔岷 說). 손상되는 것.
8 司御(사어) : 벼슬 이름. 재상을 뜻한다.
9 門尹(문윤) : '사어'에 붙은 벼슬을 이르는 말이라 보기도 하고, 등항(登恒)에 붙는 사람 이름이라 보는 이도 있다.
10 登恆(등항) : 사람 이름. 이윤(伊尹)을 가리키는 듯하다(羅勉道 說).
11 傅(부) : 스승으로 삼다.
12 嬴法(영법) : 명성에 따른 법도가 이루어지는 것.
13 容成氏(용성씨) : 황제 때 역법을 제정했다는 사람.

　자연 변화를 따라 피아彼我의 관계조차 잊고 자연스럽게 살아가야 한다
는 것이 이 대목의 골자이다.

4

　위魏나라 혜왕惠王 영罃이 제齊나라 위왕威王 모牟와 맹약을 맺었는
데, 제나라 위왕이 그 맹약을 배반하였다. 위나라 혜왕은 성이 나서
사람을 시켜 그를 찔러 죽이려 하였다.

　위나라 서수犀首가 그 이야기를 듣고서 부끄럽게 여기면서 말하였
다.

　"임금님께서는 만승의 군주이신데도 한 남자를 시켜 원수를 갚으
려 하고 계십니다. 제게 이십만의 군사를 내려 주시어 임금님을 위하
여 제나라를 공격하게 해 주십시오. 그러면 제나라의 국민들을 사로
잡고 제나라 소와 말들을 끌어옴으로써 제나라 임금으로 하여금 속이
타서 등창이 터지게 만들겠습니다. 그런 뒤에 그 나라를 빼앗아 버리
겠습니다. 제나라 장수 전기田忌를 도망을 치게 만든 뒤 그의 등을 쳐
서 그의 척추를 부러뜨려 버리겠습니다."

　위나라의 계자季子는 이 얘기를 듣고서 부끄럽게 여기면서 말하였
다.

　"열 길 높이의 성을 쌓아 놓고, 그 열 길 높이의 성을 다시 허물어
버린다면 이것을 쌓은 일꾼들이 고생만 한 결과가 됩니다. 지금 전쟁
이 일어나지 않은 지 칠 년이 되었는데, 이것은 임금님의 기반이 되고
있습니다. 서수는 혼란을 일으키는 사람이니 그의 말을 좇아서는 안
됩니다."

　위나라 화자華子가 다시 이 얘기를 듣고서 창피하게 생각하면서 말

하였다.

"제나라를 정벌하자는 얘기를 그럴싸하게 하는 자는 혼란을 일삼는 사람입니다. 제나라를 정벌하지 말라고 그럴싸하게 얘기하는 자도 역시 혼란을 일삼는 사람입니다. 제나라를 정벌하자고 그럴싸하게 얘기하는 자와 제나라를 정벌하지 말라는 자가 혼란을 일삼는 사람이라고 말하는 자도 역시 혼란을 일삼는 사람입니다."

위나라 혜왕이 말하였다.

"그렇다면 어떻게 하면 좋겠소?"

"임금님께서는 올바른 도를 추구하기만 하면 그뿐입니다."

혜자가 그 얘기를 듣고서 대진인戴晋人을 혜왕에게 소개하였다. 대진인이 임금에게 말하였다.

"이른바 달팽이라는 것을 임금님께서는 알고 계신지요?"

"알고 있소."

"달팽이의 왼편 뿔에 한 나라가 있었는데 촉씨觸氏라 불렀습니다. 달팽이의 오른편 뿔에도 한 나라가 있었는데 만씨蠻氏라 불렀습니다. 그런데 마침 이 두 나라가 땅을 서로 빼앗으려고 전쟁을 벌였습니다. 죽어 넘어진 시체가 수만이나 되었고, 패배하여 도망치는 자들을 추격하여 십오 일 만에야 되돌아왔습니다."

임금이 말하였다.

"아아, 그것은 엉터리 이야기겠지요."

"저는 임금님께서 사실을 받아들이시기를 바라겠습니다. 임금님께서는 사방과 하늘 땅을 생각할 때 한계가 있다고 여기십니까?"

임금이 말하였다.

"한계가 없소."

"마음을 한계도 없는 경지에 노닐게 할 줄 안다면 돌이켜 이 세상 나라를 생각해 볼 때, 있는지 없는지도 모를 존재가 되지 않겠습니까?"

임금이 말하였다.

"그럴 것이오."

"이 세상 가운데 위나라가 있습니다. 위나라 가운데 또 양梁나라가 있습니다. 양나라 가운데 임금님이 있습니다. 임금님은 만씨와 다를 것이 있는 듯합니까?"

임금이 말하였다.

"다를 것이 없겠소."

대진인이 나가자 임금은 멍청히 자신도 잊은 듯이 되었다. 대진인이 나간 뒤 혜자가 들어와 뵙자 임금이 말하였다.

"그 손님은 위대한 사람이었소. 성인이라도 그만은 못할 것이오."

혜자가 말하였다.

"피리를 불면 삐 하는 소리가 나지만 칼자루 끝 구멍을 불면 퓨 하는 소리가 날 따름입니다. 요임금과 순임금은 사람들이 기리는 분들입니다. 그러나 요 · 순을 대진인에다 비겨 얘기하면 마치 퓨 하는 소리에 불과한 존재가 될 것입니다."

| 원문 |

魏瑩[1]與田侯牟約, 田侯牟[2]背之. 魏瑩怒, 將使人刺之.

犀首[3]聞而恥之, 曰; 君爲萬乘之君也, 而以匹夫從讎. 衍請, 受甲二十萬, 爲君攻之. 虜其人民, 係其牛馬. 使其君內熱發於背, 然後拔其國. 忌[4]也出走, 然後抶[5]其背, 折其脊.

---

1 魏瑩(위영) : 위나라 혜왕(惠王). 영은 이름.
2 田侯牟(전후모) : 제나라 위왕(威王). 모가 이름이며, 전항(田恒)의 후손이라 전후라고도 부름.
3 犀首(서수) : 위나라 벼슬 이름. 공손연(公孫衍)이 이 벼슬에 있었다.
4 忌(기) : 제나라 장수 전기.

季子聞而恥之, 曰; 築十仞之城, 城者既十仞矣, 則又壞之, 此胥靡[6]之
所苦也. 今兵不起七年矣. 此王之基也. 衍亂人, 不可聽也.

華子聞而醜[7]之, 曰; 善言伐齊者, 亂人也. 善言勿伐者, 亦亂人也. 謂
伐之與不伐亂人也者, 又亂人也.

君曰; 然則若何?

曰; 君求其道而已矣.

惠子聞之, 而見戴晉人.[8] 戴晉人曰; 有所謂蝸[9]者, 君知之乎?

曰; 然.

有國於蝸之左角者, 曰; 觸氏. 有國於蝸之右角者, 曰蠻氏. 時相與爭
地而戰, 伏尸數萬, 逐北[10]旬有五日而後反.

君曰; 噫, 其虛言與?

曰; 臣請爲君實之. 君以意在四方上下, 有窮乎?

君曰; 無窮.

曰; 知遊心於無窮, 而反在通達之國,[11] 若存若亡乎?

君曰; 然.

曰; 通達之中有魏. 於魏中有梁. 於梁中有王. 王與蠻氏有辨乎?

君曰; 無辨.

客出, 而君惝然[12]若有亡也. 客出, 惠子見. 君曰; 客大人也, 聖人不足
以當之.

---

5 抶(질) : 치는 것.
6 胥靡(서미) : 죄수. 성을 쌓은 일꾼들.
7 醜(추) : 부끄럽게 여기다.
8 戴晋人(대진인) : 양나라의 어진 사람 이름.
9 蝸(와) : 달팽이.
10 逐北(축배) : 도망치는 자들을 추격하는 것.
11 通達之國(통달지국) : 인적이 통하는 나라. 이 세상.
12 惝然(당연) : 멍청한 모양.

惠子曰; 夫吹筦¹³也, 猶有嗃¹⁴也. 吹劍首¹⁵者, 吷¹⁶而已矣. 堯舜, 人之所譽也, 道堯舜於戴晉人之前, 譬猶一吷也.

| 해설 |

나라를 다스림에 있어 개인 감정에 의하여 일을 처리해서는 안 됨은 물론, 어떤 좋은 일이라도 인위적으로 행하는 일은 결국 올바른 행위가 되지 못한다. 따라서 나라를 다스리는 사람은 맑고 텅 빈 마음으로 만사를 초월하여 정치를 하여야만 세상이 잘 다스려진다는 것이다. 이곳에 보이는 달팽이 뿔 위의 두 나라의 전쟁은 특히 유명한 지어낸 얘기의 하나이다.

5

공자가 초나라를 가다가 의구산蟻丘山 아래 주막에서 묵었다. 그 때 그 이웃 사람 부부가 남녀 하인들과 함께 지붕 위에 올라가 지붕을 손질하고 있었다. 자로子路가 말하였다.

"저기서 웅성거리고 있는 사람은 무얼 하는 사람일까요?"

공자가 말하였다.

"저들은 성인聖人이지만 하인 노릇을 하고 있는 사람이다. 저들은 스스로 백성 속에 자신을 묻고 밭 언덕 가에 자신을 숨기고 있어서, 그의 명성은 알려지지 않고 있지만 그의 뜻은 한이 없는 사람들이다. 그의 입은 비록 말하고 있으나 그의 마음은 말을 한 일이 없다. 또한 세상과 멀리 떨어져 그의 마음은 세상과 함께 어울리려고 하지 않고

---

13 筦(관) : 관(管)과 같은 자로, 피리 또는 퉁소.
14 嗃(효) : 피리나 퉁소 같은 고운 소리.
15 劍首(검수) : 칼 손잡이 끝에 뚫린 구멍.
16 吷(혈) : 입으로 바람을 내부는 작은 소리.

있다. 그는 땅 속에 잠겨 있듯이 숨어 지내는 사람이다. 그는 아마도 시남市南의 의료宜僚일 것이다."

자로가 가서 그를 불러오겠다고 하니 공자가 말하였다.

"그만두어라. 그는 내가 자기를 알아보았음을 알았고, 내가 초나라에 간다는 것도 알고 있다. 내가 초나라에 가서 반드시 초나라 임금으로 하여금 자기를 부르게 할 것이라고 생각하고 있다. 그는 또 내가 말을 잘하는 사람이라고 생각하고 있다. 그러한 사람들이란 말 잘하는 사람들의 말을 듣는 것조차도 수치라고 생각하고 있다. 하물며 친히 만나는 것이야 얼마나 수치로 생각하겠느냐? 그런데 어찌 그대로 남아 있겠느냐?"

자로가 가서 보니 그의 집은 텅 비어 있었다.

| 원문 |

孔子之楚, 舍於蟻丘**1**之漿.**2** 其鄰有夫妻臣妾登極**3**者. 子路曰; 是稷稷**4**, 何爲者邪?

仲尼曰; 是聖人僕也. 是自埋於民, 自藏於畔.**5** 其聲銷,**6** 其志無窮. 其口雖言, 其心未嘗言. 方且與世違, 而心不屑與之俱, 是陸沈**7**者也. 是其市南宜僚邪.

子路請往召之, 孔子曰; 已矣, 彼知丘之著於己也. 知丘之適楚也. 以

---

1 蟻丘(의구) : 산 이름.
2 漿(장) : 마실 것을 파는 주막, 매장가(賣漿家).
3 登極(등극) : 지붕 위에 올라가 있는 것.
4 稷稷(종종) : '종'은 총(總)과 통하여, 사람들이 웅성거리는 것. 머리가 덥수룩한 모양으로 보기도 한다.
5 畔(반) : 밭 둔덕.
6 聲銷(성소) : 명성이 들리지 않는 것.
7 陸沈(육침) : 땅 속에 잠기듯 숨어 사는 것.

丘爲必使楚王之召己也. 彼且以丘爲佞人也. 夫若然者, 其於佞人也, 羞
聞其言. 而況親見其身乎? 而何以爲存?

子路往視之, 其室虛矣.

| 해설 |

여기서는 공자의 말을 빌려 참된 사람의 한 면모를 보여 주고 있다. 여
기서 공자와 그의 제자를 등장시킨 것은 인위적인 노력으로 세상을 구하
려는 유가의 입장과 노장老莊의 입장을 대비하기 위한 것이다.

6

장오長梧의 땅의 경계를 관장하는 사람이 자로子牢에게 말하였다.

"임금이 정치를 함에 있어 거칠게 함부로 해서는 안 되며, 백성을
다스림에 있어 소홀히 아무렇게나 해서는 안 됩니다. 전에 내가 벼를
심어 보니, 밭갈이를 거칠게 함부로 하니까 곧 벼이삭도 거칠게 함부
로 내게 보답했습니다. 김매는 것을 소홀히 아무렇게나 하니까, 벼이
삭도 소홀히 아무렇게나 내게 보답했습니다. 다음해에는 방법을 바꾸
어 밭을 깊이 갈고 써레질을 잘했더니 벼가 잘 자라 많은 결실을 하
여, 나는 일년 내내 실컷 먹을 수가 있었습니다."

장자가 이 얘기를 듣고서 말하였다.

"지금 사람들이 그의 몸을 다스리고 그의 마음을 건사함에 있어서
는 대부분 이 봉인이 말한 것과 비슷한 방법을 쓰고 있다. 사람들은
자연으로부터 도망을 치고 그의 본성을 떠나 타고난 성정을 망치고
그의 신명을 잃고서 여러 가지 세상 일에 종사한다. 그러므로 그의 본
성을 거칠게 함부로 다루는 사람은 욕망과 증오의 움이 터서 그의 성
격을 이룬다. 갈대 같은 잡초들이 자라나, 처음 싹이 틀 적에는 나의

몸에 도움을 줄 듯이 보이지만 곧 나의 본성을 뽑아 버려, 윗편은 무너지고 아랫편은 새면서 장소를 가리지 않고 모든 곳에 파탄이 생긴다. 그래서 종기와 부스럼이 생기고 열병에 걸리고 당뇨병이 생겨나게 되는 것이다."

| 원문 |

長梧[1]封人[2]問子牢,[3] 曰; 君爲政焉勿鹵莽, 治民焉勿滅裂. 昔予爲禾, 耕而鹵莽[4]之, 則其實亦鹵莽而報予. 芸[5]而滅裂[6]之, 其實亦滅裂而報予. 予來年變齊,[7] 深其耕而熟耰[8]之, 其禾繁以滋. 予終年厭飱.[9]

莊子聞之, 曰; 今人之治其形, 理其心, 多有似封人之所謂. 遁其天, 離其性, 滅其情, 亡其神, 以衆爲.[10] 故鹵莽其性者, 欲惡之孽[11]爲性. 萑葦蒹葭[12]始萌, 以扶吾形, 尋擢吾性. 竝潰漏發,[13] 不擇所出. 漂疽疥癰[14]內熱[15]溲膏[16]是也.

---

1 長梧(장오) : 땅 이름.
2 封人(봉인) : 땅의 경계를 관장하는 관리.
3 子牢(자로) : 금로(琴牢)라고도 하며 공자의 제자임(司馬彪 說).
4 鹵莽(노망) : 거칠게 함부로 하는 것.
5 芸(운) : 김매다.
6 滅裂(멸렬) : 소홀히 아무렇게나 하는 것.
7 變齊(변제) : 방법을 바꾸는 것.
8 熟耰(숙우) : 써레질을 잘하는 것.
9 厭飱(염손) : 실컷 먹는 것, 배불리 먹는 것.
10 衆爲(중위) : 여러 가지 인위적인 일을 하는 것.
11 孽(얼) : 얼(蘖)과 통하여, 움, 싹.
12 萑葦蒹葭(환위겸가) : 모두 갈대의 종류. 잡초처럼 잡된 생각들이 생겨나 본성을 해침을 뜻한다.
13 竝潰漏發(병궤루발) : 위로 터지고 아래로 새고 하는 것.
14 漂疽疥癰(표저개옹) : '표'는 표(瘭)와 통하여, '표저'는 종기, '개옹'은 부스럼.
15 內熱(내열) : 열병.
16 溲膏(수고) : 당뇨병(司馬彪 說).

사람들이 몸과 마음을 다스리지 않고 행하는 인위적인 행위는 자기 본성을 해치게 되며 자연을 어기는 해로운 행동임을 설명한 대목이다.

7

백구柏矩가 노자에게 배우고 있을 때 말하였다.

"청컨대 온 천하를 다니며 노닐게 해 주십시오."

노자가 말하였다.

"그만두어라. 천하란 것도 이곳이나 같은 것이다."

그러나 다시 요청하니 노자가 말하였다.

"그대는 어디서부터 유람을 시작하겠는가?"

"제나라로부터 시작하겠습니다."

백구는 제나라로 가서 처형 받은 죄인의 시체를 발견하였다. 그는 시체를 떠밀어 올바로 눕히고는 자기의 예복을 벗어 그에게 덮어 주고 하늘을 우러러보며 통곡하였다.

"아아, 그대여! 천하에는 큰 재난이 많은데 그대 홀로 먼저 당했구나. 그대는 도둑질을 한 것은 아닌가? 살인을 한 것은 아닌가? 영예와 치욕을 따지게 된 연후에야 고민이 생겨나는 것이다. 재물을 모으게 된 연후에야 다툼이 생겨나게 되는 것이다. 지금 세상에서는 사람들이 고민할 일들을 내세우고, 사람들이 서로 다툴 일들을 모아놓고서, 사람들의 몸을 쉴 새 없이 곤궁하게 만들고 있다. 그러니 그대와 같은 처지를 당하지 않으려 한다고 해도 될 수가 있겠는가?

옛날의 임금들은 이득은 백성들에게 돌리고, 손실은 자기에게 돌렸다. 정당한 것은 백성들에게 돌리고, 비뚤어진 것은 자기에게 돌렸다. 그러므로 한 사람이라도 그에게 실수가 있을 때에는 물러나서 스스로를 책하였다. 지금은 그렇지 못하다. 숨어서 일을 결정하고는 알지 못하는 자들을 우롱하며, 크게 어려운 일을 하게 하고는 감히 하지 못하는 자들에게 죄를 돌린다. 무거운 임무를 맡겨 놓고는 감당하지 못하는 자들을 처벌한다. 먼 길을 가게 하고는 이르지 못하는 자들을 처형한다. 그리고 백성들의 지혜와 능력이 다하면 곧 거짓으로 일을 꾸민다. 위정자가 날로 거짓된 일을 많이 하게 되면 백성들이 어떻게 거짓된 일을 하지 않겠는가? 힘이 부족하게 되면 속이게 되고, 지혜가 부족하게 되면 거짓말을 하게 되며, 재물이 부족하게 되면 도둑질을 하게 되는 것이다. 도둑질을 하는 것을 두고 누구에게 책임을 묻겠는가?"

| 원문 |

柏矩[1]學於老聃, 曰; 請之天下遊.

老聃曰; 已矣. 天下猶是也.

又請之, 老聃曰; 汝將何始?

曰; 始於齊.

至齊, 見辜人[2]焉. 推而强之,[3] 解朝服而幕之. 號天而哭之, 曰; 子乎, 子乎! 天下有大菑,[4] 子獨先離之.[5] 曰; 莫爲盜, 莫爲殺人? 榮辱立, 然後覩所病. 貨財聚, 然後覩所爭. 今立人之所病, 聚人之所爭, 窮困人之身使無休時. 欲無至此, 得乎?

古之君人者, 以得爲在民, 以失爲在己. 以正爲在民, 以枉爲在己. 故

---

1 柏矩(백구) : 노자의 제자 이름.
2 辜人(고인) : 사형을 당하고 그 시체를 내걸어 놓은 것(兪樾 說).
3 强之(강지) : 그를 바르게 눕히는 것(成玄英 說).
4 菑(재) : 재난, 재(災)와 통하는 글자.
5 離之(이지) : 거기에 걸리다. 그것을 만나다.

一形⁶有失其形者, 退而自責. 今則不然, 匿爲物而愚不識, 大爲難而罪不敢, 重爲任而罰不勝, 遠其塗而誅不至. 民知力竭, 則以僞繼之. 日出多僞, 士民安取不僞? 夫力不足則僞, 知不足則欺, 財不足則盜. 盜竊之行, 於誰責而可乎?

| 해설 |

노자의 제자인 백구가 제나라로 가서 사형당한 사람을 보고서, 백성들이 도둑질 같은 죄를 짓게 되는 것은 백성의 탓이 아니라 위정자의 책임임을 지적하며 죄인의 죽음을 통곡하고 있다. 위정자가 영예와 치욕을 따지고 재물을 중시하며 인위적인 정치를 할 때, 결국은 거짓된 방법을 쓰게 되어 백성들도 그것을 따라 거짓된 짓을 함으로써 죄를 짓게 된다는 것이다.

8

거백옥蘧伯玉은 나이 육십이 되기까지 육십 번이나 태도가 바뀌었다. 처음에는 옳다고 주장했던 일도 끝에 가서는 그릇된 것이라고 부정하지 않은 것이 없었다. 지금 옳다고 생각하는 일들 중에 지난 오십구 년 동안 부정하지 않았던 것이 없을 정도이다. 만물은 생존하고 있지만 그 근원을 볼 수는 없다. 만물은 사멸되고 있지만 사멸되어 가는 문은 볼 수가 없다. 사람들은 모두 그의 지혜로써 알고 있는 사실을 존중한다. 그러나 그의 지혜로써는 알지 못하는 것에 의지하여야만 지혜롭게 될 수 있다는 것을 알지 못한다. 그러니 크게 미혹되어 있다고 하지 않을 수가 있겠는가? 아서라, 아서라, 내 이론도 결국은 그러

---

6 一形(일형) : 백성 중의 한 사람을 가리킴.

한 시비의 개념을 벗어나지 못하는 것이다. 그러니 이른바 그런 대로 그렇게 지내야만 하는 것인가?

| 원문 |

蘧伯玉**1**行年六十而六十化. 未嘗不始於是之, 而卒詘**2**之以非也. 未知今之所謂是之非五十九年非也. 萬物有乎生, 而莫見其根. 有乎出,**3** 而莫見其門. 人皆尊其知之所知, 而莫知恃其知之所不知而後知. 可不謂大疑**4**乎? 已乎, 已乎! 且無所逃此. 則所謂然與然乎?

| 해설 |

사람의 지혜로는 만물의 생존과 사멸의 근본을 알 수 없으므로 지혜를 바탕으로 한 시비란 전혀 믿을 게 못됨을 얘기한 대목이다.

9

공자가 태사인 대도大弢와 백상건伯常騫과 희위狶韋에게 물었다.

"위衛나라 영공靈公은 술 마시며 즐김에 빠져 국가의 정치는 돌보지도 않았고, 사냥하러 다니느라고 제후들과의 사귐에 관한 일에도 응하지 않았습니다. 그런데도 영공이란 시호諡號를 붙인 것은 어째서입니까?"

대도가 말하였다.

"그것은 바로 그래서입니다."

---

1 蘧伯玉(거백옥) : 성이 거, 이름은 백옥. 위(衛)나라의 현명한 대부 이름.
2 詘(출) : 굽히다, 부정하다.
3 出(출) : 이 세상에서 나가는 것. 사멸.
4 大疑(대의) : 큰 미혹.

백상건이 말하였다.

"영공에게는 처가 세 사람 있었는데 같은 욕조에서 목욕을 했습니다. 그러나 사추史鰌가 명을 받들어 임금 있는 곳에 나올 적에는 기다시피 마중 나가 부축하여 주었습니다. 처들과는 터무니없는 일을 그처럼 심하게 하면서도, 현명한 사람을 만날 때에는 또 그처럼 공경을 다하였던 것입니다. 이것이 그에게 영공이란 시호가 주어진 까닭입니다."

희위가 말하였다.

"영공이 죽었을 때 옛 무덤에 장사지내려 하니 점괘가 불길하다고 나왔습니다. 모래 언덕에 장사지내는 것이 길하다는 것입니다. 그래서 모래 언덕을 몇 길 파내려가자 돌로 된 겉관이 나왔습니다. 그 겉관을 씻고 보니 다음과 같은 글이 새겨져 있었습니다. '자식은 의지할 것이 못된다. 영공이 이곳을 빼앗아 유택으로 삼는다.' 영공에게 신령스럽다는 뜻의 영공이라는 칭호가 주어진 지 오래되었습니다. 앞의 두 사람들이야 어찌 이것을 알 수가 있겠습니까?"

| 원문 |

仲尼問於太史[1]大弢, 伯常騫, 狶韋, 曰; 夫衛靈公飮酒湛樂, 不聽國家之政. 田獵畢弋,[2] 不應諸侯之際,[3] 其所以爲靈公者, 何邪?

大弢曰; 是因是也.

伯常騫曰; 夫靈公有妻三人, 同濫[4]而浴. 史鰌[5]奉御而進所, 搏幣[6]而

---

1 太史(태사) : 벼슬 이름. 정치에 관한 기록을 남기는 일을 하였다. 그 아래 대도·백상건·희위는 태사 벼슬을 지냈던 사람 이름.
2 畢弋(필익) : 그물과 주살. 주로 새를 잡는 도구.
3 際(제) : 제후들 사이의 사귐에 관한 일(司馬彪 說).
4 濫(함) : 욕조(浴槽).

扶翼.[7] 其慢, 若彼之甚也. 見賢人, 若此其肅也. 是其所以爲靈公也.

猳韋曰; 夫靈公也死, 卜葬於故墓, 不吉. 卜葬於沙丘, 而吉. 掘之數仞, 得石槨焉. 洗而視之, 有銘焉. 曰; 不馮[8]其子, 靈公奪而里[9]之. 夫靈公之爲靈也久矣. 之二人, 何足以識之?

| 해설 |

여기서는 운명과 그 운명을 미리 알고 따른 위대한 인물을 얘기한 것이라 보겠다. 그러나 여기에서 보는 비합리적인 신비적 경향은 외편과 잡편에 가끔 보이는 것이다. 합리주의에 대한 반기인 듯하다.

10

소지少知가 태공조太公調에게 물었다.

"고을의 여론이란 무엇을 뜻하는 것입니까?"

태공조가 말하였다.

"고을이란 열 가지 성이 다른 수많은 사람들이 모여서 풍속을 형성하는 것이다. 각기 다른 요소들을 합쳐 같은 하나로 만든 것이기 때문에 같은 하나를 분산시키고 보면 각기 다른 것이 된다.

지금 말의 여러 가지 몸의 부분을 놓고서는 말이라 부르지 않지만, 말이 우리 앞에 매여 있을 때 몸의 모든 부분이 합쳐 있기 때문에 말이라 부르는 것이다. 그러므로 언덕과 산도 낮은 흙들이 쌓인 것이 모

---

5 史鰌(사추) : 성은 사, 자는 추, 위나라의 대부.

6 搏幣(박폐) : 기는 것(武延緖 說), 학자에 따라 해석이 구구하다.

7 扶翼(부익) : 부축하는 것.

8 馮(빙) : 의지하다. 믿다.

9 里(리) : 유택, 무덤.

여 높아진 것이며, 강물도 시냇물이 합쳐서 커진 것이다. 그처럼 위대한 사람이란 모든 개인을 합쳐서 공을 이루는 것이다. 그러므로 밖에서 어떤 의견이 제시되면 자기의 다른 생각이 있다 하더라도 자기 생각에만 집착하지 않는다. 그리고 자기가 제시한 의견이 올바르다 하더라도 남의 의견을 거부하지 않는다.

사철은 각기 기후가 다르지만 하늘은 한편에만 치우치지 않기 때문에 한 해가 이루어지는 것이다. 다섯 가지 관직은 직책이 서로 다르지만 임금이 어느 하나에만 사사로이 치우치지 않기 때문에 나라가 다스려지는 것이다. 문인과 무인은 기능이 다르지만, 위대한 사람은 한편으로 치우치지 않기 때문에 그의 덕이 완비되는 것이다. 만물은 이치가 서로 다르지만, 도가 사사로이 치우치는 일이 없기 때문에 이름 없는 무명의 지위를 차지하는 것이다. 도는 무명이기 때문에 무위하다. 무위하지만 어떤 변화나 존재에도 참여하지 않는 것이 없다.

시간에는 시작과 끝이 있고 세상에는 변화가 있다. 화禍와 복福은 유행하는 것이기 때문에 어떤 사람에게는 좋지 않은 일이 다른 사람에게는 좋은 일이 되는 수도 있다. 모두가 제각기 따르는 성향이 다르기 때문에 한편에서는 바르다고 인정되는 것이 한편에서는 잘못된 것이 될 수도 있다. 큰 택지에 비유하면, 갖가지 동식물이 한데 어울려 살고 있는 것과 같다. 큰 산에 비추어 본다면, 나무나 바위들이 다 같이 자리잡고 있는 것과 같다. 이것을 고을의 여론이라 말하는 것이다.

| 원문 |

少知[1]問於太公調曰; 何謂丘里[2]之言?

---

1 少知(소지) : 가공적인 인물. 지혜가 적은 사람. 따라서 태공조(太公調)는 공정하고도 어진 가설적 인물.

太公調曰; 丘里者, 合十姓百名而以爲風俗也, 合異以爲同, 散同以爲異.

今指馬之百體而不得馬, 而馬係於前者, 立其百體而謂之馬也. 是故丘山積卑而爲高, 江河合小而爲大. 大人合幷而爲公. 是以自外入者, 有主而不執. 由中出者, 有正而不距.

四時殊氣, 天不賜,³ 故歲成. 五官⁴殊職, 君不私, 故國治. 文武,⁵ 大人不賜, 故德備. 萬物殊理, 道不私, 故無名. 無名故無爲. 無爲而無不爲.

時有終始, 世有變化. 禍福淳淳,⁶ 至有所拂⁷者, 而有所宜. 自殉殊面,⁸ 有所正者, 有所差. 比於大澤, 百材皆度.⁹ 觀乎大山, 木石同壇.¹⁰ 此之謂丘里之言.

| 해설 |

여기에서는 여론 또는 공론公論의 성격을 얘기하면서, 사람이란 여론이나 공론에 대하여 어떻게 처신해야 하는가를 얘기하고 있다. 결국 자기 의견만 내세우지 말고 남의 주장을 존중해야 한다는 것이다. 여론에 대한 대화는 뒤로 계속된다.

---

2 丘里(구리) : 네 고을[邑]이 모여 한 구를 이루고, 스물다섯 집이 모여 한 리를 이루었다(李頤 說). 따라서 '구리지언(丘里之言)'은 마을이나 고을의 여론 또는 공론을 뜻한다.

3 不賜(불사) : 개인적으로 한쪽만 치우치게 돌보지 않는 것.

4 五官(오관) : 나라 행정부의 중요한 다섯 가지 부처.

5 文武(문무) : 왕슈민(王叔岷)은 이 아래 '수능(殊能)', 곧 '기능이 다르다'는 뜻의 두 글자가 들어 있어야 한다고 주장했다.

6 淳淳(순순) : 이리저리 유행하는 모양.

7 拂(불) : 어긋나는 것, 좋지 않은 것.

8 殊面(수면) : 각기 다른 성향.

9 度(도) : 식물과 동물이 한데 모여 사는 것.

10 壇(단) : 터전, 자리를 잡고 있는 것.

11

소지가 말하였다.

"그렇다면 그것을 도라고 말해도 되겠습니까?"

태공조가 말하였다.

"그렇지 않다. 지금 세상의 물건의 수를 헤아려 보면 만 가지에 그치지 않을 것이다. 그런데도 만물이라고 한정하여 말하는 것은 숫자 중에서 많은 단위를 붙여서 표현한 것이다. 그리고 하늘과 땅이라는 것은 형체 중에서 가장 큰 것이며, 음과 양이라는 것은 기운 중에서 가장 큰 것이다. 도라는 것은 그것들 전체에 공정히 작용하는 것이다. 그것의 위대함을 근거로 하여 그것을 도라고 부른다면 괜찮을 것이다. 그러나 이미 도라는 이름을 지니게 되면 곧 다른 물건과 상대적인 것이 될 것이다. 만약 이와 같이 논한다면, 비유를 들면 여론과 도는 개와 말이나 같은 것이 되어 도의 진실한 작용에는 멀리 미치지 못하는 것이 된다."

소지가 말하였다.

"사방 안 천지 사이의 만물의 발생은 어디에 근거를 두고 있는 것일까요?"

태공조가 말하였다.

"음과 양이 서로 작용하여 서로 해치기도 하고 서도 다스리기도 한다. 사철이 서로 엇바뀌면서 서로 발생하게 하기도 하고 서로 가 버리게도 한다. 욕망과 증오와 버리고 취하는 생각들이 여기에서 모두 일어나는 것이다. 암놈과 수놈이 결합함으로써 모든 것이 존재하게 되는 것이다. 안락과 위험이 서로 바뀌고, 화와 복이 번갈아 발생하고, 더딘 것과 다급한 것이 서로 엇갈리며, 모였다 흩어졌다 하는 현상이 이루어지는 것이다. 이러한 명분과 실태는 사람들이 알아볼 수 있으며 그 정미한 작용도 사람들이 감지할 수 있는 것이다. 모든 것은 질서를 따라서 서로 다스려지며 운행의 변화에 의하여 서로 작용하여, 궁해지면 되돌아오고 끝나면 다시 시작되는 것이다. 이것이 만물이 지니고 있는 현상이다. 따라서 그 말로도 표현할 수 있고 지혜로도 추구할 수 있는 것은 물건의 현상을 추구한 것일 따름이다. 그러나 도에 대하여 알고 있는 사람은 물건이 없어지는 것을 추궁하지도 않고 그 것이 생겨나는 근원을 따지지도 않는다. 이것은 논리로써는 추구할 수 없는 것이기 때문이다."

| 원문 |

少知曰; 然則謂之道, 足乎?

太公調曰; 不然. 今計物之數, 不止於萬, 而期¹曰萬物者, 以數之多者 號而讀之²也. 是故天地者, 形之大者也. 陰陽者, 氣之大者也. 道者爲之 公. 因其大以號以讀之, 則可也. 已有之矣, 乃將得比³哉. 則若以斯辯, 譬猶狗馬, 其不及遠矣.

少知曰; 四方之內, 六合之裏, 萬物之所生惡起?

太公調曰; 陰陽相照, 相蓋⁴相治. 四時相代, 相生相殺. 欲惡去就, 於 是橋起,⁵ 雌雄片合,⁶ 於是庸有.⁷ 安危相易, 禍福相生. 緩急相摩, 聚散 以成. 此名實之可紀, 精之可志也. 隨序之相理, 橋運⁸之相使. 窮則反, 終則始. 此物之所有. 言之所盡, 知之所至, 極物而已. 覩道之人, 不隨

---

1 期(기) : 한정하는 것.
2 讀之(독지) : 그렇게 말하는 것.
3 得比(득비) : 서로 비교할 상대적인 것이 된다는 뜻.
4 蓋(개) : 해치는 것(兪樾 說). 손상케 하는 것.
5 橋起(교기) : 문득 모두가 일어나는 것.
6 片合(편합) : 둘이 하나로 합쳐지는 것.
7 庸有(용유) : 늘 있는 것이 있게 되었다는 뜻.
8 橋運(교운) : 운행이 오르내리며 변화하는 것.

其所廢, 不原其所起. 此議之所止.

| 해설 |

'도'나 만물의 근원 같은 문제는 사람의 논리나 지혜로써 다른 것과 비교하거나 뜻을 얘기할 수 없는 것이다. 이미 말로 표현할 수 있고 지혜로써 추구할 수 있다면 그것은 '도'도 만물의 근원도 아니라는 것이다.

12

소지가 말하였다.

"계진季眞처럼 자연의 주재자가 없다는 설과 접자接子처럼 주재자가 있다는 설이 있는데, 두 사람의 설 중에 어느 것이 진실에 합치되고 어느 것이 진리에 들어맞는 것입니까?"

태공조가 말하였다.

"닭이 울고 개가 짖는다는 것은 사람들이 다 알고 있는 일이다. 그러나 비록 위대한 지혜를 지녔다 하더라도 그것이 어떻게 그렇게 되고 있는가를 말로 설명할 수는 없는 것이다. 또 그것이 어떻게 될 것이라는 것을 마음으로 추리할 수도 없는 것이다. 이런 현상을 분석해 나가면 비길 데 없이 작은 경지에 이르게 되고, 한정지을 수 없는 큰 경지에 이르게 된다. 그러니 주재자가 있다거나 주재자가 없다거나 하는 이론은 물건의 한계를 벗어나지 못하고 있는 것이어서 결국은 잘못을 면치 못하는 것이다. 주재자가 있으면 작용이 실재적인 것이 되고, 주재자가 없다면 작용도 허무한 것이 된다. 따라서 이름이 있고 사실이 있다고 인정하는 것은 현상계에 집착되어 있기 때문이며, 이름도 없고 사실도 없다고 생각하는 것은 현상계를 공허한 것으로 인정하기 때문이다. 말로 표현할 수 있고 마음으로 추리할 수 있지만,

도란 말로 표현할수록 진실과는 더욱 멀어지는 것이다.

　물건이 생겨나기 전에 생겨나지 못하도록 막을 수도 없는 것이며, 이미 죽어 버린 것을 죽지 못하게 막을 수도 없는 일이다. 죽음과 삶은 우리로부터 멀리 있는 것이 아니지만 그 원리는 알 수가 없는 것이다. 주재자가 있다거나 주재자가 없다는 설은 결국 억측으로 말미암는 것이다. 내가 보건대 만물의 근본은 추궁해도 끝이 없는 것이다. 내가 추구해 보건대 만물의 종말은 오는 데가 한정이 없는 것이다. 끝도 없고 한정도 없으니, 그것을 무로서 표현할 때에 비로소 물건의 이치와 합치되게 되는 것이다. 주재자가 있다거나 없다거나 하는 것은 이론의 출발점으로서 만물과 더불어 영원히 부침할 것이다.

　도란 있다고도 할 수 없고, 없다고도 할 수 없다. 도라는 이름은 가정적으로 그렇게 불리고 있는 데 불과하다. 주재자가 있고 없다는 것은 물건의 한 면을 놓고서 얘기할 수 있는 일이지, 어찌 자연의 위대한 도를 놓고서 말할 수 있겠는가? 도를 말로써 충분히 나타낼 수 있다면 곧 하루 종일 말하면 도를 형용해 낼 수가 있을 것이다. 도가 말로써 표현해 낼 수 없는 것이라면 곧 하루 종일 말을 하더라도 물건에 대한 얘기에 그칠 것이다. 도란 물건의 극치이므로 말이나 침묵으로는 표현될 수 없는 것이다. 말도 아니고 침묵도 아닌 경지에서 그러한 도의 극치는 논의되어야 할 것이다."

| 원문 |

　少知曰; 季眞[1]之莫爲,[2] 接子之或使, 二家之議, 孰正於其情, 孰偏於

1　季眞(계진) : 접자(接子)와 함께 제나라의 현인. 함께 직하(稷下)에 모여 여러 학자들과 학문을 논하였다.
2　莫爲(막위) : 자연을 지배하는 주재자가 없다는 것. 뒤 '혹사(或使)'의 반대.

其理?

太公調曰; 雞鳴狗吠, 是人之所知. 雖有大知, 不能以言讀其所自化, 又不能以意其所將爲. 斯而析之, 精至於無倫,[3] 大至於不可圍.[4] 或之使, 莫之爲, 未免於物, 而終以爲過. 或使則實, 莫爲則虛. 有名有實, 是物之居,[5] 無名無實, 在物之虛. 可言可意, 言而愈疏.

未生不可忌,[6] 已死不可徂.[7] 死生非遠也, 理不可覩. 或之使, 莫之爲, 疑之所假.[8] 吾觀之本, 其往無窮. 吾求之末, 其來無止. 無窮無止, 言之無也, 與物同理. 或使莫爲, 言之本也, 與物終始.

道不可有, 有不可無. 道之爲名, 所假而行. 或使莫爲, 在物一曲. 夫胡爲於大方[9]? 言而足, 則終日言而盡道. 言而不足, 則終日言而盡物. 道物之極, 言默不足以載. 非言非默, 議有所極.

| 해설 |

역시 도나 주재자의 존재는 사람의 지혜나 논리로써 추구할 대상이 아니라는 것이다. 소지와 태공조의 문답은 마치 '가을 물[秋水]'편의 하백河伯과 북해 약北海若의 문답처럼 조리 있게 도에 대하여 토론하고 있다.

---

3 無倫(무륜) : 비길 데가 없는 것.
4 可圍(가위) : 한계를 지을 수가 있다.
5 物之居(물지거) : 물건, 곧 현상계에 집착되어 있는 것.
6 忌(기) : 금하다, 막다.
7 徂(조) : 막다, 방해하다.
8 疑之所假(의지소가) : 억측에 말미암은 것.
9 大方(대방) : 자연의 대도.

제26편

우리 밖의 일과 물건
外物

　이 편은 앞의 '사람들 세상'과 '산 속의 나무'편에서 보여 준 세상을 살아가는 방법을 더 이어 설명한 것이다. 밖의 일이나 물건이란 자기를 둘러싸고 있는 자기 밖의 모든 현상계(現象界)를 가리킨다. 그 자기 밖의 현상계에 대하여 어떻게 처신해야 하느냐가 이 편의 요지인 것이다. 편명은 첫머리 두 자를 딴 것이지만 내용과도 어느 정도 합치된다.

1

우리 밖의 일이나 물건들은 절대적인 것이라고 긍정할 수가 없다. 그렇기 때문에 용봉龍逢은 충신이면서도 하夏나라 걸왕桀王에게 처형당하였고, 비간比干은 충성스럽게 올바른 말을 하다가 은殷나라 주왕紂王에게 죽임을 당하였다. 그리고 주왕의 서형庶兄 기자箕子는 미친 체하며 살았고, 주왕의 간신 오래惡來도 죽임을 당했으며, 걸왕과 주왕도 결국은 멸망하였다.

임금들이란 모두가 그의 신하들이 충성스럽기를 바라지만, 충신이라고 반드시 신임을 받는 것은 아니다. 그래서 오나라 오자서伍子胥는 충신이면서도 사형을 당하여 시체가 강물에 던져졌고, 주周나라 장홍萇弘은 죄 없이 촉蜀 땅에서 죽었는데, 그를 장사지낸 지 삼 년 만에 그의 피가 변화하여 푸른 옥이 되었다 한다. 부모된 사람이면 누구나 그의 자식이 효성스럽기를 바란다. 그러나 효자라고 반드시 사랑을 받는 것은 아니다. 그래서 은나라의 효기孝己는 계모로 말미암아 근심 속에 살아야 했고, 증삼曾參은 아버지의 미움을 사서 슬픔 속에 지내야 했다.

나무와 나무를 마찰시키면 불이 붙는다. 쇠가 불 속에 오래 있으면 녹는다. 음과 양의 기운이 엇섞여지면 하늘과 땅이 크게 놀라 움직인다. 그래서 이에 번개와 천둥이 생기는 것이다. 그리고 빗속에도 벼락이 쳐서 느티나무를 불태우기도 하는 것이다. 사람에게는 이로움과 해로움이라는 매우 큰 우환이 있는데 두 가지 중 어느 편에 빠져도 그 피해로부터 도망칠 곳이 없는 것이다. 언제나 두려워함으로써 아무 일도 이룩하지 못하게 되며, 그의 마음은 하늘과 땅 사이에 매달려 있는 것처럼 불안하다. 또 고민이 마음에 엉겨 근심에 잠기게 되며, 이로움과 해로움이라는 생각이 서로 마찰을 일으켜 너무 과다한 불 같은 욕망을 낳는다. 그래서 많은 사람들이 마음 속의 화기和氣를 불태우게 된다. 마음이 달처럼 맑고 고요해도 본시 사람은 불 같은 욕망을 이겨내지 못하는 것이다. 그래서 그의 모든 것이 무너져 올바른 도리가 사라지게 되는 것이다.

| 원문 |

外物不可必, 故龍逢誅, 比干戮, 箕子狂, 惡來[1]死, 桀紂亡.

人主莫不欲其臣之忠, 而忠未必信. 故伍員[2]流於江. 萇弘[3]死於蜀, 藏其血三年而化爲碧. 人親莫不欲其子之孝, 而孝未必愛. 故孝己[4]憂而曾參[5]悲.

木與木相摩則然, 金與火相守則流. 陰陽錯行, 則天地大絃.[6] 於是乎有雷與霆.[7] 水中[8]有火, 乃焚大槐. 有甚憂兩陷[9]而無所逃. 螴蜳[10]不得成, 心若縣於天地之間. 慰暋[11]沈屯,[12] 利害相摩, 生火[13]甚多. 衆人焚

---

1 惡來(오래) : 은나라 주왕에게 아첨하던 신하로 결국 주나라 무왕에게 죽임을 당하였다.

2 伍員(오원) : 자가 자서(子胥). 오(吳)나라 임금 부차(夫差)에게 충간하다 뜻을 못 이루고 자살하였다. 부차는 그의 시체를 가죽 부대에 넣어 강물에 던졌다 한다.

3 萇弘(장홍) : 주나라 경왕(敬王) 때의 대부. 그는 간신의 모함으로 말미암아 쫓겨난 뒤에 촉 땅으로 돌아와 자결하였다. 촉 땅의 사람들이 그가 충성스러우면서도 억울하게 죽은 것을 동정하여 장사를 지내 준 뒤 삼 년 만에 파 보니, 그의 피가 모두 파란 옥으로 변해 있었다 한다.

4 孝己(효기) : 은나라 고종(高宗)의 태자. 효성이 지극했으나 계모 때문에 많은 괴로움을 당하였다.

5 曾參(증삼) : 공자의 제자 중에서도 효행에 뛰어났던 사람. 그러나 그의 아버지는 증삼을 미워하여 거의 죽을 만큼 매질을 하였다 한다.

6 大絃(대해) : 크게 놀라 움직이는 것.

7 雷與霆(뇌여정) : 벼락과 번개.

8 水中(수중) : 빗물 속.

9 兩陷(양함) : 이로움과 해로움이라는 두 가지 우환에 빠지는 것.

10 螴蜳(진돈) : 두려워 불안해 하는 모양.

11 慰暋(위민) : 걱정이 서리고 고민을 하는 것.

12 沈屯(침둔) : 근심에 잠겨 마음이 어지러운 것.

13 火(화) : 욕망에 비유한 것임.

和. 月¹⁴固不勝火. 於是乎有僓然¹⁵而道盡.

| 해설 |

　사람들은 믿을 것 없는 세상 일에 사로잡혀 이해를 따지게 되고, 이해로 말미암아 욕망이 싹트고, 욕망을 주체 못하여 결국은 자신을 파멸시키게 된다는 것이다. 따라서 사람이란 모든 일로부터 초연해야만 한다.

2

　장자는 집이 가난하여 감하후監河侯에게 곡식을 꾸러 갔다.

　감하후가 말하였다.

　"그럽시다. 내가 영지의 세금을 거둬들인 다음 선생에게 삼백금을 빌려 드리도록 하겠습니다. 괜찮겠습니까?"

　장자는 성이 나 얼굴빛이 변하면서 말하였다.

　"내가 어제 이곳을 오는데 도중에 나를 부르는 자가 있었습니다. 내가 돌아다보니 수레바퀴 자국 가운데의 붕어였습니다. 내가 붕어에게 물었습니다. '붕어야, 너는 무얼 하고 있는 거냐?' 붕어가 대답했습니다. '저는 동해의 물결 속에 노닐던 놈입니다. 선생께서 한 말이나 몇 됫박의 물이 있거든 제게 부어 살려 주십시오.' 내가 말했습니다. '그러지. 내 남쪽으로 가서 오나라와 월나라의 임금을 설복시켜 서강西江의 물을 끌어다가 너를 마중하도록 하겠다. 괜찮겠느냐?' 붕어는 성이 나서 얼굴빛이 변하며 말했습니다. '저는 제가 늘 필요한 물을 잃고 있어서 당장 몸 둘 곳이 없는 것입니다. 저는 한 말이나 몇 됫박의

14　月(월) : 텅 비고 고요한 마음에 비유한 말.
15　僓然(퇴연) : 무너져 망하는 모양.

물만 있으면 사는 것입니다. 선생께서 말씀하시는 대로 하다가는 차라리 저를 건어물전에 가서 찾는 편이 옳게 될 겁니다.'"

| 원문 |

莊周家貧. 故往貸粟[1]於監河侯.

監河侯曰; 諾, 我將得邑金,[2] 將貸子三百金, 可乎?

莊周忿然作色曰; 周昨來, 有中道而呼者. 周顧視, 車轍[3]中有鮒魚[4]焉. 周問之曰; 鮒魚來, 子何爲者邪? 對曰; 我東海之波臣也. 君豈有斗升之水而活我哉. 周曰; 諾. 我且南遊吳越之王, 激西江之水而迎子, 可乎? 鮒魚忿然作色曰; 吾失我常與, 我無所處. 吾得斗升之水然活耳. 君乃言此, 曾不如早索我於枯魚之肆.[5]

| 해설 |

모든 일은 그 때와 경우에 알맞아야 한다. 작은 일에는 작게, 급한 일에는 급하게 처신해야만 한다는 것을 빗대어 꾸며낸 얘기이다. 어떻든 '무위'한 장자의 가난한 처지가 너무도 절실하게 느껴진다.

3

임공자任公子가 큰 낚시와 굵고 검은 줄을 준비한 다음, 오십 마리의 황소를 미끼로 하여, 회계산會稽山에 걸터앉아 낚싯대를 동해에 던

---

1 粟(속) : 좁쌀, 곡식.
2 邑金(읍금) : 자기 영지에서 받아들이는 세금.
3 車轍(차철) : 수레바퀴 자국.
4 鮒魚(부어) : 붕어.
5 枯魚之肆(고어지사) : 마른 생선을 파는 가게.

졌다. 매일 낚시질을 계속하였으나 일 년이 넘도록 고기를 잡지 못하였다. 그러나 결국은 큰 고기가 낚시를 물더니 큰 낚시를 끌고 물속으로 잠겨 들어갔다가는 뛰어오르면서 등지느러미를 떨치니, 산더미 같은 흰 물결이 솟아오르며 바닷물이 진동하였다. 그 소리는 귀신들의 울음소리와 같아서 천 리 떨어진 곳 사람들까지도 두려움에 놀라게 하였다. 임공자는 이 물고기를 잡아 가지고 고기를 썰어 건포로 만들었다. 절강浙江 동쪽으로부터 창오蒼梧 북쪽에 이르는 고장 사람들은 모두가 이 고기를 실컷 먹었다. 그리고 세상의 재주를 겨루며 얘기하기를 좋아하는 무리들이 모두 놀라서 이 얘기를 전하였다.

작은 낚싯대의 가는 줄로 도랑에 가서 송사리나 붕어를 노리는 낚시질을 하면, 큰 고기를 잡는다는 것은 어려운 일이다. 그처럼 쓸데없는 작은 이론을 꾸며내 가지고 높은 명성을 추구해 보았자, 크게 출세하는 것과는 역시 거리가 먼 일이 될 것이다. 그러므로 임공자의 그러한 얘기를 들어 보지 못한 사람들은 세상에서 제대로 행세하지 못할 것은 분명한 사실이다.

| 원문 |

任公子¹爲大鉤²巨緇,³ 五十犗⁴以爲餌, 蹲乎會稽, 投竿東海. 旦旦⁵而釣, 期年不得魚. 已而大魚食之, 牽巨鉤, 錎沒⁶而下, 騖揚⁷而奮鬐⁸ 白

---

1 任公子(임공자) : 임나라의 공자.
2 鉤(구) : 낚시.
3 緇(치) : 검은 줄.
4 犗(개) : 거세한 소.
5 旦旦(단단) : 매일, 매일 아침.
6 錎沒(함몰) : 물 속으로 잠기는 것.
7 騖揚(무양) : 펄쩍 뛰어오르는 것.
8 鬐(기) : 등지느러미.

波若山, 海水震蕩. 聲侔鬼神, 憚赫⁹千里. 任公子得若魚, 離而腊¹⁰之.
自制河¹¹以東, 蒼梧¹²已北, 莫不厭若魚者. 已而後世輇才¹³諷說¹⁴之徒,
皆驚而相告也.

夫揭竿累,¹⁵ 趨¹⁶灌瀆,¹⁷ 守鯢鮒, 其於得大魚難矣. 飾小說以干¹⁸縣
令,¹⁹ 其於大達亦遠矣. 是以未嘗聞任氏之風俗,²⁰ 其不可與經²¹於世亦
遠矣.

| 해설 |

뜻이 크지 않으면 큰 일을 못한다. 큰 성과를 거두려면 큰 준비를 하여
야 한다는 것을 비유로 든 얘기이다.

4

유학자가 『시경』과 『예기』를 근거로 하여 남의 무덤을 도굴하였다.
함께 간 큰 선비가 무덤 위에서 아래쪽에 대고 말하였다.

---

9 憚赫(탄혁) : 두려움에 놀라는 것.
10 腊(석) : 포, 건포.
11 制河(제하) : 절강(浙江).
12 蒼梧(창오) : 산 이름. 구의산(九疑山)이라고도 부른다. 지금의 호남성(湖南省) 영원현
   (寧遠縣) 동남쪽에 있다.
13 輇才(전재) : 재능을 견주는 것.
14 諷說(풍설) : 소문이나 전설을 얘기하는 것.
15 累(루) : 가는 줄.
16 趨(추) : 가는 것.
17 灌瀆(관독) : 물을 대는 도랑.
18 干(간) : 구하는 것.
19 縣令(현령) : 높은 명성(王叔岷 說). 보통은 현윤(縣尹)의 뜻으로 본다.
20 風俗(풍속) : 얘기.
21 經(경) : 경(徑)과 통하여, 행세하는 것.

"동녘이 밝아온다. 일이 어떻게 되어 가느냐?"

작은 선비가 속에서 말하였다.

"시의 尸衣를 아직 다 벗기지 못했는데, 입 속에 구슬이 물려 있습니다."

"『시경』에도 본시 이르기를 '푸른 보리가 무덤가에 자라고 있다. 살아서 은혜를 베풀지도 못했는데, 죽어서 어찌 구슬을 물겠는가?'라고 하였네. 그 놈의 머리카락을 잡고 그의 턱수염을 누른 다음 쇠망치로 그의 턱을 쳐서 천천히 그의 볼까지 벌린 다음, 입 속의 구슬이 다치지 않도록 잘 꺼내거라."

| 원문 |

儒以詩禮發冢.[1] 大儒臚傳[2]曰; 東方作矣,[3] 事之何若?

小儒曰; 未解裙襦,[4] 口中有珠.[5]

詩固有之曰; 靑靑之麥, 生於陵陂.[6] 生不布施, 死何含珠爲? 接[7]其鬢,[8] 壓其顙.[9] 儒以金椎[10]控其頤, 徐別其頰, 無傷口中珠.

---

1 發冢(발총) : 무덤을 도굴하는 것.

2 臚傳(여전) : 위로부터 아래편에 대고 말하는 것(向秀 說).

3 作矣(작의) : 날이 새어오는 것.

4 裙襦(군유) : 치마 저고리. 송장에 입힌 시의.

5 有珠(유주) : 구슬이 있다. 옛날 중국에선 죽은 이의 입에 구슬을 물려 장사지냈다. 부잣집일수록 크고 비싼 구슬을 물렸다.

6 陵陂(능파) : 언덕. 무덤가.

7 接(접) : 쥐는 것, 잡는 것.

8 鬢(빈) : 머리 양편 머리카락. 살쩍.

9 顙(쉐) : 턱 아래 수염(司馬彪 說).

10 金椎(금추) : 쇠망치.

650

　세상 사람들은 지식을 이용해서 더 교묘하게 나쁜 짓을 한다. 그리고 자기의 악행을 경전을 인용해 변호할 줄도 안다. 따라서 유가의 학문은 모두가 세상에 나쁘게 이용될 수 있는 것임을 비유하고 있다.

5

　노래자老萊子의 제자가 땔나무를 하러 나갔다가 도중에 공자를 만나고 돌아와 말하였다.

　"저기에 한 사람이 있는데, 윗몸은 길고 아랫몸은 짧으며 등은 곱추에다 귀는 머리 뒤편에 붙어 있습니다. 그러나 눈길은 온 세상을 두루 보고 있는 듯하였습니다. 그가 누구인지 알지 못하겠습니다."

　노래자가 말하였다.

　"그가 공자다. 불러 오너라."

　공자가 오자 노래자가 말하였다.

　"공구孔丘여! 그대 몸의 오만함과 그대 얼굴의 지혜스러운 듯한 모양을 버려라! 그래야만 군자가 될 것이다."

　공자는 읍揖을 하고 물러서서 송구스러운 듯 용모를 바로잡고 물었다.

　"그러면 저의 학업도 발전할 수가 있겠습니까?"

　노래자가 말하였다.

　"그대는 일세一世의 혼란을 참지 못하고 만세萬世의 환난은 가볍게 보고 있다. 그렇지 않으면 본시 그대의 재능이 형편없는 것일까? 지략이 없어서 진실에 미치지 못하는 것일까? 당신은 신이 나서 그렇게 하고 있겠지만 평생의 치욕이 될 것이다. 보통 사람들의 행동은 영향을 받기 쉬운 것이다. 서로 명성을 위하여 끌어당기며, 서로 사욕 때문에 맺어지는 것이다. 요임금을 칭송하고 걸왕을 비난하느니보다는 차라리 칭송과 비난을 멈추고 성인과 폭군의 존재를 다 잊어야만 할 것이다. 본성을 어기면 손상을 받지 않는 일이 없을 것이다. 사심에 의하여 움직이면 그릇되지 않는 일이 없을 것이다. 성인이란 조심하면서 일을 함으로써 언제나 성공을 하는 것이다. 어찌할 것인가? 당신의 행위는 끝내 교만하기만 한데!"

| 원문 |

老萊子[1]之弟子出薪,[2] 遇仲尼, 反以告曰; 有人於彼, 修上[3]而趨下,[4] 末僂[5]而後耳. 視若營四海. 不知其誰氏之子.

老萊子曰; 是丘也. 召而來.

仲尼至, 曰; 丘, 去汝躬矜, 與汝容知, 斯爲君子矣.

仲尼揖而退, 蹙然[6]改容, 而問曰; 業[7]可得進乎?

老萊子曰; 夫不忍一世之傷, 而驁[8]萬世之患. 抑固窶[9]邪? 亡其略弗及邪? 惠以[10]歡爲驁,[11] 終身之醜.[12] 中民之行, 易進焉耳. 相引以名, 相結以隱.[13] 與其譽堯而非桀, 不如兩忘而閉其所非譽. 反無非傷也, 動無非

---

1 老萊子(노래자) : 초나라의 현인.
2 薪(신) : 땔나무, 장작.
3 修上(수상) : 상반신이 긴 것.
4 趨下(추하) : 하반신이 짧은 것.
5 末僂(말루) : 등이 곱추인 것.
6 蹙然(축연) : 송구해 하는 모양.
7 業(업) : 인의를 바탕으로 한 유가의 학업.
8 驁(오) : 가벼이 보는 것.
9 窶(구) : 재질이 빈약한 것.
10 惠以(혜이) : 발어사(發語詞). 별뜻이 없음(章炳麟 說).
11 歡爲驁(환위오) : 오는 무(鶩)의 잘못이며, 기뻐하면서 달리다. 신이 나서 그렇게 행동하다.
12 醜(추) : 치욕.
13 隱(은) : 사사로움, 사욕.

652

邪也. 聖人躊躇^{14}以興事, 以每成功. 奈何哉? 其載^{15}焉, 終矜爾?

| 해설 |

　오만한 마음을 경계하는 얘기이다. 자기가 아무리 훌륭한 덕성을 지녔다 하더라도 그것을 내세우며 오만한 행동을 하면 그 자신이 파멸하는 것은 물론 만세토록 환난의 원인이 된다는 것이다.

6

　송나라 원군元君이 밤중에 꿈을 꾸었는데, 머리를 풀어헤친 사람이 곁문으로 들여다보면서 말하였다.

　"저는 재로宰路의 연못으로부터 온 사람입니다. 저는 청강淸江의 신의 사자로서 황하黃河의 신에게 가다가 고기잡이인 여저余且에게 잡혔습니다."

　원군은 깨어나서 사람을 시켜 꿈을 점치게 하였다.

　"그는 신령스런 거북입니다."

　원군이 말하였다.

　"고기잡이에 여저라는 사람이 있는가?"

　신하들이 말하였다.

　"있습니다."

　원군이 말하였다.

　"여저에게 조정으로 나오라고 하라."

　다음 날 여저가 조정으로 나오니 임금이 말하였다.

---

14 躊躇(주저) : 조심하는 것. 자기를 드러내지 않고 겸손한 것.
15 載(재) : 행동.

"고기잡이를 하다가 무엇을 잡았는가?"

"저의 그물에 흰 거북이 걸렸습니다. 거북 등의 직경이 다섯 자나 됩니다."

임금이 명하였다.

"그대의 거북을 바치라."

거북이 도착하자 원군은 이 거북을 죽일 것인지 살려 줄 것인지 마음으로 결단을 내리지 못하였다. 다시 점을 치게 하니 "거북을 죽여 그것으로 점을 치면 길하다"는 것이었다.

이에 거북을 죽인 뒤 일흔두 번이나 구멍을 뚫으며 점을 치니 들어맞지 않는 일이 없었다.

이에 대하여 공자가 말하였다.

"신령스런 거북의 능력은 원군의 꿈에 나타날 줄은 알면서도 여저의 그물은 피하지 못하였다. 그의 지혜는 일흔두 번이나 구멍을 뚫으며 점을 쳐서 들어맞지 않는 게 없는 정도이면서도, 자기 내장을 도려내는 환난은 피하지 못하였다. 이러하니 지혜 있는 사람도 곤경에 놓이는 경우가 있고, 신령스런 이들도 미치지 못하는 일이 있는 것이다. 비록 지극한 지혜가 있다 해도 만 명의 사람들은 그를 해칠 수 있다. 물고기는 새 그물을 두려워하지 않는다 하더라도 물새들은 두려워해야 한다. 작은 지혜를 버려야만 큰 지혜가 밝아지고, 훌륭하다는 지식을 버려야만 스스로 훌륭해지는 것이다. 갓난아이는 태어나 큰 스승이 없어도 말을 할 수가 있게 되는데, 말할 줄 아는 사람들과 함께 지내기 때문인 것이다."

| 원문 |

宋元君夜半而夢人被髮闚阿門,[1] 曰; 予自宰路之淵. 予爲淸江[2]使河伯之所, 漁者余且得予.

元君覺, 使人占之, 曰; 此神龜也.

君曰; 漁者有余且乎?

左右曰; 有.

君曰; 令余且會朝.

明日, 余且朝, 君曰; 漁何得?

對曰; 且之網, 得白龜焉. 箕圓**3**五尺.

君曰; 獻若之龜.

龜至, 君再欲殺之, 再欲活之, 心疑. 卜之, 曰; 殺龜以卜, 吉.

乃刳**4**龜, 七十二鑽**5**而無遺筴.**6**

仲尼曰; 神龜能見夢於元君, 而不能避余且之網. 知能七十二鑽而無遺筴, 而不能避刳腸之患. 如是, 則知有所困, 神有所不及也. 雖有至知, 萬人謀之. 魚不畏網而畏鵜鶘.**7** 去小知而大知明, 去善而自善矣. 嬰兒生無石師**8**而能言, 與能言者處也.

| 해설 |

사람의 능력과 지혜는 아무리 위대한 것이라도 믿을 것이 못 된다. 갓난아이처럼 지각 없이 자연에 어울리는 것이 가장 훌륭한 처세 방법이라는 것이다. 여기의 얘기에서는 공자를 훌륭한 학자로 대우하고 있는 것이 특징이다.

---

1 阿門(아문) : 곁문.

2 淸江(청강) : 강의 신 이름.

3 箕圓(기원) : 기(箕)는 기(其)와 통하여(孫詒讓 說), 그 직경.

4 刳(고) : 내장을 도려내다. 죽이다.

5 鑽(찬) : 거북 껍데기에 구멍을 뚫고 그곳을 불로 지져 점을 치는 것.

6 無遺筴(무유책) : 점에 실패하는 일이 없다. 점의 길흉이 들어맞았다는 뜻. '책'은 책(策)과 통하여, 점가치, 또는 점친 결과.

7 鵜鶘(제호) : 사다새. 물고기를 잡아먹는 물새의 일종.

8 石師(석사) : 석(石)은 석(碩)과 통하여(王敔 說), 위대한 스승.

7

혜자가 장자에게 말하였다.

"자네의 말은 쓸데가 없네."

장자가 말하였다.

"쓸데가 없음을 알아야만 비로소 쓸 곳을 얘기할 수가 있는 것일세. 땅은 넓고 크기 짝이 없지만, 사람들이 걸을 때 쓰는 것은 발로 밟는 부분뿐일세. 그렇다고 발을 재어 가지고, 그 밖의 땅은 땅 속 황천에 이르기까지 깎아내려 버린다면 사람들이 그대로 땅을 쓸 수가 있겠는가?"

혜자가 말하였다.

"쓸 수 없지."

장자가 말하였다.

"그렇다면 쓸데없는 것의 쓰임도 잘 알게 되었을 것일세."

| 원문 |

惠子謂莊子曰; 子言無用.

莊子曰; 知無用, 而始可與言用矣. 夫地, 非不廣且大也, 人之所用, 容足耳. 然則廁足[1]而墊[2]之致黃泉, 人尙有用乎?

惠子曰; 無用.

莊子曰; 然則無用之爲用也亦明矣.

| 해설 |

여기서는 장자가 늘 주장하는 이른바 '쓸데없는 것의 쓰임'〔無用之用〕

---

1 廁足(측족) : 측은 측(測)과 통하여, 발을 재는 것.
2 墊(점) : 깎아내리는 것.

을 설명하고 있다.

8

장자가 말하였다.

"사람 중에는 자연을 따라 노닐 수 있는 사람이 있는데, 그런 사람이야 자연을 따라 노닐지 않을 수가 있겠는가? 사람 중에는 자연을 따라 노닐 줄 모르는 사람이 있는데, 그런 사람이 자연을 따라 노닐 수가 있겠는가?

물건을 좇아 움직이는 마음을 가졌거나 세상과 떠나 홀로 특이한 행동을 하는 것은 아마도 지극한 지혜와 두터운 덕을 쌓은 이의 행동은 아닐 것이다. 사욕 때문에 넘어지고 떨어지고 하여도 본성으로 돌아가지 못하고, 욕망을 따라 달리면서도 돌아다보지도 않는 자인 것이다. 비록 서로 임금이 되고 신하가 되어 있다 하더라도 그것은 일시적인 것이다. 세상이 바뀌기만 하면 상대방을 천하게 여길 수 없도록 처지가 바뀌는 것이다. 그러므로 '지극한 사람은 행적에 얽매이지 않는다'고 하는 것이다.

옛날을 존중하고 현대를 낮게 보는 것은 학자들의 폐단이다. 그러나 희위씨狶韋氏의 입장에서 지금 세상을 본다면 그 누가 편벽되지 않은 자가 있겠는가? 오직 지극한 사람만이 세상에 노닐면서도 편벽되지 않을 수가 있는 것이다. 사람들에게 순응하면서도 자기의 본성은 잃지 않기 때문이다. 지극한 사람은 세상의 가르침을 배우지는 않지만, 세상 사람들의 뜻을 따르고 그들을 배척하지는 않는다."

| 원문 |

莊子曰; 人有能遊, 且得不遊乎? 人而不能遊, 且得遊乎?

夫流遁¹之志, 決絶²之行, 噫其³非至知厚德之任⁴與. 覆墜而不反, 火馳⁵而不顧. 雖相與爲君臣, 時也. 易世而無以相賤. 故曰; 至人不留行焉.

夫尊古而卑今, 學者之流也. 且以狶韋氏之流觀今之世, 夫孰能不波⁶? 唯至人乃能遊於世, 而不僻. 順人而不失己. 彼敎不學, 承意不彼.

| 해설 |

'지극한 사람'은 자기 행적에 구애받지 않고 세속에 살면서도 본성을 잃지 않는 사람임을 설명하고 있다.

9

눈이 잘 보이는 것을 밝다고 하고, 귀가 잘 들리는 것을 귀밝다고 하고, 코가 예민한 것을 냄새를 잘 맡는다고 하고, 입이 예민한 것을 맛을 잘 안다고 하고, 마음이 잘 통하는 것을 지혜롭다고 하고, 지혜가 잘 통하는 것을 덕이라 한다.

도란 것은 막혀서는 안 되는 것이다. 막히면 숨이 막히게 되고, 숨이 막힌 것이 멈추지 않으면 사리에 어긋나게 되고, 사리에 어긋나면 여러 가지 폐해가 생겨나는 것이다.

물건에도 지혜가 있는 것은 호흡을 한다. 그러나 그것이 성대해지지 않는 것은 하늘의 죄가 아니다. 하늘은 늘 뚫리게 하여 낮이고 밤

---

1 流遁(유둔) : 밖의 물건을 좇는 것.
2 決絶(결절) : 세상과 떠나 홀로 특이한 행동을 하는 것.
3 噫其(희기) : 아마도(王叔岷 說).
4 任(임) : 일, 행동.
5 火馳(화치) : 욕망을 따라 다급히 달려가는 것.
6 波(파) : 파(頗)와 통하여(劉師培 說), 편벽된 것, 치우친 것.

이고 변함이 없다. 사람들 자신이 자기의 구멍을 일부러 막고 있는 것이다.

뱃속의 태胎 안에도 넓은 공간이 있고, 마음대로 자연스럽게 노닐 공간이 있는 것이다. 집안에 빈 공간이 없으면 며느리와 시어머니는 서로 반목을 한다. 마음에 자연스럽게 노닐 공간이 없으면 여러 가지 정욕이 서로 다투게 된다. 큰 숲 속이나 산 속 같은 곳이 사람들에게 좋다고 생각되는 것은, 사람의 정신이 정욕을 견뎌 내지 못하기 때문인 것이다.

덕은 명성을 추구하는 데서 잃게 되고, 명성은 자기를 드러내려는 데서 망치게 된다. 책략은 다급한 데서 생각하게 되고, 지혜는 다툼에서 나오는 것이다. 삶의 보호는 자기의 관능官能을 지키는 데서 이루어지고, 일의 성과는 모든 조건이 알맞을 때 나타난다. 봄에 비가 오고 날씨가 따스해지면 풀과 나무들이 무성해지며, 밭 갈고 김 매는 일도 여기에서 비롯되게 된다. 풀과 나무는 태반이 경작하지 않아도 다시 살아나 자라는데, 왜 그렇게 되는 것인지는 알지 못하는 것이다.

| 원문 |

目徹¹爲明, 耳徹爲聰, 鼻徹爲顫,² 口徹爲甘, 心徹爲知, 知徹爲德.

凡道不欲壅.³ 壅則哽.⁴ 哽而不止則跈.⁵ 跈則衆害生.

物之有知者恃息. 其不殷,⁶ 非天之罪. 天之穿之, 日夜無降.⁷ 人則顧

---

1 徹(철) : 통하는 것. 가려지거나 막히지 않은 것.
2 顫(전) : 향내. 냄새를 잘 맡는 것.
3 壅(옹) : 막히는 것.
4 哽(경) : 목이 메는 것. 목이 막히는 것.
5 跈(전) : 이치에 어긋나는 것(王念孫 說).
6 殷(은) : 큼, 성대해짐.
7 無降(무강) : 변동이 없는 것.

塞其竇.[8]

胞有重閬,[9] 心有天遊. 室無空虛, 則婦姑[10]勃谿.[11] 心無天遊, 則六鑿[12]相攘. 大林丘山之善於人也, 亦神者不能勝也.

德溢[13]乎名, 名溢乎暴. 謀稽乎誸,[14] 知出乎爭. 柴生[15]乎守官, 事果乎衆宜. 春雨日時, 草木怒生. 銚鎒[16]於是乎始修. 草木之到植[17]者過半, 而不知其然.

| 해설 |

사람은 모든 일에 막히는 일이 없이 자연에 순응해야 한다는 것이 이 대목의 대의이다.

10

고요함은 병을 고칠 수가 있으며, 안마를 하면 노쇠를 방지할 수가 있고, 편안함은 조급한 마음을 없앨 수가 있다. 그러나 그와 같은 방법은 심신을 수고롭히는 사람들이나 힘쓸 일이지, 편안히 지내는 사람과는 관계가 없어서, 그들은 그에 대해 알아보려고 하지도 않는다. 성인이 천하를 바로잡는 일에 대하여 신인神人은 알아보려고 하지도

---

8 竇(두) : 구멍.
9 重閬(중랑) : 광대한 공간.
10 婦姑(부고) : 며느리와 시어머니.
11 勃谿(발계) : 반목을 하는 것.
12 六鑿(육조) : 여섯 가지 정욕. 사람의 모든 정욕.
13 溢(익) : 잃다, 무너지다.
14 誸(현) : 다급한 것(郭象 說).
15 柴生(시생) : 삶을 보호하는 것.
16 銚鎒(조누) : 밭 갈고 김 매는 것.
17 到植(도식) : 갱생하는 것.

않는다. 현명한 사람이 세상을 바로잡는 일에 대하여 성인은 알아보려고 하지도 않는다. 군자가 나라를 바로잡는 일에 대하여 현명한 사람은 알아보려 하지도 않는다. 소인들이 시세에 영합하는 방법에 대하여 군자는 알아보려 하지도 않는다.

송나라 성문 밖에 부모를 여읜 사람이 있었는데, 곡하고 슬퍼함으로 상을 잘 치렀다 하여 그에게 관사官師란 벼슬이 내려졌다. 그러자 그의 마을 사람들 중에는 친상을 치르다 몸을 상하게 하여 죽는 자가 태반이나 되었다. 요임금이 허유許由에게 천하를 물려주려 하자 허유는 도망을 쳤다. 탕임금이 무광務光에게 천하를 물려주려 하자 무광은 노하였다. 기타紀他는 그 얘기를 듣고서 자기에게 주어질 차례라 단정하고는, 제자들을 거느리고 관수窾水 가로 가서 숨어 살았다. 제후들은 기타가 물에 투신할까봐 그를 위문하기를 삼 년 동안이나 하였다. 신도적申徒狄은 그것을 보고 자기도 높은 명망을 얻으려고 황하에 몸을 던져 죽었다.

통발이란 것은 물고기를 잡는 기구이지만, 물고기를 잡고 나면 통발을 잊게 된다. 올가미란 것은 토끼를 잡는 기구이지만 토끼를 잡고 나면 올가미를 잊게 된다. 말이란 것은 뜻을 표현하는 기구이지만 뜻을 표현하고 나면 말을 잊게 된다. 우리는 어찌하면 말을 잊은 사람들과 더불어 얘기할 수 있게 되겠는가?

| 원문 |

靜然可以補病. 眥搣¹可以休老. 寧可以止遽.² 雖然, 若是, 勞者之務

---

1 眥搣(자멸) : 자(眥)는 전(揃)으로 된 판본이 있으며, 멸(搣)은 멸(撼)과 통하여, 안마(按摩)와 비슷한 양생법을 뜻함.
2 止遽(지거) : 조급한 마음을 없애는 것.

也, 非佚者之所未嘗過而問焉. 聖人之所以駴^{3}天下, 神人未嘗過而問焉. 賢人所以駴世, 聖人未嘗過而問焉. 君子所以駴國, 賢人未嘗過而問焉. 小人所以合時, 君子未嘗過而問焉.

演門^{4}有親死者, 以善毀,^{5} 爵爲官師.^{6} 其黨人毀而死者半. 堯與許由天下, 許由逃之. 湯與務光, 務光怒之. 紀他聞之, 帥弟子而踆^{7}於窾水.^{8} 諸侯弔之, 三年. 申徒狄因以踣河.^{9}

筌者所以在魚, 得魚而忘筌.^{10} 蹄者所以在兎, 得兎而忘蹄.^{11} 言者所以在意, 得意而忘言. 吾安得夫忘言之人而與之言哉?

| 해설 |

스스로 편히 지내는 사람은 세상의 일이나 자기의 목적을 추구하지 않는다는 요지 아래 여러 가지 잡다한 애기를 쓰고 있다. 아마도 맨 끝의 "우리는 어찌 하면 말을 잊은 사람들과 더불어 애기할 수 있게 되겠는가?" 하는 말은 이 대목뿐만 아니라 이 편 전체의 결론이라 보아도 좋을 것이다.

---

3 駴(해) : 바로잡는 것.
4 演門(연문) : 송나라의 성문 이름.
5 善毀(선훼) : 곡하고 슬퍼하기를 잘하여 자기 몸을 여위게 만드는 것.
6 官師(관사) : 벼슬 이름.
7 踆(준) : 숨어 사는 것.
8 窾水(관수) : 강물 이름.
9 踣河(부하) : 황하 물에 뛰어들어 죽는 것.
10 筌(전) : 고기를 잡는 데 쓰는 통발.
11 蹄(제) : 토끼 그물, 또는 올가미.

제27편

다른 일에 빗대어 한 말
寓言

이 편은『장자』전편의 취지를 정리한 서문 같은 성격을 띠고 있다.
앞머리에는『장자』의 내용과 글 쓴 방법에 대하여 쓰고 있고, 뒷부분에
는 전체적인 뜻을 종합하고 있다. '우언'이란 편명은 역시 이 편의 글
첫머리 두 자를 딴 것이다.

1

내 글에는 다른 일에 빗대어 한 말이 십 분의 구 정도이고, 세상에서 중히 여겨지는 말이 그 중의 십 분의 칠 정도이다. 그리고 그때그때의 일에 알맞은 말을 매일같이 한 것은 자연의 실상과 잘 조화되는 것이다.

십 분의 구나 되는 다른 일에 빗대어 한 말은 밖의 사물을 인용해서 도를 논한 것들이다. 친아버지는 그의 아들의 중매를 설 수가 없다. 친아버지가 그의 아들을 칭찬하는 것은 효과가 그의 아버지 아닌 다른 사람의 칭찬보다 못하기 때문이다. 이것은 그 자신의 잘못이 아니라 사람들의 잘못인 것이다. 사람들이란 자기와 같은 입장에 대해서는 순응하지만, 자기와 같은 입장이 아니면 반대를 한다. 자기와 같은 생각은 그것을 옳다고 인정하고, 자기와 다른 생각은 그것을 그르다고 부정한다.

그 중에서 십 분의 칠을 차지한다는 세상에서 중히 여겨지는 말은 사람들의 논쟁을 없애기 위한 것이다. 이것은 옛 분들의 말을 인용한 것이다. 나이가 많으면서도 일에 대한 이치와 앞뒤를 뒤에 올 사람들에게 보여 주지 못한다면, 그는 선배가 아니다. 사람으로서 선배가 될 수 없다면 사람으로서의 도가 없는 것이다. 사람으로서의 도를 지니지 않고 있다면, 그런 사람을 낡아빠진 사람이라 말하는 것이다.

그리고 일에 따라 매일같이 한 말들은 자연의 실상과 잘 조화되는 것이기 때문에, 자연을 따라 무궁함으로써 영원할 수 있게 되는 것이다. 시비를 말하지 않으면 사물들과 조화되게 된다. 조화와 시비를 말하는 것은 조화되지 않으며, 시비를 말하는 것과 조화도 조화되지 않는 것이다. 그러므로 시비를 말하지 않는다고 얘기하는 것이다.

말은 하되 시비를 말하지 않으면 평생토록 말을 해도 말을 한 일이 없는 것이 된다. 평생토록 말을 하지 않아도 말을 안한 일이 없는 것이 된다. 모든 일은 까닭이 있으면 가可하게도 되고, 까닭이 있으면 가하지 않게도 된다. 까닭이 있으면 그렇게도 되고, 까닭이 있으면 그렇지 않게도 된다. 어찌하여 그렇게 되었는가? 그렇기 때문에 그렇게 되는 것이다. 어찌하여 그렇지 않게 되었는가? 그렇지 않기 때문에 그렇지 않게 되는 것이다. 어찌하여 가하게 되었는가? 가하기 때문에 가하게 된 것이다. 어찌하여 가하지 않게 되었는가? 가하지 않기 때문에 가하지 않게 된 것이다. 물건은 본시부터 그렇게 되도록 되어 있는 것이고, 물건은 본시부터 가하도록 되어 있는 것이다. 그렇게 되어 있지 않은 물건이란 없고, 가하지 않게 되어 있는 물건도 없는 것이다. 이에 따라 매일같이 한 말들이 자연의 분계와 조화되지 않는다면 누가 오래 갈 수가 있겠는가? 만물은 모든 종류가 다르며 각기 다른 형체로서 무궁히 변화하는 것이다. 처음과 끝을 둥근 고리의 처음과 끝처럼 구분할 수 없고, 그 이치는 터득할 수도 없는 것이니 이것을 자연의 균형이라 하는 것이다. 자연의 균형이란 자연의 실상에 합치되는 것이다.

| 원문 |

寓言¹十九, 重言²十七. 卮言³日出, 和以天倪.⁴ 寓言十九, 藉外論之. 親父不爲其子媒, 親父譽之, 不若非其父者也. 非吾罪也, 人之罪也. 與己同則應, 不與己同則反. 同於己, 爲是之. 異於己, 爲非之.

---

1 寓言(우언) : 다른 일이나 물건에 관한 얘기를 빌려 자기 뜻을 얘기하는 것. 『사기』의 열전에도 "장자의 저서는 십여만 글자인데, 대체로 모두가 우언이다"라고 말하고 있다.
2 重言(중언) : 중요한 말, 대체로 황제·요·순·공자·안회 같은 세상에서 존경을 받는 사람들에 관한 얘기.
3 卮言(치언) : 그때그때의 일에 알맞은 말.
4 天倪(천예) : 자연의 실상.

重言十七, 所以已言⁵也. 是爲耆艾.⁶ 年先矣, 而無經緯本末以期來者, 是非先也. 人而無以先人, 無人道也. 人而無人道, 是之謂陳人.⁷

巵言日出, 和以天倪, 因以曼衍,⁸ 所以窮年. 不言則齊.⁹ 齊與言不齊, 言與齊不齊也. 故曰無言.

言無言, 終身言, 未嘗言. 終身不言, 未嘗不言. 有自¹⁰也而可, 有自也而不可. 有自也而然, 有自也而不然. 惡乎然? 然於然. 惡乎不然? 不然於不然. 惡乎可? 可於可. 惡乎不可? 不可於不可. 物固有所然, 物固有所可. 無物不然, 無物不可. 非巵言日出, 和以天倪, 孰得其久? 萬物皆種也, 以不同形相禪.¹¹ 始卒若環, 莫得其倫. 是謂天均. 天均者, 天倪也.

| 해설 |

여기에서는 『장자』 가운데 다른 일에 빗대어 한 말인 '우언'이 많이 사용되고 있는 까닭을 설명하고, 다시 다른 일에 빗대어 한 말 중에서도 세상에서 중히 여겨지는 말이 있고, 그 밖에 그때그때의 일에 알맞은 말이 있음을 설명하고 있다. 그 그때그때의 일에 알맞은 말은 시비의 경지를 초월하여 자연의 진실한 변화와 합치되는 것이다. 그는 먼저 자기 이론 전개에 앞서 자기가 주장하던 '말을 하지 않음으로써 말을 하는[無言而言]' 경지를 이상으로 제시하고 있다.

---

5 已言(이언) : 논쟁을 그치게 하는 것.
6 耆艾(기애) : 고로(古老). 옛날의 훌륭한 사람들.
7 陳人(진인) : 낡아빠진 사람.
8 因以曼衍(인이만연) : 자연을 좇아서[因] 무궁히 계속되는 것[曼衍].
9 齊(제) : 밖의 물건들과 조화가 되는 것.
10 有自(유자) : 까닭이 있는 것.
11 相禪(상선) : 서로 바뀌면서 변화하는 것.

2

장자가 혜자에게 말하였다.

"공자는 나이 예순 살에 이르기까지 예순 번이나 사고 방식이 변화하였다네. 처음에 옳다고 하던 것을 끝에 가서는 부정한 것일세. 오늘 옳다고 말하고 있는 것이 지난 오십구 년 동안 부정하던 일이 아닌 것이 거의 없네."

혜자가 말하였다.

"공자는 그의 뜻을 성실히 하고 지혜로써 일하였기 때문이지."

장자가 말하였다.

"공자는 뜻이나 지혜를 버렸네. 그는 시비를 논한 일이 없었네. 공자는 말하기를, '위대한 근본으로부터 재질을 타고서 영기靈氣를 품고 살아 가면 우는 소리도 법도에 들어맞고, 말을 하여도 법칙에 들어맞는다. 이익과 의로움을 자기 앞에 늘어놓고, 좋아하고 싫어하고 옳고 그른 것을 따지는 것은 오직 사람의 입을 수고롭히는 것일 따름이다. 사람들로 하여금 마음으로부터 복종하여 감히 거슬러 대립하지 않도록 하고, 천하의 안정 속에 안정되게 살아야 한다'고 하였네. 아아, 나는 아직 공자에게 미칠 수가 없을 것만 같네."

| 원문 |

莊子謂惠子曰; 孔子行年**1**六十而六十化. 始時所是, 卒而非之. 未知今之所謂是之非五十九非也.

惠子曰; 孔子勤志**2**服知**3**也.

---

1 孔子行年(공자행년) : 앞 '임금을 만나고자 하는 칙양'편에서는 거백옥(蘧伯玉)은 나이 예순 살에 예순 번 사고 방식이 변화하였다 하면서 이와 같은 글이 실려 있다.

2 勤志(근지) : 뜻을 성실히 하는 것.

3 服知(복지) : 지혜로써 모든 일을 처리하는 것.

莊子曰; 孔子謝之⁴矣. 而其未之嘗言. 孔子云; 夫受才乎大本,⁵ 復靈⁶ 以生, 鳴而當律, 言而當法. 利義陳乎前, 而好惡是非, 直服人之口而已 矣. 使人乃以心服, 而不敢蘁立,⁷ 定天下之定. 已乎已乎, 吾且不得及彼 乎.

| 해설 |

공자를 통하여 사람이란 시비의 경지를 초월하여 자연스럽게 변화하여 가야 함을 얘기하고 있다.

3

증자曾子는 두 번 벼슬살이를 하였는데, 두 번 모두 마음이 변하였다. 그가 말하였다.

"나는 부모님이 생존해 계실 때에는 벼슬하여 삼 부三釜의 녹을 받았으나 마음이 즐거웠다. 뒤에는 벼슬하여 삼천 종鍾의 녹을 받았으나 부모님을 모실 수가 없어서 내 마음이 슬펐다."

공자의 제자가 그 말을 듣고, 공자에게 물었다.

"증삼曾參은 그의 녹에 의하여 마음이 끌리지 않는 사람이라 말할 수가 있겠습니까?"

"이미 마음이 끌리고 있지 않으냐? 마음이 끌리는 데가 없는 사람이라면 슬픔이 있을 수가 있겠느냐? 그는 삼 부나 삼천 종의 녹을 보기를 마치 참새나 모기가 그의 앞을 날아 지나가는 것을 보듯 한 것이다."

---

4 謝之(사지) : 그것들(뜻과 지혜)을 사절하였다는 뜻.
5 大本(대본) : 자연의 위대한 근본. 조물주.
6 復靈(복령) : 영기를 품고 있는 것.
7 蘁立(오립) : 오는 오(牾)와 통하여, 밖의 사물과 반대로 대립하는 것.

| 원문 |

曾子再仕, 而心再化. 曰; 吾及親仕, 三釜¹而心樂. 後仕, 三千鍾²而不
洎,³ 吾心悲.

弟子問于仲尼曰; 若參者, 可謂無所縣⁴其罪⁵乎?

曰; 旣已縣矣. 夫無所縣者, 可以有哀乎? 彼視三釜三千鍾, 如觀鳥
雀⁶蚊虻相過乎前也.

| 해설 |

사람은 어떤 일이나 물건에도 마음이 끌려 어지러워져서는 안 된다는
교훈이다.

4

안성자유顔成子遊가 스승인 동곽자기東郭子綦에게 말하였다.

"제가 선생님의 말씀을 들은 뒤로 일 년 만에 소박해졌고, 이 년 만
에는 밖의 사물에 종순하게 되었고, 삼 년 만에는 모든 사물에 통달하
게 되었고, 사 년 만에는 저 자신이 만물과 함께 변화하게 되었고, 오
년 만에는 모든 물건이 저를 따르게 되었고, 육 년 만에는 귀신처럼
모든 일을 아는 경지에 들어가게 되었고, 칠 년 만에는 천지 자연과
합치되게 되었고, 팔 년 만에는 죽음도 모르고 삶도 모르게 되었으며,

---

1 三釜(삼부) : 부는 부피의 단위. 여섯 말[斗] 넉 되[升]가 1부이다(『小爾雅』).
2 三千鍾(삼천종) : 1종은 두 석(石) 닷 말[斗] 여섯 되[升], 따라서 1종은 4부에 해당한다.
3 洎(계) : 미치는 것. 효도를 할 수 있는 것.
4 縣(현) : 끌리는 것.
5 罪(죄) : 본시는 물고기를 잡는 대발. 여기서는 녹에 비유한 것임.
6 觀鳥雀(관조작) : 참새들을 보다. 보통 판본엔 '관작(鸛雀)'으로 되어 있다.

구 년 만에는 위대한 오묘함에 이르게 되었습니다."

사람은 살아서는 행동을 하지만 죽으면 모두가 그만이다. 모든 사람의 죽음은 그 까닭이 있지만, 삶은 양의 기운이 움직여 어루어지는 것으로서 근원이 없는 것이라고 생각한다. 그러나 과연 그럴까? 죽으면 어디로 가는 것일까? 어떻게 가는 곳이 없을 수가 있는가?

하늘에는 천체 운행의 법도가 있고, 땅에는 평평하고 험한 변화가 있는 것이다. 그러나 우리는 어디에서 생사의 문제를 추궁할 것인가? 생명이 끝나는 곳을 알 수가 없는 것이라면 어찌하여 천명이 없다고 하겠는가? 생명이 시작되는 곳을 알 수가 없는 것이라면 어찌하여 천명이 있다고 하겠는가? 물건과 정신이 서로 호응하는 것이 있다면 어찌하여 귀신이 없다고 하겠는가? 서로 호응하는 것이 없다면 어찌하여 귀신이 있다고 하겠는가?

| 원문 |

顔成子游[1]謂東郭子綦, 曰; 自吾聞子之言, 一年而野,[2] 二年而從, 三年而通, 四年而物, 五年而來, 六年而鬼入,[3] 七年而天成, 八年而不知死, 不知生. 九年而大妙.

生有爲, 死也勸.[4] 公[5]以其死也, 有自也, 而生陽也, 無自也. 而果然乎? 惡乎其所適, 惡乎其所不適?

天有歷數,[6] 地有人據.[7] 吾惡乎求之? 莫知其所終, 若之何其無命也?

---

1 顔成子游(안성자유) : 이미 내편(內篇) '모든 사물은 한결같음'에 보인 동곽자기의 제자. 앞 '세상으로부터 숨어사는 서무귀(徐無鬼)'편에서는 안성자(顔成子)로 나왔다.

2 野(야) : 꾸밈 없이 소박함. 질박함.

3 鬼入(귀입) : 신명이 모여 물리(物理)에 통함으로써, 귀신 같은 경지에 이르는 것.

4 勸(권) : 휴(薧)로 씀이 옳으며(馬其昶 說), 멸실되는 것.

5 公(공) : 모두.

6 歷數(역수) : 천체 운행의 법도.

莫知其所始, 若之何其有命也? 有以相應也, 若之何其無鬼邪? 無以相
應也, 若之何其有鬼邪?

| 해설 |

　앞에서는 위대한 오묘함을 터득하는 순서를 얘기하고 있는 데 비해, 뒤
에서는 삶도 죽음도 근원을 알 수 없는 것이므로, 그런 데에 집착되어서는
안 되는 것임을 얘기해 주고 있다.

5

　여러 망량罔兩들이 그림자에게 물었다.

　"당신은 조금 전에는 몸을 굽히고 있었는데 지금은 젖히고 있고, 조
금 전에는 머리를 묶고 있었는데 지금은 흩뜨리고 있으며, 조금 전에
는 앉아 있었는데 지금은 일어나 있고, 조금 전에는 걷고 있었는데 지
금은 멈춰 서 있다. 어째서인가?"

　그림자가 말하였다.

　"그런 쓸데없는 것을 어째서 묻는가? 나는 존재하고 있지만 그 까
닭을 알지 못한다. 나는 매미 껍질이나 뱀 껍질과도 같다. 그러나 그
것들과 비슷하면서도 형체가 없으니 다른 것이다. 불과 햇빛 앞에서
는 나는 이루어지지만, 그늘 안과 밤에는 나는 사라진다. 그것들은 내
가 의지하는 것이다. 그런데 하물며 내가 의지하는 물건들이야 의지
하는 게 없을 수가 있겠는가? 그것들이 오면 나도 따라서 오고, 그것
들이 가 버리면 나도 따라서 가 버린다. 그것들이 움직이면 나도 따라
서 움직인다. 움직이는 것에 대하여 어찌하여 나에게 묻는가?"

---

7 人據(인거) : 평평하고 험한 것. '인'은 이(夷), '거'는 극(劇)과 통함(章炳麟 說).

衆罔兩[1]問於景[2]曰; 若向也俯, 而今也仰. 向也括,[3] 而今而被髮. 向也坐, 而今也起. 向也行, 而今也止. 何也?

景曰; 曳曳[4]也, 奚稍[5]問也? 予有而不知其所以. 予蜩甲[6]也, 蛇蛻也. 似之而非也. 火與日, 吾屯[7]也. 陰與夜, 吾代[8]也. 彼吾所以有待邪. 而況乎以有待者乎? 彼來, 則我與之來. 彼往, 則我與之往. 彼强陽,[9] 則我與之强陽. 强陽者, 又何以有問乎.

| 해설 |

사람은 의지하는 대상이 없어야 한다. 그래야 아무것에도 집착되지 않고 자연스러울 수가 있는 것이다.

6

양자거陽子居가 남쪽 패沛 땅으로 여행을 갔을 때, 노자도 서쪽 진秦 나라 일대를 유람하고 있었다. 양자거는 패 땅의 교외로 마중을 나가서, 양梁 땅에 이르러 노자를 만났다. 노자는 오는 도중에 하늘을 우러러보고 탄식하며 말하였다.

"처음에는 나는 그대를 가르칠 만하다고 생각했으나 지금 보니 안

---

1 罔兩(망량) : 그림자 곁의 희미한 그늘. 내편 '모든 사물은 한결같음'에도 보였음.
2 景(경) : 영(影)과 통하여, 그림자.
3 括(괄) : 머리를 묶는 것.
4 曳曳(수수) : 잣다란 모양.
5 稍(초) : 초(肖)와 통하여, 작은 것.
6 蜩甲(조갑) : 매미 껍질.
7 屯(둔) : 모여서 이루어지는 것.
8 代(대) : 교대하여 없어지는 것.
9 强陽(강양) : 움직이는 것.

되겠다."

양자거는 대답도 하지 않고 숙소로 돌아와 세숫대야와 양치질 물과 수건과 빗을 노자에게 올린 다음, 문 밖에 신을 벗어 놓고 무릎으로 걸어나가며 말하였다.

"조금 전에 저는 선생님께서 말씀하신 것에 대하여 여쭙고자 하였으나 선생님께서는 길 가시기에 틈이 없는 듯하여 감히 여쭙지 못하였습니다. 지금은 한가하니 그 까닭을 여쭙고자 합니다."

노자가 말하였다.

"그대는 눈을 치켜 부릅뜨고 있으니 누가 그대와 더불어 지내겠는가? 크게 결백한 사람은 더러운 것같이 행동하고, 덕이 성대한 사람은 덕이 부족한 것처럼 행동하는 것이다."

양자거는 송구스러운 듯이 얼굴빛을 바꾸면서 말하였다.

"가르침을 삼가 받들겠습니다."

전에는 같은 여관에 묵는 사람들이 그를 마중하고 전송하였고, 여관 주인은 방석을 날라왔고, 주인의 처는 수건과 빗을 갖다 주었으며, 여관에 묵는 사람들은 그를 보면 자리를 피했고, 불을 때던 사람들도 그를 보면 아궁이 앞을 피해 갔다. 그러나 그가 다시 돌아가자 여관에 묵는 사람들이 그와 자리를 다투면서 어울리게 되었다.

| 원문 |

陽子居**1**南之沛, 老聃西遊於秦. 邀**2**於郊, 至於梁**3**而遇老子. 老子中道仰天而嘆曰; 始以汝爲可敎, 今不可也.

---

1 陽子居(양자거) : 성은 양, 이름은 주(朱). 자가 자거임.『열자』황제편에는 '양주'로 쓰고 거의 같은 글을 싣고 있다.
2 邀(요) : 마중하는 것.
3 梁(량) : 패(沛) 땅 교외에 있는 땅 이름.

陽子居不答. 至舍, 進盥漱[4]巾櫛,[5] 脫屨戶外, 膝行而前曰; 向者, 弟子欲請夫子, 夫子行不閒, 是以不敢. 今閒矣, 請問其故.

老子曰; 而睢睢[6]盱盱,[7] 而誰與居? 大白若辱,[8] 盛德若不足.

陽子居蹴然變容曰; 敬聞命矣.

其往也, 舍者[9]迎將, 其家公[10]執席, 妻執巾櫛, 舍者避席, 煬[11]者避竈.

其反也, 舍者與之爭席矣.

| 해설 |

자기를 뽐내거나 자기를 내세우려는 마음가짐을 버려야 올바른 도를 배울 수가 있다는 얘기이다. 내용에 있어서는 앞의 '우리 밖의 일과 물건' 편에 보인 노래자와 공자의 문답과 같은 성격의 것이다.

---

4 盥漱(관수) : 세수하고 양치질할 물.

5 巾櫛(건즐) : 수건과 빗.

6 睢睢(휴휴) : 눈을 치켜뜨는 모양.

7 盱盱(우우) : 눈을 부릅뜨는 모양. '휴휴'와 함께 자신 있고 거만함을 눈길로 표현한 것.

8 辱(욕) : 더러운 것.

9 舍者(사자) : 여관에 묵고 있는 사람들.

10 家公(가공) : 여관 주인.

11 煬(양) : 불을 때는 것.

제28편

임금 자리를 물려줌
讓王

이 편은 나라의 임금 노릇하는 뜻을 보충하여 논하고는 있으나, 앞
뒤의 글 뜻이 잘 들어맞지 않는 점도 있고, 구성도 조잡하다. 문장도
졸렬하다. 이 편으로부터 시작하여 '칼싸움 말 것을 설복함[說劍]'·'강
도의 괴수 도척[盜跖]'··'고기잡이[漁父]'의 네 편은 틀림없이 후세 사람
이 써서 보탠 글이라는 것이 일반적인 견해이다. 지금 전해지는 가장
오래된 곽상(郭象)의 주본(注本)을 보아도 그는 이들 네 편과 맨 끝 '천
하의 사상가들[天下]'편의 후반 부분에는 거의 주를 달지 않고 있다.
'임금 자리를 물려줌'이란 편명은 이 편의 첫 구절의 뜻을 딴 것이어
서, 무조건 첫 구절의 글자를 따서 편명을 삼은 외편(外篇)과 잡편(雜
篇)의 여러 편과는 성격이 약간 다르다. 그리고 이 편의 글들은 『열자
(列子)』·『여씨춘추(呂氏春秋)』·『회남자(淮南子)』·『한시외전(韓詩外傳)』·
『신서(新序)』 등 여러 곳에 거의 모두 보이는 것들이어서 특히 후세 사
람이 써서 보탠 글의 냄새가 짙다.

1

요임금이 천하를 허유에게 물려주려 하였으나, 허유가 받지 않았다. 다시 자주지보子州支父에게 물려주려 하자 자주지보가 말하였다.

"나를 천자로 삼아 주는 것도 괜찮기는 하겠습니다. 그러나 나는 마침 우울증을 앓고 있어서 그것을 치료 중이니 천하를 다스릴 겨를이 없겠습니다."

천하는 지극히 중대한 것이지만 그것 때문에 자기 삶을 해치지는 않겠다는 것이다. 그러니 하물며 다른 것으로 그의 삶을 해칠 수가 있겠는가? 오직 천하를 아무것도 아니라고 생각하는 사람에게는 천하를 맡겨도 괜찮은 것이다.

| 원문 |

堯以天下讓許由, 許由不受. 又讓於子州支父,[1] 子州支父曰; 以我爲天子, 猶之可也. 雖然, 我適有幽憂之病,[2] 方且治之, 未暇治天下也.

夫天下, 至重也, 而不以害其生, 又況他物乎? 唯無以天下爲者, 可以託天下也.

| 해설 |

천하는 '무위'로써만 올바로 다스릴 수 있다는 얘기이다. 『여씨춘추呂氏春秋』 귀생貴生편에 같은 얘기가 보인다.

---

1 子州支父(자주지보) : 뒤에 보이는 자주지백(子州支伯)과 같은 인물이라고 보는 이도 있다(李頤 說).
2 幽憂之病(유우지병) : 마음으로 근심하는 병. 우울증.

2

순임금이 천하를 자주지백子州支伯에게 맡기려 하니, 자주지백이 말하였다.

"나는 마침 우울병에 걸려 있어서 그 병을 치료하고 있는 중이라 천하를 다스릴 틈이 없습니다."

본시 천하란 큰 그릇이지만 그의 삶과는 바꾸지 않겠다는 것이다. 이것이 도를 터득하고 있는 사람이 세속적인 사람들과 다른 점인 것이다.

| 원문 |

舜讓天下於子州支伯, 子州支伯曰; 予適有幽憂之病, 方且治之, 未暇治天下也.

故天下,¹ 大器也, 而不以易生. 此有道者之所以異乎俗者也.

| 해설 |

앞 대목과 같은 취지의 글이다. 세상 일이나 물건에 끌려 자기 삶을 어지럽혀서는 안 된다는 것이다.

3

순임금이 천하를 선권善卷에게 물려주려 하자 선권이 말하였다.

"나는 우주 가운데 서서, 겨울철이면 털가죽 옷을 입고 여름철이면 칡베 옷을 입습니다. 봄이면 밭 갈고 씨 뿌리는데 육체는 움직이며 노동하기에 족합니다. 가을이면 농사 지은 것을 거둬 들여서 내 몸은 충

---

1 故天下(고천하) : 고(故)는 고(固)와 통하여, '본시 천하는'의 뜻.

분히 쉬며 먹고 지냅니다. 해가 뜨면 나가서 일을 하고 해가 지면 들어와 쉽니다. 하늘과 땅 사이를 왔다갔다 하고 있어서 내 마음과 뜻은 스스로 만족하고 있습니다. 내 어찌 천하를 다스리겠습니까? 슬프게도 임금님은 나를 이해하지 못하고 있습니다."

마침내 그는 천하를 받지 않고, 그 때부터 나라를 떠나 깊은 산으로 들어갔는데, 그가 사는 곳을 알 수가 없었다.

| 원문 |

舜以天下讓善卷, 善卷曰; 予立於宇宙之中, 冬日衣皮毛, 夏日衣葛絺.[1] 春耕種, 形足以勞動. 秋收斂, 身足以休食. 日出而作, 日入而息. 逍遙於天地之閒, 而心意自得. 吾何以天下爲哉? 悲夫, 子之不知予也.

遂不受, 於是去而入深山, 莫知其處.

| 해설 |

이것도 앞 대목들과 같은 글. 도를 체득한 사람은 천하도 버리고 자연을 따라 소요하는 것이다.

4

순이 천하를 그의 친구인 석호지농石戶之農에게 물려주려 하자 석호지농이 말하였다.

"무척 애를 쓰시는군요. 임금님은 힘을 다해 일이나 하는 분이십니다."

그는 순임금의 덕도 지극하지 못하다고 여겼던 것이다. 그리하여

---

1 葛絺(갈치) : 칡베. 치는 특히 고운 칡베임.

부부가 손을 잡고 자식들을 이끌고 바다 섬 속으로 들어가 평생 동안 돌아오지 않았다.

| 원문 |

舜以天下讓其友石戶之農,**1** 石戶之農曰; 捲捲乎,**2** 后之爲人, 葆力**3** 之士也.

以舜之德爲未至也. 於是夫負妻戴,**4** 攜子以入於海, 終身不反也.

| 해설 |

같은 내용이 『여씨춘추呂氏春秋』 이속離俗편에도 보인다.

5

주周나라의 태왕단보大王亶父가 분邠에 살고 있을 때, 서쪽 오랑캐들이 공격해 왔다. 태왕단보는 전쟁을 피하려고 그들에게 가죽과 비단을 바치며 달랬으나 듣지 않았다. 그들에게 개와 말을 바치며 달래도 듣지 않았다. 그들에게 진주와 구슬을 바치며 달래도 듣지 않았다. 서쪽 오랑캐들이 바라는 것은 땅이었다. 이에 태왕단보가 말하였다.

"남의 형과 함께 살면서 그의 아우를 죽이거나, 남의 아버지와 함께 살면서 그의 자식을 죽이는 일을 나는 차마 못하겠다. 그대들은 모두가 힘써 여기서 잘 살아라. 내 신하가 되는 것과 서쪽 오랑캐의 신하

---

1 石戶之農(석호지농) : 성이 석호, 이름이 지농. 그러나 석호를 땅 이름으로 보고 '석호의 농부'라 풀이하는 이도 있다.

2 捲捲乎(권권호) : 무척 애쓰는 모양. 힘써 일하는 모양.

3 葆力(보력) : 힘을 다해 일하는 것.

4 夫負妻戴(부부처대) : 물건을 남편은 지고 처는 이고 가는 것.

가 되는 것이 무엇이 다르겠는가? 내가 듣건대 백성을 다스리는 데 쓰이는 물건을 위해서 다스려 주어야 할 백성들을 해치지 않는 법이라 하였다."

그리고는 지팡이를 짚고서 그곳을 떠났다. 백성들은 줄을 지어 그를 따라가서 마침내 기산岐山 아래에 이르러 새로운 나라를 이룩하였다.

태왕단보 같은 이는 삶을 존중할 줄 안다고 말할 수가 있겠다. 삶을 존중할 줄 아는 사람은 비록 존귀하고 부하다 하더라도 몸을 보양하는 수단을 위하여 자신을 손상케 하지 않는다. 비록 가난하고 천하다 하더라도 이익을 위하여 육체에 해를 끼치지 않는다. 지금 세상 사람들은 높은 벼슬과 존귀한 지위에 있는 사람이라도 모두가 생활 수단을 잃는 것을 중시한다. 그래서 이익을 보기만 하면 가벼이 그 자신을 파멸시키고 있으니, 어찌 미혹된 것이 아니겠는가?

| 원문 |

大王亶父¹居邠, 狄人攻之. 事之以皮帛而不受, 事之以犬馬而不受, 事之以珠玉而不受. 狄人之所求者, 土地也.

大王亶父曰; 與人之兄居, 而殺其弟, 與人之父居, 而殺其子, 吾不忍也. 子皆勉居矣. 爲吾臣, 與爲狄人臣, 奚以異? 且吾聞之, 不以所用養,² 害所養.³

因杖筴而去之, 民相連而從之, 遂成國於岐山之下.

夫大王亶父, 可謂能尊生矣. 能尊生者, 雖貴富, 不以養傷身. 雖貧賤,

---

1 大王亶父(태왕단보) : 왕계(王季)의 아버지. 문왕의 할아버지. 흔히 태왕 또는 고공단보(古公亶父)라 부른다.
2 所用養(소용양) : 백성을 다스리는 데 쓰이는 물건. 곧 땅이나 재물을 가리킨다.
3 所養(소양) : 길러 주어야 하는 것, 다스려 주어야 할 것, 곧 백성을 가리킨다.

不以利累形. 今世之人, 居高官尊爵者, 皆重失之.[4] 見利輕亡其身. 豈不惑哉?

| 해설 |

　이와 같은 글이 『여씨춘추』 심위審爲편 및 『회남자淮南子』 도응道應편에도 보인다. 이익이나 명분을 위하여 전쟁을 불사하는 정치가들에게는 좋은 교훈이 될 것이다.

6

　월나라 사람들이 삼 대에 걸쳐 그들의 임금을 죽였다. 왕자인 수搜는 그것이 걱정되어 남산의 단혈丹穴로 도망쳤으므로 월나라에는 임금이 없게 되었다. 그래서 신하들이 왕자 수를 찾아 나섰으나 찾지 못하다가 간신히 단혈에서 그를 찾아냈다. 그러나 왕자 수는 단혈에서 나오려 하지 않았다. 월나라 사람들은 쑥을 굴속에 피워 나오게 하여 임금이 타는 수레에 태웠다. 왕자 수는 수레의 줄을 잡고 수레에 올라 하늘을 우러러보며 울부짖었다.

　"임금이라니, 임금이라니! 어째서 나를 놓아 줄 수가 없다는 것인가?"

　왕자 수는 임금이 되기가 싫었던 것이 아니라 임금 노릇을 함으로써 생기는 환난이 싫었던 것이다. 왕자 수 같은 사람은 나라 때문에 자기 삶을 다치게 하지 않으려 했던 사람이라 할 수 있다. 그래서 월나라 사람들은 그를 찾아내 임금으로 삼고자 하였던 것이다.

---

4 重失之(중실지) : 생활 수단인 재물이나 이익을 잃는 것을 중시하다.

越人三世弑其君. 王子搜¹患之, 逃乎丹穴.² 而越國無君, 求王子搜不
得, 從之丹穴. 王子搜不肯出, 越人薰³之以艾,⁴ 乘以王輿. 王子搜援綏⁵
登車, 仰天而呼曰; 君乎, 君乎! 獨不可以舍我乎?

王子搜非惡爲君也, 惡爲君之患也. 若王子搜者, 可謂不以國傷生矣.
此固越人之所欲得爲君也.

임금은 나라를 다스리는 일보다도 사람들의 삶을 번거롭지 않게 잘 보
살펴 주는 것이 더욱 중요하다는 얘기이다. 『여씨춘추』귀생貴生편에도
같은 글이 보인다.

7

한韓나라와 위魏나라가 서로 다투다 상대방의 영토를 침략하였다.
자화자子華子가 한나라의 소희후昭僖侯를 뵈니 소희후는 근심하는 빛
을 띠고 있었다. 자화자가 말하였다.

"지금 가령 천하 사람들이 임금님 앞에 서약서를 제출했다 하십시
다. 서약서의 문장에는 '왼손으로 이것을 잡는 사람은 오른손이 없어
진다. 오른손으로 이것을 잡는 사람은 왼손이 없어진다. 그러나 이것
을 잡는 사람은 반드시 천하를 차지하게 될 것이다'고 씌어 있습니다.

---

1 王子搜(왕자수) : 수는 이름. 예(翳)의 아들. 무전(無顓)의 별명이라고도 한다.
2 丹穴(단혈) : 남산에 있는 굴 이름.
3 薰(훈) : 불로 그을리는 것.
4 艾(애) : 쑥.
5 援綏(원수) : 수레 위에 달린 줄을 잡는 것.

임금님께서는 그 서약서를 잡을 수가 있겠습니까?"

소희후가 말하였다.

"나는 잡지 않겠소."

자화자가 말하였다.

"매우 좋습니다. 그렇게 본다면 두 팔은 천하보다도 중한 것입니다. 몸은 또한 두 팔보다도 중합니다. 그리고 한나라는 천하에 비하여 훨씬 더 가볍습니다. 지금 다투고 있는 땅은 한나라보다도 또 훨씬 가벼운 것입니다. 그런데 임금님께서는 자신이 근심을 안고 삶을 손상시키면서까지 그것을 얻지 못하여 걱정하고 계십니다."

소희후가 말하였다.

"훌륭한 말씀이오. 나에게 가르쳐 준 사람들이 많지만 일찍이 이러한 말은 듣지 못하였소."

자화자는 일의 가볍고 무거운 평가를 올바로 알았다고 할 수 있을 것이다.

| 원문 |

韓魏相與爭侵地. 子華子[1]見昭僖侯, 昭僖侯有憂色. 子華子曰; 今使天下書銘[2]於君之前, 書之言曰; 左手攫[3]之, 則右手廢. 右手攫之, 則左手廢. 然而攫之者, 必有天下. 君能攫之乎?

昭僖侯曰; 寡人不攫也.

子華子曰; 甚善. 自是觀之, 兩臂重於天下也. 身亦重於兩臂. 韓之輕於天下, 亦遠矣. 今之所爭者, 其輕於韓又遠. 君固愁身傷生, 以憂戚[4]不

---

1 子華子(자화자) : 위(魏)나라의 현인. 앞 '임금을 만나고자 하는 칙양'편에 '화자(華子)'로 이미 나왔다.

2 書銘(서명) : 서약서를 쓰는 것.

3 攫(확) : 잡다, 붙들다.

得也.

昭僖侯曰; 善哉. 敎寡人者衆矣. 未嘗得聞此言也.

子華子可謂知輕重矣.

| 해설 |

앞 대목과 비슷한 뜻을 지닌 글이며, 역시 『여씨춘추』 심위審爲편에도
보인다.

8

노나라 임금이 안합顔闔이란 사람이 도를 터득하였다는 말을 듣고,
사람을 시켜 폐물幣物을 들고 먼저 찾아가 보도록 하였다. 안합은 누
추한 집에 살면서, 삼베 옷을 입고 몸소 소에게 먹이를 먹이고 있었
다. 노나라 임금의 사신이 찾아오자 안합은 몸소 그를 맞이하였다.

사신이 말하였다.

"여기가 안합의 집입니까?"

안합이 대답하였다.

"여기가 안합의 집입니다."

사신이 폐물을 바치자 안합이 말하였다.

"아마도 잘못 듣고 사신을 보낸 듯하군요. 죄가 될는지도 모르니 한
번 확인하시는 것이 좋을 것 같습니다."

사신은 돌아가 확인을 한 다음, 다시 와서 그를 찾았으나 이미 그를
찾을 수가 없었다.

본시 안합 같은 이는 정말로 부귀를 싫어하는 사람이다. 그러므로

---

4 憂戚(우척) : 걱정하다, 근심하다.

말하기를 "진실한 도로써 자기 몸을 다스리고, 그 나머지로써 국가를 돌보고, 그 찌꺼기로써 천하를 다스리는 것이다"고 하는 것이다. 이로써 본다면 제왕들의 공로란 성인들에게는 하잘것 없는 일인 것이며, 그런 일은 자신을 완전히 간수하고 삶을 보양하는 방법은 되지 못하는 것이다. 지금 세속의 군자들은 대부분이 자신을 위험에 빠뜨리고 삶을 버리면서까지 사물을 추구하고 있으니, 어찌 슬프지 않은가?

모든 성인의 행동이란 반드시 그것을 하는 까닭과 그것을 하는 방법을 먼저 살피는 것이다. 지금 여기에 어느 사람이 유명한 수후隨侯의 구슬로써 천길 높이의 참새를 쏘았다면 세상 사람들은 반드시 그를 비웃을 것이다. 그것은 어째서인가? 그것은 그가 사용하는 것이 귀중한 것임에 반하여 그것으로 구하려는 것은 가벼운 것이기 때문이다. 사람의 삶이야 어찌 수후의 구슬의 귀중함보다 못하겠는가?

| 원문 |

魯君聞顔闔¹得道之人也, 使人以幣先焉. 顔闔守陋閭,² 苴布³之衣, 而自飯牛. 魯君之使者至, 顔闔自對之.

使者曰; 此顔闔之家與?

顔闔對曰; 此闔之家也.

使者致幣, 顔闔對曰; 恐聽者謬而遺使者罪, 不若審之. 使者還反, 審之,⁴ 復來求之, 則不得已.

故若顔闔者, 眞惡富貴也. 故曰; 道之眞, 以治身. 其緒餘, 以爲國家. 其土苴,⁵ 以治天下. 由此觀之, 帝王之功, 聖人之餘事也. 非所以完身養

---

1 顔闔(안합) : 노나라의 숨어 산 현인 이름.
2 陋閭(누려) : 누추한 집.
3 苴布(저포) : 거친 삼베.
4 審之(심지) : 사실을 자세히 확인하는 것.

生也. 今世俗之君子, 多危身棄生以殉物. 豈不悲哉?

凡聖人之動作也, 必察其所以之,[6] 與其所以爲.[7] 今且有人於此, 以隨侯之珠,[8] 彈千仞之雀, 世必笑之. 是何也? 則其所用者重, 而所要者輕也. 夫生者, 豈特隨侯之重哉?

| 해설 |

사람은 무엇보다도 소중한 삶을 잘 보전해야 한다. 높은 벼슬이나 이익에 이끌려 자기 마음이 뒤흔들려서는 안 된다는 것이다. 앞의 안합의 얘기는『여씨춘추』귀생貴生편에도 보인다.

9

열자列子가 궁해져서 그의 용모에 굶주린 빛이 역력했다. 한 손님이 그러한 사실을 정鄭나라 자양子陽에게 말하였다.

"열자는 도를 터득하고 있는 사람입니다. 선생의 나라에 살면서 궁해졌다면 선생이 선비를 좋아하지 않으시는 셈이 되지 않습니까?"

정나라 자양은 곧 관리들에게 명하여 열자에게 양식을 보내 주도록 하였다. 열자는 사자들을 보자 두 번 절하고는 사양하였다. 사자들이 가 버린 뒤 열자가 들어오자 그의 처는 그를 보고 가슴을 치면서 말하였다.

"제가 듣건대 도를 터득한 사람의 처자들은 누구나 안락함을 누린다 하였습니다. 지금 굶주린 빛이 있자, 그 분이 사람을 시켜 먹을 것

---

5 土苴(토자) : 흙과 두엄. 찌꺼기.
6 所以之(소이지) : 행하는 이유.
7 所以爲(소이위) : 행할 방법.
8 隨侯之珠(수후지주) : 수나라 제후가 얻었다는 뱀이 물어다 준 유명한 진주.

을 보내 왔는데도 당신은 받지 않았습니다. 어찌 천명이 아니겠습니까?"

열자는 웃으면서 그에게 말하였다.

"그 분은 자신이 나를 알아본 것이 아니오. 남의 말만 듣고서 나에게 양식을 보낸 것이오. 그러다가는 나를 죄 주는 일도 역시 남의 말만 듣고 할 것이오. 이것이 내가 받지 않은 까닭이오."

그 뒤에 백성들이 결국 난리를 일으켜 자양을 죽여 버렸다.

| 원문 |

子列子窮, 容貌有飢色. 客有言之於鄭子陽[1]者, 曰; 列禦寇, 蓋有道之士也. 居君之國而窮, 君無乃爲不好士乎?

鄭子陽卽令官遺之粟. 子列子見使者, 再拜而辭. 使者去, 子列子入, 其妻望之而拊心,[2] 曰; 妾聞爲有道者之妻子, 皆得佚樂. 今有饑色, 君過而遺先生食. 先生不受, 豈不命邪?

子列子笑, 謂之曰; 君非自知我也. 以人之言而遺我粟, 至其罪我也, 又其以人之言. 此吾所以不受也.

其卒, 民果作難而殺子陽.

| 해설 |

이 얘기는『여씨춘추』관세觀世편 및『열자』설부說符편에도 보인다. 남의 말만 듣고 쉽사리 판단을 내리는 사람은 그릇된 판단을 내리기도 쉬운 인물이라는 얘기이다.

---

1 鄭子陽(정자양) : 정나라 재상을 지낸 자양.
2 拊心(부심) : 가슴을 두드리는 것.

10

초나라 소왕昭王이 오나라와의 싸움에서 나라를 잃고 도망하였을 때, 양羊 백정인 열說도 도망하여 소왕을 따라갔다. 소왕이 뒤에 나라로 돌아와서 피난길을 따라 왔던 사람들에게 상을 줄 때 양 백정 열의 차례가 되었다. 이 때 양 백정 열이 말하였다.

"대왕께서 나라를 잃으셨을 때 저도 양 백정 직업을 잃었습니다. 대왕께서 나라로 되돌아오시니 저도 양 백정이란 직업으로 되돌아왔습니다. 저의 벼슬이나 녹은 이미 되찾은 셈입니다. 또 무슨 상을 말씀하십니까?"

임금은 신하들에게 억지로라도 상을 주라고 말하였다. 그러자 양 백정 열은 말하였다.

"대왕께서 나라를 잃으셨던 것은 저의 죄가 아니었기 때문에 감히 그 처벌을 받지 않아도 되었습니다. 대왕께서 나라로 되돌아오신 것도 저의 공로가 아니기 때문에 감히 그 상을 받지 못하겠습니다."

임금이 그를 만나게 데려오라고 하였다. 그러자 양 백정 열은 말하였다.

"초나라의 법도에 의하면 큰 공을 세운 사람에게는 반드시 무거운 상이 내려진 다음에야 임금님을 뵙게 되어 있습니다. 지금 저의 지혜는 나라를 보존시키기에는 부족하고, 저의 용기는 적 앞에 죽음을 무릅쓰기에 부족합니다. 그래서 오나라 군대들이 우리 나라 영郢 땅에 침입했을 때 저는 환난이 두려워서 적군을 피하려고 피난을 갔던 것이지, 일부러 대왕을 따라갔던 것이 아닙니다. 지금 대왕께서는 우리 나라 법도를 무시하고 규약을 어기면서까지 저를 접견하려 하시니, 이렇게 되면 저는 천하 사람들로부터 많은 비난을 받게 될 것입니다."

소왕이 사마司馬 자기子綦에게 말하였다.

"양 백정 열은 신분과 생활은 비천하지만 사리에 대하여는 매우 높

은 식견을 지니고 있소. 사마는 나를 위하여 그를 초청해다가 삼공三
公의 지위에 앉히시오."

양 백정 열이 이 말을 듣고 말하였다.

"삼공의 지위가 양 백정의 직업보다 존귀하다는 것은 저도 알고 있
습니다. 만종萬鍾의 녹은 양 백정 노릇을 하는 이익보다 훨씬 많다는
것도 저는 알고 있습니다. 그렇지만 어찌 벼슬과 녹을 탐하여 우리 임
금님으로 하여금 함부로 그런 것을 나누어 준다는 말을 듣게 할 수 있
겠습니까? 저는 감히 받아들이지 못하겠습니다. 저의 양을 잡는 도살
장으로 되돌아가는 것이 저의 소원입니다."

그러고는 끝내 받지 않았다.

원문

楚昭王失國, 屠羊說走而從昭王. 昭王反國, 將賞從者, 及屠羊說.

屠羊說曰; 大王失國, 說失屠羊. 大王反國, 說亦反屠羊. 臣之爵祿已
復矣. 又何賞之言?

王曰; 强之. 屠羊說[1]曰; 大王失國, 非臣之罪, 故不敢伏其誅. 大王反
國, 非臣之功, 故不敢當其賞.

王曰; 見之. 屠羊說曰; 楚國之法, 必有重賞大功, 而後得見. 今臣之
知, 不足以存國, 而勇, 不足以死寇, 吳軍入郢,[2] 說畏難而避寇, 非故隨
大王也. 今大王欲廢法毀約而見說, 此非臣之所以聞於天下也.

王謂司馬子綦[3]曰; 屠羊說, 居處卑賤, 而陳義甚高. 子其爲我延之,[4]
以三旌之位.

---

1 屠羊說(도양열) : 양 도살을 직업으로 하는 열이라는 사람.
2 郢(영) : 초나라 수도.
3 司馬子綦(사마자기) : 사마 벼슬을 하는 자기. 사마는 군정 장관(軍政長官)임.
4 延之(연지) : 그를 불러다가.

屠羊說曰; 夫三旌⁵之位, 吾知其貴於屠羊之肆也. 萬鍾之祿,⁶ 吾知其富於屠羊之利也. 然豈可以貪爵祿, 而使吾君有妄施之名乎? 說不敢當. 願復反吾屠羊之肆.

遂不受也.

| 해설 |

사람은 높은 벼슬보다도 자기 분수에 맞는 일을 찾아 편안히 지낼 줄 알아야 한다는 얘기이다. 비슷한 글이 『한시외전韓詩外傳』 염계廉稽편에도 보인다.

11

원헌原憲이 노나라에 살고 있을 때, 그의 집은 사방 한 칸 정도의 작은 집이었는데, 초가 지붕에는 풀이 자라 있었고, 싸리문은 부서져 있었으며, 뽕나무 줄기로 문지도리를 삼고, 깨진 항아리를 박아 창을 낸 두 개의 방이 있었는데, 칡베로 창을 가리고 있었다. 위에서는 비가 새고 아래 바닥은 축축했는데, 원헌은 똑바로 앉아서 금琴을 뜯고 있었다.

자공은 큰 말이 끄는 수레를 탔는데, 수레 안쪽은 보랏빛 천으로 장식하고 겉 포장은 흰 천으로 만든 것이었다. 이 큰 수레는 그 집 골목 안으로 들어갈 수가 없어 그는 걸어들어가서 원헌을 만났다. 원헌은 가죽나무 껍질 관을 쓰고 뒤축도 없는 신을 신은 채 명아주 지팡이를 짚고 문으로 나와 그를 마중하였다.

---

5 三旌(삼정) : 삼규(三珪)로 된 판본도 있으며(司馬本), 삼공에 해당하는 높은 벼슬.
6 萬鍾之祿(만종지록) : 1종은 250되의 곡식. 삼공의 녹을 뜻한다.

자공이 말했다.

"아아, 선생께선 어찌 이렇게 고생을 하시오?"

원헌이 그에게 대답하였다.

"내가 듣건대 재물이 없는 것은 가난하다 하고, 배우고도 행하지 못하는 것을 고생이라 한다 하였소. 지금 나는 가난한 것이지 고생하는 것은 아니오."

자공은 우물쭈물 뒷걸음질치면서 부끄러운 얼굴빛을 띠었다. 원헌이 웃으면서 말하였다.

"세상의 좋은 평판을 바라면서 행동하고, 자기와 친하게 어울리는 사람들만을 벗하고, 학문은 남에게 뽐내기 위해서 하고, 가르침은 자기의 이익을 위해서 하고, 어짊과 의로움을 내세워 간악한 짓을 하고, 수레와 말을 장식하는 일들은 나로서는 차마 하지 못하는 일이오."

| 원문 |

原憲¹居魯, 環堵²之室, 茨³以生草, 蓬戶⁴不完, 桑以爲樞,⁵ 而甕牖⁶二室, 褐以爲塞. 上漏下濕, 匡坐⁷而弦.

子貢乘大馬, 中紺⁸而表素.⁹ 軒車¹⁰不容巷, 往見原憲. 原憲華冠¹¹縰

---

1 原憲(원헌) : 공자의 제자. 성은 원, 이름은 사(思), 자가 헌. 『논어』 헌문(憲問)편을 참조 바람. 공자의 제자 중에서도 안빈 낙도한 사람으로 유명하다.
2 環堵(환도) : 사방이 한 칸 정도 되는 넓이.
3 茨(자) : 지붕을 이은 이엉.
4 蓬戶(봉호) : 쑥대를 엮어 만든 문. 싸리문.
5 樞(추) : 문지도리.
6 甕牖(옹유) : 깨진 항아리를 벽에 박아 창문을 낸 것.
7 匡坐(광좌) : 바른 자세로 앉는 것.
8 中紺(중감) : 안을 보라색 천으로 장식한 것.
9 表素(표소) : 흰 비단으로 겉 포장을 친 것.
10 軒車(헌거) : 큰 수레.
11 華冠(화관) : 화는 화(樺)와 통하여, 가죽나무 껍질로 만든 관.

履,¹² 杖藜¹³而應門.

子貢曰; 嘻, 先生何病?

原憲應之曰; 憲聞之, 無財謂之貧, 學而不能行謂之病. 今憲貧也, 非病也.

子貢逡巡¹⁴而有愧色, 原憲笑曰; 夫希世¹⁵而行, 比周¹⁶而友, 學以爲人, 敎以爲己, 仁義之慝,¹⁷ 輿馬之飾, 憲不忍爲也.

| 해설 |

공자의 제자 중에서 원헌은 가난하기로 유명하고, 자공은 돈벌이 재주가 뛰어나기로 유명하다. 그러나 가난하든 부유하든 자기 분수를 따라 도를 추구할 줄 알아야 한다는 얘기이다. 같은 얘기가 『한시외전』 증자사曾子仕편 및 『신서新序』 절사節士편에도 보인다.

12

증자가 위衞나라에 있을 적에, 해진 솜옷은 겉천이 거의 없을 정도였고, 얼굴빛은 부황기가 돌았고, 손과 발에는 못이 박여 있었다. 사흘 동안 밥을 짓지 못하기 일쑤였고, 십 년 동안 옷을 만들어 보지 못하였다. 관을 바로 쓰려 해도 관끈이 끊어져 있었고, 옷깃을 여미려면 팔꿈치가 나왔으며, 신을 신으면 뒤꿈치가 떨어져 있었다. 그러나 그

---

12 縰履(사리) : 뒤축이 떨어진 신.
13 藜(려) : 명아주. 명아주대로 만든 지팡이.
14 逡巡(준순) : 우물쭈물 뒷걸음질 치는 것.
15 希世(희세) : 세상의 명성이나 좋은 평판을 바라는 것.
16 比周(비주) : 자기와 통하는 친한 사람들
17 慝(특) : 악함, 간악함.

가 신을 끌면서 『시경詩經』 상송商頌을 노래하면 소리가 하늘과 땅 사이에 가득 차서 악기에서 나오는 소리 같았다.

천자도 그를 신하로 삼을 수가 없었고 제후들도 그를 벗할 수가 없었다. 그러므로 뜻을 기르는 사람은 자기 형체를 잊고, 자기 형체를 기르는 사람은 이익을 잊으며, 도를 닦으려는 사람은 마음조차도 잊는 것이다.

| 원문 |

曾子居衛, 縕袍[1]無表,[2] 顔色腫噲,[3] 手足胼胝.[4] 三日不擧火, 十年不製衣. 正寇而纓絶, 捉衿[5]而肘見, 納履而踵決. 曳縦[6]而歌商頌, 聲滿天地, 若出金石.

天子不得臣, 諸侯不得友. 故養志者忘形, 養形者忘利, 致道者忘心矣.

| 해설 |

가난한 중에도 올바른 도리를 즐기며 사는 증자의 모습을 쓴 글. 『한시외전』과 『신서』에는 모두 원헌의 고사로서 비슷한 얘기가 실려 있다.

---

1 縕袍(온포) : 떨어진 무명 옷. 온은 묵은 솜.
2 無表(무표) : 옷 겉천이 다 해져 거의 없는 것.
3 腫噲(종쾌) : 부황기가 있는 것.
4 胼胝(병지) : 못이 박이는 것.
5 捉衿(착금) : 옷깃을 여미는 것.
6 曳縦(예사) : 사는 사(屣)와 통하여, 신을 끄는 것.

13

공자가 안회에게 말하였다.

"안회야! 집안이 가난하고 신분도 천한데 어찌하여 벼슬을 하지 않느냐?"

안회가 대답하였다.

"벼슬하고 싶지 않습니다. 제게는 성곽 밖에 밭 오십 묘畝가 있으니 죽을 공급하기에 충분합니다. 성곽 안에 밭 십 묘가 있으니 무명과 삼을 공급하기에 족합니다. 금琴을 타고 지내면 스스로 즐기기에 족합니다. 선생님에게서 배운 도는 스스로 즐겁게 살기에 족합니다. 저는 벼슬하고 싶지 않습니다."

공자는 갑자기 얼굴빛을 바꾸면서 말하였다.

"훌륭하다, 그대의 뜻이여! 내가 듣건대 만족할 줄 아는 사람은 이익 때문에 스스로를 해치지 않고, 자득할 줄 아는 사람은 이익을 잃어도 두려워하지 않고, 속마음의 수행이 되어 있는 사람은 지위가 없어도 부끄러워하지 않는다 하였다. 나는 그것을 마음에 새겨 둔 지 오래되었으나, 지금 그대에게서 뒤늦게야 그것이 실행되고 있음을 본다. 이것은 나의 소득이다."

| 원문 |

孔子謂顏回曰; 回來! 家貧居卑, 胡不仕乎?

顏回對曰; 不願仕. 回有郭外之田五十畝,[1] 足以給飦粥.[2] 郭內之田十畝, 足以爲絲麻. 鼓琴足以自娛. 所學夫子之道者, 足以自樂也. 回不願仕.

---

1 畝(묘) : 땅 넓이의 단위. 한 마지기 정도.
2 飦粥(전죽) : 범벅과 죽.

孔子愀然3變容曰; 善哉, 回之意. 丘聞之, 知足者, 不以利自累也. 審自得者, 失之而不懼. 行修於內者, 無位而不怍.4 丘誦5之久矣, 今於回而後見之. 是丘之得也.

| 해설 |

이것도 밖의 이익에 끌리지 않고 올바른 도를 즐기는 선비의 생활을 교훈적으로 쓴 것이다.

14

중산中山의 공자모公子牟가 첨자瞻子에게 말하였다.

"몸은 강과 바닷가에 숨어 살면서도 마음은 언제나 위魏나라 궁궐 아래에 가 있으니 어찌하면 좋겠습니까?"

첨자가 말하였다.

"삶을 소중히 하십시오. 삶을 소중히 하면 이익이 가볍게 느껴집니다."

중산의 공자모가 말하였다.

"비록 그러함을 알고 있기는 하지만 스스로를 이겨내지 못하고 있습니다."

첨자가 말하였다.

"스스로 이겨내지 못하겠거든 그대로 마음을 따르십시오. 그러면 정신적 고뇌가 없어질 것입니다. 스스로 이겨내지 못하면서도 억지로

---

3 愀然(초연) : 얼굴빛이 변하는 모양.
4 怍(작) : 부끄러워하는 것.
5 誦(송) : 외다. 마음에 새겨두다.

마음을 따르지 않는 것을 거듭 자기를 손상시키는 것이라 합니다. 거듭 자기를 손상케 하는 사람 중에는 오래 사는 이가 없습니다."

위魏나라의 모는 임금의 아들이다. 따라서 그가 바위굴 속에 숨는데 있어서는 평민의 선비보다 어려움이 있었을 것이다. 비록 도에까지 이르지는 못하였지만, 도를 터득하려는 뜻은 지니고 있다고 할 수는 있을 것이다.

| 원문 |

中山公子牟**1**謂瞻子曰; 身在江海之上, 心居乎魏闕之下. 奈何?

瞻子曰; 重生. 重生則利輕.

中山公子牟曰; 雖知之, 未能自勝也.

瞻子曰; 不能自勝則從. 神無惡乎. 不能自勝而强不從者, 此之謂重傷.**2** 重傷之人, 無壽類矣.

魏牟, 萬乘之公子也. 其隱巖穴也, 難爲於布衣之士. 雖未至乎道, 可謂有其意矣.

| 해설 |

한 나라의 공자이면서도 자연 속에 숨어 살려고 하는 공자모의 노력을 칭찬하면서도, 다만 사람은 억지로 행동할 것이 아니라 마음이 내키는 대로 자연스럽게 행동하는 것이 좋다는 것이다. 이 얘기는 『회남자淮南子』 도응道應편 및 『여씨춘추』 심위審爲편에도 보인다.

---

1 中山公子牟(중산공자모) : '중산'은 그의 봉지(封地) 이름. '모'는 위나라 공자인 그의 이름.
2 重傷(중상) : 거듭 손상케 하는 것.

15

공자가 진陳나라와 채蔡나라 사이에서 곤경에 빠졌을 때, 이레 동안이나 밥을 짓지 못하였고, 명아주국에 곡식알 없이 먹고 지냈다. 그래서 얼굴빛이 매우 지쳐 있었으나, 공자는 방에서 금을 타면서 노래를 하였다. 안회는 밖에서 나물을 뜯고 있었는데, 자로와 자공이 주거니 받거니 말하였다.

"우리 선생님은 노나라에서 두 번이나 쫓겨났고, 위衛나라에서도 추방당하였으며, 송나라에서는 그를 깔려죽게 하려고 나무를 베어 넘겼고, 상商나라와 주周나라에서도 곤경에 빠졌었는데, 이제 진陳나라와 채蔡나라 사이에서도 포위를 당하였다. 선생님을 죽여도 죄가 되지 않게 되었고, 선생님을 모욕하여도 금하는 이가 없게 되었다. 그런데도 금을 타고 노래하면서 음악을 그친 일이 없다. 군자로서 수치를 모른다 해도 이렇게 될 수가 있겠는가?"

안회는 대꾸도 하지 않고 있다가 들어와 공자에게 아뢰었다. 공자는 금을 옆으로 밀어 놓으면서 크게 탄식하며 말하였다.

"자로와 자공은 자잘한 인간이다. 불러오너라. 내가 그들에게 얘기하겠다."

자로와 자공이 들어왔다. 자로가 말하였다.

"이러한 지경이면 궁지에 몰렸다고 말할 수 있을 것입니다."

공자가 말하였다.

"그게 무슨 말이냐? 군자가 도에 통달한 것을 도통이라 말하고, 도에 궁하여진 것을 궁지라 말하는 것이다. 지금 나는 어짊과 의로움의 도를 품고서 어지러운 세상의 환난을 만나기는 하였지만, 그것이 어찌 궁지에 몰린 것이 되겠느냐? 그러므로 마음 속으로 반성하여 도에 궁하지 않아야 하며, 어려움을 당하여도 그의 덕을 잃지 않아야 된다. 날씨가 차가운 철이 되어 서리와 눈이 내리면 우리는 그 때야 소나무나 잣나무의 꿋꿋함을 알게 된다. 진나라와 채나라 사이의 곤경이란 나에게는 오히려 다행인 듯하다."

그리고 공자는 스르륵 금을 되잡아 타며 노래를 하였다. 그러자 자로는 벌떡 일어나 방패를 들고 거기에 맞추어 춤을 추었다.

자공이 말하였다.

"나는 하늘이 높은 것도 땅이 낮은 것도 알지 못하는 위인이로다. 옛날의 도를 터득했던 사람들은 곤경에 빠져도 즐기고 뜻이 통하게 되어도 즐겼다. 그들이 즐긴 것은 곤경과 통달이 아니었다. 도덕이 여기에 있다면, 곤경과 통달은 춥고 덥고 바람 불고 비 오는 기후 변화와도 같은 것이 되는 것이다. 그러므로 허유許由는 영수潁水 가에 숨어 살면서 즐겼고, 공백共伯은 공수산共首山에 숨어 살면서 스스로 만족하였던 것이다."

| 원문 |

孔子窮於陳蔡之閒, 七日不火食, 藜羹[1]不糝,[2] 顔色甚憊, 而弦歌於室. 顔回擇菜, 子路子貢相與言曰; 夫子再逐於魯,[3] 削迹於衛, 伐樹於宋, 窮於商周, 圍於陳蔡. 殺夫子者無罪. 藉[4]夫子者無禁. 弦歌鼓琴, 未嘗絶音. 君子之無恥也若此乎?

顔回無以應, 入告孔子. 孔子推琴, 喟然而歎曰; 由與賜, 細人也. 召而來, 吾語之.

子路子貢入, 子路曰; 如此者, 可謂窮矣.

孔子曰; 是何言也? 君子通於道之謂通, 窮於道之謂窮. 今丘抱仁義

---

1 藜羹(여갱) : 명아주국.
2 不糝(불삼) : 곡식알이 섞이지 않는 것.
3 再逐於魯(재축어로) : 이하는 앞 '산 속의 나무'편에 이미 같은 글이 나왔다.
4 藉(자) : 넘보다, 모욕하다.

之道, 以遭亂世之患, 其何窮之爲? 故內省而不窮於道, 臨難而不失其
德. 天寒旣至, 霜雪旣降, 吾是以知松柏之茂也. 陳蔡之隘, 於丘其幸乎.

孔子削然⁵反琴而弦歌. 子路抏然⁶執干而舞.

子貢曰; 吾不知天之高也, 地之下也. 古之得道者, 窮亦樂, 通亦樂.
所樂非窮通也. 道德於此, 則窮通爲寒暑風雨之序矣. 故許由娛於穎
陽,⁷ 而共伯⁸得乎共首.⁹

| 해설 |

여기에선 자기 외부의 변화에 마음을 움직이지 말아야 한다는 것을 공
자의 고사를 들어 가르치고 있다. 이와 같은 글이 『여씨춘추』 신인愼人편
에도 보인다.

16

순임금이 천하를 그의 친구인 북인무택北人無擇에게 넘겨 주려 하
였다. 이 때 북인무택이 말하였다.

"이상하도다, 임금의 사람됨이여. 밭 이랑 가운데 살고 있다가는
요임금 문하에 노닐더니, 거기에서 그치지 않고 또 그 욕된 행동을 가
지고 나를 더럽히려 하고 있다. 나는 그를 만나는 것조차도 부끄럽게
여기고 있다."

---

5 削然(삭연) : 금을 잡아당기는 모양.
6 抏然(흘연) : 떨치고 일어나는 모양.
7 穎陽(영양) : '영'은 강물 이름, '양'은 강물의 북쪽 기슭.
8 共伯(공백) : 이름은 화(和). 주왕(周王)의 손자. 왕위에 오르건 왕위를 물러나건 마음이
   움직이지 않았다 한다.
9 共首(공수) : 산 이름. 공구(共丘)라고도 부르며, 지금의 하남성(河南省) 공현(共縣) 서
   쪽에 있다.

그리고는 스스로 청령淸泠의 깊은 물에 자기 몸을 던졌다.

| 원문 |

舜以天下讓其友北人無擇.[1] 北人無擇曰; 異哉, 后之爲人也! 居於畎
畝[2]之中, 而遊堯之門. 不若是而已, 又欲以其辱行, 漫我. 吾羞見之.
　因自投淸泠[3]之淵.

| 해설 |

　자기의 본성을 지키기 위하여 자기 목숨을 스스로 끊은 북인무택의 이
야기이다.『여씨춘추』이속離俗편과『회남자』제속齊俗편에도 같은 글이
보인다.

17

　탕임금이 하나라 걸왕을 정벌하려고 변수卞隨에게 상의하였다. 변
수가 말하였다.

"제가 아는 일이 아닙니다."

탕임금이 말하였다.

"누가 좋겠소?"

"저는 모릅니다."

탕임금은 다시 무광瞀光에게 상의하였다. 무광이 말하였다.

"제가 아는 일이 아닙니다."

1　北人無擇(북인무택) : 북쪽에 사는 사람 무택.
2　畎畝(견묘) : 밭 둔덕과 이랑. 농사를 뜻한다.
3　淸泠(청령) : 강물 이름.

탕임금이 말하였다.

"누가 좋겠소?"

"저는 모릅니다."

"이윤伊尹이면 어떻겠소?"

"그는 강인하면서도 치욕을 견디는 사람입니다. 저는 그 이상은 알지 못합니다."

탕임금은 마침내 이윤과 계획을 상의하여 걸왕을 쳐서 승리하였다. 그러고는 천하를 변수에게 물려주려 하니, 변수는 사양하여 말하였다.

"임금께서 걸왕을 치실 때 제게 상의하였던 것은 반드시 제가 적신賊臣이라 생각하셨기 때문일 것입니다. 걸왕을 쳐부수고 나서 저에게 천하를 물려주려 하는 것은 반드시 저를 탐욕스런 인간이라 생각하셨기 때문일 것입니다. 제가 어지러운 세상에 태어나기는 하였지만, 무도無道한 사람들이 거듭 와서 그의 욕된 행동으로 저를 더럽히고 있으니, 저는 차마 자주 그런 말을 듣지 못하겠습니다."

그리고는 스스로 주수椆水에 몸을 던져 죽어 버렸다.

탕임금이 다시 무광에게 천하를 넘겨주려고 말하였다.

"지혜가 있는 자는 계책을 세우고, 군인들은 그 계책을 실천하고, 어진 사람이 그것을 다스리는 것이 옛날부터의 도입니다. 선생께서 어찌 임금 자리에 오르지 않을 수가 있겠습니까?"

무광은 사양하면서 말하였다.

"임금을 몰아내는 것은 의로움이 아니고, 백성들을 죽이는 것은 어진 행동이 아닙니다. 남이 그러한 짓을 범하여 어려운 일을 해놓은 것을 제가 그 이익을 누린다면 깨끗한 짓이 못 됩니다. 제가 듣건대 '의로운 사람이 아니라면 그 녹을 받지 않고, 무도한 세상에서는 그 흙을 밟지 않는다' 했습니다. 그런데 하물며 저를 높이려 하시니 어찌하겠습니까? 저는 차마 이런 꼴을 오래 보지 못하겠습니다."

그러고는 돌을 안고 스스로 여수盧水에 몸을 던져 버렸다.

| 원문 |

湯將伐桀, 因卞隨而謀. 卞隨曰; 非吾事也.

湯曰; 孰可?

曰; 吾不知也. 湯又因瞀光而謀, 瞀光曰; 非吾事也.

湯曰; 孰可. 曰; 吾不知也.

湯曰; 伊尹如何, 曰; 强力忍垢,[1] 吾不知其他也.

湯遂與伊尹謀, 伐桀, 剋[2]之. 以讓卞隨, 卞隨辭曰; 后之伐桀也, 謀乎我, 必以我爲賊也. 勝桀而讓我, 必以我爲貪也. 吾生乎亂世, 而無道之人再來漫[3]我以其辱行, 吾不忍數聞也.

乃自投椆水而死.

湯又讓瞀光, 曰; 知者謀之, 武者遂之, 仁者居之, 古之道也. 吾子胡不立乎?

瞀光辭曰; 廢上, 非義也. 殺民, 非仁也. 人犯其難,[4] 我享其利, 非廉也. 吾聞之曰; 非其義者, 不受其祿. 無道之世, 不踐其土. 況尊我乎? 吾不忍久見也.

乃負石而自沈於盧水.

---

1 忍垢(인구) : 구(垢)는 구(詬)와 통하여(朱駿聲 說), 치욕을 참는 것.

2 剋(극) : 이기는 것. 승리.

3 漫(만) : 더럽히다.

4 其難(기난) : 앞의 비의(非義)와 비인(非仁)을 가리킴. 또는 걸왕을 치는 전쟁의 어려움을 가리킴.

청렴함을 간직하기 위하여 왕위도 사양하고 자기 몸을 강물에 던져 죽은 변수와 무광의 얘기이다. 『여씨춘추』 이속離俗편에도 같은 얘기가 실려 있다.

18

옛날 주周나라가 일어날 적에 두 사람의 선비가 고죽孤竹이란 고장에 살고 있었는데, 백이伯夷와 숙제叔齊이다. 두 사람이 서로 상의하였다.

"내가 듣건대 서쪽에 한 사람이 있는데, 도를 터득한 사람인 듯하니 가 보기로 하십시다."

그리고는 기산岐山의 남쪽 기슭에 이르렀을때, 무왕武王이 이들에 관한 얘기를 듣고서 아우인 숙단叔旦을 시켜 그들을 마중 나가 만나 보도록 하였다. 숙단은 그들에게 맹세를 하여 "녹은 이등二等 이상을 주고 벼슬은 일등 자리를 주겠다"고 말하면서, 짐승의 피를 빨고 이 맹세를 쓴 글을 땅에 묻음으로써 맹세를 굳혔다.

두 사람은 서로 쳐다보고 웃으면서 말하였다.

"하하, 이상도 하지. 이건 우리가 생각하는 도가 아닙니다. 옛날 신농씨가 천하를 다스리고 있을 때에는, 철에 따른 제사를 공경히 정성을 다해 지내기는 하였지만, 행복을 빌지는 않았습니다. 백성들에 대하여는 충실하고 신용 있게 정성을 다하여 다스리기는 하였지만, 행복을 빌지는 않았습니다. 즐거이 정치를 맡으면 정치를 하였고, 즐거이 다스리게 되면 다스리기만 하였습니다. 남의 손실을 근거로 하여 자신의 성공을 바라지 않았고, 남을 낮추면서 자신이 높아지려 하지 않았으며, 시세를 만났다 하여 자기 이익만을 추구하지 않았습니다.

지금 주나라는 은나라가 혼란함을 보고서 갑자기 좋은 정치를 하려 하고 있습니다. 윗사람은 계책을 써서 신하들을 모으고 아랫사람들은 뇌물賂物을 쓰며 벼슬을 구하고 있습니다. 군대를 의지하여 위세를 보존하고, 짐승의 피를 내어 맹세함으로써 믿음을 표시하며, 훌륭한 행동을 표창함으로써 민중들을 기쁘게 해 주고, 사람들을 죽이면서 남을 공격하여 이익을 추구하고 있습니다. 이것은 혼란을 밀어내고 그것을 난폭함으로 대체하는 것에 불과합니다.

제가 들건대 옛날의 선비들은 잘 다스려지는 세상을 만나면 그에게 맡겨진 일을 피하지 않고, 어지러운 세상을 만나면 구차히 살아가려 들지 않았다 하였습니다. 지금 천하가 혼미하고 주나라의 덕이 쇠하고 있습니다. 주나라와 함께 살아감으로써 내 몸을 더럽히느니보다는 차라리 주나라를 피하여 나의 행동을 깨끗이 해야겠습니다."

두 사람은 북쪽 수양산首陽山으로 가서 마침내는 굶어 죽었다. 백이와 숙제 같은 사람들은 부귀를 구차한 방법으로 얻을 수 있다 해도 절대로 얻지 않는 사람들이다. 높이 뛰어나는 절조나 남과 다른 행동으로 홀로 그의 뜻을 즐기고 세상에서 일을 하지 않은 사람들이었다. 이것이 두 선비의 절의인 것이다.

| 원문 |

昔周之興, 有士二人, 處於孤竹,¹ 曰伯夷叔齊. 二人相謂曰; 吾聞西方有人, 似有道者, 試往觀焉.

至於岐陽,² 武王聞之, 使叔旦³往見之. 與之盟曰; 加富二等, 就官一

---

1 孤竹(고죽) : 나라 이름. 백이와 숙제의 아버지가 고죽군(孤竹君)임.
2 岐陽(기양) : 기산(岐山)의 남쪽 기슭.
3 叔旦(숙단) : 주나라 무왕의 아우인 주공(周公) 단(旦).

列. 血牲[1]而埋之.

二人相視而笑曰; 嘻, 異哉, 此非吾所謂道也. 昔者神農之有天下也, 時祀盡敬, 而不祈喜.[2] 其於人也, 忠信盡治, 而無求焉. 樂與政爲政, 樂與治爲治. 不以人之壞自成也, 不以人之卑自高也, 不以遭時自利也.

今周見殷之亂而遽爲政. 上謀而下行貨,[3] 阻兵而保威, 割牲而盟以爲信, 揚行以說衆, 殺伐以要利. 是推亂以易暴也.

吾聞古之士, 遭治世, 不避其任. 遇亂世, 不爲苟存. 今天下闇, 周德衰. 其竝乎周以塗吾身也, 不如避之以潔吾行.

二子北至於首陽之山, 遂餓而死焉. 若伯夷叔齊者, 其於富貴也, 苟可得已, 則必不賴.[4] 高節戾行,[5] 獨樂其志, 不事於世. 此二士之節也.

| 해설 |

유명한 백이와 숙제가 두 임금을 섬기지 않겠다고 수양산으로 들어가 고비를 뜯어 먹고 살다 굶어 죽은 이야기이다. 『여씨춘추』성렴誠廉편에도 같은 얘기가 보인다. 이 '임금 자리를 물려줌'이란 편의 글은 처음부터 끝까지 이러한 고사高士나 절사節士의 얘기를 모아 놓은 것이 특징이다. 그러나 많은 학자들이 지적하고 있는 것처럼 자기의 결백을 지키기 위하여 강물에 몸을 던지는 것 같은 행위는 장자의 사상과 그대로 합치되는 것은 아니다.

---

1 血牲(혈생) : 맹세를 할 때 짐승의 피를 입에 발라 맹세를 어기지 않을 것을 서약하는 것.
2 祈喜(기희) : 행복을 비는 것.
3 行貨(행화) : 뇌물을 쓰는 것.
4 不賴(불뢰) : 취하지 않는 것(章炳麟 說).
5 戾行(여행) : 남들과 다른 행동.

제29편

강도의 괴수 도척

盜跖

　　편명은 첫 대목의 주인공 이름을 딴 것이다. 앞에서도 이미 보인 것
처럼 도척은 사람의 본성을 어기는 공자의 학설을 반박하기 위하여 인
용하고 있다. 그러나 뒤의 자장(子張)이나 지화(知和)의 발언에서는 유
가적인 사고의 경향도 보여 전편의 통일이 부족한 듯한 느낌을 준다.

1

공자는 유하계柳下季와 친구였다. 유하계에게는 아우가 있었는데, 이름을 도척盜跖이라 하였다. 도척은 졸개 구천 명을 거느리고 천하를 횡행하면서 제후들의 영토를 침범하고 털었다. 남의 집 담에 구멍을 뚫고 문을 부수고 들어가 남의 소와 말을 훔쳐 오고 남의 부녀자들을 약탈하였다. 이익을 탐하느라고 부모도 잊어 부모 형제를 돌아보지 않았고 조상들을 제사지내지 않았다. 그가 지나는 고을들에서는 큰 나라라면 성을 지켰고, 작은 나라들은 성 안으로 도망쳐 난을 피하였다. 온 백성들이 그로 말미암아 괴로움을 당하고 있었다.

공자가 유하계에게 말하였다.

"사람의 아버지 된 사람이라면 반드시 그의 자식을 훈계할 수 있고, 사람의 형된 사람이라면 반드시 그의 아우를 가르칠 수 있을 것입니다. 만약 아버지로서 그의 자식을 훈계할 수 없고, 형으로서 그의 아우를 가르칠 수 없다면, 부자 형제의 친한 관계도 귀중할 것이 없게 될 것입니다. 지금 선생은 세상의 재사로 알려져 있습니다. 아우가 도척으로 천하에 피해를 끼치고 있는데도 그를 가르치지 못하고 있으니, 나는 속으로 선생을 위하여 부끄럽게 생각하고 있습니다. 내가 선생을 대신해 가서 그를 설복시키도록 해 주십시오."

유하계가 말하였다.

"선생께서 말씀하시기를 사람의 아버지 된 사람은 반드시 그의 자식을 훈계할 수 있고 사람의 형 된 사람은 반드시 그의 아우를 가르칠 수 있다 하셨습니다. 만약 자식이 아버지의 훈계를 듣지 않고, 아우가 형의 가르침을 받지 않으면, 지금 선생께서 비록 그렇게 주장하신다 해도 그것을 어찌하겠습니까? 또한 도척이란 녀석의 사람됨은, 마음은 솟아오르는 샘물 같고, 뜻은 회오리바람 같습니다. 그의 강한 힘은 어떤 적이라도 막아내기에 충분하고, 그의 언변은 자기 잘못을 꾸며

대기에 충분합니다. 그의 마음을 따르면 기뻐하지만 그의 마음을 거스르면 성을 냅니다. 함부로 남을 욕하는 말도 합니다. 선생께서는 절대로 가지 마십시오."

그러나 공자는 그의 말을 듣지 않고 안회를 수레몰이로 삼고 자공을 오른편에 앉히고 도척을 만나러 갔다. 도척은 그 때 막 태산太山의 남쪽 기슭에서 부하들을 쉬게 하며, 사람의 간을 회로 썰어 먹고 있었다.

| 원문 |

孔子與柳下季**1**爲友, 柳下季之弟名曰盜跖**2** 盜跖從卒九千人, 橫行天下, 侵暴諸侯. 穴室**3**樞戶,**4** 驅人牛馬, 取人婦女. 貪得忘親, 不顧父母兄弟, 不祭先祖. 所過之邑, 大國守城, 小國入保.**5** 萬民苦之.

孔子謂柳下季曰; 夫爲人父者, 必能詔**6**其子. 爲人兄者, 必能教其弟. 若父不能詔其子, 兄不能教其弟, 則無貴父子兄弟之親矣. 今先生, 世之才士也. 弟爲盜跖, 爲天下害, 而不能教也. 丘竊爲先生羞之. 丘請爲先生往說之.

柳下季曰; 先生言, 爲人父者, 必能詔其子. 爲人兄者, 必能教其弟. 若子不聽父之詔, 弟不受兄之敎, 雖今先生之辯, 將奈之何哉? 且跖之爲人也, 心如涌泉, 意如飄風. 强足以巨敵, 辯足以飾非. 順其心則喜,

---

1 柳下季(유하계) : 성은 전(展). 이름은 금(禽). 자가 계(季). 채읍(采邑)이 '유하'여서 '유하계'라 부른다. 그는 공자와 같은 시대 인물이 아니므로(백여 년 차이), 이것은 우화이다.

2 盜跖(도척) : 진(秦)나라의 대도 이름. 실제로 유하계의 아우가 아니다.

3 穴室(혈실) : 남의 집 담이나 벽에 구멍을 뚫고 들어가 도둑질하는 것.

4 樞戶(추호) : 추(樞)는 추(摳)와 통하여(孫詒讓 說), 남의 집 문을 부수는 것.

5 入保(입보) : 보루 안으로 들어가 피하는 것.

6 詔(조) : 훈계하는 것.

逆其心則怒. 易辱人以言. 先生必無往.

孔子不聽, 顔回爲馭, 子貢爲右, 往見盜跖. 盜跖乃方休卒徒太山[7]之陽, 膾人肝而餔之.

| 해설 |

공자가 자기 친구의 아우가 큰 도적임을 알고 그를 설복시키려 찾아가는 과정을 쓴 것이다.

2

공자는 수레에서 내려 걸어가 도척의 부하를 보고 말하였다.

"노나라에 사는 공구라는 사람이 장군님의 높은 의기를 듣고서 삼가 두 번 절하며 뵙기를 청합니다."

부하가 들어가 아뢰니, 도척이 그 말을 듣고 크게 노하였다. 눈은 샛별처럼 번뜩였고, 머리는 관을 찌를 듯이 치솟았다. 그리고 말하였다.

"이 사람은 노나라의 위선자인 공구가 아니냐? 내 대신 그에게 이렇게 말하거라. 그대는 말을 만들고 얘기를 조작하면서 함부로 문왕과 무왕을 칭송하고, 나뭇가지 같은 장식이 붙은 관을 쓰고, 허리에는 죽은 소의 가죽으로 만든 허리띠를 띠고 다니며, 부질없는 소리를 멋대로 지껄이면서, 농사를 짓지도 않고 먹고 살며, 길쌈하지 않고도 입고 지낸다. 입술을 놀리고 혓바닥을 차면서 멋대로 옳고 그르다는 판단을 내려 천하의 임금들을 미혹시키고 천하의 학자들로 하여금 학문의 근본으로 되돌아가지 못하게 만들고 있다. 함부로 효도니 우애니

---

[7] 太山(태산) : 태산(泰山), 산 이름.

하는 덕성을 마련해 놓고 제후들에게 요행히 인정을 받아 부귀라도 누려 볼까 하고 있다. 그대의 죄는 참으로 매우 중하다. 빨리 뛰어 돌아가라! 그렇지 않으면 나는 그대의 간으로 점심 반찬을 삼겠다."

공자는 다시 부하를 통하여 아뢰었다.

"저는 장군의 형님 유하계와 친하게 지내고 있습니다. 바라건대 군막軍幕 아래에서 신발이라도 바라보게 해 주십시오."

부하가 다시 아뢰니 도척이 말하였다.

"이리 데려오너라."

공자는 잔걸음으로 나아가 자리를 피하여 되물러서서 도척에게 두 번 절하였다.

| 원문 |

孔子下車而前, 見謁者曰; 魯人孔丘, 聞將軍高義, 敬再拜謁者.

謁者入通. 盜跖聞之, 大怒, 目如明星, 髮上指冠, 曰; 此夫, 魯國之巧僞人孔丘非邪? 爲我告之. 爾作言造語, 妄稱文武. 冠枝木之冠,[1] 帶死牛之脅.[2] 多辭繆說,[3] 不耕而食, 不織而衣. 搖脣鼓舌, 擅生是非, 以迷天下之主. 使天下學士, 不反其本. 妄作孝弟, 而徼倖[4]於封侯富貴者也. 子之罪大極重. 疾走歸! 不然, 我將以子肝益晝餔之膳.

孔子復通曰; 丘得幸於季,[5] 願望履幕下.

謁者復通, 盜跖曰; 使來前.

孔子趨而進, 避席反走, 再拜盜跖.

---

1 枝木之冠(지목지관) : 나뭇가지 같은 여러 가지 장식이 달린 관.
2 死牛之脅(사우지협) : 쇠가죽으로 만든 혁대(司馬彪 說).
3 繆說(유설) : 그릇된 말. 허황된 이론.
4 徼倖(요행) : 터무니없는 일을 바라는 것.
5 得幸於季(득행어계) : 유하계에게 친교를 얻고 있다는 것.

이 대목에서는 도척의 공자관이 볼 만하다. 공자는 도척보다 더 악질적인 위선자가 되고 있는 것이다.

3

도척은 그를 보자 크게 노하여 그의 양 발을 딱 벌리고, 칼자루에 손을 얹고 눈을 부라리면서 새끼 거느린 호랑이 같은 소리로 말하였다.

"공자여, 앞으로 오너라. 그대 하는 말이 나의 뜻을 따르는 것이면 살아남을 것이고, 나의 마음을 거스르는 것이면 죽을 것이다."

공자가 말하였다.

"제가 듣건대 천하에는 세 가지 덕이 있다 하였습니다. 타고나기를 키 크고 늠름하며 비길 데 없는 아름다움을 지니고, 젊은이 늙은이나 높은 신분 천한 신분의 사람들이 그를 보기만 하면 모두가 좋아하는 것, 이것이 첫째 가는 덕입니다. 지혜가 천지에 걸쳐 있어 모든 사물을 분별할 수 있는 것, 이것이 중간치의 덕입니다. 용기가 있어 과감하고 많은 사람들을 모아 부하로 거느리는 것, 이것이 셋째 덕입니다. 사람이면 이 중의 한 가지 덕만이라도 갖고 있다면 충분히 제왕 노릇을 할 수가 있습니다.

지금 장군께서는 이 세 가지 덕을 다 아우르고 계시니, 신장은 팔척 이 촌이요, 얼굴과 눈에서는 빛이 나고, 입술은 진한 붉은색이고, 이는 조개를 가지런히 한 듯하며, 목소리는 황종黃鐘 음에 들어맞습니다. 그런데도 도척이라 불리고 계시니 저는 마음 속으로 장군을 위하여 부끄럽게 여기면서 아쉽게 여기고 있습니다. 장군께서 제 말을 따르실 의향이 있으시다면, 저는 남쪽으로는 오나라와 월나라, 북쪽으로는 제나라와 노나라, 동쪽으로는 송나라와 위衛나라, 서쪽으로는 진晉나라와 초나라에 사신으로 가서, 그들로 하여금 장군을 위하여 수백 리 사방의 큰 성을 만들고 수십만 호가 모인 고을을 세운 다음 장군을 높여 제후로 삼게 하고자 합니다. 그리고 천하의 혼란을 혁신 하시고, 전쟁을 없애고 군사들을 쉬게 하며, 형제들을 거두어 보양해 주고 조상들을 함께 제사지내게만 되시면, 그것은 성인이나 재사才士 들의 행동인 동시에 천하의 소원이 될 것입니다."

| 원문 |

盜跖大怒, 兩展其足, 案劍瞋目, 聲如乳虎, 曰; 丘來前. 若所言, 順吾意則生, 逆吾心則死.

孔子曰; 丘聞之, 凡天下人有三德. 生而長大, 美好無雙, 少長貴賤, 見而皆說之, 此上德也. 知維天地, 能辯諸物, 此中德也. 勇悍果敢, 聚衆率兵, 此下德也. 凡人有此一德者, 足以南面稱孤[1]矣.

今將軍兼此三者, 身長八尺二寸, 面目有光, 脣如激丹,[2] 齒如齊貝,[3] 音中黃鐘,[4] 而名曰盜跖. 丘竊爲將軍恥不取焉. 將軍有意聽臣, 臣請南使吳越, 北使齊魯, 東使宋衛, 西使晉楚, 使爲將軍造大城數百里, 立數十萬戶之邑, 尊將軍爲諸侯. 與天下更始,[5] 罷兵休卒, 收養昆弟, 共祭先祖, 此聖人才士之行, 而天下之願也.

---

1 稱孤(칭고) : 자신을 '고'라 칭하다. 곧 '남면(南面)'이나 마찬가지로 임금 노릇하는 것을 뜻한다.

2 激丹(격단) : 선명한 단. 진한 붉은색.

3 齊貝(제패) : 조개를 가지런히 늘어놓은 듯이 이가 고른 것. 또는 조개처럼 이가 흰 것을 뜻한다 보아도 된다.

4 黃鐘(황종) : 중국 음악에서 12율(律) 중의 기본이 되는 소리.

5 更始(경시) : 경신(更新), 혁신(革新)과 같은 말.

이 대목에서는 공자가 도척을 설득하는 말이 중심을 이루고 있다. 공자는 도척을 추켜올리는 한편, 도둑질하지 말 것을 은근히 권하고 있다.

4

도척이 크게 노하면서 말하였다.

"공구야, 앞으로 다가서라. 모든 이익으로써 권할 수 있고, 말로써 간구할 수 있는 것은 모두가 어리석은 보통 백성들에게나 해당될 일이다. 지금 키가 크고 늠름하며 사람들이 보면 좋아한다는 것은 우리 부모님께서 끼쳐 주신 덕이다. 네가 비록 나를 칭찬해 주지 않는다 하더라도 나라고 스스로 알지 못하고 있었겠느냐? 또한 내가 듣건대, 남의 면전에서 칭찬하기를 잘하는 자는 또한 등 뒤에서는 그를 욕하기도 잘한다 하였다. 지금 네가 큰 성과 많은 백성들 얘기를 하였는데 이것은 이익으로 나를 권하는 것이니, 보통 백성들과 같이 알고 나를 대접하는 것이다. 그것들이 어찌 오래 갈 수가 있겠느냐? 성이야 제아무리 크다 하더라도 천하보다 더 클 수는 없다. 요임금과 순임금은 천하를 다스렸으나, 그의 자손들은 송곳을 꽂을 땅조차도 없다. 탕임금과 무왕도 스스로 천자가 되었으나, 후손은 결국 끊어지고 말았던 것이다. 그것은 그 이익이 너무나 컸기 때문이 아니겠느냐?

또한 내가 듣건대, 옛날에는 새와 짐승은 많고 백성은 적었으므로, 백성들은 나무 위에 집을 만들고 삶으로써 이들의 해를 피했다고 한다. 낮이면 도토리와 밤을 줍고, 저녁이면 나무 위에서 잤으므로, 그때의 백성들을 두고 유소씨有巢氏의 백성이라 불렀다 한다. 옛날에 백성들은 옷을 입을 줄 모르고, 여름이면 장작을 쌓아 놓았다가 겨울이면 그것을 태워 불을 쬐었다. 그래서 그들을 삶을 아는 백성이라고 불렀다 한다. 신농神農의 시대에는 안락하게 누워 자고 일어나서는 유유히 자적하였다. 백성들은 그의 어머니는 알았지만 그의 아버지는 알지 못하였다. 고라니와 사슴과도 한데 어울려 살았다. 농사 지어 먹고 길쌈하여 입었으며, 남을 해치려는 마음이란 없었다. 이것은 지극한 덕이 융성했던 시대였다.

그러나 황제黃帝는 덕을 이룩하지 못하여 치우蚩尤와 탁록涿鹿의 들판에서 싸워 사람들의 피가 백 리를 두고 흘렀다. 요순이 일어나서는 여러 신하들을 임명하였다. 탕임금은 그의 임금을 내쳤다. 무왕은 주왕을 죽였다. 이 뒤로부터 강한 자는 약한 자를 짓밟고, 많은 사람들이 적은 사람들에게 포악한 짓을 하게 되었다. 탕임금과 무왕 이후 사람들은 모두가 혼란을 일삼는 무리들인 것이다.

지금 너는 문왕과 무왕의 도를 닦고서 천하의 이론을 장악함으로써 후세 사람들을 가르치겠다고 나섰다. 넓고 큰 옷에 넓다란 띠를 띠고 헛된 말과 거짓된 행동으로 천하의 임금들을 미혹시켜 부귀를 추구하고 있다. 도적 치고 당신보다 더 큰 도적은 없다. 천하 사람들은 어찌하여 너를 도구盜丘라 부르지 않고 반대로 나를 도척이라 부르는가?"

| 원문 |

盜跖大怒曰; 丘, 來前! 夫可規以利, 而可諫以言者, 皆愚陋恆民之謂耳. 今長大美好, 人見而說之者, 此吾父母之遺德也. 丘雖不吾譽, 吾獨不自知邪. 且吾聞之, 好面譽人者, 亦好背而毁之. 今丘告我以大城衆民, 是欲規我以利, 而恒民畜我也. 安可久長也? 城之大者, 莫大乎天下矣. 堯舜有天下, 子孫無置錐之地. 湯武立爲天子, 而後世絶滅. 非以其利大故邪?

且吾聞之, 古者, 禽獸多而人民少, 於是民皆巢居以避之. 晝拾橡栗,[1] 暮棲木上, 故命之曰有巢氏之民. 古者民不知衣服, 夏多積薪, 冬則煬之, 故命之曰知生之民. 神農之世, 臥則居居,² 起則于于.³ 民知其母, 不知其父. 與麋鹿共處. 耕而食, 織而衣, 無有相害之心. 此至德之隆也.

然而黃帝不能致德, 與蚩尤⁴戰於涿鹿之野, 流血百里. 堯舜作, 立群臣. 湯放其主, 武王殺紂. 自是之後, 以强陵⁵弱, 以衆暴寡. 湯武以來, 皆亂人之徒也.

今子修文武之道, 掌天下之辯, 以敎後世. 縫衣⁶淺帶,⁷ 矯言⁸僞行, 以迷惑天下之主, 而欲求富貴焉. 盜莫大於子. 天下何故不謂子爲盜丘, 而乃謂我爲盜跖?

| 해설 |

도척이 자기보다도 공자가 이 세상에 더 큰 해독을 끼치고 있음을 논증하고 있다. 공자고 도척이고 모두 뛰어난 논리의 소유자들이다. 도척의 말은 뒤로 더 계속된다.

5

"너는 달콤한 말로써 자로를 설복시켜 자기를 따르도록 만들었다. 자로로 하여금 그가 쓰고 있던 높은 관冠을 벗고 그가 차고 있던 긴 칼을 풀어 놓고서 자기의 가르침을 받도록 만든 것이다. 천하에서는 모

---

1 橡栗(상률) : 도토리와 밤.
2 居居(거거) : 안락한 모양.
3 于于(우우) : 자적하는 모양.
4 蚩尤(치우) : 옛날 제후의 이름.
5 陵(능) : 능(凌)으로도 쓰며, 억누르는 것. 짓밟는 것.
6 縫衣(봉의) : 넓고 큰 옷.
7 淺帶(천대) : 옷을 살짝 누르는 폭이 넓다란 띠.
8 矯言(교언) : 헛된 말.

두들 말하기를 공구孔丘는 난폭한 행동을 금지시키고 그릇된 행동을 금할 수 있다고 한다. 그러나 결국에 가서는 자로는 위衛나라 임금을 죽이려다가 일을 성공시키지 못하고, 위나라 동문 밖에서 사형을 받아 그의 몸은 소금에 절여졌다. 이것은 너의 가르침이 불충분한 것이었기 때문이다.

너는 스스로 재사才士요 성인으로 자처하는가? 노나라에서는 두 번이나 쫓겨나고, 위衛나라에서는 추방당하였으며, 제나라에서는 궁지에 몰렸고, 진나라와 채나라 사이에서도 포위를 당하였으니, 천하에 몸둘 곳이 없게 되었다. 너는 자로로 하여금 처형당하여 몸이 소금에 절여지게 만들었으니, 환난으로 말미암아 위로는 몸을 보전할 길이 없고, 아래로는 사람 노릇을 할 수 없게 만든 것이다. 너의 도를 어찌 귀중하다 할 수가 있겠는가?

세상에서 높이는 사람 중에 황제黃帝보다 더한 이가 없다. 그러나 황제도 덕은 완전하지 못하여 탁록涿鹿의 들판에서 전쟁을 하여 사람들의 피가 백 리를 두고 흐르도록 만들었다. 요임금은 자애롭지 못하였고, 순임금은 효도를 다하지 못하였으며, 우임금은 일하느라 몸이 깡말랐고, 탕임금은 그의 임금을 내쳤으며, 무왕은 주왕을 정벌하였고, 문왕은 유리羑里에 갇혔었다. 이 여섯 사람들은 세상에서 높이는 사람들이다. 그러나 엄격히 논한다면 모두가 이익 때문에 진실에 대하여 미혹됨으로써 억지로 그의 진실한 성정性情을 어겼던 사람들이다. 그들의 행동이야말로 심히 수치스럽다 할 만한 것이다."

| 원문 |

子以甘辭說子路而使從之, 使子路去其危冠, 解其長劍, 而受教於子. 天下皆曰; 孔丘能止暴禁非. 其卒之也, 子路欲殺衛君而事不成, 身菹[1] 於衛東門之上. 是子教之不至也.

子自謂才士聖人邪? 則再逐於魯,² 削迹於衛, 窮於齊, 圍於陳蔡, 不
容身於天下. 子敎子路菹,¹ 此患, 上無以爲身, 下無以爲人. 子之道, 豈
足貴邪?

世之所高, 莫若黃帝. 黃帝尙不能全德, 而戰涿鹿之野, 流血百里. 堯
不慈,³ 舜不孝, 禹偏枯,⁴ 湯放其主, 武王伐紂, 文王拘羑里.⁵ 此六子者,
世之所高也. 孰⁶論之, 皆以利惑其眞, 而强反其情性. 其行乃甚可羞也.

| 해설 |

여기서는 도척이 유가에서 숭상하는 인물들이 모두 그의 본성을 위반
하는 짓을 하였고, 공자의 가르침도 사람들을 환난으로 몰아넣는 이론에
불과한 것임을 논하고 있다. 도척의 말은 더 계속된다.

6

"세상에서 이른바 현명한 선비라 부르는 사람 중에 백이伯夷와 숙
제叔齊가 있는데, 고죽孤竹 나라의 임금 자리를 사퇴하고는 수양산首
陽山으로 들어가 굶어 죽은 사람들이다. 그들의 시체는 아무도 장사지
내 주지 않았다.

포초鮑焦라는 사람은 자기 행동을 꾸미며 세상을 비난하다가 나무

---

1 菹(저) : 사형당한 사람의 몸을 소금에 절여 놓는 것.
2 再逐於魯(재축어로) : 이하의 대목은 이미 앞 '산 속의 나무[山木]'편에 보였다.
3 不慈(부자) : 자애롭지 않다. 자기 자식을 버리고 왕위를 순에게 물려준 것을 뜻한다.
4 偏枯(편고) : 세상의 물을 다스리기 위하여 밤낮 없이 일함으로써 몸이 깡마른 것, 또는
　반신불수가 된 것.
5 拘羑里(구유리) : 주왕은 문왕이 민심을 얻고 있다는 소리를 듣고는 그를 잡아 유리라는
　고장에 가두어 놓았었다.
6 孰(숙) : 숙(熟)과 통하여, 익히, 엄격히.

를 끌어안고 죽었다. 신도적申徒狄은 임금에게 간하다가 들어 주지 않자 돌을 등에 지고 황하에 자기 몸을 던져 물고기와 자라에게 먹혔다. 개자추介子推는 지극한 충신으로서 스스로 그의 넓적다리 살을 떼어 문공文公을 먹여 살리기까지 하였으나, 문공이 뒤에 그를 배반하였으므로 그 나라를 떠나 살다 나무를 끌어안고 불에 타 죽어야만 하였다. 미생尾生이란 사람은 여자와 다리 밑에서 만날 약속을 하였으나, 여자가 오지 않자 물이 불어나도 떠나지 않고 있다가 다리 기둥을 끌어 안은 채 죽어야만 하였다. 이 네 사람들은 잡기 위해 매달아 놓은 개나, 제물로 강물에 던져진 돼지나, 표주박을 들고 구걸을 하는 거지와 다를 것이 없는 사람들이다. 모두가 자기 명분에 얽매여 죽음을 가벼이 하고, 근본으로 돌아가 수명을 보양할 생각을 하지 않은 사람들이다.

　세상의 이른바 충신 중에는 왕자 비간比干이나 오자서伍子胥보다 더한 사람이 없다. 그러나 오자서는 처형을 당하고 시체는 강물에 던져졌으며, 비간은 가슴이 째어졌다. 이 두 사람은 세상에서 말하는 충신들이다. 그러나 마침내는 천하의 비웃음거리가 되었던 것이다. 위 사실로 본다면 오자서나 비간 같은 사람들까지도 모두 귀하다 할 만한 것이 못 되는 것이다. 당신이 나를 설복시키는 방법으로 만약 내게 귀신 애기를 한다면 나는 알 수가 없을는지도 모른다. 그러나 만약 사람에 관한 일을 애기한다면 여기에서 더 벗어나지는 못할 것이다. 그것은 모두 내가 들어서 알고 있는 일이기 때문이다."

| 원문 |

　世之所謂賢士. 伯夷叔齊, 辭孤竹之君, 而餓死於首陽之山, 骨月[1]不葬.

---

1 骨月(골육) : 육(月)은 육(肉)과 통하여, 시체를 가리킴.

鮑焦[2]飾行非世, 抱木而死. 申徒狄[3]諫而不聽, 負石自投於河, 爲魚鼈
所食. 介子推[4]至忠也, 自割其股以食文公, 文公後背之, 子推怒而去, 抱
木而燔死. 尾生[5]與女子期於梁下, 女子不來, 水至不去, 抱梁柱而死. 此
四者, 無異於磔犬[6]流豕,[7] 操瓢而乞者. 皆離名輕死, 不念本養壽命者
也.

世之所謂忠臣者, 莫若王子比干伍子胥. 子胥沈江, 比干剖心. 此二子
者, 世謂忠臣也, 然卒爲天下笑. 自上觀之, 至於子胥比干, 皆不足貴也.
丘之所以說我者, 若告我以鬼事, 則我不能知也. 若告我以人事者, 不過
此矣, 皆吾所聞知也.

| 해설 |

도척은 유가에서 말하는 현명한 사람이나 충신이 본성을 위반했던 사
람들임을 지적함으로써, 유가의 기본 사상인 어짊과 의로움이나 충성과
효도를 부정하고 있는 것이다. 도척의 말이 계속된다.

2 鮑焦(포초) : 옛날 주나라의 은자 이름. 자공이 "그 정치를 비난하는 자는 그 나라 땅을
  밟지 않고, 그 나라 임금을 욕하는 자는 그의 이익을 받지 않아야 합니다. 그런데 선생께
  서는 그러한 땅을 밟고 그 이익을 먹고 살고 있으니 되겠습니까?"라고 말하자, 그는 나무
  를 끌어안은 채 말라 죽었다 한다(『韓詩外傳』).
3 申徒狄(신도적) : 주나라 현인, 신도(申屠)와 같은 사람이라고도 한다.
4 介子推(개자추) : 춘추 시대 진(晉)나라 사람. 진나라 문공을 따라 도망다니며 고생하다
  십구 년 만에 돌아왔으나, 문공이 소홀히 대하자 면산(綿山)으로 들어가 숨었다. 후에 문
  공이 불러도 나오지 않으므로 문공은 산에 불을 질렀다. 그는 나무를 끌어안은 채 타 죽
  고 말았다.
5 尾生(미생) : 성명은 잘 알 수 없으나, 옛날 약속을 굳게 지킨 사람의 대표자로 유명하다
  (『戰國策』,『漢書』東方朔傳).
6 磔犬(책견) : 잡기 위하여 매달아 놓은 개.
7 流豕(유시) : 제물로 강물에 던져진 돼지.

7

"이젠 당신에게 사람의 성정에 대하여 얘기하겠다. 눈은 좋은 빛깔을 보려 하고, 귀는 좋은 소리를 들으려 하고, 입은 좋은 맛을 보려 하고, 의기는 만족을 바란다. 사람은 최고로 오래 사는 게 백 살 정도이고, 중간치 오래 사는 것이 팔십 살 정도이고, 아래로 오래 사는 것이 육십 살 정도이다. 병들고 여위고 죽고 조상弔喪하고 걱정하고 근심하는 것을 빼고 나면 그 가운데 입을 열고 웃고 지내는 것은 한 달 가운데서 불과 사오 일 정도밖에 되지 않는다. 하늘과 땅은 무궁하지만 사람이란 언젠가는 죽게 마련이다. 일정한 한계가 있는 몸을 무궁한 공간에 기탁하고 있는 것이다. 인생의 덧없음은 준마가 좁은 틈바구니 사이를 달려 지나가는 것과 다를 것이 없다. 따라서 그의 의기를 기쁘게 하지 못하고 그의 수명을 보양하지 못하는 자란 모두가 도에 통달한 사람이 못 되는 것이다. 당신이 주장하는 것이란 모두가 내가 버리는 일이다. 빨리 뛰어 돌아가라. 다시는 그런 말을 하지 말아라! 당신의 도란 본성을 잃고 급급한 사기와 허위의 일이다. 진실함을 완전히 보전할 수 있는 것이 못 된다. 어찌 논의할 대상이 되겠는가?"

| 원문 |

今吾告子以人之情. 目欲視色, 耳欲聽聲, 口欲察味, 志氣欲盈. 人上壽百歲, 中壽八十, 下壽六十. 除病瘦[1]死喪憂患, 其中開口而笑者, 一月之中, 不過四五日而已矣. 天與地無窮, 人死者有時. 操有時之具, 而託於無窮之間. 忽然, 無異騏驥[2]之馳過隙也. 不能說其志意, 養其壽命者, 皆非通道者也. 丘之所言, 皆吾之所棄也. 亟去走歸, 無復言之. 子之道,

---

1 病瘦(병수) : 병에 걸리고 몸이 여위는 것.
2 騏驥(기기) : 준마. 천리마.

狂狂³汲汲,⁴ 詐巧虛僞事也. 非可以全眞也. 奚足論哉?

| 해설 |

　도척이 결론으로 공자의 도는 사람의 본성에 어긋나는 것이라 단정하고 공자를 내쫓는다. 도척을 이용하는 공자에 대한 공격이 신랄하다.

8

　공자는 두 번 절하고 잔걸음으로 달려 문을 나와 수레에 올라서는 말고삐를 세 번이나 잡았다 놓쳤다. 눈은 멍하니 보이는 것이 없게 되었고, 얼굴빛은 죽은 재와 같이 되었다. 수레 앞 턱나무에 기대 머리를 떨구고는 숨도 제대로 쉬지 못하는 것 같았다. 돌아오다가 노나라 동문 밖에서 마침 유하계柳下季를 만났다.

　유하계가 말하였다.

　"요새는 뜸하니 며칠 뵙지를 못하였습니다. 수레와 말이 여행에서 돌아오는 행색이니, 가서 도척을 만나고 오시는 것 아닙니까?"

　공자는 하늘을 우러러보고 탄식하면서 대답하였다.

　"그렇습니다."

　유하계가 말하였다.

　"도척이란 녀석이 전에 말씀드린 것처럼 선생의 뜻을 거스르지는 않았습니까?"

　공자가 말하였다.

　"그렇습니다. 저는 이른바 병이 없으면서도 뜸질을 한 꼴이 되었습

---

3 狂狂(광광) : 본성을 잃고 행동하는 모양.
4 汲汲(급급) : 급(汲)은 잉(仍)으로 쓴 판본도 있으며, 쓸데없는 일에 바쁜 모양.

니다. 달려가다가 호랑이 머리를 매만지고 호랑이 수염을 잡아당긴 셈이니, 자칫하면 호랑이 밥을 면치 못할 뻔하였습니다."

| 원문 |

孔子再拜趨走, 出門上車, 執轡[1]三失. 目芒然無見, 色若死灰. 據軾[2] 低頭, 不能出氣. 歸到魯東門外, 適遇柳下季.

柳下季曰; 今者闕然,[3] 數日不見. 車馬有行色, 得微[4]往見跖邪?

孔子仰天而歎曰; 然.

柳下季曰; 跖得無逆汝意若前乎?

孔子曰; 然. 丘所謂無病而自灸[5]也. 疾走料[6]虎頭, 編虎須,[7] 幾不免虎口哉.

| 해설 |

도척의 논리에 탄복하여 완전히 자기를 잃은 공자의 모습을 쓰고 있다. 사람의 본성을 거스르고 세상을 혼란케 한다는 점에 있어서는 공자는 도척보다도 더한 사람이라는 전제에서 엮어 놓은 얘기이다.

9

자장子張이 만구득滿苟得에게 물었다.

---

1 轡(비) : 말고삐.
2 軾(식) : 수레 앞 턱에 옆으로 댄 나무.
3 闕然(궐연) : 없어서 보이지 않는 모양.
4 微(미) : 비(非)와 같은 자.
5 灸(구) : 뜸질을 하는 것.
6 料(료) : 건드리다. 매만지다.
7 須(수) : 수(鬚)와 통하여, 수염.

"어찌하여 어짊과 의로움을 행하지 않습니까? 어짊과 의로움을 행하지 않으면 신용을 받지 못하고, 신용을 받지 못하면 벼슬에 임용되지 못하며, 벼슬에 임용되지 못하면 이익이 없게 됩니다. 그러므로 명예의 관점에서 보든가 이익으로 계산하든가 어짊과 의로움이야말로 가장 좋은 것입니다. 만약 명예나 이익을 내버린다 하더라도 마음에 돌이켜 생각해 볼 때, 선비가 행동함에 있어서 어짊과 의로움은 하루도 행하지 않을 수가 없는 것입니다."

만구득이 말하였다.

"수치를 모르는 자가 부자가 되고, 말이 많은 자가 출세합니다. 큰 명예와 이익이란 거의 수치도 모르고 말만 많은 자들에게로 돌아갑니다. 그러므로 명예란 관점에서 보든가, 이익으로 계산하든가 말 많은 것이 가장 좋은 것이 됩니다. 만약 명예와 이익을 내버리고 마음에 돌이켜 생각해 본다면 선비의 행동으로서는 그의 천성을 간직하는 것이 옳을 것입니다."

자장이 말하였다.

"옛날에 걸왕과 주왕은 천자라는 귀중한 자리에 있으면서 온 천하의 부를 차지하고 있었습니다. 그러나 지금 노예들에게라도 너의 행동이 걸왕·주왕과 같다고 하면, 곧 부끄러운 빛을 띠면서 마음으로 승복하지 않으려 드는데, 그들은 이러한 천한 사람들까지도 천하게 여기는 대상입니다. 공자와 묵자는 보통 남자로 궁하게 지냈습니다. 그러나 지금 재상 자리에 있는 사람에게라도 당신 행동이 공자와 묵자 같다고 말하면 곧 얼굴빛을 바꾸면서 그런 정도에 이르기에 부족하다고 말하게 되는데, 이들은 선비들이 진실로 존귀하게 여기는 대상이기 때문입니다. 그러므로 천자의 권세를 지녔다 하더라도 반드시 존귀하지 않을 수 있고, 보통 남자로 궁하게 지냈다 하더라도 반드시 천한 것은 아닙니다. 귀천의 구분은 행동이 아름답고 악함에 의하여 결정되는 것입니다."

만구득이 말하였다.

"작은 도적은 잡히고 말지만 큰 도적은 제후가 됩니다. 그런데 제후의 문하에는 의사義士들이 모이게 됩니다. 옛날의 제나라 환공 소백小白은 자기 형을 죽이고 형수를 아내로 삼았으나, 현명한 관중이 그의 신하가 되었습니다. 전성자상田成子常은 제나라 임금을 죽이고 나라를 훔쳤으나, 공자는 그로부터 폐물을 받았습니다. 관중과 공자는 얘기할 적에는 그들을 천하게 보면서도 실지로 행동할 적에는 그들 아래 머리를 숙이고 있습니다. 그러니 말과 행동의 실제가 모순을 이루어 가슴 속에서 싸우고 있었던 것입니다. 그러니 이치에 어긋나는 것이 아닙니까? 그러므로 옛 책에 말하기를, 어떤 것이 나쁘고 어떤 것이 아름다운지 알 수가 없다. 성공을 하면 우두머리가 되어 존경을 받고, 성공하지 못하는 자는 꼬리가 되어 천대받게 된다고 하였습니다."

원문

子張[1]問於滿苟得[2]曰; 盍不爲行[3]? 無行則不信, 不信則不任, 不任則不利. 故觀之名, 計之利, 而義眞是也. 若棄名利, 反之於心, 則夫士之爲行, 不可一日不爲乎!

滿苟得曰; 無恥者富, 多信[4]者顯. 夫名利之大者, 幾在無恥而信. 故觀之名, 計之利, 而信眞是也. 若棄名利, 反之於心, 則夫士之爲行, 抱其天乎.

---

1 子張(자장) : 공자의 제자. 성은 전손((孫). 이름은 사(師). 자가 자장임.
2 滿苟得(만구득) : 성은 만, 이름이 구득. 가설적인 인물.
3 行(행) : 덕행, 또는 인의의 행동을 가리킴.
4 多信(다신) : 신(信)은 언(言)의 잘못. 말이 많은 것.

子張曰; 昔者, 桀紂貴爲天子, 富有天下. 今謂臧聚[5]曰; 女行如桀紂, 則有怍色, 有不服之心者, 小人所賤也. 仲尼墨翟, 窮爲匹夫. 今謂宰相曰; 子行如仲尼墨翟, 則變容易色稱不足者, 士誠貴也. 故勢爲天子, 未必貴也. 窮爲匹夫, 未必賤也. 貴賤之分, 在行之美惡.

滿苟得曰; 小盜者拘, 大盜者爲諸侯. 諸侯之門, 義士存焉. 昔者桓公小白, 殺兄入嫂,[6] 而管仲爲臣. 田成子常,[7] 殺君竊國, 而孔子受幣. 論則賤之, 行則下之. 則是言行之情, 悖戰於胸中也. 不亦拂[8]乎? 故書[9]曰; 孰惡孰美? 成者爲首, 不成者爲尾.

| 해설 |

자장이 주장하는 유가 학설에 대하여 만구득이란 가설적인 인물을 내세워 의문을 제기하고 있다. 이들의 대화는 뒤로 더 계속된다.

10

자장이 말하였다.

"선생님께서 인의를 행하지 않으신다면 멀고 친한 사람의 구별이 없게 될 것이고, 귀하고 천한 신분의 기준도 없게 될 것이며, 어른과 아이의 질서도 없게 될 것입니다. 임금과 신하, 아버지와 아들, 남편과 처, 어른과 아이, 친구들 사이의 관계인 오륜五倫과, 아저씨들, 형

---

5 臧聚(장취) : 하인, 노예.
6 入嫂(입수) : 형수를 자기 부인으로 삼는 것.
7 田成子常(전성자상) : 제나라 간공을 죽인 전항(田恒). 공자는 목욕하고 찾아가 그의 폐물을 받았다 한다.
8 拂(불) : 어긋나는 것. 이치에 위배되는 것.
9 書(서) : 지금 전하는 『서경』에는 이 구절이 보이지 않는다. 그래서 '옛 책'이라 번역하였다.

제들, 일가들, 조카들, 스승, 친구들 사이의 관계인 육기六紀도 어떻게 구별할 수가 있겠습니까?"

만구득이 말하였다.

"요임금은 맏아들을 죽였고, 순임금은 이복동생을 귀양보냈는데, 멀고 친한 사람의 구별이 있는 것입니까? 탕임금은 걸왕을 내쳤고, 무왕은 주왕을 죽였는데, 귀하고 천한 신분의 기준이 있는 것입니까? 왕계王季는 형을 물리치고 왕위의 계승자가 되었고, 주공周公은 형을 죽였는데, 어른과 아이의 질서가 있는 것입니까? 유학자들은 거짓된 이론을 펴고 묵가墨家 사람들은 모든 사람을 다 같이 사랑해야 한다고 주장하는데, 오륜과 육기의 분별이 있는 것입니까?

그런데도 선생께서는 명분을 올바른 것이라고 주장하고 저는 이익을 올바른 것이라고 주장하는데, 명분이고 이익이고 그 사실을 보면 이치에 맞지도 않고 도리에 합치되지도 않는 것입니다.

제가 전날 선생과 함께 무약無約 앞에서 논쟁을 한 일이 있었습니다. 그때 그는 다음과 같이 말하였습니다. '소인들은 재물을 추구하고, 군자들은 명예를 추구한다. 그들이 진실을 변화시키고 본성을 바꾸는 방법은 서로 다르지만, 그들이 마땅히 해야 할 일은 버리고 그들이 해서는 안 될 일을 추구한다는 점에 있어서는 한가지인 것이다. 그러므로 소인이 되지 말고 본성으로 되돌아가, 군자가 되지도 말고 하늘의 원리를 따르기만 하라고 하는 것이다. 굽었든 곧았든 간에 하늘의 법도에 서로 호응해야 한다. 자기 사방을 둘러보면서 때의 변화와 더불어 살아가야 한다. 옳든 그르든 간에 원만한 마음을 지켜야만 한다. 자기의 뜻을 홀로 이룩하여 도와 더불어 세상에 노닐어야 한다. 한결같이 행동하려고 애쓰지 말고, 의로움을 이룩하려 노력하지 말라. 그러면 자기의 본성만을 잃게 될 것이다. 자기의 부를 추구하지 말 것이며, 성공하려고 애쓰지 말아야 한다. 그런 행동은 자기의 천성을 버리는 결과가 될 것이다.

비간은 심장이 도려내지고 오자서는 눈이 도려내졌는데, 충성하려고 하였던 재난인 것이다. 직궁直躬이 아버지의 도둑질을 증언했다가 처벌되고, 미생尾生이 여자와의 약속을 지키려다 다리 밑에서 물에 빠져 죽은 것은 신의를 지키려 하였던 환난인 것이다. 포자鮑子가 나무를 끌어안고 선 채로 말라 죽고, 승자勝子가 자기 변명도 못해 보고 목매어 죽었던 것은, 깨끗함을 지키려다 받은 피해이다. 공자가 어머니가 돌아가실 때 종신終身을 하지 못하고, 광자匡子가 아버지가 돌아가실 때 종신하지 못했던 것은, 의로움을 지키려는 데서 온 과실인 것이다. 이상은 옛날부터 전해지고 후세에도 얘기되고 있는 사실들이다. 선비로서 자기 말이 올바른 것이라고 고집하고 자기 행동이 올바르다고 주장하였기 때문에, 그러한 재앙을 당하고 그러한 환난을 만나게 된 것이다.'"

| 원문 |

子張曰; 子不爲行, 即將疏戚**1**無倫,**2** 貴賤無義, 長幼無序. 五紀**3**六位,**4** 將何以爲別乎?

滿苟得曰; 堯殺長子, 舜流母弟, 疏戚有倫乎? 湯放桀, 武王殺紂, 貴賤有義乎? 王季爲適, 周公殺兄, 長幼有序乎? 儒者僞辭, 墨者兼愛, 五紀六位, 將有別乎?

---

1 疏戚(소척) : 멀고 친한 사람 관계.
2 無倫(무륜) : 질서가 없다. 구별이 없다.
3 五紀(오기) : 오륜과 같은 말. 임금과 신하·아버지와 아들·남편과 처·어른과 아이·친구들 사이의 예절 관계.
4 六位(육위) : 보통은 육기(六紀)라 부른다(『白虎通』). 아저씨·형제·일가·조카·스승·친구 같은 사람들과의 예절 관계.

且子正爲名, 我正爲利. 名利之實, 不順於理, 不監於道.

吾日與子訟於無約, 曰; 小人殉財, 君子殉名. 其所以變其情, 易其性, 則異矣. 乃至於棄其所爲, 而殉其所不爲, 則一也. 故曰; 無爲小人, 反殉而天. 無爲君子, 從天之理. 若枉若直, 相而天極.[5] 面觀四方, 與時消息. 若是若非, 執而圓機.[6] 獨成而意, 與道徘徊. 無轉[7]而行, 無成而義. 將失而所爲. 無赴而富, 無殉而成. 將棄而天.

比干剖心, 子胥抉眼,[8] 忠之禍也. 直躬證父, 尾生溺死, 信之患也. 鮑子[9]立乾, 勝子[10]不自理, 廉之害也. 孔子不見母,[11] 匡子[12]不見父, 義之失也. 此上世之所傳, 下世之所語. 以爲士者, 正其言, 必其行, 故服其殃, 離其患也.

| 해설 |

결론으로 무약이란 가설적인 인물의 말을 인용하여, 명예나 이익을 추구하는 것은 모두가 자기 천성을 잃은 것임을 경계하고 있다. 아무리 훌륭한 덕성을 고집하더라도 그것이 사람의 본성에 어긋나는 이상 재난을 자초하는 결과에 이를 뿐이라는 것이다.

---

5 天極(천극) : 하늘의 법도.

6 圓機(원기) : 원만한 아무것에나 적응하는 마음.

7 轉(전) : 전(專)과 통하여, 오로지 한 가지 방향만을 고집하는 것.

8 抉眼(결안) : 오자서가 충성을 다하고도 오나라 부차에게 죽음을 당할 때 "내 눈을 도려내어 오나라 동문에 매달아라. 월나라가 오나라를 멸하는 꼴을 똑똑히 보겠다"고 한 일을 가리킴.

9 鮑子(포자) : 앞에 나온 포초(鮑焦).

10 勝子(승자) : 신자(申子)로 된 판본도 있으며, 신도적(申徒狄)을 가리킨다.

11 孔子不見母(공자불견모) : 공자는 중자(仲子)의 잘못인 듯하다. 곧 형을 피하여 어머니를 떠났던 진중자(陳仲子)이다(兪樾 說). 『맹자』등문공하(滕文公下)편에 그에 관한 기사가 있다.

12 匡子(광자) : 성이 광, 이름은 장(章), 제(齊)나라 사람. 『맹자』이루하(離婁下)편에 그에 관한 기록이 보인다.

11

무족無足이 지화知和에게 물었다.

"사람이란 결국 명예를 위하여 일어나고, 이익을 위하여 나아가지 않는 사람이 없다. 그가 부유해지면 사람들이 모여들고, 모여들어서는 그에게 머리를 숙이고, 남들이 머리를 숙이면 그는 귀해지는 것이다. 남이 머리를 숙임으로써 귀해지는 것은 오래 살고 몸을 편안히 하고 뜻을 즐겁게 하는 근거가 되는 도인 것이다. 그런데도 지금 당신만이 그 일에 뜻이 없으니, 지혜가 모자라기 때문인가, 뜻과 지혜는 있지만 힘이 없어 실행하지 못하는 것인가, 그렇지 않으면 올바른 것만 추구하느라 딴 생각을 하지 못하는 것인가?"

지화가 말하였다.

"지금 명예와 이익을 추구하는 사람들은 자기와 동시에 살고 있고, 같은 고장에서 생활하고 있는데도 나 같은 사람을 세속을 초월한 선비라 생각한다. 이것은 오로지 명예와 이익을 추구하느라고 올바른 표준도 없이 옛날부터 지금까지에 이르는 시대의 흐름과 시비의 분별만을 생각하기 때문인 것이다. 그들은 속인들과 함께 살면서 세속에 감화되어 지극히 귀중한 본성을 떠나서 지극히 존귀한 도를 버리고서는 그들이 바라는 명예와 이익을 추구하고 있는 것이다. 이래 가지고는 그들이 오래 살고 몸을 편안히 하고 뜻을 즐겁게 하는 도를 논한다는 것이 동떨어진 일이 아니겠는가? 참담한 고통과 즐거운 편안함이 자기 몸에 어떤 영향을 주는지 살피지 못한 것이다. 불안한 두려움과 날뛸 듯한 기쁨이 자기 마음에 어떤 영향을 주는지 살피지 못한 것이다. 그저 명예와 이익을 추구할 줄만 알았지 추구하는 이유는 알지 못하는 것이다. 그래서 천자란 존귀한 위치에 놓이고 천하를 다 차지하는 부를 지니게 되더라도 환난을 면치 못하는 것이다."

| 원문 |

無足[1]問於知和[2]曰; 人卒未有不興名就利者. 彼富則人歸之, 歸則下之, 下則貴之. 夫見下貴者, 所以長生安體樂意之道也. 今子獨無意焉, 知不足邪? 意知而力不能行邪? 故推正不忘[3]邪?

知和曰; 今夫此人, 以爲與己同時而生, 同鄉而處者, 以爲夫絶俗過世之士焉. 是專無主正,[4] 所以覽古今之時, 是非之分也. 與俗化世, 去至重, 棄至尊, 以爲其所爲也. 此其所以論長生安體樂意之道, 不亦遠乎? 慘怛[5]之疾, 恬愉[6]之安, 不監於體. 怵惕[7]之恐, 欣歡[8]之喜, 不監於心. 知爲爲,[9] 而不知所以爲. 是以貴爲天子, 富有天下, 而不免於患也.

| 해설 |

명예와 이익을 추구하는 무족無足과 '도'를 터득한 지화知和의 대화이다. 지화는 무족이 추구하는 명예와 이익이 사람들에게 환난을 가져다 주는 것임을 강조하고 있다. 대화는 뒤로 더 계속된다.

12

무족이 말하였다.

---

1 無足(무족) : 만족을 모르는 이익을 탐하는 사람에 가탁한 인물.
2 知和(지화) : 사람과 자연의 중화(中和)를 아는 도를 터득한 사람에 가탁한 인물.
3 推正不忘(추정불망) : 올바른 도를 추구하는 일을 언제나 잊지 않고 딴 생각은 하지 않는 것.
4 主正(주정) : 올바른 표준.
5 慘怛(참달) : 슬픔이 절실한 것.
6 恬愉(염유) : 안락하고 즐거운 것.
7 怵惕(출척) : 두렵고 불안한 것.
8 欣歡(흔환) : 매우 기쁜 것.
9 爲爲(위위) : 자기가 바라는 명예와 이익을 추구하는 것.

"부란 사람에 대하여 이롭지 않은 점이란 없다. 부는 어떤 아름다움도 이룰 수 있고 어떤 권세도 다 추구할 수 있으므로, 이것은 지극한 사람도 미칠 수가 없는 일이요, 성인도 따라갈 수가 없는 일이다. 부는 남의 용기와 능력을 빌려 위세를 떨치고 강한 힘을 발휘한다. 남의 지혜와 계략을 이용하여 명석하게 잘 살필 수가 있다. 남의 덕을 근거로 하여 현명하고 어질게 행동할 수 있다. 나라를 다스리고 있지 않아도 임금이나 아버지 같은 위엄을 지닐 수가 있다. 또한 음악이나 미술이나 권세 같은 사람의 마음을 즐겁게 하는 것들을 배우지 않고도 즐길 수가 있다. 몸은 다른 물건을 빌리지 않고도 편안할 수 있다. 탐나는 것을 얻고 싫어하는 것을 피하는 일도 스승을 기다릴 것 없이 이루어진다. 이것이 사람의 본성이다. 온 천하가 비록 나를 비난한다 하더라도 누가 그것을 사양할 수가 있겠는가?"

지화가 말하였다.

"지혜 있는 사람의 행동은 본시 행동의 표준을 백성들로 삼아서 그들의 기준을 어기지 않는다. 그러므로 언제나 만족하고 있어서 다투지 않는다. 할 것이 없으므로 추구하지도 않는다. 그러나 만족을 못하는 사람은 그 때문에 욕망을 추구하게 되고, 사방으로 다투면서도 스스로 탐욕하다고 생각하지 않는다. 지혜 있는 사람은 남음이 있기 때문에 남이 추구하는 것을 사양하며, 천하를 버리고도 스스로를 결렴하다고 생각하지 않는다. 결렴하고 탐욕하다는 실제 내용은 추구하는 밖의 물건에 의하여 결정되는 것이 아니기 때문이다. 돌이켜 자기 마음의 법도를 살펴보아야 아는 것이다.

천자의 권세를 누리고 있으면서도 존귀함으로써 남에게 교만하지 않는다. 천하의 부를 차지하고 있으면서도 재물로써 사람들을 희롱하지 않는다. 천자에게 닥칠 환난을 헤아리고 그것이 천성에 반하는 것임을 생각하고, 그것은 천성을 해치는 것이라 단정하기 때문에 천자 자리를 사양하고 받지 않는 것이다. 명예를 위해서가 아니다.

　요임금과 순임금이 임금 노릇을 하면서도 남에게 임금 자리를 사양했던 것은 천하에 어짊을 펴기 위한 것이 아니라, 명예나 이익 때문에 삶을 해치는 일이 없도록 하기 위해서였다. 선권善卷이나 허유許由가 임금 자리를 내주어도 받지 않았던 것은 공연히 사양한 것이 아니라, 번거로운 일로 해서 자기를 해치지 않기 위한 것이었다. 이들은 모두가 그의 이로움을 위하여 그 피해를 사양한 것이어서 천하 사람들은 현명하다고 칭송하는 것이다. 그것은 그들이 천하를 차지할 수도 있는데 안하였기 때문이다. 그들은 명예를 추구하여 그렇게 하였던 것은 아니다."

| 원문 |

　無足曰; 夫富之於人, 無所不利. 窮美究勢, 至人之所不得逮, 聖人之所不能及. 俠[1]人之勇力而以爲威强, 秉人之知謀以爲明察, 因人之德以爲賢良, 非享國而嚴若君父. 且夫聲色滋味權勢之於人心, 不待學而樂之, 體不待象[2]而安之. 夫欲惡避就, 固不待師. 此人之性也, 天下雖非我, 孰能辭之?

　知和曰; 知者之爲, 故動以百姓, 不違其度. 是以足而不爭. 無以爲, 故不求. 不足故求之, 爭四處而不自以爲貪. 有餘故辭之, 棄天下而不自以爲廉. 廉貪之實, 非以迫外[3]也. 反監之度.

　勢爲天子, 而不以貴驕人. 富有天下, 而不以財戲人. 計其患, 慮其反, 雍[4]以爲害於性, 故辭而不受也. 非以要名譽也.

---

1 俠(협) : 협(挾)과 통하여, 가지고서, 이용하여.
2 象(상) : 형상, 물건.
3 迫外(박외) : 밖의 사물의 압력에 의하여 결정되는 것.
4 雍(옹) : 추(推)로 씀이 옳으며(孫詒讓 說), 선권이나 허유에게 임금 자리를 물려주는 것.

堯舜爲帝而雍, 非仁天下也, 不以美害生也. 善卷許由得帝而不受, 非虛辭讓也, 不以事害己. 此皆就其利, 辭其害, 而天下稱賢焉. 則可以有之. 彼非以興名譽也.

| 해설 |

무족은 천하에서는 부가 제일임을 강조하고, 지화는 온 천하를 차지하는 천자의 자리라 할지라도 그것은 환난을 자초하는 것이므로 정말로 지혜 있는 사람들은 사양한다고 주장한다. 정말로 현명한 사람은 아무리 큰 부나 명예라 하더라도 그것이 사람의 본성에 어긋나는 것이면 거절한다는 것이다.

13

무족이 말하였다.

"사람은 꼭 자기의 명예를 지탱하려고 자신을 괴롭히고, 단 것도 먹지 않고 몸의 보양을 해치면서 생활만을 지탱해 간다. 그러므로 그것은 오랫동안 앓으면서 오랫동안 곤궁하게 죽지 않고 사는 것과 같은 것이다."

지화가 말하였다.

"평범한 것이 행복이 되며, 남음이 있으면 해가 된다는 것은 모든 사물이 다 그러한데, 재물에 있어서는 더욱 심하다. 지금 부자들은 귀로는 종 · 북 · 저 · 피리의 소리를 들으며 즐기고, 입으로는 짐승 고기와 맛있는 술 맛을 실컷 봄으로써 그의 뜻을 만족시키는 한편 그의 할 일은 잊고 있으니, 혼란이라고 할 만한 일이다. 자기의 성한 기운에 빠져들어가 무거운 짐을 지고서 높은 곳으로 올라가는 것과 같으니, 이것은 고통이라고 할 만한 일이다. 재물을 탐하여 병에 걸리고, 권세를 탐하는 데 정력을 다 쓰며, 고요히 지낼 때면 정욕에 빠지고, 몸이 윤택해지면 정력을 낭비하니, 이것은 질병이라고 할 만한 일이다. 부를 바라고 이익을 추구하기 때문에 마음에 담을 둘러친 것처럼 장애가 생기지만 그것을 피할 줄은 모르고 그대로 정력을 사용하기만 하니, 이것은 치욕이라고 할 만한 일이다. 재물이 쌓여봤자 쓸데가 없는데도 재물을 모을 생각을 품은 채 버리지 않아 마음 번뇌로 가득 차는데도 이익을 추구하기만 하니, 이것은 우환이라 할 만한 일이다. 집안에 있으면 강도가 들지나 않을까 걱정하고, 밖에 나가면 도적들의 해를 받지나 않을까 두려워하여 집에는 둘레에 망루와 내다보는 창을 만들어 놓고 밖에는 감히 홀로 다니지 못하니, 이것은 두려워하는 것이라 할 만한 것이다. 이 여섯 가지 것은 천하의 지극한 피해인 것이다.

그러나 모두들 이것을 잊고서 살필 줄을 모른다. 그 환난이 닥쳐야만 그의 삶을 다하고 재물을 다 바쳐서라도 다만 하루의 무고한 날로라도 되돌아가기를 바라지만, 그 때엔 이미 될 수가 없는 일이다. 그러므로 명예란 관점에서 보더라도 드러나는 것이 없고, 이익이란 관점에서 추구하더라도 얻는 것이 없는 것이다. 사람들이 자기 마음을 얽히고 자기 몸을 해치면서까지 이런 것을 다투고 있으니 매우 미혹된 일이 아니겠는가?"

| **원문** |

無足曰; 必持其名, 苦體絕甘, 約養以持生. 則亦久病長阨[1]而不死者也.

知和曰; 平爲福, 有餘爲害者, 物莫不然, 而財其甚者也. 今富人, 耳

---

1 長阨(장액) : 오랫동안 궁색하게 지내는 것.

營於鐘鼓筦籥之聲, 口嗛²於芻豢³醪醴⁴之味, 以感其意, 遺忘其業, 可謂亂矣. 佚溺⁵於馮氣,⁶ 若負重行而上也, 可謂苦矣. 貪財而取慰,⁷ 貪權而取竭, 靜居則溺, 體澤則馮,⁸ 可謂疾矣. 爲欲富就利, 故滿若堵⁹耳, 而不知避, 且馮而不舍, 可謂辱矣. 財積而無用, 服膺¹⁰而不舍, 滿心戚醮,¹¹ 求益而不止, 可謂憂矣. 內則疑劫請¹²之賊, 外則畏寇盜之害, 內周樓疏,¹³ 外不敢獨行, 可謂畏矣. 此六者, 天下之至害也.

皆遺忘而不知察. 及其患至, 求盡性竭財, 單¹⁴以反一日之無故, 而不可得也. 故觀之名, 則不見. 求之利, 則不得. 繚意絶體而爭此, 不亦惑乎?

| 해설 |

역시 무족과 지화의 대화를 통하여 세상의 부나 명예는 사람을 해치는 부질없는 것임을 자세하게 예를 들어가며 강조하고 있다.

---

2 嗛(함) : 입에 무는 것. 실컷 먹는 것.
3 芻豢(추환) : 소나 양 같은 짐승 고기.
4 醪醴(요례) : 요는 막걸리, 례는 단술.
5 佚溺(해닉) : 흠뻑 빠져 버리는 것.
6 馮氣(빙기) : 성한 기운.
7 慰(위) : 병(郭慶藩 說).
8 馮(빙) : 성한 정기를 다 쓰는 것.
9 堵(도) : 담. 담 같은 장애.
10 服膺(복응) : 이익을 추구하려는 마음을 품고 있는 것.
11 戚醮(척초) : 번뇌, 근심.
12 劫請(겁청) : 강도질을 하는 것.
13 樓疏(루소) : 망루와 내다보는 창.
14 單(단) : 다만.

제30편

칼싸움 말 것을 설복함
說劍

　이 편은 처음부터 끝까지 장자가 칼싸움을 좋아하는 조나라 문왕을 설복한 얘기로 이루어져 있다. 편명도 특별히 이 편의 내용을 알려 주는 말을 지어 만들었고, 내용도 장자의 사상과는 거리가 있어 왕슈민(王叔岷) 교수는 전국 시대(戰國時代) 종횡가(縱橫家)들의 이론과 비슷하다고 지적하였다. 마숙(馬驌)은 이 문장이 『전국책(戰國策)』과 비슷하므로 장자의 본 뜻과는 거리가 있는 것이라고 주장하였다.

1

　옛날에 조나라 문왕文王이 칼을 좋아하여 검객들이 문이 비좁도록 찾아와 삼천여 명이나 식객으로 모여 있었다. 그리고 밤낮으로 그의 앞에서 칼싸움을 하여 일 년에 백여 명의 사상자가 났다. 그래도 싫증 내지 않고 칼싸움을 좋아하여, 그렇게 삼 년을 지나는 동안 나라가 쇠하여져 제후들이 조나라를 멸망시키려 엿보게 되었다. 태자 회悝는 그것을 걱정하여 가까운 사람들을 모아 놓고 말하였다.

　"누구든지 임금의 마음을 설복시켜 검객들을 기르는 것을 멈추게 하는 사람에게는 천금의 상을 내리겠다."

　가까운 사람들이 말하였다.

　"장자가 할 수 있을 것입니다."

　태자는 이에 사람을 시켜 천금을 가지고 가서 장자를 모셔오게 하였다. 장자는 돈은 받지 않고 사자와 함께 와서 태자를 뵙고 말하였다.

　"태자께서는 제게 무엇을 시키려고 제게 천금을 내리셨습니까?"

　태자가 말하였다.

　"선생께서 명철한 성인이시란 말씀을 듣고서 삼가 천금의 폐백幣帛을 받들어 사자들 편에 보낸 것입니다. 선생께서 받지 않으시니 제가 또 어찌 감히 말씀드리겠습니까?"

　장자가 말하였다.

　"듣건대 태자께서 저를 쓰려 하시는 이유는 임금님이 즐기시는 일을 끊으시려는 것이라 하였습니다. 만약 제가 위로 임금님을 설복시키려다 임금님의 뜻만 거스르고 만다면 아래로는 태자의 뜻에도 맞지 않게 되는 것이니, 제 몸은 사형을 받게 될 것입니다. 그러면 제가 또 어디에다 돈을 쓰겠습니까? 만약 제가 위로 임금님을 설복시키고 아래로 태자의 뜻에 들어맞게만 된다면 조나라에서 제가 무엇을 구한들 얻지 못할 것이 있겠습니까?"

태자가 말하였다.

"그렇습니다. 우리 임금님께서 만나시는 것은 오직 검객들뿐입니다."

장자가 말하였다.

"그렇습니다. 저도 검술을 잘합니다."

태자가 말하였다.

"그러나 저의 임금님께서 만나시는 검객들은 모두가 더벅머리에 살쩍이 삐져나오고, 관을 낮게 눌러 쓰고, 장식 없는 거친 관끈을 매고, 뒤가 짧은 저고리를 입고, 눈을 부릅뜨고 더듬더듬 말을 합니다. 임금님께서는 그래야만 좋아하십니다. 지금 선생님께서 선비의 옷을 입고 임금님을 뵈려 한다면 일은 반드시 크게 어긋날 것입니다."

장자가 말하였다.

"칼싸움 할 때 입는 옷을 마련해야겠습니다."

사흘 걸려 칼싸움 할 때 입는 옷이 마련되자, 장자는 태자를 찾아뵈었다. 태자는 곧 장자와 함께 임금님을 가서 뵈었다.

| 원문 |

昔趙文王**1**喜劍, 劍士夾門而客, 三千餘人. 日夜相擊於前, 死傷者歲百餘人, 好之不厭. 如是三年, 國衰, 諸侯謀之. 太子悝**2**患之, 募左右曰; 孰能說王之意, 止劍士者, 賜之千金.

左右曰; 莊子當能.

太子乃使人以千金奉莊子. 莊子弗受, 與使者俱往見太子, 曰; 太子何以敎周, 賜周千金?

---

1 趙文王(조문왕) : 조나라 혜왕(惠王). 이름은 하(何). 무령왕(武靈王)의 아들.
2 悝(회) : 태자의 이름.

太子曰; 聞夫子明聖, 謹奉千金, 以幣從者. 夫子弗受, 悝尙何敢言?

莊子曰; 聞太子所欲用周者, 欲絶王之喜好也. 使臣上說大王, 而逆王意, 下不當太子, 則身刑而死. 周尙安所事金乎? 使臣上說大王, 下當太子, 趙國何求而不得也?

太子曰; 然. 吾王所見, 唯劍士也.

莊子曰; 諾. 周善爲劍.

太子曰; 然吾王所見劍士, 皆蓬頭[3]突鬢[4]垂冠,[5] 曼胡[6]之纓, 短後之衣, 瞋目而語難.[7] 王乃說之. 今夫子必儒服而見王, 事必大逆.

莊子曰; 請治劍服.

治劍服三日, 乃見太子, 太子乃與見王.

| 해설 |

여기까지는 장자가 칼 싸움을 좋아하는 조나라 문왕을 만나게 되는 경위를 쓰고 있다.

2

왕은 흰 칼을 빼어 들고서 그를 기다리고 있었다. 장자는 궁전 문으로 들어오면서도 잔걸음질치는 예의를 지키지 않고 임금을 보고도 절하지 않았다. 임금이 말하였다.

"당신은 무엇으로써 나를 가르치려고 태자로 하여금 소개하도록

---

3 蓬頭(봉두) : 머리가 헝클어진 것.
4 突鬢(돌빈) : 살쩍이 길게 뻗혀 있는 것.
5 垂冠(수관) : 막 싸우려는 자세로 관을 아래로 눌러 쓴 것.
6 曼胡(만호) : 장식도 없는 거친 끈.
7 語難(어난) : 노여움에 겨운 듯 말을 더듬거리는 것.

하였소?"

"저는 대왕께서 칼을 좋아하신다는 말씀을 들었기에 칼로써 임금님을 뵈려 합니다."

임금이 다시 물었다.

"당신은 칼로 어떻게 사람들을 제압할 수 있소?"

"저의 칼은 열 걸음마다 한 사람씩 베면서 천 리 길을 가도 아무도 막지 못합니다."

임금은 크게 기뻐하면서 말하였다.

"천하무적이군!"

장자가 말하였다.

"검술이란 것은 상대방에게 허점을 보여 줌으로써 이로움으로 그를 유도하는 것입니다. 상대방에 뒤져 손을 쓰면서도 그에 앞서 내리치는 것입니다. 원컨대 시험해 볼 수 있기 바랍니다."

임금이 말하였다.

"선생께선 잠시 쉬시오. 객사로 가서 명을 기다리시오. 시합 준비를 갖춘 다음에 선생을 모시겠소."

임금은 곧 검객들을 칠 일 동안 시합을 시켜 육십여 명의 사상자를 낸 다음, 그 중 대여섯 명을 골라 궁전의 뜰 아래 칼을 받쳐들고 서 있게 하였다. 그리고는 장자를 불러 말하였다.

"오늘은 시험삼아 검객들로 하여금 검술을 겨루어 보게 하겠소."

장자가 말하였다.

"오랜 동안 이 날을 기다려 왔습니다."

임금이 말하였다.

"선생이 늘 쓰시는 칼은 길이가 어떻게 되오?"

"제가 쓸 칼은 길이가 어떻든 상관 없습니다. 그러나 제게는 세 칼이 있는데 임금님은 어느 것이든 쓰실 수 있습니다. 청컨대 먼저 설명을 드린 다음에 시험해 보시도록 하십시오."

임금이 말하였다.

"세 칼에 대하여 듣고 싶소."

"천자의 칼이 있고, 제후의 칼이 있고, 서민의 칼이 있습니다."

임금이 말하였다.

"천자의 칼이란 어떤 것이오?"

"천자의 칼이란 연燕나라의 국경 밖 계곡의 석성石城이 칼끝이 되고, 제齊나라 태산이 칼날이 되고, 진晉나라와 위魏나라가 칼등이 되며, 주周나라와 송宋나라가 칼콧등이 되고, 한韓나라와 위나라가 칼집이 되며, 사방의 오랑캐들로 싼 뒤, 그 위를 다시 사철로 싸며, 다시 발해渤海로 둘러치고, 상산常山으로 띠를 두르고 있습니다. 그리고 이 칼을 씀에 있어서는 오행五行으로 제어하고, 형벌과 덕德으로써 시비를 따지며, 음양의 변화를 따라 움직이고, 봄과 여름으로 지탱하며, 가을과 겨울로써 성능을 발휘케 합니다. 이 칼을 곧장 내지르면 앞을 가로막는 것이 없고, 위로 쳐올리면 위에 걸리는 것이 없으며, 아래로 내리치면 아래에 걸리는 것이 없고, 휘두르면 옆에 걸리는 것이 없습니다. 위로는 뜬 구름도 쪼개고 아래로는 땅을 지탱하는 큰 줄도 자를 수 있습니다. 이 칼은 한 번 쓰기만 하면 제후들이 바로잡히고 천하가 굴복하게 됩니다. 이것이 천자의 칼입니다."

문왕은 멍하니 자기 자신을 잃고 있다가 말하였다.

"제후의 칼은 어떻소?"

"제후의 칼은 지혜와 용기가 있는 사람으로 칼끝을 삼고, 청렴한 사람으로 칼날을 삼으며, 현명하고 어진 사람으로 칼등을 삼고, 충성스러운 사람으로 칼콧등을 삼으며, 호걸로 칼집을 삼습니다. 이 칼도 곧장 내지르면 앞에 가로막히는 것이 없고, 위로 쳐올리면 위에 걸리는 것이 없으며, 아래로 내리치면 아래에 걸리는 것이 없고, 휘두르면 옆에 걸리는 것이 없습니다. 위로는 둥근 하늘을 법도로 삼아 해와 달과 별의 빛에 순응하고, 아래로는 모진 땅을 법도로 삼아 사철에 순응합니다. 가운데로는 백성들의 뜻을 알아차려 사방의 온 나라를 편안하게 합니다. 이 칼을 한 번 쓰면 우레 소리가 진동하는 것 같아서, 사방 나라 안 사람들이 복종하지 않는 이가 없게 되어 모두가 임금님의 명령을 따르게 만듭니다. 이것이 제후의 칼입니다."

임금이 말하였다.

"서민의 칼은 어떻소?"

"서민의 칼은 헝클어진 머리에 살쩍은 삐죽이 내밀게 하고, 관은 아래로 눌러 쓰고, 장식 없는 거친 관끈을 매고, 뒤가 짧은 저고리를 입고, 눈을 부릅뜨고 말을 더듬거리면서 임금님 앞에서 서로 치며 싸우는 것입니다. 위로는 사람의 목을 치고 아래로는 간과 폐를 찢어 놓습니다. 이 서민의 칼이란 닭싸움이나 다를 것이 없습니다. 일단 목숨만 끊어져 버리고 나면 나라일에 쓸 곳이 없게 됩니다. 지금 임금님께서는 천자와 같은 위치에 계시면서도 서민의 칼을 좋아하고 계시니 저는 마음 속으로 임금님을 낮게 평가하고 있습니다."

그러자 임금은 장자의 옷소매를 잡아 끌고 궁전 위로 올라갔다. 요리사가 음식을 올렸으나 임금은 세 번이나 상을 빙빙 돌기만 하였다.

장자가 말하였다.

"임금님께서는 편안히 앉아 기분을 안정시키십시오. 칼에 관한 일은 이미 다 아뢰었습니다."

그로부터 문왕은 석 달 동안이나 궁전에서 나가지 않았다. 그러자 검객들은 모두가 그 자리에서 자결하고 말았다.

| 원문 |

王脫白刃待之. 莊子入殿門不趨, 見王不拜. 王曰; 子欲何以敎寡人,使太子先?

曰; 臣聞大王喜劍, 故以劍見王.

王曰; 子之劍, 何能禁制[1]?

曰; 臣之劍, 十步一人, 千里不留行.

王大說之曰; 天下無敵矣.

莊子曰; 夫爲劍者, 示之以虛, 開之以利. 後之以發, 先之以至. 願得試之.

王曰; 夫子休, 就舍待命. 令設戲,[2] 請夫子.

王乃校劍士七日, 死傷者六十餘人, 得五六人, 使奉劍於殿下. 乃召莊子, 王曰; 今日試使士敦劍.[3]

莊子曰; 望之久矣.

王曰; 夫子所御杖,[4] 長短何如?

曰; 臣之所奉皆可. 然臣有三劍, 唯王所用, 請先言而後試.

王曰; 願聞三劍.

曰; 有天子劍, 有諸侯劍, 有庶人劍.

王曰; 天子之劍何如?

曰; 天子之劍, 以燕谿石城爲鋒, 齊岱[5]爲鍔,[6] 晉魏爲脊,[7] 周宋爲鐔[8], 韓魏爲夾. 包以四夷, 裹以四時, 繞以渤海, 帶以常山. 制以五行, 論以刑德, 開以陰陽, 持以春夏, 行以秋冬. 此劍直之無前, 擧之無上, 案之

---

1 禁制(금제) : 상대를 막아내고 제압하고 하는 것.

2 設戲(설희) : 시합 준비를 하는 것.

3 敦劍(돈검) : 돈(敦)은 치(治)의 뜻으로서, 검술을 겨루며 실력을 닦는 것.

4 御杖(어장) : 장(杖)은 지(持)의 뜻으로(王先謙 說), 사용하는 것. 갖고 있는 것.

5 岱(대) : 태산(泰山)의 별명.

6 鍔(악) : 칼날.

7 脊(척) : 칼등.

8 鐔(심) : 칼콧등.

無下, 運之無旁. 上決浮雲, 下絶地紀. 此劍一用, 匡諸侯, 天下服矣. 此天子之劍也.

文王芒然自失. 曰; 諸侯之劍何如?

曰; 諸侯之劍, 以知勇士爲鋒, 以淸廉士爲鍔, 以賢良士爲脊, 以忠聖士爲鐔, 以豪傑士爲夾. 此劍, 直之亦無前, 擧之亦無上, 案之亦無下, 運之亦無旁. 上法圓天, 以順三光. 下法方地, 以順四時. 中和民意, 以安四鄕.**9** 此劍一用, 如雷霆之震也, 四封之內, 無不賓服, 而聽從君命者矣. 此諸侯之劍也.

王曰; 庶人之劍何如?

曰; 庶人之劍, 蓬頭突鬢, 垂冠, 曼胡之纓, 短後之衣, 瞋目而語難, 相擊於前. 上斬頸領,**10** 下決肝肺. 此庶人之劍, 無異於鬪雞. 一旦命已絶矣, 無所用於國事. 今大王有天子之位, 而好庶人之劍, 臣竊爲大王薄之.

王乃牽而上殿. 宰人**11**上食, 王三環之.

莊子曰; 大王安坐定氣, 劍事已畢奏矣.

於是文王不出宮三月, 劍士皆服斃**12**其處也.

| 해설 |

장자는 결국 검술을 좋아하는 조나라 문왕을 만나, 나라를 다스리는 일을 검술에 비유하여 설명함으로써 정치를 등한히 한 문왕을 일깨워 준다.

---

9 四鄕(사향) : 사방. 온 나라.

10 頸領(경령) : 목.

11 宰人(재인) : 궁중의 요리사.

12 服斃(복폐) : 자살을 하는 것.

제31편

고기잡이
漁父

앞 '칼싸움 말 것을 설복함'편과 마찬가지로 문답을 중심으로 한 얘기가 이 한 편을 이루고 있다. 편명도 이 얘기의 중심 인물인 '고기잡이'를 따서 붙이고 있다. 짜임새는 허구적이지만 내용이나 문장은 장자가 쓴 것이 아닌 것 같다는 게 일반적인 견해이다.

1

공자가 울창한 숲 속을 노닐다가 행단杏壇 위에 앉아서 쉬고 있었다. 제자들은 책을 읽고 있었고, 공자는 금琴을 타면서 노래를 부르고 있었다. 타던 곡조가 채 반도 끝나기 전에 한 고기잡이가 배에서 내려왔다. 그 고기잡이는 수염과 눈썹이 새하얗고, 머리를 풀어 헤치고 소매를 흔들며 강 언덕으로 올라와서는 언덕 위에 멈춰 섰다. 그리고 왼손은 무릎 위에 놓고 오른손으로 턱을 괴고 듣고 있었다. 곡조가 끝나자 자공과 자로 두 사람을 불러 앞에 세우고는 공자를 가리키면서 말하였다.

"저 분은 무엇하는 분이시오?"

자로가 대답하였다.

"노나라의 군자입니다."

고기잡이가 그의 성을 묻자 다시 자로가 대답하였다.

"성은 공씨孔氏입니다."

고기잡이가 물었다.

"공씨라는 사람은 무슨 일을 하고 있는 사람이오?"

자로가 미처 대답하기도 전에 자공이 대답하였다.

"공씨는 본성이 충성과 믿음을 지키고 있으며, 몸은 어짊과 의로움을 행합니다. 예의와 음악을 꾸며 놓고 인륜을 정해 놓았습니다. 위로는 임금님께 충성을 다하고 아래로는 모든 백성들을 교화시킴으로써 온 천하를 이롭게 하려 하고 있습니다. 이것이 공씨께서 하시는 일입니다."

다시 물었다.

"그는 영토를 갖고 있는 임금인가요?"

자공이 말했다.

"아닙니다."

제후와 임금의 신하인가요?"

"아닙니다."

그러자 고기잡이는 웃으며 돌아서 가면서 중얼거렸다.

"어질기는 하겠지만, 아마도 그의 몸은 화를 면치 못할 것이다. 마음을 괴롭히고 육체를 수고롭혀 그의 진실함을 위태롭게 하고 있다. 아아, 그는 도로부터 멀리도 떨어져 있구나!"

| 원문 |

孔子遊於緇帷[1]之林, 休坐乎杏壇[2]之上. 弟子讀書, 孔子弦歌鼓琴. 奏曲未半, 有漁父者, 下船而來. 須眉[3]交白,[4] 披髮揄袂,[5] 行原以上, 距陸而止. 左手據膝, 右手持頤, 以聽. 曲終, 而招子貢子路二人俱對. 客指孔子曰; 彼何爲者也?

子路對曰; 魯之君子也.

客問其族, 子路對曰; 族孔氏.

客曰; 孔氏者, 何治也?

子路未應, 子貢對曰; 孔氏者, 性服忠信, 身行仁義. 飾禮樂, 選人倫. 上以忠於世主, 下以化於齊民, 將以利天下. 此孔氏之所治也.

又問曰; 有土之君與?

子貢曰; 非也.

侯王之佐與?

子貢曰; 非也.

---

1 緇帷(치유) : 검은 장막. 숲이 무성한 것을 비유한 말.
2 杏壇(행단) : 살구나무가 서 있는 높은 단. 공자가 제자들을 가르치던 곳.
3 須眉(수미) : 수염과 눈썹.
4 交白(교백) : 교(交)는 교(皎)와 통하여, 새하얀 것.
5 揄袂(유메) : 소맷자락을 휘젓는 것.

客乃笑而還, 行言曰; 仁則仁矣, 恐不免其身. 苦心勞形, 以危其眞. 嗚呼, 遠哉, 其分於道也!

| 해설 |

고기잡이가 지나다가 공자의 얘기를 듣고, 공자가 하는 일이란 자기 마음과 몸을 괴롭히기만 할 뿐이지, '도'에서 멀리 떨어져 있는 것이라 말하고 있다.

2

자공이 돌아와 공자에게 보고하니, 공자는 금을 밀쳐 놓으면서 일어나 말하였다.

"그는 성인일 것이다."

곧 내려가 그를 뒤쫓아 연못 가에 이르니 고기잡이는 막 삿대를 짚고 그의 배를 끌어내려 하고 있었다. 그가 되돌아보고 몸을 돌려 공자를 향해 서자, 공자는 뒤로 물러섰다가 두 번 절하고 나아갔다.

고기잡이가 말하였다.

"선생께서 무슨 용무가 있으십니까?"

공자가 말하였다.

"조금 전에 선생께서는 말씀을 남겨두고 떠나셨습니다. 저는 어리석어 하신 말씀을 알지 못하겠습니다. 선생을 모시고 아랫자리에 앉아 다행히도 말씀을 들을 수 있다면 저에게 큰 도움이 될 것이라 믿고 있습니다."

고기잡이가 말하였다.

"하하, 선생께서는 배우기를 매우 좋아하시는군요."

공자는 두 번 절하고 일어나면서 말하였다.

"저는 젊어서부터 배우기를 좋아하여 지금에 이르러 육십구 세가 되었습니다. 그러나 지극한 가르침을 듣지 못하고 있는 터인데, 어찌 감히 마음을 텅 비워 선생의 가르침을 기다리지 않겠습니까?"

| 원문 |

子貢還報孔子, 孔子推琴而起, 曰; 其聖人與.

乃下求之, 至於澤畔, 方將杖拏[1]而引其船. 顧見孔子, 還鄕[2]而立. 孔子反走, 再拜而進.

客曰; 子將何求?

孔子曰; 曩者先生有緖言[3]而去. 丘不肖, 未知所謂. 竊待於下風, 幸聞咳唾之音,[4] 以卒相丘也.

客曰; 嘻, 甚矣, 子之好學也.

孔子再拜而起曰; 丘少而好學, 以至於今, 六十九歲矣. 無所得聞至敎, 敢不虛心[5]?

| 해설 |

여기서는 공자가 고기잡이를 뒤쫓아가 가르침을 청하기까지의 경과를 묘사하고 있다.

---

1 杖拏(장나) : 삿대를 짚는 것.
2 還鄕(환향) : 방향을 돌리다. 몸을 돌리다.
3 緖言(서언) : 남긴 말. 설명을 충분히 다하지 않은 것을 뜻함.
4 咳唾之音(해타지음) : 기침하고 침 뱉는 소리. 상대방의 말을 존중하여 이렇게 표현한 것임.
5 虛心(허심) : 마음을 텅 비게 하고서 가르침에 대비하는 것.

3

고기잡이가 말하였다.

"같은 종류의 것들이 서로 어울리고, 같은 종류의 소리들이 서로 화음을 이루는 것은 본시 하늘의 원리입니다. 저는 제가 지니고 있는 도는 놓아두고, 선생께서 종사하는 일에 대하여 논해 보고 싶습니다. 선생께서 종사하는 일이란 사람들에 관한 일입니다. 천자와 제후와 대부와 서민의 네 계급들이 스스로 올바른 자리에 있게 되는 것이 정치의 아름다움입니다. 이 네 계급이 제자리를 떠나게 되면 그보다 더 큰 혼란은 없을 것입니다. 관리들은 그의 직무를 수행하고 사람들은 자기 일에 안락하여 위아래가 서로 넘보는 일이 없어야 합니다.

그러므로 밭이 황폐하고 집이 헐어지며, 입고 먹을 것이 부족하고, 세금을 제대로 물지 못하고, 처와 첩들이 화목하지 못하고, 어른과 젊은이들에 질서가 없는 것은 서민들의 걱정입니다.

능력은 책임을 감당하지 못하고, 관청의 일이 제대로 처리되지 않으며, 행동이 결렴하지 못하고, 부하 직원들이 일을 태만히 하며, 아름다운 공로가 세워지지 않고, 벼슬과 녹을 지탱하지 못하는 것은 대부들의 걱정입니다.

조정엔 충신이 없고, 국가가 혼란하며, 공인工人들은 기술이 없고, 바쳐오는 공물은 좋은 것이 없으며, 봄 가을 조근朝覲에 남보다 뒤지고, 천자와 순조로운 관계를 유지하지 못하는 것은 제후들의 걱정입니다.

음양의 기운이 잘 조화되지 않고 추위와 더위가 제철에 맞지 않아 여러 가지 생물들을 손상시키고, 제후들이 멋대로 난리를 일으켜 마음대로 서로 치고 정복함으로써 백성들을 해치며, 예의와 음악이 절도에 맞지 않고, 쓸 재물이 궁핍하며, 인륜이 잘 다스려지지 않고, 백성들이 음란한 것은 천자와 그 밑 재상들의 걱정입니다.

지금 선생은 위로는 임금이나 재상의 권세도 없고, 아래로는 대신이나 관리의 벼슬도 없습니다. 그런데도 멋대로 예의와 음악을 꾸미고 인륜을 정하여 여러 백성들을 교화하려 하고 있으니, 너무나 쓸데없이 많은 일을 하는 것이 아니겠습니까?"

| 원문 |

客曰; 同類相從, 同聲相應, 固天之理也. 吾請釋吾之所有, 而經¹子之所以. 子之所以者, 人事也. 天子諸侯大夫庶人, 此四者自正, 治之美也. 四者離位, 而亂莫大焉. 官治其職, 人憂²其事, 乃無所陵.

故田荒室露, 衣食不足, 徵賦不屬, 妻妾不和, 長少無序, 庶人之憂也.

能不勝任, 官事不治, 行不淸白, 群下³荒怠, 功美不有, 爵祿不持, 大夫之憂也.

廷無忠臣, 國家昏亂, 工技不巧, 貢職不美, 春秋後倫,⁴ 不順天子, 諸侯之憂也.

陰陽不和, 寒暑不時, 以傷庶物. 諸侯暴亂, 擅相攘伐, 以殘民人. 禮樂不節, 財用窮匱,⁵ 人倫不飭, 百姓淫亂, 天子有司之憂也.

今子旣上無君侯有司之勢, 而下無大臣職事之官. 而擅飾禮樂, 選人倫, 以化齊民, 不泰多事乎?

---

1 經(경) : 다스리다. 논하여 정리하다.
2 人憂(인우) : 우(憂)는 처(處)로 된 판본도 있으며(于省吾 說), 처는 편안히 지내는 것.
3 群下(군하) : 부하 직원들.
4 後倫(후륜) : 조근(朝覲)을 함에 있어, 자기 동료들보다 뒤지는 것.
5 窮匱(궁궤) : 궁핍.

　고기잡이는 먼저 공자가 자기 분수에 맞지 않는 쓸데없는 일을 많이 하고 있음을 지적하고 있다.

4

　"또한 사람에게는 여덟 가지 흠이 있고, 일에는 네 가지 환난이 있으니, 살피지 않으면 안 되는 것입니다. 자기가 할 일이 아닌데도 그 일을 하는 것을 외람된 짓이라 합니다. 그를 거들떠보지도 않는데도 나아가 가까이 하는 것을 간사한 짓이라 합니다. 남의 뜻에 맞도록 말을 이끌어 나가는 것을 아첨하는 짓이라고 합니다. 옳고 그름을 가리지 않고 얘기하는 것을 알랑거리는 짓이라고 합니다. 남의 악한 점을 얘기하기 좋아하는 것을 모함하는 짓이라 합니다. 사귀던 사람을 떨어지게 하고 친한 사람을 멀어지게 하는 것을 해치는 짓이라 합니다. 남을 칭찬하고는 속임으로써 남을 악에 떨어뜨리는 것을 간악한 짓이라 합니다. 좋고 나쁜 것을 가리지 않고 두 가지를 다 받아들이며 얼굴빛을 적응시키고, 그가 바라는 목적을 이루는 것을 음험한 짓이라 합니다. 이상의 여덟 가지 흠이란 것은, 밖으로는 사람들을 어지럽히고 안으로는 자신을 손상케 하는 것입니다. 따라서 군자들은 그러한 짓을 하지 않고, 명철한 임금은 그런 자들을 신하로 삼지 않습니다.

　이른바 네 가지 환난이라는 것은 다음과 같습니다. 큰 일을 해 내기 좋아하고 변혁을 잘 시켜 일정한 것들까지 바꾸면서 공명을 얻으려 애쓰는 것을 참람된 짓이라 합니다. 자기만 아는 지식을 가지고 일을 멋대로 하며 남의 것을 침범하여 자기 것으로 삼으려는 것을 탐욕스런 짓이라 합니다. 잘못을 알고도 고치지 않고 간하는 말을 들으면 그 나쁜 행동을 더 심하게 하는 것을 포악한 짓이라 합니다. 남이 자기에게 찬성하면 괜찮지만 자기에게 찬성하지 않으면 비록 좋은 일이라도 좋지 않다고 하는 것을 교만한 짓이라 합니다. 이상이 네 가지 환난입니다. 이 여덟 가지 흠을 버리고 네 가지 환난을 행하지 않아야만 비로소 가르칠 수가 있는 것입니다."

| 원문 |

且人有八疵,[1] 事有四患, 不可不察也. 非其事而事之, 謂之摠.[2] 莫之顧而進之, 謂之佞.[3] 希意[4]道言, 謂之諂. 不擇是非而言, 謂之諛.[5] 好言人之惡, 謂之讒. 析交離親, 謂之賊. 稱譽詐僞以敗惡人,[6] 謂之慝.[7] 不擇善否, 兩容[8]頰適,[9] 偸拔[10]其所欲, 謂之險. 此八疵者, 外以亂人, 內以傷身. 君子不友, 明君不臣.

所謂四患者, 好經大事, 變更易常, 以挂[11]功名, 謂之叨.[12] 專知擅事, 侵人自用, 謂之貪. 見過不更, 聞諫愈甚, 謂之很.[13] 人同於己則可, 不同於己, 雖善不善, 謂之矜.[14] 此四患也. 能去八疵, 無行四患, 而始可敎已.

---

1 疵(자) : 흠, 결점.

2 摠(총) : 외람된 것(李頤 說).

3 佞(영) : 간사한 것.

4 希意(희의) : 남의 뜻을 살펴 거기에 따르는 것.

5 諛(유) : 남에게 잘 보이려고 알랑거리는 것. 아유(阿諛).

6 敗惡人(패악인) : 남을 실패시키고 악하게 만드는 것.

7 慝(특) : 간악한 것. 숨어서 악한 짓을 하는 것.

8 兩容(양용) : 선과 악을 다 받아들이는 것.

9 頰適(협적) : 얼굴 모양을 적절히 맞추는 것.

10 偸拔(투발) : 끌어당겨 뽑는 것. 목적한 것을 얻는 것.

11 挂(패) : 획책하다, 추구하다.

12 叨(도) : 참람함, 탐욕함.

13 很(흔) : 낭(狼)으로 된 판본도 있으며, 매우 악한 것.

14 矜(긍) : 교만한 것, 뻐기는 것.

여기서는 고기잡이가 사람들이 지니기 쉬운 여덟 가지 흠[八疵]과 네 가지 환난[四患]에 대하여 설명하고 있다. 이러한 것들은 공자의 단점들을 암시하는 것이기도 하다.

5

공자는 얼굴빛을 변하고 탄식하면서 두 번 절하고 일어나서 말하였다.

"저는 노나라에서 두 번이나 쫓겨나고 위나라에서도 추방당했으며, 송나라에서는 나무를 베어 넘겨 저를 죽이려 하였고, 진나라와 채나라 사이에서는 포위를 당했습니다. 저는 잘못한 것을 알지 못하겠는데도 이러한 네 가지 고통을 겪었는데, 어째서였을까요?"

고기잡이는 슬픈 듯이 얼굴빛을 바꾸면서 말하였다.

"심합니다. 선생은 정말 잘 깨우치지 못하는군요. 어떤 사람이 자기 그림자가 두렵고 자기 발자국이 싫어서 이것들을 떠나 달아나려 하였는데, 발을 더욱 자주 놀릴수록 발자국은 더욱 많아졌고, 빨리 뛰면 뛸수록 그림자는 그의 몸을 떠나지 않았다 합니다. 그래도 그 자신은 아직도 더디게 뛰는 때문이라 생각하고 쉬지 않고 빨리 뛰다가 결국 힘이 떨어져 죽어 버렸다 합니다. 그는 그늘 속에서 쉬면 그림자가 없어지고, 고요히 있으면 발자국이 나지 않는다는 것을 알지 못했던 것이지요. 어리석음도 지나치다 하겠습니다.

그런데 선생은 어짊과 의로움의 뜻을 자세히 알고 있고, 사리가 같고 틀리는 한계를 잘 살피고 있고, 움직이고 고요히 있는 변화를 잘 관찰하고 있고, 받고 주는 정도를 적절히 할 줄도 알고, 좋아하고 싫어하는 감정을 다스릴 줄 알고, 기쁨과 노여움의 절도를 조화시킬 줄 알지만, 아무리 애써도 화를 면치 못할 것입니다. 자기 몸을 삼가 닦고 진실함을 신중히 지켜 명예 같은 밖의 일이나 물건은 되돌려 사람들에게 주면 아무런 환난도 없을 것입니다. 지금 자기 몸은 닦지 않고 남에게 그 이유를 추구하고 있으니 이것은 밖의 일이나 물건에 매여 있는 것이 아닙니까?"

| 원문 |

孔子愀然¹而歎, 再拜而起, 曰; 丘再逐於魯, 削迹於衛, 伐樹於宋, 圍於陳蔡. 丘不知所失, 而離此四謗者, 何也?

客悽然²變容曰; 甚矣, 子之難悟也. 人有畏影惡迹而去之走者. 擧足愈數, 而迹愈多. 走愈疾, 而影不離身. 自以爲尙遲, 疾走不休, 絶力而死. 不知處陰以休影, 處靜以息迹. 愚亦甚矣.

子審仁義之間, 察同異之際, 觀動靜之變, 適受與之度, 理好惡之情, 和喜怒之節, 而幾於不免矣. 謹修而身, 愼守其眞, 還以物³與人, 則無所累矣. 今不修之身而求之人, 不亦外乎?

| 해설 |

여기서는 고기잡이가 공자가 여러 가지 곤경을 겪었던 이유를 지적하고, 자기 몸을 닦고 자기의 진실함을 지키고 밖의 일이나 물건에 마음이 끌리지 않도록 할 것을 충고하고 있다.

---

1 愀然(초연) : 슬퍼서 얼굴빛이 변하는 모양.
2 悽然(처연) : 슬픈 모양.
3 還以物(환이물) : 명예나 이익 같은 외물은 되돌려주라는 뜻.

6

공자가 얼굴빛을 바꾸면서 말하였다.

"어떤 것을 진실함이라 말하는 것인지 여쭙고자 합니다."

고기잡이가 말하였다.

"진실함이란 정성의 지극함에 있습니다. 정성되지 못하면 성실하지 못하게 되어 남을 움직일 수가 없습니다. 그러므로 억지로 곡하는 사람은 비록 슬픈 체하여도 슬프게 느껴지지 않습니다. 억지로 노한 체하는 사람은 비록 엄하게 군다 하더라도 위압을 느끼지 않습니다. 억지로 친한 체하는 사람은 비록 웃는다 하더라도 친밀하게 느껴지지 않습니다.

진실로 슬픈 사람은 소리를 내 울지 않아도 슬프게 느껴집니다. 진실로 노여운 사람은 성내지 않아도 위압이 느껴집니다. 진실로 친한 사람은 웃지 않아도 친밀하게 느껴집니다. 진실함이 속마음에 있는 사람은 정신이 밖으로 발동합니다. 이것이 진실함이 귀중한 까닭입니다.

그것을 인간 생활의 원리에다 적용시키면, 부모를 섬김에 있어서는 자애롭고 효성스럽게 되며, 임금을 섬김에 있어서는 충성스럽고 곧게 되며, 술을 마심에 있어서는 기쁘고 즐겁게 되며, 상을 당하면 슬프고 애통하게 됩니다. 충성스럽고 곧은 것은 공로가 위주가 되며, 술을 마시는 것은 즐거움이 위주가 되며, 상을 치르는 것은 슬픔이 위주가 되며, 부모를 섬기는 것은 부모의 마음에 들게 하는 것이 위주가 됩니다. 일의 공로를 훌륭하게 이룩하는 데 있어서는 그 방법이 일정해서는 안 됩니다. 부모를 섬겨 마음에 들도록 해 드리는 데 있어서는 방법을 논할 일이 아닙니다. 술을 마심으로써 즐기는 데 있어서는 술그릇을 이것저것 고를 것이 없습니다. 상을 당하여 슬퍼함에 있어서는 예의를 따질 일이 아닙니다. 예의라는 것은 세속적인 행동 기준입니다. 진실함이란 것은 하늘로부터 타고난 바로 그것입니다. 그러한 자연은 변경시킬 수가 없는 것입니다.

그러므로 성인은 하늘을 법도로 삼고 진실함을 귀중히 여기며 세속에 구애받지 않습니다. 어리석은 사람들은 이 반대입니다. 하늘을 법도로 삼지 못하고 사람 일에 얽매여 고생합니다. 진실함을 귀중히 할 줄 모르고 세상 일을 따라서 세속과 함께 변화하기 때문에 언제나 만족하지 못합니다. 아깝습니다! 선생께서는 일찍이 인위적인 학문에 빠져 위대한 도에 대하여 너무 늦게 듣고 있습니다."

| 원문 |

孔子愀然曰; 請問何謂眞?

客曰; 眞者, 精誠之至也. 不精不誠, 不能動人. 故强哭者, 雖悲不哀. 强怒者, 雖嚴不威. 强親者, 雖笑不和.

眞悲無聲而哀. 眞怒未發而威. 眞親未笑而和. 眞在內者, 神動於外. 是所以貴眞也.

其用於人理也, 事親則慈孝, 事君則忠貞, 飮酒則歡樂, 處喪則悲哀. 忠貞以功爲主, 飮酒以樂爲主, 處喪以哀爲主, 事親以適**¹**爲主. 功成之美, 無一其迹**²**矣. 事親以適, 不論所以矣. 飮酒以樂, 不選其具矣. 處喪以哀, 無問其禮矣. 禮者, 世俗之所爲也. 眞者, 所以受於天也. 自然不可易也.

故聖人法天貴眞, 不拘於俗. 愚者反此. 不能法天而恤於人,**³** 不知貴眞, 祿祿**⁴**而受變於俗, 故不足. 惜哉, 子之蚤湛**⁵**於人僞,**⁶** 而晚聞大道也!

---

1 適(적) : 부모님 마음에 들게 하여 안락하게 해 드리는 것.

2 其迹(기적) : 그 방법. 수단.

3 恤於人(휼어인) : 사람들 일로써 걱정하고 고생하는 것.

4 祿祿(녹록) : 녹(祿)은 녹(娽)과 통하여(奚侗 說), 세상 일에 따르는 모양.

여기서는 자연과 진실함의 귀중함을 해설하고 있다. 공자는 자연을 어기고 진실함을 잃은 인위적인 일에 종사하는 사람이라는 것을 전제로 한 것이다.

7

공자가 다시 두 번 절하고 일어나 말하였다.

"지금 제가 선생을 뵙게 된 것은 천행이라 하겠습니다. 선생께서는 부끄러워하시지 않고 제자처럼 대하며 몸소 가르쳐 주셨습니다. 감히 선생님 댁이 계신 곳을 여쭙고 싶습니다. 선생님을 따라 학업을 닦아 위대한 도를 완전히 배우고 싶습니다."

고기잡이가 말하였다.

"내가 듣건대, 함께 갈 만한 사람과는 함께 어울려 오묘한 도에 이르도록 가도 되지만, 함께 갈 수 없는 자는 그러한 도를 알지 못하고 있을 것이므로 삼가 함께 어울리지 말아야 한다고 하였습니다. 그래야 몸에 아무런 재난이 없게 될 것입니다. 선생께서는 힘쓰십시오. 나는 선생과 작별해야겠습니다. 선생과 작별해야겠습니다."

그러고는 배를 삿대질하여 물에 띄워 갈대밭 사이로 사라져 갔다.

안회가 수레를 돌리고 자로는 손잡이 줄을 공자에게 주었으나, 공자는 돌아다보지도 않았다. 배 떠나간 물결이 잠잠해지고 노젓는 소리가 들리지 않게 된 다음에야 감히 수레에 올랐다.

---

5 蚤湛(조잠) : 일찍이 빠지는 것.
6 人僞(인위) : 인위(人爲)와 같은 말.

孔子又再拜而起曰; 今者, 丘得遇也, 若天幸然. 先生不羞而比之服役,[1] 而身敎之. 敢問舍所在, 請因受業, 而卒學大道.

客曰; 吾聞之, 可與往者, 與之至於妙道. 不可與往者, 不知其道, 愼勿與之. 身乃無咎.[2] 子勉之. 吾去子矣, 吾去子矣.

乃刺船而去, 延緣[3]葦閒.

顔淵還車, 子路授綏,[4] 孔子不顧. 待水波定, 不聞拏音,[5] 而後敢乘.

| 해설 |

공자는 고기잡이에게서 위대한 '도'에 관한 말을 듣고 그를 스승으로 모시고자 하였으나 고기잡이는 그대로 떠나가 버린다.

8

자로가 수레에 다가서면서 물었다.

"제가 선생님을 모신 지 오래 되었습니다만 선생님께서 사람을 만나 이처럼 상대방을 존경하는 일은 보지 못했습니다. 만승의 천자나 천승의 제후들도 선생님을 뵐 적에는 언제나 뜰에 자리를 함께 마련하고 대등한 예로 대했습니다. 선생님은 그래도 오만한 듯한 얼굴이셨습니다. 지금 고기잡이는 삿대를 짚은 채 마주서 있는데 선생님께서는 허리를 굽히고 몸을 꺾으며 두 번 절하고서야 대답하셨습니다.

---

1 服役(복역) : 제자들.
2 咎(구) : 허물, 재앙.
3 延緣(연연) : 따라가는 것. 들어가는 것.
4 綏(수) : 수레를 탈 때 잡는 줄.
5 拏音(나음) : 노젓는 소리.

너무 심했다고 하지 않을 수 있겠습니까? 저희 제자들은 모두 선생님을 이상하게 생각하고 있습니다. 고기잡이가 어떻게 그럴 수가 있겠습니까?"

공자는 수레 앞 턱나무에 엎드려 탄식하며 말하였다.

"자로는 가르쳐 알게 하기가 너무 어렵구나. 예의에 몰두한 지 오래되었는데도 비루한 마음이 아직도 다 없어지지 않고 있구나. 이리 다가오너라. 내가 설명해 주마.

어른을 만나서 공경하지 않는 것은 실례이다. 현명한 이를 보고도 존경치 않는 것은 어짊이 아니다. 그가 지극히 어진 이가 아니라면 남을 굴복시키지 못하였을 것이다. 남을 굴복시킨다 하더라도 정성되지 않았다면 그의 진실함이 통하지 않았을 것이다. 그리하여 언제나 자신을 손상케 되는 것이다. 애석하도다, 사람에게 있어서 어질지 못한 것처럼 화가 크게 미치는 것이 없는데도 자로는 홀로 멋대로 행동하는구나. 또한 도란 만물의 근원이 되는 것이다. 모든 물건이 이것을 잃으면 죽고 이것을 얻으면 산다. 일을 함에 있어서는 이것을 거스르면 실패하고 이것에 순응하면 성공한다. 그러므로 도의 존재에 대해서는 성인들도 존중하는 것이다. 지금 고기잡이는 도에 대해 알고 있는 분이라고 말할 수 있을 것이다. 그런데 내가 감히 공경치 않을 수가 있겠느냐?"

| 원문 |

子路旁車而問曰; 由得爲役**1**久矣, 未嘗見夫子遇人如此其威**2**也. 萬乘之主, 千乘之君, 見夫子, 未嘗不分庭伉禮,**3** 夫子猶有倨傲之容. 今漁

---

1 爲役(위역) : 제자 노릇을 하는 것.
2 威(위) : 외(畏)와 통하여, 공경하는 것.

父杖拏逆立, 而夫子曲要磬折,⁴ 再拜而應. 得無太甚乎? 門人皆怪夫子矣. 漁父何以得此乎?

孔子伏軾而歎曰; 甚矣, 由之難化也. 湛⁵於禮義有閒矣, 而樸鄙之心, 至今未去. 進, 吾語汝.

夫遇長不敬, 失禮也. 見賢不尊, 不仁也. 彼非至仁, 不能下人. 下人不精, 不得其眞. 故長傷身. 惜哉, 不仁之於人也, 禍莫大焉, 而由獨擅之. 且道者, 萬物之所由也. 庶物失之者死, 得之者生. 爲事逆之則敗, 順之則成. 故道之所在, 聖人尊之. 今漁父之於道, 可謂有矣, 吾敢不敬乎?

| 해설 |

자로가 공자에게 평소에는 임금 앞에서도 오만한 선생님이 왜 고기잡이 앞에서 굽실거렸는가 질문한다. 공자는 그가 도에 통달한 사람이기 때문에 공경하는 것이 당연하다고 대답하고 있다. 이 편은 전체적인 구성이 퍽 짜임새가 있다.

---

3 伉禮(항례) : 대등한 예.
4 磬折(경절) : 몸을 굽히는 것.
5 湛(잠) : 빠지다, 몰두하다.

제32편

도가의 계승자 열어구

列禦寇

　　이 편은 다시 첫머리에 보이는 사람의 이름을 따서 편명으로 삼고
있다. 제목 '열어구'는 역시 도가에 속하는 사상가인 열자의 이름이다.
내용은 서로 독립된 십여 개의 짧은 대목으로 이루어져 있고, 여러 가
지 도가 사상이 각각 씌어져 있다. 이 편 끝머리에 장자의 죽음에 관한
얘기가 있는 것은 편집자가 『장자』의 구성을 감안하여 끼워 넣은 글인
듯하다.

1

열자列子가 제나라로 가다가 중도에 되돌아오는 길에 백혼무인伯昏瞀人을 만났다. 백혼무인이 말하였다.

"무슨 일로 되돌아오는가?"

"제가 놀랐기 때문입니다."

"무엇에 놀랐느냐?"

"제가 도중에 열 집 정도의 주막에서 식사를 하였는데 그 중 다섯 집에서는 돈도 내기 전에 먼저 식사를 제공하였기 때문입니다."

백혼무인이 말하였다.

"그런 것을 가지고 너는 어째서 놀랐다는 것이냐?"

"그것은 저의 속마음의 정성됨이 풀려지지 않고 육체 밖으로 새어 나와 빛을 이룸으로써, 밖으로 사람들의 마음을 위압했기 때문입니다. 사람들로 하여금 노인들을 저보다도 가볍게 여기고 공경하지 않도록 한 것이니, 자기 자신의 환난을 기른 것과 같은 일입니다. 주막 주인이란 특히 음식을 팔아가지고 많은 이익을 남기려는 사람들입니다. 그리고 거기의 이익이란 보잘것없고 그들의 권한도 가볍기 짝이 없습니다. 그런데도 그들이 그처럼 저를 대하였으니 하물며 만승의 군주야 어떠하겠습니까? 그의 몸은 나라를 위해 애쓰고 있고 그의 지혜는 정사를 처리하는 데 다 쓰고 있습니다. 그는 제게 나라 일을 맡겨 제가 공로를 세우기를 바랄 것입니다. 저는 그래서 놀랐다는 것입니다."

백혼무인이 말하였다.

"그대의 견해는 훌륭하다. 그대가 그처럼 처신하면 사람들이 그대를 따르게 될 것이다."

| 원문 |

列禦寇之齊, 中道而反, 遇伯昏瞀人.[1] 伯昏瞀人曰; 奚方而反?

曰; 吾驚焉.

曰; 惡乎驚?

曰; 吾嘗食於十饗,[2] 而五饗先饋.[3]

伯昏瞀人曰; 若是, 則汝何爲驚已.

曰; 夫內誠不解, 形諜[4]成光, 以外鎭人心. 使人輕乎貴老, 而韲[5]其所患. 夫饗人, 特爲食羹之貨, 多餘之贏.[6] 其爲利也薄, 其爲權也輕, 而猶若是. 而況於萬乘之主乎? 身勞於國, 而知盡於事. 彼將任我以事, 而效我以功. 吾是以驚.

伯昏瞀人曰; 善哉, 觀乎! 汝處已, 人將保汝[7]矣.

| 해설 |

열자는 제나라로 가다가 주막집 주인들이 자기를 위대한 인물로 알고 음식을 돈도 안 받고 대접하는 것을 보고, 자기 수양이 덜 된 탓이라 생각하며 놀라서 되돌아온다. 그의 스승 백혼무인은 열자의 그러한 견해에 일단 동조하고 있다.

---

1 伯昏瞀人(백혼무인) : 열자의 스승.

2 饗(장) : 마실 것을 파는 주막.

3 先饋(선궤) : 돈을 내기도 전에 먼저 갖다 주는 것.

4 諜(첩) : 설(泄)과 통하여(孫詒讓 說), 겉으로 새는 것.

5 韲(제) : 기르는 것, 조성하는 것.

6 贏(영) : 이윤, 이익.

7 保汝(보여) : 보(保)는 부(附)의 뜻으로(司馬彪 說), 그대에게 따를 것이라는 뜻.

2

백혼무인이 얼마 안 있다가 열자에게 가 보니, 문밖에 신이 가득하였다. 백혼무인은 북쪽을 향해 서서 지팡이를 세워 턱을 괴고 한동안 서 있다가 말도 하지 않고 그대로 나왔다. 문지기가 그 사실을 열자에게 보고하니, 열자는 신발을 손에 들고 맨발로 문간까지 뛰어나왔다.

"선생님께서 일부러 오셨는데 저에게 약이 될 만한 가르침도 주지 않으십니까?"

"그만두자. 내가 전에 네게 말하기를, 사람들이 너를 따를 것이라 하였는데 과연 너를 따르고 있다. 네가 사람들로 하여금 따르게 한 것이 아니라, 네가 사람들로 하여금 너를 따르지 않도록 하지 못한 것이다. 그런데 무엇을 가르칠 필요가 있겠느냐? 남을 감동시키고 즐거워하는 것은 남과 다른 방법을 쓰기 때문이다. 꼭 남을 감동시키려 한다면 자기 본성을 뒤흔들게 되는 것이므로, 또 무의미한 것이 된다. 너를 따라 공부하는 사람들은 아무것도 네게 얘기해 주지 못할 것이다. 그들의 작은 말들이란 모두가 사람에게 해독을 끼치는 것들이다. 남을 깨우쳐 주지도 못하고, 자기가 깨우치지도 못하는 자들과 어찌 친숙할 필요가 있겠느냐? 기교가 많은 자는 수고롭고, 지혜가 많은 자는 근심하게 되는 법이다. 능력이 없는 사람은 추구하는 것도 없을 것이니, 배불리 먹고 유유히 노닐며 두둥실 매이지 않은 배처럼 떠다니고 마음을 텅 비우고 유유히 노닐게 될 것이다."

| 원문 |

無幾何而往, 則戶外之屨滿矣. 伯昏瞀人北面而立, 敦杖[1]蹙之乎頤[2]

---

1 敦杖(돈장) : 지팡이를 세우는 것.
2 蹙之乎頤(축지호이) : 지팡이로 턱을 괴는 것.

立, 有閒, 不言而出. 賓者³以告列子, 列子提屨, 跣⁴而走, 暨乎門, 曰;
先生旣來, 曾不發藥乎?

曰; 已矣. 吾固告汝曰, 人將保汝, 果保汝矣. 非汝能使人保汝, 而汝
不能使人無保汝也. 而焉用之? 感豫⁵出異⁶也. 必且有感, 搖而本才,⁷ 又
無謂也. 與汝遊者, 又莫汝告也. 彼所小言, 盡人毒也. 莫覺莫悟, 何相
孰⁸也? 巧者勞而知者憂. 無能者無所求, 飽食而遨遊, 汎若不繫之舟,
虛而遨遊者也.

| 해설 |

스승의 예언대로 열자에게는 많은 사람이 따랐다. 스승은 이것도 본성
을 위반하는 것이라 생각한다. 그리고 자기가 암시해 주었는데도 사람들
을 따르지 못하도록 하지 못한 열자를 꾸짖는다. 사람은 '무위'·'무
능'·'무심'하여야만 참된 자연의 세계에서 노닐 수 있다는 것이다.

3

정鄭나라 사람 완緩이 구씨裘氏란 고장에서 책을 읽어 삼 년이 지나
자 유학자가 되었다. 황하가 물가의 구 리의 땅을 적셔 주듯 그가 공
부한 덕택은 삼족에 영향을 미쳤다. 그리고 그의 아우를 묵가 사람으
로 만들어 유가와 묵가가 서로 토론을 벌였다. 그의 아버지가 묵가의

---

3 賓者(빈자) : 손님의 출입을 맡는 사람. 문지기.
4 跣(선) : 맨발.
5 感豫(감예) : 남을 감동시키고 기쁘게 하는 것.
6 出異(출이) : 특이한 방법을 쓰는 것.
7 本才(본재) : 본성.
8 孰(숙) : 친숙해지는 것.

편을 들자 완은 십 년 만에 자살하고 말았다.

그의 아버지 꿈에 그가 나타나서 말하였다.

"아버님 자식을 묵가로 만든 것은 저였습니다. 그런데 어찌하여 이미 제 무덤가 잣나무의 열매가 익도록 한 번도 찾아 주시지 않습니까?"

조물주가 사람들에게 보답할 때엔 그 사람에게 보답하지 않고, 그 사람의 천성에 보답하는 것이다. 그는 그 때문에 유자가 되었던 것이다. 그러나 그는 자기가 유자가 됨으로써 남과는 다른 존재라 생각하고, 자기 부모까지도 업신여기고 있었다. 모든 사람들은 우물을 파고 물을 마시면 그것이 자연의 힘이 아니라 자기네 힘이라 생각하고 서로 싸운다. 그러므로 지금 세상 사람들은 모두가 이 완과 같은 사람들이라 할 수 있다.

스스로 덕을 지니고 있는 사람은 자기가 덕을 지닌 것을 알지 못하는 것이다. 하물며 도를 터득한 사람이야 어떠하겠는가? 옛날에는 자연의 공로는 잊고 자기 능력만 믿는 것을 '자연으로부터 도망쳐 형벌을 받는 자'라 말했다. 성인은 그가 편안히 지낼 곳에 편안히 지내며, 편안치 않은 곳에는 편안치 않게 지내는 법이다. 여러 사람들은 편안치 않은 곳에 편안히 지내고, 편안한 곳에서는 편안치 않게 지내려 하고 있다.

| 원문 |

鄭人緩也, 呻吟[1]裘氏之地, 祇[2]三年而爲儒. 河潤九里, 澤及三族,[3] 使其弟墨. 儒墨相與辯. 其父助翟,[4] 十年而緩自殺.

---

1 呻吟(신음) : 책을 읽는 것.

2 祇(지) : 꼭, 다만.

3 三族(삼족) : 아버지·어머니·처의 세 계통의 집안 사람들.

4 翟(적) : 묵자의 이름. 묵가를 가리킨다.

其父夢之, 曰; 使而子爲墨者, 予也. 闔胡⁵嘗視其良⁶? 旣爲秋柏之實
矣.

夫造物者之報人也, 不報其人, 而報其人之天. 彼故使彼. 夫人以己爲
有以異於人, 以賤其親. 齊人之井飮者相捽⁷也. 故曰; 今之世皆緩也.

自是有德者, 以不知也. 而況有道者乎? 古者謂之遁天之刑. 聖人安
其所安, 不安其所不安. 衆人安其所不安, 不安其所安.

| 해설 |

유가와 묵가의 학설은 자연과 사람의 본성에 어긋나는 것임을 설명한
얘기이다.

4

장자가 말하였다.

"도를 알기는 쉽지만, 그것을 말하지 않기는 어렵다. 알면서도 말
하지 않는 것이 자연으로 나아가는 방법이다. 알고 있는 것을 말하는
것이 인위로 나아가는 근거가 된다. 옛날 사람들은 자연스러웠지 인
위적이 아니었다."

| 원문 |

莊子曰; 知道易, 勿言難. 知而不言, 所以之天也. 知而言之, 所以之
人也. 古之人, 天而不人.

---

5 闔胡(합호) : 어찌하여 ……을 하지 않는가?
6 良(량) : 무덤(陸德明 說).
7 相捽(상졸) : 서로 물을 두고 싸우는 것.

'무언'의 중요함을 강조한 대목이다. 이런 짧은 대목은 뒤에도 여러 개가 실려 있다.

5

주평만朱泙漫은 용 잡는 방법을 지리익支離益에게서 배웠는데, 수업료로 천금이 나가는 집을 세 채나 팔아 올렸다. 그러나 기술을 습득한 다음에는 그 기술을 쓸 곳이 없었다.

| 원문 |

朱泙漫[1]學屠龍於支離益, 單[2]千金之家三. 技成, 而無所用其巧.

| 해설 |

지극한 기술이란 이 세상엔 쓸 곳이 없는 것이다. 그처럼 도도 세상에 실용되는 것은 아니다.

6

성인은 꼭 그러한 것도 꼭 그렇다고 고집하지 않는다. 그러므로 무력에 의존하는 일이 없다. 보통 사람들은 꼭 그렇지 않은 것도 꼭 그렇다고 고집한다. 그래서 흔히 무력을 써서 문제를 해결하려 든다. 무력을 따르기 때문에 그들의 행동에는 추구하는 것이 있게 된다. 이처

---

1 朱泙漫(주평만) : 주평이 성, 만이 이름.
2 單(단) : 다하다. 다 쓰다.

럼 무력에 의지하여 행동하면 멸망하게 되는 것이다.

| 원문 |

聖人以必不必.¹ 故無兵. 衆人以不必必之, 故多兵.² 順於兵, 故行有
求. 兵恃之則亡.

| 해설 |

사람은 고집하면 적개심이 생겨 싸우게 되고, 적개심을 따라 무력을 사
용하게 되면 결국 멸망하게 될 뿐이라는 것이다.

7

소인의 지혜란 선물을 주고받고, 편지를 주고받고 하는 범위를 떠
나지 못하는 것인데도, 정신을 천박한 일들을 위하여 피폐케 한다. 그
러면서도 도와 물건에 대하여 아울러 터득해 가지고 물건을 합치시키
려 하고 있다. 이러한 자들은 우주 속에서 미혹되어 물건에 마음이 장
애를 받아 태초의 묘한 이치를 알 수 없는 것이다.

지극한 사람이라 부르는 사람들은 정신을 시작도 없는 허무한 상태
에 귀착시키고, 아무것도 없는 자유로운 고장에서 단잠을 자며, 아무
런 물건에도 구애됨이 없이 물처럼 흐르며, 높은 하늘의 텅 비고 밝은
경지로 나아가는 것이다. 슬프도다, 그대들은 터럭 끝만한 지식을 갖
고 있으면서 크게 안정된 경지는 알지 못하고 있는 것이다.

---

1 必(필) : 꼭 그러한 것. 꼭 그렇다고 고집하는 것.
2 兵(병) : 무력. 무기를 쓰는 것.

小夫之知, 不離苞苴[1]竿牘.[2] 敝精神乎蹇淺.[3] 而欲兼濟道物, 太一形虛.[4] 若是者, 迷惑於宇宙, 形累不知太初.

彼至人者, 歸精神乎無始, 而甘冥[5]乎無何有之鄕, 水流乎無形, 發泄[6]乎太淸![7] 悲哉乎! 汝爲知在豪毛, 而不知大寧.[8]

| 해설 |

여기서는 보통 사람들과 '지극한 사람'과의 정신적인 자세의 차이를 설명하고 있다.

8

송나라 사람 중에 조상曹商이란 사람이 있었는데, 송나라 임금을 위하여 진秦나라에 사신으로 갔다. 그가 떠날 때 수레 몇 채가 주어졌는데, 진나라 임금은 그를 좋아하여 백 대의 수레를 더 보태어 주었다. 그는 송나라로 돌아와서 장자를 만나 말하였다.

"옹색한 골목의 궁한 집에 살면서, 곤궁하여 짚신이나 만들고, 깡마르고도 부황이 난 얼굴을 하고 지내는 것은 저로서는 하지 못할 일입니다. 단번에 만승의 천자를 깨우치고 백 채의 수레를 뒤따르게 하

---

1 苞苴(포저) : 싼 것과 꾸러미. 주고받는 선물을 가리킨다.
2 竿牘(간독) : 간(竿)은 간(簡)과 통하여 주고받는 편지.
3 蹇淺(건천) : 천박한 일.
4 太一形虛(태일형허) : 물건[形]과 도[虛]를 크게 합일케 하는 것.
5 甘冥(감명) : 감면(甘眠). 단잠 자는 것.
6 發泄(발설) : 발동하는 것. 나아가는 것.
7 太淸(태청) : 높은 맑은 하늘.
8 大寧(대녕) : 크게 안정되어 있는 허무의 경지.

는 일은 제가 잘하는 일입니다."

장자가 말하였다.

"진나라 임금이 병이 나서 의원을 불렀소. 종기를 째고 고름을 짜 주는 자에게는 수레 한 채를 내렸소. 고름을 빠는 자에게는 수레 다섯 채를 내렸소. 그리고 치료하는 방법이 천할수록 그에게 내리는 수레는 더욱 많았소. 당신이 그의 치질이라도 고쳐 주었단 말이오? 어떻게 그렇게 많은 수레를 받았소? 당신은 어서 물러가시오!"

| 원문 |

宋人有曹商者, 爲宋王**1**使秦. 其往也, 得車數乘. 王悅之, 益車百乘. 反於宋, 見莊子曰; 夫處窮閭阨巷,**2** 困窘織屨,**3** 槁項**4**黃馘**5**者, 商之所短也. 一悟萬乘之主, 而從車百乘者, 商之所長也.

莊子曰; 秦王有病, 召醫. 破癰**6**潰痤**7**者, 得車一乘. 舐痔**8**者, 得車五乘. 所治愈下, 得車愈多. 子豈治其痔邪? 何得車之多也? 子行矣!

| 해설 |

조상이 장자에게 자기의 재주를 뽐내자, 장자는 그러한 재주란 비열한 것이라 단언하는 대목이다.

---

1 宋王(송왕) : 송나라 언왕(偃王)을 말함(司馬彪 說).
2 阨巷(액항) : 옹색한 골목.
3 織屨(직구) : 짚신을 만드는 것.
4 槁項(고항) : 몸이 깡마른 모양.
5 黃馘(황괵) : 얼굴에 부황기가 있는 것.
6 癰(옹) : 종기.
7 潰痤(궤좌) : 고름을 짜는 것.
8 舐痔(지치) : 고름을 빠는 것. 종기를 핥는 것.

9

노나라 애공哀公이 안합顔闔에게 물었다.

"나는 공자를 나라의 대신으로 삼고자 하는데 그러면 나라가 다스려지겠소?"

"위태롭고 위험한 일입니다. 공자는 지금 새깃으로 장식을 하고도 채색을 더하는 짓을 하고 있고, 화려한 말을 벌여놓는 일에 종사하고 있으며, 지엽적인 것들로 주지를 삼고 있습니다. 사람의 본성을 비뚤게 해가지고 백성들에게 가르치면서도, 백성들의 마음에 진실로 받아들여지지 않고, 그들의 정신을 움직이지 못하고 있음을 알지 못하고 있습니다. 그러니 어찌 백성들 위에 설 수가 있겠습니까?

백성들이란 피차가 서로 어울려 즐겁게 지낼 수가 있도록 해 주면 그뿐일 것입니다. 지금 백성들로 하여금 사실을 떠나 거짓됨을 배우게 한다면, 백성들을 가르치는 방법이 되지 못하는 것입니다. 후세를 위하여 생각하신다면 그만두는 것이 좋을 것 같습니다. 그로서는 다스리기 어려운 일입니다."

| 원문 |

魯哀公問乎顔闔曰; 吾以仲尼爲貞幹,**1** 國其有瘳**2**乎?

曰; 殆哉, 圾**3**乎! 仲尼方且飾羽而畵, 從事華辭, 以支爲旨. 忍性**4**以視**5**民, 而不知不信受乎心, 宰乎神. 夫何足以上民?

彼宜女與予頤與誤**6**而可矣. 今使民離實學僞, 非所以視民也. 爲後世

---

1 貞幹(정간) : 중심 인물, 재상, 대신.
2 瘳(추) : 병이 낫는 것. 잘 다스려지는 것.
3 圾(읍) : 위험한 것.
4 忍性(인성) : 사람의 본성을 비뚤어지게 만드는 것.
5 視(시) : 시(示)와 통하여, 교시하는 것. 가르치는 것.

慮, 不若休之. 難治也.

| 해설 |

공자는 본성을 어기고 형식만을 꾸미는 사람이므로 나라의 정치를 맡아 백성들을 올바로 다스릴 인물이 못 된다는 것이다.

10

사람들에게 은혜를 베풀면 잊지 않는다. 하늘이 은택을 베푸는 것은 이와 다르다. 장사꾼은 하늘의 은택을 얘기할 자격이 없다. 비록 일 때문에 하늘의 은택에 대하여 관여한다 하더라도 정신은 하늘의 은택과 함께 하지 않는 것이다.

| 원문 |

施於人而不忘. 非天布¹也. 商賈不齒.² 雖以事齒之, 神者弗齒.

| 해설 |

사람들은 이익을 중심으로 하여 행동한다. 그러나 이익을 전제로 하면 '하늘의 은택'과는 거리가 멀어진다. 그러한 진리를 특히 장사꾼의 경우를 들어 강조한 것이다.

---

6 頤與誤(이여오) : 즐겁게 지내는 것. 오(誤)는 오(娛)와 통함.

1 天布(천포) : 하늘이 만물에 대하여 은택을 베푸는 것.
2 齒(치) : 함께하다. 얘기하다. 친근히 하다.

11

사람이 밖으로부터 받는 형벌이란 쇠와 나무로 만든 형구에 의한 것이다. 그러나 사람이 안으로부터 받는 형벌이란 마음의 동요와 잘못 때문이다. 소인으로서 밖으로부터의 형벌을 받는 자는 쇠와 나무의 형구에 의하여 신문을 당하지만, 안으로부터의 형벌을 받는 사람은 음양의 두 기운의 부조화에 의하여 잠식을 당한다. 이러한 안팎으로부터의 형벌을 면할 수 있는 것은 오직 참된 사람만이 가능한 일이다.

| 원문 |

爲外刑者, 金與木**1**也. 爲內刑者, 動與過也. 宵人**2**之離外刑者, 金木訊之. 離**3**內刑者, 陰陽食之. 夫免乎外內之刑者, 唯眞人能之.

| 해설 |

사람들은 자기 안팎으로부터 오는 고통 속에서 살아가고 있다. '참된 사람'은 이런 고통을 완전히 벗어나 있다는 것이다.

12

공자가 말하였다.

"사람들의 마음이란 산천보다도 험난한 것이어서 자연에 대하여 알기 어려운 일이다. 자연에는 봄, 가을과, 겨울, 여름 및 아침 저녁의 일정한 시간의 변화가 있다. 사람이란 두툼한 외모 속에 감정을 깊이

---

1 金與木(금여목) : 쇠와 나무로 만들어진 형구.
2 宵人(소인) : 소인(小人).
3 離(리) : 걸리는 것, 당하는 것.

간직하고 있는 것이다. 그러므로 외모는 성실한 듯하면서도 마음은 교만한 자가 있고, 외모는 잘난 듯하면서도 사실은 못난 자가 있고, 외모는 신중한 듯하면서도 마음은 경박한 자가 있고, 외모는 견실한 듯하면서도 속은 유약한 자가 있고, 외모는 느슨한 듯하면서도 마음은 성급한 자가 있다. 그러므로 목마른 듯이 의로움으로 나아가는 사람은 뜨거운 것을 피하듯 의로움을 떠나기도 하는 것이다.

그러므로 군자는 사람을 멀리 놓고 부리면서 그의 충성됨을 살피고, 가까이 놓고 부리면서 그의 공경함을 살피는 것이다. 그에게 번거로이 일을 시키고서 그의 능력을 살피고, 갑자기 질문함으로써 그의 지혜를 살피는 것이다. 급작스럽게 그와 약속을 함으로써 그의 신용을 살피고, 재물을 그에게 맡겨 봄으로써 그의 어짊을 살피는 것이다. 그에게 위태로움을 얘기해 줌으로써 그의 절의를 살피고, 그를 술로 취하게 함으로써 그의 법도를 살피는 것이다. 남녀가 섞여 지내게 함으로써 그의 호색 정도를 살피는 것이다. 이 아홉 가지 시험을 다 마치면 못난 자를 가려낼 수가 있게 되는 것이다."

| 원문 |

孔子曰; 凡人心險於山川, 難於知天. 天猶有春秋冬夏旦暮之期. 人者, 厚貌深情. 故有貌愿[1]而益.[2] 有長若不肖. 有順懁[3]而達.[4] 有堅而縵. 有縵而釬.[5] 故其就義若渴者, 其去義若熱.

故君子遠使之而觀其忠, 近使之而觀其敬. 煩使之而觀其能, 卒然問

---

1 愿(원) : 성실한 것.
2 益(익) : 일(溢)과 통하여(兪樾 說), 교만한 것.
3 順懁(순환) : 신중한 것. 순(順)은 신(愼)과 통함(馬其昶 說).
4 達(달) : 경박한 것.
5 釬(한) : 급한 것.

焉而觀其知. 急與之期而觀其信, 委之以財而觀其仁. 告之以危而觀其
節, 醉之以酒而觀其側, 雜⁶之以處而觀其色. 九徵至, 不肖人得矣.

| 해설 |

　사람의 마음은 산천보다도 복잡하기 때문에 겉모양과 속마음이 다르
다. 그래서 여러 가지 시험을 거쳐야만 그의 사람됨을 파악할 수 있다는
것이다. 공자의 말이기도 하지만 도가의 입장과는 완전히 합치되지 않는
견해이다.

13

　정고보正考父는 처음 사士에 임명되자 허리를 굽히고, 다시 대부에
임명되자 온몸을 굽히고, 경卿으로 승진되자 몸을 굽히고 담아래로
걸어다녔다. 이런 태도는 누구나가 모범으로 삼아야 할 일이다.

　보통 사람들을 보면 사에 임명되면 몸을 뻣뻣이 하여 거만한 태도
를 지니고, 대부에 임명되면 수레 위에서 춤이라도 출 듯 멋대로 행동
하고, 경에 임명되기만 하면 자기 아저씨들까지도 이름을 부를 정도
가 된다. 이들은 전혀 요임금이나 허유의 겸손한 태도를 따를 수가 없
는 것이다.

| 원문 |

　正考父,¹ 一命而²傴, 再命而僂, 三命而俯, 循牆而走.³ 孰敢不軌.⁴

---

6 雜(잡) : 남녀가 섞이는 것.

1 正考父(정고보) : 송나라 민공(湣公)의 현손이며, 불보하(弗父何)의 증손이 되는 사람.

2 一命(일명) : 공사(公士)에 임명되는 것. 공사는 공가(公家)의 사(士)라는 뜻. 재명은 대

如而夫[5]者, 一命而呂鉅,[6] 再命而於車上儛, 三命而名諸父. 孰協唐許[7]?

사람은 지위가 높아질수록 겸손해져야 한다는 교훈이다.

14

사람을 해치는 일 중에서 덕을 추구하려는 마음을 갖는 것보다 더 큰 것이 없으니, 그 마음이 눈썹처럼 움직이기 때문이다. 그의 마음이 눈썹처럼 움직이게 되면 모든 일을 자기 마음대로 보고 판단한다. 자기 마음대로 보고 판단하면 실패를 하게 될 것이다.

흉한 덕에는 다섯 가지가 있는데, 덕을 마음 속에 두는 것이 그 중에서도 첫째 가는 것이다. 무엇을 덕을 마음 속에 두는 것이라 하는가? 덕을 마음 속에 두는 것이란 것은 자기 마음으로만 판단하여 무엇이나 좋아하고, 한편 자기가 좋아하지 않는 것에 대해서는 욕하는 것이다.

궁해지는 데는 여덟 가지 원칙이 있고, 뜻대로 잘 되는 데는 꼭 필요한 세 가지 조건이 있다. 육체에는 사람을 그릇되게 하는 여섯 가지 기능이 있다. 아름답고, 멋진 수염이 나고, 키가 크고, 몸집이 크고,

---

부, 삼명은 경에 임명되는 것임.

3 循牆而走(순장이주) : 길 가운데로 걸어다니지 못하고 길 옆 담에 붙어 걸어다니는 것.

4 軌(궤) : 법도, 모범.

5 而夫(이부) : 범부. 보통 사람.

6 呂鉅(여거) : 뻣뻣이 거만해지는 것.

7 唐許(당허) : 당나라 요임금과 허유.

힘이 세고, 멋이 있고, 용기 있고, 과감한 여덟 가지가 모두 남보다 뛰어나면, 이것 때문에 궁해지는 것이다. 밖의 물건에 순응하고, 남을 따라 행동하고, 곤경에 빠져 남만 못한 듯이 행동하는 것, 이 세 가지 것은 모두 사람을 뜻대로 되게 하는 것이다.

지혜가 뛰어나면 많은 비난을 받게 되고, 용기와 힘이 있으면 많은 원한을 사게 되며, 어짊과 의로움을 내세우면 많은 책망을 듣게 된다. 삶의 실정에 통달해 있는 사람은 위대하나 지식에만 통달해 있는 사람은 작은 사람이다. 위대한 천명에 통달해 있는 사람은 자연을 따라 자유롭지만 세상의 작은 일에 통달해 있는 사람은 어려움을 당하게 된다.

| 원문 |

賊莫大乎德有心**1**而心有睫. 及其有睫**2**也, 而內視, 內視**3**而敗矣.

凶德有五,**4** 中德**5**爲首. 何謂中德? 中德也者, 有以自好**6**也, 而吡**7**其所不爲者也.

窮有八極, 達有三必, 形有六府, 美髯長大壯麗勇敢八者, 俱過人也, 因以是窮. 緣循,**8** 偃佒,**9** 困畏不若人, 三者俱通達.

知慧外通,**10** 勇動**11**多怨, 仁義多責. 達生之精者傀.**12** 達於知者肖.**13**

---

1 有心(유심) : 남보다 뛰어난 덕을 지니려는 마음이 있는 것.

2 睫(첩) : 눈썹. 눈썹처럼 움직이는 것.

3 內視(내시) : 자기 마음대로 자기 입장에서 사물을 보고 판단을 내리는 것.

4 有五(유오) : 마음과 귀와 눈과 입과 코에 관한 다섯 가지가 있다.

5 中德(중덕) : 마음 속에 덕을 추구하려는 뜻을 갖는 것, '중'은 '충(衷)'과 통한다.

6 自好(자호) : 자기 입장에서 자기만이 좋아하는 것.

7 吡(필) : 욕하는 것. 공격하는 것.

8 緣循(연순) : 자기를 내세우지 않고 밖의 사물을 자연스럽게 따르는 것.

9 偃佒(언앙) : 몸을 젖히고 굽히고 하는 것. 남을 따라 행동함을 뜻한다.

10 外通(외통) : 외(外)는 다(多), 통(通)은 적(適)의 뜻으로 적(適)은 적(謫)과 통하여, 많

達大命者隨. 達小命者遭.¹⁴

| 해설 |

　앞에서는 마음가짐의 중요성을 얘기하고, 뒤에서는 궁해지는 여덟 가지 원칙과 뜻대로 일이 잘 되게 하는 세 가지 원리, 육체를 해치는 여섯 가지 몸의 기능을 설명하고 있다. 맨 뒤의 여섯 가지 몸의 기능의 설명이 애매하여, 여섯 가지가 무엇을 가리키는가에 대하여 학자들의 견해가 구구하다. 여기의 글은 다섯 가지임이 분명하다.

15

　어떤 사람이 송나라 임금을 뵈었는데, 수레 열 채를 받았다. 그는 수레 열 채를 받고 나서 장자에게 뽐내었다.

　장자가 말하였다.

　"황하黃河 가에 가난하게 사는 집이 있었는데, 싸리로 삼태기를 짜서 생활 수단을 삼고 있었소. 그 집 아들이 한 번은 심연에 잠수하여 천금의 진주를 얻었소. 그러자 그의 아버지는 말하였소. '돌을 가져다 깨뜨려 버려라. 천금의 진주란 반드시 깊은 심연 속의 검은 용의 턱 밑에 붙어 있던 것이다. 네가 그 진주를 주울 수 있었던 것은 반드시 용이 마침 잠을 자고 있었기 때문일 것이다. 만약 검은 용이 깨어 있었다면 네가 어찌 잡아먹히지 않고 살아 남을 수가 있었겠느냐?' 지

　은 비난을 받는 것.

11 勇動(용동) : 용기와 힘. 동(動)은 경(勁)의 잘못인 듯.

12 傀(괴) : 위대한 것.

13 肖(초) : 작은 것.

14 遭(조) : 어려움을 당하는 것.

금 송나라의 심연이란 깊은 심연에 비길 정도가 아니며, 송나라 임금의 사나움은 검은 용 정도에 그치지 않소. 당신이 수레를 얻을 수 있었던 것은 반드시 그가 잠을 자고 있었기 때문일 것이오. 만약 송나라 임금이 깨어 있었다면 당신은 고춧가루처럼 되었을 것이오."

| 원문 |

人有見宋王者, 錫¹車十乘. 以其十乘, 驕稺²莊子.

莊子曰; 河上有家貧, 恃緯蕭³而食者. 其子沒於淵, 得千金之珠. 其父謂其子曰; 取石來, 鍛⁴之. 夫千金之珠, 必在九重之淵, 而驪⁵龍頷⁶下. 子能得珠者, 必遭其睡也. 使驪龍而寤, 子尙奚微之有哉? 今宋國之深, 非直九重之淵也. 宋王之猛, 非直驪龍也. 子能得車者, 必遭其睡也. 使宋王而寤, 子爲韲粉⁷矣.

| 해설 |

임금 아래에서 임금에게 아첨하여 이득을 보는 것이 얼마나 위험한 일인가를 설명한 대목이다.

16

어떤 임금이 장자를 초빙하려 하였을 때, 장자가 사자에게 말하였다.

---

1 錫(석) : 사(賜)와 통하여, 하사되다. 내려지다.
2 驕稺(교치) : 뽐내는 것. 자랑하는 것.
3 緯蕭(위숙) : 싸리로 삼태기를 짜는 것.
4 鍛(단) : 쳐서 부수는 것.
5 驪(려) : 검은 말. 검은.
6 頷(함) : 턱.
7 韲粉(제분) : 양념 가루. 고춧가루.

"당신은 제물로 쓰이는 소를 본 일이 있습니까? 무늬를 수놓은 옷을 입히고 좋은 꼴과 콩을 먹고 지내지만, 일단 그 소가 끌려 태묘로 들어갈 때에는 비록 외로운 송아지가 되고자 한다 해도 그 때 가서 될 수가 있겠습니까?"

| 원문 |

或聘¹於莊子, 莊子應其使曰; 子見夫犧牛²乎? 衣以文繡, 食以芻菽.³ 及其牽而入於大廟, 雖欲爲孤犢, 其可得乎?

| 해설 |

나라의 대신 자리는 제물로 쓰는 소의 위치나 같다는 말. 장자의 풍자가 신랄하다.

17

장자가 죽으려 하자, 제자들은 그를 성대히 장사지내려 하였다. 그 때 장자가 말하였다.

"나는 하늘과 땅을 관과 겉관으로 삼고, 해와 달을 한 쌍의 구슬 장식으로 삼고, 별자리를 진주와 옥 장식으로 삼고, 만물을 부장품으로 삼으려 하니, 나의 장구는 이미 다 갖추어진 것이 아닌가? 여기에 무엇을 더 보태겠느냐?"

제자들이 말하였다.

---

1 聘(빙) : 초빙하여 나라의 정치를 맡기는 것.
2 犧牛(희우) : 제물로 쓰이는 소.
3 芻菽(추숙) : 추(芻)는 목초, 숙(菽)은 콩임.

"저희들은 까마귀나 솔개가 선생님을 먹어 버릴까 두렵습니다."

장자가 말하였다.

"땅 위에 놓아 두면 까마귀와 솔개가 먹을 것이고, 땅 아래에 묻으면 개미들이 먹을 것이다. 이쪽 놈이 먹는다고 그것을 빼앗아 딴 놈들에게 주는 셈이다. 어찌 그렇게 편벽되게 생각하느냐?"

| 원문 |

莊子將死, 弟子欲厚葬之. 莊子曰; 吾以天地爲棺槨,[1] 以日月爲連璧,[2] 星辰爲珠璣,[3] 萬物爲齎送.[4] 吾葬具豈不備邪? 何以加此?

弟子曰; 吾恐烏鳶之食夫子也.

莊子曰; 在上爲烏鳶食, 在下爲螻蟻食. 奪彼與此, 何其偏也?

| 해설 |

죽음을 초탈한 장자의 장사지내는 일에 대한 견해를 알려 주는 대목이다.

18

공평치 못한 척도로써 공평하게 하려 한다면 공평한 것조차도 공평하지 않게 된다. 올바로 감응되지 않은 사람의 마음을 가지고 사물에 감응하려 하면, 올바로 감응될 것조차도 제대로 감응치 않게 된다. 명

---

1 棺槨(관곽) : 관과 겉관.
2 連璧(연벽) : 관 위의 두 개의 큰 구슬 장식.
3 珠璣(주기) : 주(珠)는 둥근 진주, 기(璣)는 둥글지 않은 구슬. 모두가 장식으로 쓰는 구슬임.
4 齎送(재송) : 부장품, 배장품.

철한 사람이란 오직 외물에 따라 부림을 당하는 것이며, 신령스런 사람이란 외물을 따라 감응하여 나가는 것이다. 그러나 명철한 것이 신령스런 것을 이겨내지 못하는 것은 오래된 사실이다. 그런데도 어리석은 자들은 그들이 본 것을 의지하고서 인위적인 일에 빠져들어간다. 그들의 공로란 모두 외면적인 것들이니 매우 슬프지 않은가?

| 원문 |

以不平平, 其平也不平. 以不徵徵,[1] 其徵也不徵. 明者唯爲之使, 神者徵之. 夫明之不勝神也久矣. 而愚者恃其所見, 入於人.[2] 其功外也, 不亦悲乎?

| 해설 |

인위적인 것이란 모든 일을 그르치는 장본이다. 모든 사물에 무심히 감응할 줄 알아야 하는데, 사람들은 조그만 지혜에 의지하여 일을 처리하려 하니 한심한 일이라는 것이다.

---

1 徵(징) : 감응하는 것. 자연스럽게 무심히 응하는 것.
2 入於人(입어인) : 인위적인 일에 빠져들어가다.

천하의 사상가들
天下

이 편도 첫머리 두 글자를 따서 편명으로 삼고 있다. 육장경(陸長庚)은 이 편은 『장자』의 후서(後序)와도 같은 성격의 글로서 고금의 학술 사상의 연원을 쓰고 있다 하였다. '옛 도를 닦는 학문'이 무너진 일을 논하는 것을 시작으로, 묵적(墨翟)·금골희(禽滑釐)·송견(宋鈃)·윤문(尹文)·팽몽(彭蒙)·전변(田騈)·신도(愼到)·관윤(關尹)·노담(老聃)·장주(莊周) 및 혜시(惠施)의 모두 여섯 개 학파의 사상을 평하는 내용이다. 중국 고대 사상 연구의 가장 오래된 자료로 소중한 기록이며, 송견의 사상이나 명가(名家)의 여러 가지 논리 전개의 보기 등은 다른 곳에서는 찾아볼 수 없는 중요한 자료이다.

1

천하에는 도를 닦는 학문을 추구하는 사람들이 많다. 그리고 모두
자기가 추구한 것을 그 위에 더없는 것으로 알고 있다.

그러나 옛날의 이른바 도를 닦는 학문이라는 것은 과연 어디에 있
는가? 그것이 존재하지 않는 곳이란 없었다. 그러면 신령함은 어디로
부터 내려 왔으며, 명철함은 어디로부터 나온 것인가? 성인도 생겨난
근원이 있고, 왕도 이루어진 근원이 있는데, 모두가 한 가지 도에 근
원을 두고 있는 것이다.

| 원문 |

天下之治方術**1**者多矣. 皆以其有, 爲不可加矣.

古之所謂道術者, 果惡乎在? 曰; 無乎不在. 曰; 神何由降, 明何由出?
聖有所生, 王有所成, 皆原於一**2**.

| 해설 |

원래는 옛날의 도를 닦는 학문에 있어서의 '도'는 하나였다. 그러나 후
세의 도를 닦는 사람들은 여러 가지로 '도'를 이해하고 있음을 설명한 대
목이다.

2

근원이 되는 것으로부터 떨어지지 않은 이를 하늘의 사람이라 말한
다. 순수함으로부터 떨어지지 않은 이를 신 같은 사람이라 말한다. 참

---

1 方術(방술) : 방(方)은 도와 통하여(成玄英 說), 도술.
2 一(일) : 올바른 도를 가리킨다.

된 것으로부터 떨어지지 않은 이를 지극한 사람이라 말한다. 하늘을 근원으로 삼고, 덕을 근본으로 삼고, 도를 드나드는 문으로 삼고, 모든 변화를 초월하는 사람을 성인이라 말한다. 어짊을 은혜로운 것으로 삼고, 의로움을 원리로 삼고, 예의를 행동 기준으로 삼고, 음악을 조화의 방법으로 삼고, 훈훈하게 자애롭고 어진 사람을 군자라 말한다.

법으로 분수를 삼고, 명분으로 몸가짐을 삼고, 여러 가지 일을 참고하는 것으로 징험을 삼고, 고찰하는 것으로 시비의 판단을 내리고, 하나 둘 셋 넷 하고 세는 것처럼 분명한 방법을 써야 한다.

여러 관리들은 서로 어울려 일을 하여야 한다. 여러 가지 일에 언제나 종사하고, 먹고 입는 것을 위주로 하고, 가축을 늘리고 재물을 모으며 노인과 어린아이와 외로운 사람과 과부들을 마음에 두고 모두를 양육해 주는 것이 백성을 다스리는 것이다.

| 원문 |

不離於宗, 謂之天人. 不離於精, 謂之神人. 不離於眞, 謂之至人. 以天爲宗, 以德爲本, 以道爲門, 兆[1]於變化, 謂之聖人. 以仁爲恩, 以義爲理, 以禮爲行, 以樂爲和, 薰然[2]慈仁, 謂之君子.

以法爲分, 以名爲表,[3] 以參[4]爲驗, 以稽[5]爲決, 其數一二三四是也.

百官以此相齒.[6] 以事爲常, 以衣食爲主, 蕃息畜藏, 老弱孤寡爲意, 皆有以養, 民之理也.

---

1 兆(조) : 근거로 삼아 자연스럽게 순응하는 것. 초월하는 것. '조'를 도(逃)의 뜻과 통하는 것으로 본 것이다.
2 薰然(훈연) : 향기가 나는 모양. 훈훈한 것.
3 表(표) : 의표(儀表), 몸가짐.
4 參(참) : 여러 가지를 참고하는 것.
5 稽(계) : 여러 가지를 고찰하는 것.
6 相齒(상치) : 서로 질서 있게 어울려 일하는 것.

여기서는 '하늘의 사람'·'신 같은 사람'·'지극한 사람'에 대하여 설명하고, 성인과 군자의 차이를 얘기한 다음, 관리들의 업무와 백성들을 다스리는 기본 방법을 해설하고 있다.

3

옛날 사람들은 본성을 완비하고 있어서, 신명과 짝을 이루고 하늘과 땅에 어울려 만물을 생육시키고, 천하 사람들을 화합하게 하여 은택이 온 백성들에게 미쳤다. 그들은 근본적인 원리에도 밝았지만 말단적인 법도에도 잘 적응하였다. 그리하여 그들의 도는 천지 사방으로 통하여, 크고 작고 가늘고 굵은 모든 사물의 운행에 도가 적용되지 않는 것이 없었다.

그것이 분명히 원리와 법도로 나타나 있는 것으로는 옛날의 법이나 세상에 전해지는 역사책에 기록되어 있는 것이 아직도 많이 있다. 그리고 그것이 『시경』·『서경』·『예경』·『악경』 등에 기록되어 있는 것들은 추鄒 땅과 노나라의 선비들과 학자들이 대부분 밝혀 놓고 있다. 『시경』은 사람들의 뜻을 서술한 것이고, 『서경』은 사건들을 서술한 것이며, 『예경』은 행동에 대하여 서술한 것이고, 『악경』은 조화에 대하여 서술한 것이다. 『역경』은 음양의 변화를 서술한 것이고, 『춘추』는 명분에 대하여 서술한 것이다. 그들의 법도가 온 천하에 퍼져서 중국에 유행된 것이 제자백가諸子百家의 학문인데, 간혹 그것들을 칭송하고 따르는 경우도 있게 되었다.

| 원문 |

古之人, 其備乎. 配神明, 醇¹天地, 育萬物, 和天下, 澤及百姓. 明於

本數,² 係於末度.³ 六通四辟,⁴ 小大精粗, 其運無乎不在.

其明而在數度者, 舊法世傳之史, 尙多有之. 其在於詩書禮樂者, 鄒魯⁵之士, 縉紳⁶先生, 多能明之. 詩以道志, 書以道事, 禮以道行, 樂以道和. 易以道陰陽, 春秋以道名分. 其數散於天下, 而設於中國者, 百家之學, 時或稱而道之.

| 해설 |

여기서는 유가의 기본 경전을 어느 정도 긍정적인 면에서 해설하고 있는 것이 특이하다 하겠다. 실상 유가의 기본 경전은 유가뿐만 아니라 제자백가 중의 다른 학파에서도 경전으로 받들었기 때문에 그렇게 하였을 것이다.

4

천하가 크게 어지러워지자 성현들이 밝게 드러나지 않고 도덕이 통일되지 않게 되었다. 천하 사람들은 한 가지 견해를 더 많이 터득한 것을 가지고 스스로를 뽐내게 된 것이다. 비유를 들 것 같으면 귀와 눈과 코와 입은 모두 제각기 분명한 기능이 있지만 그것이 서로 통할 수가 없는 것과 같다. 이것은 마치 백가들의 여러 가지 재주와 같은 것이다. 모두가 뛰어난 점이 있어서 때에 따라 쓰이는 데가 있는 것이

---

1 醇(순) : 잘 어울리는 것.
2 本數(본수) : 근본적인 원리.
3 末度(말도) : 말단적인 법도.
4 六通四辟(육통사벽) : 사면팔방과 같은 말.
5 鄒魯(추노) : 추 땅과 노나라. 추는 맹자가 출생한 곳. 노는 공자의 나라. 따라서 유가들의 고장을 가리킴.
6 縉紳(진신) : 홀(笏)을 꽂고 넓은 띠를 맨 유자를 가리킴.

다. 비록 그렇기는 하지만 그것들은 모든 것을 포괄하고 모든 일에 적
용될 수 없는 한쪽 모퉁이로 치우쳐진 학문을 한 사람들인 것이다. 그
들은 하늘과 땅의 아름다운 기능을 애써 분별하고, 만물의 이치를 일
부러 분석하여, 옛사람들의 완전함을 흐트러지게 해 놓고 있다. 따라
서 하늘과 땅의 아름다움을 완비하고 신명스런 모습에 어울리기는 힘
든 일이다.

그러므로 '안으로 성인의 품성을 지니는 것'과 '밖으로 나라를 올바
로 다스리는 임금이 되는 것'을 이루는 도는 캄캄하게 밝혀지지 않고
엉켜 드러나지 않게 되었다. 그래서 천하 사람들은 제각기 자기가 바
라는 것을 닦아 가지고 스스로 도라고 생각하게 되었다. 슬프다! 여러
학파의 많은 학자들은 자기의 생각대로만 달려나가면서 근본으로 되
돌아올 줄 모르고 있으니, 절대로 그들은 도에 합치되지 못할 것이다.
후세의 학자들은 불행히도 하늘과 땅의 순수함이나 옛 사람들의 전체
적인 모습은 보지 못하고 있으니, 올바른 도를 닦는 학문은 천하 학자
들에 의하여 갈기갈기 찢겨지게 된 것이다.

| 원문 |

天下大亂, 賢聖不明, 道德不一, 天下多得一察焉以自好.[1] 譬如耳目
鼻口, 皆有所明, 不能相通. 猶百家[2]衆技也. 皆有所長, 時有所用. 雖然
不該[3]不徧,[4] 一曲之士也. 判天地之美, 析萬物之理, 察[5]古人之全. 寡能
備於天地之美, 稱神明之容.

---

1 自好(자호) : 스스로 자기만이 옳고 훌륭하다고 내세우는 것.
2 百家(백가) : 제자 백가. 여러 학파의 학자들.
3 該(해) : 모든 것을 포괄하는 것.
4 徧(편) : 모든 일에 적용되는 것.
5 察(찰) : 부숴 흩뜨리는 것(馬敍倫 說).

是故內聖外王之道, 闇而不明, 鬱而不發. 天下之人, 各爲其所欲焉以自爲方. 悲夫! 百家往而不反, 必不合矣. 後世之學者, 不幸不見天地之純, 古人之大體, 道術將爲天下裂.

| 해설 |

진정한 옛날의 도를 추구하는 학문이 밝혀지지 않고 제자 백가가 나와 천하의 학문이 어지럽게 된 연유를 서술한 글이다.

5

후세 사람들을 사치하지 않게 하고, 만물을 멋지게 꾸미지 않게 하고, 법도에 눈이 흐려지지 않게 하고, 오직 올바른 규범으로 스스로를 닦달하며, 세상의 다급한 일에 대비한다. 옛날의 도술을 닦은 사람들 중에 이러한 경향을 띤 사람들이 있었다. 묵적墨翟과 금골희禽滑釐는 그런 가르침을 듣고서 기뻐하였다. 그러나 그것을 실천하는 것은 너무나 지나쳤고, 하지 말아야 할 것에 대하여는 지나치게 신중하였다. 그는 음악을 부정하는 주장을 하고, 거기에 물자를 아껴 써야만 한다는 명분을 내세웠다. 살아서는 노래도 하지 않고, 죽어도 상복을 입지 않았다.

묵자는 널리 사람들을 똑같이 사랑하고 다 같이 이롭게 해 주어야 하며, 싸워서는 안 된다고 주장하였다. 그의 도는 노여워하지 않고, 또 널리 배우기를 좋아하며, 남과의 구별을 부정하였다. 그러나 이것은 옛 임금들의 법도와 같지 않은 것이며, 옛날의 예의와 음악을 파괴하는 것이다. 황제에게는 함지咸池란 음악이 있었고, 요임금에게는 대장大章이란 음악이 있었고, 순임금에게는 대소大韶란 음악이 있었고, 우임금에게는 대하大夏란 음악이 있었고, 탕임금에게는 대호大濩란 음악이 있었고, 문왕에게는 벽옹辟雍이란 음악이 있었고, 무왕과 주공은 무武라는 음악을 만들었다.

옛날의 장사 지내는 예는 귀하고 천한 신분에 따라 의식이 달랐고, 위 아래 신분에 따른 등급이 있었다. 천자는 관과 덧관을 일곱 겹으로 하였고, 제후는 다섯 겹, 대부는 세 겹, 사士는 두 겹으로 하였다. 지금 묵자만이 홀로 살아서도 노래하지 않고, 죽어도 상복을 입지 않는 것이다. 그들은 세 치 두께의 오동나무 관에 겉관도 쓰지 않는 것을 법식으로 삼는다. 이런 방식으로 사람들을 가르치고 보면, 아마도 사람들은 남을 사랑하지 않게 될 것이다. 이런 방식으로 자신이 행동하다 보면, 틀림없이 자기도 사랑하지 않게 될 것이다.

묵자의 도를 일부러 비판하는 것은 아니다. 그렇지만 노래를 해야 할 때도 노래하지 않고, 곡을 해야만 할 때도 곡하지 않고, 즐겨야 할 때도 즐기지 않는다면 이것을 과연 인정에 가까운 일이라 할 수가 있겠는가? 그들은 살아서는 부지런히 일만 하고 죽어서는 박대를 받게 되니, 그들의 도란 너무나 각박한 것이다. 사람들로 하여금 근심이나 하고, 사람들로 하여금 슬프게만 만드는 것이다. 그리고 그것은 실행하기도 어려운 것이다. 아마도 그것은 성인의 도라 할 수는 없는 것일 것이다. 천하 사람들의 마음을 배반하는 것이므로 천하 사람들은 감당할 수가 없을 것이다. 묵자가 비록 홀로 그것을 실행할 수 있다 하더라도 천하 사람들을 어찌할 수 있을 것인가? 온 천하로부터 떨어져 있는 것이라면 그것은 왕도로부터도 멀리 떨어져 있는 것이다.

| 원문 |

不侈於後世, 不靡¹於萬物, 不暉²於數度. 以繩墨³自矯,⁴ 而備世之急.

---

1 靡(미) : 아름답게 장식하는 것.

古之道術, 有在於是者, 墨翟禽滑釐,[5] 聞其風而說之. 爲之太過, 已之大循.[6] 作爲非樂,[7] 命之曰節用, 生不歌, 死無服.

墨子氾愛兼利而非鬪. 其道不怒, 又好學而博, 不異.[8] 不與先王同. 毀古之禮樂. 黃帝有咸池, 堯有大章, 舜有大韶, 禹有大夏, 湯有大濩, 文王有辟雍之樂, 武王周公作武.

古之喪禮, 貴賤有儀, 上下有等. 天子棺槨七重, 諸侯五重, 大夫三重, 士再重. 今墨子獨生不歌, 死不服. 桐棺三寸而無槨, 以爲法式. 以此敎人, 恐不愛人. 以此自行, 固不愛己.

未敗墨子道. 雖然, 歌而非歌, 哭而非哭, 樂而非樂, 是果類乎? 其生也勤, 其死也薄, 其道大觳,[9] 使人憂, 使人悲. 其行難爲也. 恐其不可以爲聖人之道. 反天下之心, 天下不堪. 墨子雖獨能任, 奈天下何? 離於天下, 其去王也遠矣.

| 해설 |

　여기서는 주로 묵자의 모든 사람이 다 같이 서로 사랑해야 한다는 사상과 누구나 부지런히 일하며 물자를 아껴 써야 하고 음악은 사치스런 짓이라는 사상을 비판하고 있다. 다만 그 비판의 기준을 '옛날 사람' 또는 '옛임금'에 두고 있는 것은 유가와 비슷한 낌새를 느끼게 한다. 묵자에 대한

2　暈(휘) : 운(暈)과 통하여, 눈이 흐려지는 것.
3　繩墨(승묵) : 목수들이 쓰는 먹줄. 규범 곧 올바른 규범.
4　矯(교) : 려(厲)의 뜻으로(郭象 注), 격려하다, 닥달하다.
5　禽滑釐(금골희) : 묵자의 제자.
6　已之大循(이지대순) : '이지'는 '그만 두어야 하는 것', '하지 말아야 할 것'. '순'은 순(順)·신(愼)과 통하여, 신중한 것. 하지 말아야 할 것에 대하여는 지나치게 신중한 것(王叔岷 說).
7　非樂(비악) : 절용(節用)과 함께 『묵자』의 편명임.
8　不異(불이) : 자기와 남의 차이가 없는 것.
9　大觳(대각) : 너무나 윤기가 없는 것. 너무나 각박한 것.

비평은 뒤로 더 계속된다.

6

묵자는 도에 대하여 다음과 같이 선언하였다.

"옛날 우임금은 홍수를 막고, 장강과 황하 물을 터 흐르게 하고, 사방의 오랑캐 땅과 온 중국 땅이 서로 통하게 하였다. 그 때 다스린 명산이 삼백 개였고 지류는 삼천 갈래였으니, 그 밖에 작은 것들은 무수하다. 우임금은 손수 삼태기와 가래를 들고서 천하의 강물을 모아 바다로 흐르게 하였다. 그 때문에 넓적다리에는 살이 없었고, 정강이에는 털이 없었다. 소나기에 목욕을 하고 거센 바람으로 머리를 빗으면서, 모든 나라들을 안정시켰던 것이다. 우임금은 위대한 성인이었는데도, 천하를 위하여 이처럼 육체를 수고롭게 했던 것이다."

그리고는 후세의 묵가들에게 털가죽 옷과 칡베 옷을 입고 나막신이나 짚신을 신고서, 밤낮으로 쉬지 않고 자신을 괴롭히는 것을 법도로 삼게 하였다. 그리고는 이렇게 하지 못한다면 그것은 우임금의 도가 아니니 묵가가 되기에 부족하다고 주장하였다.

| 원문 |

墨子稱道曰; 昔者禹之湮[1]洪水, 決江河, 而通四夷九州也. 名川三百, 支川三千, 小者無數. 禹親自操蔂耜,[2] 而九雜[3]天下之川. 腓[4]無胈,[5] 脛

---

1 湮(인) : 막는 것.
2 蔂耜(탁사) : 삼태기와 가래.
3 九雜(구잡) : 구는 구(鳩)와 통하여(陸德明 說), 모으는 것. 모아서 바다로 흘려 보내는 것.
4 腓(비) : 넓적다리.

無毛. 沐甚雨, 櫛疾風, 置萬國. 禹大聖也, 而形勞天下也如此.

使後世之墨者, 多以裘褐爲衣, 以跂蹻**⁶**爲服, 日夜不休, 以自苦爲極. 曰; 不能如此, 非禹之道也, 不足謂墨.

| 해설 |

여기서는 주로 묵자의 모두가 부지런히 일하고 물자를 아껴 써야 한다는 사상을 비평하고 있다.

7

상리근相里勤의 제자들과 오후五侯의 무리들 및 남방의 묵가인 고획苦獲·기치己齒·등릉자鄧陵子의 무리들은 다 같이 묵가의 경전을 읽고 외웠지만, 서로 어긋나 주장이 같지 않게 되어 서로 상대를 그릇된 묵가라고 공격하였다. 그리고 굳은 돌과 흰 돌은 다른 것이라고 주장하는 데 대하여 그것들은 같은 것이라 주장하면서 서로 욕하고, 혹은 서로 어긋나고 이치에 맞지 않은 말로 서로 대응하였다. 그리고 자기네 중간 우두머리인 거자巨子를 성인이라 하며, 모두가 묵가의 종주가 되어 후세에 묵가의 후계자가 되기를 바라는 상태가 지금까지도 끊이지 않고 계속되고 있다.

묵적墨翟과 금골희禽滑釐의 생각은 옳을지 모르지만 그들의 행동은 옳지 못하다. 후세의 묵가들로 하여금 반드시 스스로를 괴롭힘으로써 넓적다리에는 살이 없고 정강이에는 털이 없도록 만들어 주고 있을 따름인 것이다. 이것은 천하를 어지럽게는 하여도 다스려지게 할 수

---

5 胈(발) : 흰 살.
6 跂蹻(기갹) : 나막신과 짚신.

는 없는 것이다. 비록 그렇기는 하지만 묵자는 진실로 천하를 사랑하기는 하였다. 올바른 도를 추구하여 뜻대로 되지 않는다면 비록 자기 몸이 깡마르게 되는 한이 있더라도 그만두지 않는 사람이다. 그는 재주꾼임엔 틀림없다.

| 원문 |

相里勤¹之弟子, 五侯²之徒, 南方之墨子者, 苦獲己齒鄧陵子之屬, 俱誦墨經, 而倍譎³不同, 相謂別墨. 以堅白同異之辯相訾, 以觭偶⁴不仵⁵之辭相應. 以巨子⁶爲聖人, 皆願爲之尸,⁷ 冀得爲其後世, 至今不決.⁸

墨翟禽滑釐之意則是, 其行則非也. 將使後世之墨者, 必自苦以腓無胈, 脛無毛, 相進而已矣. 亂之上也, 治之下也. 雖然, 墨子眞天下之好也. 將求之不得也, 雖枯槁不舍也. 才士也夫.

| 해설 |

이 대목의 앞쪽에서는 묵자 이후 여러 파로 갈려 서로 싸우는 묵가들을 비판하고 뒤에서는 묵가의 장점도 있음을 시인하고 있다. 그 방법은 여하간에 묵자가 성실히 천하를 사랑하고 천하를 위하려던 사람임에 틀림없음을 인정하고 있다.

---

1 相里勤(상리근) : 성이 '상리', 이름은 '근'. 후세 묵가의 일파를 영도한 사람.
2 五侯(오후) : 고획·기치·등릉자와 함께 묵가의 일파. 『한비자』 현학(顯學)편에는 "상리씨(相里氏)의 묵가가 있고, 상부씨(相夫氏)의 묵가가 있고, 등릉씨(鄧陵氏)의 묵가가 있다" 하였다.
3 倍譎(배휼) : 서로 어긋나고 다른 것.
4 觭偶(기우) : 기수와 우수. 서로 주장이 어긋나는 것.
5 不仵(불오) : 이치에 닿지 않는 것.
6 巨子(거자) : 묵가의 여러 학파의 우두머리.
7 尸(시) : 주인. 종주.
8 不決(불결) : 끊이지 않는 것. 결(決)은 절(絶)과 통함(陸長庚 說).

8

　세속적인 일로 걱정하지 않고, 물건의 번잡함에 혼란되지 않고, 남에게 가혹하지 않게 하고, 여러 사람들에게 거스르지 않는다. 천하가 안락하여 백성들이 잘 생활할 수 있게 되기를 바란다. 그리고 나와 모든 사람들의 의식이 풍족해야만 만족한다. 이러한 생각으로 자기의 마음을 깨끗이 하려는 것이다. 옛날 도를 추구하는 학문을 닦은 사람들 중에 이러한 경향을 지녔던 사람들이 있었다. 송견宋銒 윤문尹文이 이러한 학설을 듣고서 좋아하였다.

　그들은 위 아래가 평평한 화산華山의 관을 만들어 씀으로써 자기네 뜻을 표시하였다. 그들은 만물을 대함에 있어 그것들의 차별관을 없애는 데서 학문을 출발하였다. 그리고 마음의 내면을 논하고, 거기에 이름을 붙여 '마음의 덕'이라 하였다. 서로 친숙하고 다 같이 기뻐함으로써 온 세상을 조화시키려 하였다. 그리고 정욕을 적게 갖는 것을 중심 사상으로 삼았다. 모욕을 당하여도 치욕으로 생각하지 않고 백성들 사이의 싸움을 없애려 하였다. 공격을 금하고 무기를 없앰으로써 세상의 전쟁을 없애려 하였다. 이런 주장을 온 천하에 두루 유행시키려고 위로 유세하고 아래로 가르치고 하였다. 비록 천하 사람들이 받아들이지 않아도 쉬지 않고 시끄럽게 떠들어 댔다. 그러므로 위 아래 사람들이 다 싫어하는데도 억지로 자기네 주장을 내세웠다는 것이다.

| 원문 |

　不累於俗, 不飾於物, 不苟¹於人, 不忮²於衆. 願天下之安寧, 以活民

1　苟(구) : 茍(구)의 잘못으로(章炳麟 說), 가혹하게 구는 것.
2　忮(기) : 어긋나는 것.

命. 人我之養, 畢足而止. 以此白心. 古之道術, 有在於是者. 宋銒[3]尹文,
聞其風而悅之.

作爲華山之冠[4]以自表. 接萬物以別宥[5]爲始, 語心之容, 命之曰心之
行. 以聏[6]合驩,[7] 以調海內. 請欲置[8]之以爲主. 見侮不辱, 救民之鬪. 禁
攻寢兵, 救世之戰. 以此周行天下, 上說下教. 雖天下不取, 强聒[9]而不舍
者也, 故曰, 上下見厭, 而强見也.

| 해설 |

여기서는 명가名家에 속하는 학자라고 알려진 송견과 윤문의 사상을 소
개하면서 이를 비판하고 있다. 이들에 대한 비평은 뒤로 더 계속되므로 관
련지어 이해해야 한다.

9

비록 그렇기는 하지만 그들은 지나칠 정도로 남을 위하였고, 자신
을 위하려는 생각은 극히 적었다. 그들은 주장한다.

"사람의 정욕이 적어지기만 한다면 하루 다섯 되의 밥만 있으면 만
족할 것이다. 우리가 선생으로 받드는 온 천하 사람들이 배불리 먹지
못할까 두렵기만 하다. 제자와도 같은 나 자신은 비록 굶주리는 한이

---

3 宋銒(송견) : 윤문(尹文)과 함께 제나라 선왕(宣王) 때 사람. 『맹자』에는 '견'을 '경(牼)'
　으로 쓰고 있다. 모두 직하(稷下)에 노닐며 학문을 닦았다. 『한서(漢書)』 예문지(藝文志)
　에는, 윤문자(尹文子) 일권이 명가로서 들어 있다.
4 華山之冠(화산지관) : 화산 모양을 한 관. 화산은 위 아래 모양이 균평하다.
5 別宥(별유) : 유(宥)는 유(囿)와 통하여 만물에 대한 차별관(差別觀)을 불식하는 것.
6 聏(이) : 친숙한 것. 화목한 것.
7 合驩(합환) : 여럿이 함께 기쁨을 나누는 것.
8 請欲置(청욕치) : 정욕과(情欲寡)의 잘못(梁啓超 說)으로, 정욕을 적게 하는 것.
9 聒(괄) : 시끄럽게 떠드는 것.

있더라도 천하를 잊지는 않을 것이다."

그리고 밤낮으로 쉬지 않고 주장한다.

"우리는 반드시 세상을 제대로 살릴 것이다."

뜻이 매우 위대하다, 세상을 구하려는 선비여!

다시 이런 주장도 하였다.

"군자는 사물을 지나치게 따지며 살펴서는 안 되며, 자신이 물건에 이끌려서도 안 된다."

그들은 천하에 이롭지도 않은 것을 자세히 밝히는 것은 그대로 내버려 두는 것보다 못한 것이라 생각했던 것이다. 그들은 밖으로는 공격을 금하고 전쟁을 없애려 하였고, 안으로는 정욕을 적게 줄이려 하였다. 그들 주장의 작고 크고 가늘고 굵은 내용과 그들의 행동은 결국 이상 두 가지였다고 할 수 있을 것이다.

| 원문 |

雖然, 其爲人太多, 其自爲太少. 曰; 請欲固置,¹ 五升之飯足矣. 先生²恐不得飽. 弟子雖飢, 不忘天下. 日夜不休, 曰; 我必得活哉. 圖傲³乎, 救世之士哉?

曰; 君子不爲苛察,⁴ 不以身假物. 以爲無益於天下者, 明之不如已也. 以禁攻寢兵爲外, 以情欲寡淺爲內. 其小大精粗, 其行適至是而止.

---

1 請欲固置(청욕고치) : '정욕고과(情欲固寡)'의 잘못임(梁啓超 說). 정욕이 적어지기만 한다면.
2 先生(선생) : 천하 사람들을 가리키므로, 뒤의 제자는 자기들을 가리킴.
3 圖傲(도오) : 의도가 매우 크다, 뜻이 위대하다.
4 苛察(가찰) : 엄격히 따지고 살피는 것.

여기서도 송견과 윤문의 학설을 소개하면서 그 장단점을 비평하고 있다.

10

공정하여 한편으로 치우치지 않고, 평이하므로 사심을 갖지 않고, 분명히 자기를 내세우는 것이 없으며, 사물을 따르며 자기와 남의 구별을 내세우지 않는다. 세속적인 생각을 하려 하지 않고, 지혜로써 계책을 쓰지 않는다. 외물에 대하여 자기 위주로 가리는 것이 없으며, 외물과 어울려 함께 행동한다. 옛날의 도술을 닦은 사람들 중에 이러한 입장을 견지한 사람이 있었다. 팽몽彭蒙·전변田騈·신도愼到가 그러한 학설을 듣고서 좋아하였다.

그들은 만물은 모두가 같은 것임을 첫째로 내세우면서 다음과 같이 주장하였다.

"하늘은 사람들을 덮어 주기는 하지만 위에 실어 주지는 못한다. 땅은 사람들을 위에 실어 주기는 하지만 덮어 주지는 못한다. 위대한 도는 모든 것을 포용하지만 그것을 말로 표현하지는 못한다."

그들은 만물에는 가능한 것도 있지만 불가능한 것도 있음을 알고 있었다. 그래서 다음과 같이 주장하였다.

"자기 생각에 따라 물건을 선택하게 되면 모든 물건에 공평할 수 없고, 말로 가르쳐 가지고는 도를 다 표현할 수는 없다. 도는 모든 것을 남김없이 포용하는 것이다."

| 원문 |

公而不黨,[1] 易而無私, 決然無主, 趣物而不兩.[2] 不顧於慮, 不謀於知. 於物無擇, 與之俱往. 古之道術, 有在於是者. 彭蒙[3]田騈愼到, 聞其風而

悅之.

齊萬物以爲首, 曰; 天能覆之, 而不能載之. 地能載之, 而不能覆之.
大道能包之, 而不能辯之.

知萬物皆有所可, 有所不可. 故曰; 選則不徧,[4] 敎則不至, 道則無遺者
矣.

| 해설 |

이 대목은 법가에 속한다고 여겨지는 팽몽과 전변·신도의 사상을 소
개한 것이다. 이들에 대한 비평은 뒤로 계속된다.

11

그러므로 신도는 지혜를 버리고 자기 자신도 떠나서 자연의 부득이
한 흐름을 따라 행동하였다. 사물을 깨끗이 받아들이는 것이 올바른
도리라고 생각하였다. 그는 "안다는 것은 실은 알지 못하는 것이다.
널리 알려고 하면 결국은 지식을 손상시키게 되는 것이다"라고 하였
다. 그는 치욕을 참으며 홀로 행동하되 책임을 지는 일이 없으며, 천
하 사람들이 현명한 사람을 숭상하는 것을 비웃는다. 제멋대로 기준
없이 행동하면서 천하의 위대한 성인을 부정한다. 망치로 치고 깎고

---

1 不黨(부당) : 당파를 이루지 않다. 편벽되지 않다.
2 不兩(불량) : 자기와 물건 또는 자기와 남의 구별이 없는 것.
3 彭蒙(팽몽) : 전변(田騈)·신도(愼到)와 함께 직하(稷下)에 노닌 학자들. 『한서』 예문지
  (藝文志)에는 '유자(由子)' 25편이 있는데, 도가로 취급되고 있으며 제나라 사람이라 하
  였다. 또 같은 책에 '신자(愼子)' 42편이 있는데 법가로 취급하고 있다. 『사기』에선 신도
  를 조나라 사람이라 하고, 저서 12편이 있다 하였다. 『순자(荀子)』 비십이자(非十二子)
  편에서도 전변과 신도를 법가로 취급하고 있다.
4 不徧(불편) : 두루 공평히 되지 않는 것.

자르듯이 물건을 따라 자연스럽게 변화한다. 옳고 그르다는 생각을 버리고서 구차하게 따지지 않는다. 지혜와 생각을 앞세우지 않고, 앞뒤를 따지지 않으며, 우뚝이 자기 홀로 지낼 따름이다.

밀려진 다음에야 나아가고, 끌린 다음에야 가게 된다. 회오리바람이 돌아가듯, 새 깃이 바람에 날리며 돌 듯, 맷돌이 돌아가듯 자연스럽게 변화한다. 그래서 완전하여 그른 데가 없으며, 움직이건 고요히 있건 잘못이 없어서, 죄를 짓는 일이 없다. 그것은 무슨 까닭인가?

지각이 없는 물건은 자기의 환난을 조성치 않기 때문이다. 그는 지혜를 사용하는 번거로움이 없었고, 움직이건 고요히 있건 이치에서 벗어나는 일이 없다. 그래서 평생 칭찬 같은 것도 없게 된다. 그래서 그는 말하기를 "지각이 없는 물건과 같이 되려고 노력할 따름이다. 현인이나 성인과 같은 지혜도 쓸 필요가 없다. 흙덩이는 지각이 없어 오히려 도를 잃지 않는 것이다"라고 하였다. 천하의 호걸들은 서로 비웃으면서 "신도가 주장하는 도는 산 사람이 행할 도리가 아니라 죽은 사람에게 적용될 원리이다"라고 비평하였다. 그의 학설은 세상에서 괴상하게 여겨졌던 것이다.

| 원문 |

是故愼到棄知去己, 而緣不得已. 泠汰¹於物, 以爲道理. 曰; 知不知. 將薄知²而後鄰傷³之者也. 謑髁⁴無任, 而笑天下之尙賢也. 縱脫無行,

---

1 泠汰(영태) : 맑고 깨끗한 것, 깨끗이 받아들이는 것(王叔岷 說).
2 薄知(박지) : 박(薄)은 박(博)과 통하여 널리 알려고 하는 것.
3 鄰傷(인상) : 지각을 손상시키는 것.
4 謑髁(혜화) : 혜(謑)는 치욕을 참는 것, 화(髁)는 홀로 자기 생각대로 행동하는 것(陸德明 說), 두 자를 합쳐 비뚤어진 것(成玄英), 비뚤어지고 불안정한 것(林希逸)으로 보는 이도 있다.

而非天下之大聖. 椎拍⁵輐斷,⁶ 與物宛轉. 舍是與非, 苟可以免. 不師知
慮, 不知前後, 魏然⁷而已矣.

推而後行, 曳而後往. 若飄風之還,⁸ 若羽之旋, 若磨石之隧.⁹ 全而無
非, 動靜無過, 未嘗有罪. 是何故?

夫無知之物, 無建己之患. 無用知之累, 動靜不離於理. 是以終身無
譽. 故曰; 至於若無知之物而已. 無用賢聖. 夫塊不失道. 豪傑相與笑之
曰; 愼到之道, 非生人之行, 而至死人之理. 適得怪焉.

| 해설 |

신도의 학설을 소개하고 비판한 글. 신도는 법가라 하지만 도가적인 색
채도 많이 띠고 있었던 것 같다. 법가가 도가로부터 나왔다면 이러한 도가
적인 색채는 초기에 있어 더욱이 불가피했던 것인지 모른다.

12

전변田騈도 역시 그러하였다. 팽몽彭蒙에게서 배워 가르치지 않은
것까지도 체득하였다. 팽몽의 스승이 말하였다.

"옛날의 도를 닦은 사람은 옳은 것도 없고 그른 것도 없는 경지에
도달했을 따름이었다. 그 학설은 종잡을 수 없는 것이었으니 어찌 말
로써 표현할 수가 있겠는가?"

그는 언제나 사람들의 생각과 반대되었고 남의 눈치를 보지 않았

---

5 椎拍(추박): 망치질을 하는 것.
6 輐斷(완단): 깎고 자르는 것.
7 魏然(위연): 위(魏)는 외(巍)와 통하여, 우뚝 솟은 모양.
8 還(선): 도는 것.
9 隧(수): 회(回)와 통하여(馬敍倫 說), 도는 것.

다. 그러나 인위적인 성격을 면하지는 못하였다. 그가 말하는 도란 진실한 도가 아니며, 그가 말하는 옳은 것이란 그른 것이 아닐 수가 없는 것이다. 팽몽 · 전변 · 신도는 진실한 도를 알지 못하였다. 그렇지만 개략적인 내용에 대해서는 알고 있는 사람들이었다.

| 원문 |

田騈亦然. 學於彭蒙, 得不敎[1]焉. 彭蒙之師曰; 古之道人, 至於莫之是, 莫之非已矣. 其風窢然,[2] 惡可而言?

常反人, 不見觀,[3] 而不免於魭斷.[4] 其所謂道非道, 而所言之韙, 不免於非. 彭蒙田騈愼到不知道. 雖然, 槪乎皆嘗有聞者也.

| 해설 |

여기서는 전변과 팽몽의 사상을 소개하고, 이들을 비평하고 있다. 이들은 올바른 '도'를 알지는 못하였지만, 그래도 약간은 알고 있었다고 본 것은 그들의 사상에 도가와 공통되는 점이 많았기 때문일 것이다.

13

만물의 근본을 지극히 순수한 것으로 보고, 형체 있는 물건은 조잡한 것으로 보며, 부가 쌓여 있는 것을 부족한 것으로 보고, 담담히 홀로 신명과 더불어 지낸다. 옛날의 도를 닦는 학술을 터득하여 이러한

---

1 不敎(불교) : 말로써는 가르치지 않는 내용.
2 窢然(획연) : 종잡을 데 없는 모양.
3 不見觀(불견관) : 남이 어떻게 보는가 눈치를 보지 않았다는 뜻.
4 魭斷(원단) : 원(魭)은 앞 대목에 보인 완(輐)과 통하여, 깎고 자르는 것, 곧 인위적인 성격을 비유하는 말.

경지에 이르렀던 사람으로 관윤과 노담이 있었는데, 그러한 이론을
듣고 좋아했다.

그들은 영원하고도 아무것도 없는 허무의 경지를 세워 놓고 태일太
一을 중심 사상으로 삼았다. 연약하고 겸손한 것으로 겉모양을 삼고,
공허함과 만물을 손상치 않는다는 것을 실질적인 것으로 삼았다.

관윤이 말하였다.

"자기에게는 일정한 입장이 없고, 외물의 형세에 따라 자기를 드러
낸다. 그 움직임은 물과 같고, 고요함은 거울과 같으며, 호응하는 것
은 울림과 같다. 황홀히 아무것도 없는 것도 같고, 적막하기 맑은 물
과 같다. 이런 경지에 동화하는 사람은 자연과 조화가 되지만, 의식적
으로 이런 경지를 추구하는 사람은 이런 경지를 잃을 것이다."

그는 절대로 남보다 앞서지 않고 언제나 남을 뒤따랐다.

| 원문 |

以本爲精, 以物爲粗, 以有積爲不足, 澹然獨與神明居. 古之道術, 有
在於是者. 關尹⁵老聃聞其風而悅之.

建之以常無有, 主之以太一. 以濡弱謙下爲表, 以空虛不毀萬物爲實.

關尹曰; 在己無居,⁶ 形物自著. 其動若水, 其靜若鏡, 其應若響. 芴乎⁷
若亡, 寂乎若淸. 同焉者和, 得焉者失.

未嘗先人, 而常隨人.

---

5 關尹(관윤) : 성은 윤, 이름은 희(喜), 자는 공도(公度). 함곡관(函谷關)의 책임자를 지내
 '관윤'이라 부른다. 노자의 제자. 『한서』 예문지(藝文志)에는 '관윤자(關尹子)' 9편이 있
 다고 기록되어 있다.
6 無居(무거) : 자기의 일정한 입장이 없는 것.
7 芴乎(홀호) : 홀(芴)은 홀(惚)과 통하여, 황홀한 모양.

여기서는 도가의 창설자인 노자와 관윤의 사상을 소개하고 있다.

14

노자는 다음과 같이 말하였다.

"그 자신이 강하다는 것을 알면서도 약한 입장을 지키면 천하 사람들이 계곡에 물이 모이듯 몰려든다. 그 자신이 결백하다는 것을 알면서도 욕된 것 같은 입장을 지키면 천하 사람들이 계곡으로 물이 흐르듯 따르게 된다."

사람들은 모두 남의 앞을 서려고 하는데, 그 홀로 남보다 뒤지려 하였다.

그는 또 말하였다.

"천하의 모든 치욕을 자신이 받아들인다."

사람들은 모두 알맹이 있는 것을 추구하는데, 그 홀로 텅 빈 것을 추구하였다. 그는 저장하는 것이 없었으므로 언제나 남음이 있었다. 홀로 우뚝하여 여유가 있었다. 그는 행동함에 있어 더디고도 힘을 낭비하지 않았다. 무위하였고 사람들의 기교를 비웃었다. 사람들은 모두 행복을 추구하는데, 그 홀로 자연스러움에 완전하기를 추구하였다.

그는 말하였다.

"진실로 재앙을 면하기만 하면 된다."

그는 깊은 것을 근본으로 삼고, 간략함을 원칙으로 삼았다.

그는 또 말하였다.

"굳은 것은 깨어지게 되고, 예리한 것은 꺾여지게 된다."

그는 언제나 외물을 너그럽게 포용하였고, 남을 깎아내리지 않았다. 그러니, 도의 극치에 이른 것이라 할 수 있겠다.

관윤과 노담은 옛날의 위대한 진실한 사람이었다.

| 원문 |

老聃曰; 知其雄,**1** 守其雌, 爲天下谿.**2** 知其白, 守其辱, 爲天下谷.

人皆取先, 己獨取後.

曰; 受天下之垢.**3**

人皆取實, 己獨取虛. 無藏也, 故有餘. 巋然**4**而有餘. 其行身也, 徐而
不費. 無爲也而笑巧. 人皆求福, 己獨曲全.

曰; 苟免於咎.

以深爲根, 以約爲紀.

曰; 堅則毁矣, 銳則挫**5**矣.

常寬容於物, 不削於人. 可謂至極. 關尹老聃乎, 古之博大眞人哉.

| 해설 |

여기서는 노자의 사상을 간단히 소개하고, 이것이 '도'의 극치에 이른
올바른 학문이라고 말하고 있다.

15

황홀하고 적막하여 아무런 형체도 없고, 언제나 변화하고 있다. 죽

---

1 雄(웅) : 수컷. 힘 있는 것. 따라서 자(雌)는 암컷으로 힘이 약한 것.
2 谿(계) : 계곡. 계곡으로 물이 모여 흐르듯 천하 사람들이 모두 귀복(歸服)하게 된다는
  뜻. 뒤의 곡(谷)도 같은 뜻임.
3 垢(구) : 때, 치욕.
4 巋然(귀연) : 산이 우뚝 솟은 모양.
5 挫(좌) : 부러지다.

은 건지 산 건지 알 수 없으나, 하늘과 땅과 함께 나란히 존재하고, 신명에 따라 움직여 간다. 망연한데 어디로 가는 건가? 황홀한데 어떻게 변화하여 가는 건가? 만물이 모두 우리 앞에 벌어져 있지만 돌아갈 만한 곳이 없다. 옛날의 도술을 닦는 학문을 터득하여 이러한 경지에 이르렀던 사람으로 장주莊周가 있었는데, 그러한 이론을 듣고서 좋아하였다.

그는 아득한 이론에 황당무계한 말과 종잡을 데 없는 말로 이를 논하였다. 때때로 자기 멋대로 논하였지만 치우치는 일이 없었고, 한 가지에만 적용되는 견해를 내세우지 않았다. 지금 천하는 침체하고 혼탁하여 올바른 이론을 펼 수가 없다고 생각하였다. 그때그때의 일에 따라 알맞게 하는 말로 모든 사물에 대하여 논하고, 세상에서 중히 여겨지는 말로 진실을 논하고, 다른 일에 빗대어 한 말로 광범한 문제들을 얘기하였다. 홀로 하늘과 땅의 정순함 및 신명과 더불어 왕래하며, 만물을 내려다보는 태도를 취하지 않고, 옳고 그른 것을 따지지 않았으며 세속에 순응하여 살아갔다.

| 원문 |

芴漠[1]無形, 變化無常. 死與生與, 天地並與, 神明往與. 芒乎何之? 忽乎何適? 萬物畢羅, 莫足以歸. 古之道術, 有在於是者. 莊周聞其風而悅之.

以謬悠[2]之說, 荒唐之言, 無端崖之辭. 時恣縱而不儻,[3] 不以觭[4]見之也. 以天下爲沈濁, 不可與莊語.[5] 以巵言[6]爲曼衍, 以重言爲眞, 以寓言

---

1 芴漠(홀막) : 황홀하고 적막한 것.
2 謬悠(유유) : 유(謬)는 료(寥)와 통하여, 아득한 것.
3 不儻(부당) : 당(儻)은 당(黨)으로 된 판본도 있으며, 한편으로 치우치지 않는 것.
4 觭(기) : 일의 일단에만 적용되는 말.

爲廣. 獨與天地精神往來, 而不傲倪⁷於萬物, 不譴⁸是非, 以與世俗處.

| 해설 |

결국 지극한 '도'는 노자와 관윤으로부터 장자에게로 전해졌다는 것이다. 여기서는 자기의 '도'가 어떤 것인가를 간략하게 해설하고 있다.

16

그의 책은 굉장하기는 하지만 빈틈이 없어서 진리를 손상시키지는 않는다. 그의 말은 복잡하기는 하지만 재미있어 읽어 볼 만하다. 그는 자기 마음 속이 가득 차서 밖으로 흘러나오는 것을 써내지 않을 수가 없었던 것이다. 위로는 조물주와 더불어 노닐고, 아래로는 죽음과 삶을 도외시하며, 처음도 끝도 없는 자와 벗하고 지낸다. 그의 근본인 도는 광대하고도 탁 트였으며, 심원하고도 자유롭다. 그의 사상의 요지는 조화되고 쾌적하여 위로 현묘한 도에 도달해 있다고 할 수 있다. 그러나 그는 자연의 변화에 순응하여 사물에 대한 집착을 풀어 버려서, 그 이치는 다 풀이할 수가 없다. 그것은 장래에 있어서도 잘못될 수 없는 것이며, 망연하고 아득하여 철저히 추궁할 수가 없는 것이다.

| 원문 |

其書雖瓌瑋,¹ 而連犿²無傷也. 其辭雖參差, 而諔詭³可觀. 彼其充實

---

5 莊語(장어) : 올바른 말.
6 巵言(치언) : 그때그때의 일에 따라 알맞게 하는 말. 뒤의 중언(重言)·우언(寓言)과 함께, 앞 '다른 일에 빗대어 한 말'편 첫머리 글을 참조할 것.
7 敖倪(오예) : 시원찮은 것으로 알고 내려다보는 것.
8 譴(견) : 따지는 것.

不可以已, 上與造物者遊, 而下與外死生, 無終始者爲友. 其於本也, 弘
大而辟, 深閎而肆.⁴ 其於宗也, 可謂調適而上遂矣. 雖然, 其應於化而解
於物也, 其理不竭. 其來不蛻,⁵ 芒乎昧乎, 未之盡者.

| 해설 |

장자가 자기 저서의 위대함과 자기 사상의 무궁함을 소개한 글이다.

17

혜시惠施의 학설은 다방면에 걸쳐 있고, 그의 저서는 다섯 채의 수
레에 실어야 할 정도이다. 그의 도는 복잡하고 그의 이론은 이치에 꼭
들어맞지 않는다. 그는 만물에 대한 생각을 나열하여 다음과 같이 말
하였다.

"지극히 커서 한계가 없는 것을 대일大一이라 말하고, 지극히 작아
서 부피가 없는 것을 소일小一이라 말한다. 쌓을 수도 없이 두께가 없
는 것도 소일의 입장에서는 그 두께가 천리나 되는 것이다.

대일에 입장에서 보면 하늘과 땅이 다 같이 낮고, 산과 못이 다 같
이 평평하다. 해는 방금 한가운데 있다가도 방금 기울어진다. 만물은
방금 생겨났다 방금 죽어 버린다. 큰 견지에서 보면 모두가 같지만,
작은 견지에서 보면 모두가 다르다. 이것을 '작게 보아 같고 다른 것'
이라 말한다. 만물은 모두가 같다고도 할 수 있고 모두가 다르다고도

---

1 瓊瑋(괴위) : 굉장한 것. 위대한 것.
2 連犿(연변) : 부드러운 것 또는 빈틈없는 것.
3 諔詭(숙괴) : 재미가 있는 것. 우스운 것.
4 肆(사) : 자유로운 것.
5 不蛻(불세) : 잘못이 없는 것. 근본을 벗어나지 않는 것.

할 수 있다. 이것을 '크게 보아 같고 다른 것'이라 말한다.

남쪽은 무한하지만 북쪽과의 한계를 생각하면 유한한 것이 된다. 오늘 월나라로 출발하여도 옛날에 도착했다고도 할 수 있다. 이어진 고리도 자유롭게 움직이는 고리의 입장에서 보면 풀 수가 있다. 나는 천하의 중앙을 알고 있다. 그것은 연나라의 북쪽이라 할 수도 있고, 월나라의 남쪽이라 할 수도 있다.

널리 만물을 아울러 사랑하면 하늘과 땅도 차별 없이 일체가 된다."

혜시는 이것을 위대한 것이라 생각하고 천하에 제시하며 변사들을 가르쳤다. 천하의 변사들은 그래서 서로 즐거워하였다.

| 원문 |

惠施多方, 其書五車. 其道舛駁,**1** 其言也不中. 歷**2**物之意曰;

至大無外, 謂之大一. 至小無內, 謂之小一. 無厚不可積也, 其大千里.

天與地卑, 山與澤平. 日方中方睨,**3** 物方生方死. 大同而與小同異, 此之謂小同異. 萬物畢同畢異, 此之謂大同異.

南方無窮而有窮. 今日適越而昔來. 連環可解也. 我知天下之中央. 燕之北, 越之南是也.

氾愛萬物, 天地一體也.

惠施以此爲大, 觀於天下而曉辯者. 天下之辯者, 相與樂之.

| 해설 |

끝으로 장자는 자기 친구 혜시의 궤변을 소개하며 비평을 가하고 있다.

---

1 舛駁(천박) : 복잡한 것. 서로 어긋나는 것.
2 歷(역) : 나열하는 것.
3 睨(예) : 사(衺)의 뜻으로(高亨 說), 기울어지는 것.

18

그들은 말한다.

"계란에도 털이 있고(닭이 되니까), 닭에는 세 개의 다리가 있다(두 다리에 다리라는 개념을 합쳐 세 개). 영郢 땅 안에도 천하가 있다. 개는 양이 될 수 있다(개나 양은 사람이 붙인 명사니까 바꿀 수 있다). 말에도 알이 있다 할 수 있다(태胎를 알로 보면 된다). 두꺼비에도 꼬리가 있다(올챙이가 자란 것이니까). 불은 뜨겁지 않다(뜨거운 건 사람의 감각이다). 산에도 입이 있다(산울림이 나오니까). 수레바퀴는 땅 위를 밟지 않는다(언제나 극히 일부만이 닿아 있다). 눈은 물건을 보지 못한다(빛이 없으면 안 되니까). 특정한 물건의 지적은 물건과 일치하지 않는다. 물건과 일치된다면 사람들이 이해하지 못한다(사람들의 앎은 때와 장소에 따라 제한을 받기 때문임). 거북이가 뱀보다 길다(물건의 평가는 사람에 따라 다르기 때문임). 굽은 자로 네모꼴을 만들지 못한다. 그림쇠로는 원을 만들지 못한다(규범이 일을 하는 것은 아니기 때문임). 구멍에 넣은 쐐기는 구멍이 정확히 포위하지 못한다(그 사이 공간이 있다). 나는 새의 그림자는 움직이지 않는다(움직이는 것은 새이며, 그림자는 새에 붙어 있을 따름이기 때문임). 빨리 나는 화살에도 가지도 않고 멈추지도 않는 순간이 있다(정지된 물건을 통과하며 그 물건과 화살이 함께 있는 순간이 있다). 강아지는 개가 아니다(모든 개가 강아지는 아니기 때문임). 누런 말과 검은 소는 세 마리이다(색깔로는 노랑·까망·황흑백의 세 가지, 개념으로는 말·소·마소의 세 가지). 흰 개도 검은 것과 같다(형체는 같다). 외로운 망아지에는 어미가 없었다(어미가 있었다는 그 순간에 이미 외로운 망아지가 아닌 것이 된다). 한 자 길이의 회초리를 매일 그 반을 부러뜨려도 만년토록 없어지지 않는다."

변사들은 이런 것으로써 혜시와 응답하며, 평생토록 그침이 없었다. 환단桓團·공손룡公孫龍이 바로 이러한 변사의 무리이다. 그들은 사람의 마음을 꾸미기도 하고 사람의 뜻을 바꾸기도 하였다. 그들은 사람들의 이론은 이겨 낼 수 있었지만 사람들의 마음을 굴복시키지는 못하였다. 이것이 변사들의 한계인 것이다.

혜시는 매일처럼 그의 지혜를 사용하여 사람들과 변론을 함으로써 특히 천하의 변사들과 함께 괴이한 이론을 이룩하였다. 이것이 그의 학설의 대략인 것이다.

| 원문 |

卵有毛. 鷄三足. 郢有天下. 犬可以爲羊. 馬有卵. 丁子**1**有尾. 火不熱. 山出口. 輪不蹍地. 目不見. 指不至. 物不絶.**2** 龜長於蛇. 矩不方. 規不可以爲圓. 鑿不圍枘,**3** 飛鳥之景, 未嘗動也. 鏃矢之疾, 而有不行不止之時. 狗非犬. 黃馬驪牛三. 白狗黑. 孤駒未嘗有母. 一尺之捶**4** 日取其半, 萬世不竭.

辯者以此與惠施相應, 終身無窮. 桓團**5**公孫龍, 辯者之徒. 飾人之心, 易人之意. 能勝人之口, 不能服人之心. 辯者之囿**6**也.

惠施日以其知, 與人之辯. 特與天下之辯者爲怪. 此其柢**7**也.

---

1 丁子(정자) : 두꺼비.
2 物不絶(물부절) : 보통은 물(物)이 지(至)로 되어 있다. 지적하는 것이 물건과 일치될 적에는 사람들이 이해하지 못한다는 뜻.
3 枘(예) : 구멍에 넣는 나무. 쐐기.
4 捶(추) : 채찍. 회초리.
5 桓團(환단) : 공손룡과 함께 조나라의 변사로서 평원군(平原君)을 따라 노닐었다. 『한서』예문지에는 '공손룡자(公孫龍子)' 14편과 '혜자(惠子)' 1편이 수록되어 있다.
6 囿(유) : 범위. 한계.
7 柢(저) : 대략. 개략.

여기서는 혜시의 궤변을 보기로 들어 보여 주고, 그것이 소용없는 일임을 논하고 있다.

19

그러나 혜시는 자기의 구변을 스스로 가장 현명한 것이라 생각하였다. 그는 "하늘과 땅만이 내 변론보다 위대하다"고 하였다. 혜시는 천하에 자기를 드러내려고만 하였지 아무런 도술도 없었다.

남방에 황료黃繚라 부르는 기인이 있었다. 그가 하늘과 땅이 떨어지지도 않고 꺼지지도 않는 이유나, 바람 불고 비 오고 벼락치고 번개치는 까닭을 묻자, 혜시는 조금도 사양하지 않고 생각해 보지도 않고 즉석에서 대답하였다. 두루 만물에 대해 이론을 전개하면서 쉬지 않고 논하여, 한없이 많은 말을 하면서도 아직도 모자란다고 생각하고 더욱 괴상한 설을 보태어 갔다. 그는 사람들에 반대하는 것을 목표로 삼고 남을 이겨내는 것으로 명성을 쌓으려 하였다. 그래서 여러 사람들과 화합되지 못하는 것이다. 덕을 닦는 일에는 빈약하면서도 물건에의 집착은 강하여, 그의 도는 비뚤어져 있다.

하늘과 땅의 도로부터 혜시의 능력을 본다면 그것은 마치 한 마리의 모기나 한 마리의 등에가 수고하는 것과 같은 일이다. 그가 물건에 집착한들 무슨 소용이 있겠는가? 또한 도의 한 모퉁이를 이해할 수 있다고 해도 괜찮겠는데, 그 변론이 도보다도 소중하다고 하니 위태로운 일이다. 혜시는 이것으로서도 스스로 편히 지내지 못하고, 만물에 대하여 관심을 분산시켜 만족할 줄 모르면서도, 마침내는 변론을 잘한다는 것으로 명성을 얻은 것이다.

아깝도다! 혜시는 그러한 재능을 가지고도 함부로 행동하여 참된 도를 터득지 못하였고, 만물을 뒤쫓아다님으로써 자기 본성으로 되돌아올 줄을 모르고 있다. 이것은 울림이 나오는 곳을 찾으려고 소리를 지르는 것이나, 몸과 그림자를 경주시키는 것과 같은 일이다. 슬픈지고!

| 원문 |

然惠施之口談, 自以爲最賢, 曰天地其壯乎. 施存雄**1**而無術.

南方有倚人**2**焉, 曰; 黃繚. 問天地所以墜不陷, 風雨雷霆之故, 惠施不辭而應, 不慮而對. 爲萬物說, 說而不休, 多而無已. 猶以爲寡, 益之以怪. 以反人爲實, 而欲以勝人爲名. 是以與衆不適**3**也. 弱於德, 强於物, 其塗隩**4**矣.

由天地之道, 觀惠施之能, 其猶一蚊一蝱**5**之勞者也. 其於物也何庸? 夫充一**6**尚可, 曰愈貴道,**7** 幾**8**矣. 惠施不能以此自寧, 散於萬物而不厭. 卒以善辯爲名.

惜乎! 惠施之才, 駘蕩**9**而不得, 逐萬物而不反. 是窮響以聲, 形與影競走也. 悲夫!

| 해설 |

혜시의 변설이 '도'와는 상관없는 것임을 논증한 대목이다. 장자는 이

---

1 存雄(존웅) : 천하에 자기를 위대하게 드러내는 것.
2 倚人(기인) : 기(倚)는 기(奇)와 통한다. 기이한 사람.
3 不適(부적) : 화합되지 않는 것.
4 隩(욱) : 굽은 것(王閭運 說).
5 蝱(망) : 등에. 작은 모기만한 나방.
6 充一(충일) : 도의 일단을 충당하다. 도의 일면을 이해하다.
7 愈貴道(유귀도) : 더욱 도보다 귀중하다.
8 幾(기) : 위태로운 것.
9 駘蕩(태탕) : 방탕한 것. 멋대로 놀아나는 것.

러한 진실을 벗어난 논리 때문에 참된 '도'는 더욱 가리워지고 세상 사람들에게 혼란을 일으키게 하고 있다고 생각하고서 책의 맨 끝에서 이처럼 궤변을 공격하고 있는지도 모른다. 전국 시대의 제자 백가들은 자기의 이론을 남에게 설명하기 위하여 논리학에 모두 관심을 기울였다. 장자 자신도 논리학에 무관심하지는 않았을 것이다. 그러나 논리가 순전히 논리만을 위한 궤변으로 흐를 때 그것이 무가치한 이론이 됨은 거듭 말할 필요가 없을 것이다.

| ㄱ |

| ㅊ |